郑州商城遗址考古研究

河南省文物考古研究院　编

中原出版传媒集团
大地传媒

大象出版社

序

河南是华夏中原腹地的一方热土，在遥远的旧石器时代，南来北往，东传西播，河南成为古人类文化交流都要经过的十字路口。新石器时代，河南是中国古代文明起源的重要源头。夏商周以降，有22个中央或地方王朝在这里建都，河南又长期居于全国的核心地位，造就了华夏古文明金字塔顶端的辉煌。新中国成立之后，配合国家大规模经济建设，在河南全省包括省会郑州，持续进行了田野考古发掘，有许多重要的大发现。以郑州为例，先是在郑州二里岗发现了早于安阳殷墟的商代遗址，后又发现了闻名中外的郑州商城，成为中国考古学发展里程碑上一个耀眼的刻度。郑州商代遗址被国务院公布为第一批全国重点文物保护单位，郑州商城被评为20世纪中国百项考古大发现，郑州市也成为国家级历史文化名城，并进入中国八大古都的行列。

今年恰逢郑州商城发现60周年，是值得我们考古人庆祝的节日。忆往昔，1950年秋，郑州南学街小学教师韩维周先生，在郑州市东南郊二里岗一带采集到一些商代陶片和石器，发现了郑州商代遗址。1952年秋，中央文化部、中国科学院和北京大学联合举办的第一届全国考古工作人员训练班，在郑州二里岗进行考古实习，发掘出丰富的商代遗存。1953~1955年，河南省文化局文物工作队在郑州二里岗、南关外、紫荆山北、白家庄、铭功路和人民公园等地，进行考古调查和发掘，发现郑州商代遗址分布很广，东起凤凰台，西逾西沙口，北越花园路，南过二里岗，遍布整个市区，面积达25平方公里。1955年秋，在郑州白家庄西北部即今黄河医院门前，发现在两座商代房基下面，还叠压有商代夯土层，并向东南和西北方向延伸。夯土层东南方向的一端，进入白家庄西寨墙，又一直向南与郑州老城东城墙内的夯土相连；夯土层西北方向的一端，穿过紫荆山沿金水大道南侧继续向西，到杜岭街东侧折而向南，与郑州老城西城墙内的夯土相接。而南城马路和熊耳河北侧的郑州老城南城墙内也有相同的夯土，这四面相连的夯土围成了一座规模宏大的城垣。其中东城墙和南城墙各长约1700米，西城墙长约1870米，北城墙长约1690米，总周长约6960米。经过对四面城墙的多次发掘，证明这是一座比安阳殷墟还要早的商代城址。

又通过其后多年的考古发掘，让我们了解到郑州商城的布局：郑州商城中部偏北和东北部为宫殿区，有大量带有石柱础的夯土建筑基址，宫殿区内还有大型水井、蓄水池、石砌管道等供输水设施。城北有铸铜作坊和制骨作坊，城西北有烧陶作坊，城南有铸铜作坊。在西城墙北段外侧和南段外侧，以及东南城角外侧，布列有与祭祀活动有关的青铜器窖藏坑，内置大量的大型方鼎、圆鼎和其他青铜礼器、兵器。在东城墙南段、南城墙及西城墙南段外侧约600~1100米处，发现有外城墙。郑州商城出土有数以万计的商代陶器、石器、骨器、蚌器、青铜器、玉器、印纹硬陶、原始瓷器、象牙器、金器、卜骨、卜甲及习刻字骨等遗物，反映了一座商代前期王都的面貌。

史称三代的夏商周时期，处在中国古代文明起源的大发展阶段，学术界公认古代文明起源与发展的四个方面特征，即有城址，有青铜器铸造，有古文字遗存，有祭祀和礼制建筑。郑州商城的考古发现，全面彰显出这些特征。郑州商城本身，就是一座古代文明起源的丰碑，大量的青铜器、兵器及生产工具等金属器的铸造，一些陶文符号、习刻字骨和个别青铜器上的族徽文字，一些以狗为牺牲的祭祀坑、多座与祭祀有关的青铜器窖藏坑和近在咫尺的郑州小双桥大型商王室祭祀遗址的存在，展现了高度发展的王国文明时代，大大提升了郑州商城的历史价值和科学价值。使人们得以了解早于安阳殷墟200多年商代前期的考古学文化分期和历史面貌，并为探索夏文化奠定了坚实的基础。

一个甲子的时间过去，郑州商城的考古发掘不但连连有重大发现，与之相伴的考古学研究，也是硕果累累。先后有《郑州二里岗》《郑州商城考古新发现与研究》《郑州商代铜器窖藏》《郑州商城》《郑州小双桥》等多部考古大报告问世，又有70多篇关于郑州商城的考古发掘报告和考古发掘简报发表。与此同时，还出版了《灿烂的郑州商代文化》《郑州商城初探》《夏商时代都城制度研究》《早商文化研究》《商代前期都城研究》《郑州商城研究》等一批学术专著；还发表了300多篇有关郑州商城的研究论文，呈现了60年来郑州商城的考古发现和科学研究成果。

诚然，科学研究与学术争论也多是相伴相随的。以郑州商城的性质为例，在20世纪50年代郑州商城发现之前，邹衡、赵全嘏、安金槐几位先生就把郑州商代遗址与隞地联系起来。《文物》1961年第4、5期上，发表了安金槐先生的《试论郑州商代城址——隞都》，正式提出郑州商城为仲丁“隞都说”，其后虽有个别不同意见，隞都说得到了学术界的认可。16年过去，到了1977年11月，在国家文物局召开的登封告成遗址发掘现场会上，邹衡先生首次提出郑州商城为商汤“亳都说”，并在《文物》1978年第2期上，正式发表了《郑州商城即汤都亳说》一文，在学术界引起了旷日持久的大争论，这是极为正常和可喜的现象，也是促进社会科学发展和繁荣的必由之路。1983年偃师商城的发现，1995年郑州小双桥商代遗址的发掘，1996年国家夏商周断代工程的启动，都给郑州商城“隞都说”和“亳都说”的学术争论，增添了新的内容和变数，这就大致形成了两种学术观点不同的思路和轨迹。坚持郑州商城“隞都说”的学者们认为：夏王朝早期是自河南龙山文化晚期开始的，登封王城岗河南龙山文化晚期城址当为禹都阳城，而偃师二里头遗址则是夏代晚期的都城，商代是从二里头文化四期时开始的，偃师商城早于郑州商城，是商灭夏后所建最早的王都，即汤都西亳，郑州商城是仲丁的隞都，郑州小双桥遗址则是属于郑州商城的王室祭祀遗址。坚持郑州商城“亳都说”的学者们认为：河南龙山文化晚期不是夏文化，夏王朝是从二里头文化一期时开始的，一直到二里头文化四期，偃师二里头遗址自始至终都是夏代的王都，商代是从二里岗文化开始的，郑州商城早于偃师商城，是商汤之亳都，而偃师商城是商代的桐宫或军事重镇，郑州小双桥遗址则是仲丁自郑州商城所迁之隞都。现在看来，上面两种不同的学术观点，都有一定的科学依据，都有其存在的道理，但同时又都不能立于绝对确证的优势地位，都有应该修订的缺陷，都有值得继续研讨深思的空间。

值此郑州商城发现60周年之际，我们出版了这本《郑州商城遗址考古研究》，把60年来学术界关于郑州商城有代表性的研究论文选编在一起，有全面论述郑州商城考古发现的，有考证郑州商城始建年代的，有分析研究郑州商城性质的，有探讨郑州商城历史地位的，可谓百花齐放，篇篇精彩。文章的作者中，既有已经谢世的考古学前辈，也有仍在耕耘的老考古人，还有一批工作在第一线年富力强的中青年学者。这诸多的考古研究成果，仁者见仁，智者见智，学术观点有相同的和相近的，也有不同的甚至抵牾的，但都从不同的角度，不同的侧面，对郑州商城进行深入细致的研究，给予精心的探求和解读，反映出他们求索新知的智慧，共同勾画出郑州商城的灿烂辉煌。追溯并吸取了极为丰富的文化内涵和信息，实践着“传承文明，开拓创新”的格言，为中国考古学的研究作出了积极的贡献。

在郑州商城发现 60 周年到来的时候，让我这个参与郑州商城发掘和研究 40 多年的老兵作序，心潮澎湃，思绪万千！再回首，几代人薪火相传，生生不息。我们十分怀念韩维周先生，他在 20 世纪 30 年代，曾是河南古迹研究会的工作人员，是郑州商代遗址的发现者，首创之功，功不可没。我们十分怀念安金槐先生，他被誉为“新中国河南考古第一人”，他是郑州商城“隞都说”的倡导者，对郑州商城的发现、发掘和研究，作出了无可替代的重大贡献。我们十分怀念邹衡先生，他是郑州商城“亳都说”的开创者，北京大学考古系的资深教授，桃李满天下，对郑州商城的考古学研究同样作出了无可替代的重大贡献。这些考古老前辈们，为中国考古学的发展，献出了毕生的精力，赢得了学术界永远的景仰和尊敬。

我们期待今后在郑州商城能有更多的考古发现，用未来的新资料，去催生、审视、修订、补充更多的研究成果。通过考古实践与理论相结合，利用考古资料和文献资料进行全方位、深层次的研究，加强交流与沟通，互相学习和启迪，取长补短，求同存异，使郑州商城的研究再上新的台阶，共同推动考古学科的大发展。

是为序。

杨育彬

2015 年 4 月

郑州商城遗址的考古发现与研究述评

秦文生　宋国定　贾连敏　王文华

一、前　言

20世纪50年代中期郑州商城遗址的发现，是商代考古的一座里程碑。正是这一重大发现，揭开了商代城址考古研究的序幕。经过60年的调查、勘探及科学发掘，尽管对城址性质是汤之亳都或仲丁之隞都的认识还有分歧，但学界普遍认为，郑州商城遗址是一处以商代前期二里岗期商文化为主，兼有晚期夏文化、先商文化、中商文化和晚商文化的大型商代都城遗址，且多数学者倾向于汤之亳都。1996年启动的"夏商周断代工程"，将郑州商城遗址确定为"商前期年代学研究"课题中的一个专题，由此来确立夏商文化分界的界标和建立商代前期的时空框架。同时，因为郑州商城重要的地理位置和无可替代的学术地位，使得郑州在2004年被正式列为中国八大古都。

二、遗址的发现和认识过程

（一）二里岗遗址的发现及郑州商城遗址的确认

1950年秋，郑州南学街小学教师韩维周先生在河南省郑州市旧城外东南约1公里的二里岗一带首先发现了郑州二里岗商代遗址[1]。此后数年，经过原河南省文化局文物工作队对该遗址的继续调查与配合基本建设的考古发掘，又相继在郑州旧城内外发现了丰富的商代文化遗存[2]。

1955年秋，在郑州商代遗址的中部发现郑州商城[3]。这是当时国内发现最早的一座有夯土城墙的商代都城遗址，是我国商代考古的一项重大发现，从而揭开了商代城址研究的序幕。然而，确认郑州商城的年代和性质却颇费了一番周折。

1955年10月，在郑州白家庄村西北（今黄河中心医院东侧）的黄委会宿舍区以东铺设下水管道工程的考古发掘中，发现了一段夯土堆积，通过对该夯土区的钻探，发现夯土层分别向东南和西北方向延伸，形成了一道基本呈南北走向的夯土墙，那么这道夯土堆积究竟具有什么功能？形成于哪个年代呢？因为从发掘现场的堆积情况分析，夯土堆积位于黄沙土上，可能与古代某个时期的拦水堤坝有关；有人认为该夯土堆积形制规则，长宽均在20米以上，很可能是古代大型墓葬的墓道；但随着夯土堆积的不断向南和向西延伸，人们逐渐放弃了原来的推测。查找夯土范围的钻探工作一直持续到了年底，夯土的长度并没有停下来的意思。1956年上半年，沿着夯土的两端继续钻探，发现该夯土堆积向南延伸到了郑州老城的东城墙下，西折延伸到郑州老城的南城墙下，并一直延伸到西南城角的警报山再向北转弯，沿南、北顺城街一路向北，从杜岭街的东侧穿过金水河折向东，在地下一直延伸到紫荆山下，又向东南接到白家庄的西北，形成一个基本为长方形的四周封闭的城址。从解剖的情况看，城址的年代应在商代二里岗期。就这样，一个周长近7公里的商代城址，一步步地被揭示了出来。

（二）郑州商城遗址的主动考古工作

郑州商城遗址发现以后，围绕其城墙结构、年代，城内宫殿区位置及遗址性质等做了大量的主动性考古工作。主要分勘探和发掘两个方面：

1. 文物勘探工作

1955年底到1956年上半年，为了弄清夯土城墙的走向和范围，沿着城东路西侧、金水路南侧及杜岭街以东进行勘探，从平面上解决了郑州商城的形制和保存现状。

1973年，郑州商城的工作重点开始转向寻找宫殿遗址[4]。根据以往配合基本建设而进行的抢救性发掘中得到的线索，以城内东北部的东里路为中心，进行大面积普探，发现该区域断断续续遍布着商代二里岗期的夯土建筑基址。通过考古发掘，已发掘出数十座大小不等的商代建筑遗存。这无疑又大大提高了郑州商城遗址的地位与价值。

2. 考古发掘工作

1956年秋，为解决郑州商城城墙的营造方法和建筑结构，在商城四面城墙开挖探沟十八条。通过对商城城墙进行解剖发掘，到1957年秋，基本解决了城墙的地层叠压关系、筑法等相关问题，同时认定城墙的修筑年代大体相当于商代二里岗期。

1972年秋，在对郑州商城进行全面复探的基础上，针对有些专家的怀疑再次对城墙进行解剖发掘。这次在东城墙、西城墙、南城墙分别开挖了探沟，并在东城墙底部发现被夯土叠压的洛达庙期文化层，同时发现南城墙的底部打破了南关外期文化堆积，从层位上卡住了郑州商城建造年代的上限，证明郑州商城是一座早于安阳殷墟的商代前期城址。

除上述宫殿区的钻探和郑州商城四面城墙的解剖发掘外，与郑州商城遗址相关的考古发掘绝大多数都是配合城市基本建设工程而进行的抢救性发掘。

三、郑州商城遗址考古工作的四个阶段

1. 20世纪50年代初期至50年代中期（1950年秋至1955年9月）：遗址的发现与初步认识，典型遗址的发掘和研究。

1950年秋，郑州二里岗遗址的发现，带动了郑州文物工作的开展。此后的五年左右时间，在以郑州二里岗及老城区为中心的广大区域陆续发现商代文化遗存。它们分别是：

发现商代早期文化层直接叠压龙山文化层的层位关系。

发现有卜骨、青铜器和祭祀遗迹。卜骨为牛肋骨，残长约7厘米，上面刻有10个文字，经古文字学家陈梦家先生鉴定，这些文字是当时的一种习刻文字，称该字骨为“习刻字骨”[5]，这是继安阳小屯发现商代甲骨文以后的第二个发现商代文字的地区。

发现郑州商城外郭城墙。为配合郑州铁路局东站北侧仓库工程，在二里岗遗址东北部

发现一道东北西南走向的夯土墙基槽，长约300余米，宽约7米，深5米左右，夯土层厚度在10厘米左右，夯土层面有明显的夯窝痕迹，沿着夯土墙基继续进行钻探，初步确认该墙基向东北一直延伸至凤凰台村西，西南延伸到今南关大街时折向西北，探明长度为2100多米。后经发掘证明，这段夯土墙基就是郑州商城外郭城的南墙东段[6]。

在郑州市南关外（今河南省运输公司院内）发现了一处铸造青铜器的作坊遗址[7]。并在铸铜作坊遗址的东侧，发现一条商代壕沟，沟内上层堆积为二里岗期下层遗存，沟内下部为商代南关外期文化层，此即后来学术界所谓的“南关外类型”。在郑州紫荆山以北（今新华社河南分社院内）发现制作骨器的作坊遗址和紫荆山（今河南饭店院内）铸铜作坊遗址；在铭功路北段西侧（今郑州市第十四中学院内）发现商代制陶作坊遗址[8]。

在白家庄遗址和白家庄墓葬区的抢救性发掘中，发现晚于二里岗上层的新的文化遗存，后来学术界称之为“白家庄期”[9]。

在人民公园内发现商代遗址及墓葬区，并进行抢救性发掘。在墓葬区发掘的一座二里岗期的墓葬出土了铜爵、原始青瓷尊、陶豆、陶盆及玉器等10件遗物，该墓葬被商代晚期文化层叠压，说明郑州二里岗期商文化与安阳殷墟晚商文化间存在明显的早晚关系[10]。

2. 20世纪50年代中期至70年代中叶（1955年10月至1974年8月）：郑州商都遗址的勘探与发掘。

1955年10月，在郑州商代遗址的中部发现郑州商城。接着，为解决城墙的走向、筑法、结构和地层叠压关系，用了将近一年的时间，在郑州商城的四面城墙开挖探沟二十余条，对了解城墙的营造方法、平面形制、走向和年代等均提供了重要的实物依据。

该阶段发掘清理的遗存有：郑州西南郊的洛达庙遗址、紫荆山北的铸铜遗址、铭功路西侧的商代墓地、杨庄墓葬区等。

1966年至1971年，受“文化大革命”的冲击和影响，郑州商城的考古工作基本处于瘫痪状态，进展甚微。

1972年，郑州商城考古工作恢复进行。1973年，重点转在城内寻找大型宫殿基址。根据已经掌握的线索，首先在商城的东北部进行了钻探，发现在近30万平方米的范围之内，分布着数十座大小不同的夯土建筑基址，由此推定该区域即是当时统治集团处理政务和集中居住的区域。通过发掘，在商城内东北部（今河南省文物考古研究院商城工作站院内）发现大型房屋基址七座，这是在商城以内发现的第一处大型建筑基址群。由此揭开了郑州商城宫殿遗址的神秘面纱。

这一阶段在对郑州商城进行文物勘探和考古发掘的同时，学术界还就发掘资料进行了整理和研究。主要学术成果有：河南省文化局文物工作队安金槐先生等编写的《郑州二里岗》考古发掘报告；北京大学邹衡先生的《试论郑州新发现的殷商文化遗址》[11]；许顺湛先生的《灿烂的郑州商代文化》[12]；河南省文物工作队第一队编著的《郑州市商代遗址的发掘》[13]；安金槐先生的《谈谈郑州商代瓷器的几个问题》[14]和《试论郑州商代遗址——隞都》[15]等。

《郑州二里岗》一书，全面论述了二里岗文化遗址出土的遗迹和遗物，并对遗址的分期和断代提出了自己的看法。

邹衡先生的《试论郑州新发现的殷商文化遗址》，系统地研究了二里岗期商文化及其与殷墟晚商文化的关系。作者认为二里岗文化上下层之间关系“紧密衔接”，应是一个文化整体；而其上层即晚期“比起小屯商文化甚至它的早期来还要早一些”，从而确定了二里岗文化与殷墟文化之间的早晚关系。

安金槐先生的《谈谈郑州商代瓷器的几个问题》，对所谓的商代“釉陶”提出了独到的见解，认为郑州商城遗址发现的青釉陶器，实际上已具备了瓷器的特性，并称之为“原始青瓷”。该文还通过大量的文化因素分析，并参照化验数据，又提出了北方原始青瓷独立起源的观点，这在中国陶瓷界引起了强烈的反响。

安金槐先生的《试论郑州商代遗址——隞都》一文，明确指出郑州商城的性质应是商王仲丁所迁的隞都。

3. 20 世纪 70 年代中叶至 80 年代中期（1974 年 9 月至 1985 年 6 月）：结合科研课题对遗址进行勘探、发掘和综合研究。

20 世纪 70 年代中叶开始，郑州商城遗址的考古重点是配合城市基本建设工程而进行的勘探和发掘。

文物钻探工作，集中在寻找宫殿区的范围和解决城内布局两个方面。通过大面积普探和重点复探的方法，基本摸清了内城范围以内商代文化遗存的分布规律和宫殿区的大致范围。

抢救性考古发掘在城内多个地方取得重大进展：宫殿区大型建筑基址的发现，促使学者开始思考商代宫殿建筑的规模、布局和结构，同时探讨建筑的年代、分期和功能等，进而又开始讨论城址的始建、使用和废弃的年代等；郑州商城西城墙外侧杜岭铜器窖藏坑和郑州市向阳回族食品厂窖藏坑的发现，出土了十数件商代王室重器——青铜礼器，使得对商代前期青铜铸造技术的研究成为可能。因此这一阶段的研究重点都是围绕郑州商城的年代与性质和商代前期青铜器铸造工艺等展开的。

这一时期的主要考古发现和研究成果有：

1974 年 9 月，在郑州商城西墙外杜岭一带（今张寨南街）发现一个青铜器窖藏坑[16]，出土两件铜方鼎和一件铜鬲。其中一号方鼎通高 100 厘米，是郑州商城遗址迄今出土的最大的一件青铜方鼎。1982 年 7 月，在郑州商城东南城角外侧（今向阳回族食品厂内）又发现一座青铜器窖藏坑[17]，出土十三件青铜礼器，其中两件大方鼎，一件大圆鼎，两件扁足圆鼎和尊、罍、盘、中柱盂、卣等，其中的提梁卣造型别致，通体花纹，为商代前期所仅见。

在郑州商城东北部宫殿区的发掘，以 C8G10 保存较好，这是一座近南北向的夯土建筑基址，夯土表面发现有圆形的柱洞，活动面和墙基均被后期破坏。重要的是在房基上面发现一条南北向人工挖筑的壕沟，壕沟时代为白家庄期，沟内出土人头骨 80 余个，不少人头骨上留有明显的锯痕，其中 40 余个较完整。这些人头骨遗存，应为人祭活动留下的产物。经过鉴定，这些人多属于青壮年男性。有专家认为，这种现象可能是将其作为器皿使用有一定关系[18]。在郑州商城中部偏北（今黄委会水利科学研究所南院），发现一处大型建筑基址群，其中以房基 C8G15 保存较好，南北长 13.6 米，东西残长 65 米，基址面上保存有两排石柱础，这是迄今在郑州商城发现的最大一座宫殿建筑基址。另外还在郑州商城东北部（今河南省中医药研究院办公楼前）发现一处大型建筑基址群，其中以 C8G16 保存较好[19]。

在郑州商城东北部（今黄河医院内），发现一座二里岗文化时期的夯土台基，台基被战国文化层叠压，文化层内出土有大批戳印在陶豆表面的“亳”字陶文，陶豆的时代约为战国晚期[20]。

配合修建商城路，在管城区政府门前东侧，发现有商代夯土堆积，由于揭露面积有限，对整个夯土遗迹的面貌已无法弄清，但至少可以说明，在接近郑州商城的中部，仍存在有夯土堆积，对于探讨宫殿区的范围提供了新的线索[21]。

对铸铜和制骨作坊遗址进行了发掘。清理出二里岗期的房基、灰坑遗迹和铸造铜器的残范及大量的废弃骨料等遗物。

墓葬的发现比较零星，在北二七路[22]、二里岗、城内东北部和西城墙内侧护坡等地均有发现，有的墓葬还随葬成套的青铜礼器。

祭祀坑和窖穴也有发现。在郑州商城中部（今郑州市中级法院前院内）发掘的一座窖穴，出土了大量的陶器和骨匕、卜骨等；另在郑州商城外郭城南城墙内侧（今郑州市木材公司院内）发现的窖穴中，有一件大口折沿绳纹罐内出土石戈 19 件（也有学者认为是石镰），很可能与守卫城墙有关。

在研究方面，围绕着郑州商城宫殿区的年代，城址分期、性质及青铜器窖藏坑的年代、青铜铸造工艺等方面展开了热烈的讨论，取得了丰硕的学术成果。

河南省博物馆与郑州市博物馆联合发表的《郑州商代城址发掘报告》[23]，全面而系统地论述了 1955 年以来郑州商城遗址的主要发掘成果，并对该城的年代和性质进行了探讨。

邹衡先生发表了《郑州商城即汤都亳说》[24]一文，首次提出郑州商城应是商代开国君王成汤所都亳邑的新说。

邹衡先生出版的《夏商周考古论文集》[25]一书，根据新出土的考古资料，将郑州地区二里岗文化进行了新的分期，他首先把整个商文化分为先商、早商和晚商三期七段十四组，把郑州的“南关外期”以及原来属于二里岗下层文化的 C1H9 等单位列于先商文化的第一段第二组；把原来属于二里岗下层文化的 C1H17 等单位列于早商文化的第二段第三组；把原来属于二里岗上层文化的 C1H2 等单位列于早商文化的第二段第四组；把原来属于二里岗上层文化的 C1H1 等单位列于早商文化的第三段第五组；把白家庄遗址上层的单位列于早商文化的第三段第六组；把白家庄铜器墓等单位列于早商文化的第四段第七组。另外，还对郑州商城为汤都亳邑问题进行了详细的论证。

河南省文物研究所编著的《郑州新发现商代窖藏青铜器》[26]，安金槐先生的《郑州新出土的商代前期大铜鼎》[27]，裴明相先生的《郑州商代铜方鼎的形制和铸造工艺》[28]和《郑州商代二里岗期青铜容器概述》[29]，杨育彬先生的《郑州二里岗期商代青铜器的分期和铸造》[30]和《从郑州新发现的商代窖藏青铜器谈起》[31]等不仅对青铜器窖藏坑的位置、开口层位、形制与结构、主要包含物及伴出器物等作了详尽的介绍，同时还论证了窖藏坑的年代和性质，进而对商代二里岗期青铜容器的铸造工艺进行了推测复原。通过对青铜方鼎、扁足圆鼎、提梁卣、尊、罍等容器制作技术分析，可以看出，当时已经掌握了复杂的青铜铸造工艺，青铜铸造业在当时处于十分重要的地位。

河南省文物研究所编著的《郑州商代城内宫殿遗址区第一次发掘报告》[32]，全面介绍了郑州商城宫殿区的考古发掘成果，报告除对宫殿区的范围和布局进行详细阐述外，还重点介绍了几座宫殿建筑基址的平面形制、结构和建造年代等。

河南省文物研究所编写的《郑州北二七路新发现三座商墓》[33]，重点介绍了1982年在郑州北二七路中段路东发掘的三座商代铜器墓。其中一号墓保存完好，平面为长方形，墓底铺有1厘米厚的朱砂，棺下有一长方形腰坑，腰坑内殉葬一狗。墓内随葬品较多，有铜鼎、铜斝、铜爵、铜觚、铜刀、铜片、玉戈、玉铲、玉柄形器、玉璧、玉饰、石戈、石铲、石柄形器、石钵、骨匕、骨簪、骨镞、牙饰、涂朱圆陶片等。其中石钵较为罕见。这批墓葬位于商代遗址中，它的发现，为寻找郑州商城的墓葬区提供了珍贵的线索。

杨育彬先生撰写的《郑州商城初探》[34]一书，收集了郑州商城的大量考古资料，结合古代文献，对郑州商城进行了综合研究和探讨。

郑杰祥先生根据自己对甲骨文和先秦文献的研究体会，结合考古资料，于《中国史研究》发表了《商汤都亳考》一文[35]。

陈旭先生的《郑州商城宫殿基址的年代及其相关问题》[36]，对郑州商城宫殿基址的年代进行了论证，并对郑州商城的年代和性质提出了自己的见解。

4. 20世纪80年代中期至今（1985年7月至2015年2月）：配合基本建设工程项目的抢救性发掘，重点解决学术课题。

20世纪80年代中期以后，郑州市的城市建设步伐日趋加大，旧城改造的规模和速度不断加快，因此，配合城市基本建设工程项目而进行的抢救性考古发掘也越来越多，重要考古发现层出不穷，为解决与郑州商城相关的学术课题提供了更多的资料。

这一阶段郑州商城遗址发掘的重要考古发现主要有以下五个方面：

一是外郭城墙的调查、试掘以及城墙年代与性质的认定[37]。

从1953年发现郑州商城外郭城南墙算起，到80年代中期已经过了三十多年的时间。这一时期内，尤其是1955年发现郑州商城内城以后，郑州的考古工作主要集中在对郑州商城内城的研究上。外郭城的真正被认识和开始工作是80年代中期以后。1985年6月，在郑州商城南墙以外的今市木材公司至烟厂街南端发现一段外郭城墙；同年，在郑州火车站广场以南一马路东侧振兴商场的施工中，也发现了夯土堆积保存完好的外郭城西墙墙基；另外在郑州饭店东侧，也发现一道夯土墙基，向北一直延伸到东方红影剧院门前。经钻探，发现墙基向北延伸到今西太康路南侧，向南延伸到陇海路一带。1987年春，通过钻探和试掘，将郑州市南关外陇海铁路附近发现的各段夯土墙基本上连接了起来，形成一条自郑州商城南墙以外呈不规则弧形环抱内城的墙圈。1991~1992年，河南省文物研究所郑州工作站在三德里和花园新村的发掘中，又发现了一段略呈西北—东南向的转角形夯土墙基，这里距郑州商城西南城角约1100多米。1993年，河南省文物研究所郑州商城工作站在郑州饭店扩建工程中，于福寿街西侧、兴隆街北侧的交会处，发现商代外郭城西城墙从基建区中部呈南北向穿过。2000年和2001年，为配合郑州紫荆山南路拓宽改造工程，河南省文物考古研究所郑州工作站在陇海铁路与紫荆山南路交叉口北侧进行考古发掘，发现了一段南墙墙基和护城河遗存。2002年春河南省文物考古研究所又对城西、东、北三面进行了考古钻探和发掘，证明郑州商城的外郭城应是商城的重要组成部分，它是通过城墙、护城河以及商城以东大面积的湖面包围内城而形成的郭城。郑州市文物考古研究所近年来在位于郭城西南城角的银基商贸城和解放路北侧兴华幼儿园，即郭城西墙中部相应位置的抢救性发掘中均发现有夯土堆积，这些为确定外郭城西墙的位置和西南城角提供了佐证。

二是郑州商城内城西、南城墙的解剖和城内三道夯土墙的年代和性质推测。

在郑州市紫荆山路通过的郑州商城南城墙中部，共开挖南北向探沟四条。通过发掘可以看出，南城墙顶部保存宽度7米左右，底部宽22.5米，残高5.5米。城墙底部有宽5.9米、深0.4米的基础槽。城墙夯土层较薄，夯窝密集，质地纯净，结构坚硬。从地层叠压关系看，有二里岗上层一期文化层叠压城墙内侧根部。商代夯土的外侧被战国晚期附加的夯土堆积所叠压，内侧则为汉代以后至宋代的夯土堆积。

配合河南省新华书店图书城工程建设，在郑州商城西城墙中部对郑州商城的西城墙进行了大面积发掘，进一步弄清了商代夯土城墙的营造方式和结构，同时在打破城墙的堆积中发现4座商代墓葬[38]。

郑州商城东北部宫殿区内发现的一段“夯土墙”基[39]，因其位置特殊，年代较早，在学术界引起广泛关注。该夯土墙基编号W22，位于郑州市顺河路西段南侧，黄河水利委员会青年公寓大楼基础部分的西侧，基本呈东北—西南走向。两次发掘揭露长度约100米，基槽宽度7米左右，“在W22的夯土层内既出土有二里岗下层时期的罐、尊、鼎、盆、簋、缸、澄滤器、瓮、器盖、甗等陶片，也出有早于二里岗下层的遗物，如花边口沿罐、鼎足、鼎腹、豆盘、盆等陶器残片，没有发现晚于二里岗期下层的遗物”。由此推测，该夯土遗迹属于“二里岗下层时期的夯土墙”[40]，后来的发掘者指出：“打破夯土墙的两个灰坑H56、H114的出土物可能要早于二里岗下层，最晚可至二里岗下层偏早阶段H9的时期。”“从夯土墙打破遗迹中的出土物和打破夯土墙基遗迹的包含物分析，夯土墙基的始建年代不早于二里头文化第四期晚段，亦不晚于郑州二里岗下层一期，其建筑及使用时间应大体相当于二里岗下层的H9阶段。”“关于这段夯土墙的性质，我们认为它不大可能是宫城的围护墙，该段夯土墙基础宽8米余，似接近一道城墙的特征。”[41]

安金槐先生认为“就商代宫殿区内这段商代夯土墙基的基础槽形制、夯土层厚度与夯杵窝印痕的形制大小看，基本和郑州商城的基础槽与外郭城墙基础槽相类同。再者从宫殿区内这段商代夯土墙的地层叠压与打破关系看……应是属于商代二里岗下层二期修筑的，其修筑时间应和郑州商代城的内城城墙与外郭城墙是同步的”[42]。

杨育彬先生则认为该夯土墙基“始建于二里岗下层偏早阶段”[43]。

袁广阔先生认为该夯土墙的始建年代应为洛达庙晚期[44]。

李伯谦先生也认为“W22的始建年代应在洛达庙晚期，不会晚到二里岗下层一期之时”[45]。

王学荣等先生认为该夯土墙“首先可排除是房基，而肯定为墙基。……由W22夯土中出土的陶片判断，W22夯土基址的始建年代不早于偃师商城商文化第一期早段(1段)。……与郑州二里岗C1H9所代表的二里岗下层一期大体相当”[46]。

在东里路东段北侧的北大街住宅楼建设工地，也发现一段商代夯土墙。墙仅存基槽部分，呈西北—东南方向，基槽宽约3米，发现长度约60余米，深约1.1~1.4米，墙基槽直接打破生土，向东西两个方向继续延伸。从层位关系看，墙基槽上部被二里岗上层二期遗迹打破。结合出土物和周围环境分析，该夯土墙很可能是宫城北墙的一部分，墙的北部是与之平行的输水管道和蓄水设施，这种平面布局与偃师商城池苑遗址南侧为宫城所作的格局大致雷同，在这道夯土墙以北就很少发现具有一定规模的夯土建筑基址了[47]。

在配合紫荆山路的考古发掘中，在郑州市城北路以南，紫荆山路东侧发掘出一道东西向夯土墙，基槽宽约5.6米，残深3.8米，长度已达百米以上，从层位叠压关系和夯土包含物看，其时代约相当于二里岗上层二期，因该阶段郑州商城已开始逐步走向衰落，一些宫殿建筑被废弃，文化堆积的分布范围在逐渐缩小，因此我们认为该夯土墙可能与“白家庄期”的文化分布范围以及郑州商城宫殿区南侧的卫护墙有关[48]。

三是宫殿建筑基址的发掘与解剖以及年代序列的建立。

郑州商城遗址宫殿区的发掘无论从面积还是地点来看都不算少，但除了20世纪70年代几个地点的大面积发掘外，大部分都很难对基址进行全面揭露，其主要原因是：首先，从夏末商初开始直到今天，郑州持续作为城市存在，大到王都、军事重镇，小到县城、商贸集镇，数千年的沧桑变化，朝代更迭，战事频仍，天灾人祸，城市从规模、布局，到官府建筑、民居房舍乃至手工作坊等均不断发生变化，后代对前朝的破坏，同一时期的推陈出新使得城址下面变得错综复杂，因此，越是早期的遗存，遭到破坏的程度越大，尤其是那些位居高亢地带的宫殿遗址受到了不同程度的扰动。其次，发掘地点往往受到地理位置的局限，如道路、楼房等地物或永久性建筑，使考古发掘只能在相对狭小的空间进行。再者，配合基本建设而进行的抢救性发掘，受到发掘面积的局限，发掘地点多以工程项目为单位，建筑又以单独的住宅楼、办公楼或商业房为主，因此一般情况下，揭露的面积不可能太大。最后，尤为重要的一点是，在过去的发掘实践中，将城墙和夯土建筑基址这样无法移动的遗迹，是作为象征一个城址和遗址中最重要的部分看待的，因此，处于保护文物遗迹的需要，多数夯土遗迹在清理至最上一层夯土面的同时，就暂停发掘，最多也只是象征性地挖个解剖沟，这样从平面和结构上对了解夯土建筑的规模、年代和发展序列都造成了一定的困难。这里我们介绍的夯土建筑基址，也只能按发掘地点和建设单位分别介绍，对于那些发掘面积较大，叠压打破关系复杂的发掘项目将做重点阐述。

郑州市保险公司东里路家属院发现商代夯土基址两处。

郑州医疗机械厂、黄委会锅炉房等地点，发现大面积的商代夯土堆积。

在配合郑州电力学校的发掘中，清理出残破夯士台基1座，面积500平方米，年代相当于二里岗上层时期[49]。

在配合黄委会61号、62号住宅楼工程的发掘中，发现商代夯土建筑基址2座，其中1座保存较好。有商代柱础坑22个，排列有序*。

在郑州回民中学院内发掘中，清理出二里岗文化下层夯土建筑基址3座，基址下面叠压有“洛达庙期”文化堆积*。

在紫荆山路北段西侧的民族小区也发现一座二里岗下层时期的夯土基址，平面呈曲尺形*。

在郑州市东里路东段路南的河南中医学院家属院内，发现二里岗文化时期的夯土建筑基址3座*。

在郑州商城内东北部南侧的郑州丝钉厂发掘出面积较大的夯土建筑基址2处，南侧1处为东西长条形，长度70余米，南北宽2.2~2.3米。在夯基上有长方形柱础55个，应是廊一类的建筑。东部1处长40余米，发现一排圆角方形柱础槽，每边宽为1~1.4米之间，中间有直径0.4米的木柱灰痕，其下都埋有柱础石。时代约为二里岗上层一期*。

在郑州市东里路东段路北今郑州皮毛工艺厂院内东侧，发现2座商代二里岗上层时期的夯土基址*。

在黄河中心医院，发掘出2座二里岗上层一期的夯土建筑基址*。

在东里路38号院发掘出一座大型宫殿基址，基本呈南北走向，略偏西南。南北长25米，东西宽16米，并有7排柱础槽，每排有柱础槽14个。柱础槽间距1.9~2.3米，槽内下部均放置有柱础石*。

在配合郑州回民中学的考古发掘中，发现一处商代大型夯土建筑基址，保存较好，长约40米、宽约14.30米，保存夯土厚度1.25~2.15米。在夯基南北两侧分布有成排的柱洞和柱础石。夯土基址下发现有较早的灰坑和墓葬*。

配合黄委会1~5号综合楼工程，对位于郑州市紫荆山路西侧，顺河路以北、金水河南岸的基建区进行大面积发掘，发现叠压打破关系复杂的商代夯土基址13块。平面形状多已残缺不全*。

配合河南省歌舞剧院住宅楼工程在紫荆山路与城北路交叉口西南角发现商代夯土基址2处*。

在商城东北部今东里路东段北侧，郑州市北大街居民住宅楼工程工地，发现层层叠压的夯土建筑基址20余座和二里头文化晚期的灰坑等重要文化遗存。这些地层关系，被列为“夏商周断代工程”中的一组典型地层，为确立夏商分界的界标以及解决郑州商城的始建年代等重大学术问题提供了考古学上的根据[50]。

四是城市水利设施的新发现。

在郑州市黄河中心医院南半部的发掘中，发现1处石板砌筑的商代蓄水设施，西北—东南方向，东西长约100米，南北宽约20米，深约2.5米，用经过加工的青石板铺底，圆形或不规则形石块砌壁。时代为二里岗上层一期[51]。

蓄水设施的东南不远处，在北大街居民住宅楼的发掘中发现了一道西北—东南走向的供水管道。该管道位于宫城墙以北4米处，已发现长度约40米，由地下夯土沟槽、石板筑水管道和汲水井三部分组成。沟槽平面为长方形，断面呈倒梯形，口宽11米，底宽3米。底部中间为长方形石板筑砌的供水管道，管道截面近方形，其上盖有3米多厚的夯土，管道底部有淤积的纯净细黄沙及贝壳、河蚌壳等；汲水井位于夯筑沟槽的中部，向下打破夯土与石板筑水管道相通。井平面呈长方形，长2.5米，宽1.5米，南半部均有二层台。汲水井发现四个，间距均为8米左右，可能与汲取清水、清淤或控制水量有关。该供水管道向西北延伸应与蓄水设施相通。在郑州商城东城墙内侧的郑州医疗机械厂西院内西北角，也发掘出一段石板砌供水管道，为东北—西南向，其结构与北大街所见基本相同，方向与之垂直，应为同一条管道的不同部位。配合黄委会1号高层宿舍楼建设，在郑州市顺河路西段路南的发掘中，发现一条西北—东南向的输水管道，其底部和两壁均为夯土，其上面盖有石板，该输水管道上宽0.68米，下宽0.79米，高0.50米。在管道东端壁上还发现四组用来控制水量插木板闸阀的竖向窄沟槽，向东南延伸也可与黄河中心医院发现的蓄水池相对应。从其地层打破关系和出土陶片看，该输水管道建于二里岗上层一期，使用到了二里岗上层二期[52]。

除在郑州商城宫殿区附近发现布局合理、结构复杂、原理独特的蓄水设施和输水管道外，在商城东部以及东北部宫殿区范围内如今郑州电力学校院内、郑州丝钉厂、河南中医学院家属院、郑州医疗器械厂等地点的考古发掘中，还多次发现结构复杂的商代夯筑水井。如郑州电力学校食堂工地发现的商代水井，井框平面呈长方形，但在井框外有一个直径近9米的椭圆形坑，口大底小，略呈锅底状。井框底部用榫卯结构做成一个木质长方形井盘，井盘上用不规则圆木做成高1.5米的“井”字形框架，木井框外侧附贴0.30～1.0米的青膏泥；井盘内铺有20～30厘米厚的碎陶片和汲水时损毁或掉下来的汲水器，碎陶片层的作用主要是澄沙过滤。这为研究商代前期的凿井技术提供了珍贵的实物资料[53]；郑州医疗机械厂西院也发现由夯土井坑、井台和井筒组成的大型商代水井一眼。这些水井的年代均为二里岗上层一期。

五是青铜器窖藏坑年代和性质的新认识。

郑州商城遗址的青铜器窖藏坑共发现三个[54]。窖藏坑的分布位置、结构、包含物、时代上均具有鲜明的特点。1975年，在郑州商城西城墙外的杜岭张寨南街，发现了一个商代二里岗期的窖藏青铜器坑，坑内埋有2件铜方鼎和1件铜鬲。其中1号方鼎高1米，腹部与四足装饰有带状饕餮纹与乳钉纹，是目前郑州地区出土形体最大的一件铜鼎。1982年，在郑州商城的东南城角外侧的郑州向阳回族食品厂院内，又发现了一个青铜器窖藏坑，坑内埋有铜方鼎2件、大圆鼎1件，还有扁足鼎、卣、尊、罍、盘、觚等共13件。1996年，在郑州商城西城墙南段外侧的南顺城街以西，发现第三个青铜器窖藏坑，坑内埋藏铜方鼎4件，并有簋、斝、爵、钺和戈等12件青铜器。经过对三个坑位置、层位关系、埋藏方式、坑内填土的质地和颜色以及对所藏器物的处理方法等方面的比较发现，这三个商代窖藏铜器坑，均位于郑州商城的城墙外侧附近，坑的底部均坐落在生土上。坑内埋藏青铜器的方法，都是形体较小的铜器套装在较大的铜器内，其放置情况皆井然有序，均为利用曾废弃的商代窖穴或水井。特别是已发掘的三个窖藏坑内放置的青铜器中，各类器物多成对出现，方鼎不仅是偶数且已接近列鼎形式。另外从铜器铸造工艺分析，三个坑中所出器物年代有早有晚，埋藏的时间有的是二里岗上层时期，也有的晚于郑州商城的最晚阶段——白家庄期，却又早于安阳殷墟的最早阶段。至于其成因，应与特殊的国家政治事件有关。因为集中埋藏这些商代王室的重要青铜礼器，显然不是社会有序状态下所发生的正常现象。也有学者认为埋藏有序，与商代王室祭祀活动有关。

80年代中期以后，对考古发掘资料的整理和研究工作一直在紧张进行着。河南省文物考古研究所等单位陆续发表多篇考古发掘简报或报告，历史考古学界对郑州商城遗址的研究也跨上了一个新的台阶。在这二十年左右的时间里，相继出版学术专著三部，分别为《郑州商城考古新发现与研究（1985—1992）》[55]、《郑州商城——1953～1985年考古发掘报告》（上、中、下）、《郑州商代铜器窖藏》[56]等。发表考古简报、报告和论文百余篇。如《郑州洛达庙遗址发掘报告》[57]《郑州商代二里岗期铸铜遗址》[58]《1992年度郑州商城宫殿区发掘收获》[59]《郑州南顺城街青铜器窖藏坑发掘简报》[60]《河南郑州商城宫殿区夯土墙1998年的发掘》[61]《郑州商城北大街商代宫殿遗址的发掘与研究》[62]《郑州商城外郭城的调查与试掘》[63]等报告都及时详细介绍了郑州商城遗址各类遗存的发掘收获。专家、学者更是在最新考古材料的基础上，重新检视自己的观点，补充或修正用于立论的论据，发表新的论著与别人进行热烈的讨论。这些代表不同观点的著作不仅活跃了学术气氛，同时对郑州商城考古学研究早日达成共识也大有裨益。因篇幅所限，这里仅列数篇，不一而足。如邹衡先生的《郑州商城是商汤灭夏前后的亳都》[64]，李伯谦先生的《对郑州商城的再认识》[65]，安金槐先生的《关于郑州二里岗期陶器分期问题的再探讨》[66]，杨育彬先生的《再论郑州商城的年代、性质及相关问题》[67]，秦文生先生的

《郑州商城的主要发现及其性质探讨》[68]，肖冰、王学荣先生的《关于郑州商城始建年代问题》[69]等都为郑州商城遗址的年代、性质及相关问题的解决产生了积极的影响。

四、研究要览

（一）关于郑州商城遗址始建年代的讨论

从郑州商城发现以来，其始建年代，一直是学术界讨论的焦点，至今尚未定论。综观各家所言，主要有五种观点：1. 郑州商城始建于二里岗下层二期；2. 郑州商城始建于二里岗下层一期偏晚阶段；3. 郑州商城始建于二里岗下层一期或更早；4. 郑州商城始建于南关外期（以郑州二里岗 C1H9 和南关外 H62 为代表）；5. 郑州商城始建于洛达庙期。

郑州商城遗址的发掘者在《郑州商代城遗址发掘报告》[70]中，就郑州商城内城城墙的地层关系和年代曾得出如下结论："根据以上的地层叠压情况，我们认为郑州商代城墙的建造时间应是建造于二里岗下层。"随着考古发掘与研究工作的不断深入，发掘者又将郑州城内城的建造年代做了进一步的表述，"郑州商城夯土城垣的开始修建时期，应是在商代二里岗下层二期"[71]。与该观点比较接近的学者将现有考古资料分析后认为，郑州商城内城的始建年代，应为二里岗下层二期偏早阶段（以郑州南关外 H62 为代表，约当偃师商城商文化第 3 段）[72]。

有研究者指出："从四面城墙的地层关系可以看出，郑州商城夯土城墙的根基部分被二里岗下层二期或更晚一些的文化层、灰坑墓葬叠压和打破；商代夯土城墙本身包含最晚的陶片为二里岗下层一期；商代夯土城墙下面叠压的有二里岗下层一期小灰沟或更早一些的文化层、灰沟和灰坑。由此可知郑州商城的相对年代是介于二里岗下层一期和二期之间，亦即不能早于二里岗下层一期，也不会晚于二里岗下层二期。其始建年代约在二里岗下层一期偏晚阶段，其使用时间应是从二里岗下层二期开始，一直持续到二里岗上层二期。"[73]

有的研究者根据郑州商城发掘报告提供的资料认为，"郑州商城内城和外郭城的始建年代的确应该在二里岗下层一期或更早，不会晚到二里岗下层二期之时"[74]。

还有的研究者认为郑州商城的始建年代为郑州南关外时期[75]。

提出郑州商城始建于洛达庙期的观点是近年学者提出的全新观点。他们从分析郑州二里岗下层文化主要来源入手，认为二里岗下层文化来源于郑州"商城内的洛达庙文化"。而郑州商城内城"城墙的时代要早于学术界所认识的商代二里岗下层的整个年代"。"从内城普遍存在洛达庙文化层的状况，结合城墙和宫殿被二里岗下层一期文化叠压的事实，我们认为内城兴建的年代可能接近洛达庙期"[76]。

（二）郑州商城遗址的内外城与城墙结构

经过数十年的考古发掘和研究表明：郑州商城由外城、内城与宫城三部分组成，具有严谨的三重城结构，面积约 13 平方公里，这种城址布局，开了我国城市规划布局的先河。

郑州商城的外郭城应是商城的重要组成部分，它是通过城墙、护城河以及商城以东大面积的湖面包围商城内城而形成的带有明显防御性质的军事设施。鉴于地形地貌所限，外郭城的平面现状极不规则。目前仅发现了南墙和西墙的大部。南墙从凤凰台向西经水利厅仓库、市木材公司，继续向西稍偏北，再经郑州五中、东豆腐寨、郑州三十中，再折向北稍偏西，经西南城角与西墙相连，向北银基商贸城、中原大厦、郑州饭店东侧、东方红影剧院直到解放路以北的兴华幼儿园，根据其向西北延伸的走势，最宽处可到铭功路西部的制陶作坊西侧。西墙向北仅发现护城河部分，到达东三街北的儿童医院；北墙的位置应在紫荆山制骨作坊以北，现在的纬三路向北约100米处发现有护城河；东部为湖泊，东部湖岸为凤凰台村，向北经玻璃厂、皮鞋厂至城北路距内城东墙约200米，向北经白家庄、司家庄。西、南、北三面外郭城墙与内城城墙的距离最宽处在1100米左右。西墙断断续续发现夯土墙基约2000米，已发现的外郭城城墙总长度约在5000米。依据目前的发现看，郑州商城外郭城大多只剩下基槽部分，南面的夯土墙基宽12米左右，西面的夯土墙基宽17米。城墙的筑法是，先挖一条口部略宽于底部的基础槽，然后填土分层夯实。夯土墙基础槽口宽14米左右，槽深1.2~1.8米。外城墙之外是10余米的过渡地带，然后是宽约40米的护城河。城墙基槽夯层内遗物很少。从墙体夯土结构、夯层厚度、夯窝形状和出土物分析，外郭城的建造年代约相当于二里岗下层时期，大致与内城的始建年代相当。

郑州商城的内城位于外郭城以内数百米至1100余米处，夯土城垣的形制略呈南北纵长方形。东城墙与南城墙的长度均约为1700米，西城墙长约1870米，北城墙长约1690米，总计城墙周长约6960米，东、北城墙相交处有一道沙土岗，筑城时随地势营建夯土墙，致使该城角呈抹角状向内倾斜。内城四面城垣，共发现11个宽窄不同的缺口，有的可能与商代城门有关。城墙系用粉沙土和黏土分层夯筑而成，质地坚硬。夯土城墙采用分段版筑法分层夯筑而成。城墙的横剖面略呈梯形，中部夯层呈水平分布，层层叠筑，是城墙的主体，即“主城墙”。梯形两腰为“护城坡”。“护城坡”上铺有一层料礓石碎块，应与防水有关。大部分夯土城墙还保存在现今的地面上，其中保存最高处为4~5米，夯土城墙底宽为20~30米。它是目前我国所发现的商代夯土建筑遗存中，夯土城墙范围最大、地面上夯土城墙保存较高和夯筑技术较好的一座商代夯土城垣建筑遗址。

（三）郑州商城遗址的宫城及宫殿区

近年来在郑州商城遗址的考古发掘中，曾在内城东北部发现三道夯土墙基。年代分二里岗下层一期早段、二里岗上层一期和二里岗上层二期三个阶段。其中位于东里路东段北侧的北大街住宅楼建设工地的商代夯土墙基槽，从地理位置和平面遗迹分布看，很可能是宫城北墙的一部分。该墙基位于宫殿区的东北部靠边沿处，方向与郑州商城内城的东北城角基本平行，墙基北侧不远处即为蓄水池和输水管道，这种布局与偃师商城宫殿区的情况十分类似。从这段夯土墙基的筑法看，和郑州商城夯土城墙的筑法基本相同。“在夯土层内包含的碎陶片中，除有商代二里岗下层二期者外，也有一些洛达庙的。说明这段夯土墙基的时代，应是商代二里岗下层二期开始修建的。”[77]由于发掘面积有限，宫城的范围和形制尚不清楚，但从城墙和宫殿建筑基址的分布推测，在郑州商城内城的东北部可能应存在一个宫城。

宫殿建筑与宗庙建筑多分布于内城东北部的宫城内。但通过这些年的发掘，尤其是近几年的发掘，越来越多的夯土建筑基址并不是仅局限于宫城以内，在内城的其他地区也有发现。

现举例说明商代宫殿建筑的平面结构和营建过程。

在东里路东段北侧，即今河南省文物考古研究院郑州商城工作站院内，发掘出一组商代建筑，其中第 10 号房基（C8G10）保存完好，平面为长方形，南北长 34 米，东西宽约 10.2～10.6 米。房基地坪是由十多层杂土铺垫而成的活动面，证明该房基曾使用相当长的时间。在房基地坪上保留有大小不同、高低深浅不等的圆形柱础和柱洞，大致分为七排，由于不少地方遭到破坏，每排现存的数量差别较大。从柱洞的形制看，可以分为三种：一种圆形柱础是用料礓石块砸成的，柱础直径为 30～40 厘米；另一种圆形柱础是用料礓石碎块和砂土分层填实，直径为 28～42 厘米；第三种为柱础坑，数量最多，口大底小，底部铺有料礓石层，柱洞口径 18～36 厘米，深 9～30 厘米。在房基西壁中部和北部，还残存有夯土筑成的墙基。由于后期破坏，整个房基的平面结构目前已无法复原。紧靠 10 号房基西侧，还发现 6 座商代大型夯土基址*。

在顺河路西段南侧，即今黄委会水利科学研究院南院内，发掘出第 15 号房基（C8G15），房基地坪距今地面约 3.7 米深，东西残长 65 米，南北宽 13.5 米。房基面上尚存在两排柱础坑。北面一排有 27 个柱础坑，皆为长方形，一般南北长 1.5 米，东西宽 0.8 米，现存深度约 0.4～0.7 米；南面一排的东段发现 10 个，形制较小。坑中部有深灰色的圆形柱洞，柱径约 0.3～0.4 米。柱洞底部有石柱础，形状不规整。两排柱础坑排成直线，柱与柱之间相距约 2.1 米，排与排之间相距 9 米。柱础坑的外侧还发现有擎檐柱的遗存，由此可见，宫殿周围可能曾修建有回廊*。

在城北路中段南侧，即今河南省中医研究院内，发掘出第 16 号房基（C8G16），南北长 38.4 米，东西宽 31.2 米，距地表深 3 米多。房基面上发现有内、中、外三排距离很近且又相平行的柱础坑。柱础坑皆为圆形，边框直径为 0.95～1.35 米，坑内中部灰色的圆木柱痕直径为 0.3～0.4 米，石柱础都是青白色的河卵石。柱础坑之间相距 1.2～1.6 米，木柱中心相距 2.05～2.5 米。同一排的柱础坑之间相距 0.5～1.5 米，木柱中心相距 1.6～2.45 米。柱础坑口大底小，坑壁斜直，石柱础平置于底部中间，其上木柱灰痕明显。从残存的柱础的布局看，原建筑可能有较宽的回廊和重檐，也许就是“堂”一类的建筑*。

此外，近年来在顺河路南侧黄委会家属院内，发掘出一座东北、西南向的长方形宫殿基址，南北长 47 米，东西宽 11 米。夯土台基面上发现有南北纵列的三排柱础槽，保存完好的有 34 个，柱础槽内有圆形木柱痕，其下均有柱础石*。

在城北路东段北侧郑州医疗机械厂西院内，发掘出一座东西长 32 米，南北宽 11 米的夯土台基，其南北边缘各有一排柱础石，在其东西两侧还各有面积较小的附属建筑，构成一组宫殿*。

在东里路中段南侧的郑州回民中学院内，发掘出 3 座夯土台基，发现有柱础槽遗存，还发现有排列密集的木骨泥墙柱洞。在夯土台基底部有古河道的河相堆积层，为加固基础，在古河道上先用天然石块垫筑 2 米多厚，然后再在其上修建夯土台基*。

通过考古发掘，可以看出这座大型房基修建的大致程序：先挖一个东西横长的大型基础坑，填土分层夯实，逐渐高出地面，筑出一座夯土台基，然后在夯土台基上挖两排长方形的柱础坑，把石柱础放进柱础坑内，再把木柱立在柱础石上，然后把柱础槽填土夯实，使木柱固定。这两排木柱是起檐柱的作用。接着在两排檐柱的内侧修筑房子的木骨泥墙或夯土墙，最后再上梁架，修茅草屋顶。这大致就是所谓的“茅茨土阶”。

（四）郑州商城遗址所见早商青铜器

郑州商城遗址发现的青铜器分别出土于内外城之间的三座商代青铜器窖藏坑和中小型

贵族墓葬。三个青铜窖藏坑共出土商代王室礼器28件。从器类看，可分为容器和兵器两类。其中容器类25件，分别为：大方鼎8件，大圆鼎1件，扁足圆鼎2件，鬲1件，牛首尊2件，羊首罍1件，提梁卣1件，觚2件，爵2件，斝2件，中柱盂1件，簋1件，盘1件。兵器类3件，其中钺1件，戈2件。此外，在郑州商城内外的二里岗、杨庄、白家庄、东里路、铭功路、北二七路、人民公园、南关熊耳河等地的商代墓葬中[78]，也出土了一定数量的商代青铜器。除生产工具和兵器之外，还有很多青铜容器。这些为研究我国商代青铜铸造工艺和独特的装饰技术提供了重要实物资料。

在郑州商城出土的青铜器表面，或多或少都遗留有铸造的痕迹，与铸铜作坊遗址出土的陶范相对照，不但可以证明这些青铜器是在郑州商城遗址铸造的，还可以通过这些青铜器了解当时青铜器的铸造工艺[79]。

经分析测试和模拟试验，发现铸造大方鼎和大圆鼎有着比较复杂的程序。一般要使用多块范、多次浇注而成。铜斝、爵、盉等个体较小的三足器物均是用三块外范和一块内范一次浇铸而成的。尊、罍、觚、盘等器物的铸造方法接近，多采用倒铸的办法，浇口位于圈足的底部。尊肩部的牛首和罍肩部的羊首等装饰性附件和扉棱，有着明显的浮雕和半浮雕效果，制作时往往十分讲究，有的扉棱中间留有范缝，这样扉棱既可以作为装饰附件，有具备掩盖范线的效果。涡纹中柱盂和提梁卣均采用了分铸法。前者是先铸好中柱，然后和盂身嵌铸在一起；而提梁卣的铸造相对复杂得多，先铸出套环链，然后把套环链与盖和提梁相连，再将提梁与卣体合铸在一起，保证提梁通过环耳和卣身相连，且又能活动。

总之，从郑州商城遗址发现的青铜器可以看出，商代前期青铜器铸造已建立起了一套较为完整的体系，这在郑州南关外和紫荆山两个铸铜作坊遗址都有清楚的反映。铸造业内部已存在一定的分工，而且随着当时社会的需求，已开始铸造各种类型的青铜礼器。从器物类别看，商周时期百分之七十的器类在商代前期已经出现，另外还发现有兵器、农具和生产工具等。这一时期青铜器铸造突出表现了以下特征：合范技术已非常成熟；胎质厚重匀称，尤其是口沿部位常有加厚现象；个别造型复杂的器物已出现分铸技术；酒器和食器在礼器中占有绝对的比例，器物表面普遍发现装饰花纹，纹饰内容大都采用兽面纹（或称饕餮纹和夔龙纹等），但除双眼外，表现手法多比较抽象，纹饰的装饰特点加强，个别器物在肩部或腹底出现浮雕，有的已有通体花纹。

（五）郑州商城遗址的年代与文化分期

郑州商城的年代可以分为相对年代和绝对年代两种。郑州商城遗址延续时间较长，其相对年代晚于以郑州洛达庙遗址为代表的夏代晚期文化，而早于以人民公园期为代表的商代晚期文化，为商代前期（或可认为郑州商城遗址的年代相当于先商文化的晚段、早商文化和中商文化的早段）[80]。其绝对年代则是通过含碳样品进行碳十四测年的拟合日历年代。从夏商周断代工程测年专家提供的数十个数据看，有些数据因误差过大只能摒弃不用，但多数年代数据处在误差范围以内，当然不同发掘地点、不同的测试批次以及不同的测试单位和测试设备也都会影响测试的数值。这里我们列举两组分别利用常规法和加速器质谱仪两种方法对郑州商城遗址范围内的洛达庙晚期遗存和郑州商城各期含碳样品测试的绝对年代数据[81]，供研究者参考。

首先是常规方法测出的碳十四数据：

在洛达庙类型晚期遗存VT155G3内出土的骨骼标本的年代为公元前1630—前1540

年；二里岗下层一期早段遗迹 IIT166G2 内出土的骨骼标本的年代为公元前 1580—前 1490 年；二里岗下层一期晚段遗迹 IIT203H56 内出土的骨骼标本的年代为公元前 1518—前 1478 年，同期遗迹 IIT159 出土骨骼标本的年代为公元前 1515—前 1480 年；二里岗下层二期遗迹 IIT202H60 内出土的骨骼标本的年代为公元前 1485—前 1425 年，同期遗迹 IIT236H156 内出土的骨骼标本的年代为公元前 1485—前 1480 年；二里岗上层一期遗迹 IIT234H28 内出土的骨骼标本的年代为公元前 1429—前 1395 年，同期遗迹 IIT234G2 内出土的骨骼标本的年代为公元前 1429—前 1393 年；二里岗上层二期遗迹 98ZSH12 内出土的木炭标本的年代为公元前 1390—前 1300 年；同期遗迹 IIT201H2 内出土的骨骼标本的年代为公元前 1400—前 1370 年。

其次，让我们看看用加速器质谱仪测定的碳十四数据：

洛达庙晚期数据共三个：

T232H230 出土的木炭年代为公元前 1690—前 1610 年；

T155G3 出土的骨骼年代为公元前 1640—前 1605 年；

T232H233 出土的木炭年代为公元前 1640—前 1605 年。

二里岗下层一期早段数据五个：

T232 夯土 VII 下垫土内出土的木炭年代为公元前 1600—前 1540 年；

T232 夯土 VII 内出土的木炭年代为公元前 1600—前 1525 年；

C1H9 出土的卜骨年代为公元前 1600—前 1530 年；

C1H9 出土的骨匕年代为公元前 1595—前 1530 年；

T166G2 出土的骨骼年代为公元前 1600—前 1540 年。

二里岗下层一期晚段数据二个：

T232 夯土 VI 内出土的木炭年代为公元前 1533—前 1497 年；

97XNH69 出土的卜骨年代为公元前 1522—前 11496 年。

二里岗下层二期数据二个：

T233F1 出土的骨骼年代为公元前 1508—前 1489 年；

T236H160 出土的骨骼年代为公元前 1504—前 1471 年。

二里岗上层一期数据二个：

T233H19 出土的骨骼年代为公元前 1476—前 1446 年；

T234G3 出土的骨骼年代为公元前 1473—前 1436 年。

二里岗上层二期数据二个：

T157H17 出土的骨骼年代为公元前 1446—前 1419 年；

T157G1 出土的骨骼年代为公元前 1441—前 1415 年。

从郑州商城城墙和宫殿建筑基址的地层叠压关系和碳十四测年的数据均可以看出，郑州商城前后延续了近二百年的历史。根据层位学和器物类型学的原理，在郑州二里岗遗址发掘之初，考古工作者就曾将郑州二里岗商代遗址划分为二里岗期下层和二里岗期上层两大期[82]。随着郑州商城遗址考古工作的不断开展和新的地层关系的出现，有些学者在原来划分为二里岗下层和上层两期的基础上，又细分为二里岗下层一期、二期和二里岗上层一期、二期等四期[83]。除个别表述上的差异或再将某期细分为早段、晚段外（参见表一[84]），郑州商城遗址文化分期的四分法，经过近半个世纪的考古实践，基本得到了学术界的认可。各期器物在发展演变上有着连续的或是转折的关系。

表一：郑州商城遗址几种主要分期观点对应关系示意

<table>
<tr><th>单位</th><th>安金槐</th><th colspan="2">邹衡</th><th>陈旭</th><th>袁广阔</th><th>宋国定</th></tr>
<tr><td>白家庄上层</td><td>二上二</td><td rowspan="2">早商期三段</td><td>6 组</td><td>白家庄期</td><td>白家庄期</td><td>二上二</td></tr>
<tr><td>C1H1</td><td rowspan="2">二上一</td><td>5 组</td><td rowspan="2">二里岗上层</td><td rowspan="2">二里岗上层一期</td><td rowspan="2">二上一</td></tr>
<tr><td>C1H2 乙</td><td rowspan="2">早商期二段</td><td>4 组</td></tr>
<tr><td>C1H17</td><td rowspan="2">二下二</td><td>3 组</td><td>二里岗下层</td><td>二里岗下层二期</td><td>二下二</td></tr>
<tr><td>南关外 H62</td><td rowspan="2">先商期一段</td><td>2 组</td><td rowspan="2">南关外期偏晚</td><td rowspan="2">二里岗下层一期二段</td><td>二下一晚</td></tr>
<tr><td>C1H9</td><td>二下一</td><td></td><td>二下一早</td></tr>
</table>

二里岗下层一期陶器中的鬲、甗为卷沿圆唇；斝为敞口，颈部细瘦而较长，颈与腹相接处稍显有折线；豆的圈足细高，且中部内凹有镂孔；爵的椭圆形口近平，有流、尾，腹部瘦细，平底；盆有鼓腹圜底盆和大敞口深腹斜壁平底盆；簋为敛口，深腹圆鼓，下附圈足；大口尊的口径略小于肩径，肩径凸起，在肩部的附加堆纹条带之间，多加有对称的兽面形握手，有的腹部还加饰几周附加堆纹带条。该期青铜器数量较少，器类有爵、斝、盉、鬲共四种。器壁较薄，纹饰简单。

二里岗下层二期陶器，胎质较一期稍厚，器表绳纹稍粗。陶鬲在唇面中部有一折棱，形成内厚外薄的双唇沿；陶甗也新出现了卷沿双唇或唇沿加厚的方唇；陶斝颈部加粗变短；爵的腹部多变短而稍胖；陶豆的圈足中部多有对称的十字镂孔装饰；陶盆，新出了直口圜底盆和大敞口卷沿浅腹盆；陶簋为敛口，鼓腹，圜底，下附矮圈足；大口尊的颈部加长，口径一般大于肩径。该期的青铜器种类增多，有爵、斝、盉、鬲、鼎、觚等六种，纹饰的内容也开始增加。

二里岗上层一期：陶器胎壁一般较厚，器表绳纹较粗，但绳纹印痕比较清晰。陶鬲多方唇，袋状足稍鼓；陶甗多为方唇，有的沿面中间为内凹的子母口；敛口斝比较常见；陶爵有流无尾，腹部近直，平底；陶豆为浅盘，假腹；陶盆分深腹盆和敞口浅腹盆；陶簋为直口，直壁；大口尊均为大敞口，方唇，长颈斜向内收，腹部细长。本期的青铜器种类最多，有爵、斝、盉、鬲、圆鼎、方鼎、扁足鼎、觚、尊、罍、盘、盂、卣等十余种，纹饰更是富于变化，复杂多样。

二里岗上层二期：陶器形制较大，胎壁明显加厚，绳纹更粗，但印痕变浅。陶鬲均为折沿方唇；陶斝口沿折棱上多有一周凹槽；陶爵腹身加长，底部已近圜底；陶豆为浅盘；陶簋为敛口圆鼓腹，下附矮圈足；陶盆多为大敞口，浅腹，圜底；大口尊为喇叭形口肩部微鼓，腹部加长。本期发现铜器数量较少，有爵、斝、觚、鬲、尊、罍等。

（六）郑州商城遗址的性质

关于郑州商城性质的讨论，一直是郑州商城遗址考古研究的热点和焦点问题。虽然目前还有分歧，但学术界一致认为郑州商城是一座无可置疑的商代王都。至于是商代哪一位商王所建的都城，目前主要有两种不同的说法：一是成汤所居的亳都[85]，另一是仲丁所迁的隞都[86]。

从考古发掘的情况看，郑州商城遗址一带在龙山文化晚期，洛达庙类型早、中期为规模适中的聚落遗址，到了洛达庙类型的晚期，即二里头文化四期晚段，或稍晚的二里岗下层时期，开始修建郑州商城内城夯土城垣，并同时在郑州商城内东北部修建宫殿遗址。尽管对郑州商城遗址的始建年代和繁荣期说法不一，但其丰富的文化内涵、连续的层位叠压关系和由此证明的该遗址延续相当长的一段时期，却是有目共睹的事实。

隞都说者认为：在商代二里岗下层一期时，郑州商城内外一带还是一处居住人口不多的村落遗址；郑州商城开始修建于商代二里岗下层二期，与此同时也在郑州商城内东北部开始修建宫殿夯土基址；二里岗上层一期是郑州商城和城内商代宫殿区的使用阶段，是郑州商城最为繁荣的时期，商代国都已经由偃师迁到郑州；二里岗上层二期郑州商城已经逐渐衰退，但仍在继续使用，并有重要的王事活动；偃师商城才是商灭夏后建造的“西亳”都城遗址。而郑州商城遗址无论始建年代和繁盛时期均晚于偃师商城。文献中也清晰记载“东有甫草……搏兽于敖”（《诗・小雅・车攻》），郑玄注：“敖在郑地，今近荥阳。”甫草即甫田之草，在今郑州东郊圃田一带。把甫草与敖并列于诗内，说明二者相距不远，且敖在甫草以西。从郑州商城修建的背景和仲丁迁都的情况看，商代战事最频繁的是在东方，仲丁东迁，是为了征伐东方的蓝夷。

然而，持郑亳说观点的研究者从地理位置、文化内涵、城址年代和文献等方面，为郑州商城遗址是商汤亳都找到了充足的证据。

郑州商城的面积大，约超过 1300 万平方米；始建年代早，从“夏商周断代工程”公布的最新数据，郑州商城遗址应建于公元前 1640—前 1600 年之间；依据考古学文化分期和“夏商周断代工程”公布的数据，郑州商城使用时间近二百年。这与文献所记载的亳都非常接近，据《古本竹书纪年》记载，自商汤开始，历五世十王皆都于亳；郑州商城遗址的文化内涵与它都城的地位相符：内城先后发现了六十多处大型的商代夯土建筑基址，规模宏大的蓄水设施、输水管道等。在郭城发现有两处规模宏大的铸铜作坊遗址，还有制骨作坊遗址和制陶作坊遗址，在东城墙外的今二里岗和白家庄，在西城墙外的今人民公园、北二七路和铭功路以及城内一些地区，都发现有随葬青铜器的贵族墓葬等等，特别是城内还出土了大量精美的青铜器和玉器等都表明商代前期是生产力发展、经济繁荣的时期。文献记载，商汤所都的亳都确在郑地：如《左氏春秋经》襄公十一年：“公会晋侯、宋公……伐郑。秋，七月，己未，同盟于亳城北。”杜预注：“亳城，郑地”。这一点也可以从近年在郑州商城遗址东北部“亳”字陶文的大量出土得到佐证[87]，表明战国以前这里的确存在“亳”地。另据《尚书・汤诰序》“汤既黜夏命，复归于亳”，《逸周书・殷祝解》“汤放桀而复薄”，偃师商城没有“汤复归于亳”的条件和可能，只有郑州商城具备“汤复归于亳”的条件，与文献记载相符合。因为“郑州商城在汤灭夏前已开始营建，但规模较小，此为先商方国之亳；汤灭夏后‘复归于亳’才开始大规模营建，此为早商王国之亳”[88]。

五、余　论

过去的60年里，尽管在郑州商城遗址的考古发掘和研究方面做了大量工作，但是仍有还不十分清楚的问题，需要我们继续不断的工作才能解决。例如：郑州商城的王陵区、贵族墓地和平民墓葬区的位置，手工业作坊区的布局和文化内涵，商代早期的文字载体等等，虽然过去在郑州商城的发掘中也出土了一定数量的卜骨和少量的龟甲，还有两片习刻字骨，但遗憾的是，还没有发现类似安阳殷墟那样的甲骨文。但我们坚信，随着今后科学考古发掘工作的不断进行，文物资料的日趋丰富，郑州商城遗址的年代、性质等一系列重大学术问题必将会最终得到解决。

---

[1] 安志敏：《一九五二年秋郑州二里岗发掘记》，《考古学报》1954年8期；河南省文物工作队第一队：《郑州发现商代文化遗址和古物》，《考古通讯》1955年1期。

[2] 河南省文物考古研究所：《郑州商城——1953~1985年考古发掘报告》，文物出版社，2001年。

[3] 河南省文物工作队第一队：《郑州市商代遗址的发掘》，《考古学报》1957年1期。

[4] 河南省文物研究所：《郑州商代城内宫殿遗址第一次发掘报告》，《文物》1983年4期。

[5] 陈梦家：《解放后甲骨的新资料和整理研究》，《文物参考资料》1954年5期。

[6] 河南省文化局文物工作队：《郑州二里岗》，科学出版社，1959年。

[7] 廖永民：《郑州市发现的一处商代居住与铸造铜遗址简介》，《文物参考资料》1957年6期；河南省文物研究所：《郑州商代二里岗期铸铜基址》，《考古学集刊》1989年6集。

[8] 河南省文物工作队第一队：《郑州发现的商代制陶遗址》，《文物参考资料》1955年9期。

[9] 河南省文物工作队第一队：《郑州市白家庄商代墓葬发掘简报》，《文物参考资料》1955年10期；河南省文化局文物工作队：《郑州白家庄遗址发掘简报》，《文物参考资料》1956年4期。

[10] 安金槐：《郑州新出土的商代前期大铜鼎》，《文物》1975年6期。

[11] 邹衡：《试论郑州新发现的殷商文化遗址》，《考古学报》1956年3期。

[12] 许顺湛：《灿烂的郑州商代文化》，河南人民出版社，1957年。

[13] 河南省文物工作队第一队：《郑州市商代遗址的发掘》，《考古学报》1957年1期。

[14] 安金槐：《谈谈郑州商代瓷器的几个问题》，《文物》1960年8、9合期。

[15] 安金槐：《试论郑州商代遗址——隞都》，《文物》1961年4、5合期。

[16] 安金槐：《郑州新出土的商代前期大铜鼎》，《文物》1975年6期。

[17] 河南省文物研究所等：《郑州新发现商代窖藏青铜器》，《文物》1983年3期。

[18] 郝本性：《试论郑州出土商代人头骨饮器》，《华夏考古》1992年2期。

[19] 河南省文物研究所：《郑州商代城内宫殿遗址区第一次发掘报告》，《文物》1983年4期。

[20] 河南省文物研究所：《1992年度郑州商城宫殿区发掘收获》，《郑州商城考古新发现与研究》，中州古籍出版社，1993年。

[21] 宋国定：《1985~1992年郑州商代考古发现综述》，《郑州商城考古新发现与研究》，中州古籍出版社，1993年。

[22] 河南省文物研究所：《郑州北二七路新发现三座商墓》，《文物》1983年3期。

[23] 河南省博物馆等：《郑州商代城址发掘报告》，《文物资料丛刊》（1），文物出版社，1977年。

[24] 邹衡：《郑州商城即汤都亳说》，《文物》1978 年 2 期。
[25] 邹衡：《夏商周考古学论文集》，文物出版社，1980 年。
[26] 河南省文物研究所等：《郑州新发现商代窖藏青铜器》，《文物》1983 年 3 期。
[27] 安金槐：《郑州新出土的商代前期大铜鼎》，《文物》1975 年 6 期。
[28] 裴明相：《郑州商代铜方鼎的形制和铸造工艺》，《中原文物》1981 年特刊。
[29] 裴明相：《郑州商代二里岗期青铜器概述》，《中国考古学会第四次年会论文集》，文物出版社 1983 年。
[30] 杨育彬：《郑州二里岗期商代青铜器的分期和铸造》，《中原文物》1981 年特刊。
[31] 杨育彬：《从郑州新发现的商代窖藏青铜器谈起》，《中原文物》1983 年 3 期。
[32] 河南省文物研究所：《郑州商代城内宫殿遗址区第一次发掘报告》，《文物》1983 年 4 期。
[33] 河南省文物研究所：《郑州北二七路新发现三座商墓》，《文物》1983 年 3 期。
[34] 杨育彬：《郑州商城初探》，河南人民出版社，1985 年。
[35] 郑杰祥：《商汤都亳考》，《中国史研究》1980 年 4 期。
[36] 陈旭：《郑州商城宫殿基址的年代及其相关问题》，《中原文物》1985 年 2 期。
[37] 河南省文物考古研究所：《郑州商城外郭城的调查与试掘》，《考古》2004 年 3 期。
[38] 河南省文物考古研究所：《郑州商城新发现的几座商墓》，《文物》2003 年 4 期。
[39] 肖冰、王学荣：《关于郑州商城始建年代问题》，《安金槐先生纪念文集》，大象出版社，2005 年。
[40] 宋国定：《1985～1992 年郑州商城考古发现综述》，《郑州商城考古新发现与研究（1985～1992 年）》，中州古籍出版社，1993 年。
[41] 河南省文物考古研究所：《河南郑州商城宫殿区夯土墙 1998 年的发掘》，《考古》2000 年第 2 期。
[42] 安金槐：《试论郑州商代城址的地理位置与布局》，《中国商文化国际学术讨论会论文集》，中国大百科全书出版社，1998 年。
[43] 杨育彬：《偃师尸乡沟商城与郑州商城若干问题的探讨》，《河南文物考古论集》，河南人民出版社，1996 年。
[44] 袁广阔：《关于郑州商城夯土基址的年代问题》，《中原文物考古研究》，大象出版社，2003 年。
[45] 李伯谦：《对郑州商城的再认识》，《古代文明研究通讯》第二十三期，2004 年 12 月。
[46] 肖冰、王学荣：《关于郑州商城始建年代问题》，《安金槐先生纪念文集》，大象出版社，2005 年。
[47] 杨育彬、曾晓敏：《郑州商城的考古学研究》，《河南考古探索》，中州古籍出版社，2002 年。
[48] 杨育彬、曾晓敏：《郑州商城的考古学研究》，《河南考古探索》，中州古籍出版社，2002 年。
[49] 河南省文物研究所：《郑州电力学校考古发掘报告》，《郑州商城考古新发现与研究（1985～1992 年）》，中州古籍出版社，1993 年。
[50] 河南省文物考古研究所：《郑州商城北大街商代宫殿遗址的发掘与研究》，《文物》2002 年 3 期。
[51] 曾晓敏：《郑州商代石板蓄水池及相关问题》，《郑州商城考古新发现与研究（1985～1992 年）》，中州古籍出版社，1993 年。
[52] 杨育彬、曾晓敏：《郑州商城的考古学研究》，《河南考古探索》，中州古籍出版社，2002 年。
[53] 河南省文物研究所：《郑州电力学校考古发掘报告》，《郑州商城考古新发现与研究（1985～1992 年）》，中州古籍出版社，1993 年。
[54] 河南省文物考古研究所、郑州市文物考古研究所：《郑州商代铜器窖藏》，科学出版社，1999 年。
[55] 河南省文物研究所：《郑州商城考古新发现与研究（1985～1992 年）》，中州古籍出版社，1993 年。
[56] 河南省文物考古研究所、郑州市文物考古研究所：《郑州商代铜器窖藏》，科学出版社，1999 年。
[57] 河南省文物研究所：《郑州洛达庙遗址发掘报告》，《华夏考古》1989 年 4 期。
[58] 河南省文物研究所：《郑州商代二里岗期铸铜基址》，《考古学集刊》1989 年 6 集。

[59] 河南省文物研究所：《1992年度郑州商城宫殿区发掘收获》，《郑州商城考古新发现与研究》，中州古籍出版社，1993年。
[60] 河南省文物研究所等：《郑州南顺城街青铜器窖藏坑发掘简报》，《华夏考古》1998年3期。
[61] 河南省文物考古研究所：《河南郑州商城宫殿区夯土墙1998年的发掘》，《考古》2000年2期。
[62] 河南省文物考古研究所：《郑州商城北大街商代宫殿遗址的发掘与研究》，《文物》2002年3期。
[63] 河南省文物考古研究所：《郑州商城外郭城的调查与试掘》，《考古》2004年3期。
[64] 邹衡：《郑州商城是商汤灭夏前后的亳都》，《郑州商城3600年论文集》，中州古籍出版社，2004年。
[65] 李伯谦：《对郑州商城的再认识》，《古代文明研究通讯》第二十三期，2004年12月。
[66] 安金槐：《关于郑州二里岗期陶器分期问题的再探讨》，《华夏考古》1988年4期。
[67] 杨育彬：《再论郑州商城的年代、性质及相关问题》，《华夏考古》2004年3期。
[68] 秦文生：《郑州商城的主要发现及其性质探讨》，《郑州商城3600年论文集》，中州古籍出版社2004年。
[69] 肖冰、王学荣：《关于郑州商城始建年代问题》，《安金槐先生纪念文集》，大象出版社，2005年。
[70] 河南省博物馆、郑州市博物馆：《郑州商代城遗址发掘报告》，《文物资料丛刊》第1期，文物出版社，1977年。
[71] 安金槐：《关于郑州二里岗期陶器分期问题的再探讨》，《华夏考古》1988年4期。
[72] 肖冰、王学荣：《关于郑州商城始建年代问题》，《安金槐先生纪念文集》，大象出版社，2005年。
[73] 杨育彬：《再论郑州商城的年代、性质及相关问题》，《华夏考古》2004年第3期；《偃师商城——夏商文化分界的唯一界标》，《偃师商城遗址研究》，科学出版社，2004年。
[74] 李伯谦：《对郑州商城的再认识》，《古代文明研究通讯》第二十三期，2004年12月。
[75] 邹衡：《综述夏商四都之年代和性质》，《殷都学刊》1988年1期。
[76] 袁广阔、曾晓敏：《论郑州商城内城与外郭城的关系》，《考古》2004年3期。
[77] 河南省文物考古研究所：《郑州商城——1953~1985年考古发掘报告》，文物出版社2001年。
[78] 杨育彬、赵灵芝等：《近几年来在郑州新发现的商代青铜器》，《中原文物》1981年2期。
[79] 裴明相：《郑州商代二里岗期青铜容器概述》，《中国考古学会第四次年会论文集》，文物出版社1985年。
[80] 宋国定：《论郑州地区夏商文化的时空框架》，《郑州商城3600年论文集》，中州古籍出版社，2004年。
[81] 夏商周断代工程测年技术专家提供的数据表及“夏商周断代工程”专家组：《夏商周断代工程1996—2000年阶段成果报告》（简本），世界图书出版公司，2000年。
[82] 河南省文化局文物工作队：《郑州二里岗》，科学出版社，1959年。
[83] 安金槐：《关于郑州二里岗期陶器分期问题的再探讨》，《华夏考古》1988年4期。
[84] 肖冰、王学荣：《关于郑州商城始建年代问题》，《安金槐先生纪念文集》，大象出版社，2005年。
[85] 邹衡：《论汤都郑亳及其前后的迁徙》，《夏商周考古学论文集》，文物出版社，1980年。
[86] 安金槐：《再论郑州商代城址——隞都》，《中原文物》1993年3期。
[87] 河南省文物研究所：《1992年度郑州商城宫殿区发掘收获》，《郑州商城考古新发现与研究》，中州古籍出版社，1993年。
[88] 秦文生：《郑州商城与偃师商城之比较研究》，《郑州商都3600年学术研讨会暨中国古都学会2004年年会论文选编》，中州古籍出版社，2005年。

＊此文中凡星号内容为近年郑州商城遗址发掘的尚未公开发表的材料，选录自河南省文物考古研究所郑州商城工作站的年度汇报。

目　录

郑州商代遗址的考古发掘及其时代关系

赵全嘏

一、遗址的发现及发掘经过

解放后于1950年秋韩维周同志第一次发现了郑州商代文化遗址，接着河南省文管会及郑州市文教局就以韩维周为首连续作了全面的调查。1952年秋中央考古工作人员训练班首先在郑州二里岗作了实习性的发掘。1953年为了配合基本建设，在中央文化部文物局裴文中处长的亲自领导下，由河南省文管会派员开始发掘。同年并成立文物工作组。1954年扩大为河南省文化局文物工作队第一队，继续发掘工作。

截至1956年终，就调查发掘所知，以郑州城为中心，商代文化遗址断续分布在东西八里，南北七里的范围之内。其中有城东之凤凰台、二里岗；南关外；城北之白家庄，紫荆山南北；城西北之铭功路、人民公园、任寨。再向西约十里之碧沙岗西南地方，又是一个商代遗址的集中地。

此外在郑州还有新石器时代仰韶文化和龙山文化遗址的存在。就目前调查发掘所知，城西北十五里之白庄有仰韶遗址一处。城西南七里之齐里闫有仰韶及龙山文化遗址一处。二里岗之商代文化下面并有龙山文化遗址一处。城西碧沙岗西有龙山文化一处；碧砂岗西南有仰韶文化遗址一处。商代文化和龙山文化叠压堆积层一处。

二、郑州的地层关系及其和安阳殷墟的时代比较

根据历年在郑州发掘的地层叠压或早晚灰坑互相打破的关系，和每一地层包含器物的此较，得知郑州商代地层计分为二里岗期和人民公园期两个时期，二里岗期本身又分为上层（晚）和下层（早）两个阶段。在二里岗期的部分下层之下，又有新石器时代龙山文化的地层。发掘出土的器物是，人民公园层和安阳殷墟者相同，二里岗期上层者既接近人民公园层，也和二里岗期下层接近。二里岗下层者既和二里岗期上层接近，也和龙山文化近似。这里列表表示如次：

郑州商代遗址地层关系表

<table>
<tr><td colspan="2">地层上下关系</td><td>出土器物比较</td></tr>
<tr><td colspan="2">人民公园</td><td>出土器物和安阳小屯殷墟相同</td></tr>
<tr><td rowspan="2">二里岗期</td><td>上层</td><td>出土器物早于安阳小屯殷墟</td></tr>
<tr><td>下层</td><td>出土器物既和上层大致相同也和龙山文化相近</td></tr>
<tr><td colspan="2">新石器时代龙山文化</td><td>出土器物部分有和二里岗期下层近似</td></tr>
</table>

至于郑州商代遗址和安阳殷墟异同的具体情况，可以再拿几种常见的出土器物列表说明如次：

郑州商代遗址出土物和安阳殷墟出土物比较表

时期 特征 器物名称	小屯殷墟	郑州人民公园期	郑州二里岗期上层	郑州二里岗期下层
一般陶片	绳纹粗，胎厚和西周近似	同前	绳纹细，胎薄和龙山陶片近似	同前
陶鬲	腿短、折缘、绳纹粗、胎厚和西周的近似	同前	腿长、胎薄、绳纹较细、颈部有同心圆纹饰	腿长、缘卷、绳纹细、胎薄和龙山文化近似
铜制容器	三层花纹、多有铭文	一层花纹、无铭文	同前	未发现铜制容器
骨簪	顶部多有鸡头形雕刻	同前	圆柱形无雕刻	同前
人骨	灼前先加钻凿，用料以龟骨为多	灼前先加钻凿，用料以龟骨为多	先钻后灼者多，用料以牛骨为多	只灼者多，有先钻后灼者，无加凿工的。用料以羊、猪、牛骨为多，龟骨极少。基本和城子崖龙山遗址者略同
蚌器	少见	少见	较多	较多
箭头	铜质多，骨质少	不详	骨质多，铜质少	同前
其他兵器	发现戈、矛刀、戚很多	铜戈发现很少，铜戚（钺）只见一件	在炼铜遗址中只发现铜镢、铜钻、铜削、铜钓鱼钩，除箭头外，未见其他兵器	未见炼铜遗址及其他兵器

三、郑州商代遗址的重要发现

（一）夯土墙：计共发现两部。其一以现在郑州城北之紫荆山及东西地带为主。并由两端折南和现在郑州城之东西两墙相合，其南墙也就是现在城墙的南墙。长度为北墙1720米，南墙1750米，东墙1725米，西墙2000米。面积较现在之郑州城约大三分之一，根据1956年发掘所知，北墙在紫荆山以东白家庄以西地方，计分三个地层，最下层是最早的夯土层。墙宽约19~20米，每层厚10~15厘米，其中包含物除商代二里岗下层（即早期）陶片和龙山文化陶片外，别无任何晚期遗物。土色稍红，且极少灰土夹杂其中。夯窝（直径5厘米）尖小而密。中层为商代的灰土堆积层。其中有二里岗期上层（中层）的陶片并居住房基和同时墓葬。也不见商代以后的任何遗物。再上面为战国时代的夯土层。土色杂，夯窝（直径5~8厘米）平大而疏。其中包含物最晚的有战国时代陶片。其他东西南三墙，就发掘所知，在地层上基本和紫荆山东的情况一致。只是在南墙的发掘中发现在商代早期夯土层和战国夯土之间又有一部分夯土层。在东墙的发掘中，发现在战国夯土墙以后，又有更晚的两期夯土墙。根据上述情况，紫荆山一带及现在郑州城之东西南三墙的最下层夯土墙应属商代时期的一个城址，基本上是可以成立的。其二在城东南的二里岗一带，东起二里岗车站以北之杨庄稍南，向西沿陇海铁路以北至南关外工人新村折北而不见，全长2217米，夯土每层厚9~10厘米。这段夯土墙在地面已很少见。土色红而纯，包含物就发掘材料看，除商代陶片外，也不见任何晚期遗物。它和前述的夯土墙是否同时，并有什么关系，尚待进一步从发掘中研究。

（二）制铜器场所：计在南关外陇海马路东段及紫荆山北之河南饭店，共发现两处。在南关外的一处，并发现了冶铜坩埚、铸铜器范（镢、箭头、爵、单、鬲等泥范）和铜箭头、铜铲形器、铜钓鱼钩、铜锥及木炭屑等物。此外在人民公园也发现了一些炼铜的坩埚残片。

（三）制陶器窑场：就发掘所知，主要在商代夯土城墙西北之铭功路西侧。1955年在该地发掘之1250平方米范围内，即发现窑址14座之多。新出土之陶坯及烧制废品看，仅有陶盆、陶甑等少数几种，而不见商代遗址中常有的一般器物。可能在陶器制造中，又有了进一步的分工。

（四）制骨器场所：1954年9月在紫荆山北的商代制铜场所（即河南饭店北部）之北120米处发现一处。当时在一个长方形窖穴（长1.9米，宽1米）里，发现骨器原料、半成品、废品和成品400多件。磨制骨器的砺石11块。在骨料中有牛、鹿及人骨。其中人骨占全部骨料的半数以上。

（五）居住遗址：计发现以下数种。(1) 长方竖井形窖穴，两壁有相对的脚窝。口径为长1.8~2.1米，宽0.9~1.1米，深为2.5~7.8米。用途尚不能确定。(2) 在圆形窖穴之下，再向下挖一长方窖穴。个别圆形穴的周壁遗有木柱或底部棚有木柱痕迹。可能为上部住人，下部储藏东西的建筑。(3) 就地挖成的方形房子。一面留一小门，门前挖一空地。个别并有窗子。房内迎门或壁角有烧火的地方。(4) 在就地挖成的房基上，向上加筑板筑墙。这类房子多为长方形，有的并于中间加筑界墙，将全房分为两室。房内迎门有经火烧的土台。地面遗有柱窝，地坪并有数次加填并经烧的泥面。泥面之上再涂以用姜石制成的白灰面层。以上这些建筑，分布都很密集。

四、郑州商代遗址的出土器物

（一）在生产工具和兵器方面：主要的为石器，其中有斧、镰、刀、箭头等。其次为骨器，其中有斧、镰、箭头、锥针等。再次为蚌器，其中有镰、铲、箭头等。铜器中以箭头较多，其次为戈、戚（钺）、钓鱼钩、钻及削（小刀）。其他如铜镢只见一件。

（二）生活用具：主要为陶制的炊具，如鬲、甗等。其次为陶制容器，如盆、大口尊、缸等。在饮酒用具方面，除了少数的陶爵、陶斝等外，并在二里岗期上层和人民公园期的墓葬中，发现有少数的铜爵、铜尊、铜盉、铜罍、铜壶等物。同时并有炊具的铜鼎、铜鬲和作为食器的铜盘，以及作装束用的铜簪等物。

（三）卜骨及甲骨文字：卜骨出土很多，其中时代较早一些的，在作法和用料上与城子崖龙山文化的近似，晚一些的和安阳殷墟的一样。甲骨文字在二里岗只发现三片，一片是练习刻成的文字，一片是刻在一个骨器上的兽面，作法和甲骨文一样，但不能说就是甲骨文字，再一片是刻在一个圆形骨面上的，刻道粗大，意思不能辨识。

（四）动物骨骸：兽类中以牛骨最多，猪及羊骨次之，野猪及鹿骨更次之。水产动物则有龟、海贝，海产蛤蜊和鱼类等。

（五）玉和黄金类：有玉、玛瑙、绿松石、黄金等装饰品。

五、郑州商代遗址的社会经济情况

郑州商代遗址的面积，断续地分布了东西八里，南北七里之广。其中并有一个大的方形夯土墙址。在墙址之外又有制铜器、制陶器、制骨的场所。在陶器中更有专做某几种器物的分工。从生产工具的石质农具占主要地位，酒器的普遍存在。牛羊猪骨数量之多，远处金玉原料的存在，海产动物之多，而且在一个墓中竟有四百六十余枚凿孔海贝的存在等材料看，郑州这个商代社会，大致是以石器作生产工具的农业已经相当发达，并且畜牧业在生产上也相当重要，同时打猎也有其一定的重要性。手工业和农业有了分工，而且手工业之间并有了进一步的分工。这些手工业的生产，大都是为出卖而制造的商品，同时对于远处的交通和交易也已发生。并且可能以海贝作为交易的媒介——货币。这样的经济，也就不可能再是原始公社，而必然是私有制已经发生。并且有了大规模的城市和国家机关的存在。根据恩格斯家庭私有制和国家的起源中的指示，郑州应是个商代前一阶段的奴隶制国家的一个重要政治、经济和文化重心。

郑州遗址既然一部分和安阳殷墟同时（人民公园期），一部分更早于殷墟（二里岗期），殷墟是盘庚以后到帝辛——殷纣王（公元前 1300~前 1028 年）的商代首都，那么郑州也就是盘庚以后和盘庚以前商代的一个重要地方。根据《竹书纪年》及《史记》等文献记载，商自成汤到盘庚共迁徙了五次。成汤以后第一次迁徙的是仲丁由亳迁嚣或作嚣，作隞，作敖。按隞和敖同音，隞与嚣为音近相通，嚣嚻为字形之讹。现在郑州城北30里旧荥泽县境有隞顶的地方。《读史方舆纪要》载：“敖山在荥泽县西20里，皇甫谧曰仲丁自亳徙嚣即敖也。”据了解荥泽隞顶并没有商代遗址的存在。今郑州却有丰富的商代文化遗存。因之很有可能郑州就是文献上所说的仲丁迁徙的商代京城。究竟如何，尚得地下更多的材料发掘来证明。

（原载《史学月刊》1957年第3期）

试论郑州商代城址——隞都

安金槐

根据文献记载，商代自成汤居亳到盘庚迁殷，曾有过五次迁都，其中仲丁迁都于“嚣”或“隞”。古本《竹书纪年》载：“仲丁即位，元年自亳迁于嚣。”《史记·殷本纪》载：“仲丁迁于隞。”“隞”和“嚣”为同音字，所指的应该是一个地方。隞都，据《括地志》载：“荥阳古城在荥泽西南十七里，殷（即商——作者）时隞都也。”古荥泽即今郑州市西北约十五公里的古荥镇一带。如果按《括地志》所记载的“隞”都的地点，应该在今古荥镇的西南约十七里一带。但是新中国成立后，我们在古荥镇西南一带的广阔范围内，曾进行过周密的考古调查，并没有发现商代的城市遗址，甚至连较大规模的商代文化遗址也没有发现。可是，我们在配合郑州市近郊的基本建设考古工作中，却在郑州的旧城内外发现了一处面积约有二十五平方公里的商代文化遗址；并于 1955 年秋，又在遗址的中心区，发现了商代城垣遗迹。根据郑州商代文化遗址分布范围之大、文化层堆积之厚、遗址中包含的遗迹、遗物之丰富来判断，显然是一处城市遗址，而绝不是一般的村落遗址。同时就郑州与古荥泽相距很近，以及从遗址的相对时代来分析，很可能就是仲丁迁隞的都城遗址。现就根据发掘的材料试论于后。

（一）

根据考古钻探和试掘的材料，商代城垣的四周呈不甚规则的南北纵长方形。（图 1）城墙周长约七千一百米，城内面积约三百二十万平方米，较汉唐以后的郑州旧县城约大三分之一强。城墙是用土分层夯筑起来的。（图 2、3）

根据已经试掘的材料得知，城墙夯土层的厚度，一般为 8~10 厘米，最厚的也不过 15 厘米，最薄的约 3~4 厘米。每层夯土多是中间厚，而两边较薄。在每层夯土面上，都布满了密集的夯杵窝。（图 4、5）夯杵窝的形状，主要是圆口圜底形，窝径一般为 2~4 厘米，窝深为 0.7~1.5 厘米。在北城墙的试掘中，也发现了少数夯杵窝是长条形的，长 4 厘米、宽 2 厘米、深 1 厘米左右；也有边长约 4 厘米的三角形的杵窝；也有似用河卵石夯成的不规则形的杵窝。杵窝的排列并无一定规律。由于夯土层不厚，而夯杵窝又很密集，所以城相当坚固。

从现存城墙遗迹的结构看，是分作前后两个时期修筑的。（图 6）前期城墙的夯土层较薄，土质以红色黏土为主，夯土层内所包含的文化遗物比较少。这可能是由于在开始修建城墙时，城内外的居民较少，因而夯土层中所包含的文化遗物也不多。后期城墙的夯土

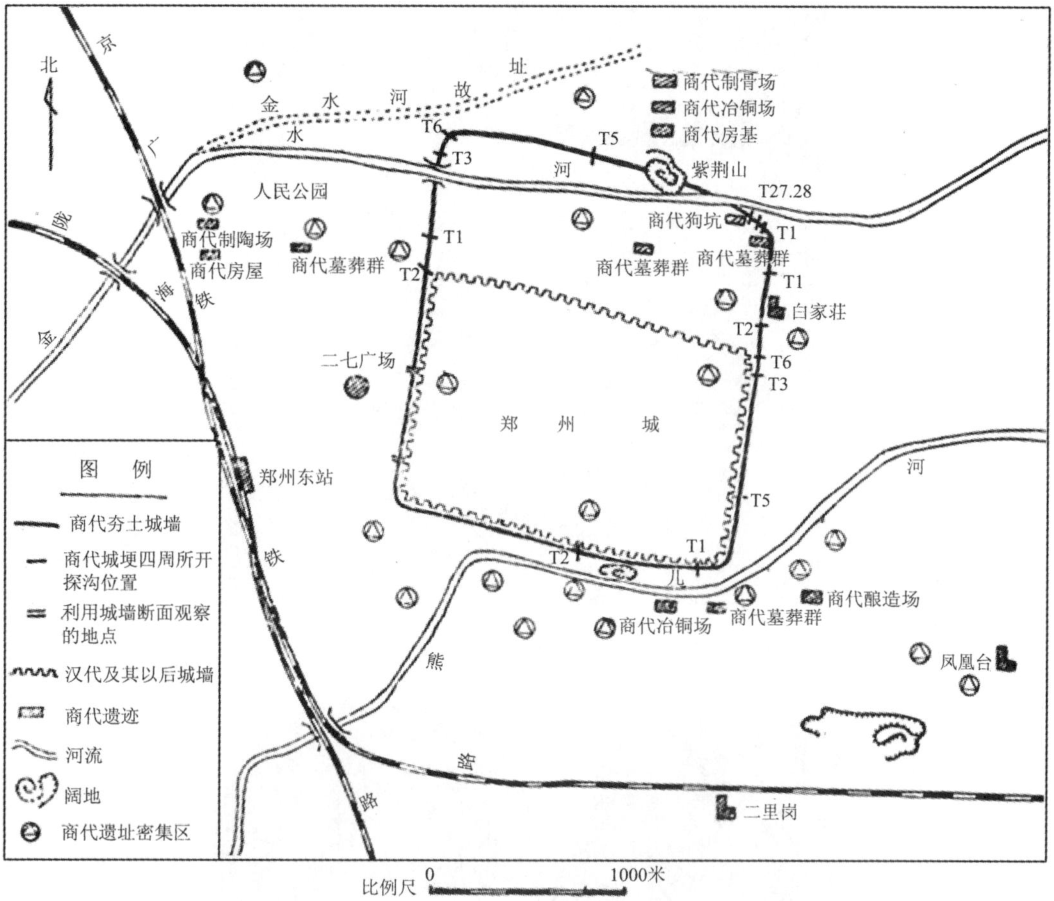

图 1　郑州商代城址位置示意图

图 2　商代南城墙夯土层剖面

图 3　北顺城街 38 号民宅内商代城断面

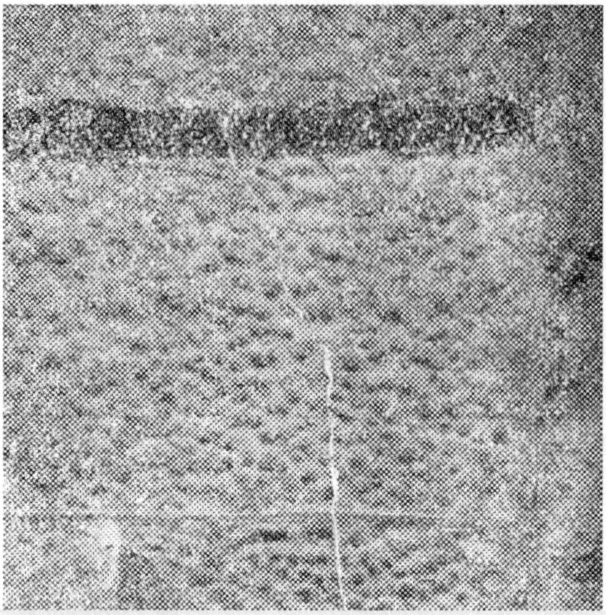

图 4　商代城墙夯窝印痕

图 5　商代城墙夯窝印痕

左上：北城墙夯窝（探沟 6）　右上：东城墙夯窝（探沟 5）

左下：西城墙夯窝（探沟 3）　右下：南城墙夯窝（探沟 1）

层较厚，土质较杂，其中包含的灰土层、文化遗物也较多。这说明在后期增补城墙时，城内居住的人比以前增多了，所以堆积文化层也就较厚。因此在夯土层中所包含文化遗物也就较多。值得注意的是后期城墙往往在前期城墙的里面，这可能与后期修筑城墙时取用了前期城墙内的土有关。1954 年我们在紫荆山以南（即商代北城墙内）进行发掘时，在所开掘的几条探沟中，几乎都是商代的残破陶片，灰土极少，这些成堆的商代陶片很可能就是因为取用遗址的灰土来筑城，而把陶片挑出来集中堆积在一起的。

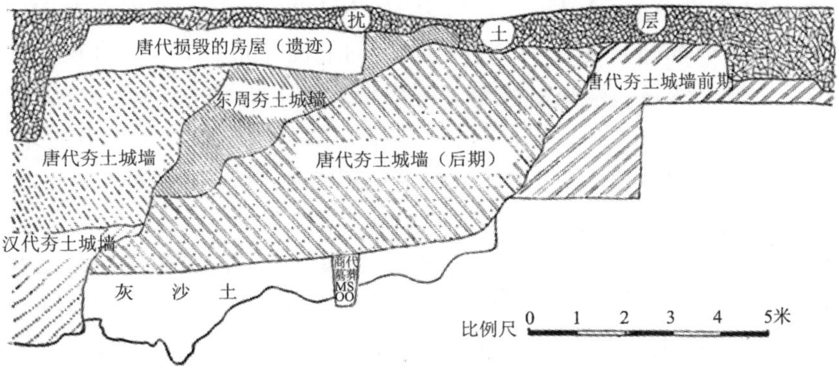

图6　商代东城墙剖面图（探沟6北壁）

从试掘中，还发现在商代城墙的上面，普遍叠压有春秋战国时代夯筑的城墙。这说明在春秋战国时期，利用了商代城墙的基础，进行过修补和使用。在春秋战国时代的城墙上面，还叠压有汉、唐、宋、明、清等历代所修筑的城墙（即郑州旧城）。这说明在汉代以后，仍然利用着这个城基，不过范围较前约缩小了三分之一，并且重新筑起一道北城墙。所以在今天的郑州旧城的东、南、西三面城墙的下面，都压有春秋、战国和商代的城墙。商代城墙长期被后代修补和利用，加上三千多年来的风雨剥蚀和人为的破坏，以及历年来河水的泛滥淤积，致使商代城墙的大部分埋在现在的地平面以下，在地面上能够看到的，仅是断断续续的一部分。不过从城墙附近周围的地势起伏和试掘钻探所得的材料来看，商代城墙的整个轮廓尚能看得清楚，其残留最高者约为9.10米，城基最宽者为36米；但也有少部分的残留高度仅0.2~0.3米，城基残宽仅1~2米。

（二）

郑州商代城垣遗迹的确定，主要是靠近年来大规模的考古发掘所得材料为依据的。自从1955年秋，发现了城垣遗迹以后，我们除对城墙四周进行周密的钻探外，并选择了东城墙的南段、中段、北段，北城墙的东段、中段，西城墙的中段，南城墙的东段和城西北角等八个重点，进行横断城墙的拭掘，其中以北城墙东段、中段和西北城角试掘的范围较大。在试掘的部分探沟中发现了商代的墓葬、房基和窖穴等遗迹多直接或间接地叠压在夯土城墙的上面。商代文化层叠压在夯土城墙上的现象也比较普遍。同时发现城墙四周的夯土层的结构、筑法是一致的。同时在夯土层内又普遍地包含有商代的文化遗物，因而就可以确定所发现的夯土城垣修筑的相对年代，也应是商代的。现就所发掘的材料，分别综合简述于后。

第一，商代墓葬压在夯土城墙的上面：在发掘中，共发现了属于商代的墓葬三十四个，其中成人墓二十九个，幼童墓五个，除一部分的墓葬没有墓室或墓室很小，甚至仅能容下人身者外，多数墓室是长方形竖穴，有的在墓底还挖有腰坑和留有二层台，并且在墓室内有多少不等的随葬品。所有这些墓的墓室，绝大部分是直接或间接地压在夯土城墙的上面。现举例如下：

北城墙东段的 5 号墓（CNM5）、6 号墓（CNM6）、1 号墓（CN 甲 M_1）、28 号墓（C8M28）和 8 号墓（C8M8）等五个墓都在城墙的上面建筑墓室。5 号墓的底部有腰坑，随葬品有陶鬲、陶斝、陶簋、陶豆、陶爵、圆形陶片和玉坠等物；6 号墓的墓室下部留有二层台，随葬品有铜戈、石斧和玉玦；1 号墓内随葬品有陶尊和陶豆；28 号墓内随葬品有铜爵、陶盉、圆形陶片和石器；8 号墓被 6 号墓打破，随葬品有陶鬲、陶豆、陶爵，在墓室底部还铺有朱砂。

北城墙中段，发现的 13 号墓、14 号墓和 15 号墓的墓室，也都建在夯土城墙上，（图 7）其相互叠压的关系是 13 号墓（CNM13）压在 14 号墓（CNM14）上，14 号墓和 15 号墓（CNM15）又挖破了商代遗址的文化层，而在这文化层的下面又压着夯土城墙。13 号墓内随葬品有陶簋和陶盆；15 号墓内随葬品有陶鬲、陶豆和陶簋，墓底也铺有朱砂。

图 7　商代北城墙 13、14、15 号墓与城墙的叠压关系

西北城角也发现了四个商代墓葬压在夯土城墙上。（图 8）其相互叠压关系是：6 号墓（CWM6）压在 9 号墓（CWM9）之上，同时又挖破了 8 号墓（CWM8），9 号墓和 8 号墓的墓室挖破了商代遗址的文化层，在这文化层下面也压着夯土城墙。8 号墓的随葬品有陶盆、陶豆、陶爵和陶鬲；9 号墓的随葬品有陶盆、陶斝、陶豆、陶鬲和陶尊，墓底都铺有朱砂。7 号墓的墓室即直接挖破了夯土城墙，墓内随葬品有陶鬲、陶盆和陶钵。

东城墙北段，发掘的 2 号墓（C8M2）和 3 号墓（C8M3）的墓室也是压着夯土城墙，2 号墓随葬品有铜斝、铜爵、铜罍、陶盘、象牙觚、松绿石饰、玉剑形饰和圆形陶片等；3 号墓内除随葬有铜鼎、铜觚、铜爵、铜壶、象牙梳和玉剑形饰等外。并在墓室内的二层台上有一个殉葬的奴隶。（参考《文物参考资料》1995 年第 10 期《郑州市白家庄商代墓葬发掘简报》）

以上所发掘的十四座墓葬，不论从墓葬的形制结构和墓内的随葬品来看，都充分说明这些墓葬是属于商代的无疑。

第二，商代房基压在夯土城墙上面：（图 9）北城墙东段共发现房基四个，分布比较密集，其相互关系是：3 号房（C8G3）压着 4 号房（C8G4）、5 号房（C8G5）的东南角

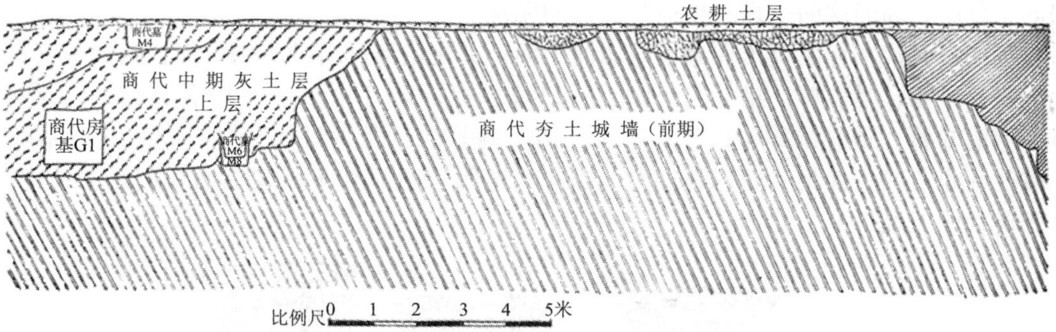

图 8 商代西城墙断面图（探沟 3 北壁西半部）

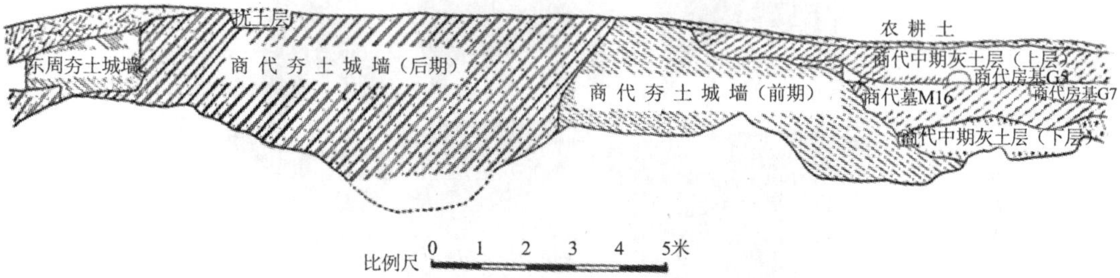

图 9 商代北城墙断面图（探沟 28 东壁）

为 6 号房（C8G6），3 号房、4 号房和 5 号房的下面，压着 7 号房（C8G7），7 号房的东侧为 2 号房。这六个房基的基础，都挖破了夯土城墙上面的商代文化层。如 5 号房基为方形，其地坪基础曾经过三次填土夯打。最下层的地坪残破较甚，中层和上层的地坪保存较好。在房基的南墙有一个缺口作为房门，中层地坪在迎门的后墙处，挖有一个直径 0.63 米的坑，坑内曾经烧火。门内东侧有一个口径 0.45 米的圆底形灶坑。上层地坪筑成后，在迎门的后墙处，筑有一个长 65 厘米、宽 73 厘米、高 10 厘米的夯土台，台面不仅经过火烧，并且还涂有一层“白灰面”，门内东侧地坪上还有一个圆形柱窝，说明这座房基曾被修补过两次。在所发掘的六个房基内和房基的上面，全都覆盖有商代的文化层。

北城墙中段发现二个房基（CNG1、CNG2），房基的基础，也都是挖破了夯土城墙上面的商代文化层。每个房基都有三层夯土地面，地面除经过火烧外，也涂有“白灰面”，房基内和房基上面也全是堆积的商代文化层。

西北城角发现一个房基，其基础是直接挖破了夯土城墙。房基为方形，房内地坪也曾经过夯打、火烧和涂抹“白灰面”。而且在房基的四壁墙上，都挖了一个不规则的壁龛。房基上面也压有商代的文化层。

以上九个房基的形状、结构和在郑州各处商代文化遗址中所发现的商代房基的结构筑法完全相同。房基内和房基上面文化层内所包含的遗物也都是属于商代的，因而这九个房基都是属于商代的无疑。

第三，商代的窖穴挖破了夯土城墙。在试掘中共发现窖穴十个，其中有二个窖穴是挖破了城墙的夯土层。窖穴的形状一为椭圆形竖井，一为圆口竖井。穴内填满灰土，灰土内所包含的遗物，有大口尊、盆、簋、瓮、鬲、豆、斝、爵、器盖等陶片和卜骨、骨器等，都是属于商代的遗物。并没有发现晚于商代的任何遗物。同时在窖穴的上面，又覆盖着商代的文化层。因而这两个窖穴也应是商代的无疑。

第四，商代文化层叠压在夯土城墙的上面：文化层有厚薄的不同，但普遍地包含有商代的陶鬲、斝、爵、尊、罐、瓮、盆、大口尊、簋等碎片大多能复原其器形，（图 10、11）另有骨簪、锥、镞等和石（蚌）斧、凿、镰等，以及少量的卜骨、瓷片（或釉陶）、硬陶片和鹿角等。并没有发现晚于商代的任何遗物。因而夯土城墙上面所覆盖的文化层，属于商代的无疑。

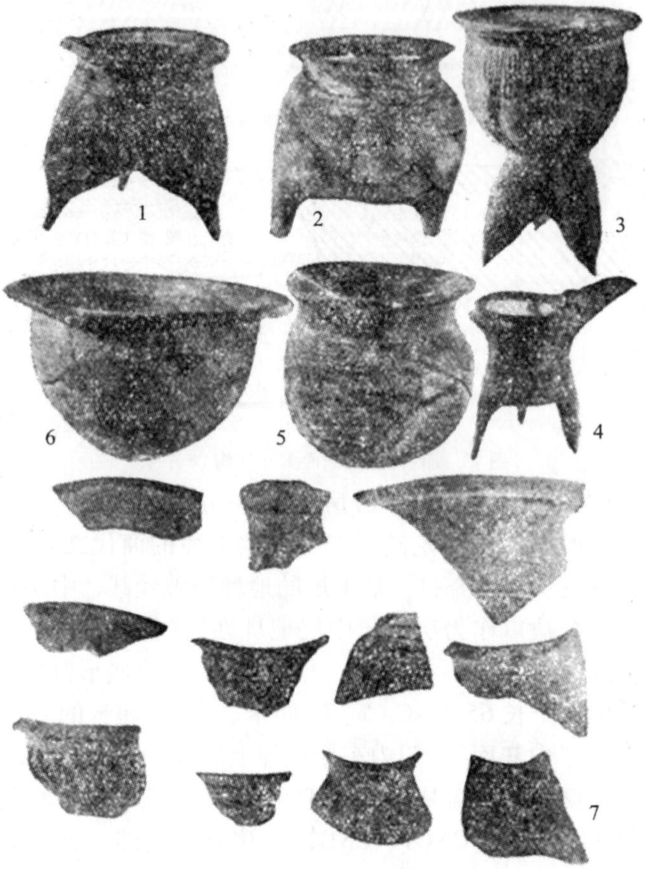

图 10　商代城墙出土遗物

1-6 商代城墙上叠压的商代中期（上层）灰土层遗物：鬲（东城墙探沟 3：25）鬲（西城墙探沟 3：44）甗（西城墙探沟 2：6）爵（东城墙探沟 6：53）尊（东城墙探沟 3：24）盆（北城墙探沟 27：243）7. 商代城墙（后期）夯土层内出土陶片

此外，在夯土城墙的东北角，还发现有八个商代的专为埋葬狗用的长方形竖井坑，很浅。各坑内埋狗的数量，最少的有五只，最多有三十二只；还发现一个坑内，除埋了六只狗外，在狗骨架的下面还有两具人骨架。这八个狗坑的大小虽有不同，而排列似有规矩，分作两排埋葬。狗坑的上面都压有商代文化层，坑内镇满了灰土。狗坑的下面都压着夯土城墙。从文化层和灰土中所包含的遗物看，都是属于商代的。值得注意的是，在一个埋葬二十四只狗的坑内，发现一件已卷成一团的透雕夔龙纹饰的金箔，重达三钱七分，说明这八个狗坑是属于商代的。

从上面所列举的材料，说明在夯土城墙上面所发掘出来的墓葬、房基、窖穴、文化层

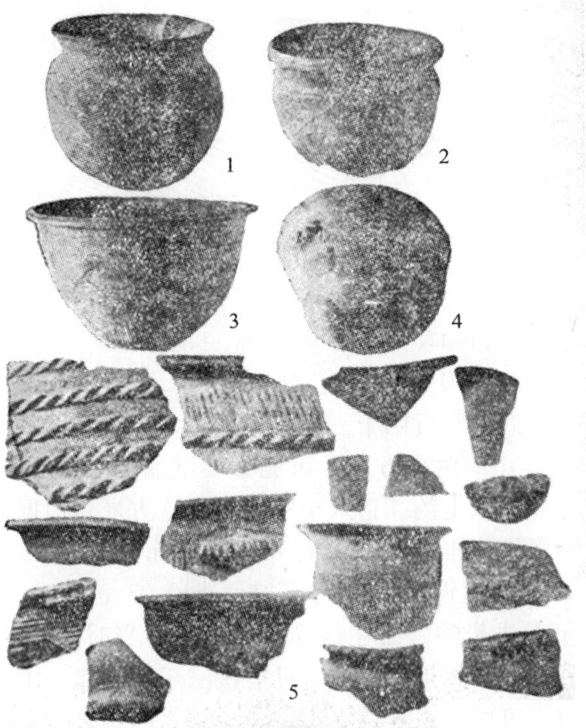

图 11　商代城墙出土遗物

1～4. 商代城墙上叠压的商代中期（下层）灰土层中遗物：尊（东城墙探沟 6：67）罐（北城墙探沟 4：38）盆（东城墙探沟 6：66）甑（北城墙探沟 4：33）5. 商代城墙（前期）夯土层内出土陶片

和狗坑，都是属于商代的，那么被压在下面的夯土城墙，自然就不会晚于商代。

同时在夯土层中包含有商代文化遗址的灰土和商代遗物，还有原始社会“龙山期”的一些方格纹和条纹陶片以及相当于夏代的一些灰色绳纹陶片。既然在夯土层内所包含的最晚的文化遗物，是商代的，那么夯土城墙的时代，就绝不会早于商代。所以上述的夯土城墙的相对年代是属于商代的一个时期无疑。根据现有材料表明，南部夯土墙（图 12）与北部城墙夯土层的结构、筑法是相同的，同时在南部夯土城墙上面同样都发现了商代文化层，在商代北城墙上，发现的墓葬、房基和窖穴压着夯土城墙的现象较多，这主要是由于在北城墙上发掘的面积较大，而且北部在汉代以后就被废弃了，遗迹可能保存的较好。而南部试掘的面积很小，仅仅挖了几条宽二米左右的探沟，同时商代城墙一直被后代修补和利用着，可能损坏得比较严重，或者试掘的面积很小，材料显得不够，有待于进一步的工作。

（三）

就郑州商代城的建造来看，现存城墙最高者为 9. 10 米，城墙基础最宽者为 36 米。现存的高度和宽度，是经过历年损毁后的残留，原来城墙一定比现在的城墙要高些或宽些，就一般筑城的结构看，城墙顶部也要比基础窄些。基础既然有 36 米宽，顶部至少也要有

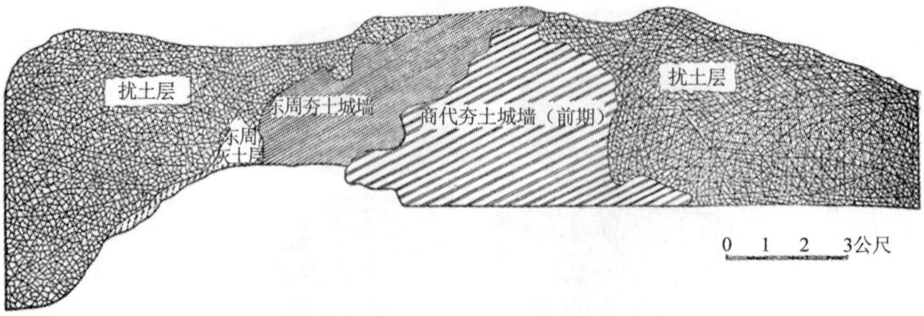

图 12　商代南城墙剖面图（探沟 2 西壁）

5 米左右宽。如果平均高度按 10 米、平均宽度按 20 米计算，城墙周长为七千一百九十五米，合计夯土城墙的土方约为一百四十三万九千立方米。就城墙的夯打坚固情况估计，原土方（即原地未挖的实方）约两立方米，可能夯实城墙的夯土层约一立方米。这样算起来，建筑全部城墙就需要挖原土约二百八十七万八千立方米。根据当时挖土所用的生产工具看，有进步的铜镢和铜铲，也有一般的石斧（也可作镢用）和石铲。我们曾用铜镢和石斧进行过挖土试验，现在用铜镢每小时可挖原土 0.03 立方米，用石斧每小时可挖土 0.02 立方米。铜镢虽然是进步的，而在这样大的工程中当时所用的数量也不会太多，必然还有一部分人用石斧挖土。如果挖土的劳动力按三千人计算，用铜镢的一千人，用石斧的二千人，那么平均每天可挖原土五百立方米。一年之内还必然会遇到雨雪不能进行工作的时候，那么每年按三百三十个工作日计算的话，一年可挖原土方十六万五千立方米。如果一个人挖土供给一个人向城墙上面运，运土的劳力也就需要三千人。再从城墙夯打的坚固情况看，如果有三千人运土的话，至少需要有四千劳力进行平整和夯打。这样计算起来，估计当时平均就按用一万劳力经常进行工作，像建造这样大的城墙，就需要约十八年的时间才能建成。如果用二万劳力经常进行工作，也需要用九年的时间才能建成。当然商代的统治阶级对奴隶的劳动不一定每天只要求工作十小时左右，或者时间要更长一些。但是也要说明的筑城时已到了商代中期，阶级矛盾是相当尖锐的，当时筑城的劳动力主要是奴隶，在商代统治阶级的残酷压迫下，也是不可能积极的，必然还会借故毁坏工具或怠工，以反抗统治阶级的压迫，所以工程进行得不会太快。至于筑城时劳动力的来源，除本地的奴隶外，也可能由所属各地征来一部分劳力。在商代中期的条件下，人口不是很密集的，而能用一两万或更多的劳动力去修筑这样大的城，显然不是一般的城市所能做到的。所以郑州商代城址，很可能与商代的国都有关。

再从商代各种手工业生产场所遗址的分布与分工来看，也可以充分说明郑州商代城址在商代的重要地位。根据已经发掘的材料证明，在商代北城墙外约一百米处和南城墙外约五百米处，分别发现了两处商代的冶铸铜器的工场遗址。除发掘有不少的陶制冶铜坩埚和残坩埚片外，还发掘出大批的铸铜器的范模。其中镬范最多，箭头范次之，铸鬲、斝、爵、觚等范的数量较少。看来这两处铜器冶铸工场，是以铸造生产工具和武器为主要的，其他也铸造一些酒器、炊具和容器。当时的铜制生产工具和武器，主要掌握在统治阶级手中，其他用具当然也是为统治阶极所享用的，所以这两处冶铸铜器工场都是为当时的统治阶级服务的。在北城墙外约一百五十米处，紧靠商代冶铸器遗址之北，还发现了一处商代的制骨器的工场遗址，除发掘出大批的骨器成品、半成品和废骨料外，还有不少磨制骨器用的砺石（即磨石）。特别值得注意的是，从锯下来的废骨臼和骨料鉴定，除鹿角和牛、猪骨外，约有一半以上是人骨。这就更清楚地反映出商代的统治阶级对劳动人民的残酷情况。另在西城墙外约一千二百米处，发现了一处规模相当大的商代制陶器工场遗址，在已经发掘的约一千二百多平方米范围内，就发掘出十余座烧陶器的窑，并出土了大批的陶拍子、陶印模等制陶器的工具，以及大量烧坏的残破陶器和未经火烧的陶坯子等。还有制陶器作坊的房基也发掘了数座。根据出土的残破陶器的土质来看，主要是黄土，如簋、盆、瓶、罐等。这显然是专门烧制泥质陶器的工场。说明商代日常使用的掺有砂土的炊具和食器，如鬲、斝、砂质罐和甗等，必然另有专门的烧制场所。当时为统治阶级所享用的瓷（或釉陶）器、硬陶和白陶器，当然也另有专门的烧制场所。所以说当时的各种手工业不仅从农业中分化出来，成为独立的生产部门，而且手工业本身又进行了细致的分工，它反映了当时生产力的发展情况。另在商代城东南角以外约半华里处的二里岗，还发现了一处商代的酿造工场遗址（?）。出土有大量的酿造所用的厚胎、粗砂质的陶缸，缸内皆有白色的附锈物，这显然是酿造时的遗留。通过酿造工场的发现，不仅说明当时饮酒的风气之盛，而更重要的是，说明商代的农业生产已经有了相当大的发展，不然怎么会用多余的粮食去酿造酒呢?

商代冶铸铜器工场、制骨工场、制陶工场和酿造工场都是商代的重要手工业工场，而分布的地点都是在商代城墙以外的四周，不设在城内，这绝不是偶然的现象，显然是因为城内居住的是奴隶主、贵族，手工业生产者皆为奴隶，贵族与奴隶是不能同居的，一是身份不同，一是对贵族不利，所以就把手工业工场都安置在商代城以外去进行生产。从这些商代重要手工业遗址的集中来看，也说明郑州商代城址，不是一般的城市遗址。不然不可能有这样全，而且范围比较大的各种手工业遗址都集中在城郊进行生产。再者就商代城垣里面的发掘材料来看，虽然发掘的面积不大，而发现的遗迹与遗物确是值得注意的。如在商代城内西北角的探沟中，曾发现有范围较大的商代房基，房基的地坪除经夯打外，并经过火烧和涂抹“白灰面”。在房基的中间和四边发现有几个大形的柱窝，窝的深度一般为14~35厘米，口径为19~34厘米。有的在柱窝底部还砌有料礓石碎块。这说明当时房子的型制是相当大的。这样大的房基和大柱窝在郑州商代城外所发现的房基中没有看到过。另外在这大房基的北面又发现了一个东西残长约25.5米、南北残宽约8.8米的夯土台子，夯土台的夯窝形状与商代城墙的夯窝类同。同时在修筑夯土台的原地坪上，挖了一条十字沟，这条沟显然是为了夯土台的坚固而设置的。像这样的大面积的夯土台，想必当时会有大型建筑物。这也是商代城外所没有发现过的。因之说这处建筑遗迹应与当时的统治阶级居住有关。特别值得提出的是，在商代城垣内，现在的紫荆山以南所发掘的一条深沟中，除发掘出土有商代的一般灰陶器、骨器和石器以外，仅玉簪就出土了数十枝，而且磨制得都相当精致。这样的玉簪在商代城垣以外的大面积发掘中，仅发现二三枝。为什么城内的一条探沟中，就出土这样多的玉簪呢?这显然是与当时统治阶级的生活有关。所以说商代城内，当时主要是居住着统治阶级——奴隶主的地方。

再从郑州商代城内外文化遗址分布范围之广，文化层堆积之厚，遗迹与遗物埋藏之丰富来看，也说明当时商代城内外居住的人口是比较多的。文化层堆积之厚度平均在一米左右，最深者有达三米的。窖穴、房基与墓葬等遗迹，不仅数量多，而分布范围也比较广泛。从出土的遗物看，除有大量的一般人所用的石器、骨器、蚌器、陶器、铜器等日常使用的生产工具和生活用具外，并发现了不少当时专为统治阶级所霸占享用的青铜器皿、瓷器（或釉陶）、硬陶器、白陶器、玉器和象牙器等。此外，还发现了三片骨刻文字——甲骨文。就制造象牙器、玉器、青铜器的原料和发现不少的鲟鱼甲来看，都不是郑州附近所产，而是由外地运来的。因此可以说明郑州商代城市的遗址，是商代的一处人口众多、手工业繁荣、对外交通发达、统治阶级聚集的大城市遗址。

（四）

关于郑州商代城址的相对年代和文献记载的“隞都”的年代是否相符合的问题，根据郑州商代文化遗址的发掘材料证明郑州的商代文化遗址，不论从文化层上下的叠压关系和出土遗物的发展演变，都清楚地可以分为早、中、晚三期。早期遗址以郑州洛达庙商代遗址为代表。这期遗址分布的范围不大，主要分布于郑州商代城址以西约十余里的洛达庙和董砦村一带。从这些遗址中出土的遗物看，特别是部分陶器的形状和纹饰，还保留有“龙山期”和相当于夏代器物的特征。（参考郑州洛达庙遗址发掘报告，待发表）我们知道商代是紧接着夏代发展而来的，因而在商代早期文化遗物中，包含有相当于夏代文化遗物的一些特征是必然的。商代晚期遗址以郑州人民公园商代遗址为代表，这期遗址在郑州分布的范围也不算大，主要分布于郑州商代城址西墙外约八百米处的人民公园内。从出土的遗物看，与安阳殷墟的出土遗物比较接近。（参考文参 1954 年第 12 期郑州商代地层关系介绍）商代中期遗址，以郑州二里岗商代遗址为代表。在郑州人民公园内商代遗址的发掘中，发现人民公园商代文化层的下面压着二里岗商代文化层；在洛达庙和董砦的发掘中，发现二里岗商代文化层的下面，又压着洛达庙商代文化层。从出土遗物的发展和演变来看，二里岗商代文化遗址的出土遗物，包含有上迄洛达庙、下接人民公园的商代遗物。因之说明郑州二里岗商代文化遗址是晚于洛达庙商代遗址，而早于人民公园商代遗址。所以把二里岗商代文化遗址定为商代中期是比较恰当的。商代中期遗址在郑州的分布范围极为广泛，在郑州商代城址上面所发现的墓葬、房基、窖穴、狗坑和文化层，以及在夯土城墙内所包含的商代遗物都是属于商代中期的。同时在城内外分布的约二十五平方公里大的商代文化遗址范围内，各种手工业工场和窖穴、房基、墓葬的遗迹、遗物，都是属于商代中期的。因而就确定郑州商代城址主要是属于商代中期的城市遗址。

再从二里岗商代中期遗址的发掘材料中，又可分为前后两期。这两期文化层的叠压，和出土的遗物有显著的区别，（参考《郑州二里岗》科学出版社 1958 年出版）在发掘郑州商代遗址中比较普遍地存在。虽然郑州商代中期文化遗址还有前后期之别，但二者又是紧密相连的，都是属于商代中期。在郑州商代城墙的试掘中，曾发现有前后两期修筑之分，这和郑州商代中期遗址的前后两期是一致的。说明郑州商代城墙的前后两期修筑，可能是前期开始修筑，后期又进行了增修。或者是前期没有修成，而后期接着继续修筑的。

就成汤居亳到盘庚迁殷的五次迁都中，如果也按商代的早、中、晚三期去划分的话，汤居亳应属于商代早期，盘庚迁殷应属商代晚期，而仲丁迁隞、河亶甲迁相和祖乙迁耿，都应该是属于商代中期。结合郑州商代城址的试掘材料，城垣遗迹也是属于商代中期，因而文献记载和考古发掘的材料是正好吻合的。同时就仲丁迁隞起到河亶甲迁相的中间，也是有着相当长的一段时间，这和郑州商代文化遗址的文化层堆积情况，以及商代中期的前后两期的遗物发展演变来看，也是比较吻合的。又文献记载中“隞都”就在郑州附近，因之说郑州商代城市遗址，很可能就是商代的“隞都”。至于《括地志》上所记载的隞都在古荥泽西南十七里，很可能是东南之误。

郑州在商代中期能够形成为一个都城遗址，除了当时生产力提高的条件外，与郑州附近的地理形势和其他方面的原因也是分不开的。郑州位居黄河中游，西有嵩山余脉，北靠黄河，附近地势平坦，物产丰富，自古就是东西和南北交通的要冲，因而是很宜于人类居住和生产的地方。从原始社会末期起到商代早期，在郑州附近有很多的人居住和生产。到了商代中期，一方面是由于扩大势力范围，一方面是为了防御东部沿海一带异族的侵扰，特别是随着生产力的不断提高，作为统治劳动人民的政治、经济、文化、军事的中心——都城，就需要迁到交通方便、地势平坦、物产丰富的地带。于是当仲丁时即把都城由亳迁于隞（今郑州一带）。到了商代晚期，城虽被废弃了，而仍有人们在附近居住。郑州人民公园商代文化遗址，就是商代晚期人们居住的一个点。并且在商代以后的西周、春秋、战国时期仍有人在此居住，并继续营造城池。因而说明郑州从商代中期起一直是一个很重要的地方。

通过郑州商代城市遗址的发掘，对研究商代奴隶社会的政治、经济、文化都提供了宝贵的物质资料。这座城是我国目前发现最早的一座城，因而我们就必须很好地保护这座城址，以待进一步发掘研究。

由于我个人水平的限制，加上材料搜集得也不够，文中不免会有许多缺点和错误之处，希读者多予指正和批评。

（原载《文物》1961 年第 4、5 期）

从河南郑州出土的商代前期青铜器谈起

唐　兰

20 世纪 50 年代河南省郑州市商代前期文化遗址的发现，是新中国成立以后考古工作的重要收获之一。在 20 世纪初安阳殷墟发现之前，人们研究商代历史所掌握的资料是很贫乏的。从那时起，地下史料不断出现，现在对盘庚迁殷（约公元前 14 世纪）以后一段时期的殷代历史文化的认识，比过去已经丰富得多了。二里岗文化的新发现，使我们对商代迁殷以前的历史情况有更多的认识。

一、商代前期的青铜器

商代前期青铜器是从郑州商代遗址发现后新认识出来的。前期青铜器有许多特点。例如：鼎和鬲双耳的位置，不像后来那样放在前面一条腿和后面两条腿的中间，而是一个耳和一条腿相当，另一个耳居于另两条腿的中间。鼎足作圆锥形，中空到底（图版一，1）。鬲略有分裆，下有尖锥形的足（图版一，2）。盉的三足也中空而较大，像牛角似的，足尖向外斜出，口上安有覆盖的半球形，盖的前部矗立着管状的长流，上粗而下细，后部有椭圆形的口，鋬（即把手）上平，下略椭圆，造型很奇特。爵和斝都是平底，两柱比较短而靠前，三足是三角的锥形，鋬为半圆形（图版一，3、4）。尊和罍都是侈口鼓腹，尊口特别大，作喇叭形（图版二，1），罍的肩较平（图版二，2），尊则作斜坡形，上面有兽首装饰，在肩和腹上还都有棱牙。觚比后来的矮，小腰侈口，还没有棱（图版二，3）。这些铜器的胎壁都比较薄，花纹都是平雕，只有一层，没有底纹。花纹的图案有兽面形，即过去所谓饕餮纹；有乇字形，有些像金文的或字，中间的圆圈像目形，《说文》作，即乇字，有人把它叫做目雷纹；有囧字形，正如金文的字，近人多称为涡纹、旋涡纹、圆涡纹等；有回字形，即一般所谓雷纹，等等；和安阳出土的后期铜器是一脉相通的。有铭刻的器不多见。此次出国展览的一把戈，有铭文亯字（图版二，4 上；图一下），这是城郿的郿的象形字。本来画出四方的城墙上都有楼，写作，这把戈上把代表楼墙的两竖并成一竖，所以成为了。由于中国文字后来主要是直行，不适宜于横处太阔，所以把两边的城楼省去不画，只有上下两座楼就变为亯字，《说文》又错成亯，而说“读若庸”。戈的另一面就是囧字形图案而没有外面的圆框（图版二，4 下；图一上）。一般囧字形图案，都是阴刻的线条，如白家庄墓三出土的那件残破的斝，腹部有七个囧字形

图案[1]，就是如此。这件戈的图案，是阳文线条，它借用未雕刻的戈面作为外框，所以成为这样。陈介祺旧藏的目形勾兵，两面都是阳文囧字形图案，但加了框，就很清楚了[2]。另外一件豖戈，一面也是囧字形图案[3]；还有一件罍戈，在囧字形图案外两旁有耒形，下有卩字[4]，也都没有加框，可以互证。另外一件罍上有铭文黽字，也是图画象形字（图版二，2；图二、三）。黽是蛙一类动物中比较大的。铭文在肩上，共三处，和腹部的三组兽面形图案相配合。有人疑是花纹，但这个罍的肩部已经有一道花纹，肩上口下的部位里不应再有花纹，白家庄墓三同时出土的另外一件罍可以为证。

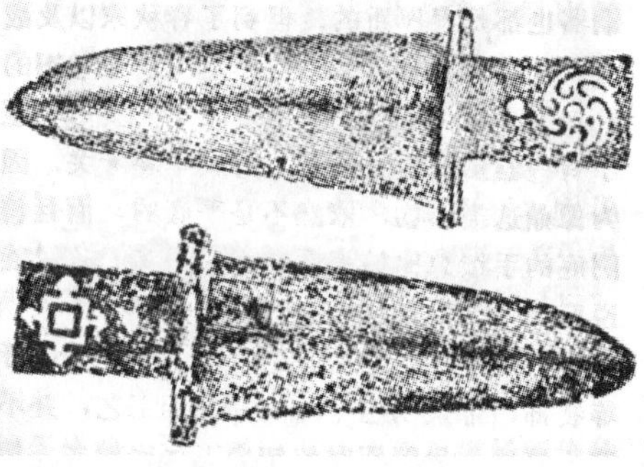

图一　旋涡纹铜戈

图二　罍上铭刻黽字

商周铜器经常有把铭文与花纹配合在一起的。在戈内上，也常常是两面是同一铭文的，可见确是铭文。这个字很像龟字，但龟字的四足，大小相等，而此铭的后足长于前足，从尾部上曲，应为黽字无疑。这两个字在一般情况下应是氏族徽号。《诗·桑中》说“美孟庸矣”，毛苌传说：“姓也”。周初有鄘国，就写作𩫖，古代常以国为氏，可证𩫖是氏族徽号。至于黽这个氏族，金文中常见，如：黽父丁鼎、黽且乙觚、父辛黽卣之类[5]，都可以为证。

如果拿这些铜器的制作与殷墟出土的最精致的器物相比较，当然显得质朴一些，它们没有凸出的雕刻，没有底纹，不如殷周之际青铜器极盛时代那么工细，那么繁缛，那么诡

图三　罍上铭刻黽字拓片

异。但在青铜彝器的工艺里，它们已经远不是创始时期的器物了。它们的胎壁很薄，这并不是创始时期所能做到的。开始铸造容器时，没有掌握好做陶范的技术，尤其是内范和外范的关系更是不容易处理好，又没有掌握好如何均匀地灌注青铜溶液的技术，是不可能铸得很薄的。只是熟练的劳动者积累了丰富的经验，掌握了高度的铸造技术以后，才能铸出很薄的铜器。春秋时期的铜器也都是很厚重的，但到了春秋末以及战国时期也出现过薄胎，显然是为了节省铜的原料。可见薄胎并不由于时代早的关系。至于有些器形是平底，也和时代早晚无关，因为像鼎这类器物，依然不是平底的，而且铸圆底的手续总比铸平底要方便得多。这只能说明它是某时某地一种流行的型式罢了。

相反，像盉的形制，像尊上的兽首棱牙等装饰，都说明这个时期的青铜工艺，并不那么简单。尽管那时的铸造工序比较多，例如铸盉的主体包括腹和足是一道工序，安上鋬是另一道工序，上面的盖和流又是一道工序；尊上的兽首棱牙等装饰是一个一个地用热焊的方法焊接上去的。一直到西周和春秋前期都还采取这样的方法，不过越到后来越精工越复杂罢了。把郑州的兽面纹尊和安徽阜南（图版三，1）所出的一件来比较，除了小一些以外，在制作工艺上是并无逊色的。这种工艺水平，没有几百年的积累是不可能达到的。

二、关于郑州商代文化遗址的考察

郑州商代遗址的发掘工作开展还不久，根据现在所了解的一些情况来看，这个地区在当时已建筑了城墙，城墙是古代都邑的一个重要标志。那里还发现了制造陶器、骨器和铜器的场所，这也是很重要的，是构成都邑的重要条件之一。但这遗址，从目前发表的资料看来还不如安阳殷墟那样典型。安阳殷墟有宫殿遗址，有很多大墓，发现了上万片刻了卜辞的甲骨，还有大批的其他文物。在青铜器里，有牛方鼎和鹿方鼎，有重达 875 公斤的姤（后）戊方鼎（过去把它叫做司母戊鼎），有解放后后岗出土的宰鼎等，都是重器，都足以证明文献资料所谓殷墟[6]，就是盘庚迁殷以后，一直到商纣时的殷都，也就是甲骨卜辞里所说的“大邑商”[7]，是毫无疑义的。郑州商代遗址的中心区域，情况尚未明了，就已发现的墓葬来看，规模都比较小，铜器和其他陪葬物很有限，因之，要详细估计这个遗址，还需要期待新的发现。

从文献资料考查，除安阳殷墟外，商代前期曾有过五个王都，《尚书·盘庚》所说“于今五邦”，就是指迁殷以前说的。首先是亳都，《书序》所说：“汤始居亳，从先王居”，是商王朝建立之前，“自契至于成汤八迁”中的最后一迁。这个王都在什么地方，过去有很多说法，清代雷学淇认为要从成汤所伐的韦、顾和昆吾等国的地望来考查，从而确定商汤的“景亳之命”，是从现在河南省商邱县之北、山东省曹县之南这个亳发出的，这个推证很可信；后来王国维的说法，也大略相同[8]。商邱是商代先王相土住过的，所以说“从先王居”。从成汤到太戊，一直住在那里。《书序》说：“仲丁迁于嚣”，《史记·殷本纪》作“迁于隞”，隞也作敖。北魏郦道元注《水经·济水》说：“济水又东经敖山北……其山上有城，即殷帝仲丁之所迁也。”这个在北魏时代还能看到的殷代古城，是在郑州市附近一带[9]。在这个地方只住过仲丁和外壬两代，据《太平御览》，他们一共只有二十六年[10]。河亶甲即位就迁到相[11]，在现在河南省北部内黄县附近。北魏孝文帝在这里建立相州，就以此为根据[12]，《括地志》说“故殷城，在相州内黄县东南十三里，即河亶甲所筑都之，故名殷城也”[13]。内黄就在安阳的东南，中间隔着卫河。这次迁都时间最短，只住了河亶甲一代，据说只有九年。第三次迁都是中宗祖乙，这次新都，《书序》说是耿，《史记·殷本纪》说是邢，耿和邢声音相通。但《竹书纪年》说是庇[14]，就不知怎么错的了。唐司马贞《史记》索隐说是现在山西省河津县的古耿国[15]，是只根据耿字来推测的。王国维认为隞和相都在河南北数百里内，祖乙所居，不得远在河东，因而根据《说文》所说邢“地近河内怀”，而定为《左传》《战国策》的邢丘。他说：“邢丘即邢虚，犹言商邱、殷虚”[16]是颇有道理的。《水经·沁水注）引晋郭缘生《述征记》说“河内怀县有殷城”[17]，跟敖和相两地都有殷城符合，可以证明王说是正确的。其地在汉代怀县的东南，现在河南省武陟县之南，与隞都夹河相望。据《竹书纪年》，这次迁都，住了祖乙、祖辛、开甲、祖丁四代，时间是最长的了。最后迁的一个都是奄，只见于《竹书纪年》[18]，这批竹简是晋代出土的，《书序》上缺了这一次迁移，所以汉儒马融、郑玄等都不知道[19]。《左传》昭公九年说：“武王克商，薄姑、商奄，我东土也。”定公四年说：“因商奄之民命以伯禽。”《墨子·耕柱》《韩非子·说林》并作商盖，金文禽簋和冈劫尊都作婪，就是盖字。可见奄字本应作盖，是声音相通。商盖之所以冠一商字，就因为它原来一度曾作商都的缘故。成王践奄之后，这里封给鲁公伯禽，所以鲁国有亳社，就是商王朝的社，亳社被烧了，还见于《春秋》（哀公四年）。这个亡国之社之所以保存下来，显然也是旧都的关系。《盘庚》说“盘庚作，惟涉河以民迁”，过去都解释不出来，现在知道是从奄迁殷，那就是由曲阜一带向西北渡河到安阳，更是有力的证据[20]。《括地志》说：“兖州曲阜县奄里即奄国之地也”。在这里住的有南庚阳甲两代，然后盘庚迁到殷。综合起来，商代前后共六个王都，南面是靠近商邱的亳，西面是郑州附近，夹河对峙的隞和邢，北面是安阳一带夹着卫河的相和殷，东面是曲阜的奄。在殷的时间尤其长，所谓“二百七十三年更不徙都”[21]，所以发掘出来的遗址和墓葬很多，小屯前期有武官大墓，已发掘的侯家庄大墓为后期墓，这是很典型的。

文献上的隞都是在丘陵地带的，最早是皇甫谧所说的“或云河南敖仓是”[22]。刘昭注《续汉书·郡国志》在敖亭下说：“周宣王狩于敖。《左传》宣十二年，晋师在敖鄗之间。秦立为敖仓。”说敖就是秦汉间的敖仓，所以郦道元所指敖山上的古城为仲丁所都，在地望上是确切的。现在郑州市地区，从历史上看，则是周初管叔所封的管。《汉书·地理志》河南郡中牟县“有筦（管）叔邑”。《水经注·渠水》：“渠水又东，不家沟水注之……其水自溪东北流径管城西，故管国也，周武王以封管叔矣。”清顾栋高《春秋大事表》卷七说：“在今开封府郑州北二里，即管叔所封国”。清光绪三十一年（1905年）把郑州改为商埠，是郑州市的前身。那么可以认为仲丁所迁的隞虽以敖山得名，可以包括东面的管国的故地，等于殷墟在文献中是包括朝歌的。

武王伐纣后建立的三监：武庚禄父是投降了周王朝的，所以被封于安阳殷墟；管叔蔡叔是武王之弟，一个封于管，在今郑州；一个封于蔡，在今上蔡。管在殷的西南，蔡又在管的东南。南北成为一个弧线，管在中央，而殷、蔡为突出的两翼，这个阵势，本是用以抵御徐奄等国的。殷是原来的王都，管、蔡既然和它并列，就决不是平常的都邑。从这遗址看，应该可以代表商代前期的整个历史阶段，上限可以推到仲丁之前，下限也可以延续到盘庚迁殷之后。我们在这里可以看到商代前期文化的一般情况。它的发现的重要意义是为我们提供了一把钥匙来打开研究商代前期以及夏王朝历史文化的大门，开拓了我们的眼界。在这个意义上，它比安阳殷墟的发现是更上一层楼的。

三、从郑州发现的商代早期青铜器来看我国青铜彝器的悠久历史

从郑州商代遗址的发现，我们可以看到中国青铜彝器的历史是十分悠久的。假定盘庚迁殷在公元前十四世纪的五十年代[23]，郑州发现的商代前期青铜器便应是公元前十五世纪前后，最早的可能要到公元前十七世纪，那就是夏商之间了。从考古发掘中的地层依据，证明郑州遗址上层大略相等于安阳小屯文化的下层，而被郑州上层文化压在下面的二里岗文化，又可以分为两层。我们知道小屯文化，一般也分两期，前后将近三百年，那么，二里岗文化是可以经历两三百年的。

这里发现的商代早期青铜彝器的工艺水平，显然已经有几百年的经历，而在历史传说上，商王朝之前是夏王朝，这就使我们有理由可以从器物的发展上来推断夏朝已经制造青铜彝器，而这在古代文献中也有不少的史料，可以互相证明的。传说中最有名的九鼎，据《逸周书·克殷》是周武王伐纣所俘获，从殷都迁到洛邑的。相传就是夏代的制作。据《史记·楚世家》说是“三翮六翼”，即三个是鬲形的鼎，那和郑州所出商代早期的空足鼎是符合的；而六个是异鼎，即方鼎，那是和安阳所出的牛方鼎、鹿方鼎相符合的[24]。可惜这九个鼎传说在周赧王死后（公元前255年）被迁入秦以后就遗失了[25]。

从历史文献中的一些传说来看，夏朝应该已经是奴隶制社会的国家。在当时，“这样的生产关系在基本上是与当时的生产力状况相合的。此时人们所拥有的已经不是石器，而是金属工具”（斯大林）。古代劳动人民从劳动中创造了工具，更进一步发明创造了金属工具。人们熟练地使用了新的工具，生产力向前发展，才促使社会有了新的分工，有了私

有制，逐渐形成贫富两极分化，部落间战争频繁，有了许多俘虏，因而出现了奴隶制国家，有了奴隶主和奴隶两个对立的阶级。畜牧业、农业和手工业的分工，手工业里又有进一步的分工，青铜的铸造成为一种专业，青铜工艺有了巨大发展，才有铸造青铜彝器之可能。铸造青铜彝器，必须先雕刻模子，这就要用锋利的青铜工具，不可想象那样精细的花纹只是靠石刀或骨角的刀所能刻成的。有了模子还要翻成十分精确和工细的陶型（范），熔铸铜锡又必须有耐高温的不怕重压的陶容器，这在制陶业没有很好发展时也是不可能的。为了获得上千度的高温，又必须有革制的鼓风橐（等于后世的风箱），这也要在制革工业高度发展之后。铜锡等原料（铜都炼成铜饼）来自各地，没有各个部落间的极为广泛的交换，没有很多很好的交通工具，是不可能获得大量的金属原料的。总之，青铜彝器的产生，必然是生产力高度发展之后，在奴隶制国家建成时期是无可疑的。

在我国的古代传说里，在夏禹的父亲鲧的时候开始营造城郭[26]。役使成千上万的奴隶来兴建城垣，营造宫室府库，规划沟洫，于是出现了大大小小的都邑。当时的大事是治水和攻有苗。不能想象没有青铜工具，如斧镬之类，而能随山刊木，进行十三年之久来治好怀山襄陵的洪水。也不能想象，没有青铜兵器能对付首先用五刑的苗民。只有在这样的物质基础上，奴隶主们才能有多余的财富来“致敬于鬼神”，而用青铜来铸造祭器。《礼记・檀弓》说：“夏后氏用明器，示民无知也；殷人用祭器，示民有知也；周人兼用之，示民疑也。”其实，夏代还是早期的奴隶制国家，生产力比之氏族社会尽管已经高度发展，却还没有发展到奴隶主可以任意蹧蹋其财产的程度。他们把应该用以发展生产的金属，来做祭器，即彝器，还没有用来殉葬。那时铜锡等的获得还不容易，还不肯把它埋到地下去。殷商时代，生产力发展得更高了，奴隶主统治阶级不惜用大量粮食来做酒，成天地酗酒，不论是代表财富的牲畜或奴隶，都毫不吝惜地成千上百地宰杀，他们当然也不会去吝惜青铜祭器，整批整批地用来殉葬了。把祭器埋在地下后，下一代又得重新铸造，这样，消耗大批铜锡，严重地阻碍了生产力的发展。殷纣亡国以后，周王朝已经是奴隶制国家的后期了，金属的使用更加广泛，需要量也逐渐增大，原料的获得，相对地一天一天地困难了，他们想节约一些，而又不愿意缩小他们的排场，所以兼用之，这和无知有知是无关的。

地下发现的实物史料，证明很大一部分的古代文献资料还是可以信赖的，只是我们在运用这些史料时要善于分析罢了。从“禹恶旨酒”这个传说来看，当时的粮食生产还不很丰富，还没有大量酿酒，所以酒器是不发达的。那么，鼎鬲之类的烹煮器在青铜彝器里最先发展是可以理解的。但是也要看到在当时生产力发展还不很高的情况下，做比较巨大的青铜祭器，就是在奴隶主贵族中也只是极少数权力最高的人才可能制造，而且这种祭器是世世相传，“子孙永宝”，并不用以殉葬，所以，要在商以前的墓葬里发现大批青铜祭器是不大可能的。但是既然商代前期铜器已经有了这样的发展，可以说明夏代是应该有青铜彝器的。尽管在考古发掘方面还有待于证明，在没有地下发掘出来的实物证明之前，有些问题很难作出确切的判断，但古物的发现，是和考古学的发展有密切关系的。三百年前明朝谈古印的人还不知道战国古鉨（玺）；二百年前的古钱鉴赏家还没有见到过春秋时期的空首布；安阳殷墟未发现以前，学者间有谁知道甲骨卜辞；二里岗遗址未发现之前，也没有人认识商代前期的青铜彝器；商代青铜兵器中曾发现夹有陨铁，而过去总认为《禹贡》里讲到铁，是战国时人伪托的。正是由于人们的认识的这种局限性，所以也可能有这样的情况，如有些古物虽曾发现，而还没有被注意；有些铜器早就看到过，而没有能判断其时代。我们相信夏文化这一重要历史环节，在我国考古工作者的努力下将可以得到一个水落石出，那么，青铜鼎鬲一类的原始型式也总会有实物资料来作证明的。

四、从郑州发现的商代早期青铜器来看我国古代青铜工艺的广泛传布

青铜工具和兵器的发明和使用，比青铜彝器为早。奴隶主贵族用青铜制造彝器阻碍了生产力的发展。在青铜工艺的发展历史里，我国的青铜彝器是一个极其重要的新阶段。在开始时，无论品种和数量，总是不太多的。随后，用途增加了，铸造者多了，工匠们的技艺更加成熟，经验更加丰富了，就逐渐由这个地区传播到那个地区，形成了一个新的历史阶段。在文献记载里，我国青铜彝器的铸造是在黄河下游的区域里成长起来的。《墨子·耕柱》所说“夏后开使蜚廉折金于山川而陶铸之于昆吾”，有人怀疑陶是错字，不知道青铜彝器的冶铸，正是在制陶工业高度发展的基础上产生的。昆吾是很古老的氏族，本以做陶器出名[27]，后来又做铜器，昆吾之刀相传可以切玉，周代还把做铜器的官叫做昆吾。《国语·郑语》说：“佐制物于前代者，昆吾为夏伯矣。”它大概就由于手工业的发达而在夏代发展为大国的。昆吾的故墟是现在河南省东北的濮阳县西南，这是山东、河北、河南三省交界的地方，离山西省也不很远。这是古代文化的中心，传说中的颛顼在这里住过，所以称为帝丘。根据这些情况，说这个地区是我国最早的制造青铜彝器的场所，或者是比较接近于实际的。青铜器文化十分接近于龙山文化，在器形方面，鼎鬲等和陶器都有些关系；青铜的盉有些像陶鬶；青铜彝器上的图案，和有些陶器、玉器相似；最近山东发现的属于龙山文化的两个大陶罐上有两个象形文字，一个是戉（钺）字（图四），一个是炅（炅）字（图五），和青铜器铭刻是一脉相承的。龙山文化分布于黄河中下游，古代黄河横贯河南省后，在濮阳附近折而北流，在这个地区里，孕育出我国古代灿烂的青铜文化，并逐渐向四方传播，是极其自然的。

从郑州商代遗址发现后，河南的许多地方及河北省、湖北省的有些地方曾发现同样的文化遗存，郑州只是这些遗址中之一罢了。从这个事实中可以看到这些地区在商代前期的某一阶段里是有密切联系的。从商代的六个王都来说，主要在河南省东部，而涉及山东省的东南部。商代初期的亳都既然在商邱一带，那么，由商丘一直向南约四五百里的安徽省阜南县，在公元前十四世纪左右，能出现大型的制作精工、装饰华美的龙虎尊和兽面纹尊（图版三，1），是完全不用奇怪的。这个兽面纹尊跟郑州所出，其特征基本相同，不过比较大罢了。再向东南三四百里的肥西县，也出现平底的大斝（图版三，3），但是从它有很高的两柱来看，已经相当于殷墟文化的晚期了。仲丁所迁的隞和祖乙所迁的邢，是在郑州和武陟一带，隔着黄河南北遥遥相对，影响到河南西部直到湖北，是无可疑的。但是湖南宁乡出土的人面纹铜方鼎（图版三，2），在相当于商代后期的青铜器里，十分突出。这个地区和商王朝有何种联系，尚有待于研究。在传说里，舜葬于苍梧之野，似乎虞夏之间就有过交通，方鼎夏代就有，那么，人面纹方鼎可能包含一些夏文化的影响。至于常宁所出的兽面纹铜方尊（图版三，4），从形制花纹来看和故宫博物院所藏䣄亚方尊很类似，

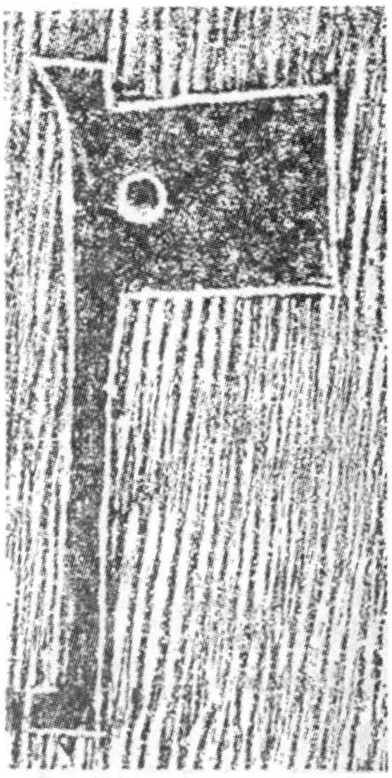

图四　龙山文化陶罐上铭文

图五　龙山文化陶罐上铭文

䣄亚方尊大概是清代乾隆年间发现的一批属于䣄亚的重器，从近年考古发掘的情况来看，它们应该是山东省益都县一带出土的。益都离曲阜约三四百里，而曲阜即奄，是商代迁殷以前的最后一个王都，山东可以有很丰富的商代彝器是毫无疑问的。但它怎么能流传到远在湖南省衡阳以南的常宁呢？这个问题还有待于查考，河亶甲所居的相，盘庚所迁的殷，都在河南省的最北边，与河北省接境。肯定会对河北一带地区有影响。北京附近在清末

（1867 年）出土的匽侯诸器有鼎、盉、觚、爵、卣等，后来又出过两个大亥方鼎，都是殷周之际的。1941 年远在长城喜峰口外东北三四百里的喀喇沁左旗（现在的喀喇沁左翼蒙古族自治县，属辽宁省）曾发现过一百五十斤的大鼎，也是属于殷周之际的。解放后 1955 年在凌源发现的十六件铜器有：鼎、甗、簋、盂、罍、卣、壶、鸭形尊、盘等，其中盂是匽侯作的，当系周初器。就是在这个喀左县最近又出土了五个罍，一个䍃，出土地在前两次发现地的中间，其中一个罍有铭文六字，是“父丁𠙵冉宄亚”（图六），可以断定为商代后期器。从文献上考察，这个地区，在商代属于孤竹国，也就是伯夷叔齐的老家，现在从出土实物上可以得到证明了[28]。由此可见，远在三千多年前，这个远在后代长城之外的地区，早已是商文化所及之地，而那些无产阶级的叛徒却无耻地硬说中国以长城为界，历史事实足以给他们以无情的鞭挞。

图六　宄亚父丁罍铭文

这次出国的考古展览品展出了山西省石楼县出土的龙纹铜觥（图七、八），是稀有的宝物之一。从器形说，有些像兽角，但做成一条船的样子。我们根据习惯把它称为觥，但它不能作为饮罚酒的用具。它的兽头部分，好像浅口的鞋，附着于器身而没有饮酒用的流。它有些像西周中期的隹弔（叔）匜，那是自名为匜的。但这件器也不像灌水的匜。很可能是一种盛酒的容器，古代常用一种香料和在酒里，称为鬯，用于祭祀，这应是盛鬯酒的。这件器不但形制殊异，动物图案也和一般商代铜器的风格不同，这个地区受夏文化的影响比较深，所以尽管也属于商代后期，但有它自己的特征。再向西的陕西地区，在商代后期，周王国已经逐渐发展，它联系到庸、蜀、羌、髳、微、卢、彭、濮等国，所谓“三分天下有其二”，并不是完全无据的。周人自以为是夏的子孙，它的文化艺术和商人也有同有异。这个地区出土的铜器，也有一部分（如泾阳一带）是属于商代后期的。这种影响还一直扩展到四川省，彭山出土的铜罍就是一证。

总之，我国青铜彝器从开始制造到普遍发展，是有绵长的历史的。商代前期的青铜器，目前所知道的虽以河南为中心，但其传播应该广泛得多。到商代后期，随着奴隶制经济的发展，大大小小的奴隶主贵族都竞相铸造青铜彝器，尤其是这些剥削者还养成了酗酒

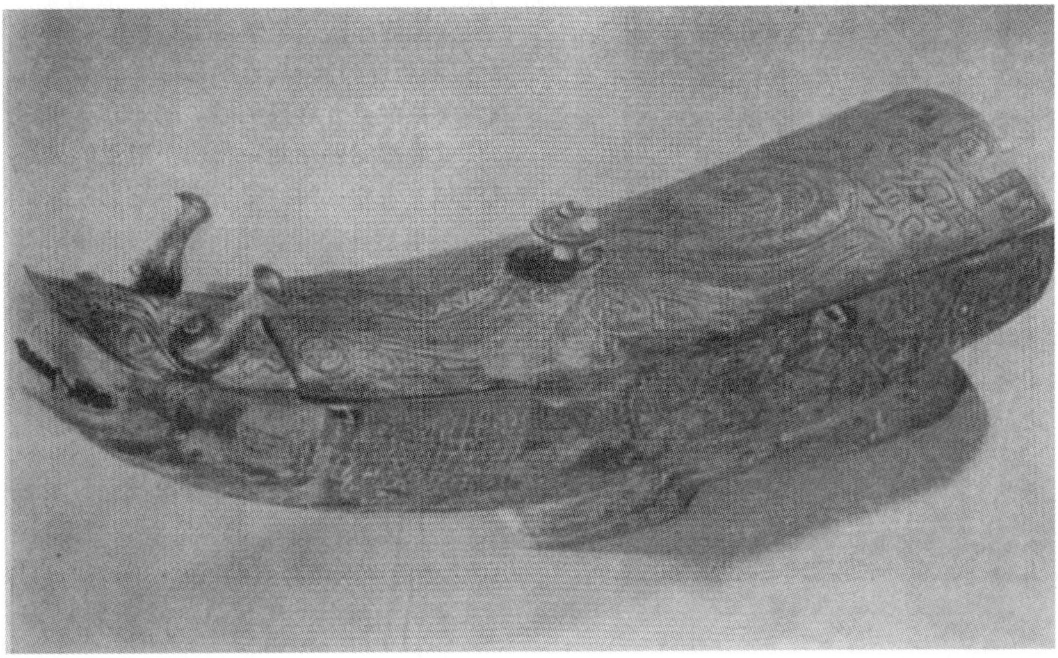

图七　龙纹铜觥（1959 年山西石楼出土）

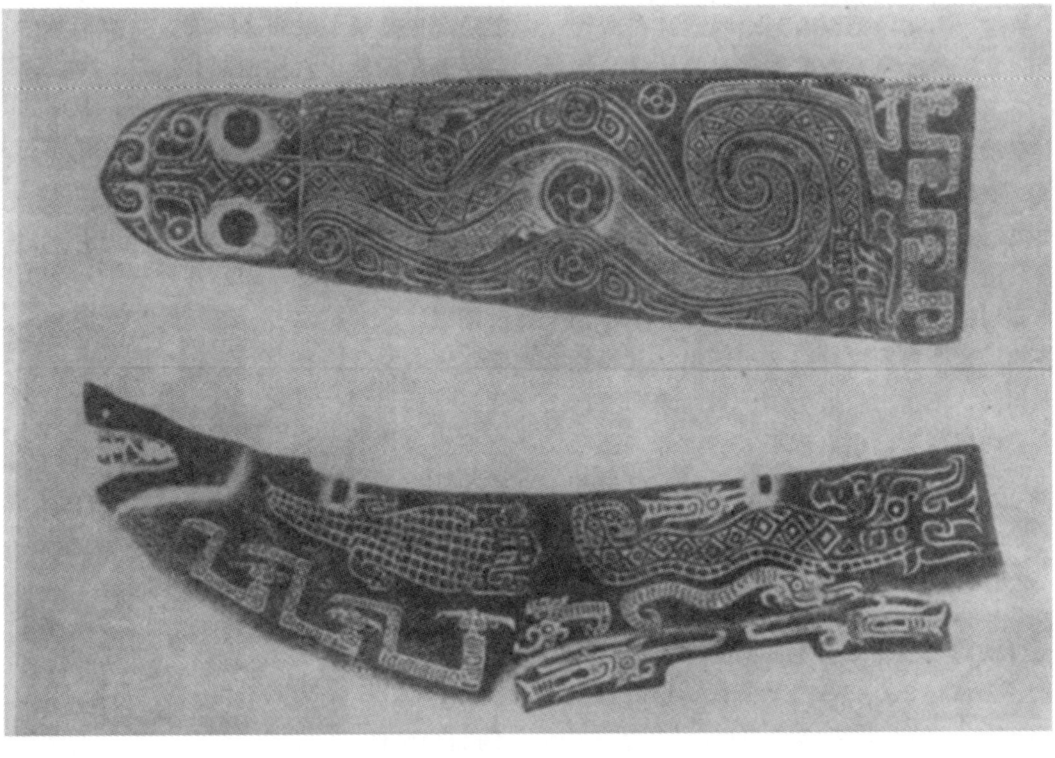

图八　龙纹铜觥花纹拓片

恶习，铸造很多酒器，加以经常把大批祭器作为殉葬，埋到地下，又重铸新的，铜锡的浪费，十分惊人。这种情况，一直延续到西周前期约二三百年之久。铸造既多，在青铜工艺上有了飞跃的发展，品种繁多，制作技术日益精巧，形式上经常有新的创造，装饰日趋华美。因之，这个时期是我国青铜彝器十分灿烂的时期，也是青铜工艺广泛传播的时期。此后春秋时代青铜工艺又重新广泛传播，因之，春秋战国之际又达到一个新的阶段，但这时的青铜工艺的主要范围，已只是日常生活用具，而不是彝器了。

我们之所以特别重视商代早期的青铜彝器，是因为更早的彝器尽管从文献上可以考信，还未见实物；如工具兵器，往往几百年间变化不大，也许见而未识；所以现在所认识到的，以这些器物为最早。这里有一点是很清楚的，就是我国的青铜文化，是古代劳动人民的血汗与智慧的结晶，是在长期的生产斗争实践中不断发展并广泛传播到各地的。有些人总想说，在中国，什么都是外来的，那就请他们去看看从地下发掘出来的实物吧！

（后记：据目前了解，旋涡纹铜戈应属于郑州上层文化，那就相当于小屯前期了。）

---

[1] 见《文物参考资料》1955年第10期，34页。

[2] 见《周金文存》卷六77页。

[3] 见《商周金文录遗》558页。

[4] 同上604页。

[5] 见《三代吉金文存》卷二，21页（鼎）；又卷十四，24页（觚）；卷十二，55页（卣）。

[6] 见《史记·项羽本纪》集解和索隐。

[7]《殷虚书契》卷三，27页。《尚书·多士》作“天邑商”。

[8] 雷说见《竹书纪年疏证》卷十。王说见《观堂集林》卷十二《说亳》。

[9]《史记·殷本纪》正义引《括地志》：“荥阳故城在郑州荥泽县西南十七里，殷时敖地也。”《元和郡县志》卷八荥泽县下说：“敖山，县西十五里，春秋时晋师救郑在敖鄗之间，二山名。宋武《北征记》曰：敖山秦时筑仓于山上，汉高祖亦因敖仓傍山筑甬道下汴水，即此山也。”又：“敖仓城，县西十五里，北临汴水，南带三皇山，秦所置。仲丁迁于嚣，此也。《诗》曰：薄狩于敖。即此地也”。顾栋高《春秋大事表》卷八：“敖山在今河南郑州河阴县西二十里。东晋李颙《尚书注》说：“在陈留浚仪县”，则在今开封附近。

[10]《太平御览》卷八十三引《纪年》“帝仲丁在位十一年。”又引《史记》“帝外壬在位一十五年。”

[11]《太平御览》卷八十三引《纪年》。

[12]《元和郡县志》卷十六：“后魏孝文帝于邺立相州。初，孝文幸邺，访立州名。尚书崔光对曰：昔河亶甲居相，圣皇天命所相，宜曰相州。孝文从之。盖取内黄东南故殷王河亶甲居相所筑之城为名也。”

[13] 见《史记·殷本纪》正义。《元和郡县志》卷十六作“在县东南十里”。

[14] 见《太平御览》卷八十三所引。

[15]《史记·殷本纪》：“祖乙迁于邢。”索隐说：“邢音耿，近代本亦作耿，今河东皮氏县有耿乡。”正义引《括地志》云：“绛州龙门县东南十二里耿城，故耿国也。”

[16]《观堂集林》卷十二《说耿》。

[17]《水经·沁水注》：“朱沟自枝渠东南迳州城南，又东迳殷城北。郭缘生《述征记》曰：河之北岸，河内怀县有殷城。或谓楚汉之际，殷王卬治之。非也。余按《竹书纪年》云：秦师伐郑，次于怀城殷。即是城也。然则殷之为名久矣，知非从卬始。”那么，战国时在这里就有殷城，司马卬的被封为殷王是沿用旧称的。

[18]《太平御览》卷八十三引《竹书纪年》："南庚更自庇迁于奄。"又"阳甲即位，居奄"。又"盘庚旬自奄迁于北蒙，曰殷"。盘庚以下，又见《水经·洹水注》、《史记·殷本纪》正义、《项羽本纪》索隐、《尚书·盘庚》正义、《路史·国名纪》丁、《通鉴外纪》二等所引，文字略有出入。

[19] 马融、郑玄注《尚书·盘庚》的"于今五邦"，都把商丘数进去是错的。从商丘迁亳是"自契至于成汤八迁"中的最后一迁。

[20]《尚书·盘庚》正义引王肃注："为此思南渡河之事。"这是由于《尚书·序》"将始宅殷"误为"将治亳殷"，过去都以为亳殷在河南的原故。所以旧释都认为："耿在河北，殷在河南"，自北南渡。从殷墟发现以后，罗振玉《殷虚书契考释》和王国维《观堂集林》卷十二《释殷》，都已明确地指出殷为安阳，在河北。但他们都把盘庚渡河一事忘了。王国维释祖乙迁耿是河内的邢邱，那是对的，但从邢邱迁殷，都在河北，而且相去很近，怎么要渡河呢？他是没有考虑到的。只有根据《纪年》，有南庚迁奄一事，才能解决这一问题。

[21]《史记·般本纪》正义引《竹书纪年》"自盘庚徙殷至纣之灭，七百七十三年更不徙都"朱右曾《汲冢纪年存真》改上七字为二。

[22]《史记·殷本纪》集解。

[23] 据汉人所引殷历，武王伐纣应在公元前1075年，加上盘庚迁殷到纣的灭亡二百七十三年，是盘庚迁殷为公元前1348年。

[24] 翮通鬲，《汉书·郊祀志》讲到九鼎，说："其空足曰鬲，以象三德。"翼通异，周康王初年的作册大鼎说："公来铸武王成王异鼎"，公是太保召公，他所铸的鼎，现在还有两个，一个有铭"太保铸"三字，一个有铭"成王尊"三字，都是方鼎。

[25] 见《史记·周本纪》和《秦本纪》。关于九鼎的来踪去脉，《史记》记载极详。入秦是可信的，其他许多神奇怪诞的传说，都是游说家和方士们随意杜撰的。

[26] 见《世本·作篇》。

[27]"昆吾作匋"，见《吕氏春秋·君守》、《尸子》、《世本》和《说文》等。

[28]《汉书·地理志》辽西郡令支县下说："有孤竹城"，应劭注"故伯夷国"。清《一统志》"令支故城今迁安县西"，又"孤竹山在卢龙县西，孤竹城在其阴"。据《尔雅·释地》觚竹是北荒，《逸周书·王会解》有孤竹、不令支，《国语·齐语》、《管子》和《史记·齐世家》都记载齐桓公伐孤竹事。今河北省迁安县附近的古孤竹城，可能是孤竹国的一个都邑，而孤竹国的国境决不止此。清吕调阳的《汉书地理志详释》则说："（今喀喇沁左翼）旗南八里有故龙山城，盖即令支城……又旗东北二十五里有元利州城，盖志所云孤竹城。"汪士铎《水经注图》所附《汉志释地略》则以喀喇沁左翼为《汉书地理志》的辽西郡文成县。今按喀左在迁安东北，离迁安不到三百里。这种属于四荒的国家，还在游牧情况下，地广人稀，喀左应属孤竹是无疑的。

（原载《文物》1973年第7期）

1. 兽面纹铜鼎

2. 夔纹铜鬲

3. 兽面纹铜爵

4. 兽面纹铜斝

图版一　商代前期青铜器

1. 兽面纹铜尊

2. 兽面纹铜罍

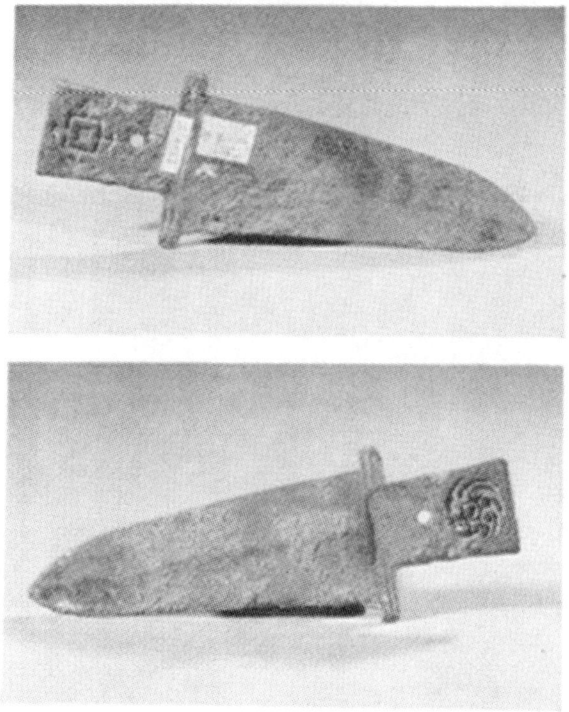

3. 兽面纹铜觚

4. 旋涡纹铜戈

图版二　商代前期青铜器

1. 兽面纹铜尊（1957年安徽阜南出土）

2. 人面纹铜方鼎（1959年湖南宁乡出土）

3. 兽面纹铜斝（1965年安徽肥西出土）

4. 兽面纹铜方尊（1953年湖南常宁出土）

图版三　商代后期青铜器

郑州商城即汤都亳说

邹　衡

所有主张二里头文化是商文化者[1]都依靠一条最主要的证据，就是：河南偃师二里头遗址所在地是成汤所都的“西亳”。我们主张二里头文化是夏文化[2]，其主要依据之一，就是成汤所都在“郑亳”。目前关于夏文化的讨论，意见之所以分歧，关键就在这里。

周代有关文献皆谓成汤都亳，无异说。然而，关于亳的地望，自汉以来，却有四说：一为陕西长安杜亳说；二为河南偃师西亳说；三为河南商丘南亳说；四为山东曹县北亳说。此四亳说中，以北亳说证据较多，向来为学术界所重视；其余三亳说，证据薄弱，历代学者早有反证，为一般论者所不取。其实，北亳说所据文献也是站不住的。我们认为，所谓四亳说，都是汉以来的学者所附会，并没有什么过硬的证据，因此都是不可靠的（考证从略）。

那么，成汤所都之亳究竟在哪里呢？就在河南郑州。郑州并非仲丁所迁之嚣或隞，而是成汤所居之亳，郑州商城就是成汤的亳都。我们已有专文[3]论此，现在先把主要论据摘录如下，以供学术界讨论。

一、文献所见郑地之亳

《左氏春秋经》襄公十一年：

公会晋侯、宋公、卫侯、曹伯、齐世子光、莒子、邾子、滕子、薛伯、杞伯、小邾子伐郑。秋，七月，己未，同盟于亳城北。

杜注：“亳城，郑地。”

同年《传》：

秋，七月，同盟于亳。

这本来是很清楚的，偏有《公羊》襄公十一年的另一记载：

秋，七月，己未，同盟于京城北。

（《谷梁》与此同）

惠栋：《九经古义》云：

京，郑地，在荥阳，隐元年《传》谓之京城大叔是也。亳城无考。此传写之讹，当从《公》、《谷》是正。

陈立：《公羊义疏》云：

《公》、《谷》及《服氏》皆作“京城北”，于义为得。作亳者，字之讹。按《说文》，亳从高省，乇声。京亦从高省，象高形，篆文相似，故易混。

王国维：《观堂集林》卷十二《说亳》据此，于“郑地之亳”下注说：

《公》、《谷》作“京城北”，《公羊疏》谓《服氏经》亦作“京”。今《左氏经传》作亳，殆字之误也。

从此以后，似乎再也没有人提起“郑地之亳”了。然而，“郑地之亳”果真“无考”吗？否。

《续汉书·郡国志》河南尹条下明明说：

荧（荥）阳有薄亭、有敖亭。

可见薄与敖不是一地，“薄亭”应该就是“亳亭”（图一）。

图一

中、左：郑州商城北部出土东周陶文　右：山西阳高县出土宅阳布。

二、郑州商城出土陶文证明东周时期郑州商城名亳

早在1956年，在郑州商城北部和东北部的金水河、白家庄一带曾经发现了几批东周时期的陶文[4]。这些陶文是用印戳打上去的。已发表的十一个戳印字中，有一个字迹不清，有一个是“徻”字，有九个是“亳”字。

徻，应即文献中所见的会，或作郐，或作桧，地名，或国名。

《史记·郑世家》正义引《括地志》：

故郐城在郑州新郑县东北三十二里。（《楚世家》正义引同）

周代郐城现已发现，其地北距郑州商城约三四十公里，与以上记载相合。正因为郑、郐两地相距不远，印有“徻”字的陶器在郑州商城发现就不足为奇了（图一）。

九个“亳”字中，阳文的一个，阴文的八个；左边少一竖划者二个，右边少一竖划者七个。

宝盖缺竖划者也见于东周货币文字。宅阳布的“宅”字作即其例。《史记·魏世家》正义引《括地志》：

宅阳故城一名北宅，在郑州荥阳东南十七里也。

其地正与郑州商城相近，可以证明郑州及其附近有作此缺笔的习惯。此陶文释“亳”，不会有什么问题了。

“禬”字是地名，“亳”字也是地名。因其出土数量甚多，说明带“亳”字的陶器不是从外地运来，应该是在当地烧造。这样就直接证明了郑州商城的北部和东北部一带东周时期本名亳。郑州商城在东周时已被利用[5]，可见郑州商城，在东周时期还叫做亳城。耐人寻味的是，前引《左传》襄公十一年《经》文：“盟于亳城北”，今郑州商城内的东周文化层最厚最密集的地方正是靠北部，“亳”字陶文也出在这里。这当然不是巧合，因为商城甚大，东周时期的人们主要居住在商城的北部和东北部一带。总之，郑州商城在东周时仍名亳，就此成了铁案。

惠栋、王国维等人以少数服从多数的办法把杜预所见的《春秋》本子予以否定；现在由于郑州商城北部成批带“亳”字陶文的发现，可以确证杜预所据《左氏春秋》的“亳城北”断然没有错，而《公羊》《谷梁》《服氏》所据《春秋》本子肯定是错了的。这个旧案非翻不可，因为这不是一件小事，它不仅直接关系到郑州商城为何王所都的问题，而且间接地关系到我们能否确定夏文化的问题，从而对于中国上古史的研究将产生很大的影响。

三、汤都亳的邻国及其地望与郑州商城相合

南亳说和北亳说共同非难西亳说的一个铁证，就是西亳与葛相距八百里，与孟轲所说的“与葛为邻”不合。今郑州距葛（今河南宁陵县）是近多了，但还是有四五百里，若要“使亳众往为之耕”仍然不便。

其实，古代名葛之地，与亳一样，也是很多的。郑地也有葛，而且不只一处。例如《左传》隐公六年《经》文有长葛。《通志略・氏族略》谓许州郾城北三十里有葛伯城，葛伯为夏时诸侯。又如《路史・国名纪甲》谓郑西北有葛乡城，一名依城。这些葛城距郑州商城最远的也只有百多里，当然可以“使亳众往为之耕”了。

更重要的是，成汤都郑亳与韦、顾、昆吾、夏桀所居之地望相合。据我们的考证[6]，韦即《吕氏春秋・具备篇》“汤尝约于郼薄”的郼，其地在郑州商城附近。顾在怀庆府原武县境。昆吾应在新郑、密县一带。夏桀之居“无远天室（嵩山）”。总之，韦、顾在郑州及其附近，昆吾在郑州以南不甚远，为入夏的门户，夏桀在郑州之西。由此可见，汤都郑亳，正合于韦—顾—昆吾—夏桀的作战路线。

四、商文化遗址发现的情况与成汤都郑亳相合

从年代来看，郑州商文化遗址可以分为先商期、早商期和晚商期[7]。其中早商期遗址分布最普遍，内涵最丰富，是最繁盛的时期，商城的修筑与使用也正是这一时期。此期又可分为两段四至五组，若每组平均四五十年，则共占一百五十年至二百年左右。从成汤都亳到仲丁离开亳，共历五世十王，若每世平均三十年，则共约一百五十年左右。可见两者的年代是可以大体相应的。

从文化遗迹的分布来看，郑州商城内的宫殿遗址面积已初步探出共约六万平方米，约

为殷墟宫殿的两倍左右。郑州早商遗址分布的总面积共约二十五平方公里，约稍大于殷墟。所有这些都说明郑州商城只有殷墟能与之相比。殷墟是商代后期的王都，郑州商城作为商代前期最主要的王都也是相称的。

根据以上四证，我们认为郑州商城就是成汤所居的亳都。亳都地望的确定，就为我们研究早商文化（成汤灭夏以后）、先商文化（成汤灭夏以前）并进一步论证二里头文化是夏文化打下了坚实的基础，其在学术上的重大意义是不言而喻的。

---

[1] 二里头文化目前已分为四期，绝大多数同志都认为第三、四期为早商文化。

[2] 我们在《试论夏文化》（见拙作《夏商周文化研究》一书中第叁篇，待出版）一文中，认为二里头文化第一、二、三、四期都是夏文化。

[3] 邹衡：《论成汤都亳及其前后的迁徙》（见《夏商周文化研究》一书第肆篇）。

[4] 《郑州金水河南岸工地发现许多带字的战国陶片》，（《文物参考资料》1956 年 3 期，85 页）。河南省文物工作队第一队：《郑州白家庄遗址发掘简报》，（《文物参考资料》1956 年 4 期，8 页）。

[5] 河南省博物馆、郑州市博物馆：《郑州商代城址试掘简报》，（《文物》1977 年 1 期，24 页）。

[6] 邹衡：《综述夏文化分布区域内有关夏人的传说》（见《夏商周文化研究》一书第伍篇）。

[7] 邹衡：《试论夏文化》第二章（见《夏商周文化研究》一书第叁篇）。先商期指成汤灭夏以前；早商期指成汤灭夏以后；晚商期从武丁开始。

（原载《文物》1978 年第 2 期）

“郑亳说”商榷

石　加

商王朝第一个都城亳在哪里，历来众说纷纭。这在我国历史和考古上是一个十分重要的问题，在探索、研究夏文化和商文化时，也是一个带关键性的问题。邹衡同志《郑州商城即汤都亳说》[1]（以下简称《亳说》）一文，在他多年研究的基础上，从根本上推翻了一切关于汤都亳的旧说，提出了自己新的见解。我们认为，此文对推动夏商文化的探讨、研究是大有裨益的。

《亳说》列举了历来学者关于汤都之亳的四种说法：“一为陕西长安杜亳说；二为河南偃师西亳说；三为河南商丘南亳说；四为山东曹县北亳说。”认为这四亳之说“都是汉以来学者所附会，并没有什么过硬的证据，因此都是不可靠的”。它主张郑州商城才真正是成汤的亳都，并提出四条证据：1. 文献所见郑地之亳；2. 郑州所出陶文证明东周时郑州商城名亳；3. 汤都亳的邻国及其地望与郑州商城相合；4. 商文化遗址发现的情况与成汤都郑亳相合。我们感觉《亳说》所提出的种种证据还不足以证明汤都之亳就在今天的郑州。下面我们提出自己的看法，就教于邹衡同志及读者。

一、关于郑亳的文献证据问题

《亳说》的文献证据是《春秋》襄公十一年：“秋七月，同盟于亳城北”；同年《左传》：“秋七月，同盟于亳”一条，以及杜预注：“亳城，郑地。”这条史料依我们看，它并不能为“郑亳说”作证。我们且不征引其他文献中关于亳的材料，只据《左传》来说明此问题。

1.《左传》中亳及薄（同亳）不止一处，何以见得汤都之亳必郑地之亳？我们统计了一下，《春秋》提亳的地方两处，提薄一处；《左传》提亳十处，提薄三处。综合经传各家的注释，这些亳和薄的地望大体如下：景亳在河南偃师[2]；五处亳社都在鲁国国都曲阜城内；三处亳和四处薄实为一地，属宋国，在河南商丘与山东曹县之间[3]；燕亳无考，但也有说在陕西，或说与燕相近[4]；仅《左传》襄公十一年之亳城或亳在郑国（其地古来还多有争议）。很显然，从《左传》中得出《亳说》那样的结论，是难以令人信服的。

2.《左传》襄公十一年之“亳城”确切地望难以确定。“亳城”杜预虽注“郑地”，但未确指郑国何地。按杜预的注例，《左传》中的地名凡能确指的，都尽量注出，如隐公元年注：“京，郑邑，今荥阳京县”，凡不能确指者，只指出它当时的国属，如隐公元年

注："城颖，郑地"。亳城之注属于不能确指其地者，因为事在郑国，故知其地为郑地。杜预并没有说也决不会说亳城就在今天的郑州（详下节）。

如果说汤都之亳确在郑州，为什么如此重要的地方，没有任何文献提到它，也没有任何传说流传下来。古来学者们在考证古亳的地望时根本连考虑都没有考虑到它，岂不是怪事？

3. 今天的郑州在《左传》里叫管，不叫亳城。管之名起于何时，不得而如，但至少在殷末周初便有此名。周武王封其弟叔鲜于此地，将之作为管国国都。《史记·周本纪》："封弟叔鲜于管。"《汉书·地理志》："中牟……有筦叔邑。"此名便一直传下来了。它在战国属韩国，也是个军事上争夺的要地。《战国策》记录了两次这样的事。一是"秦攻韩之管"；一是"魏攻韩之管而不下"（《韩非子》也有魏安釐王"攻韩拔管"的记载）。张琦《战国策释地》说："管，今郑州治，故管城也。"此地秦以后或叫管县、管城，管州、或叫郑州等等，此外并无亳城或亳之名。

《左传》中关于管的记载有两条：僖公二十四年"管、蔡、郕、霍……文之昭也"。杜预注："管国在荥阳京县东北"（汉至魏晋，管属中牟县）。刘文淇《春秋左氏传旧注疏证》引《括地志》和《读史方舆纪要》说明故管国城在郑州城。宣公十二年："次于管以待之。"杜预注："荥阳京县东北有管城。"沈钦韩《春秋左氏传地名补注》引《水经注》及《一统志》说明管城故城在郑州城。此外，洪亮吉《春秋左传诂》、江永《春秋地理考实》等，在此条注都认为管在郑州城。古今一辞，并无异说，杜注也并无例外。郑州在东周既名管，何得名亳？

4. 亳城或为京城之误。《左传》襄公十一年之亳城，《公羊》、《谷梁》均作京城。当然《亳说》已经注意到这个问题，并且引用惠栋、陈立、王国维之说"亳"字为"京"字之误，而加以驳斥。说《左传》杜预本的亳城断然没有错，这个旧案非翻不可。证据除郑州所出亳字陶文外，就是"《续汉书·郡国志》河南尹条下明明说'荧（荥）阳有薄亭，有敖亭'"。该文说，可见薄与敖不一地，"薄亭"应该说是'亳亭'。我们认为，这条证据似乎与要说明的问题关系不大。且不说薄亭一名起于何时，就说薄字跟亳字有时相通，但也不是无处不通。再说当时的荥阳与今郑州相去数十里，荥阳有薄亭并不等于郑州有薄亭，要用它来证明郑州是古亳，似不沾题。

亳城为京城之误，除作者所举惠栋、陈立、王国维三家有此说之外，我们还可以举出一大批学者有此看法，如洪亮吉《春秋左传诂》、江永《春秋地理考实》、钟文烝《谷梁补注》、吴卓信《汉书地理志补注》、朱骏声《说文通训定声》，等等。他们之中有人还认为，此亳城即《左传》隐公元年京城大叔之京城。我们认为这些人的看法是有相当道理的。这除上面所讲原因外，再根据京、亳二字的字形、字音及《春秋》三传的地名、人名的异文情况，说亳字为京字之误，都是顺理成章的。

京字与亳字均从"高"省，字形相近，二者易相混；两字的古音，亳字古韵属铎部（aK），京字的古韵属阳部（ang），可以对转，这也当属相混的原因。至于《春秋》三传中，在人名、地名上的异文那是不少的。其中大多数为同音异体字，也有字形、字音都相近的字。《左传》在这方面也有一些明显的错字。如桓公十二年的"杞侯"，《公羊》、《谷梁》及《古本竹书纪年》均作"纪侯"。刘敞等人均认为杞为纪之误。因此说《左传》襄公十一年的亳为京之误又何足为奇呢？但为什么不能说京为亳之误呢？因为从

《左传》的记载看，京或京城为郑国著名的大都邑，它离郑国都城新郑又不很远，从襄公十一年诸侯伐郑的战争环境看，郑人惧而与诸侯同盟于京城是合理的。故可以判断亳城为京城之误，而不是相反。

根据以上几点，《亳说》所据《左传》那条文献与实际出入很大，作为“郑亳说”的文献根据是不大可靠的。

二、关于陶文的问题

1956年郑州出了几批东周陶文，《亳说》根据已发表的材料中有一“禬”字，九（?）个“亳”字得出这样的结论：“郑州商城在东周时仍名亳，就此成了铁案。”我们认为这未免有些牵强。原因是：

1. 这批陶文“亳”作古亳地名有讲不通之处。如果它是单独一字倒还好说些，但情况并不都是这样。我们查对了一下《亳说》所引资料的原出处，发现有这样的情况，在一幅拓片上字与“亳”字组成一章；此外在一柄（豆柄）双章的两幅拓片上，分别有一不清楚的字章及一“禬”字章与“亳”字章在一起，作者并没有如实地反映出来。不仅如此，《亳说》还将那有“禬”字和“亳”字二章的一幅拓片从中剪开，分别立说：印“亳”字的陶器是当地（即“郑亳”）烧制的，印“檜”字的陶器在“郑亳”以南约三四十公里原桧国之地烧制的。因两地相距不远，故在郑州商城发现印“檜”字陶器是不足为奇的。这种解释，看起来很有道理，岂知事实却大不然。为什么这样解释，这不证明“檜”字或其他字与“亳”字在同件器物上是件很麻烦的事情吗?

再说，它们很难说是都邑的名称。据我们接触到的战国陶文，一件陶器上仅印一字或两三字者，大多为与陶业有关的小地名、官名、陶工姓名或器名等等。而为某都邑名的情况虽有，但极少见。据此，何以能肯定它们就是亳城或檜城之名?

2. 有形似“亳”字之陶文，未必与古亳有关。据我们所知，陶文“亳”字不只郑州才有，一些陶文著录中有山东等省所出更似亳的字，是不是它们都跟古亳有联系?

3. 郑州那批似“亳”字的陶文，未必一定就是亳字。依我们看，要说它是京或亭字也是可以的。京字如东周时《骉羌钟》中京字作；罗福颐《古玺文字征》中“京市”之京作（也可释亭）。此二京字跟郑州那批所谓亳字陶文不是很相似吗？当然陶文中的京字是罕见的，但亭字从战国到汉代却是不少的。不过一般所见的战国亭字都较晚，作。郑州这批所谓亳字陶文，当为较早的亭字。理由是，战国较早的钱币中亭字作[5]。吴大澂《说文古籀补》：“古亭字，空首布”；[6]丁佛言《说文古籀补补》亭字下补：“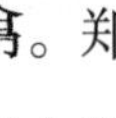饼金[7]”。这些亭字与郑州陶文中所谓的亳字不是也很相似吗？所不同的是高下所从的十字或丁字的竖笔一是直的，一是下部向左拐弯。这种情况在战国布币中还有类似的例子，如平阳之平字，宅阳之宅字，竖笔有直的，也有直而后弯的。说到《亳说》所称阳文“亳”字就更像亭字了。

另外，在战国有地名的陶文中，亭和里字是比较常见的，此地名常作某亭某里，或作某亭，或作某里[8]。亭前地名往往省为一字，如咸亭，为咸阳亭之省。甚至亭前一字全省，单独作一亭字。此种情况俞伟超同志在《汉代的“亭”、“市”陶文》[9]一文中已经谈及（单独一亭字的陶文，当然不止此文所举）。俞文还认为陶文中的亭，当是一种管理工商业的官署，它从战国时便有。这说明陶业与它有着直接的关系。1956 年郑州白家庄所出那批陶文有二亭字，二里字[10]，亦当与陶业有关。

如上所述，用一完全不能肯定的“亳”字来证明郑州即古亳，似乎缺乏说服力。

三、关于汤亳的邻国及其地望问题

汤灭夏之前所伐之葛、韦、顾及昆吾的地望，前人大体有个一致的看法。当然根据新的发现重新考虑其地望，也是可以的，但应当尽量安排得合理些。我们认为《亳说》对韦国的安排就有些不合理。说它在汤都亳附近，似不大妥当。商既然是一个已经积蓄了足以灭夏的强大力量的国家，其地域应当是不小的。就按《孟子》所说的“汤以七十里的”[11]、《墨子》所说的“古者汤封于亳，绝长补短方百”[12]，作为一个敌国都城韦，也不可能深入商的势力范围内，更不能在汤亳的附近。卧榻之侧，岂容他人酣睡。至于该文所说韦即《吕氏春秋·具备篇》中“汤尝约午郼薄”之郼，究竟此郼是否就是韦，实在大有问题[13]。其余几国的地望，这里我们暂不讨论它。

四、“郑亳说”与商文化的分期问题

“郑亳说”之由来，我们认为并不在于考古和文献史料有什么新的发现，而在于《亳说》作者对夏商文化分期理论有新的变化，为保障那种变化的确立而产生此说。所以该文从头至尾再三强调确立“郑亳说”之重要，认为它将为研究早商文化、先商文化，进一步论证二里头文化是夏文化打下了坚实的基础，等等。

据我们所知，这种变化主要在：将原来以偃师二里头三、四期作为商代早期改为以郑州二里岗期作为商代早期。郑州有着二里岗期的规模巨大、内涵丰富的文化遗址，有一座闻名于世的商城，正如《亳说》所说：“这些都说明郑州商城只有殷墟能与之相比。”这里作为王都是不成问题的。该文作者在过去一篇论文[14]中，将之与文献记载中的“仲丁迁于隞”联系起来。而今郑州二里岗期既由商代中期改为商代早期或前期，那么郑州商城就必须由商代第二个都城改为第一个都城亳了。否则就不能跟分期的变化相适应。就这样旧说被推翻了，证据也找出来了。

我们认为“郑亳说”的前提，即郑州二里岗期为商代早期本身就有不少难以解决的矛盾，因而它是难以成立的。它的矛盾主要表现在：1. 年数不够；2. 与考古及历史实际均不相符。

关于年数问题，二里头三、四期从商文化中被剔出去后，商文化总年数便缩短了，也就是说商文化早晚两期所占时间之和不够商年总数。若谓不信，我们就来算算账吧。

该文说，二里岗期“可以分为两段四至五组，若每组平均四五十年，则共占一百五十年至二百年左右，从成汤都亳到仲丁离开亳，共历五世十王，若每世平均三十年，则共约一百五十年左右。可见两者的年代是可以大体相应的”。我们姑且按这里讲的此期共占一百五十到二百年左右，商代总年数按通常的说法为六百年左右，商代晚期从盘庚迁殷至纣亡，按《竹书纪年》的说法共二百七十三年，则商文化早晚两期年数之和只有四百二十年到四百七十年左右，与商年总数差一百三十到一百八十年左右。如果按邹衡同志的观点，晚商文化从武丁开始，这个差数还要加几十年。晚商年数历来意见较一致，差当差在早商二里岗期。这样，不到二百年时间的二里岗期岂能占据三四百年的历史。

说它与考古实际情况不相符，是因该文认为二里岗期与成汤至仲丁迁隞前，这段历史是大体相应的。这样二里岗期就必然跟安阳小屯期之间，差了仲丁至武丁前这段时间，按旧说有二百三十余年。这样早商与晚商之间势必存在一个商代中期。考古实际是不是这样呢？并不是。如果是这样，不仅大家不同意，而且该文作者也不会同意。因为在该文作者的新的分期法里商文化只有早晚两大期，而这两大期已经衔接上了，中间再插不进另一个大期。这点在他的《试论郑州新发现的殷商文化》[15]一文中说得很清楚，安阳小屯早期直接由二里岗期发展来的，也就是说商文化早晚两期直接相衔接。我们认为，这是与商代考古的实际情况基本相符合的。从考古实际情况看，早晚两期接上了，而按《亳说》的逻辑，又接不上，岂不矛盾！

与历史实际不相符合的问题也由此而产生。商代考古文化早晚相接，与之相应，仲丁前一王大戊必然跟盘庚或武丁相接，这样仲丁至武丁或盘庚这段历史就被挤掉了。考古相衔接，历史大脱节，这又如何解释呢？如果从考古实际出发，取其考古文化相衔接的观点，则二里岗期只能与仲丁至盘庚这段历史相应（仲丁至盘庚即位旧说为一百六十余年），两者年数也大体相应。这样二里岗期只能是商代中期文化，而不是早商文化了，“郑亳说”就失去了考古和历史的依据了。早商文化和古亳就得另找对象了。

当然该文作者可能会说，我用的商代总年数不是六百年，而是《竹书纪年》所说的四百九十六年。我们认为，这样还是解释不通。商文化早晚两期年数之和与商年总数仍不符，且同样遇到上面那些理不清的矛盾和混乱。考古与历史不相符，缺了仲丁至盘庚或武丁那段历史。

从以上不难看出：要将二里岗期作为商文化早期，从而将郑州商城作为汤都之亳是很困难的。它从反面证明：郑州二里岗期只能是商文化中期。

通过对“郑亳说”几条证据的分析证明，这些证据都是不可靠的，因而此说至少在目前是难以成立的。

如果问，古亳既不在郑州又在哪里？早商文化在考古上如何反映？关于这个问题目前还不能获得确切的答案，还需要继续通过考古实践来加以解决。我们认为，前人关于“三亳”的说法，仍是我们寻找古亳的线索。寻找南亳和北亳的工作目前做得还很不够，也有些困难。如果就仅做的那点工作来排除它们存在的可能性，是不严肃的。至于成汤灭夏后所居之西亳，目前发现了些可供参考的线索。我们相信，随着考古事业的发展，以上那些问题会逐步得到解决。

---

［1］《文物》1978 年 2 期。

［2］ 江永：《春秋地理考实》引杜预注及《彙纂》、《史记·正义》，说“景亳当主偃师为是”。沈钦韩：《春秋左氏传地名补注》、陈奂：《毛诗传疏》等亦认为景亳在偃师。亦有说景亳即北亳者。

［3］ 关于宋邑之亳（薄）地望，见江永：《春秋地理考实》卷一及沈钦韩：《春秋左氏传地名补注》卷三。

［4］ 燕亳或作燕、亳，主张此亳在陕西省的有顾栋高，见《春秋大事表（五）》，沈钦韩，见《春秋左氏传地名补注》卷九。他们以为此亳即《史记·秦本纪》：“亳王奔戎”之亳（今陕西三原县）。主张亳与燕相近者，有孔颖达，见《左传》疏。

［5］ 丁福保《古钱大辞典》图786、787。按丁氏将此字释为亭字，通检亭注“即亳”。该书引诸家说，或释亭、或释京、或释帝、或释亳。

［6］［7］ 转引自徐文镜《古籀汇编》。

［8］ 参见陕西省社会科学院考古所渭水队：《秦都咸阳故城遗址的调查和试掘》，《考古》1962年6期；吴梓林：《秦都咸阳遗址新发现的陶文》，《文物》1964年7期；顾廷龙：《古陶文书录》。

［9］《文物》1963年2期。

［10］河南省文物工作队第一队：《郑州白家庄遗址发掘简报》，《文物参考资料》1956年4期。

［11］《孟子·公孙丑上》。

［12］《墨子·非命上》。

［13］郼字还见于《吕氏春秋》中《慎大》《慎势》《高义》等篇。各家注皆认此字读衣，即殷。

［14］［15］ 邹衡：《试论郑州新发现的殷商文化》，《考古学报》1956年3期。

（原载《考古》1980年第3期）

商汤都亳考

郑杰祥

商汤都于亳，文献记载无异词。《尚书序》：“自契至于成汤凡八迁，汤始居亳，从先王居。”《墨子·非命上》：“古者汤封于亳。”《孟子·滕文公下》：“汤居亳，与葛为邻。”《荀子·议兵篇》：“古者汤以薄，文王以滈。”王先谦《集解》：“薄与亳同。”《墨子·非攻下》：“汤奉桀众以克有［夏］，属诸侯于薄。”《管子·地数篇》：“昔者桀霸有天下，而用不足；汤有七十里之薄，而用有余。”《逸周书·殷祝》解：“汤放桀而复薄。”《路史·国名纪》引《吕氏春秋》：“汤尝约于郼薄。”又古本《竹书纪年》记自商汤开始，历外丙、仲壬、大甲、沃丁、小庚、小甲、雍己、大戊，凡五世九王（汤太子太丁未立而卒未计在内）皆都于亳。这些材料皆表明，亳地不仅为商汤所都，而且长期以来也是商王朝早期的政治中心。

但对亳都所在地望，历来众说纷纭，至今未有定论。较早提出这个问题的是司马迁，《史记·六国表》说：“夫作事者必于东南，收功实者常于西北。故禹兴于西羌，汤起于亳，周之王也以丰镐伐殷，秦之帝用雍州兴，汉之兴自蜀汉。”这里他明确认为“汤起于亳”之地望应在关中地区。其后许慎、徐广承袭此说，并具体指出：“亳，京兆杜陵亭也。”（《说文解字》卷五下）杜陵在今陕西省长安县西南，说者意谓关中商亳就在此地。然而我国古代商部族的发祥地史书多记在今黄河中下游地区，因此后人多以为司马迁之说非是，而响应者很少。东汉班固等人另立新说。《汉书·地理志·河南郡·偃师县下》班固自注云：“尸乡，殷汤所都。”郑玄也说：“亳，今河南偃师县有汤亭。”（《尚书·胤征》孔疏所引）他们认为汤都亳地并不在关中而应在今河南偃师县境。晋人意见则多不一致。《汉书·地理志》卷二十八注引臣瓒说：“汤居亳，今济阴县是也。”按济阴亳县即今山东省曹县以南。《左传·庄公十二年传》杜预注：“蒙县西北有亳城。”《尚书》正义又引杜预云：“梁国蒙县（西）北有亳城，城中有成汤冢，其西又有伊尹冢。”按梁国蒙县即今河南商邱县以北。《尚书·立政》：“三亳阪尹。”《正义》引皇甫谧云：“三处之地皆名为亳，蒙为北亳，谷熟为南亳，偃师为西亳。”他又说：“梁国谷熟县为南亳，即汤都也。”唐李泰《括地志》则进一步申述此说：“宋州谷熟县西南三十五里［南］亳故城，即南亳，汤都也。”“宋州北五十里大蒙城为景亳，汤所盟地，因景山为名。”“河南偃师为西亳，帝喾及汤所部，盘庚亦徙都之。”汤都南亳，又都西亳，南、西二亳相距数百里，同时建都于两地实不可能，因此张守节《史记·殷本纪》正义又调和此说：“亳，偃师城也。商邱（今河南商邱县——笔者注），宋州也。汤即位，都南亳，后徙西亳也。”总之，关于商代亳都地望的讨论，迄于唐代为止，已经形成了上述五种意见，即关中杜亳说、偃师西亳说、济阴曹亳说、谷熟南亳说和蒙城北亳说，这五种意见各为后人所师承，直至清代仍未超出上述各说范围。

近人岑仲勉先生始打破传统旧说，以为上述各地之亳“皆与商代之亳无关”，而“以古史勘古迹，认汤都在现时内黄，实比其他各说最为可据”[1]。他主张亳都地望应在今河南省内黄县境。这说法和上述诸说有一个共同的缺憾，就是没有科学的考古资料的证据。单凭文献记载寻找商亳，事实证明已不可能。这个问题长期以来未获解决，症结就在于此。解放后在中原地区发现的两种新型的考古学文化，为我们探讨商亳地望打开了新的局面。这就是在郑州二里岗发现的二里岗文化和以偃师二里头遗址为代表的二里头文化。有些同志根据二里头遗址的文化内涵，结合文献记载，重新提出了汤都偃师西亳说[2]。邹衡同志根据二里岗遗址的文化内涵和所处的地理位置，提出了汤都郑亳的新说[3]，这两说遂成为当前探讨商亳地望意见分歧的焦点。本文以汤都郑亳之说为是，即认为此说在论证方面虽然有某些粗疏之处，但其基本论据是正确的，因为它有坚实的考古资料上的依据。

众所周知，解放后在郑州地区发现了一个总面积达 25 平方公里的商代遗址，在遗址中心清理出一座周长 7 公里的商代城墙，城内东北隅有大型的宫殿遗迹，城外则分布着多处手工业作坊遗址，另外在商城内外还发掘出不少大型铜器、精美的玉器以及奴隶主贵族的墓葬等。这些发现表明这座商代城址应是商王朝的一个重要都邑，这几乎是公认的。另外，在商城下面叠压着河南龙山文化、南关外类型文化和洛达庙期文化，商城的上面则被二里岗上层文化的灰坑和墓葬所打破。洛达庙期文化现在通称之为二里头文化，就是说这座商代城址从相对年代上说，它晚于二里头文化而早于二里岗上层文化，属于二里岗下层时期的城址，因而是一座商代前期的都邑，这是明确无误的。再者，参考碳-14 的年代测定（通过树轮校正），这座商城的绝对年代为距今 3570±35（公元前 1620）年，这个年代和我国文献记载的商初年代恰相符合[4]。由此可知，在郑州市区所发现的这座规模如此巨大，出土遗物如此丰富，它的相对年代和绝对年代又恰在商王朝的前期和初期范围之内的商城，应是古代商汤都亳的遗迹。

近年来在郑州地区所发现的战国亳字陶文，也为我们探讨郑亳所在提供了重要的实物证据。这种陶文出土数量较多，自 1956 年以来已经发现了三批，而且近来还在不断有所发现[5]；出土地点也比较集中，都在今郑州行政区金水河南岸和白家庄一带，可见这些带字陶器应是当地专门手工业作坊所烧造而不是外来品。陶文多为亳字单字，亳字多印在陶豆的豆把上，字体工整，庄重大方，为流行于三晋地区的战国初期文字无疑。其中一件陶豆上印有“𠂔亳”，我以为当是“丘亳”二字[6]。但是，近来有些同志认为“亳”，未必一定就是亳字，也可能“京”字或“亭”字[7]。看来还是释亳为是。许慎《说文》云：“亳，从高省，乇声。”证以甲骨、铜器铭文亳字皆与许慎所释相符，郑州所出陶文亳字数量甚多，结构一致，也与许慎所释相符。而亭字，许慎《说文》云：“从高省，丁声。”京字，《说文》又云：“从高省，丨象高形。”证以甲骨、金文所见亭、京二字结构，绝大多数与《说文》所释相合。由此可见古亳、亭、京三字结构有重要区别，并不混淆。郑州所出陶文“亳”与山东所出陶文相同，当为亳字无疑。亳字单字当是亳丘二字之省文。与此相类，1977 年我们在郑州西南百余里，今登封县告成镇古代阳城遗址中，也发现带有“阳城”或“阳城仓器”的战国初期陶文[8]。文字多印在豆盘的中心，字体工整，笔法谨严，与郑州所出同一时期的亳字陶文虽然艺术风格和在陶器上的部位不同，但其作用应该是一样的。“仓”，有的同志又释为“食馆”合文。但不论是“仓”或是“食馆”，都是当时阳城官府的印记。它标明这种用具是属于官府专用的官营手工业产品，手工业作坊就设在阳城地区。另外，传世的战国陶文“鄃氏”二字[9]，无疑也是当时当地官府的印章，出土于今登封告成镇以西的古鄃氏地区。以此类推，我们认为郑州出土的“亳”和“亳丘”等字陶文也应该就是当时官府的印记。这种文字既不是陶工或业主的人名，更不是陶器的器名，而是烧造这种陶器手工业作坊所在地的标记。

值得注意的是，这批陶文正出土于商初夯土台基区及其周围，这决不是偶然的巧合。如上所述，这片大型建筑遗迹应是早商时期的宫殿区。《周礼·考工记》：“匠人营国……左祖右社”，因而这里也是早商的宗庙、社稷所在。《左传·哀公四年传》杜预注：“亳社，殷之社。”殷墟卜辞又云：“贞，又尞亳土”（《佚》928）[10]，是知商人常称自己所祭的社为亳社。郑州这片大型建筑遗迹即为商初宗、社所在，因而也应就是当时的亳社所在。只是到了春秋战国时期，商初的亳社建筑早已成为丘墟，只是名称犹存。郑州这批亳字陶文的发现，确证这一地区在春秋战国时期曾称作亳丘，意思就是当年亳社的废墟。《左传·庄公二十八年传》：“凡邑，有宗庙先君之主曰都。”《礼记·效特牲》郑玄注：“薄社，殷之社，殷始都薄。”可见殷人所以称自己的社为亳社，原是来自“汤始都亳”的亳都名号，郑州既有商初亳社所在，这就进一步表明，在它周围的、同一时期的、规模宏大的城址，应该就是商汤都亳的遗迹。

汤都郑亳之说虽然不见于文献记载，但也不是绝无踪迹可寻。《水经注疏·济水》：“索水又东迳虢亭南。”郦道元注引《风俗通》曰：“俗说高祖与项羽战于京、索间，遁于薄中，羽追求之，时鸠止鸣于上，追之者以为必无人，遂得脱。”杨守敬疏：“按：亭在荥阳县东北。”郑州商城正处于这个方位，所谓薄中应当就在此地。《续汉书·郡国志·河南尹下》云：“荥阳县……有薄亭。”薄亭是东汉时期荥阳县下一个基层行政单位，而东汉薄亭和西汉薄中地名的由来与春秋战国时期的亳地或亳丘，以及早商时期的亳都或亳社，在历史上都应有密切的渊源关系。

主张汤都西亳说者认为偃师二里头四期文化中，一、二期属于夏文化，而第三期文化则是商汤都亳的遗迹。又说：“关于‘仲丁迁隞’的都城所在地，根据过去人们的考证，都认为是现今的郑州附近。”[11]意谓郑州商城当是商代隞都的遗迹。这些意见是值得讨论的。

夏族和商族是我国古代两个不同的部族，他们各自生活在一定的地域，有各自的生活方式和习惯，从而所创造的物质文化和精神文化也各有特点。夏文化和商文化应当是两种不同的考古学文化。而二里头四期文化只能是表现该文化发展的四个阶段，并不是两种文化的复合体。二里头四期文化尽管有这样那样的差别，但其继承关系始终占居主导的地位[12]。即以争论最多的二、三期为例，虽然三期比二期的遗址堆积厚些，发展范围大些，反映在陶器上陶胎厚些，陶色浅些，甚或出现一两件新型器皿等，但是这些区别毕竟是次要的。因为作为主要特征的即二者共出的陶器群如鼎、罐、盆、簋、豆、瓮、三足皿、大口尊、觚、爵、盉等，从器形到制作风格基本上是一致的或一脉相承的。这说明二里头文化是一种独立的文化形态，是一个不可分割的整体。如果我们把二里头文化的一二期看作夏文化，而把三、四期又看作商文化，那么商文化的基本特点是什么呢？是不是商人原来没有自己的文化，只是在灭夏之后才在夏文化的基础上继承和发展出自己的商文化的呢？

这显然是不可能的。我们认为早商文化是存在的，那就是二里岗下层文化。二里头文化和二里岗下层文化虽然有密切的关系，但又有重要区别，这个区别邹衡先生在他的《关于探讨夏文化的几个问题》[13]和《关于探讨夏文化的方法问题》[14]二文中已有论述，兹不赘述。我们这里稍有补充的是二里头文化的炊器以鼎、罐为主，而二里岗文化中的炊器则以鬲、甗为主；二里头文化中的墓葬陪葬陶器以三足皿、豆、盆、鬶（盉）为主，而二里岗文化墓葬中陪葬陶器则以鬲、盆、豆、簋为主；二里头文化中的卜骨多用猪、羊骨，而二里岗文化中的卜骨多用牛骨等。这些重要区别说明二里头文化和二里岗文化应是两种不同性质的文化，从而也是两种不同族属的文化。也就是说，二里头文化应是我们所要探讨的夏文化，而二里岗下层文化则应是我们所要探讨的早商文化，汤都郑亳说就是建立在上述考古资料的依据之上。

所谓文献记载的隞都地望历来意见就不一致，并非“都认为是在现今的郑州附近。”隞，《史记·殷本纪》索隐亦作“嚣”，同书《正义》引《括地志》又作“敖”。《书·咸有一德》正义引李颙曰：“嚣在陈留浚仪县”浚仪在今河南开封县境。同书又引皇甫谧曰：“仲丁自亳徙嚣，在河北也，或曰今河南敖仓，二者未知孰是也。”可见历史上对隞都所在也已有河北、河南和陈留三说，究竟在何处，西晋皇甫谧尚且“未知孰是”，现在的我们也没有理由根据文献资料认定郑州商城就是隞都。退一步说，即使假定河南一说正确，史书所说隞都也距郑州较远。《水经·济水注》：“济水又东迳敖山北……其山上有城，即殷帝仲丁之所迁也。”《左传·宣公十二年传》杜预注：“敖、鄗二山在荥阳县北。”《史记·殷本纪》正义引《括地志》：“荥阳故城在郑州荥泽县西南十七里，殷时放地也。乾隆本《荥泽县志》：“县旧治东至郑州治四十里。”据此推算，敖都所在已东距郑州商城约七十华里，而且其地至今未经考古调查和发掘，是否尚有敖都遗址还不得而知。由此可见，即使结合文献记载，郑州商城是否为敖都所在并没有什么有力的根据。另外，敖都为商代第十位国王仲丁所居，处于商王朝的中期，至早也是前期偏晚的阶段。如果与考古材料对照，敖都时代与二里岗颇为相当。二里岗上下层文化虽然一脉相承，但二者又有着明显的区别，这种区别当是长期发展的结果，它和处于商王朝前期偏晚阶段的敖都时代基本符合。但是从二里岗上层灰坑、墓葬和狗坑打破商城来看，二里岗上层时期，郑州商城作为国都已废弃不用。所以根据考古材料、结合文献资料，郑州商城为商初亳都较为合理，而敖都所在，或者能在其他二里岗上层文化遗址找到其踪迹。

郑州商城既被认作商汤都亳所在，以后商都虽屡有迁徙，但此地名亳并没有变更。卜辞所记帝乙十年征人方所经亳地，推其地望应当指的就是这个地区。卜辞云：“团商贞，囨于亳，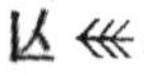?”（《后上》9·12）可知商与亳二地相距只有一日路程。亳地所在，就是现今所发现的郑州商城所在。《国语·楚语》上：“昔殷武丁……自河徂亳，于是乎三年默以思道。”说明亳地距河不远；武丁时商都仍在今安阳殷墟，“自河徂亳”，同时也说明亳地在河南。《史记·殷本纪》：“子帝武乙立，殷复去亳徙河北”，也说明至殷代后期亳地一直在河南。现今所发现的商城位于大河以南不远，而且西北距沁河下游不过数十里。如上所述，商地既在沁水下游一带，因此距商地不过一日路程的亳，自应就是郑州商城故地。

综合以上所述，我们可知郑州所发现的商城从其规模之大和其相对年代、绝对年代来看，本为商初亳都。自仲丁之后，国都虽迁，故城犹在，名称尚存。卜辞中所记帝乙十年征人方所经历的亳地，依其相邻的地名推断，既不在商丘谷熟，也不在沁阳附近，而实应在今郑州市区，就是说郑州商城终商朝一代一直称作亳邑。

---

[1] 岑仲勉：《黄河变迁史》，人民出版社，1957 年，96 页。

[2] 殷玮璋：《二里头文化探讨》，《考古》1978 年第 1 期，1~4 页。

[3] 邹衡：《郑州商城即汤都亳说》，《文物》1978 年第 2 期，69~71 页。

[4][11] 河南省博物馆，郑州市博物馆：《郑州商城遗址发掘报告》，《文物资料丛刊》1977 年第 1 期，1~48 页。

[5]《郑州金水河南岸工地发现许多带字的战国陶器》，《文物参考资料》1956 年第 3 期，85 页。河南省文物队第一队：《郑州白家庄遗址发掘简报》，《文物参考资料》1956 年第 4 期，8 页。

[6][12] 郑杰祥：《二里头文化商榷》，《河南文博通讯》1978 年第 4 期，9~14 页。

[7] 石加：《郑亳说商榷》，《考古》1980 年第 3 期，255~259 页。

[8] 高成：《春秋战国时期古阳城遗址的发现》，《光明日报》1978 年 1 月 27 日第三版。

[9] 李学勤：《战国题铭概述》，《文物》1959 年第 9 期，58~61 页。

[10] 这类材料在陈梦家同志《殷墟卜辞综述・宗教》中引证甚多，兹从略。

[13]《文物》1979 年第 3 期，64 页。

[14]《河南文博通讯》1980 年第 2 期。

（原载《中国史研究》1980 年第 4 期）

说商亳及其他

商志醰

（一）

《春秋左传》襄公十一年记载鲁、晋、宋、卫、曹、齐、莒、邾、滕、薛、杞、小邾等十二国伐郑，“秋七月己未，同盟于亳城北”。亳城，《春秋公羊传》、《春秋谷梁传》及《公羊传疏》引《服氏经》皆作京城。

伐郑诸国同盟之地究竟是亳城还是京城，清代治《春秋》的学者就有三种不同的说法：惠士奇《春秋说》、惠栋《春秋左氏补注》、阮元《左传校勘记》、李贻德《春秋左传贾服注辑述》等认为当依《公》、《谷》作京城。顾栋高《春秋大事表》、梁履绳《左通补释》、毛奇龄《春秋毛氏传》和《春秋属辞·比事记》等力主亳说，认为亳“当在今河南府偃师县西二十里”，可是此地在春秋时属于周邑，与杜预注“亳，郑地”是相抵触的，王夫之、江永都以为“诸侯何为越郑而盟”（江永《春秋地理考实》），故说亳城在偃师境显然是不合理的。另外毛奇龄在《春秋简书刊误》还讲：“亳，《公》、《谷》作京。京、亳皆郑地，不过各出一地耳。”也就是说他认为京、亳是郑国的两个城邑。京，各家皆云为故段叔之邑，见于隐公元年，位于荥阳、新郑之间。至于亳在何处，毛奇龄并未言明，但将《左传》与《谷梁》、《公羊》相对照，鲁、晋、齐等十二国与郑国结盟于同年同月同日而所记盟地却不同，必有一书记载有误。毛奇龄的京亳两地说也是不能令人信服的。

据《左传》记载，晋国在联合鲁、宋诸侯伐郑之前，先以重兵驻于虎牢，作为向郑国用兵的据点，公元前五六二年六月，十二国诸侯会集于北林，他们的军队则先集结于向，再北行而西达琐，围郑都新郑。跟着又陈兵于新郑南门加以威胁，然后西止于济隧。北林，在今河南新郑南约四十里处。向，在尉氏县西南五十里。琐，后来又称琐侯亭，在今新郑东北三十里。至于济隧，杜预注阙其地望，仅说是水名。《水经·济水注》说，济隧“上乘河水于卷县北河，南经卷县故城东，又南经横雍城西”，即今河南原阳县以西的原武到荥阳古荥镇一带的广大地域。但晋、鲁等联军是从新郑南门西行移军到济隧的，根据行军路线，其驻扎处应在荥阳县境内，也就是京相璠《春秋土地名》所言“在荥阳县东南与济隧合”的荥泽一带。这一带是春秋时期水陆交通的孔道，又是诸侯争霸的军事要地，正因为联军屯兵于此才能挟制郑国，于是在当年七月郑国才被迫与晋、鲁等诸侯立誓缔约于其经济重镇京城。从这里分析我认为《公羊》、《谷梁》关于“盟于京城北”的记载是正确的。

前人多认为产生这种错误的原因是“传写之讹”，如惠栋《九经古义·公羊下》、齐召南《春秋谷梁传注疏考证》、洪亮吉《春秋左传话》、赵坦《春秋异文笺》等皆如是说。陈立在《公羊义疏》中不仅主张“作亳者，字之讹”，而且更进一步说：“按《说文》，亳从高省乇声，京亦从高省象高形，篆文相似，故易混”，即认为亳、京两字形近易混，后人才写讹了。

在古代，亳、京两字从字形上来分析虽皆从高省，其上部皆作，像楼阁的样子，其下部却有区别，京从丨，为楼柱的形状；亳从乇，甲骨文作、、、，金文作、，鉨、陶文作、，皆为乇或乇的异体，与从丨还是有严格差别的。从下表可以反映出：

	亳	京
甲骨文	 甲 1640  粹 20  京津 395  粹 22  后 1. 6. 4	 甲 3510  后 2. 29. 11  甲 3132
金文	 父乙鼎  乙亳觚  亳鼎	 矢方彝  静卣  骉羌鐘
其他	  鉨文   陶文  小篆	 小篆

从声义上讲，《说文》云“京，人所为绝高丘也。从高省丨象高形。凡京之属皆从京”。《唐韵》云：“京，举卿切”，或云古音畺。蜀本则作巾声。而亳，《说文》云：“从

高省乇声”。从乇声的字还有宅、讬等。《太平御览》卷一八〇引《说文》曰：“宅，人所讬也。”[1]《尔雅·释言》：“宅，居也。”《玉篇》：“人之居舍曰宅。”亳，《唐韵》作旁各切；宅，《唐韵》作场伯切。段玉裁《说文解字注》曰亳、宅古音皆在五部。由此可知，两字古同音，义亦相近。不同的是，一般的居住房屋称宅，而高楼重屋称亳。在甲骨金文、文献记载和考古发掘都证实商代已有“四阿重屋”（《考工记·匠人》）的建筑，也就是亳。由于这种广室高楼在古代多为帝王所居住，必建于王都所在，于是像以楼阁的亳字到了后来又演变为商代首都的专用名词。吴大澂在《说文古籀补》说：“古亳从京从止，邦畿千里，维民所止，此商汤建都之地也。小篆从乇失古义”，更是毫厘千里，一无所据，想当然的说法。

因此我以为京、亳两字形体混乱的原因，大概是字迹漶漫或缺笔误书造成的。

亳，在甲骨文中多称亳土，实即亳社；亦有作为地名的。学者多认为其地在今河南省商丘谷熟集附近，即文献上的南亳。《左传》昭公四年说：“夏启有钧台之享，商汤有景亳之命，周武有孟津之誓，成有岐阳之蒐，康有酆宫之朝，穆有涂山之会，齐桓有召陵之师，晋文有践土之盟。”此所举八地皆为三代帝王或强国列侯会诸侯之地。景亳是商汤会诸侯誓师以伐夏桀的地方，乃以景山而得名，也就是《诗·商颂·殷武》所谓“陟彼景山，松柏丸丸”，即其地。《括地志上》云：“宋州谷熟县西南三十五里南亳故城，即南亳汤都也。宋州五十里大蒙城为景亳，汤所盟地，因景山而名。”因在商汤都城亳的附近，故名景亳。冯景《解舂集》卷一说：“景亳乃汤盟地非汤都。”其后汤伐桀灭夏，为了镇压夏代顽民的反抗，将首都迁往夏都斟寻附近，即今偃师二里头一带，于是也将这个地方称为亳。从卜辞看，商代有亳地而无三亳之称。我认为三亳的说法乃汉晋时代，人们为了分辨商汤灭夏前后建都不同地方而出现的，其目的是很明确的。谁知后人不察，千年以来，越弄越复杂，以致三亳相混，引起不少纠纷。

《尚书》、《史记》和古本《竹书纪年》记载，汤以后到盘庚定居于安阳还有几次迁徙：仲丁迁傲、河亶甲迁相、祖乙迁庇、南庚迁奄、盘庚迁殷。其中庇因早圮没于河水不知详情外，傲、相、庇、奄、殷诸地，皆被称为亳。

殷亳：《尚书·序》云：“盘庚将治殷亳”，旧说以为是西亳，于是将其方位误定于河水南滨，《史记·殷本纪》就说：“帝盘庚之时，殷已都河北，盘庚渡河南，复居成汤之故居”。郑玄注也说：“阳甲立，盘庚为之臣，乃谋徙居汤旧都”，皇甫谧却说：“盘庚五迁，复居南亳，今景亳是也。”安阳殷墟遗址的发现说明盘庚迁于西亳或南亳的说法是错误的。晋束皙说：“孔子壁中《尚书》云‘将始宅殷’，是与古文不同也。《汉书·项羽传》云：‘洹水南，殷墟上’，今安阳西有殷墟”，于是又指出：“‘将治亳殷’乃‘将始宅殷’之误”。王国维在《说殷》曾详加考证立主束说。但是，东汉人杜笃在《论都赋》则云：“昔盘庚去奢，行俭于亳。”（《后汉书·文苑传》）《国语·楚语上》云：武丁“自河徂亳”，《史记·殷本纪》也有武乙“殷复去亳徙河北”的说法。史载盘庚迁居安阳至纣亡国二百七十三年更不徙都是可信的。此处所言迁都之说虽不可据，但从另一方面却为殷墟亦称亳增添了有力的佐证。孔颖达认为“亳字摩灭，容或为宅”，还是有一定道理的。从前有些疏家以为凡指亳就是汤都之亳，这样就把殷亳的方位搞错了，致使以讹传讹写了许多关于“亳”和“殷”的考证，这种主观臆测的做法当然更错。

奄：春秋时代鲁国有亳社。《左传》定公六年：阳虎“盟国人与亳社”。哀公四年

“亳社灾”。哀公六年：“以邾子益来，献于亳社”。

亳社应是商代遗留下来的宗庙。《左传》哀公十四年云：“薄，宗邑也。”薄亳通假，故商人后裔宋人在商丘建有亳社。《礼记·郊特牲》又云：“薄社北牖。”郑玄注：“薄社，殷之社。殷始都薄。”从这里反映出商代因开国的汤建都于亳，自此以后，将他们迁徙的国都皆称为亳。可知奄亦称亳。

傲：又作敖、隞或作嚣，在今荥阳县境，历代似无异说。郑玄注《诗·小雅·车攻》“搏兽于敖”句云：“敖在郑地，今近荥阳。”《汉书·地理志》：“敖山，在荥阳西北。”《水经·济水注》：济水“车迳荥阳北，又东迳广武城北，在东迳敖山北，所谓薄狩于敖者也。其山上有城，即殷帝仲丁之所迁也。秦置仓于其中，故亦曰敖仓城也。”其后《元和志》、《太平寰宇记》、《一统志》的记载皆相似，认为仲丁的敖城在广武城的东面，今荥阳县古荥镇西北十五里。

敖或因敖山得名，但并不一定建于敖山之上才称敖。因为据《车攻》记述，周宣王进行蒐礼的敖地是自敖山而东的广大地区。这一带是河水向东北流的转弯处，向东连荥泽，再东是甫草，即汉代的圃草泽。在这片地势开阔的平畴沃野，林森畅茂，麋鹿成群，是当时猎狩的理想之地。正因为这样，郑注仅说敖近荥阳；《汉书·地理志》在河南郡荥阳条下也只有说薄亭、敖亭，而未能确定它们的详细地望。后人对仲丁敖的说法更不一致。晋皇甫谧《帝王世纪》说：“仲丁自亳迁嚣在河北地也，或曰今河南敖仓”。唐李泰《括地志》或说：“敖仓在郑州荥阳西十五里，石门之东，北临汴水，南带三皇山，秦时置谷于敖山，名敖谷云。”又说：“荥阳故城在郑州荥阳县西南十七里，殷时敖地也”[2]，认为荥阳故城是仲丁的敖。荥阳故城在今荥阳县古荥镇北隅向南至纪公庙村东南角。故城呈方形，长宽各约二公里。城墙遗迹今仍断续可见，城内多含有汉代和汉以前遗物。建城技术、版筑夯孔与战国秦汉间城池的建筑法雷同[3]。在故城西北约十余公里处有广武城，即汉王城和楚王城。两城亦呈方形，城的北端均被黄河冲塌，汉王城东西长一千二百米，楚王城略短[4]。据《水经注》云，在广武城东就是敖仓[5]。近年来在这一带发现的遗址、遗物多为战国秦汉时代的，在其附近虽也发现商代的文化遗迹，但遗址面积不大，文化堆积层不厚，反映出早年商人确在这里活动过，却又更进一步说明仲丁的敖都不在此处。史书将商代敖都说是在敖山之上，可能与后代敖仓混为一谈。秦代在敖山上置仓建城并命名为敖仓城，其后这里又是楚汉战争刘项必争的要地，因而引起后世的重视，又误认为此即仲丁敖城所在。传之千年，更使人深信不疑。

那么仲丁的敖都在哪里？五十年代有人就指出郑州商城即敖。其后又在商城周围的金水河南岸发现在战国时的陶器残片上有阳文和阴文的“亳”字陶文印戳。

目前发现有二十余个印有“亳”字的陶文，大致有五种写法：、、、、。此外在陶器上还印有“亳”，后一字从从，应释作丘。丘，《说文》作，古文作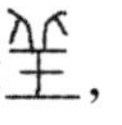，即从从土。又可作、，如坤，鉨文作、，均作、，塅作，等等，故此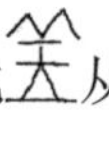从丘从可释作丘。还有的在一器上印有两枚方章，或是作“亳”、“徻”、“亳”、“昃”，这些都是地名。或作“亳”、“十一年以”。即差，从从二，

二即右之省。𩚵忑鼎、𩚵忑盘的差作，从𠂒从右，《说文》引籀文作，从𠂒从二，二即右省，故知即释作差。传世陶文有“廿二年五月左匋君”、“十七年八月，右匋君，佳、旓、攺贺”等，知此陶文所言“以差”是当时管理制陶的官名。

陶文的亳丘就是商丘、殷墟的意思，即是被废弃了亳的故地。此地于何时成为废墟不得而知，但在周武王灭商后，为了镇压商顽民的反抗曾将其弟叔鲜封于此而称管或云莞叔邑。管城之名一直因袭至战国到秦代。可是从这批大量带有亳字陶文的战国晚期陶器出土，不仅反映它们是在当地烧制的，而且更重要地说明当时人们还依照旧习惯将管称为亳，或把管城的某一处称亳。如后世称商丘谷熟集为南亳，而西亳即汉代偃师尸乡，晋又称尸乡南有亳坂，等等。有人认为这批有亳字陶片发现郑州商城范围内而主张此地就是汤都亳城。但是，从郑州商城的遗物来分析，其时代应属于商代中期，从地望来讲，它位于郑州，与文献记载的僘都相近。上面谈到商代迁都多次，它的新都城都叫做亳。这样将敖称为亳完全是可能的。因此郑州商城为仲丁迁都于敖的说法，实难推翻。

相：在今内黄县境。《括地志》：“故殷城在相州内黄县东南三十里，即殷河亶甲所筑都之，故名殷城。”但其下又云在县南十三里。《太平寰宇记》卷四十五认为当在内黄县东南三十里处；而雍正十三年修《河南通志》则力主后说。内黄县又有亳城。《图书集成职方典》卷一四二云：“亳城在县西南二十五里。按《尚书》殷有三亳，蒙为北亳……此为北亳，中宗（即祖乙）陵寝近焉。”又说：“商中宗陵在县西南二十五里亳城东。”前引书卷一四〇还说天一村有汤王庙，建于金代章宗四年。此庙建成年代虽晚，但天一显然为商汤名天乙的同音称谓，可见来源甚古；而成书于三国时代的《皇览》又记载：“帝喾冢在东郡濮阳顿丘城南亳阴野中”，此传说不能令人尽信，但顿丘在今清丰县西南二十五里，与内黄县东南相接，而野称亳阴，亦由亳城而得名。不仅如是，濮阳的濮，也是亳音之转；至于前面所讲的内黄亳城为北亳，虽是后人附会之说，但是，这一切的迹象，从另一方面向我们表明：相，旧亦称亳。

（二）

《说文》云：“京，人所为绝高丘也。”而郭沫若先生认为：“京字古作，即象宫观厜㕒之形，在古素朴之世非王者所居莫属。王者所居高大，故京有大义，有高义。更引申之，则丘之高者曰京……世有高丘为京之本义者，未免本末颠倒。”（《两周金文辞大系考释·克钟》）甲骨文中言京者多为地名，如㱿、翻、阫、𢀛又称为㱿京、翻京、阫京、𢀛京和义京，皆以山丘为名。有的地方还是商代的狩猎地点。战国时𪓐羌钟有楚京，即楚丘。《左传》隐公七年：“戎伐凡伯于楚丘”；襄公十年：“宋公享晋侯于楚丘”，更证明《说文》所称京即高丘不误。

周人多将其国都或太庙称为京。前者如《诗·大雅》称公刘居住的邠为京。古公亶父迁于岐开始建立都城亦称京，即太公娶太姜为“京室之妇”。王季娶太任“曰嫔于京”，文王娶太姒“于周于京”。其后文王建沣称沣京，武王营镐称镐京即金文中的𦎫京。平王东迁，其都城成周也称京师。周代的宗庙叫做京太室或京宫、京宗，《逸周书·世俘篇》云武王灭商薦俘告天帝而“格于庙”，并奠祭“王烈祖自大王、太伯、王季、虞公、文王、邑考”，《吕氏春秋·古乐》也说：武王克殷，归，“乃薦馘于京太室”。金文《令方彝》：“甲申，明公用牲于京宫”，《班簋》：“受京宗懿釐”。又简称京，《诗·大雅·文王》“裸将于京”，《下武》：“三后在天，王配于京”[6]。由此可知，周人将国都或宗庙都冠以京，以示崇高。这是商周两代不同之处。

（三）

有人说郑州陶文的“”可释为亭，以为亳、亭二字的字形相近。其实不然。按《说文》云：亭“民所安定也。亭有楼。从高省丁声”。这个字体早在商代已出现，释为京。到了后来称为亭的专用字，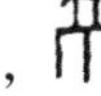则变成京的专用字。

甲骨金文和经传有京而无亭字。马叙伦先生说：京和亭在古代是一个字。（《读金器刻词》）这说明在最初京、亭不论在形体上或声音上都相同，后来才异用了。有一点可以肯定，《说文》已经有京有亭，形义也各异，说明在汉代此两字已不是初雏，那么，亭字是什么时候出现的呢？

玺印中有“市”，有人释作京市，都认为此乃西汉遗物。近来还有人指出，其字体颇古而近于小篆，定它为战国时代的秦印，但对字释京抑是亭，则犹豫未决。产生这个问题的主要原因是泥于文献记载所言秦汉时内地始有亭制，加之此时所发现的陶文中又常见众多印有某亭的戳印，于是更对汉代始有旗亭的说法深信不疑。我则认为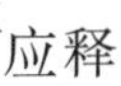应释亭为是，玺印的年代也应定于战国晚期。最近河南省的考古工作者在郑州金水河一带，与“亳丘”陶文一齐发现的还有“”、“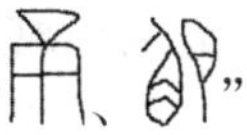”等。，结合其形体和用法，宜释亭。

吴大澂《说文古籀补》和丁佛言《说文古籀补补》已将战国时代的空首布和饼金的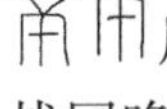厘释为亭，其后在陈簠齐所藏的战国陶文中亦有亭字[7]，至于在秦都咸阳遗址发现战国晚期印戳有“咸寿亭□器”、“咸亭阳安騂器”、“咸亭郿里縶器”以及“杜亭”等陶文[8]，都为亭市一词起源于战国提供了佐证。

，从角从尹，读为尹音，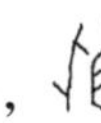为其简化。“亭觪”即觪亭，也就是尹亭。《左传》昭公二十三年谓王子朝入尹，当即尹亭之地。杜预注：“尹氏之邑。”《彙纂》云：“今山西汾州有尹吉甫墓，即古尹城。”江永《春秋地理考证》认为王子朝从京入尹，从尹从王城，皆在周邑。“若山西汾州府距河南远其地属，晋虽有尹吉墓，当非东周尹氏之邑”，并指出尹应为《水经·洛水注》洛水过宜阳县，“南流得尹溪口，水出西北尹谷”。尹氏之邑以尹谿、尹谷得名。熊会贞《水经注疏》也有此说。至于亭昃即昃亭，据郑州出土的陶豆柄上同时印有“亳”、“昃”两方印，推测昃亭应在亳丘附近。

亭制大概起源于周代的寄寓。寄寓又称为寓里或宿。《国语·周语中》云：周定王时，卿士单朝自宋至楚，经过陈国，看到陈灵公在国内倒行逆施，搞得“国无寄寓，县无施舍”。回到成周后，又对周定王说：“疆有寓望”乃“周制有之”。此处所讲的周制即《周礼·遗人》所谓：“凡国野之道，十里有庐，庐有饮食；三十里有宿，宿有路室，路室有委；五十里有市，市有候馆，候馆有积。”郑玄注：“宿，可止宿也，若今亭有室矣”。根据韦昭注《国语》云：寓望是边界之上，“有宿寓之舍、候望之人也”；而寄寓则是“寓，亦寄也。无寄寓，不为庐舍，可以寄寓羁旅之客也”。即是说，它有两种作用，一是用以守望，以防敌人进攻的高楼；二是旅客住宿的地方。这一切都与汉代亭的性质相似，故《史记·高祖本纪》正义也说：“《国语》有寓望，即今亭也。”

汉代的亭，除了带有防盗贼掌治安的职责，还有室可供旅客投宿。《史记·李广传》云：霸陵尉禁止李广夜行而让其宿于亭下。《汉书·息夫躬传》亦云：躬“归国未有第宅，寄居丘亭”，因是空亭故“奸人以为侯家富，常夜守之”。《太平御览》卷一九三引《风俗通》曰：“亭，亭留也。……盖行旅宿食之所馆也。”徐灏《说文解字注笺》解释为“亭有馆，以止宿行旅；其上有楼，以观望盗贼，故曰民所安定也。……古制本无亭名，后因亭有亭留止宿之义，而名之亭”，是非常精辟的。

亭名的出现在战国，《战国策》的《赵策》、《魏策》、《韩策》和《韩非子·内储说上》、《墨子·备城门》等都有亭的记载。它们都说亭是设在国的边境上，于是又被人误认为它的设置仅仅是用来守望以防备敌军袭击的，但是亭的性质既然与寄寓、宿相似，那么亭可以让旅客住宿也是不言而喻的，更何况在战国时期列国为了往来旅客的行宿方便和安全，在国内设置亭宿也是必然的。

亭建置后，要设立官署进行管理，来往的旅客多了，尤其是处于交通要道的地方，市场贸易也就繁盛起来，手工业作坊要相应建立起来。郑州市的带有“觪亭”、“㬎亭”以及咸阳“咸亭”戳记的陶器出土以及最近陕西凤翔县高庄一号墓的陶罐肩部戳印“亭”字[9]、四川青川县一批墓葬群在有些墓葬里出土的漆器烙有“成亭”的戳记，从这些墓葬出土的器物组合分析，其年代或为战国晚期，或为战国晚期前段。这些考古资料为战国时期已出现亭制提供了有力的证据，并补充了史书的阙疑。

---

［1］ 今本《说文解字》云：“宅，所讬也”，有漏字。段玉裁《说文解字注》据《太平御览》而补曰：“宅，人所讬居也”，但《广韵》引《说文》则云：“宅，讬也。人所投讬也。”

［2］ 原作县门误，今从《水经·济水注》改正。《水经注》记载在敖附近有两石门，一为“汉灵帝建宁四年于敖城西北，垒石为门，以通渠口，谓之石门”。一在荥口，称之荥口石门，为汉阳嘉三年立。杨守敬云此门在敖山东，《括地志》所记即此石门。以上所引《括地志》文，皆见清王谟辑《汉唐地理书钞》，中华书局影印，1961 年。

［3］ 荆三林：《荥阳故城沿革与古荥阳冶铁遗址的年代问题》，《河南文博通讯》1979 年第 2 期。

［4］ 张驭寰：《汉王城、楚王城初步调查》，《文物》1973 年第 1 期。

［5］ 一说敖仓在广武山之西，杨守敬《水经注疏》认为《方舆纪要》所讲广武山在河阴县东北十里，敖山在县西二十里，“是广武在东，敖山在西矣，与古说（《汉书·地理志》、《元和志》、《太平寰宇记》以及《水经注》）相反，误也”。

［6］ 唐兰：《西周铜器断代中的“康宫”问题》，《考古》1962 年第 1 期。

[7] 《望文生谊斋辑存古陶文字》第一函，转引自俞伟超《汉代的“亭”、“市”陶文》，《文物》1963年第2期。
[8] 吴梓林：《秦都咸阳遗址发现的陶文》，《文物》1964年第7期。陕西省社会科学院考古研究所渭水队：《秦都咸阳故城遗址的调查和试掘》，《考古》1962年第6期。
[9] 雍城考古工作队：《凤翔县高庄战国秦墓发掘简报》，《文物》1980年第9期。

（原载《古文字研究》第七辑，中华书局，1982年）

从古文字“亳”字探讨郑州商城问题

刘蕙孙

本世纪五十年代郑州二里岗商城遗址的发现，继安阳殷墟甲骨卜辞出土之后，为考古学及殷商史提供了重要的资料。经过长期、多次并全面的调查、发掘、分析、研究，确系殷商遗址，而且并不是一般的居民的聚落而是商代王都之一。我对此本来只是看考古报告，随人言下，并无具体的感性认识。去年身临其地，瞻望其遗迹规模，广袤都超过了小屯，其工场、墓地等等分布亦均足说明其确为王都。这一点二十余年，学术界亦并无异议。问题在汤灭夏后，都曾五迁：汤居亳，仲丁迁隞（嚣），河亶甲居相，祖乙迁邢（耿），盘庚迁殷。二里岗遗址究竟是谁的都城？现在有两种不同的说法。

安金槐同志的文章《试论郑州商代城址——隞都》（《文物》1961 年 4 期）认为是仲丁的隞都。其论证有二：其一，根据文献记载，仲丁的隞就在郑州附近，只是方向稍差一点。据《括地志》所说的当今郑州市西北五公里的古荥泽地方。但几经勘探并无殷商遗迹。实际上应该就是现今二里岗地方。其二，分析了出土文物，认为系属商代中期文物，而不是商代前期文物。两证在当时均较有说服力。多数同志均同意其说。考古研究所编著的《郑州二里岗》田野考古报告，亦循其说。

到 1978 年邹衡同志又写了一篇《郑州商城即汤都亳说》（《文物》1978 年 2 期），主张二里岗遗址并非隞都，而系汤居亳的亳。也有两条论证：其一，在郑州商城北部出土了一些类似亳字的陶文；以传世阳高县出土的宅阳币比证，认为实系亳字无疑。这一堆陶片，不会是从外地搬来的。则二里岗商城的遗址，必然就是亳。其二，认为文献记载的东亳、西亳、南亳、北亳之说系汉朝人编造，此亳即汤都亳，其地理位置与文献所载的不符。但《左氏春秋经》襄公十一年：“公会晋侯、宋公、卫侯、曹伯、齐世子光、莒子、邾子、滕子、薛伯、杞伯、小邾子伐郑。秋七月己未，同盟于亳城北。”《传》亦作“秋，七月同盟于亳”。论证亳就在郑州附近。郑州大学陈显治同志写了一篇《郑州商城》，也据亳字陶文立论，主张二里岗遗址即汤都亳之说。论文曾于 1979 年 10 月以打印本向兄弟院校内部流通，寄来我福建师大历史系征求意见。我系资料室同志曾拿给我看，要求将自己的看法写寄显治同志。我因既未参加田野发掘工作，又未作过专题研究，是是非非，不敢置喙。但《考古》1980 年 3 期石加同志有《“郑亳说”商榷》一文讨论邹文所引文献及所谓“亳”字陶片，于《左传》书法的规律，更有所发现。1981 年《考古》3 期邹衡同志亦发表《再论郑亳说——兼答石加先生》与石加同志讨论。1982 年《考古》2 期石加同志又写了《“郑亳说”再商榷》从考古学角度再行探讨。认为“亳”字陶文并非亳字。这样“疑义相与析”的态度是值得学习的；这一问题也确要大家非常客观的共同探讨。这里发表一点个人看法。

恰好去年到了现场和有关同志谈起这一问题，说我在写一篇关于我国地名起源的小文，分析有一些地名特称是从共称衍化而来。当时曾想到“亳”，想到为什么商代有好几个亳？可能本来是共称后来衍化为特称；和“京”字颇似。曾以甲骨文为证：甲骨文，从从。同时也有字。有关卜辞如：

“贞于帝”。（前 6. 1. 5）

“贞王其……帝于”（战后南北 477）

既享帝于其地，应该总是宗庙之类。可能就是《周易·观卦》“大观在上”的观。果然，则亳字可以理解为手建的观。观，巍阙也。易言之，就是京城。因为作为政治中心的京城屡迁，就出现了南亳、西亳等几个亳，和后世的西京、东京、南京、北京一样。果如所言，则郑州商城出土带有亳字的陶片，是否即说明其地就是汤居之亳？尚值得考虑。同志们认为此说大可玩味，要我就这一方面再探讨探讨，看能不能有助于解决商城问题。

回南后因工作任务庞杂，又有些社会活动，一直拖拉没有动手。最近始将《郑州二里岗》报告及几位同志的论文仔细阅读了一遍，觉得据亳字陶文考定郑州商城遗址即汤居亳的亳推论，尚值得进一步商榷。

第一，亳字《说文解字》确作：“从高省宅声”。据此引证阳高县出土的宅阳币考订陶文为“亳”字是有所根据的。但传世卜辞中粗粗计算了一下，共有十五例，均作。下皆从，不从宅省。金文三见：“亳父乙鼎”、“亳鼎”、“乙亳觚”，亦均作、、，无从宅者。则陶文是否亳字？似需再作进一步的研究。

第二，陶文就千真万确，确是亳字，要肯定郑州商城之亳就是汤居亳之亳，确需如邹衡同志文章所论“说我们认为所谓四亳说，都是汉以来学者所附会，并没有什么过硬的论据，因此都是不可靠的”。快刀乱麻，排除一切，突出只有郑州附近的亳城是亳，也就是汤都。这样，历史文献与地下考古实物互相印证，结论就“过硬”了。但《说文解字》的注说“《六国表》：汤起于亳。徐广曰：京兆杜县有亳亭。钱氏大昕《史记考异》云《殷本纪》汤始居亳。皇甫谧曰：梁国谷熟为南亳，汤所都也。《立政》三亳皆非京兆之亳亭。《秦本纪》宁公二年遣兵伐荡社。三年与亳战，亳王奔戎。遂灭荡社，徐广曰：荡一作汤，社一作杜。”云云。似乎都言之凿凿，难于一口否定就是全出汉人附会。就说查无实据，也是事出有因嘛。至少南亳据《通雅》注说“宋州谷熟县即今归德府之考城县”。归德就是商丘，周封微子于其地以承殷祀，足见西周迄今都承认其地是汤所居地，是亳。还有陕西的亳，也是文献足证，言之凿凿，有其地其名。当然其地与大家所公认的汤所居亳不大对头。所以皇甫谧只好说“亳号汤西夷之国，又云周桓王时自有亳王号汤，非殷也”。我看不能如此凑巧有号汤又号亳，是不是像夏后有一部分人奔在匈奴成为大夏，辽亡以后耶律大石西奔建了西辽呢？完全有此可能。何能断言“非殷”。现在一笔抹煞，只据《春秋左氏经传》一条孤证，就确定亳在郑州附近，恐难使人心服。

何况《春秋左氏经传》此条，《公羊》、《谷梁》均作京。清惠栋、王国维均考订《春秋左氏经传》是错了。我并不赞成经今文学派的伪左的说法。但在汉代公、谷先与世人相见，左氏后与世人相见，则为事实。既然公、谷都作京，也难说就是左氏经传独对。

而且《左传》本身所记载，郑州外围也有个京，即郑伯克段于鄢中叔段所封之京。杜预《集解》说在今荥阳京县。亳则三传均未考出确地。杜预、何休、范宁对此也都还搞不清楚，这一问题似待进一步探讨。

第三，我对于亳字的字义的看法，是如前所说，认为是一个由共称衍化为特称的字，在商代的字义就是“社稷亭”。社稷亭就是社庙，也就是今日北京中山公园社稷坛的前身。许慎时的社稷亭在京兆，故云京兆社稷亭。何以言之，试看卜辞：

“癸丑卜，其右（佑）亳祜。”（甲1640）

“其右（佑）亳。”（粹22）

“……亳小牢。”（粹21）

“其燎亳其有雨。”（佚928）

“戊子卜，其有岁于亳，三小牢。”（京津3950）

“于亳卸。”（释20）

诸例很清楚地都是地名。常是亳或连用组成一个词组。或是什么字？我曾于1963年《福建师院学报社会科学版》发表一篇小文《原社》，考证甲骨文中的诸字，金文中的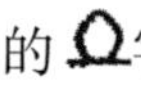字皆非土字而系社字，是我们在江淮地带田野考古所发现的“台形遗址”象形文字。字下边一横，金文中多作形，前后粗细不同，是因台地微坡，便于雨时流涝。其上则是“各树其土所置之木”，是一个非常生动的象形文字，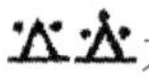才是土字。由于土向上堆，社也是一种土堆，就成为两者互相通假的字。

所以亳或就是“亳社”。

社的涵义是什么？是不断衍化的。最初就是一处处居民点——聚落。台形遗址就是这些居民点的遗迹。周礼二十五家为社，各树其土所宜之木。二十五家是典型化的说法，原来不会如此整齐；但其说是社的初义。社之所以出现，从《春秋·昭公》二十九年：史墨曰“共工子勾龙神”的说法推论：应是勾龙所发明。因为在洪水时期，人们逃到天然高地上居住。没有天然高地怎么办？一个聪明人，管平水土的共工氏之子勾龙发明了用人工挖土把地垫高，大家聚居在上面。这就是“勾龙为社”。后来因为勾龙是始为社者，是祖师爷，就奉之为社神。这一方法，最为江淮平野之地防涝所便，所以江淮间台形遗址独多。每社都有自己开社的老祖宗，又自然成为本社之神；即许慎所谓“上公”（《说文解字》示部社字下），也就是后来的社公。为了祭祀他们，群众亲手给其人盖个小庙，后世的土地庙即其残余，这种庙商人就名之为“亳社”，简称为亳。继而又衍化成为有亳社所在的地名。商汤的商社是汤的发祥之地，故说汤始居亳，又有汤社之名。我还以为“汤始居亳”的居字未必就是作居住在那里讲。可能和《论语·公冶长》：“臧文仲居蔡，山节藻棁”的居字同义。即作安置解。“始居亳”就是开始建立亳社；也就是其时汤已有了根据地，可以安顿自己的社神了。不知能这样理解否？

又据《史记·夏本纪》：“汤既胜夏，欲迁夏社。不可，乃作夏社。”说明古代社既可以作，也可以迁。大概文献中三亳，是商汤时期随所都居而迁而建。至于汉代京兆之亳则是商亡以后，一小部分子孙迁往那里建立一个小小的据点，自存其宗社，苟延了数百年。亳并非宗庙，规模应该不大，所以许慎称之为社援亭。亭者，言其小也。

任何王都，都有个社稷；直到封建社会末期也还是如此，北京就有个社稷坛嘛。然则仲丁的隞也有亳社完全可能。则商城遗址所发现的亳字陶片，即确系亳字，尚难即据以考定其地为亳，何况尚在疑似之间。

至于汤始居亳的亳究竟在哪里？不敢妄断。从上引卜辞“王征夷方在亳”（金璋584）的记载来看，夷方是山东徐淮一带，王在亳指挥，以亳作为司令部大本营，总应离夷方不远。则其地在今天皖北亳县周边的蒙城或豫西的商丘，即四亳中的北亳，较为近理。这是商代档案记载，决非汉人附会之辞，从而说明将亳定在郑州二里岗道理上不大说得过去。

总之，我对两家之言，不想也不敢作左右袒，但客观材料就是这样。商城倘是隞都，对古史影响不大，倘系亳都，旧传的历史文献就要重新改写。我们并不惮改写历史，但希望两方有关同志进一步更深入地探讨，使我们学习历史的人有一个明确的认识。

本文承徐心希同志为我检索部分资料及清缮，附此致谢。

（原载《考古》1983年第5期）

郑州二里岗期商文化的来源及相关问题的讨论

李经汉

二里岗、洛达庙、南关外、商城诸遗址的发掘，是郑州地区考古工作的重要收获。二里岗期商文化是安阳殷商文化的前身，这一科学结论已得到学术界的普遍承认。因此二里岗期商文化，自然就成了确认更早阶段商文化的础石，也是探索夏文化可靠的比较材料。近年来一些重要资料和研究成果的相继发表，使二里岗期商文化的研究不断深入，随之也提出了不少新问题。如文化分期、文化性质，以及文化的来源，等等。本文仅就与此相关的问题谈些看法。

一、洛达庙期、南关外和二里岗遗址

（一）洛达庙期　亦称洛达庙类型文化，因洛达庙遗址的发掘而得名[1]。继洛达庙之后，郑州地区又先后在南关外[2]、上街[3]、商城[4]等地发掘了同类遗存。这里出土的三足盘、带花边中口罐、细柄豆、澄滤器、平底盆、深腹罐等均为二里头遗址常见器物，形制也相同。根据二里头遗址的分期标准，这里大致可以分为四期。早期遗址数量较少，主要有商城的 C8T27H 和 CET7 两个单位，均压在城墙下。出土数量最多的花边中口罐，是典型早期遗物。二期遗存主要有商城的 CNT4、上街的 H26、H29、H2、H8、G9 等。其中 CNT4 出的澄滤器、甑，H26 出的鼎、罐、盆均为二期典型遗物。三期遗存以洛达庙遗址为代表，H26 出土的三足盘、细柄豆、浅盘豆、陶盆等最为典型。四期遗存以南关外遗址中层为代表，在报告发表的三十多件器物中，除少数几件外，其余均与二里头遗址四期相同。这类遗存在郑州地区分布密集，文化面貌和二里头遗址相同，期别也一一对应，说明以二里头遗址为代表的二里头文化，在这里也和豫西一样，经历了该文化发展的全过程，郑州附近也应是二里头文化的中心地区。

（二）南关外遗址　位于郑州老城城南，1955 年发掘。目前，对遗址的内涵认识不一，发掘者把遗址分成上、中、下三层。认为下层比二里岗期下层早，称之为南关外期。中层和上层，分别与二里岗下层和上层相当。有的同志则认为，原报告的中下层应合并，时间与二里岗期下层较早的一部分单位相同，称南关外型。上层应分成二组，一组与二里岗下层较晚的一部分相同，一组相当上层的一部分[5]。我们认为：

1. 把南关外遗址的中下层合并不妥。持这种观点的同志，提出的主要理由是，中下层的内涵没有严格区别[6]。其实不然，“下层出土的陶器，如厚胎敛口鬲、敞口细腰胖袋足甗、敞口细腰弧裆斝，有流无尾圜底和平底爵，敛口短颈鼓腹瓮……等，形制比较特殊。同时，陶器又以棕色较多。这些特征与郑州商代遗址二里岗期和洛达庙期的同类器物都有明显的不同”[7]。可见原报告已经把中下层的区分讲清楚了[8]。还必须指出，这里出的不加高实足尖的深袋足甗多见于豫东、豫北、冀南的龙山文化[9]。而高领圆腹的厚胎鬲，无疑与新乡潞王坟下层出的厚胎陶鬲属同一系统。所以南关外遗址下层遗存，不仅和洛达庙、二里岗期下层不同，而且有较浓的豫北和豫东的某些特征，时间也显得早些。目前，由于资料少，还很难准确地判定它的归属。不过它在郑州地区出现，似乎使我们觅到了一种值得重视的新文化类型的踪迹。把这样的两种遗存合并是不妥当的。

2. 上层遗存的内涵比较复杂，陶器可以明显地分成两组。H59 出的长颈大口尊，颈部饰同心圆的陶鬲，均为典型二里岗期上层遗物。而 T87 上层出土的鬲、斝、壶、瓮等，则和二里岗期下层一部分单位的器物相同，与二里岗期上层的器物有明显区别。对这个问题，邹衡同志《试论夏文化》一文作了详细的论述[10]，我们同意他的分法。这样南关外遗址的文化遗存，实际可分为下层、中层、上层和以 H59 为代表的遗存四期。

3. 关于各期遗存的性质，现在除对 H59 较一致地认为它属二里岗期上层外，其他各期均有分歧。我们对下层遗存的看法，如前所述。中层遗存我们认为它与二里头遗址四期相同，因为两者均以灰色泥质和夹砂陶为主，除瓮和罐外，一般陶胎较薄，多绳纹。中层遗存共发表了十一种、三十一件陶器，这些器类均见于二里头四期。器物的形制，除粗柄豆不见于四期，方唇鬲和斝的形制有变化外，其他器物几乎完全相同。大口尊、各式盆、瓮、爵尤其相像。还有中层的鬲可分为圆唇、卷沿、深袋足和方唇、浅袋足两种类。同类鬲的样式亦多有变化，二里头四期的鬲也有同样特点。中层陶器还与二里岗期下层有某些共同因素，且仅仅和一部分单位的器物相同。而 C1H9 出的卷沿鬲、敞口斝、Ⅰ式盆、Ⅲ式盆，H14 出的大口尊，T18 的钵和Ⅳ式盆[11]，与二里岗期下层其他单位的同类器物相比，则有明显区别。如这些单位出土的大口尊口径大于肩径，斝几乎成了直口，出现了典型的折沿鬲、直腹盆、直腹簋等。同时我们还发现，两者之间这种相同或相异的器物，并不共存。特别耐人寻味的是，这些和南关外中层存在差别的单位出土的遗物，恰好又和南关外上层（即 T87 上层）出的遗物相同。我们知道南关外遗址 T87 的中层和上层遗存，不仅遗物有区别，还有明确的叠压关系。所以二里岗期下层一部分单位和南关外遗址中层相同，一部分单位和上层相同，说明二里岗期下层遗存，也包含了早晚不同的两组遗存。南关外中层和它的较早一组相当。自然也就与二里头四期相同。这样南关外遗址上层遗存的性质也就清楚了，它应和二里岗下层较晚的一组相当。

（三）二里岗遗址　长期以来，根据该遗址的发掘，二里岗期商文化被分成上下两层，影响颇大。最近邹衡同志在《试论夏文化》一文中把二里岗期分为四组（以下简称邹文），下层以 H9、H10、H12、H14、C9H118 为一组。以 C1H3、H7、H2 甲、H15、H17 为一组。根据南关外的层位关系，证明前者早于后者。上层以 C1H2 乙为一组，以 C1H1 为一组。根据铭功路墓葬 M2 打破灰坑 H21，证明前者早于后者[12]。关于二里岗期下层的分期，我们基本同意邹文的分法。关于上层的分期，我们认为邹文的理由不够充分。如邹文作为前后两组标本的大口尊在 C1H2 乙均出。再如铭功路 M2 出土的铜爵，既有邹文选作后一组标本的 M2∶21，也有与前一组标本相同的 M2∶22[13]。可见两组出土的陶铜器变化并不明显。更为重要的是邹文作为分期依据的地层关系，与实际不符。据铜爵和其他遗物判断，铭功路 M2 的时代确属二里岗上层无疑。灰坑 H21 的时代则与邹文的判断不一致。H21 共发表整残陶器六件，原报告认为这些器物属二里岗下层。我们认真检查了报告，也没发现上层遗物，H21 的时代最迟和二里岗下层相当。所以墓葬 M2 打破灰坑 H21，只能证明二里岗期下层早于上层，何以能证明原来同属上层的 H2 乙早于 H1 呢？可见上层再分期的条件并不成熟。

二里岗期下层遗存较晚的一组（以下称晚期），内涵丰富，无疑是下层文化的主要遗存。但较早一组（以下称早期）是否仍属二里岗期下层的范畴？我们知道，下层的早期和南关外中层、二里头四期相同，又和新乡潞王坟下层有某些相似之处。因此，究竟是把这些遗存一并划为二里岗下层商文化，还是把下层的早期从二里岗期下层区分出来，就是一个必须搞清楚的问题了。目前，由于二里岗期下层商文化的含意还不十分严格，有的同志把它定为二里岗期下层[14]。有的同志则把它区分出来，定为先商期南关外型[15]。我们认为如何确定这一期文化的性质，还是可以找到客观依据的。众所周知，二里岗期商文化，是郑州商城遗址的主要遗存[16]。商城的时代，目前尽管有傲都和亳都之争，但作为商代一个历史阶段（早商或中商）开始的标志，则是没有异议的。与此相应，二里岗期商文化也应是商代某一阶段的典型标本。可见与商城的关系，就是判定二里岗期下层商文化的依据。如果下层的早期与商城同时，它就属二里岗期。如果它比商城早，下层的早期比晚期就要早一个历史阶段，这样再把它们放在一起，势必造成混乱。《郑州商代城址发掘报告》为解决下层早期与商城的关系，提供了较充分的资料。报告发表与商城有关的单位共 25 个，有打破关系的八组，说明它们的相对时间也有早晚。其中 C8T24③和 CST3③直接覆盖着城墙，又被同时代的灰坑和墓葬打破，相对时间最早。考察各单位发表的遗物，虽有变化，但均属下层晚期。其中时间最早的 C8T24③和 CST3③也是如此。如 C8T24③出土的鬲，小卷沿，腹壁较直，实足尖外撇，细绳纹，是典型下层晚期遗物。

报告还发表了城墙夯土内出的陶片，可识别的器形有短颈大口尊，直腹盆、瓮等，亦为下层晚期的典型器物。可见，郑州商城的建筑年代，应为二里岗下层商文化的晚期，而不是它的早期。既然下层早期比商城的时间早，说明它已不属二里岗下层商文化的范畴，把它划入二里头文化则较为适宜。

二、二里岗期商文化的来源

目前，与二里岗期商文化接近，时间比它早的遗存，郑州地区有洛达庙期、南关外遗址下层等；豫北地区有辉县琉璃阁 H1[17]、新乡潞王坟[18]，邯郸涧沟[19]、河北磁县下七垣等[20]；豫西地区有以二里头遗址为代表的二里头文化；晋南地区有东下冯类型[21]。我们认为这些都属二里头文化的范畴。它们介于龙山文化和二里岗期下层商文化之间，在我国历史上代表着一个大的阶段。这类遗存在不同地区，文化面貌也不尽相同。故又可分为三种类型，即二里头文化、东下冯类型、豫北类型。关于二里岗期商文化的来源，现在较一致的看法是与二里头文化和豫北类型有关。但主要是由哪个类型发展来的，则有不同看法。一种意见认为它是二里头文化三、四期的延续[22]，一种意见认为它是由豫北类型发展来的，受了二里头文化较大的影响[23]。

我们同意前一种看法。

（一）二里岗期商文化与二里头文化的比较

二里头文化主要分布在黄河以南的河南中西部地区，文化遗存可分四期。四期遗存连续发展，衔接得比较紧密，但二、三期之间出现了明显变化。主要表现在三足盘的数量减少，鬲、甗的数量增多，斝、簋等新器类的出现。其中炊器的变化尤为瞩目。一、二期的炊器以罐和鼎为主，几乎不见鬲和甗。但三期以后，鬲和甗的数量增加，发展到四期，鬲已成为主要炊器之一。而鬲的形式多样，器身和同期流行的罐相同，多加高实足尖，与龙山文化流行的深袋足鬲迥然不同。与这种变化相应，二里头遗址出现了规模宏大的宫殿，出现了青铜礼器和随葬品丰富华贵的墓葬[24]。所以二里头文化二、三期之间的这种变化，绝不是文化自身发展和交流的结果，似乎是伴随着一次重大的社会变革进行的。我们认为正是在这样的历史背景下，二里头文化三、四期孕育了二里岗期商文化。

1. 二里头文化三、四期和二里岗期下层文化面貌相同。它们的陶器均以灰色为主，一般胎质薄，火候高，多绳纹。二里岗期下层的陶器除粗柄豆等少数器皿外，绝大多数器类都能在二里头文化三、四期找到。有些器物形制相同，如瓮、甑、器盖等。大部分器物虽有变化，但前后衔接，一脉相承，如澄滤器、卷沿鬲、盆形鼎、尊、壶、簋、盆、大口尊等。其中大口尊的变化尤为典型。它是由二里头文化早期出现的大口尊发展来的，三期定型。其特点是：高领、宽肩锐折、深腹、体态匀称是一种变化很有规律的器物。三期的大口尊颈较短，口径明显小于肩径。四期一般口径和肩径相等，或口径略大。二里岗下层出土的大口尊，陶质和形制与二里头文化相同，但颈部继续变长，口径已明显大于肩径。二里岗上层和殷商文化晚期，颈部继续加长、肩部变窄，腹部变瘦，整个器身已成大喇叭口状。尤其值得注意的是，这种变化由三期到四期，再到二里岗下层，比二里岗下层到上层变化的幅度还小。还有二里头四期的陶器，和二里岗下层有联系，又有区别，与三期有相似之处，也有明显变化。犹如一座桥梁，把三期和二里岗下层紧紧联在了一起。如四期陶鬲的数量比三期明显增多，但比二里岗下层占的比例要少。四期鬲均有高实足尖，这点与下层相同。但四期鬲形制多样，实足直立，这与下层鬲的形制单一，实足尖外撇的特点不同。四期的甑、平底盆、器盖等与三期的特征相似，与下层不同。四期的澄滤器、大口尊又与下层相近。三足盘在四期已很少见，但四期出现了簋，以后者代替了前者。一些新出现的器类，如簋、斝虽可在二里岗下层找到它的同类器物，但形制则不完全相同。这种既有联系又有区别，既相同又有变化的情况，还反映在四期同一个单位出土的器物上。如灰坑 VH83 出土的四件陶器，其中小口尊、器盖与三期的同类器物相似。鬲与二者均有区别。澄滤器则与二里岗下层相同[25]。

2. 二里岗期的青铜礼器是由二里头文化三、四期发展来的。二里头遗址三期出土了目前我国最早的青铜礼器。这批青铜器均有胎质薄，铸造粗疏，无花纹和铭文的特点。现在二里岗下层发现的青铜礼器，器类亦很单纯，仅见鼎、鬲、斝、爵、盉、觚等[26]。胎质依然较薄，制作亦较粗疏，花纹简单，也没有铭文。这些特点表明，二里岗期下层的青铜礼器，无疑脱胎于二里头文化。二里头三期的铜爵，窄流尖尾，平底束腰、三棱锥状足。二里岗下层变成直腰，腹下部微鼓，流口处立二矮柱，到上层则流变宽、腹变直，二柱加高，腹间出现了简单的饕餮纹，发展脉络十分清楚。二里岗下层新出现的青铜礼器，也能在二里头文化陶器中找到祖型。陶盉是二里头文化颇具特色的一种器皿。多与觚、爵一起随葬。二期开始有较多的发现，特点是圆顶，顶腹浑然一体。三期变为平圆顶，器身分段，腹部平直。四期顶部近平，器身变短，袋足削瘦。陶盉在二里岗期已不见。但此时出现的铜盉，形制与四期的陶盉很相似。二里岗期的铜斝，大口、空足，周壁折成二段[27]。形制与同时期的陶斝有异，却与二里头四期的陶斝相近。

3. 二里岗期商文化许多因素都源于二里头文化三、四期。如饕餮纹，这是二里岗期及殷商文化晚期陶铜器最常用的纹饰之一。它在二里头文化三期已经出现，饰在青玉柄形器上[28]。饕餮纹以玉柄的四棱作鼻梁，两侧琢出眉、眼、鼻、口的轮廓，柄面两两结合都能组成完整画面。器形纹饰和谐美观。再如，二里头文化陶器宽鋬或横贯耳上，往往贴两个泥饼，中间或划竖道，或划成倒三角形，组成简单兽面。这种作法，在二里岗期的陶器上继续沿用，并有所发展。如把中间的划纹，变成用泥条捏出的突棱[29]。再如，印纹和刻划符号。印纹多饰于细泥陶上，饰印纹的陶器一般形制规整，制作精工。印纹多饰于器物的肩部和上腹部，往往是由一种图案作母题，如雷纹、回纹、方圈四瓣纹、云形纹等，由印模横向按压而成，并多配弦纹组成带状饰。刻划符号是刻在陶器口沿部分的一种符号，约二十余种。器物烧成后刻，痕迹清楚。在二里头三、四期和二里岗期下层，无论是印纹的母题、符号的形状、饰纹的方法和部位都完全相同。

4. 二里岗期商文化的一些遗迹，也与二里头三、四期相同。如墓葬中铺撒朱砂的习俗。两者都有大面积的宫殿基址，并集中分布在遗址的东北部。还有两者的宫殿规模宏伟，下面都有夯土台基，并由木柱和夯土墙承托屋顶。夯具和筑法也相同。

5. 二里岗期商文化和二里头三、四期当然也有区别。如二里岗期的鬲、甗、簋以及青铜礼器的种类和数量明显增多，出现了城墙和规模较大的制陶、制骨、铸铜作坊。但这些差别和相同的因素比较，要少得多。而且这些差别多数是二里头三、四期合乎规律的发展。如鬲、甗、簋在三期出现以后，数量就不断增多。二里头文化出现的青铜礼器和大规模的宫殿建筑孕育了二里岗期青铜礼器的发展和郑州商城的出现。

（二）二里岗期商文化与豫北类型的比较

豫北类型文化主要分布在豫北、冀南的漳、卫河流域。因工作开展不多，可比的资料尚少，根据器物排比，多数遗址时间偏晚，相当二里头文化的三、四期。但磁县下七垣和邯郸涧沟遗址下层，时间可能要早，大致相当二里头文化二期。它与二里岗期商文化的差别较大。

首先，上面所举大量与二里头三、四期相同的因素，在豫北类型均无发现。另外就陶器而论，大部分器物不同。如二里岗期商文化出的簋、盆、器盖、甑、澄滤器、壶等，均不见于豫北类型。而后者常见的素面或饰重环纹的陶盆、宽沿长颈厚胎鬲[30]，圜底柱足鼎[31]，又不见于二里岗期。陶器的作风也不同。豫北类型鼎、鬲等有些胎很厚。二里岗期除瓮、缸外，一般器物陶胎较薄。二里岗期器形较规整，折沿器和卷沿器并存。豫北类型的陶器有些则显得粗糙，有些还显得蠢笨，折沿器很少。陶器作风的差别，反映了制陶工艺的不同。一些共存器物，形制也不相同，如深腹罐、盆、大口尊等。特别是这里的大口尊独具一格。其特点是大口，无肩、腹部削瘦，与二里岗上层大口尊较为接近。但与之同出的绝大部分器物，如中口罐、深腹罐、盆、鼎等，均相当二里头文化的三、四期。根据考古学断代的惯例，这些遗存的时代，应和二里岗期上层相当。但商城遗址提供的情况，使我们不能作这样的判断。这里此种形制的大口尊压在商代城墙的下面，同出的遗物“包含有大量商代南关外期的陶片……”[32]。观察同出的其他三件器物，时代也符合。可见这种形式的大口尊，不可能是二里岗上层的遗物。根据多数出土器物的特征判断，它应和二里头文化三、四期相当。目前，出此类大口尊的遗址已有三处[33]，所以长颈、无肩的大口尊，应是豫北类型的一个重要特点。与二里岗期的大口尊显然不同。

三、两个相关的问题

（一）早商文化、先商文化和夏文化

对这个问题，我们不准备详论，仅就对考古材料的分析中看到的情况作些说明。

既然郑州二里岗期商文化是安阳殷商文化的前身，因此，作为它直接来源的二里头文化三、四期，自然也应属商文化的范畴。这样二里头文化三、四期是先商文化，还是早商文化的问题就提了出来。我们认为它是早商文化，而不可能是先商文化。1. 据文献记载和近人考证，商人早期的活动主要集中在两个地区，一是黄河下游的豫东地区，一是豫北冀南的漳、卫河流域。而黄河以南的河南中西部地区，主要是夏人活动的区域。所以汤伐桀灭夏以前，商人的文化遗存，不可能成为夏人活动地区的主要遗存。现已有较多的资料说明，二里头遗址三期以后，已进入奴隶制社会，这也与商灭夏以前商人的社会性质不符。2. 二里头文化二、三期之间出现了明显变化，而且这种变化又是在某种社会变革的背景下进行的。由于汉以后关于偃师系汤都西亳的记载，和历代学者关于偃师西亳说的研究，说明这个重大的社会变革，很可能和商灭夏以后在这里建都有关。

同样理由，二里头文化一、二期也不可能是先商文化。这样，由于二里头文化一、二期比早商文化早，又是夏人活动区的主要遗存，可能就是夏文化，或夏文化较晚的一部分。

先商文化何在？我们认为还是要到商人早期活动的地区去找。由于这些地区考古资料仍不丰富，圆满解决先商文化问题是困难的，但也不是毫无线索可寻。1. 白营龙山文化晚期遗存的年代距今 3760±100 年，与二里头早期相近[34]。2. 邯郸涧沟遗址下层和磁县下七垣遗址下层遗存，有同志认为它们的时代“在二里头文化三、四期之间，而接近三期”[35]。我们认为这些遗存的时代要早。如陶器几乎都是平底器，折沿器以及口沿带花边的陶罐也比较多，这些都是二里头文化一、二期陶器的特征，还有鼎、豆的形制也与二期接近，而与三期不同[36]。3. 这一地区的龙山文化，晚些的邯郸涧沟遗址，更晚的潞王坟遗址下层，都是以鬲甗为主要炊器。而二里头文化二、三期之间变化最突出之点，也是炊器由鼎罐为主到鬲甗为主，而鬲的形制与这里又有某些相同之处。二里头文化三期出现的变化，很可能是受了这里的强烈影响。所以豫北类型时间早于二里头三期的那一部分，可能就是先商文化。当然，豫北地区的先商文化，在进入早商文化以后仍在继续发展。这样早商文化实际存在两个系统。一是在原商人活动的地区，由先商文化直接发展来的，即我们称之为豫北类型的二里头文化。二是在原夏人活动的地区，以夏文化因素为主体，吸收和融合了先商文化一些先进因素而发展起来的，即二里头文化三、四期。这两个系统的文化，以二里头文化为主体，又发展成二里岗期下层，到二里岗期上层就完全融合了。在更为广泛的地区，形成了基本一致的文化面貌。

（二）考古学文化和历史朝代的关系

对这个问题，有同志认为“考古学文化系统和朝代以及社会发展阶段并不是完全一致的”[37]。我们很同意这个说法。但除了文中提到的商文化会遗留到周初，夏文化会遗留到商初这层意思外，我们认为还应有另一层意思，即历史朝代的更迭和考古文化的变化不能混为一谈。如夏文化和商文化，作为分布在不同地区、不同族属的考古学文化，无疑，应当是有所区别的。但且不可简单地认为，历史上商灭夏，朝代的更迭，表现在考古学文化上，就必然是商文化完全取代夏文化。因为汤伐桀经过一场战争，商人就取代了夏人的共主地位，统治了国家，从此历史上开始了商朝的纪元。考古学文化的变化，也许完全是另一回事。当一个后进民族在对先进民族成为军事政治上的胜利者时，又往往成为文化上的失败者，被融合，被同化。历史上这样的例子很多。商灭夏以后，夏、商两族的物质文化会出现怎样的变化呢？当时在黄河流域，中国社会已经历了长时期的奴隶制统治，和以农业为主的定居生活。在这样的社会和经济情况下，商灭夏朝代的更替，在物质文化上的反映，尤其是在原夏人的区域里，不可能是商文化消灭和完全取代夏文化。所以我们前面从考古资料分析所看到的二里头文化三、四期既有对一、二期文化的继承，又有外来因素的强烈影响，以及二里头文化三、四期和豫北类型并存，是比较符合商灭夏以后物质文化变化特点的。所以我们认为，看到二里头文化二、三期之间，或一至四期有较密切的发展关系，就否认三、四期有可能是早商文化的看法。或三、四期是商文化，一、二期也必然是商文化的看法。以及看到二、三期之间的变化，就否定二、三期之间有继承关系的看法，并不一定符合历史的本来面目。

---

[1] 河南省文物工作队：《郑州洛达庙商代遗址试掘简报》，《文物参考资料》1957 年第 10 期。
[2] 河南省博物馆：《郑州南关外遗址的发掘》，《考古学报》1973 年第 1 期。
[3] 河南文物工作队：《河南郑州上街商代遗址发掘报告》，《考古》1966 年第 1 期。
[4] 河南省博物馆等：《郑州商代城址发掘报告》，《文物资料丛刊》1。
[5] 邹衡：《夏商周考古学论文集·试论夏文化》，文物出版社，1980 年，第 107 页。
[6] 同［5］。
[7] 同［2］，第 90 页。
[8] 报告的作者把中层划为二里岗下层，故报告讲的与下层的区别，实际包括了南关外遗址中层。
[9] 安阳地区文管会：《河南汤阴白营龙山文化遗址》，《考古》1980 年第 3 期。
[10] 同［6］，第 107 页。
[11] 河南文物工作队：《郑州二里岗》，科学出版社，1959 年。
[12] 同［5］，第 109~110 页。
[13] 郑州市博物馆：《郑州市铭功路西侧的两座商代墓》，《考古》1965 年第 10 期。
[14] 同［4］。
[15] 同［5］。
[16] 同［1］，第 28 页。
[17] 考古研究所：《辉县发掘报告》，科学出版社，1956 年。
[18] 河南文物工作队：《河南新乡潞王坟遗址发掘报告》，《考古学报》1960 年第 1 期。
[19] 邯郸考古发掘队：《1957 年邯郸发掘简报》，《考古》1959 年第 10 期。同［5］，第 118 页。

［20］河北省文管处：《磁县下七垣发掘报告》，《考古学报》1979 年第 2 期。
［21］东下冯考古队：《山西夏县东下冯遗址东区、中区发掘简报》，《考古》1980 年第 2 期。
［22］考古所二里头队：《河南堰师二里头早商宫殿遗址发掘简报》，《考古》1974 年第 4 期。
殷玮璋：《二里头文化探讨》，《考古》1978 年第 1 期。
安金槐：《豫西夏代文化初探》，《中国历史博物馆刊》1979 年第 1 期。
［23］同［5］，第 121~122 页。
［24］考古所二里头队：《河南偃师二里头遗址三、八区发掘简报》，《考古》1975 年第 5 期。
《偃师二里头遗址新发现的铜器和玉器》，《考古》1976 年第 4 期。
［25］同［20］。
［26］杨育彬：《郑州二里岗期商代青铜容器的分期和铸造》，《中原文物》1981 年特刊。
［27］同［17］图九、一。
［28］同［24］。
［29］同［11］图六、四。
［30］同［18］图版陆。
［31］同［17］图七、4。
［32］同［4］，第 21 页。
［33］同［1］图三十九。
同［17］图七、4。
同［18］图版伍、3。
［34］同［9］。
［35］同［5］，第 106 页。
［36］同［20］图 3、11、16。
［37］田昌五：《夏文化探索》，《文物》1981 年 5 期，第 25 页。

（原载《中原文物》1983 年第 3 期）

郑州商城宫殿基址的年代及其相关问题

陈　旭

一九七三年至一九七八年，河南省文物研究所在郑州商城内东北部进行了规模较大的钻探、发掘工作。在东西长约750米，南北宽约500米的范围内，发现夯土台基数十处，房基十座，还有一些灰坑和墓葬。夯土台基最大的有二千多平方米，最小的有百余平方米，最厚的达三米。十座房基中，有三座规模较大，而且在房基内发现有排列整齐的柱础槽、石柱础和柱窝。在这一地区内还发现较多的铜簪、玉簪和一件大型玉铲等珍贵文物。由于大面积夯土台基和大型房基的发现，大量珍贵文物的出土，因此推测郑州商城内东北部是宫殿区。

据《郑州商代城内宫殿遗址区第一次发掘报告》（以下简称《报告》），宫殿遗址区的房基和夯土台基建造年代有早有晚，毁坏废弃的时间也有先后。因此具体地分析研究这些房基和夯土台基的年代，对进一步确定商城的年代问题，具有一定的意义。

本文根据发掘资料，就郑州商城宫殿基址的建筑、使用年代以及城墙建筑年代的关系试作分析。

一、郑州商城宫殿基址的建筑年代

确定郑州商城宫殿基址的建筑年代和使用时间，首先必须依据地层关系。因此，系统地了解郑州商城宫殿遗址发掘的地层资料是十分必要的。

在郑州商城内宫殿遗址区，共发掘探方26个，发现数十处夯土台基和十座房基，同时还发现一些窖穴、墓葬及壕沟。这些遗迹单位一般都有比较明显的地层叠压关系，这就为研究宫殿基址的年代问题，提供了重要依据。

根据《报告》所列的探方地层关系和夯土建筑基址、灰坑、墓葬等单位的地层叠压和打破关系，可以看出，郑州商城宫殿区的夯土台基和房基的建筑年代有早有晚，使用时间也有长有短。为了更清楚地了解宫殿基址的年代，我们将地层关系明确者，按建筑时间的早晚，归纳成为三组。

第一组，有如下几个夯土遗迹单位：

①C8T39夯土，位于宫殿遗址区中部，是在探方内第五层发现的夯土层。夯土层上被二里岗上层（厚0.2~0.85米）和二里岗下层（厚0.35~0.8米）文化层所叠压，夯土层坐落在一个洛达庙期灰坑和生土上。夯土层内包含二里岗下层和洛达庙期的碎陶片。

②C8T43、45夯土，在T39附近。夯土台基上有柱础槽遗存，可知这里曾有房屋建

筑。夯土层上的堆积情况，《报告》未作详叙。夯土层下叠压洛达庙期文化层，夯土层内夹杂洛达庙期与二里岗期下层的陶片。

③C8G9，也是位于宫殿遗址区中部的一座面积较大的夯土基址，南北残长 37 米、东西残宽 13 米、厚约 1.1~1.8 米。这座夯土基址，破坏严重，地层关系比较复杂。其中部被二里岗上层偏早的 C8G10 挖毁大部分。东部被二里岗上层偏早的 C8G8 打破，西部被二里岗下层的 C8G11、G12 打破。夯土层内包含有二里岗下层和洛达庙期的碎陶片。

《报告》说，“这座夯土基址坐落在二里岗期下层和洛达庙期文化层上”。但《报告》又同时说到，这座夯土基址坐落在二里岗下层文化层上面的情况，仅仅是“从扰土坑所切割的断面看”而作出的判断，既无明确的地层关系图所表示，又无该层出土器物的具体交代，因此判断是否准确，值得存疑。从该夯土基址的地层关系看，其下有可能只是洛达庙期文化层。

④C8G15，这是一座大型房基遗址。位于宫殿遗址区西部。其夯土结构和郑州商代城墙的夯土结构相同，现存夯土台基厚约 1~1.5 米，夯层厚度一般为 8~12 厘米，台基夯层密布圆形圜底夯痕。

这座夯土基址被二里岗上层叠压，西北部被一个二里岗上层不规则灰坑（C8H50）打破。东部被一个二里岗下层的椭圆形灰坑（C8H49）打破，西部被一座二里岗下层墓葬（C8M36）打破。夯土本身坐落在洛达庙期文化层和生土上。夯土层内包含有红陶罐、绳纹罐、缸、深腹盆等器物的陶片（《报告》图二七）。这些遗物《报告》认为属二里岗期下层。其实，多数也是洛达庙期常见的器物。

⑤C8T55、60、61 夯土，这是三个探方内发现的一大片夯土。位于 C8G15 东部偏南。这片夯土南部被二里岗期下层的两个灰坑（C8H44、H45）打破，夯土内包含有二里岗期下层陶片和少量洛达庙期陶片。夯土层坐落在生土层上，南部压着洛达庙期文化层。

⑥C8T62 夯土，位于 C8G45 以南，是一片破坏严重的夯土台基。据钻探，夯土断断续续，难以连成完整的形状。夯土层被二里岗期下层所叠压，该文化层出土卷沿鬲、镂孔豆等典型二里岗下层文化遗物。夯土纯净，没有发现陶片。

以上六个夯土基址和房基单位，尽管在地层上的层位关系有所不同，层次的多少也有所区别，但其共同点都是被二里岗下层的遗存所叠压或打破，其中有的是被二里岗下层文化层叠压（如 C8T62、T39），有的则被二里岗下层的灰坑、墓葬所打破（如 C8T55、T60、T61、C8G15），有的则被二里岗下层的夯土房基所打破（如 C8G9）。此外，这组夯土基址，除 C8T62 未作到底外，均坐落在洛达庙文化层、灰坑及生土上。因此，它们是同一时期的建筑遗存。

据《报告》说，在这组夯土基址单位的夯层内，包含有二里岗下层和洛达庙期的碎陶片。倘若根据这一情况来判断，则这组夯土基址的建筑年代，当在二里岗下层，因为判断一个遗迹单位的年代，一般总是以该遗迹单位所包含的年代最晚的遗物为依据的。

然而，对郑州商代宫殿遗址这样规模较大，关系又相当复杂的建筑基址，要比较合理地确定它的建筑年代，就不能简单地只根据上述原则，而应当从多方面的情况作具体的分析。

对这组夯土内所包含的二里岗下层的陶片问题，首先要考虑的是，这些碎陶片的年代判断是否正确，因为二里岗下层陶器和洛达庙晚期陶器，除典型器物有区别外，其余器物往往区别不大，因此《报告》所说的夯土内所包含的二里岗下层碎陶片，是否分辨得清清楚楚，准确无误，似乎还很难说。从《报告》所发表的这组两个单位夯土内出土的陶片看，就存在这个问题，如C8G15夯土内出土的红陶罐、绳纹罐、缸、盆等遗物（图二七），《报告》认为“年代属二里岗下层”，实际上这些陶器，除盆比较明显地属二里岗下层遗存外，其余器物，我们认为均属于洛达庙期遗物。又如C8T55、T60、T61夯土内出土的红陶罐、绳纹罐、卷沿鬲、大口尊、盆、小口瓮、小口尊（图三二），《报告》认为“多属二里岗下层、少量属于洛达庙期”，实际上，除小口瓮、小口尊少数器物可能属二里岗下层外，其余多数器物均属于洛达庙期遗存。由此可见，对这组夯土内包含的陶片的断代，确实还存在着值得讨论的问题。

再者，这组夯土层内包含的二里岗下层陶片，即使年代确切，但数量不多，对这一少量的属二里岗下层的遗物，也可以视为洛达庙晚期存在的文化因素。因为在郑州商文化遗址里，有的就存在二里岗下层文化遗存和早于二里岗下层文化遗物共存的情况，如南关外遗址就是如此。发掘者将南关外遗址的文化堆积，划分为下、中、上三层。下层早于二里岗下层定为南关外期，中、下层分别属于二里岗下层和上层[1]。但是，邹衡先生根据南关外T95剖面是一条壕沟的断面，原定的中层和上层的界线正是该壕沟的封口线，因此认为壕沟内的堆积与灰坑堆积一样，虽可分层，但很少有分期的意义。同时又根据原属中层的H62中，发现不少属于二里岗下层的典型器物，由此认为中、下两层的文化内涵并没有严格的区别，“有的陶片固然比较特殊，但由于它们又与原属二里岗下层的许多典型器物共存”这一事实，因此认为“原定的中、下两层应该合并成一层”，并把与该层器物接近的二里岗下层偏早的C1H9、H10、H12、H14、C9H118等单位归入到南关外期[2]。这种意见是合理的。由此可见二里岗下层的某些文化因素南关外期即已出现。据此，我们认为第一组宫殿基址的夯土层内，包含少量的二里岗期下层陶片亦可以视为洛达庙晚期文化中出现的二里岗下层文化因素。因为洛达庙期和南关外期文化均早于二里岗下层，大致是同时并存的两种文化。另外，判断该组夯土基址的建筑年代，除夯土内的包含物之外，地层关系也很重要。当然有些遗迹的地层叠压和打破关系，可能在极短的时间内发生，两者只略有早、晚。而大型宫殿被其他遗迹破坏却与此不同。因为考虑到宫殿遭破坏当在它使用若干年之后才会出现，两者之间应相差较长的时间。从商城第一组宫殿基址的情况看，它们建筑在洛达庙期文化层或生土上，没有破坏二里岗下层文化层或同期遗迹的现象，而是被二里岗下层文化层所叠压或被二里岗下层的灰坑和墓葬所打破。尤其是该组宫殿基址C8G9被二里岗下层房基C8G11和C8G12所打破，而且C8G12又被同期C8G13打破，这反映出二里岗下层这一期（大约有四五十年）已经经历了G11和G12宫殿的建筑和使用时间之后，又连续经历了G13宫殿的建筑和使用时间，不会再有多少空余时间了。而且C8G9被破坏前亦有相当长时间的使用期，因此，我们有理由认为最早的C8G9及第一组其他宫殿基址的始建年代当在南关外期。

第二组，夯土基址有如下几个单位：

①C8T63夯土，位于宫殿遗址区中部。夯土层上被二里岗上层和二里岗下层文化层叠压，夯土层内包含少量二里岗下层碎陶片。夯土层下未发掘，情况不详。

②C8G11是一座呈纵长方形房基。位于宫殿遗址地区中部，C8G10和C8G9的西边。南北残长12~15米、东西残宽8.5米。现存夯土最厚处为1.5米。夯土房基北部上面被

二里岗上层文化堆积所叠压，房址本身则打破 C8G9 的西部。房基又叠压着二里岗下层和洛达庙期文化层。夯土层内包含多量二里岗下层陶片和少量洛达庙期陶片。

③C8G12，这座夯土房址位于 C8G11 的南边。呈纵长方型，南北残长 14 米、东西宽 11 米。夯土的颜色，夯层厚度以及夯痕均与 C8G11 相同。房址的西南部被 C8G13 所挖破，它自身打破 C8G9 的西部，并到压着二里岗下层、洛达庙期的文化层和灰坑。夯土层内夹杂有少量二里岗期和洛达庙期的碎陶片。

④C8G14，位于 C8G13 西侧，是一座残破严重的房址，北部保存一个完整的圆形柱础槽，柱础槽及石柱础的结构与 C8G16 完全相同。东部被 C8G13 所破坏，夯土层内包含二里岗期下层的碎陶片。

⑤C8G13，是一座纵长方形房址。它打破 G12 西南部和 C8G14 东部，并叠压着二里岗下层文化层，夯土层内包含二里岗期下层碎陶片。

⑥C8G16，是一座大型夯土房基，位于宫殿遗址区南部。该房基西部被一个二里岗上层灰坑打破，房基本身又打破二里岗下层和洛达庙期文化层，夯土层内出土器物，多是二里岗下层的陶片，少量为洛达庙期陶片。

⑦C8G10，是一座大型残破的夯土房基。该房基有十多层房基地坪，地面上的柱窝有互相打破的现象，房基下部和上部的出土物也有区别，由此看来，C8G10 是经过不同时期修建的。五层房基地坪以下的灰土层内出土有二里岗下层和洛达庙期陶片。最上面的五层房基内，出土有二里岗上层和二里岗下层的陶片。该房基破坏了 C8G9 夯土基址，并在其上建成。

⑧C8G8，位于 C8G10 附近，是一座纵长方形夯土房址。南北残长 21~29 米、东西残宽 6 米。该房基被二里岗上层的堆积所叠压，并被一条东西向的二里岗期上层壕沟挖破。它本身打破 C8G9 房基。出土物情况不详。从地层关系来看，它与 C8G10 情况基本相同，估计是同时的建筑遗存。

以上第二组夯土基址中，C8G11、G12、G13、G16、G10、G8 房基均叠压或破坏二里岗下层遗存（被该组几个单位打破的 C8G9，其使用期可能属二里岗下层），它们有的被二里岗上层文化层、房基所叠压（如 C8G11、G10），有的被二里岗上层灰坑或壕沟所打破（如 C8G16、C8G8），C8G13 夯土基址上未见商代文化层，覆盖着战国层，但这几座房址的夯土层内，包含的陶片，时代最晚的是二里岗下层，因此它们的建筑年代也当在二里岗下层。该组 C8T63 和 C8T14 夯土基址虽然被二里岗下层灰层或房基 C8G13 叠压或打破，但它们自身夯土内只包含二里岗下层陶片，未见和多量早期陶片共存的现象，因此也应归于第二组。另外，该组夯土基址之间有相互打破关系，反映出它们之间还存在着相对早晚关系。C8G13 打破本组 G12 和 G14，因此 C8G13 较晚，本组其他单位夯土基址可能是同时建造的。但是，它们皆属二里岗下层。

第二组夯土基址的地层关系和出土物较第一组有明显的不同。地层关系上，第二组夯土基址一般坐落在二里岗下层遗存之上，其上被二里岗上层遗存叠压或打破。第一组夯土基址则坐落在洛达庙期遗存和生土上，其上被二里岗下层遗存叠压和打破。第二组的夯土房基 C8G8、G10、G11、G12 打破了第一组的 C8G9。出土遗物上，第二组夯土中一般包含多量的二里岗下层陶片，洛达庙期陶片只是少量，有的房基夯土中只含有二里岗下层陶片，显然较第一组夯土基址中包含的二里岗下层陶片增多，而洛达庙期陶片减少或无存。

由此证明，第二组夯土基址较第一组夯土基址建筑年代要晚。

第三组，夯土基址的建筑年代属二里岗上层，有以下两个房基单位。

①C8G10，如上所述，C8G10 始建于二里岗下层，二里岗上层时期又经过了续建。该房基的中部被一条南北向的壕沟所破坏。这条壕沟从出土遗物看（《文物》1977 年第一期《郑州商代城址试掘简报》图六），其中的大口尊和鬲的形制与郑州白家庄遗址上层的同类器物相同[3]。因此，该壕沟应属郑州商代白家庄期。

②C8T42，位于 C8G10 附近，是一座保留有地坪的夯土房基。其中部被一条壕沟打破。据《报告》记述，该壕沟与打破 C8G10 的壕沟一样，都是南北向，沟内弃置有带锯痕的人头骨，看来，应是同一条壕沟。房基的夯土内包含二里岗上层和下层的碎陶片。

综上所述，郑州商代宫殿，最早在南关外期即开始兴建，二里岗下层时期又有新建，宫殿最晚建筑止于二里岗上层。从以上三组情况来看，大多数宫殿基址建筑在南关外期和二里岗下层，约占郑州商代宫殿区宫殿基址的 87%。属二里岗上层的宫殿基址较少。各期所建的宫殿陆续在二里岗下层、二里岗上层遭到破坏，至迟到白家庄期全部宫殿废弃。

二、郑州商代宫殿区的建筑与使用情况

郑州商代宫殿基址的建筑年代有早有晚，同时宫殿遗址区内各地点建筑与使用情况也有所不同。

据发掘资料，在宫殿遗址区内，发现三座大型的宫殿建筑，均匀地分布在商城内东北部，两座居北、一座居南，连接起来似构成一个三角形。围绕着这三座大型宫殿基址的周围，均有不少夯土基址。这种现象，似乎显示出当时在宫殿区内，有三组较大的建筑群，这就是以 C8G10 为主体的一组建筑群和以 C8G15 与 C8G16 为主体的另两组建筑群。

C8G10 建筑群，位于宫殿遗址区的中部。这座房基呈长方形，南北残长 34 米、东西残宽 10 米多。房基有多次铺设的地坪，上面有料礓石地面。每层地坪的东西两边和中部残面七行南北向排列的柱窝，一行多的有 13 个。最大的柱径 40 厘米，小的 20 厘米。多数柱窝的底部填有料礓石碎块，并在柱窝周壁涂抹料礓石粉末。这些遗存显示出 C8G10 是一座大型的殿堂，当为宫殿群的主体建筑。

C8G10 建于二里岗下层，二里岗上层时期又续建，至白家庄期废弃，其使用期当在二里岗下层至白家庄期之间。

C8G10 周围，在南北约 40 米、东西约 80 米的范围内，发现不少夯土基址，其中 C8T39、T43、T45 夯土基址建造于南关外期，C8T63 夯土基址建于二里岗下层。这些未见地坪和柱子洞的夯土基址，可能是宫殿的夯土台基，早期的宫殿虽毁，夯土台基还可以沿用，使用时间要长。T63、T39 夯土层上面叠压着二里岗下层和上层的灰层，出土有骨簪、残铜簪、玉器、石器、兽骨、陶片等遗物，可能是夯土台基使用期的遗存。

此外，在 C8G10 周围共发现房基八座（包括 T42），最早的建筑 C8G9 属第一组，建于南关外期。G8、G11、G12、G14、G13 属第二组，建于二里岗下层。C8T42 与 G10 同是二里岗上层所建。它们之间存在着如下的打破关系，如图 1 所示。

从以上宫殿基址的相互打破关系，可以大致估计出它们的使用时间。C8G9 被二里岗

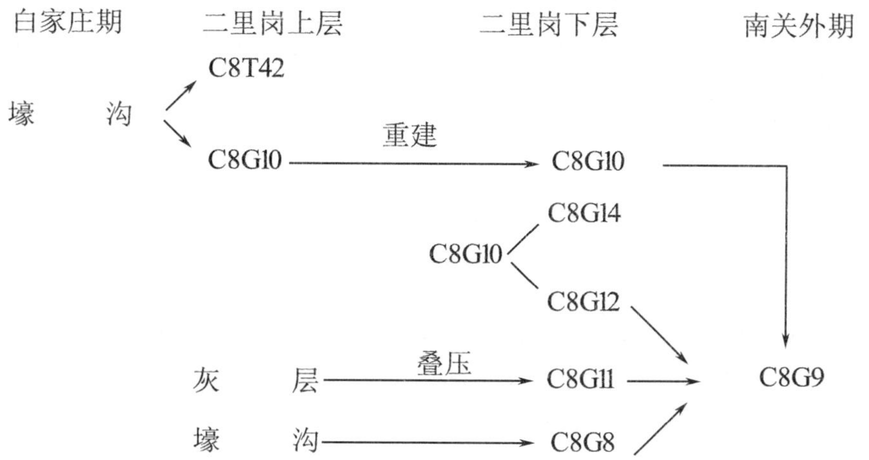

图 1　遗迹打破关系表

下层的 C8G10、G12、G11、G8 打破，其使用时间仅限于南关外期和二里岗下层之间。C8G12、G14 被同期 C8G13 打破，使用期仅限于二里岗下层。C8G11、G8 被二里岗上层灰层覆盖和被壕沟打破，使用期可能在二里岗下层至二里岗上层之间。C8G10 从二里岗下层开始使用，到二里岗上层时期又进行了续建。与同期的 C8T42 一起遭到白家庄期壕沟的破坏。使用期也可能沿用到白家庄期并在同期废弃。

根据上述情况可知，C8G10 基址周围即宫殿遗址区中部，发现夯土建筑较多，相互打破关系复杂，各期所建都有，反映出这一带宫殿建筑是连续不断的，与郑州商代都邑共始终，而且铜簪、玉铲等珍贵文物多出土此区，这里可能是宫殿的中心区。

C8G15 建筑群，位于 C8G10 的西部，在今东里路以北、紫荆山以西的地方。

C8G15 是一座大型房基，呈长方形，东西长超过 65 米，南北宽 13.6 米。台基上有两排排列整齐的长方形柱础槽，有的保留有柱础石。在南北两排大木柱外侧还有擎檐柱。“C8G15 和盘龙城的 F1 一样，可以复原成‘四阿重屋’式的建筑”，可能为这一地点建筑群的主体建筑。

C8G15 周围，发现几处夯土建筑。C8G15 东南部发现 C8T55、T60、T61 一大片夯土，东西长 26 米，南北宽约 14 米。G15 的西南部发现一处东西长 30 米、南北宽 9 米的 C8T67 夯土基址，在此向南还有断断续续的夯土基址 C8T62。这些夯土遗存，可能是 C8G15 的附属建筑。这里的宫殿基址地层关系单纯，建造于南关外期，均为宫殿区的最早建筑。由于它们被二里岗下层的灰坑和墓葬破坏，证明这里的宫殿在二里岗下层时期已废弃，在此周围未见二里岗下层和上层的夯土建筑，尽管在 C8G15 基址上叠压着二里岗上层文化层，还有当时的人们在活动，但这里在二里岗下层之后，可能已经不是宫殿区了。

C8G16 建筑群，位于 C8G10 的南部。C8G16 呈纵长方形，南北长 38.4 米、东西宽 31.2 米，现存 50 个圆形柱础槽，有的保存有柱础石，柱径为 0.3~0.4 米，柱础槽分内、中、外三排，这一大型宫殿当是宫殿区南部的主体建筑。

C8G16 建于二里岗下层，房基槽西边被一个二里岗上层灰坑打破，其使用时间可能在二里岗下层至二里岗上层之间。

C8G16 周围钻探出几处夯土基址，建筑年代明确者均属二里岗下层，未见更早的即南关外期的建筑。与此相反，C8G15 及其周围的夯土基址均为南关外期的建筑，而无二里岗下层的建筑。由此看来，这两座宫殿及其周围的夯土基址的建筑年代，时间早晚正好互相衔接。可能由于宫殿遗址区西部早期的 C8G15 建筑群废弃后，又开辟了南部宫殿区，新建了 C8G16 建筑群。

综上所述，郑州商代宫殿区大致自南关外期，首先在中部建起了 C8G9 房址和 C8T39、T43、T45 等夯土基址，同时在宫殿遗址区西部建造 C8G15 和 C8T55、T60、T61、T62 等夯土基址。二里岗下层之时，宫殿遗址区中部的 C8G9 已废弃，又在就近新建了 C8G10、G8、G11、G12、G14、G13 房址。其中 C8G12、G14 又在同期遭到破坏。宫殿区西部的 C8G15 建筑群也在此时废弃，而在宫殿区南部新建了 C8G16 建筑群。到二里岗上层之时，中部的 C8G10、G8、G11、G13 和南部的 C8G19 可能还在沿用，但在同期除 C8G10 续建后仍在使用外，其他房址全部废弃。这一时期又在中部新建了 C8T42 房址，其他地点未见新的建筑。到白家庄期，已发现的宫殿遗址全部遭到破坏，宫殿区此时可能已被废弃。

三、郑州商代城墙与宫殿建造年代的关系

郑州商代宫殿遗址区外围，有一纵长方形周长 7 公里的城垣遗址，二者构成郑州商代都邑遗址的主体。总的看来，商代城墙与宫殿的建造和使用年代大体相当，但是从宫殿遗址区的发掘资料可知，宫殿基址并非同时建造而成，建造年代有早有晚，使用时间也有长有短，那么，城墙究竟何时建造，它与宫殿基址建造的年代有何关系，有必要作具体地分析，这对进一步确定商城的建造年代是有益的。

关于郑州商城的年代问题，《郑州商城遗址发掘报告》云："郑州商代城墙的建造时间应是建造于二里岗期下层，使用时间应是从商代二里岗期下层开始，一直使用到二里岗上层。"对此，我们曾提出过不同的意见。根据《郑州商城遗址发掘报告》提供的材料，我们认为"郑州商城的建造当从南关外期开始，到二里岗期下层时期，城墙已经建成，这时人们已经在城内居住下来了"[4]。通过对郑州宫殿基址年代的分析，使我们对城墙年代的这一看法进而得到了旁证。

确定城墙和宫殿遗址年代的证据主要有两点，一是城墙和宫殿遗址的地层叠压关系，二是夯土层中包含的文化遗物。从这两方面对城墙和宫殿遗址进行比较，可以看出城墙与第一组宫殿基址无论地层关系还是夯土层中的包含物都颇为相同，表现在：

1. 城墙和第一组宫殿基址均坐落在生土地面或洛达庙期遗存之上。（城墙还破坏了南关外期遗存）未见破坏二里岗下层文化层和同期遗迹的现象。（城墙下只有一条小沟尚存可疑）这说明城墙和第一组宫殿基址建造之时，二里岗期下层文化层还未形成。

2. 据发掘材料，商代城墙夯土层普遍被二里岗下层文化堆积所叠压，同时，也普遍被二里岗期下层之房基、窖穴和墓葬等遗迹直接或间接地压着商代夯土城墙，这与第一组宫殿基址的情况基本相同。第一组宫殿基址也同样被二里岗期下层的房基、窖穴和墓葬所破坏。这就充分表明，城墙和宫殿建成的时间均早于二里岗下层文化时期。

3. 据发掘资料，在城墙夯土层内，包含少量龙山文化陶片，多为洛达庙期陶片和南

关外期遗物，还包含有少量商代二里岗期下层陶片，这和第一组宫殿基址夯土层内的包含物也基本相同，即洛达庙期陶片（或南关外期陶片）与二里岗下层陶片共存。

商代城墙与第一组宫殿基址的地层关系除相同之处外，也存在着一定的差别。

据城墙发掘资料，在城墙夯土层之上有二里岗期下层的灰层直接叠压。城墙上发现的两座房基，“它们都是建筑在压着商代城墙内侧的二里岗下层文化层内”。另外，发现九个二里岗下层的窖穴，“穴口破坏了叠压着商代城墙内侧的二里岗下层文化层”。再者，发掘了五座二里岗下层的墓葬，“墓口都是挖在叠压着商代城墙内侧的商代二里岗期下层文化层内”。这些二里岗下层的房基、窖穴和墓葬都是挖破了覆盖着城墙的二里岗下层文化层。这种现象表示出，商代城墙建成后，人们在上面堆积了文化层，尔后又在文化层上建造房基、挖掘窖穴和墓葬。也就是城墙建造于先，房屋、窖穴和墓葬建造于后，而且中间经历了二里岗下层文化层形成的一段时间。

第一组宫殿基址的情况与此略有不同，二里岗期下层的遗迹直接打破宫殿基址，如C8G15被二里岗下层灰坑C8H49和墓葬C8M36所打破，C8G9被二里岗下层房基C8G1、C8G14所打破，C8T55、T60、T61被二里岗下层灰坑C8H44、H45直接打破。由此看来，城墙与第一组宫殿基址之间，似乎相差了覆盖城墙的二里岗下层文化层。我们认为直接叠压城墙的二里岗下层文化（并同城内分布的同时期文化层相衔接）是城墙建好后，最早居住在城内的二里岗下层的人们生活所留下的遗存。而第一组宫殿基址也是商城内最早的建筑，当这组宫殿建成后，其使用期与直接叠压城墙的二里岗下层文化层的形成时间可能大致相当。第一组宫殿废弃后，城墙也同时遭到二里岗下层遗迹的一定破坏。

第一组宫殿基址建造于南关外期，地层关系基本相同的商城绝不可能建造于二里岗期下层，也应大致始建于南关外期。我国古代文献明确记载了筑造城郭的目的是“筑城以卫君”“造郭以守民”，因而商城也不会例外，不可能出现第一组宫殿建成后经过使用至二里岗下层废弃之时，城墙还在“大规模地续建”当中，我们认为城墙建成和早期宫殿的使用应基本同时，这样城墙才能起到防卫的作用。

总之，郑州商城是从郑州商文化南关外期开始兴建的，在建造城墙的同时，城内东北部也兴工动土建设大型宫殿建筑群，到二里岗下层时期，这处都邑已经建成使用并在发展中，到二里岗上层偏晚，至迟到白家庄期，都邑可能迁移了。

---

[1]《郑州南关外商代遗址的发掘》，《考古学报》1973年第1期。

[2] 邹衡：《夏商周考古学论文集》，文物出版社1980年，第107页。

[3]《郑州白家庄遗址发掘报告》，《文物参考资料》1956年第4期。

[4]《郑州商文化的发现与研究》，《中原文物》1983年第3期。

（原载《中原文物》1985年第2期）

略论二里岗期商文化的分期和商城年代

——兼谈其与二里头文化的关系

高　煦

一

郑州商文化遗址特别是商代城墙的发现是新中国考古学的重大收获之一。近年来围绕其分期和年代问题及其与二里头文化之间的关系展开了讨论，为学术界所关注。对于商城学术界除个别同志尚持异议外，多数同志都肯定它是商代城址，然而对它及二里岗期商文化遗存的年代和分期则有较大的分歧，这种分歧大致可归纳为两种看法：

（一）以《郑州商代城遗址发掘报告》（以下简称《商城报告》）[1]的论点，认为“郑州夯土城墙……它建于商代二里岗期下层，其使用时间从商代二里岗期下层开始，一直沿用到二里岗期上层[2]。具体年代推定为“可能就是‘帝仲丁迁隞’的隞都所在地”[3]，当属商代中期。

（二）认为郑州商城是汤所都之“郑亳”，其具体年代推定约自汤至大戊时期，属早商文化[4]。持这种论点的同志，把郑州商文化分为四段（即第一段至第四段）共六组（Ⅱ至Ⅶ组），并把商城作为王都使用的时间推定为自第Ⅲ至第Ⅴ组或第Ⅵ组[5]。在第二种论点中还有一种说法，也主郑州商城为汤都“郑亳”说，但在具体年代划分上，则与前说有一定的差别，此说认为商城是属于二里岗期下层的，汤都“郑亳”也即在这一期，并认为二里岗期上层的时代约当仲丁居隞的阶段，但此时商城作为国都已废弃不用[6]。此说与前说所不同的是，它把商城视为属单一的二里岗期下层时期。

至于商城和二里岗期商文化与二里头文化的关系，讨论中所存在的分歧，持上述第一种论点的同志，倾向二里头文化的三、四期是紧接二里岗期下层，为商文化早期；第二种论点视郑州商城为汤都“郑亳”，则自然认为二里头文化的三、四期是夏文化，与郑州商文化属两个根本不同的文化系统。搞清楚二里岗期商文化遗存的分期，是确定商城年代的前提，同时也是分析、考察它与二里头文化关系必不可少的重要环节，本文拟以二里岗、南关外以及商城等有关发掘材料，就上述问题发表我们的粗浅看法，错误和不当之处，请学者们指谬。

二

分析、考察商城的年代，必须从郑州商代遗址的陶器分期、铜器墓的分期断代和与城址相关的各期遗迹现象的布局等最基本的方面入手。

（一）五十年代二里岗遗址的发掘，其突出的成就之一是获得了一批丰富的陶器标本，揭示了在安阳殷墟之外又一个商代重要遗址的文化面貌。《郑州二里岗》（以下简称《二里岗》）[7]，是该遗址发掘成果的总结。它根据二里岗遗址的文化层堆积和灰坑之间的打破关系，将其分为上、下两层（或称两期）。以后又根据南关外遗址所获新情况，指出“过去所定的郑州二里岗期上下层，也可能进一步需划分为上、中、下三层”[8]。但继之发表的《商城报告》大体上仍是以《二里岗》的分期标准为依据推断其年代的。

由此可见，对二里岗期商文化进行细分，还必须结合南关外的发掘材料作必要的梳理，邹衡先生已在这方面作了研究，提出了四段六组说[9]。现仅就我们的一些想法，提出来供大家讨论。

我们以《二里岗》根据 C1H2 乙打破 C1H2 甲的关系，所区分出来的上、下两层（或两期）为基础，结合南关外的地层和东里路 C8G10[10] 的打破关系，对上、下两层的典型单位的陶器进行了检核和比较。

《二里岗》下层的十四个灰坑中，出陶器较多的当数 C1H9 和 C1H17。但仔细观察这两单位的同类陶器，就可发现其间存在一定的差别，如 C1H9 的鬲是卷沿，饰细绳纹，C1H17 虽也出卷沿鬲，但同时伴出口沿有榫凸的鬲，C1H17 出土的两种鬲器身均较 C1H9∶36 为瘦长，绳纹也显粗（参看《二里岗》图壹，2、4），而 C1H9∶36 的鬲形制上且与南关外 H62∶16、H62∶18 两件鬲接近，C1H9 的陶斝呈喇叭口束颈裆较宽，形制上也与南关外 T59∶17 有些相近，而 C1H17∶128 的陶斝[11]则是直颈微束，侈沿，绳纹也较粗，形制上与南关外上层 H59∶1[12] 的陶斝较接近。此外 C1H9 的两件鼓腹盆也与 H62∶24、H62∶23 相近同，C1H17 的盆与之相比较，且有一些距离，再看 C1H17 和南关外 H62 的大口尊之间存在的差别，前者口径大于肩径，后者口径和肩径大致相等。从以上少量陶器的比较结果来看，南关外的 H62 与二里岗下层的 C1H9 接近，而与 C1H17 则有较大的差别，这就反映出二里岗期下层还可进行细分。南关外的中层（包括主要单位 H62）报告者认为时间上可能与二里岗下层同时或稍早，邹衡先生则把它归为先商文化第Ⅱ组[13]。看来都倾向南关外中层要早于二里岗下层。若结合南关外中层（尤其是 H62）的许多陶器与二里头文化四期的陶器几乎很一致等情况来看，将南关外中层（包括 H62）和与之相接近的二里岗下层的 C1H9，作为二里岗期下层第一段的代表，C1H17 作为第二段的代表大致是可以成立的。属下层第一段的单位除二里岗还有若干灰坑外，据我们粗略观察，还应包括铭功路被 M2 打破的 H21[14] 等单位。

第一段陶器的主要特征：纹饰主要是绳纹，鬲、盆、斝等形制多样。陶鬲有敛口侈沿、敛口卷沿，前者袋足较尖，细绳纹直饰至口部，足微外撇，斝有细腰和短颈两种型式，大口尊口径和肩径略等，盆口沿有三种型式，敛口卷沿、敞口卷沿和敞口收颈，爵作束腰平底有流尾，尊作短颈圆腹，圈足簋作敞口侈沿等。

与第二段的典型单位C1H17较接近的还有C1H2甲、C1H15、CWM9以及CWM8、CWM7、C8H22等（《商城报告》图一四、一二、一一）。这段陶器的主要特征是：鬲口沿除保留有第一段的卷沿外，又新出带承盖榫凸的口沿，鬲裆渐宽，绳纹较第一段为粗，大口尊口径略大于肩径，短颈不如一段明显，鼎有盆腹、罐腹和仿铜鼎形制的，盆都作卷沿有深腹和浅腹。豆多为深盘高圈足，圈足上有镂孔，斝作侈沿直颈，爵的束腰程度不如一段细，有流，流后有短柱短尾等等。

二里岗期上层第一段，当以《二里岗》C1H2乙和C1H1等为代表，再加之与此相接近的他处的有关单位，如南关外的H59等。这段陶器的主要特征是：鬲、甑的口沿多作翻缘方唇，细绳纹减少，并出现同心圆纹。根据南关外H59出土有形制颇似下层的侈口束颈斝与同心圆鬲共存，说明上层第一段沿用侈沿斝并新出敛口斝。大口尊呈大敞口，并身瘦长，至多作厚胎浅盘假腹，爵多无尾，瓮多短颈，尊多厚唇外折等等。

二里岗期上层第二段，可以白家庄上层作代表。出土的两件大口尊，均作敞口微折肩深筒状腹，与安阳小屯YH027∶230[15]的大口尊形制相近，鬲作重沿方唇饰粗绳纹，未见侈口斝，敛口斝的颈部似较上层第一段粗胖，另出一种仿铜斝形制的陶斝。由于上述特点发掘者也认为其时代较二里岗上层偏晚[16]。类似白家庄上层的遗存，还可以C8G10的打破关系作补充。C8G10坐落在商城东北隅，南北长34米、东西宽10.2米，发掘者根据基址西南部和北部出土的陶片，推断最上面的五层属二里岗期上层，而其下的多层房基不会晚于商代二里岗期下层[17]。基址偏东部有一组值得讨论的打破关系。在这里，基址被一条宽3米以上，深近1.6米南北纵长的壕沟所打破，壕沟内的灰土堆积延出至沟口两侧的房基面上[18]，出土陶鬲、大口尊、盆、罐等陶片[19]似多和白家庄上层出土的接近，尤其是大口尊、鬲、罐等富于变化的器形更是如此。

（二）从铜器墓的材料来看，郑州共已发表八座铜器墓的资料，计有白家庄M2、M3[20]，铭功路的M2、M4[21]，张寨出土的铜方鼎和鬲[22]一般也认为是墓葬出土。最近又发表了东里路C8M32、C8M39和省中医院家属院出铜盉、铜爵的一座墓[23]，上述墓中的白家庄M2、M3，铭功路M2、M4，张寨方鼎墓，东里路C8M39现都一概称之为属二里岗期上层。和遗址的上层一样，似应进行细分。东里路C8M32出土有铜器和陶器，其中的陶簋颇似二里头遗址四期出土的（参看《考古》1974年4期44页图八，24）细绳纹的卷沿鬲和斝也具二里岗下层的特征，但铜爵的束腰程度不及二里头三期的细，下腹微鼓，柱稍高似较二里头三期铜爵为晚，同出的铜斝，形制颇似C5.1H103∶9[24]的陶斝，因此C8M32的时代大体上和下层第二段接近。另一出铜盉、铜爵的墓，铜盉的形制明显是仿二里头三期的陶盉，但其铜爵和C8M32相同[25]，时代也只能和C8M32相近。原称二里岗期上层的铭功路M2，时代上可能较其余四座墓稍早，该墓铜爵M2∶22和铜斝M2∶20与东里路C8M32出土的还有相仿之处，另一件素面铜斝M2∶7[26]，似也具有较早的特征，铜觚M2∶8按杨育彬同志归纳的二里岗期铜器分期的特征，也属二里岗期下层的特征[27]，剩下的一件饕餮纹双耳铜鼎则是二里岗期上层的特征。有同志从铜器的组合角度认为铭功路的M2和湖北盘龙城楼子湾的四座墓相似，时代上也可能较李家咀的两座墓为早[28]，而从M2打破下层第一段灰坑H21，填土中又有和上层第一段C1H2乙∶220相同的V式陶鬲来看，该墓的时代最早只能和二层第一段同时，而不可能再比这个时间早。C8M39出土目纹铜鼎还具早的特征，但饕餮纹铜斝，高柱柱顶有纹且是较晚的作风，其时代最早也只能推到上层第一段，甚许还要晚些。至于白家庄的 M2、M3 一般认为与盘龙城南垣外的 M1 的铜器组合一致，也和小屯 M333 相符，时代可能略晚[29]。其余的张寨方鼎墓和铭功路 M4，看来它们的时代似早不到铭功路 M2，或许和白家庄 M2、M3 接近。

综上所述，郑州商代铜器墓大致可分为三组：第一组 C8M32 和省中医院家属院出铜盉和铜爵的一座墓，它们的时间和二里岗期下层第二段相接近。第二组铭功路 M2 和 C8M39，时代约当二里岗期上层第一段，C8M39 或有可能再偏晚些。第三组白家庄 M2、M3，因 M3 的铜斝形制和花纹作风与遗址出土的仿铜斝的陶斝有些相仿[30]，因此不妨认为它们的时代是比较接近的，暂推定属二里岗期上层第二段。郑州商代的铜器墓尽管数量不多，但反映了如下几点：①属二里岗期下层的铜器墓组合简单，只有斝、爵，或爵、盉，而爵、盉的组合颇与二里头三期的中型墓相似，只是二里头三期尚处在铜器的早期阶段，无铜盉而配之以陶盉。且两者的器形也十分相近。上述现象对于说明两者之间的关系，是很有意义的。②各组墓都有延续使用的铜器的存在，表明“它们之间各种因素的相互交替并不是骤然实现的，而是新的因素逐渐出现，旧的因素逐渐被淘汰，有些因素在变化，有些因素并没有显著变化。这些象征就正意味着这两期的关系是紧密相衔的”[31]。③第三组铜器墓所反映的与安阳殷墟第一期墓 M333 相接近，说明这一组墓在时间上和殷墟文化第一期已相距不远。那么结合上述第一点来考虑二里岗期商文化在整个商文化中所处的时间阶段和商城的时代就不无意义了。

以上我们着重讨论了二里岗期商文化的分期。由于二里岗期下层又区分为一、二两段，随之就提出了商城兴建和启用于何段的问题。《商城报告》曾提到城墙局部处有下压二里岗期下层的现象，如 CET7 南壁下有一小灰沟被城墙所压（《商城报告》5 页 图三），此外 CWT5 内的夯土墙也叠压一南北向的小沟，另一个椭圆状坑，虽未被夯土墙所压，但开口与上述小沟同层（《商城报告》图五）。上述两单位据报道且包含有洛达庙期和二里岗期下层的盆、大口尊、罐等陶片，可是在西墙的探沟中不曾报道商城下压有洛达庙期的现象。一个未经扰动的单位，包含有两个时期遗物的说法，则很可能是由于材料过于零碎或稀少，难以把下层较早的特征与洛达庙期相区别有关，由此至少也反映了上述单位很可能具有二里岗期下层第一段的一些特征，这个推测如若不错的话，从而可推知下层第一段这类遗存不只分布于南关外和二里岗，在 C8 区，CET7、CWT5 附近也有，说明其分布范围并不算小。上述现象的分析，提出了商城的上限似要晚于下层第一段。但从叠压商城内侧墙根的堆积来看，有一部分原报告所称的二里岗期下层文化层，其包含物多具下层第一段的特征，如 C8T24、T27 出土的鬲、盆和 C1H9、H10 相接近[32]，刻槽盆和器盖与二里头文化三、四期的略相近[33]（《商城报告》9 页图六）。这些现象又说明城墙的下限至少和下层第一段同时。此外，还有更多的属于下层第二段的墓葬、灰坑，既打破叠压内侧墙根的下层第一段文化层，同时也打破城墙根，如 CWM9、CWM8、CWM7、C8H22 等单位。这些现象既提供了二里岗期下层可分为一、二两段的依据，同时反映了商城的兴建和启用并不排斥在下层第一段的可能性。

（三）讨论商城的布局，主要是梳理清楚与商城相关的重要现象的时代分期，便于在讨论商城的性质和年代时做到“时间”和“空间”相统一。现将历年来发掘的重要现象（铜器和大型基址前面已作了讨论，此处不再重复）列后：

（1）炼铜遗址：紫荆山北的炼铜遗址，据 1954、1956 年的发掘报道，时代属商代中期（即二里岗期上层）[34]，南关外的炼铜遗址，原报道定为商代中期，亦即二里岗期上层[35]。从两地出土与炼铜有关的遗物如长颈灰陶大口尊、厚胎陶缸（《考古通讯》1955年3期图版柒，1、2）的形制和特点来看，当属二里岗期上层第一段。（2）制陶遗址：据报道郑州商代遗址中发现陶窑多处，其中数铭功路西侧窑址分布最为稠密，共发现十四座，根据地层和遗物推定属二里岗期上层[36]。（3）制骨遗址：在紫荆山北一座商代房基北面的一个窖穴中，出土了经锯磨的大量骨锥、骨簪等成品、半成品，骨料和废料共千余块，以及制骨用的砺石等，骨料多半是人骨还有牛、鹿骨等。就同坑出土的陶片来看，这处制骨遗址属二里岗期下层[37]。（4）夯土台基：坐落在商城东北隅C8G10西侧的一片南北长35米、东西宽12米以上的范围内，初步看出其上有四座房子，时代原报道认为属二里岗期下层[38]。但此夯土台基据报道其东部被C8G10所叠压。而C8G10的最上面五层属二里岗期上层，但五层房基地坪以下的浅、深灰土层内所出大口尊、盆、豆、瓮、缸、壶等陶片且包含有洛达庙和二里岗期下层两个时期的，这也意味着五层以下的多层房基的时代并不排斥有推早至下层第一段的可能性。那么被C8G10所叠压的夯土台基理应比C8G10的时代要早，何况台基南部又有两个属下层的灰坑打破它，这些现象均反映了下层存在有早、晚，同时也说明这个夯土台基的时代可推早至下层第一段。这和城墙的兴建和启用时间是相呼应的。

二里岗商文化与二里头文化三、四期相近同陶器对照统计

标本出土地点	标本名称	所属期段	见诸文献
南关外 C5H62：17	陶鬲（Ⅳ式）	下层一段	《南关外商代遗址的发掘》，《考古学报》73.1 图一一，1
南关外 C5T87：47	陶鬲（Ⅳ式）	同上	同上，图一一，4
南关外 C5H62：23	陶盆（Ⅱ式）	同上	同上，图一二，1
南关外 C5T87：46	大口尊	同上	同上，图一二，9
南关外 C5H62：20	陶簋	同上	同上，图一二，18
南关外 C5T87：147	矮领罐	同上	同上，图一二，16
南关外 C5T86：90	小口尊	同上	同上，图版壹壹，2
南关外 C5T95：156	陶盆（Ⅰ式）	同上	同上，图一二，5
南关外 C5H62：22	陶盆（Ⅱ式）	同上	同上，图一二，6
南关外 C5T86：44	陶爵	同上	同上，图一二，14
南关外 C5T95：112	夹砂罐	同上	同上，图版柒，4
二里岗 C1H18：29	陶甑	下层第一段	《郑州二里岗》图叁，1
二里岗 C1H9：368	甑箅孔	下层第一段	同上，图叁，3
二里岗 C1H14：75	大口尊	下层第一段	同上，图拾壹，2
二里岗 C1H14：80	深腹罐	下层第一段	同上，图叁，6
二里岗 C1T14：80	陶爵	二里岗期下层	同上，图伍，8

续表

标本出土地点	标本名称	所属期段	见诸文献
二里岗 C1T40:15	刻槽盆	二里岗期	同上，图拾陆，14
二里岗 C1T18:66	陶缸	二里岗期	同上，图拾玖，1
二里岗 C1T41:25	陶箅	同上	同上，图拾贰，3
二里岗 C1T18:16	侈口罐	同上	同上，图拾，1
二里岗 C1T4:72	陶瓮	同上	同上，图拾肆，3
二里岗 C1H17:132	陶鼎（Ⅱ式）	二里岗期下层二段	同上，图贰，3
二里岗 C1H2 乙:208	陶盆	二里岗期上层一段	同上，图捌，8
二里岗 C1H1:7	陶瓮（Ⅴ式）	二里岗期上层二段	同上，图拾伍，1
二里岗 C1H3:16	陶器盖	二里岗期下层二段	同上，图拾伍，11

二里岗商文化与二里头文化三、四期相近同陶器对照统计

编号	二里头文化期层	标本名称	出土地点	见诸文献
1	二里头文化四期	鬲	ⅤH53:13	《河南偃师早商宫殿遗址发掘简报》，《考古》74.4，图八，6
2	二里头文化四期	鬲	ⅤH57:10	同上，图八，8
3	同上	盆	ⅤH57:12	同上，图八，13
4	二里头文化四期	大口尊	ⅤH53:15	同上，图九，1
5	二里头文化四期	陶簋	ⅤM51:3	同上，图一一，2
6	二里头文化四期	称作小口尊	ⅤH83:34	同上，图九，略同
7	二里头文化四期	称作罍	ⅤH57:17	同上，图九，3
8	同上	陶盆	ⅡM214:2	《河南偃师二里头遗址三、八区发掘简报》，《考古》75.5，图七，6 近同
9	同上	陶盆	ⅡH234:10	同上，图七，2
10	二里头文化三期	铜爵	ⅦT22③:6	同上，图四，3
11	二里头文化三、四期	夹砂罐		均有大量出土
12	二里头文化三期	陶甑	ⅡH228:11	见诸文献同编号 8，图六，5
13	二里头文化三、四期	甑箅孔		绝大部分与其相同
14	二里头文化三、四期	大口尊	ⅤH53:15	见诸文献同编号 1，图九，1
15	同上	深腹罐	ⅤH54:11	同上，图八，10
16	二里头文化三期	铜爵	ⅦT22③:6	同编号 10，图四
17	二里头文化四期	刻槽盆	ⅤH83:31	同编号 1，图八，16

续表

编号	二里头文化期层	标本名称	出土地点	见诸文献
18	同上	陶缸	ⅤH52∶4	同编号 1，图九，6
19	同上	陶箅	ⅤH57∶17	同编号 1，图九，3
20	同上	侈口罐	ⅤH53∶10	同编号 1，图八，1
21	二里头文化三期	陶瓮	ⅡH228∶14	见诸文献同编号 8，图六，8
22	二里头文化四期	陶鼎	ⅤH73∶20	见诸文献同编号 1，图八，17
23	同上	陶盆	ⅤM59. ⅡH243	见诸文献同编号 1、8，图一一，5 图七，2
24	同上	陶瓮	ⅡH236∶10	见诸文献同编号 8，图七，5
25	同上	陶器盖	ⅤHH101∶10	见诸文献同编号 1，图九，9

从以上检核的结果来看，属二里岗期下层第一段的除商城外，还有商城东北隅的夯土台基。属下层第二段的有 C8M32 和省中医院家属院的铜器墓，C8G10 五层以下的部分基址，紫荆山北的制骨遗址。属二里岗期上层第一段的有紫荆山北和南关外的二处炼铜遗址，铭功路的制陶遗址，C8G10 的上面五层基址，铭功路的 M2、东里路 C8M39 等。属上层第二段的有白家庄 M2、M3（铭功路的 M4，张寨方鼎墓也暂放此段）和东里路打破 C8G10 的壕沟等，从以上梳理结果来看，商城在二里岗期下层时还处在初创阶段，与其相关的内容还不甚丰富，而到了二里岗期上层则在内容上较前丰富，有大型墓址、炼铜、制陶等作坊遗址和较多的铜器墓等等。这些重要遗迹现象无疑是商城使用时期形成起来的，并且是有机的整体，因此有同志认为商城作为王都（即汤都“郑亳”——引者）使用是在二里岗期下层，至上层作为王都已废弃不用，但其时间约当仲丁居隞阶段的说法就未必近理。此外，持上述论点的同志，在论证汤都“郑亳”城时，且又把自己所认为的相当于仲丁居隞阶段的上层的重要遗迹现象也用来衬托“郑亳”城[39]，显然又忽略了时间和空间的关系。

三

关于二里头文化，在夏文化探索过程中，许多同志把它作为重要对象而加以论证和研究。至于它和郑州商城文化之间的关系，许多持二里头文化三、四期为商文化早期观点的同志也已作过较详细的分析比较和研究，本文再从不同的角度或侧面将两者在文化面貌上的异同试作分析比较。

一般来说，不同的人们共同体，反映在生活习俗上是有一定差别的，因此在讨论二里岗期商文化和二里头文化三、四期的关系中，将反映两者有关生活习俗的考古材料作一些比较是十分必要的。

（一）陶器与古人生活关系殊密，并且是最能反映文化面貌的一种广泛的实物资料。因此从考察二里岗期商文化和二里头文化三、四期之间的关系，将两者的陶器进行比较，也势所必行。为说明两者的关系，我们将属于二里岗期下层第一段的南关外中层和 H62 的陶器与二里头四期的陶器列表作比较（见附表）。从表中可以看出，南关外的中层除陶斝等个别陶器以外的主要器群，在二里头第四期中大都能对应起来，并且不只是在形制上几乎完全相同，而在出土数量上也列为大宗，而二里头三、四期的某些器形甚至在下层第二段和上层第一段还能找到（见附表）。这种情况较之郑州商文化与安阳殷墟文化相比，相同因素前者似胜过后者。邹衡先生在《试论》中，曾将郑州早、中期的陶器与小屯早期作过比较，两者相同的陶器有尊、瓮、簋、豆、盆等，铜器有鼎、斝、爵，而当时已意识到的郑州早、中期习见的鬲、斝、甗、大口尊、深腹或鼓腹盆、鼎等大部分小屯见不到的因素，且在二里头三、四期中几乎都能找到。这里需要指出的是，二里头文化陶器的具体变化中，陶鬲显得突出。三期以前鬲稀少，甚至在该地的河南龙山文化中也不多见，仅在临近黄河沿岸或西部的几个遗址有零星的出土[40]，而且形制多变。因此从发展的观点来看，陶鬲这种炊器只是在二里头文化三期以后才明显增多，而形制也多和二里岗期下层第一段的接近，这是不可忽视的一种变化。另一种变化是：三、四期的陶器纹饰主要是绳纹，不少陶器的内壁有麻点，这从某种意义上说也具有时代性的特点，因为恰恰又是这种变化而与二里岗期下层第一段相一致。众所周知，洛阳、郑州地区的河南龙山文化的陶器纹饰，是以方格纹和篮纹为其主要特征的，绳纹所见比例甚少，而至二里头文化早期，则以篮纹为主体，方格纹退居次位，绳纹仍然很少，到二里头文化二期，篮纹、绳纹共存，但二期的绳纹与三期以后的又有所不同，表现在二期绳纹细匀多直拍，三期以后的粗而松散，并有横、斜等多种拍法，甚至在一件器形上三种拍法均施之。在洛、郑地区陶器纹饰转化成以绳纹为主的文化阶段，和陶鬲的明显增多一样，都开始于二里头文化三期，并经商代至西周，长时间不衰，这未必是巧合，而有可能正反映了二里头文化三期以后的实质性变化。

（二）埋葬习俗也是考察文化共同的要素，因为不同文化的先民，都以自己地区固有的习惯来处理死人，并使不大的墓穴再现死者生前的生活状况和地位。因此将二里岗期商文化和二里头三、四期的墓葬作比较，也是考察两者关系的主要方面。

（1）二里头三期以后的文化层中，屡次发现灰坑内埋人，骨架有单人亦有多人，放置零乱或较特殊[41]，有的甚至互相折叠[42]，这和二里岗一带所发现的无定型墓的情况类同。

（2）三期以后小墓的陶器组合和一、二期已有一定的出入，此时少见三足皿、平底盆、鼎等，而多见大口尊、卷沿盆。如二里头Ⅲ区的一座墓，随葬有大口尊大小各一，器盖一，卷沿盆三、罐一[43]，而上述大口尊，器盖、卷沿盆的形制又和二里岗期下层第一段所见略同。四期墓 VM51、M62，前者随葬簋、罐、瓮三件，后者随葬簋、罐各一件[44]。另一座墓随葬小簋一、盆一、大口尊一[45]。二里岗期下层墓，据五座墓的统计[46]，只有一座无鬲（这一点与二里头三、四期稍有出入），其余随葬盆、尊、豆、爵、罐的情况，都和二里头三、四期无根本差别。[47]据我们观察，二里岗期上下层的墓似也存在某些差别。从所报道的少量墓葬的比较来看，二里岗期上层，随葬大口尊和盆的墓已较少，而多鬲、簋，鬲、簋、豆，豆、爵，少数墓随葬有斝，上述随葬器物的组合恰好反映了二里岗期下层的墓葬较接近二里头遗址三、四期（包括前已指出的下层第二段的爵、盉组合的铜器墓也同于二里头遗址三期，而上层第二段白家庄 M2、M3 的组合且接近安阳殷墟第一期墓）。这种情况从某种意义上说，不正是它们的发展序列的部分反映吗？此外，二里头遗址三、四期的墓葬盛行将完整陶器打破而放置死者的周身或两端，这种情况也见于二里岗的M23（见《二里岗》图十六）和铭功路的M2[48]，二里头三期中型墓多所随墓葬的涂朱圆陶片以及部分玉器也见于铭功路和白家庄的铜器墓。这当是同一种葬俗的反映。此外，需着重指出的是玉璋这种玉器据记载在商周较盛行，战国以后就不多见。而今二里头三期的中型墓中屡出，其形制与二里岗所发现的下层时期的璋完全一致[49]。据《周礼春官·宗伯》“以至作六器，从天地四方……以赤璋礼南方”，说明璋是古代的重要礼器。这就表明被少数人所垄断的反映上层建筑及意识形态的“礼器”两地也存在一致性。

（三）卜骨、陶器上的刻划符号和印纹图案、陶塑动物形象等反映观念形态和精神文化方面的实物资料，一般往往被用来衡量不同考古文化之间关系的疏密，或作考察文化异同的依据。二里岗期商文化和二里头文化三、四期之间在这方面也有共同之处。（1）卜骨作为宗教迷信的实物资料，在洛、郑地区的河南龙山文化中并不多见，有同志已指出了这一点[50]。然而在二里头文化的不少遗址中都有出土，而就其原料来说，也并不像有同志所说的它和郑州商文化之间存在多大差别[51]（请参看《考古》1965年5期《河南偃师二里头遗址发掘简报》222页）。（2）陶器上的刻划符号（亦有人称之陶文）二里头三、四期发现数量已颇多，绝大多数是刻划在大口尊内沿上的，这和郑州商文化所见也完全一致，从符号的形体来看，有近同的，但二里头的符号形体似乎更多一些[52]。（3）陶器上的印纹图案，在二里岗期常见的有云雷纹、重圆圈纹、单圆圈纹、方圈四辨纹、连续纹、雷纹以及饕餮纹[53]等，上述除饕餮纹外的其他绝大多数印纹图案，在二里头三、四期也都有出土[54]，只是郑州商代遗址出土饕餮纹等铜器花纹，在二里头三、四期还少见，这大概与其尚处于铜器的早期阶段有关。（4）陶塑动物形象，郑州商文化多见虎、龟、鱼、羊等[55]，二里头三、四期也同样多见这些动物形象的陶塑品[56]。给人的印象，上述动物形象的陶塑品，似乎到了殷墟文化还时常见到。看来这些为人们所喜爱或与崇拜有关的动物形象，从二里头文化三、四期起，经二里岗期商文化至殷墟文化延续不断，也很能说明三者之间似有密切的连贯关系。

（四）反映建筑技术和营造礼制的考古资料，首先发现于二里头遗址三期，继之在相距千里之外的相当于二里岗期商文化的盘龙城遗址中，也发现了结构和布局与二里头三期类同的宫殿基址[57]，郑州商代城址内北部和东北部发现的宫殿遗址如C8C15等和二里头三期的也很接近[58]，这恐怕更不是巧合，因为这时期的宫殿建筑，是开我国后世宫殿建筑先河的，正像有些专门从事古建研究的同志所指出的，上述等地发现的宫殿建筑已具有高台建筑的雏形，形成了“前朝后寝”的格局[59]。因此，不宜把这些重要现象视为单纯的建筑技术，实际上它反映了包括礼制在内的多方面重要内容，如若两者文化渊源不同，发展过程不连贯，在这方面恐怕未必会有如此惊人的相似之处！此外，还有一项习见的考古资料，即窖穴形制，二里头三、四期的窖穴形制[60]和二里岗期商文化也基本类同[61]，尤其是二里头三、四期长方形窖穴在数量上的显著增加，这种发展趋势更接近二里岗期商文化的特点。窖穴也和古人生产生活密切相关，其形制在洛、郑地区和该地区的文化发展序列一样，也有发展演变的过程，而至二里头文化三、四期和二里岗期商文化且又发展为形制基本一致。

四

综上所述，二里岗期商文化，大致可划分为四段，即二里岗期下层第一段和第二段，上层第一段和第二段。商城的兴建和使用原《报告》把它推断在二里岗期下层，笔者则根据商城有关的叠压和打破关系，以及由这些关系所提供的实物标本的比较分析，提出商城的兴建和使用年代，可推至下层第一段，但最终的结论，只能靠新资料的发现和补充，并有待学者们的分析、研究来作出。至于商城延续使用至于何段，以现有材料还很难理出作出明确答复的一系列依据，还只能沿用《报告》的说法。

本文第三节，着重将二里岗期商文化和二里头文化三、四期的有关反映生活习俗和观念形态的考古资料进行了比较，从比较结果看来，二里岗期第一段的陶器除陶斝等少数陶器外，几乎绝大多数与二里头文化四期的同类器相同。下层第二段的铜器墓其器类简单，而这些简单的器形中，有的又明显地具有二里头文化三期的陶器和铜器的形制和作风，随葬器物中的爵、盉组合，也是二里头三期的中型墓所习见的，但有铜盉和陶盉之别。其他的，无定型墓、小墓、中型墓的葬俗均有共同之处。陶器上的刻划符号、印纹图案、陶塑动物形象以及卜骨等反映观念形态和精神文化的材料也反映出极大的共性和连续性；再如被少数人占有或垄断的玉璋等礼器，和与多数人生产生活有密切关系的窖穴形制，以及反映建筑技艺和营造礼制的宫殿建筑的结构和布局等等几乎无一例外地均能对应起来，表现出两者是息息相通、源远流长的延续和发展关系。像二里岗期商文化和二里头文化三、四期的上述这样的密切关系的遗存，离开洛、郑地区这个特定地域在豫北、冀南至少在目前还难以找到。如果视下层第一段为先商文化第二组，那么像二里头文化三、四期的大量同于下层第一段的因素出现在豫北、冀南的先商文化第一组中才比较符合逻辑，然而实际情况并非如此。这就表明下层第一段已不属先商文化范畴，而从其和二里头文化四期的主要器群基本一致的情况来看，很可以说明它们属同一文化并已趋平行发展的同期遗存。再从二里岗期下层第一段至上层第二段的陶器分期来看，彼此之间的衔接是相当紧密的，铜器墓也有类似的情况，而上层第二段的白家庄的铜器墓其随葬器物的组合已与安阳殷墟第一期墓接近，这些特点反映了二里岗期商文化和商城不像是属于商初的。结合商城布局的时代区分，大致可以看出，二里岗期下层兴建的商城，是都城的初创阶段，与之相关的内容和布局还不甚丰富和有序，与二里头遗址三期目前所发现的布局情况相比，只是增加了起防卫作用的城墙，而到了上层期相对来说较前丰富而有致，当是商城的兴盛时期。但与安阳相比，则又明显逊色，这个发展趋势也同样表明，郑州商城似乎是介于二里头遗址三期和安阳殷墟之间的一个都邑。如果二里头遗址的三期所发现的大面积的夯土台基及其宫殿建筑和中型墓等丰富而重要的内容是和早商都城相联系着的话，那么至二里头四期这种重要性似乎已逆转，因为屡见四期的灰坑和墓葬打破宫殿墓址北的边缘，而恰恰正在这第四期，在郑州有与其相平行的二里岗期下层一段遗址的广为分布，并且有许多迹象表明商城的兴建和启用也可追溯到这一段，而有些夯土台基等遗迹也可推早到与其同时，这意味着作为早商文化政治中心的二里头遗址，与郑州商城之间似也有彼衰此兴的衔接关系可寻。这就说明二里岗期商文化与二里头遗址三、四期，不仅文化面貌基本一致，而时间上也大体相衔接或平行。这一认识，与视二里头遗址三、四期为夏文化，视二里岗期下层第一段为商人来建国的先商文化说，无疑是把商人建国的时间推前了近两期。因而商汤都亳，似与时间较早的二里头遗址三期较合，而郑州商城是继二里头遗址三期之后兴起的商代中早期的都邑，而非汤都“郑亳”。

---

［1］ 河南省博物馆等：《郑州商代城遗址发掘报告》，《文物资料丛刊》第一集。

［2］ 河南省博物馆等：《郑州商代城遗址发掘报告》，《文物资料丛刊》第一集。

［3］ 河南省博物馆等：《郑州商代城遗址发掘报告》，《文物资料丛刊》第一集。

［4］ 邹衡：《夏商文化研究》，《夏商周考古学论文集》，文物出版社，1980年。《再论郑亳说——答石加先生》，《考古》1980年3期。

［5］ 邹衡：《夏商文化研究》，《夏商周考古学论文集》，文物出版社，1980年。《再论郑亳说——答石加先生》，《考古》1980年3期。

［6］ 郑杰祥：《商汤都亳考》，《中国史研究》1980年4期。

［7］ 河南省文物工作队：《郑州二里岗》，科学出版社，1959年。

［8］ 河南省博物馆：《郑州南关外商代遗址的发掘》，《考古学报》1973年1期。

［9］ 邹衡：《夏商文化研究》，《夏商周考古学论文集》，文物出版社，1980年。《再论郑亳说——答石加先生》，《考古》1980年3期。

［10］河南省博物馆等：《郑州商代城址试掘简报》，《文物》1977年1期，25页。

［11］同注［4］图版8的1。

［12］同注［8］图版玖的3。

［13］邹衡：《夏商文化研究》，《夏商周考古学论文集》，文物出版社，1980年。《再论郑亳说——答石加先生》，《考古》1980年3期。

［14］郑州市博物馆：《郑州市铭功路西侧的两座商代墓》，《考古》1965年10期。

［15］同注［4］，113页图一。

［16］河南省文化局文物工作队第一队：《郑州白家庄遗址发掘简报》，《文参》1956年4期。

［17］同注［10］25页。

［18］同注［10］25页图三。

［19］同上注25页，图五，1—6，六，4—11；四，1—3；六，1—3；一〇，7—12。

［20］河南省文物工作队第一队：《郑州市白家庄商代墓葬发掘简报》，《文物》1955年10期。

［21］郑州市博物馆：《郑州市铭功路西侧的两座商代墓》，《考古》1965年10期。

［22］河南省博物馆：《郑州新出土的商代前期大铜鼎》，《文物》1975年6期。

［23］杨育彬等：《近几年来在郑州新发现的商代青铜器》，《中原文物》1980年2期。

［24］同注［4］图版8，4。

［25］1. 杨育彬：《郑州二里岗期商代青铜器的分期和铸造》图十一，图九，《中原文物》，《河南省考古学会论文选集》特刊，1981年。

2. 中国科学院考古研究所二里头工作队：《河南偃师二里头遗址新发现的铜器和玉器》，《考古》1976年4期，260页图二。

［26］同注［14］图二，15、7、8。

［27］同注［25］5页图十三。

［28］张长寿：《殷商时代的青铜容器》，《考古学报》1979年3期。

［29］张长寿：《殷商时代的青铜容器》，《考古学报》1979年3期。

［30］同注［16］6 页图九。
［31］同注［4］16 页。
［32］同注［7］图壹，1、图柒，6。
［33］中国科学院考古研究所二里头工作队：《河南偃师二里头早商宫殿遗址发掘简报》，《考古》1974 年 4 期，图八，16、图九，9。
［34］廖永民：《郑州市发现的一处商代居住与铸铜遗址简介》，《文参》1977 年 6 期 73 页。
［35］河南文物工作队第一队：《郑州市古遗址、墓葬的重要发现》，《考古通讯》1955 年 3 期 18 页。
［36］河南省文物工作队：《郑州铭功路西侧发现商代制陶工场、房基等遗址》，《文参》1956 年 1 期。
［37］河南省文化局文物工作队：《郑州商代遗址的发掘》，《考古学报》1957 年第 1 册，57 页。
［38］河南省博物馆等：《郑州商代城址试掘简报》，《文物》1977 年 1 期，25 页。
［39］郑杰祥：《商汤都亳考》，《中国史研究》1980 年 4 期。
［40］北京大学考古实习队：《洛阳王湾遗址发掘简报》，《考古》1961 年 4 期。洛宁禄地遗址：同上单位作过发掘实习，资料在洛阳博物馆。洛阳博物馆：《孟津小潘沟遗址发掘简报》，《考古》1978 年 4 期。洛阳西涧沟遗址中国科学院考古研究所洛阳队作过发掘，资料待刊。
［41］中国科学院考古研究所洛阳队：《河南偃师二里头遗址发掘简报》，《考古》1965 年 5 期，图四、五。
［42］中国科学院考古研究所洛阳队：《1959 年河南偃师二里头遗址试掘简报》，《考古》1962 年 2 期。
［43］资料待发，现存考古研究所洛阳工作站。
［44］同注［33］238 页图一一，1—3。
［45］资料待发，现存考古研究所洛阳工作站。
［46］同注［1］8 页。
［47］同注［1］19 页。
［48］同注［14］图一。
［49］赵新来：《郑州二里岗发现的商代玉璋》，《文物》1960 年 1 期；偃师县文化馆：《二里头遗址出土的铜器和玉器》，《考古》1978 年 4 期，270 页。
［50］邹衡：《关于探索夏文化的方法问题——答方酉生同志质疑》，《河南文物通讯》1980 年 2 期。
［51］郑杰祥：《商汤都亳考》，《中国史研究》1980 年 4 期。
［52］同注［37］222 页，同注［7］图叁壹。
［53］同注［7］图式九叁壹。
［54］同注［41］图九。
［55］同注［37］图版陆，7、8、9、10，注［7］图贰拾，2、3。
［56］同注［41］图版伍，1、2、3，《考古》1975 年 5 期图七，9，其余标本存考古研究所洛阳工作站。
［57］湖北省博物馆等：《盘龙城一九七四年度田野考古纪要》，《文物》1976 年 2 期。
［58］杨鸿勋：《从盘龙城商代宫殿遗址谈中国宫殿建筑发展的几个问题》，《文物》1976 年 2 期。
［59］同注［41］217 页，注［33］238 页。
［60］同注［7］10 页及表二。
［61］郑杰祥：《商汤都亳考》，《中国史研究》1980 年 4 期。

（原载《中原文物》1985 年第 2 期）

郑州商城即仲丁都隞说

方酉生

根据文献记载，商王朝从汤开国到纣灭亡，一共有六个都城，即汤都亳，仲丁迁隞，河亶甲迁相，祖乙迁耿（或邢、庇），南庚迁奄和盘庚迁殷。解放以前，能确定下来的只有盘庚迁殷的安阳殷墟一处。1955 年郑州商城的发现和以后的发掘，以其巨大规模的城垣和城内外发现和出土众多的精彩丰富的遗迹、遗物而著称于世[1]。对于这样一座十分重要的商代城址的性质，自然一向为国内外众多的学者所关注。学者们纷纷发表意见，从各个方面，各种不同角度来进行探讨。到目前为止，大家都一致认为，郑州商城应该是商代的一座王都，而不是一座普通的村落。但属于商代的哪一座王都，争论热烈，意见不一，主要有两种意见，一种意见认为郑州商城是仲丁的隞都[2]，另一种意见认为郑州商城是商汤的亳都[3]。我同意前面的一种意见，即郑州商城是仲丁的隞都。现以文献记载为依据，结合考古实物资料来加以论述。

一、从文献记载来看，郑州商城为仲丁隞都

《古本竹书纪年》："仲丁即位，元年，自亳迁于嚣。"《史记·殷本纪》："中宗崩，子帝中丁立，帝中丁迁于隞。"正义引《括地志》云："荥阳故城，在郑州荥泽县西南十七里，殷时隞地也。"按《括地志》的记载，"隞"的地点，应该在今古荥镇的西南约 17 里一带。但解放以后，考古工作者曾长期在古荥镇西南一带的广阔范围内进行大量的周密调查，并没有发现商代的城址，甚至连较大规模的商代文化遗址也没有发现。而考古工作者于 1955 年在现在郑州市内发现一座周长近 7 公里的商代城址，即郑州商城。考唐时的荥阳故城，距现在郑州市区的北偏西 50 余华里处。因此，郑州商城在商代也应该在隞地范围之内。北魏郦道元《水经注》济水条："济水又东迳敖山北……其山上有城，即帝仲丁之所迁也。"晋皇甫谧《帝王世纪》："仲丁徙嚣，或曰敖，今河南之敖仓是也。"说明隞都得名，是由于郑州境内有敖山之故。清乾隆《荥泽县志》卷二："敖山在县西南即嚣地，仲丁迁都于此。"《诗经·车攻篇》："东有甫草，驾言行狩。之子于苗，选徒嚣嚣。建旐设旄，博兽于敖。……"甫草即甫田之草，在今郑州东郊的甫田一带，把甫草和敖并列诗内，证明敖距圃田很近。隞应该就在郑州地区。综上文献记载所述，郑州商城这座王都应该是仲丁所迁的隞都是清楚的。但《左传春秋经》襄公十一年有："秋，七月，己未，同盟于亳城北。"杜预注："亳城，郑地。"又《左传》襄公十一年有："秋，七月，同盟于亳。"《续汉书·郡国志》"河南尹"条："荧（荥）阳有薄亭、有敖亭。"以及在

利用郑州商城旧址修筑起来的战国城垣内北部和东北部战国遗址里，出土有战国的陶豆把上印有“亳”字陶文，于是有人认为郑州商城是汤都之亳。我们认为这种意见值得商榷。

首先，我们认为“亳”不是商汤都亳的专称。凡商代国王所迁之都或大城池皆可以统称为亳。如南亳、北亳、西亳、殷亳、郼薄（亳）等。因此，仲丁所迁之隞都也可以通称为亳。又《左传春秋经》所记载的“亳”字，在《公羊》、《谷梁》两传上都写作“京”字，何况《左传》又比《公》、《谷》晚出。因此，早就有人指出此“亳”字可能是“京”字之误。至于出土在郑州商城内北部和东北部战国陶豆把上印的“亳”字陶文，问题更多。因为学者们对此陶文是否为“亳”字尚有争议，有人认为此陶文可以释为“京”字或“亭”字[4]。即使承认它是“亳”字，也只能说明此处很可能就是殷人后代祭祀祖先的“亳社”所在。因为这些陶豆皆出土于利用郑州商城旧址修筑起来的战国城垣内北部和东北部，这里分布着一大片的战国遗址，除发现有大面积的战国夯土建筑基址和烧陶窑等遗迹之外，还出土有大量的战国板瓦、筒瓦和陶豆、陶碗、陶壶、陶罐等遗物。所以，这大面积的战国夯土建筑基址的发现和大量板瓦、筒瓦等建筑遗物的出土，似乎已经告诉我们，殷人后代在东周管城内祭祀祖先的“亳社”遗址就在这里！在当时，一般平民和奴隶是不可能夯筑大面积的基址和使用大量的板瓦和筒瓦等高级建筑材料来建造住房。同时，郑州在东周时叫管城，因此，出土“亳”字陶文的这一大面积的战国夯土建筑基址，也不可能是当时管城内的王室宫殿之基址。《逸周书·作雒解》记载：“武王克殷，乃立王子禄父，俾守商祀。”晋孔晁注：“封以郑，祭成汤。”周武王灭殷以后，把殷纣王的儿子禄父从安阳殷都迁移到郑州来祭祀成汤，郑州在周代就必然修建有殷人的“亳社”。加之在这有大面积夯土建筑基址的地方，出土有这些带着特殊标记，印有“亳”字陶文的陶豆更可以证明我们对以上的推断是能够成立的。我们都知道，陶豆是当时的一种食器。这种盛器，在战国时期也可以用作祭器。如在战国墓葬中多用陶豆来作为随葬品之一，即可证明这点。而且事实表明确实如此，所有这批专门供祭祀“亳社”用的印有“亳”字陶文的陶豆，仅仅只集中出土在而城北部和东北部的战国遗址里，而不出土在郑州其他地方的战国遗址里，原因就在于此，这是一方面。另一方面，与之相同的这种带“亳”字陶文，也出土在距郑州遥远的山东境内。这种巧合现象，也只能说明在山东境内在战国时期也有殷代后人修建的“亳社”存在。它与商汤之都“亳”，是毫不相干的。这就犹如殷墟的大批甲骨文，都只出土在当时作为王室宫殿建筑区域内的安阳小屯村一带，而极少发现在殷墟的其他地方的情况是一样的。

又根据文献记载，郑州在周代称为管而不称“亳”。如《左传》僖公二十四年：“管、蔡、郕、霍……文之昭也。”杜预注：“管城在荥阳京县东北。”《左传》宣公十二年：“楚子围郑，晋师救郑，楚子次于管以待之。”杜预注：“荥阳县东北有管城。”《史记·周本纪》：“武王封弟叔鲜于管。”正义引《括地志》：“郑州管城外城，古管国也，周武王弟叔鲜所封。”《汉书·地理志》河南郡下：“中牟县……有莞（管）叔邑。”《水经注》渠水条：“渠水又东，不家沟水注之……其水自溪东北流。经管城西，故管国也，周武王以封管叔矣！”《春秋大事表》卷七：“在今开封府郑州北二里，即管叔所封国。”所以，郑州在周代为管这一事实是很清楚的。我们认为，在郑州商城内出土战国时期陶豆把上印有“亳”字陶文这一现象，只能解释为是战国时期殷代后人祭祀祖先的“亳社”之“亳”，并不能由此而引申出郑州商城是商汤的“亳都”的。

查阅文献记载，提到“亳社”之处很多，例如：《礼记·郊特牲》郑玄注：“薄（亳）社，殷之社，殷始都（亳）。”《左氏春秋经》哀公四年：“六月，辛丑，亳社灾。”杜预注：“亳社，殷社，诸侯有之。”《左传》定公六年：“阳虎又盟公及三桓于周社，盟国人于亳社。”这证明山东曲阜一带就有亳社。《左传》昭公十年：“秋，七月，平子伐莒，取郠，献俘，始用人于亳社。”这证明在江苏徐州附近也有亳社。通过以上列举文献记载中关于“亳社”的资料，更有利于帮助我们了解，在郑州商城内北部和东北部的战国遗址里，出土陶豆把上印有“亳”字陶文的真实含义。

我们前面提到郑州商城是仲丁的隞都，不是商汤之亳都，那么，商汤之都亳又在何处呢？根据文献记载，汤在灭夏以前始居亳（即南亳）在豫东商丘。《孟子·滕文公下》：“汤居亳，与葛为邻。”葛在今宁陵北，宁陵与商丘紧相毗邻，符合“与葛为邻”的记载。又汤“十一征而无敌于天下”，《孟子·梁惠王下》：“汤一征，自葛始。”《诗·长发》：“韦顾既伐，昆吾夏桀。”韦在今滑县东，顾在今原武县境，昆吾在今濮阳市西．而夏桀都在巩县西南的斟鄩。汤居南亳，符合汤灭夏的进军路线。到汤灭掉夏桀以后，占有原属夏王朝的地盘，汤出于巩固政权便于统治的需要，从已感到位置偏东的南亳，迁都到位置适中，原属夏王朝统治中心区域的西亳（即偃师商城）来，是合情合理的。从《汉书·地理志》河南郡偃师县条下，班固自注：“尸乡，殷汤所都。”西汉董仲舒《春秋繁露·三代改制质文》：“汤受命而王，应天变夏作殷号……作宫邑于下洛之阳。”这些都说明1983年新发现的偃师尸乡沟商城，即为汤都西亳。西晋皇甫谧《帝王世纪》曰：“殷汤都亳。在梁。又都偃师。”又唐张守节《史记·殷本纪》正义曰：“汤即位，都南亳，后徙西亳也。”清金鹗在他的《求古录礼说·汤都考》中说：“汤未灭桀之先，始居谷熟，及灭桀之后，乃迁居偃师。然居谷熟之时，尚属诸侯，其国非帝王之都，迨即天子之位，而居偃师。则惟偃师可为汤都。故班固不以汤都注于谷熟，而特注于偃师也。”我们认为他的分析是符合史实的。关于偃师尸乡沟商城为汤都西亳的问题，本人已发表有专文论述[5]，此处不再细说。

二、从考古资料来看郑州商城为仲丁隞都

以上根据文献记载，已经初步可以得出郑州商城为仲丁之“隞都”，而偃师尸乡沟商城为汤都之“西亳”的结论。现在我们把文献记载与考古实物资料相结合起来考察，情况又如何呢？这是摆在我们面前必须正视和认真解决的一个问题。

由于“西亳”是商王朝第一位开国王汤的都城，而“隞”是商王朝第十一位王仲丁的都城。这两座都城是先后相联接的。要解决“西亳”与“隞都”的问题，从考古学上来说，首先是要依据可靠的地层关系，以及出土遗物来解决偃师商城与郑州商城始建年代的孰早孰晚问题。也就是说，要解决偃师商城的始建年代早于郑州商城的始建年代的问题。

下面我们先从偃师商城说起。1983年秋，中国社会科学院考古研究所曾经发掘偃师商城西城墙的一座城门（“西二”城门）[6]，发现此城门经一段时间使用后，废而不用，在城门道的东西两端各筑一道夯土横墙封堵着，封堵后，城门区内侧就逐渐荒芜，变成一

片墓地。这里的墓分上、中、下三层，形制均较小，方向不一致，葬式也不尽相同。上、中层墓随葬的陶器有簋、罐等，器形与郑州二里岗上层的同类器较为相似。这批墓葬，全部叠压在城门内路土层的上面，从地层关系上可以看出，此城门的使用年代应早于郑州二里岗下层是不成问题的。因为从此城门内保存的路土堆积层来看，城门必然是已经使用了一段较长的时间，后来出于某种原因被封死了。以后又经过一段荒废的时间而变成为一片墓地，而城门内下层的墓葬，根据随葬品的形制，其年代与郑州二里岗下层的相同。那么，西二城门的始筑年代，就必然更早于郑州二里岗下层了。

其次，我们利用《偃师商城的初步勘察和发掘》[7]一文所提供的资料，对偃师商城城墙夯土层内的包含物来作些分析。城墙夯土内出"有一些泥质黑褐陶，多数火候较低"。这是二里头文化早期陶质的特征之一。陶片"表面多饰细绳纹，其次为篮纹，少数饰弦纹，附加堆纹和模印饕餮纹，有的绳纹陶片内壁饰'麻点'。"细绳纹、篮纹、附加堆纹也是二里头文化早期纹饰的特征。弦纹和模印饕餮纹，二里头文化的早、晚期均有。绳纹内壁饰"麻点"的陶片到二里头文化三期比较普遍。在此之前，早在河南龙山文化晚期洛阳王湾遗址出土的陶器的内壁就曾出现过。陶器刻槽盆（即擂钵），"仅一件（T1 城墙夯土：6），底残，泥质红褐陶，口径 18.9 厘米，直口、圆唇、弧壁，器表饰细绳纹，内壁刻竖向的平行沟槽（图一〇，3）"，此为二里头文化早期典型之器。鸡冠扳手"只一件（T1 城墙夯土：1），泥质黑褐陶（图一〇，9）"，此为二里头文化早期陶器的风格之一。鬲足，"通体饰绳纹（图一〇，11）"，这种足根施细绳纹的陶鬲，约为二里头文化三期的特征。骨器笄，3 件。"T1④：006，完整，体呈扁圆柱形，尾部平齐，通体磨光，全长 8.7、大径 0.55 厘米（图一〇，20；图一二，6）。T1 城墙夯土，004，尖端残，体呈圆柱形，尾部加工成扁圆形，残长 9.3、直径 0.5 厘米（图一〇，21；图一二、3）。H2：12，亦作圆柱形，残长 4.6、直径 0.5 厘米（图一〇，5；图一二，4）。"这种圆柱形，平顶之骨笄，皆约为二里头文化二期至三期之遗物。卜骨，1 件（T1 城墙夯土：007），"卜骨所用骨料为羊肩胛骨，残长 4.4 厘米，骨面尚存四处灼痕（图一〇，19；图一二，9）"，这种只灼无钻、无凿痕的卜骨，约为二里头文化二期至三期之遗物。

以上我们根据对偃师商城城墙的地层叠压关系和出土遗物的了解，以及对城墙夯土内出土的遗物的考察和分析，可以断定偃师商城的始建年代为二里头文化的三期偏晚，最迟不会晚于二里头文化四期。也就是说，偃师商城的始建年代早于郑州二里岗期下层的早段，属于二里头文化四期，是商王朝建国初期营建的。特别是通过 1985～1986 年在商城内南面发现的一座宫殿基址（D5）的发掘，发现有上下两层宫殿基址相叠压的重要地层关系[8]。下面我们着重把 D5 宫殿基址的情况，作一介绍：

第五号宫殿基址（D5）位于偃师商城宫城之东南隅，北距第四号宫殿约 10 米，上层建筑东西长 107 米。正殿居中，两侧各有长约 25 或 28 米的北庑基址，正殿基址四周有 48 个柱础石或柱子洞，柱础石一般直径为 55 厘米，最大柱子洞的直径为 42 厘米，平均间距为 2.5 米，东西全长 54 米，南北宽 14.6 米，可以推想当时这座宫殿建筑规模的宏伟。五号宫殿正殿保存高度为 10～30 厘米，南侧有四对狗坑（已被晚期坑毁掉一个），间距为 2.6～3.7 米，其地面的土色土质与周围的土质土色不同，有可能是台阶的残底。

偃师商城第五号宫殿基址的地层堆积是：下层宫殿的建筑年代最早；其次是打破下层宫殿庭院的灰土层；上层宫殿的建筑年代较晚；叠压或打破上层建筑的文化层和灰坑的年

代最晚。

直接叠压或打破上层建筑的文化层或灰土坑出土的Ⅰ式鬲 J1D5④:1，与《郑州二里岗》中属于二里岗上层的Ⅴ式 H2 乙:228 鬲（图一，7）较为相似；Ⅱ式 H1:15 鬲与《郑州商代城址发掘报告》中属于二里岗上层的 CWT2:1 鬲（图二〇，2）相似；Ⅲ式 H1:16鬲与《郑州二里岗》上层偏晚的Ⅳ式 T4:97 鬲（图二，1）相似。据此可知，上层基址上面叠压的商代层应定为二里岗上层的偏晚阶段。

上、下层基址之间灰土坑出土的Ⅰ式 H19:14 鬲与《郑州二里岗》中属于二里岗下层的Ⅲ式 H17:119 鬲（图一，4）相似；Ⅱ式 H27:1 鬲与《郑州商代城址发掘报告》中属于二里岗下层的 CWM7:2（图一二，2）相似；Ⅲ式 H19:30 鬲与《郑州二里岗》中Ⅳ式 H1:24 鬲（图一，5）较为相似。H1:24 鬲属于二里岗下层较晚阶段。据此可知，上、下层基址之间灰土坑的年代，应属于二里岗下层的较晚阶段。

H25 水井上层出土的Ⅱ式 H25 井上:43 鬲与《郑州商代城址发掘报告》中属于二里岗下层的 CWM8:2 鬲（图一四，4）相似；Ⅰ式 H25 井上:36 鬲与郑州南关外中层的Ⅵ式 H62:18鬲（图一一，2）较为相似。本层不见与 H1:24 鬲相似的陶鬲，其年代应属于二里岗下层偏早阶段。水井下层出土的Ⅰ式 H25 井下:11 鬲，与郑州南关外中层Ⅵ式 H62:16鬲（图一一，5）相似；Ⅱ式 H25 井下:42 鬲与南关外中层Ⅵ式 H26:18（图一一，2）相似；Ⅲ式 H26 井下:52 鬲与南关外中层Ⅳ式 H62:17 鬲（图一一，1）相似。水井下层出土的Ⅲ式陶鬲与南关外中层 H62 出土的Ⅲ式陶鬲相同。这种现象表明，偃师商城 H25 水井下层堆积的年代与郑州南关外 H62 的年代相近。其中Ⅰ、Ⅱ式陶鬲的腹部圆鼓，与《郑州二里岗》中Ⅱ式 T16:33 鬲（图一，3）相似，而 T16:33 鬲的腹部尚保留着圆腹罐的形态，与后来的腹部上窄下宽定型的陶鬲完全不同，应属本阶段陶鬲系统中的较早形态。特别需要提出的是五号宫殿 H25 井下出土的大口尊 H25 井下:46，与郑州商城城墙下面叠压的 CST4:6 大口尊十分相似，郑州商城城墙下面叠压的这件大口尊出自南关外期的灰沟中，年代略早于二里岗期下层。《郑州南关外商代遗址的发掘》一文说："这里的商代文化中层，最晚应和郑州商代二里岗下层属于同时或稍早。"准此，H25 水井下层堆积物的年代，也应与这一推断大致相符。

以上通过对偃师商城五号宫殿基址与文化层连续叠压关系的全面分析和对比之后，已经清楚说明，五号宫殿上层基址的建筑年代当晚于二里岗下层，废弃年代为二里岗上层偏晚阶段；五号宫殿下层基址的废弃年代，接近于南关外期中层；其建筑与使用的年代应早于南关外期中层，亦即至少相当于二里头文化的第四期。这就为我们全面了解和掌握偃师商城的始建年代，提供了科学、系统、准确可靠的实物资料的依据。

下面我们再来考察和了解一下郑州商城的始建年代。

考古工作者为了了解郑州商城的始建年代，从 1956 年秋开始，至 1974 年，环绕城墙共开了 22 条探沟进行发掘，其中在北城墙上开了 8 条，在西城墙上开了 4 条，在东城墙上开了 6 条，在南城墙上开了 4 条。其中在 12 条探沟内发现有二里岗期下层的文化层堆积，两条探沟内有二里岗期下层的房基，三条探沟内有二里岗期下层的窖穴，四条探沟内有五座二里岗期下层的墓葬直接或间接叠压或破坏了夯土城墙。从以上掌握的资料可以说明，郑州商城的始建年代，其上限不会晚于二里岗期下层。在 14 条探沟内有二里岗期上层的文化层，4 条探沟内有二里岗上层的房基，3 条探沟内有三里冈上层的窖穴，11 条探沟内有二里岗期上层的墓葬，2 条探沟内有二里岗期上层的殉狗坑直接或间接叠压或破坏了夯土城墙。这说明郑州商城在二里岗期上层时还在继续使用。在 5 条探沟内，发现有城墙叠压着龙山文化层、洛达庙期文化层和商代南关外期文化层。这证明郑州商城的始建年代晚于洛达庙期、南关外期以及龙山文化晚期。此外，在 22 条探沟内的夯土层内，出土有少量龙山晚期的陶片，较多洛达庙期的陶片，以及一些二里岗期下层的陶片。可见，郑州商城始建的年代，不能早于二里岗期的下层，也不可能早于二里岗期下层的早段，亦即属于二里岗期下层的晚段。

综上所述，郑州商城的始建年代为二里岗期的下层晚段，即相当于南关外期的上层，其使用期从二里岗下层晚段开始，一直到二里岗期的上层。

此外，利用碳-14 对 CET7 商代（五层，即二里岗期下层）夯土内木炭标本年代测定的结果：距今 3235±90 年（公元前 1285±90 年），树轮较正年代：3570±135 年（公元前 1620 年），即二里岗期下层距今的绝对年代为 3570 年。对 CET7 商代（三层，即二里岗期上层）内木炭标本年代测定的结果：距今 3215±90 年（公元前 1265±90 年），树轮较正年代：3545±135 年（公元前 1595 年），即二里岗期上层距今的绝对年代为 3545 年。由此证明，利用碳-14 的年代测定，同样可以得出，郑州这座规模巨大的夯土城垣是在商代修筑起来的这一科学的结论。

以上我们通过利用已经公布的科学的、可靠的考古资料，分别对偃师商城和郑州商城的始建年代作了客观、如实的分析和叙述以后，下面我们就可以来着手讨论偃师商城和郑州商城始建年代孰早孰晚的问题，以及了解清楚它们究竟是属于商王朝的哪一座王都的问题了。

根据地层关系及其出土遗物证明，偃师商城的始建年代早于南关外中层，即至少相当于二里头文化的第四期。郑州商城的始建年代，为二里岗期下层的晚段，即相当于南关外期上层，时间比二里头文化第四期为晚。也就是说，偃师商城的始建年代早于南关外期中层，而郑州商城的始建年代晚于南关外期中层（属南关外期上层）。这样，关于偃师商城与郑州商城始建年代的孰早孰晚问题，就可以得到解决了。这个结论与我们从文献记载上得出的结论是否一致呢？回答是肯定的。这就是说，偃师尸乡沟商城是商代开国王汤的都城西亳，郑州商城是商代第十一位王仲丁所迁的隞都。这种根据文献记载结合考古实物资料，建立在双重证据基础上得出的结论，有可能比较真实、可靠地反映了我国商王朝奴隶社会历史发展客观之进程。

下面我们再根据考古资料，结合当时的历史背景条件来谈一下有关汤都西亳和仲丁都隞的问题。

我们知道，汤在灭桀之前，地盘很小，汤地 70 里，实力还很小，加上连年战争，不可能有此人力和财力来修筑郑州商城这样规模巨大的城墙。即使灭夏桀以后，也不可能马上投入巨大的人力和物力来修筑像郑州商城如此大规模的城墙。根据《郑州商代城遗址发掘报告》一文推算：郑州商城“城墙周长约 6960 米（近 7 公里），若把城墙底部宽度平均按 20、顶宽按 5、高度按 10 米计算，那么，整个商代城墙的夯土量就有 87 万立方米。如果按就地起土 2 立方米，夯筑成 1 立方米的坚硬城墙夯土计算，挖土量就有 174 万立方米。在商代前期以木石器为主要的掘土工具的条件下（当然也可能使用了少部分的青铜等进步生产工具），若每人每天平均挖土 0. 2 立方米，5 个人一天才能挖土 1 立方米和夯筑出半立方米的城墙夯土。在筑城过程中，有人进行挖土，还得有人向城墙上运土和在城墙上进行夯打，而且还得有人进行工具加工、修理等工作。如果每天按1万奴隶参加筑城劳动，3000人挖土，3000人运土，3500人进行夯打和500人进行勤杂工作，建筑成这座规模巨大的商代夯土城垣，至少也需要8年左右的时间。如果参加筑城的奴隶人数增加一倍按2万人计算，也需要4年之久才能完成”。

而偃师商城呢？城墙的底部宽度平均约20米，和郑州商城的差不多。但偃师商城城墙已深埋在地下，原来的高度已不清楚，无法与郑州商城具体作比较。值得注意的是，偃师商城的总面积为190万平方米，郑州商城的总面积为332万余平方米，后者比前者面积要大1/3强，这是符合都城发展渐进的客观规律的。小的在先，大的在后，也符合商代社会生产力发展的情况。综观考古学上已发现的古城址，如属于河南龙山文化时期的登封告成王城岗城址，东西二座并列的小城堡合起来只有1万平方米左右[9]。淮阳平粮台城内的面积也只有3万多平方米[10]。二里头遗址和安阳殷墟，目前都还未发现城墙。怎么可以设想在商代初期，突然先出现一座周长约7公里，总面积达332万余平方米的都城郑州商城，然后才出现一座周长不到6公里，总面积只有190万平方米的都城偃师商城呢？

有人认为郑州商城作为隞都，时间太短，与规模巨大的城墙不相适应。其实都城规模的大小，与作为都城时间的长短并不是成正比例的。相反的可能性不但存在，而且往往要更大一些。因为由于工程太大，使用民力、财力太甚，被剥削、受奴役的阶级，不堪忍受繁重的劳役、痛苦，最终导致反抗和暴动，促使统治阶级的早日垮台，历史的客观规律就是如此。譬如，秦始皇修筑万里长城，秦朝灭亡得很快，隋炀帝开凿大运河，隋朝灭亡得也很快。在郑州商城之外附近发现两处重要的窖藏铜器，也可说明这一问题。一处是1974年9月在郑州商城西城墙外300米处的张寨南街（即杜岭街），出土两件大型的铜方鼎，通高分别为1米和0.87米，另一处是1982年7月在郑州商城东南角外侧熊耳河畔向阳回族食品厂出土的两件大型铜方鼎和一件大型铜圆鼎，通高在0.8米左右。这两批窖藏铜器的年代皆属于二里岗期上层。出现这种现象说明当时的政权形势发生突变，统治阶级不得不仓惶出走，而在逃跑之前，匆匆忙忙将重器埋藏在地下。这就是郑州商城作为都城时间不长的实物证据。究其原因，不外乎战争（包括内外战争）和统治阶级内部争权夺利。《后汉书·东夷传》说：“至于仲丁，蓝夷作寇，或畔或服。”《史记·殷本纪》说：“自仲丁以来，废适而更立诸弟子，弟子或争相代立，比九世乱，于是诸侯莫朝。”从以上的文献记载里，可以看出一些当时统治阶级政权不稳定的因素，也是促使都城频繁迁移不能长久固定一处的原因。

但是，城市的存在与是否是王都是不能混为一谈的。一个城市在作为都城以前或都城迁走以后，仍然存在，都城不会建立在荒芜人烟的地方，也不会因为都城迁走而整个城市突然消失。都城应该只是在城市最繁华的一段。根据文献记载和考古实物资料分析研究，我们认为郑州商城作为都城的时间是在二里岗期的上层阶段。这时出现带人殉的墓葬，精彩丰富的玉、石、骨、象牙器等遗物和窖藏大型青铜器，等等。具体的说，郑州商城是仲丁所迁的隞都，属于商代的中期偏早的阶段。

---

[1] 河南省博物馆等：《郑州商代城址发掘报告》，《文物资料丛刊》1977年第1期。

［2］ 安金槐：《试论郑州商城遗址——隞都》，《文物》1961 年 4、5 期合刊。
［3］ 邹衡：《郑州商城即汤都亳说》，《文物》1973 年第 2 期。
［4］ 石加：《“郑亳说”商榷》，《考古》1980 年第 3 期。
［5］ 方酉生：《论偃师商城为汤都西亳》，《江汉考古》1987 年 1 期。
［6］ 中国社会科学院考古研究所河南第二工作队：《1983 秋季河南偃师商城发掘简报》，《考古》1984 年 10 期。
［7］ 中国社会科学院考古研究所洛阳汉魏故城工作队：《偃师商城初步勘探和发掘》，《考古》1981 年 6 期。
［8］ 中国社会科学院考古研究所河南第二工作队：《河南偃师尸乡沟商城第五号宫殿基址发掘简报》，《考古》1988 年 2 期。
［9］ 河南省文物研究所等：《登封王城岗遗址的发掘》，《文物》1983 年 3 期。
［10］河南省文物研究所等：《河南淮阳平粮台龙山文化城址试掘简报》，《文物》1983 年 3 期。

（原载《武汉大学学报（人文科学版）》1991 年第 1 期）

郑州商代王城的布局及其文化内涵

裴明相

郑州商代王城是1955年发现的。经三十多年来的发掘与研究，布局基本确定，内涵初步澄清，文物考古学者一致认为它是一座规模宏大的王城。但对这座都邑的性质有隞都和亳都两种说法。议论较多，在目前的情况下，很难取得一致的意见。笔者现就这座王城的布局和文化内涵，阐述以下看法。

一、修建王城前的文化面貌

王城修建前，已有人类在城垣区域内活动，根据商城已发掘的二十二条探沟资料得知[1]，有五条探沟的城墙夯土下面压着洛达庙期和南关外期的文化遗物。如北城墙的探沟C8T27北端的夯土下面叠压一个洛达庙期的灰坑。坑内包含有洛达庙期的罐、瓮、豆、大口尊、缸陶片及一块残铜片。南城墙探沟CST3 、CST4夯土的底部发现有南关外期文化层、灰坑和沟壕，内有南关外期的鬲、瓮、盆、大口尊、罐、甑片和石器、骨器等遗物。1976年发掘的大型宫殿基址C8G15台基部分压在洛达庙期文化层之上[2]。

1986年配合商城东北隅宫殿区的黄委会食堂建设工程中，发现深达2米左右的灰色和黄色硬土。在硬土台的上面被洛达庙期的陶窑、墓葬和灰坑所挖破。陶窑的形制完好，窑腔的中部倒放一件洛达庙期的陶斝。在一座洛达庙期的墓葬内随葬有陶质的豆、盆、鬲等。这些丰富的文化遗存，显示出在宫殿区的中部是一处规模相当广阔的洛达庙期人类居住的村落。

另在城的南墙外熊耳河南侧约400米处，于1955年发掘412平方米[3]，该处共分南关外层、二里岗下层和二里岗上层。在商代二里岗下层的底部发现1条沟槽，沟作东南、西北方向。沟宽2.5~4米，深2.15~3.15米，已挖出的长为3.4米，在沟的西北端连接一个方池（0.82×0.78~0.2米），沟和方池内包含着南关外期的鬲、甗、斝、爵、罐、盆等陶器，以及石镰、石铲、骨簪、卜骨等。这里的迹象表明，王城未建之前，远离商城南面约400米处，也是一处南关外期人类活动的区域。

二、王城的布局和文化内涵

郑州王城的平面略呈纵长方形。周长6960米，东墙1700米，南墙1700米，西墙

1870 米，北墙稍短为 1690 米。城垣的面积不仅比偃师商城（南北长 1700 米、东西宽 740 ~1215 米）、湖北盘龙城（南北 290、东西 260 米）两城面积大，而且最近在郑州商城的南、西两面还发现一道夯土墙。现暂称其为“外郭墙”（见图）。

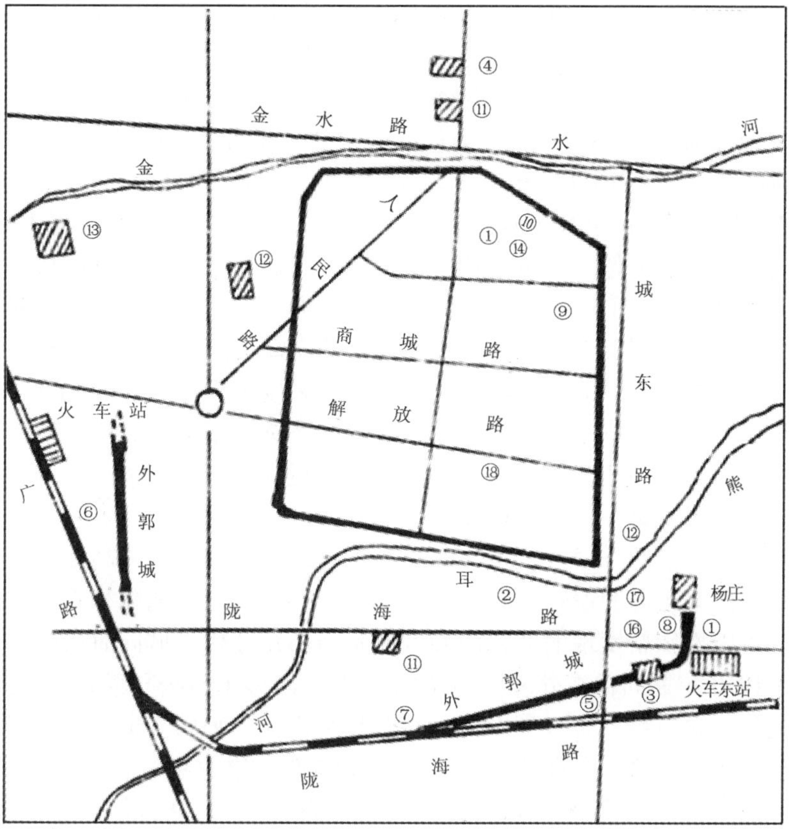

郑州商代王城布局示意图

①黄委会食堂 ②南关外遗址 ③1953 年发掘地点 ④1955 年发掘地点 ⑤1986 年钻探出来的外郭城 ⑥1986 年郑州火车站广场发现的外郭城 ⑦1960－1970 年间发现铜爵和石戈的地点 ⑧杨庄墓葬区 ⑨宫殿区 ⑩祭祀遗迹 ⑪铸铜基址 ⑫窖藏铜器处 ⑬制陶器作坊 ⑭制骨遗迹 ⑮白家庄墓地 ⑯23 号墓地 ⑰1 号墓地 ⑱下水道工程

1. 外郭城墙

该墙的发现始于 1953 年 12 月。《郑州二里岗》一书第 41 页曾记载有：“在 T43 和 T44 内找出夯土的南部边沿，为了弄清夯土的延伸情况，续开 T45，发现了夯土的北部边沿，测知夯土的南北宽约 25 米。根据夯土的边沿测知，是东北、西南方向。一般深约 1. 10~4. 00 米，厚约 1. 80 ~ 3. 75 米，层次清楚，夯窝也十分显著。一般夯窝直径 0. 07 米。……当发现这段夯土后，为了寻找它的延伸情况，曾根据夯土的东北、西南走向进行钻探，探出的夯土达 2100 多米……在探出的夯土上，也曾进行过发掘，就所开的探沟中，都很少发现遗物，即使有些，也多为商代灰色绳纹陶片和其他纹饰的陶片。”

另据 1955 年发掘 T103 和 T104 的记录，曾记载着夯土的宽度为 20 米，其东端走向略转向东北。并因该处地势低洼，夯土的形迹消失（按该两条探沟的位置在今郑州东站的北侧，所指夯土的东北走向，约在今杨庄的南地）。

根据上述记载，于1986年夏在郑州火车东站（即货站）西侧约100米原来的夯土处，重新进行文物复探，并沿着夯土的西南走向，在市木材公司、南仓一街南端、市二轻局仓库等单位共长约900米的地段，开挖横截夯土墙的探沟五条。各条探沟的夯土的形制相同，土色红褐，夯层清楚，夯窝隐约可见，遗物很少，只见几块细绳纹灰陶片，夯土墙宽约16米，最深处2米。曾在一探沟内解剖一块夯土块，夯层厚6厘米，在20厘米×20厘米范围有夯窝16个，圆形圜底，窝径6厘米、深1.5厘米。1987年《河南年鉴》第618页说："上述城墙位于郑州商城西南约700米处，很可能是商城的外城。"

出人意料的是：1986年夏，郑州火车站广场的"旧城改建"中，在一马路东侧振兴商场（现为友谊商场）的挖基工程中，发现一道夯土墙。该墙东西宽16.8米、深约3米，夯土红褐色，夯层清楚，夯窝隐约可见，夯土内遗物较少，只有商代二里岗下层和洛达庙期陶片，不见二里岗上层遗物。该墙为南北方向，顺着墙的走向，间隔地向北开挖横截城墙的探沟，在群众剧院至长途汽车总站北侧约900米的范围内共开挖探沟五条，各条沟内的土色、夯层、夯窝、遗物相同，墙的宽度、高度也无大差异。尤其是在郑州饭店东侧和长途汽车总站北面的下水道的断壁上，发现一条东西长约16米、深2米的夯土墙断面。大家一致认为它是一条埋在地面下长约900米的南北走向的城墙。至于该墙的北端，由于街道栉比，房屋密集，已无法得知。

从上述两条夯土墙的夯层、筑法、夯窝、土色以及墙的宽度、高度等推知，它与郑州商城基本类同，但夯土内的遗物只有商代二里岗下层和洛达庙期陶片，不见二里岗上层的遗物。据此，可以推知新发现的外郭西墙可能是与郑州商代王城同时兴建的。

在1960~1970年期间曾在外郭城南墙的内侧（即市木材公司院内）发现二里岗上层青铜爵和石戈等。铜爵系零星墓葬出土，石戈是堆积在一窖内。铜爵呈赤褐色，平底、矮柱、下附三足。胎壁较薄，纹饰简单。应属二里岗期上层遗物。石戈约30余件，成叠地堆放在窖内。每戈长约16厘米，直刃曲背，为青石制成。这批石戈的出现，象征着守城战士们的武器储备的情况。

另在商城南墙外和南郭墙间广大地区（即今黄委会机械厂及杨庄一带），50年代中期也曾多次进行发掘，发现很多商代灰坑、墓葬和文化层等，从而说明该处也是商代二里岗期人类活动主要地区。

2. 宫殿区

郑州商城的宫殿区是奴隶主、贵族居住的区域，位于城内的东北隅。经过多年发掘材料证明，东、北两面紧临城墙，西边至人民路，南边到商城路，面积约占商城内总面积的三分之一。在东西1000米、南北900米的范围内遗存有各类高低不平的夯土台遗迹。台的排列不甚规整，但靠近东北隅的较密，西南部的稀疏。宏伟的宫殿都坐落在这些夯土台上。台的高度一般在1米左右。台的大小，依宫殿范围而定。在城内东北隅长约750米、宽约500米的范围内有夯土台数十处，其中大的面积二千多平方米，小的百余平方米。

C8G15是宫殿基址中保存较好的一座[4]。位于东里路以北，紫荆山路以西的地方。该房东西长超过65米（东端被马路叠压）、南北宽15.6米。房的建筑方法是先挖一个稍大于房子的长方基槽，然后再在其中填土，夯筑成台基。现存台基高1~1.5米。夯层很薄，一般厚8~12厘米，夯层的上面密布径2~4厘米、深1~1.5厘米的圆形夯窝。台基筑好后，在上面挖长方形的树立柱子的柱础槽。现存柱础槽共两排，北排有二十七个，长宽为 1.35 米×0.80 米，南排现存十个，长宽 1.20 米×0.85 米。槽底放有石头，作为柱础，以支撑木柱所承托的重量。当时的建造方法，是在柱础上立柱，然后把柱础槽填实。柱与柱的间距为 2.1 米，南北两排相距近 9 米。它的布局与湖北盘龙城商代宫殿的 F1 相似[5]。根据南北两排柱础槽外侧留有较宽的房基以及两个柱外各有两个擎檐柱遗存来看，C8Gl5 的柱外曾建有回廊。可能是一座九屋重檐顶带回廊的大型寝殿。

3. 祭祀遗迹[6]

商人崇尚鬼神。殷墟卜辞中曾多次有用犬、羊、豕等以祭天和祖先的记载。《周礼·春宫·宗伯》中明确规定大宗伯掌“天地鬼神之礼，以佐理邦国”。郑州商代奴隶主贵族以祭祀天地为其统治人民的主要方法。祭祀地点设在城内北墙东段的向阳斜坡上，西南百余米为宏伟壮观的宫殿区，以祭“立石”为其主要象征。它是由石块堆、狗坑、祭房、烧坑四部分组成。

上述遗迹的性质是耐人寻味的：一、它坐落在北高南低的紧靠城墙南侧的地坪上，揆诸当时的地形，北倚高耸的城墙，南临巍峨的宫殿。这个地区应为奴隶主贵族定期祭祀的禁地，绝非一般庶民百姓来往之地，从而可以推知当时对于祭祀的“神秘感”。二、遗迹的建造时代在商代二里岗上层。它是有计划建造的。主石堆在东北，祭房位居东南，烧坑在祭房的后面。坑内燎烧牲体，狗坑掩埋牲狗和奴隶，以显示对“神灵”的至诚。这种惨绝人寰的祭祀，对当时的奴隶主贵族们来说，却属司空见惯之事。

4. 青铜器的铸造和窖藏

青铜器在商人生活中占着重要的地位，而铜器的铸造和窖藏全为奴隶主所掌握。这种铸造和储藏（含窖藏），理应设在铸地附近或距铸地不太远的地方。发掘的材料证明，两者都设在城外四个不同的地方。两处铸铜的作坊[7]分别设在商城南关外和紫荆山北；两个窖藏[8]分别设在商城西侧今张寨南街和商城东南侧今回族食品厂附近。

南关外铸铜作坊：位在商城南墙外约 600 米处，即今省运输公司院内，为一从商代二里岗下层至二里岗上层两个时期使用的作坊。面积南北长 100 米，东西宽 80 米。炼铜炉在东北隅，铸铜场在西南隅，两者相距约 60 米。紧靠场地的南部有一东西长 3.1 米、南北宽 2.8 米的硬土台。台上铺有绿色的铜锈面。其中大部分铸面分上下两层。它是长期使用的遗存。另在锈面上遗留有 16 个尖底小圆窝。窝径 4~6 厘米，深 10~14 厘米。窝内有多次积成的铜渣，它应是固定陶范的遗迹。此外还出土有铜矿石、炼铜坩埚、炼渣、陶范（镢、刀、锥、镞、鬲、鼎、爵、觚、斝、环范等）以及铜镢、铜镞、铜钩等。

紫荆山北铸铜作坊：在郑州商城北墙外约 300 米处，即今河南饭店一带，为一隆起约 1.5 米的漫平土丘。群众通称这一带为“泰山庙”。1956 年在配合建设工程中，曾发掘出二里岗期上层的房基、窖穴、铸铜场地等遗迹和铜矿石、铅块、木炭、铜渣、陶范（镞、刀、车轴头范）和铜质的钺、镞、钩、簪以及陶、石、骨、蚌器等。发现的六座房子全是版筑成的，其中四座为双间，二座为单间。房内地面上断断续续的遗留有铜液的痕迹。显然，它们是铸造青铜器时的作坊。特别值得提出的是第五号房子界墙的过门处堆放着 5 件刀范。每件范的铸面上都留有一个或两个凹下直背凸刃的刀印。它们是在铸用后，顺手堆放在那里的。

张寨南街窖藏青铜器：张寨南街位于郑州商城西墙的外面约 300 米处。1974 年秋，在配合市政建设中，于地下深 6 米处发现铜方鼎二件、铜鬲一件。两鼎的形制相同。其中大鼎高100厘米、口径横62.5厘米、纵61厘米，重约86.4公斤。两鼎东西并列，口沿平齐。小鼎的一耳残损，掉落鼎内，同时并在小鼎内放置一铜鬲。这件大方鼎形体魁梧，铸艺精湛，纹饰繁缛，堪称商代二里岗期罕见的重器。

向阳食品厂窖藏青铜器：该厂位于郑州商城东南角外侧约54米处。建筑工人在施工中，于深5米的土坑内发现大方鼎和大圆鼎等七件青铜器。大方鼎在东，大圆鼎在西，两鼎的口部相对，平放在坑底。其余铜器放在鼎内和两鼎之间。如尊放在大方鼎内，盘在尊旁，罍在大圆鼎底部，另一尊横放在圆鼎内，中柱盂横放在两鼎口之间。根据上述线索，考古工作者在该坑的北部进行发掘，又发现六件铜器，大方鼎横置坑底，鼎口朝东，足向西。内放五件铜器，其中有提梁卣一件，觚二件，小圆鼎二件。

上述两处作坊和两个窖藏以及遗址内出土的遗物，曾进行多次模拟试验和冶金部门的冶金分析。归纳起来，有以下几点认识：

第一，紫荆山作坊的刀范翻制出来的铜刀为商代遗址中所常见；南关作坊的镬范和其出土铜镬的外形雷同；南关作坊的鏃范、爵范、斝范、鬲范模制的成品都可在郑州商代墓葬和遗址中分别找到其同类或相似品。尤其是南关作坊中的两件方鼎乳钉外范的乳钉窝的大小、形状和张寨南街、东关向阳食品厂铜方鼎的形制完全相同，等等。这些事实充分反映出郑州商代二里岗期的人们不仅能铸制他们日常使用的青铜器，就连举世瞩目的郑州商城张寨一号大方鼎也是他们以优异的技艺精心铸造的。上述种种标志着我国青铜器文化，已由河南二里头的初级阶段，至郑州商代二里岗期迈入繁荣昌盛的中级阶段。并为高度发展的晚殷青铜文化奠定了有利的基础。

第二，冶金部门对上述作坊中出土的铜矿石、铜渣及部分窖藏青铜器作了成分测定。其结果是：张寨二号方鼎的合金成分，铜75.09%，铅17%，锡3.48%，以及少量的镁、硅元素；东关食品厂的铜方鼎：铜87.73%，锡8%，铅0.10%，锑1.25%；铜盘：铜86.37%，锡10 .91%，铅0.69%，锑0.01%。上述张寨和食品厂三件青铜器的元素基本一致，铜占75%以上，为合金体的主要元素，次为铅、锡，再其次为锑、镁、硅等。

炼铜坩埚内壁上的三块钢渣化学成分测定的结果都含有铜、铅、锡、石英、氧化亚铁、三氧化二铝、氧化钙、氧化镁等。但其所占的数量稍有不同。以C1T62①:11号铜渣看，铜33.92%，铅0.66%，锡0.13%，石英38.96%，氧化亚铁7.56%，三氧化二铝1.44%，氧化钙5.90%，氧化镁1.44%。

铜矿石的化学成分：南关外矿石（C5H48:24）含铜49.95%、石英21.06%及少量的氧化亚铁、三氧化二铝、氧化镁等。紫荆山矿石C5 T4:46含铜15.90%、氧化亚铁54.10%及石英等杂质。紫荆山矿石（C15H5:597）含铜16.08%，其他杂质为氧化亚铁、石英等。

上述数字，促使我们对商代二里岗期的青铜器、铜渣和铜矿石的化学成分进行深入的研究，不难看出铜器和铜渣的金属成分基本相同，两者都含有多量的铜、次量的铅、锡及少量的镁、硅（石英）等。若将铜器、铜渣的成分再与铜矿石比较，那么，在它们之间有显著的异同。相异的是：在矿石中未见锡和铅元素；相同的是它们都含有一定数量的铜元素。这种明显的差异，反映出熔炉在配料时，就有计划地新加入了锡和铅。因而，才能铸出含有铜、锡、铅的合金铸件。尤其是紫荆山作坊出土的四块铅器（C15F2:16）证明商代二里岗期人类已经掌握铅的冶炼技术。

铜、锡、铅各有其不同的性能：铜质较软，富有延展性；锡质较软，易于熔解；铅质较硬，不易熔解。特别是在铜锡的熔体内加入少量的铅，能进一步降低熔点，浇铸时，熔液畅通，减少气孔，能铸出胎壁较薄的青铜器。

由于二里岗期青铜器内含有较多的铅、锡元素，所铸制的铜器呈赤褐色，胎壁薄，质地脆，具有其他铜器所未有的特点。郑州东关食品厂窖藏的十三件铜器就具有这种特征。其中壁厚 0.2 厘米的三件，0.3~0.5 厘米的七件，0.7~0.8 厘米的三件。

5. 制陶器作坊和奴隶住房

陶器在商代人的生活中占着重要的地位。无论贵族、平民或奴隶们都以陶器为生活的主要用器。因之，制陶业在当时是相当发达的。就郑州来看，制陶作坊设在商城西墙外约 1300 米处，即今铭功路西侧郑州第十四中学院内。在发掘的 1000 余平方米的范围内，清理出商代陶窑 14 座、房子 17 座、墓葬 32 座、灰坑 75 个以及制作陶器时用的陶拍、陶杵、陶印模、白灰场地、储陶器坑、残陶片沟等等。它对研究商代陶窑的形制、陶坯的制作，纹饰的印制以及陶器的烧制等提供出较为重要的实物依据。

值得提出的是，在窑场区域内保存有 16 座小型房子（另一座为大型房）。房的位置皆在窑场范围内。它们是制陶奴隶的住房。房的平面呈长方形，横 2.15~3.75 米、纵 1.35~2.35 米，矮小简陋，仅能容身。每房一门，设在前墙的一侧。它是就地挖筑的半地穴式房子。房的底部，在地面以下，再用黏土堆筑出墙的上部。房内地面平整，但设施简单。除有一狭窄的房门外，房门的后墙上或靠墙根处都设有生火的地方。另外，也有个别的屋内墙壁上挖有壁龛或在山墙的下面设置长方形床台，或在前墙的一侧挖着窗户，甚至也有在门外筑有窄长的走道，等等。这些低矮简陋、阴暗潮湿的半地穴式房子和城内东北隅夯土台上筑起的巍峨壮观的宫殿建筑群绝然不同。它反映出商代二里岗期制陶奴隶和奴隶主贵族阶级在居住方面有着很大的差别。

6. 制骨遗迹和人骨用器

骨器的使用，在商人生活中也占着相当重要的地位。从发掘资料看，已出土有大量骨质的生产、生活及文化艺术品。郑州发现两处制骨遗迹：一处位于商城外紫荆山北，它是在一长方竖井形窖穴内出土一千多件骨器的成品、半成品、料骨、废料和十一件制骨器的磨石等。就成品和半成品论，多为骨簪、骨镞、骨针等。料骨是制作骨器的原材料，并稍经加工，它的外面常带有明显的锯、劈、磨的痕迹。废料系剩下的骨片、骨条、骨屑等。值得注意的是，这些遗物经专家鉴定，除牛、猪、鹿骨外，约一半以上是人骨。另一处制骨遗迹是在商城东北隅 C8G10 宫殿基址西侧的一条壕沟附近。该沟壕内发现人头骨近百个[9]。不少头骨上遗留有明显的锯痕，一般是从头颅的眉部和耳部上端横截锯开，使其成为瓢形圜底器皿。经过粘补复原，过种头颅用器，约有六七件。上述两处遗迹的发现，是奴隶主贵族使用奴隶骨骼制作骨器的铁证。

7. 墓葬的形制及其所反映的阶级矛盾

在郑州商代遗址中已发掘的墓葬近百余座，其中已发表的约三十余座。就现有材料看，没有集中的墓地，它零星地分布在商城城垣以外的白家庄、杨庄、北二七路、郑州卷烟厂和人民公园等地。依据墓的形制，可分为三种类型。

第一类为奴隶主贵族墓。以白家庄 3 号墓为代表[10]。该墓位于郑州商城东北隅城墙的外侧。墓室为长方形，长 2.98 米，深 1.35 米，墓身较宽（1.17 米）。墓向北偏东 9

度。墓内填土经过夯打。墓底四周为夯打的硬土台。墓底有棺灰遗迹，其上铺有朱砂，上面放一头北足南的墓主人骨架。唯骨架大部腐朽，只剩牙齿。骨架腰部，设置腰坑。坑内殉葬一狗。另在西边的二层台上殉葬一个面部朝下，头北足南的俯身奴隶。该奴隶的身下埋一石戈和一残石器。墓内还随葬着铜鼎一、鬲二、斝二、罍一、觚二、爵二、簪一以及石器、玉器、玛瑙块、象牙梳等。

第二类为农奴墓。以郑州二里岗第23号墓为代表（《郑州二里岗》第39页）。该墓位于郑州二里岗。墓室呈长方形，方向北偏西4度。墓室仅能容身。死者仰身伸直，右腿压在左腿上，略呈交叉状。头的西侧放一陶鬲和一陶钵。右肩上放一石镰。迹象表明，死者应为从事生产的农奴。

第三类为人猪合葬的奴隶墓。以郑州二里岗第1号墓为代表（《郑州二里岗》第38页）。墓室为不规则的长方形。长1.95米，宽0.70~0.95米，深2.5米。墓的结构特殊，分上、中、下三层埋葬。层与层间填以灰土。

第一层，距地表较浅，墓边清楚。有人骨三具：一具在墓室东南部，头向东，上躯仰卧，下肢上屈；另一具紧靠墓室东壁，头向北，腿压在前者的下面，第三具紧靠墓的西壁，头向南，压在南边人架的腿上。迹象表明，他们是被随意掷放在坑内的。

第二层，深2米。有人骨和猪骨各一个。人架在北端，头向西南，侧身屈肢。头侧有一骨簪。猪架在南端，头向西，四肢向南，体微屈。

第三层，深2.5米。这层埋有人头四个。1号人头在坑的中部稍偏南，侧放，面向北，无下腭骨。2号人头靠近西壁，顶向上，面向西，无下腭骨和颈骨。3号人头在2号头颅的北边，侧放，面向北，仅有颈骨四节，无下腭骨。4号人头靠近东壁，侧放，面向西南，无下腭骨和颈骨。

在第三层以下至深4.3米为黄沙土，遗物甚少，只出土石斧1件及灰色商代陶片和兽骨等。另在第二层的人头骨旁发现骨簪1件。当为死者生前用物。迹象表明，它是先挖坑，尔后分三次将奴隶的头颅、躯体以及猪骨掩埋在同一深坑内。

上述三类墓葬的形制代表着奴隶社会奴隶主、自由民和奴隶们死后的不同的遭遇。奴隶主在墓内除随葬着约二十件珍贵的用器外并殉一奴隶；自由民的墓室狭窄，仅葬一件石镰；奴隶们的丧亡情况较为复杂，有的与猪狗同穴，有的被砍头致死，有的被粉身碎骨，其情景之惨，真是目不忍睹。这些血淋淋的地下考古资料，为奴隶社会的本质勾画出一幅极为残酷的面貌。

8. 空旷的南部城垣

郑州商城内面今商城路以南广大的地区是郑州市旧城最繁华地区，房屋密集，街道纵横。在这里进行考古发掘难度较大。尽管如此，近三十年来，在这个地区的旧城改造工程中，随着市政建设的进行也作了一些考古试掘工作。如法院东街的郑州市味精厂和四十三中、法院西街的郑州市商标厂、博爱街的郑州市蜡纸厂和豫新印刷厂、南大街的皮件厂、解放东路郑州三中和郑州市第一人民医院、向阳路东西两侧旧房改建等处都进行了发掘。这些发掘地点，遍布商城的南半部。发掘面积因地而异，最大的为20×10平方米，一般的10×5平方米，个别小的为5×5平方米。总面积约1000平方米以上，各探方文化层厚度极不一致，多在4~10米间。文化遗物的内涵，除法院东街四十三中院有20×20米、深2米的商代二里岗期文化层外，其余各个发掘点多为唐宋时期和现代的文化堆积。特别值得提出的是东起旧城东门口，西至顺城街西口的顺穿解放东路东西长 1000 米、宽 7 米、深 8~12 米的下水道工程。它揭开了商城南半部地下秘密，使我们得知这条东西向的水道沟槽的底部全为黄沙生土。生土之上不见商代遗物，但却堆积着深灰色黏土，内含有唐、宋瓷片和瓷碗等，其中最深处为向阳路和解放路的交叉处，深达 12 米左右。这些地下文化堆积与地面上的唐代寺院、石经幢、宋代砖塔（在市人民医院一分院内）和子产祠（解放路东二小学院内）等等，一并观察，正说明该地是唐宋时代最繁华的地区。

鉴于上述事实，可以得知商城的南部（即今老城偏南）为空旷地带，未见商人活动的重要遗迹。至少说商人在此没有较大活动。基此，城内东北部应是奴隶主的族属的住地和祭祀场地，城外四周则为奴隶们活动的场所（如铸铜、制陶、制骨作坊以及墓地、窖藏等等）。它与“筑城以为君，建郭以守民”的史书记载是符合的。

---

[1] 河南省博物馆等：《郑州商代城址发掘报告》，《文物资料丛刊》1977 年 1 期。

[2][4] 河南省文物研究所：《郑州商代城内宫殿遗址第一次发掘报告》，《文物》1983 年 4 期。

[3] 河南省博物馆：《郑州南关外商代遗址的发掘》，《考古学报》1973 年 1 期。

[5] 湖北省博物馆等：《盘龙城一九七四年度田野考古纪要》，《文物》1976 年第 2 期；杨鸿勋：《从盘龙城商代宫殿遗址谈中国宫殿建筑发展的几个问题》，《文物》1976 年 2 期。

[6] 裴明相：《略谈郑州商代祭祀遗迹》，《中原文物》1987 年 2 期。

[7] 河南省文物研究所：《郑州商代二里岗期铸铜基址》，《考古学集刊》（6 辑），中国社会科学院出版社，1989 年。

[8] 河南省博物馆：《郑州新出土的商代前期大铜鼎》，《文物》1975 年 6 期；河南省文物研究所：《河南新发现商代窖藏青铜器》，《文物》1983 年 3 期。

[9] 河南省博物馆：《郑州商代遗址内发现商代夯土台基和奴隶头骨》，《文物》1974 年 9 期。

[10] 河南省文物工作队：《郑州市白家庄商代墓葬发掘简报》，《文物参考资料》1955 年 10 期。

（原载《中原文物》1991 年第 1 期）

试论郑州出土商代人头骨饮器

郝本性

1974年，郑州商城的东北部在两座商代建筑基地（C8T40、C8T41）之间，发现有一条南北向的土沟，沟底中央又有一规整的小沟，沟底仍有夯土。据偃师商城近年发掘的类似小沟中有陶水管判断，此处也为排水设置。在该水沟堆积灰土的上部发现有近百个残人头骨，绝大部分是头盖骨，即头的顶部，其边缘残存有锯痕[1]。关于这些人头骨制成的器皿，到底用途如何？被杀害者的身份如何？及这些现象所反映的历史情况，我们准备做一详细的论证与分析。

一、人头骨的用途

首先，我们先从水沟堆积中的动物骨骼看[2]，在堆积上部有牛头骨残块、牛下颌骨残块、牛下臼齿、牛肋骨、牛桡骨下端、牛指骨、牛跟骨、牛炮骨残块、猪下颌骨残块、猪肩胛骨、猪肱骨下端残块、猪尺骨、猪桡骨、羊胫骨、羊掌骨等。其中仅牛桡骨上有锯痕，我们很难由此判定该处附近为骨器作坊，因为商代二里岗期制骨作坊、安阳大司空第四区和北辛村制骨作坊或新郑东周制骨作坊，多用牛、猪、鹿的肢骨，牛、猪、鹿的下颌骨或鹿角作骨料，而且在商代二里岗期的骨料中有一半以上为人骨，而此处均无这类特点。如为制骨作坊，必有大量的骨料或半成品、或成品，而此处没有这些遗物。

本处不是一处商代制骨手工业作坊的废料堆，而是被遗弃的废物。人头骨的堆积并不规律，从北向南，分别为40多个、30多个、近20个，人头骨的零乱堆放，表明此为遗弃所致。其中绝大部分人头骨的下部被锯掉，仅有二个人头骨下部未锯。人头骨绝大部分为青年，头骨上的冠缝愈合而矢状缝大部分未愈合。

人头骨被锯开，锯后不平处还用磨石磨光滑。商代已发现的青铜锯有刀形锯和单刃锯两种，人头骨系用刀形锯[3]，锯是从头内空腔中锯，观察到有的锯口不平，有弯形可证。通常从额下眉骨处锯开，后边到枕骨粗隆的上部，个别的锯处偏下。

这种刀形锯，见于甲骨文，作。甲骨文有俄字，像以锯断腿之形[4]，古代以锯断足为刖刑，是常见的刑罚，而以锯断头并不多见。唯《三国志·吴志·孙皓传》记载孙皓处死陈声“烧锯断声头，投其身于四望之下。”为此我们认为这些人头骨并不是用锯锯活人，而是以锯在活人被杀死或斩首之后，第二步加工时才用锯的。

当时死者究竟如何被处死断首的？其方法很多。一种为断首的伐，即以戈击头，杀人以祭，伐祭的牺牲多用羌人，甲骨文中常见“伐羌”。一种为以钺刑人，见于商末周初的青铜器铭文中很形象的是以钺斩断人头，这个字，或释、或释馘、或释刘[5]，当以后者为是。这是商代五刑中最重的一种刑法。一种为凿颠，颠即天，为人的头顶部分，《前汉书·刑法志》云：“秦用商鞅……增加肉刑、大辟。有凿颠、抽胁、镬烹之刑。”秦国刑法繁多，但《荀子·正名》云“刑名从商”，凿颠乃是沿用商代的刑法。但据这些人头骨观察，未见凿痕，估计这些死亡者不是被处以凿颠之刑。

还有一种处死人牲的方法，称为弹。《淮南子·齐俗训》：“胡人弹骨，越人契臂，中国歃血也……”许慎注：“胡人之盟约，置酒人头骨中，饮以相诅。”这种弹骨也见于《汉书·匈奴传》，其中记载呼韩邪单于以老上单于所破月氏王头为饮器，与汉使韩昌、张猛共饮血盟。胡是古代雄踞北方诸民族的总称，匈奴为胡中的一种。以人头骨作器皿饮酒，表示血盟。此处的弹与契、歃均为动词，意为抨击之意。弹在甲骨文中作以手执丸放在弓上引发之状，罗振玉解释弹是正确的。以泥丸或石丸弹人，如儿童所玩的弹弓，宣公二年《左传》记晋灵公“从台上弹人，而观其避丸也。”濮阳西水坡春秋排葬墓中发现有些阵亡战士头上中弹丸而死，弹丸仍在头骨之中。而在商代杀戮俘虏的方法有 15 种之多，其中有弹[6]。

甲骨文中关于弹祭人牲的记载有：

“其弹廿人”（掇一、三九二）

“羌弹五十”（后下六、七）

癸卯卜贞弹，“鬯”百、牛百……（前五、八、四）

癸亥卜宾贞羽（翌）丁卯，酒、弹牛百于丁（《粹》五二八）

弹在此恐不是以泥丸弹人、弹牛，此弹当为抨击人与牲，致死后取其头骨为器皿。

这些人头骨器皿的用途，据考古遗迹和文献记载可以做进一步分析。战国时，三家分智氏，赵襄子怨恨智伯，将智伯人头做器皿，记载如下：

1.《战国策·赵一》：“将其头以为饮器。”

2.《韩非子·难三》：“智伯……头为饮杯。”

3.《吕氏春秋·义赏》：“断其头以为觞”。高诱注：“觞，酒器也。”

4.《淮南子·道应训》：“破其头为饮器。”

5.《说苑·建本篇》：“破其头为酒器。”

6.《史记·刺客列传》：“漆其头以为饮器。”

7.《韩非子·喻老》：“漆其首以为溲器”。溲器乃是溺器。

以上，1 至 6 条为饮器，其中 3 至 5 条直接说明为酒器，而第 7 条则为便壶。这可能为传闻异词，据《史记·匈奴列传》所载，应为酒器。当然，第 7 条如解释为交感巫术的报复行为，也是有道理的。

然而从古代文献记载的多寡判断，仍以做饮器、酒杯更有说服力。据《史记·匈奴传》记载：“赵襄子逾句注而破并代以临胡貉。其后既与韩魏共灭智伯，分晋地而有之，则赵有代、句注之北。”赵襄子既然占有北方胡貉之地，当然会受其俗影响。其实，在黄河流域不少地方曾流行以人头的头盖骨为杯的风俗，在邯郸涧沟的龙山文化遗址中，在两个半地穴式的窝棚里共发现六具头盖骨，其中四具完整，两具残缺，并且两具女性头盖骨遗留有剥皮痕迹，并把头盖骨改制成杯子[7]。值得注意的是邯郸后来到战国时为赵国国都，赵襄子用智伯头做杯子是有古代遗风的。

有“历史之父”之称的希罗多德，在《历史》第四卷第六十五节记载斯基泰人，把敌人的头砍成碗形，其中穷人的头骨包上牛皮，富人的头骨贴上金箔，用来作饮器。其目的是为了告诉客人，证明自己的武勇。希腊人把散居在东欧、西伯利亚和中亚细亚的部落统称为斯基泰人，中国则将分布在河西走廊西端和天山南北的那部分称为塞人。当然以人头骨作饮器还见于匈奴、蠕蠕（柔然）、伯于勒克、党项族和藏族。藏族和蒙族还用人头骨头盖部分制成两面手鼓[8]。可以说这个风俗从新石器时代的龙山时期一直延续到近代。

由此可见，以人头骨做饮器，时代从龙山时期到商、周、汉代，沿续到近代，而地域则从中原到北方与西方的广大地域内。

所谓“中国歃血”，歃，《说文》训为“啜”，即饮，为口含血盟誓，侯马盟书与温县盟书的盟誓遗址出土有大量杀死的牛、羊骨骼，表明东周时盟誓已用牲血代替人血，南方越族地区直到汉代仍刻臂出血，进行盟誓，远较中原原始，乃以人血向神灵发誓或结盟。这同“胡人弹骨”的共同点均是用血进行血祭，区别仅在于用人血或用牲血。

二、人头骨的身份

我们再来看这些人头骨的身份，商城人头骨经古人类学家吴汝康先生现场初步鉴定，大部分为青壮年。另据体质人类学者对殷墟 191 个祭祀坑中的大部分人骨所作鉴定证实，武丁时期的人牲大多是被砍去头颅的男性青壮年，少数为接近成年的男性少年，未发现女性。而晚期的人牲，大多是成年女性和少年、儿童[9]。商城人头骨因为颅顶特征不突出，不便做人种考察，然而上述殷墟 191 个祭祀坑的鉴定可做参照。经他们鉴定：“体型上这种多种系成分，可以解释为殷人同四邻的方国部落征战时，掳获了不少方向来的异族战俘。”[10]尽管郑州商城人头骨沟堆积比安阳殷墟时代更早，我们也可以推论这些人头骨是从其他地方国俘虏的异族战俘。不仅如此，在商代，已发现的三千余条人祭卜辞中，绝大多数以俘虏为牲，杀祭俘虏以表达对战神、祖先保佑的感谢、报答和对阵亡将士的慰藉。

杀祭俘虏的方式很多，而杀祭俘虏的敌方首领却要与杀祭一般俘虏不同。古代杀祭敌方首领也并不是一件很平常的事，而是同原始宗教的巫术有关的。在墨西哥印第安人中，盛行杀祭和分食俘虏的敌方首领，因为“挖出他的心象征着部落及其他所代表之人民的独立生活的破灭”，“按食人俗的仪式而分散首领的则是象征它被吸收入这庞大的中央邦国中了。”[11]

商王国以其四周的方国为掠夺与征战的对象，战争中俘获的贵族、方伯，商王朝要举行隆重的献祭仪式，下面举出九例：

1. 羌二方白（伯），其用于且（祖）丁，父甲（《京津》四〇三四）
2. 其报三邦白（伯）于父丁（《明续》六二一）
3. 丁卯卜奚鲜白（伯）盟用于丁（《下》三三・九）
4. 用危方由于匕（妣）庚，王宾（《明续》六六九）
5. 其用羌方由于宗，王受又（佑）

羌方由其用，王受又（佑）（《甲》五〇七）

6. ……丑用于……又友……（《京津》五二八二人头骨刻辞）

7. ……且（祖）乙伐……人方白（伯）（明义士人头骨刻辞）

8. ……方白（伯）用……（《京津》五二八一人头骨刻辞）

9. 其……且（祖）丁册羌……其用“丝”（兹）

至母戊在妣辛必，其用由（《小屯南地甲骨》二五三八①③）

从上述 1~2 条卜辞可以看出用俘虏的西北少数民族的伯长为人牲祭祀商王祖先。

由乃《说文》“头会脑盖。”陈梦家先生说：“卜辞之象头壳之形，其义或为首脑，或为脑壳。”[12]至于盟字，乃是以手持头脑为壳，其下的皿字，乃是表示其脑壳实为器皿，甲骨文有字（后下三十・十七）郭沫若先生释盟，罗振玉、胡厚宣先生释血，又有释盟者[13]，其实，该字皿上乃头颅的俯视形，其人字缝为明显的标志，古代举行盟誓，必以人头骨饮器来歃血，全文中盟弘卣中的盟字，与现在的盟字更接近。不仅由字为脑盖，甲字，也为脑殼，《说文》引《大一经》曰“人头空为甲”，甲骨文为先公众上甲之甲，于省吾先生《释甲》中说“乃居上为首之义”，并引伯妇簋（《三代》六・三九）的，谓像武士右手执戈，左手执盾，首戴盔甲形，认为为首甲。其实，这个武士，上面乃是人头的夸张形象。史前时期猎头风俗，沿继时间长，在中国南方、东南亚和太平洋一些岛屿的土著民族中有不少实例。其目的之一，便是祖先崇拜，美拉尼西亚地区为敬祀列祖列宗，特地制作人象，间有嵌以先辈颅骨者，颅骨奉于特定的圣所，即男性会舍。美拉尼西亚人同时盛行首领崇拜，崇拜社会地位显赫、拥有权势的人物。认为他可以与强大有力的精灵相交通[14]。所以崇拜已故首领之灵，这种敬奉祖先与首领的表现，在商代则用甲来表示，上甲徽是卜辞中第一个以日为名的先公，对先公先王先妣的周祭从上甲开始，他应兼大宗之首。上甲父王亥不以日为名，名号上冠以鸟图腾的徽号，祭上甲以后男性祖先往往用砍头来祭的伐祭，对王亥也用伐祭。据《山海经》所谓“有易杀王亥取仆牛”，王亥客死他乡，只有上甲徽死在本族，上甲徽的后嗣世代为王，其后代为了祭祀他，尊称他为上甲，即至高无上的首领。

我认为此甲乃是空的人头的形象，而非盔甲的形象。由字本义为头脑，引申义为头领。上引九条卜辞，是以族名称其伯长等领袖人物，值得注意的是其族长或方伯的人头骨上还有刻辞，上面仅举三条人头骨刻辞，胡厚宣先生曾对笔者说他曾见过十一片，均刻在头上部，即眉骨以上。因多系碎片，我估计这些刻辞的人头骨也是用作饮器的。用敌人首领的头壳饮器饮酒，乃是一种报复的巫术，也是人头崇拜的一种间接反映。

三、人头骨与周围遗迹性质的推定

从商城人头骨沟堆积情况分析，这些人头骨、牲骨及灰土是由东向西倾倒的。其东边应是一处什么性质的遗址，这与人头骨饮器的用途相关。其东面为一建筑基址，未全部揭露，规模还不清楚，但在其东北方向大约几十米的地方，不久前我们商城工作站的同志配合建设工程发掘时，曾发现战国陶豆柄及个别盆内有“亳”字陶文二十八个，另有“亳丘”陶文三个。在此附近，过去还发现不少“亳”或“亳丘”陶文。而该处因上有建筑物所限未全面清理。但其附近，即商城东北角内，靠近北墙的东端，有一处遗址非常重要。该处遗址有六块大石块，中心的一块最高，四周又放五块。附近有狗坑与房基、烧坑。裴明相同志曾判断此处为一祭祀遗址[15]，这一判断是正确的。我认为此处不是一般的祭祀遗址，而是商城亳社的所在地。《淮南子·齐俗训》云：“殷人之礼，其社用石。”《周礼·春官宗伯》：“帅有司而立军社。”郑注：“社之主盖用石为之。”类似的商代社祀遗址在江苏铜山丘湾也发现过[16]。丘湾的商社经过俞伟超、王宇信、陈绍棣诸同志的研究，已经确定无疑[17]。在郑州这个社祀遗址附近出土战国亳字与亳丘陶文，足以证明此处即商代的亳社。

商城人头骨饮器与附近的建筑基址、与亳社有何联系，通常只有祖庙（或称为宗）和社（或称亳社）。《尚书·甘誓》和《墨子·明鬼》云：“用命赏于祖，不用命戮于社”。据郭沫若先生考证，殷周时期的祭祀仪式，通常“祭于内为祖，祭于外为社。”春秋时期咒他国被灭亡，总是说：“残汝社稷，灭汝宗庙。”（《国语·越语上》）

社为地母崇拜，属于自然神之列，祭祀社，在卜辞中虽有用人牲的[18]，有用御祭和𡲶祭来祭祀亳土（社）[19]的，大体为乞求除祸，降雨或停雨祈年求丰收等。我们从《左传》定公六年记载“阳虎又盟公及桓于周社，盟国人于亳社。”可见，亳社又为盟誓场所。《左传》昭公十年，“（鲁）平子伐莒取郠，献俘，始用人于亳社。”可见亳社，还是战胜敌人献俘告禽典礼，杀戮敌人首领的场所。加上前述不用命被刑戮的场所，社可以是举行杀人祭祀并且以人头做成饮器使用的礼仪场所。当然，这些商城人头骨饮器，应与东北方向的亳社有关系。

此外，由于商城人头骨沟附近为商城宫殿区所在，已经发现了不少宫殿，但因上面建筑物较多，不能大面积揭露，并不排斥，在未揭露的宫殿区内，在人头骨沟的附近，还可能有商的宗庙。商代重视祖先的祭祀，和周族一样也存在宗法制度，商代俘虏敌方异族首领，要在宗庙中祭告先祖，前引卜辞“其用羌方由于宗”可证。商代告禽称为“告执”或“升执”。

贞告执于南室，三牢（《邺三》下四四·十）武丁卜辞

其升执父甲于闼（《安明》一六七七）廪辛康丁卜辞

南室与闼是否与宗庙有关，待考，不能十分肯定，但周代的宫与庙是不分的，唐兰先生曾有详细论述。可以认为是宗庙性质的宫殿所在。西周初年的《“盥”鼎》铭云：“唯周公于征伐东尸（夷）。丰伯、専古（薄姑）咸搏（从张政烺先生释）。公归“禦”于周庙，戊辰，饮秦饮。”说明周公东征胜利后，曾经在周庙献俘，告禽，并且要饮酒。《敔簋》铭文记敔征讨南淮夷胜利归来后，“淮王十又一月，王各（格）于成周大庙，武公入右敔，告禽，馘百，讯卌”。这种甗捷仪式是在成周的大庙，而且以敌人的百枚首级献上。郭宝钧先生认为“对战败者采用断耳是周人的新创”[20]。然而凑够《敔簋》铭文“䚮（裁）首百，执讯卌”、《虢李子白盘》“折（斩）首五百，执讯五十”看，告禽之典礼上，应该是献上首级而不是耳朵，献耳朵乃是后起的事，敌人首级“馘”字较敌人耳朵“聝”字更加真实[21]。

根据以上分析，商人的宗庙所在地应在商城的东北角，今后考古发掘中应注意探寻踪迹。

四、结　语

综合前文所述，郑州商城发现的排水沟堆积的动物骨骼与人头骨是被遗弃的废物，而不是商代制骨手工业作坊的废料堆。人头骨被刀形锯锯成器皿，尽管商代斩首的刑杀方法有以戈击头，以钺刑人、凿颠和弹等，但据文献记载弹骨为用人头骨器皿饮酒，所以弹杀的可能最大。以人头骨作饮器之俗，不仅见于赵襄子以智伯头为饮器，还见于斯基泰人、匈奴等族，并且从黄河流域龙山文化时期起一直沿袭到近代。

从殷墟祭祀坑的人骨鉴定结果与商城人头骨的鉴定相比较，人头骨的身份为俘虏的异族战俘，从卜辞和人头骨刻辞来判断，向商人祖先杀祭敌方首领，并且用他们的脑壳具有原始宗教头骨崇拜的意义，也是实行报复的巫术手段之一。

商城人头骨饮器附近，出土有祭祀遗址、东周亳与亳丘陶文，而社除有免祸求丰收的土地神作用外，还是一种行刑、盟誓、献俘告执（或告禽）的场所，又根据该地为商城宫殿区，献俘告执（或告禽）有时要把敌人首级献到宗庙或到王宫向商王告捷，因此这百枚人头骨饮器又为判定亳社所在提供了佐证，为寻找商王宫宗庙提供了新线索。

---

[1]　河南省博物馆：《郑州商城遗址内发现商代夯土台基和奴隶头骨》，《文物》1974 年第 9 期。

[2]　1987 年 12 月 19 日，北京大学吕遵谔、黄蕴平先生参观此工地时，笔者请求他们对堆积上部容易看到的部分进行了鉴定。

[3]　云翔：《试论中国古代的锯（上）》，《考古与文物》1986 年第 3 期，99 页。

[4]　张政烺：《释甲骨文钺、隶、蕴三字》，《中国语文》1965 年，第 4 期，296 页。

[5]　陈佩芬：《一个刑人形字的认识》，《上海博物馆》集刊第 5 期，92 页。

[6]　姚孝遂：《商代的俘虏》，《古文字研究》第 1 辑，337 页。

[7]　北京大学等：《1957 年邯郸发掘简报》，《考古》1959 年第 10 期；严文明：《涧沟的头盖杯和剥头皮风俗》，《考古与文物》1982 年第 2 期。

[8]　陈星灿：《史前的猎头和断头葬》，《中国社会科学院研究生院学报》1989 年第 6 期，73 页。

[9]　韩康信，潘其风：《安阳殷代祭祀坑人骨的性别年龄鉴定》，《考古》1977 年，8 期，210 页。

[10] 韩康信，潘其风：《殷代人种问题考察》，《历史研究》1980 年，2 期，93 页。

[11] 杨景鹏：《殉与人祭》，《大路杂志》，第 13 卷，第 7 期。

[12] 陈梦家：《殷墟卜辞综述》327 页。

[13] 郭沫若：《殷契粹编》16 页下；胡厚宣：《商史论丛》四集一册，56 页；于省吾：《殷契骈枝续释高》。

[14]（苏）谢·亚·托卡列夫著，魏庆征译：《世界各民族历史上的宗教》，中国社会科学出版社，1985 年，79 页。

[15] 裴明相：《略谈郑州商代祭祀遗迹》，《中原文物》1987 年 2 期，112 页。

[16] 南京博物院：《江苏铜山丘湾古遗址的发掘》，《考古》1978 年 2 期。

[17] 余伟超：《铜山丘湾祭祀遗迹的推定》，《考古》1973 年 5 期；王宇信、陈绍棣：《关于江苏铜山丘湾商代祭祀遗迹》，《文物》1973 年 12 期。

[18] 郭沫若：《殷契粹编》一七、一八。

［19］“于亳土（社）御”，《殷契粹编》二十。“辛巳贞，而不既，其𡬛于亳土（社）”，《小屯南地甲骨》一一〇五。
［20］郭宝钧：《中国青铜时代》第219页。
［21］于省吾先生于《甲骨文字释林·释戠》谓馘为后起，恐非事实。

（原载《华夏考古》1992年第2期）

关于郑州商城的考古学年代及其若干问题

张文军　张玉石　方燕明

一、问题的缘起

自20世纪50年代中期郑州商城发现并被确认以来，有关这一城址的考古学年代、分期、性质等问题一直为学术界所充分关注，围绕这些问题不少学者发表了许多精辟的论述。应该指出：在讨论郑州商城的年代与分期时，鉴于二里岗遗址发掘年代较早，通常是以二里岗遗址的分期结果作为标尺来衡量的。二里岗遗址原作为一个普通的聚落遗址，要其全面、客观地反映郑州商城的发展演变已显十分不足。近年来由于郑州商城外城墙的发现，更可确认二里岗遗址仅仅是郑州商城范围内的一个聚落点，用它来全面衡量郑州商城的全貌，更显得先天不足。因此，有必要对郑州商城进行全面综合的研究，建立起自身的分期标准，并确定二里岗遗址在郑州商城中的地位。只有如此，才能全面客观地、符合实际地揭示屹立于中原腹地的规模宏伟的郑州商城的始建、繁荣、衰落乃至废弃的全过程，从而探讨郑州商城的性质及其在商代历史中的地位。我们认为：讨论郑州商城作为一代都城的性质时，应当对都城存在必须具备的基本要素进行全面、综合、细致的考察分析。都城必须具备的基本要素不外乎是城墙、宫殿、居民址、作坊区、墓葬区的综合。而宫殿更是王权的象征，是统治阶级进行重大政治活动须臾不离的必要场所，在讨论都城构成和存在的时候，尤应予以特别的注意。基于上面的认识，我们试图从全面考察已经发表的郑州商城田野发掘资料入手，特别注意审查它的宫殿的始建、年代、使用、废弃及其与其他各种遗存的关系，对它的考古学年代及分期重作分析，并进而探讨一些相关的其他问题。不妥之处，祈望方家指正。

二、郑州商城的考古学分期

学术界对郑州商城的考古工作已进行了四十年，积累了大量的田野考古资料，为我们深入研究郑州商城的考古学年代提供了可能，但就这些资料的整理发表而言，尚不能满足综合研究的需要。现仅就已发表的资料，我们拟从分析城墙、宫殿、作坊、窖藏、墓葬等具有代表性的遗存的典型地层和典型单位的器物组合、特点入手，探讨郑州商城的分期。

（一）分期的依据

1. 城墙

有关城墙的资料，主要依据已发表的郑州商城试掘简报[1]和发掘报告[2]。现综合郑州商城东城墙 CET7、南城墙 CST3 和 CST4、西城墙 CWT5、北城墙 C8T27 等探沟资料，将其层位关系整理如下（在叙述中，我们所用的二里岗上层、下层和洛达庙文化等称呼暂依原报告，下均同此）：

战国时期文化层
↓
二里岗上层文化层及房基和墓葬
↓
二里岗上层文化层及灰坑和墓葬
↓
商代夯土城墙
↓
二里岗下层文化小沟或南关外期文化层或洛达庙文化的坑、沟
↓
龙山文化层

（箭头所指为叠压或打破的层位，下均同此）

在上述层位关系中，郑州商代夯土城墙是介于二里岗下层之间，其始建年代既不应早于也不会晚于二里岗下层。

此外，有属于二里岗下层文化的墓葬 CNM1、C8M8、CWM7、CWM8、CWM9 和灰坑 CWH1 均打破城墙夯土（二里岗下层遗迹的所谓打破或叠压，其发生的位置均在城墙夯土内侧下部，而非城墙主体，一些二里岗上层遗迹亦有这种情况），还有属于二里岗上层文化的墓葬 CNM5、CNMl3、CNMl5、CEM5 等单位亦打破城墙夯土。

我们在《关于偃师尸乡沟商城的考古学年代及相关问题》[3]一文中，根据已公布的资料对尸乡沟商城进行了层位学和类型学的研究，将该城分作两期四段。通过对尸乡沟商城与郑州商城的比较研究后认为：两城无论在始建年代或废弃时间上均相近，而且相距不远，可比性较强。因此，我们认为尸乡沟商城的分期可以为郑州商城的分期研究树立一个可资比较的标尺。现依此标尺依次检查上述诸单位的包含物。

A. 郑州商城（简称“郑商城”）城墙下压南关外期灰沟（CST4⑥）中所出陶大口尊、罐（原报告图三六，1—4）[4]，其相当或略早于尸乡沟商城（简称“尸商城”）分期中的一期Ⅰ段[5]。

B. 郑商城城墙内（CET7⑤）所出陶盆、瓮（原报告图三八，5、6），相当于尸商城一期Ⅰ段。

C. 叠压郑商城城墙的二里岗下层文化层（C8T27④、CST3④）所出陶盆、浅腹盆、瓮（原报告图六，6、7、8），约同于尸商城一期Ⅱ段。

D. 打破郑商城城墙的二里岗下层墓葬：C8M8 的陶鬲、盆、豆、浅腹盆（原报告图一五，1—4），CWM7 的陶盆、鬲（原报告图一二，1、2），CWM8 的陶盆、豆、鬲（原报告图一四，1、3、4），CWM 9 的斝、盆（原报告图一六，2、3）等器物，均相当于尸商城一期Ⅱ段。

E. 打破郑商城城墙的二里岗上层墓葬：CNMl3 的陶鬲（原报告图二八），CNMl5 的

陶簋、假腹豆、鬲（原报告图二六 1—3），从其器物特点看，两墓年代约当尸商城二期Ⅲ段。CNM5 的陶簋、假腹豆、斝、鬲（原报告图二三，1—4）和 CEM5 的陶簋、豆（原报告图二七，1—3），其相当于尸商城二期Ⅳ段。

F. 郑商城二里岗上层文化层（CWT2、CET3、CET6）的陶鬲、瓮、甑、盆（原报告图二〇，1、2、3、9、10），相当于尸商城二期Ⅳ段。

由上述单位包含物得知，郑州商城城墙始建年代不早于尸商城一期Ⅰ段，亦不晚于一期Ⅱ段。

2. 外城墙

外城墙的资料很少，现仅就调查与试掘简报[6]介绍如次：

郑州商城南外城墙上所开 5 条探沟（CSOW86T1、T2、T3、T4、T5），综合其地层关系为：

黄土层 ⟶ 夯土层 ⟶ 垫土层 ⟶ 生土层

上述地层中，凡叠压夯土层的黄土或黄砂土层均为晚期堆积，如黄土层中有布纹瓦片。被夯土层所压的垫土和生土层中均未见包含物。夯土层内包含细绳纹砂质灰陶鬲片、粗绳纹砂质灰陶片、绳纹泥质灰陶片、褐灰陶簋圈足、细绳纹夹砂陶鬲片、泥质灰陶碗片，还有方格纹夹砂灰陶片和篮纹泥质灰陶片。从夯土层内包含物的特点看，外城始建早不过尸商城一期Ⅰ段，可能略晚。

3. 宫殿

有关郑州商城宫殿的资料已发表的有第 10 号夯土基址及周围遗迹、第 15 号夯土基址及周围遗迹、第 16 号夯土基址[7]，还有黄河医院、黄委会水文局、郑州变压器厂家属院等地的夯土基址[8]。这些宫殿遗迹主要分布于郑州商城内东北部，其中郑州变压器厂家属院的夯土基址是最靠南的一处。上述夯土基址的地层分别为：

第 10 号夯土基址（C8G10）地层：

战国文化层
↓
二里岗上层文化层
↓
二里岗上层文化壕沟(沟内有不少带锯痕的人头盖)
↓
二里岗上层文化夯土基址(C8G10)
↓
二里岗下层文化层和灰坑

上述地层诸单位包含物为：

A. 叠压 C8G10 的二里岗上层文化层中的陶大口尊、盆、瓮、鬲（原报告图四，1—3；图六，1、2），其年代相当于尸商城二期Ⅳ段。

B. 打破 C8G10 的二里岗上层文化壕沟出的陶盆、瓮、大口尊、鬲、罐、浅腹盆（原报告图五，1、5、3；图六，4、6、8、7、9），相当于尸商城二期Ⅳ段。

C. 被 C8G10 所压的二里岗下层文化层和灰坑出陶盆、罐、大口尊、瓮（原报告图九，1、3、2、5、7、4、8、6），相当于尸商城一期Ⅱ段。

由上述层位关系及包含物看，C8G10 的年代相当于尸商城二期Ⅲ段。

在C8G10周围还有一些夯土基址，它们之间的层位关系为：

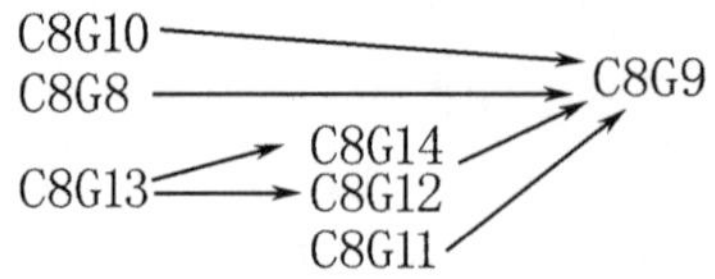

这些夯土基址均未发表包含物，现依其层位关系并参考原报告为其所定年代，暂将C8G8、C8G13划入尸商城二期Ⅲ段，将C8G14、C8G12、C8G11归入尸商城一期Ⅱ段，将C8G9放在尸商城一期Ⅰ段。

第15号夯土基址（C8G15）地层：

战国文化层
↓
商代文化层
↓
商代夯土基址(C8G15)
↓
洛达庙文化层

此外，C8G15分别被C8M36、C8H49、C8H50等单位打破。

前述单位的包含物为：

A. 叠压C8G15的商代文化层出陶捏口罐、鬲、罐、盆、簋、缸、瓮、假腹豆（原报告图二四，1、3、4、5、7、8、9、11、1 2），其相当于尸商城二期Ⅲ段。

B. 打破C8G15的C8H49出陶盆、鬲、捏口罐（原报告图二六，1—3），C8H50出陶浅腹盆、捏口罐、鬲（原报告图二五，1—4），这2座灰坑的年代相当于尸商城二期Ⅲ段。

C. 打破C8G15的C8M36出陶斝、豆（原报告图三三，1、2），相当于尸商城一期Ⅱ段。

D. C8G15夯土基址中出罐、盆（原报告图二七，2、4、5），其相当于尸商城一期Ⅱ段。

在C8G15附近有附属建筑的夯土基址（位于C8T55、60、61探方内），该基址被C8H44、C8H45所打破。这几个单位的包含物为：

A. C8T55、60、61夯土基址内出陶罐、瓮、盆、鬲、大口尊（原报告图三二，4、3、5、7、8），其年代相当于尸商城一期Ⅱ段。

B. 打破夯土基址的C8H44出陶鬲、罐、捏口罐（原报告图二八，1、2、4），C8H45出陶鬲、瓮（原报告图二九，1、2），其年代相当于尸商城一期Ⅱ段。

另外，在C8G15不远处还有一夯土基址（位于C8T62内），该基址被商代文化层所压。C8T62商代文化层出陶大口尊、捏口罐、瓮、鬲、豆、盆、浅腹盆（原报告图一五，1—3；图一六，2、3、4—6、7；图三一，1—3），其年代相当于尸商城一期Ⅱ段。因此，C8T62夯土基址的年代不应晚于叠压层，故将其定在尸商城一期Ⅰ段。

第16号夯土基址（C8G16）地层：

二里岗上层文化灰坑
↓
商代夯土基址(C8G16)
↓
二里岗下层文化层
↓
洛达庙文化层

这组地层中一些单位的包含物为：

A. 商代夯土基址（C8G16）出陶大口尊、瓮、罐、盆、捏口罐（原报告图一七，1、2、3、4、6、7、8），其年代相当于尸商城一期Ⅱ段。

B. 二里岗下层文化层出陶瓮、罐、大口尊（原报告图三四，2—5），其相当于尸商城一期Ⅰ段。

黄河医院夯土基址，该基址被战国文化层所压。未见发表有夯土基址内的包含物。根据该基址的圆形柱基槽与C8G16相似，暂将其年代定为尸商城一期Ⅱ段。

黄委会水文局夯土基址，该夯土基址包含少量的二里岗下层文化的绳纹陶片，其年代约相当于尸商城一期Ⅱ段。

郑州变压器厂家属院夯土基址地层：

战国文化层
↓
商代文化层
↓
商代灰色夯土层 ⎫
↓ ⎬（夯土基址）
商代红色夯土层 ⎭

在商代文化层中出有二里岗上层文化的陶长颈大口尊、折沿鬲、盆、罐、甗、器盖等，相当于尸商城二期Ⅲ段。

在夯土基址中包含有二里岗下层文化的细绳纹陶片，其年代相当于尸商城一期Ⅱ段。

4. 作坊址

作坊的资料包括铸铜基址、制陶基址和制骨基址等几个部分。

（1）铸铜

郑州商城的铸铜基址已发现两处[9]：一处为南关外铸铜基址，另一处为紫荆山北铸铜基址。

南关外铸铜基址地层以C5：3T301西壁为例：

农耕层（上层）→1甲层→1乙层→2层→3层→4层→5层

原报告将1甲和1乙层合称为中层（二里岗上层文化），将2—5层合称为下层（二里岗下层文化）。

中层所出的陶鬲、大口尊、盆、壶（原报告图四，1、6、12、17），相当于尸商城一期Ⅲ段。

下层所出的陶鬲、盆、罐、大口尊、缸（原报告图四，7、8、9、13、2），相当于尸商城一期Ⅱ段。

属于中层的遗迹有铸铜器的场地、熔铜炉残底和窖穴，下层遗迹仅见窖穴。但两层遗物中均有铜矿石、炼铜坩埚、炼渣、木炭屑、陶范等物。因此，南关外铸铜基址的使用至少开始于尸商城一期Ⅱ段，其结束期不应早于尸商城二期Ⅲ段。

紫荆山北铸铜基址的地层较简单，以 C15T11 东壁为例：

上层（农耕层）→中层（扰土层）→下层（二里岗上层文化）

下层出有陶折沿鬲、长颈大口尊、折沿深腹罐、浅盘豆、折沿盆（原报告图一四，1、3、4、6、12、17），其相当于尸商城二期Ⅲ段。

属于下层的遗迹有房基、铸铜场地、窖穴，其遗物有铜矿石、坩埚、木炭、炼渣、陶范等。由此可知，紫荆山北铸铜基址的使用年代当为尸商城二期Ⅲ段。

（2）制陶

郑州商城的制陶遗址位于铭功路西侧的第十四中学院内[10]。

铭功路制陶遗址地层以 T108 东壁为例：

耕土层→浅灰土层（人民公园期文化层）→H127→H129（二里岗中层）

H143（二里岗上层）→H135（二里岗中层）
↘
H155（二里岗中层）
H137（二里岗中层）→H138（二里岗下层）

在上述三组层位关系中，仅 H129 发表 1 件陶盆（原报告图五，9），H135 发表 1 件陶斝（原报告图一六，1），其均相当于尸商城一期Ⅱ段。其余单位未见发表器物。

以 H129 和 H135 代表的二里岗中层文化遗迹有房基、陶窑、白灰地面、储陶器坑、墓葬、灰坑等，遗物中有陶杵、陶拍、陶印模等制陶工具。因此，铭功路制陶作坊在相当于尸商城一期Ⅱ段时应为制陶业的兴盛期。

原报告中划入二里岗上层的灰坑 H104 出陶鬲、爵（原简报图二三，3、7），H126 出陶盆（原简报图二四，2），H147 出陶鬲（原简报图二三，4），其年代相当于尸商城二期Ⅲ段。属于这一时期的遗迹有陶窑、墓葬、灰坑，遗物有陶印模、陶杵等制陶工具。此时的铭功路制陶作坊已开始走向衰落。

（3）制骨

郑州商城的制骨遗迹有两处，一处为紫荆山北制骨遗迹[11]，另一处为东里路 1 号院制骨废料堆积[12]。

紫荆山北制骨遗迹，实为一竖井形窖穴，其中发现了大量的经锯、磨过的骨镞、笄等成品、半成品、骨料、废料和砺石等。该窖穴中出有二里岗下层文化的陶片。暂将其年代定为尸商城一期Ⅱ段。值得注意的是近年在经五路河南省保险公司工地发掘中，在属于二里岗上层的地层和灰坑之中有被锯过的废骨料很多，有牛、猪、鹿等骨头。此发掘点距紫荆山北制骨遗迹较近，或许未超出制骨遗迹废料堆积的范围。这一迹象表明此处制骨遗址的使用延续到二里岗上层。

东里路 1 号院的制骨废料，实为堆积在一条壕沟上部的人的头盖骨，这些头骨中有些有锯痕，此壕沟的地层关系及包含物的年代已在前文 C8G10 夯土基址部分作过介绍，其年代相当于尸商城二期Ⅳ段。

5. 窖藏

郑州商城窖藏青铜器有两处，一处为张寨南街窖藏[13]，另一处为向阳回族食品厂窖藏[14]。

张寨南街窖藏的2件铜鼎发现于直径约2米、深约6米的土坑内，同时出土的陶大口尊、鬲、罐、盆、簋、捏口罐（原报告图二，1、2；图三，1、3、4、5；图四，2、4）相当于尸商城二期Ⅲ段。由此看铜鼎的入藏年代也应与其相同。

向阳回族食品厂窖藏铜器坑地层：

1 农耕层→2 明代层→3 宋代层→4 宋代层→5 商代层→H1→H4
↘H2
↘H3

第5层出陶盆、折沿鬲、罐、瓮（原报告图五，1—4），相当于尸商城二期Ⅳ段。

H1为出13件青铜器的窖藏坑，坑内还出陶盆、大口尊、缸、罐、鬲（原报告图五，5、6、7；图九，6、7、9、10），相当于尸商城二期Ⅲ段。

H4出陶小口瓮、罐、大口瓮、大口尊（原报告图八，1、2、3、4），其相当于尸商城二期Ⅲ段。

H2出陶大口尊、深腹盆、鬲、瓮、鬲（原报告图六，1—5），相当于尸商城二期Ⅲ段。

H3出陶浅腹盆、鬲、捏口罐、斝（原报告图七，1—4），相当于尸商城二期Ⅲ段。

由H1窖藏的层位关系及包含物判定，该窖藏中青铜器的入藏年代应相当于尸商城二期Ⅲ段。

6. 墓葬

郑州商城周围有四处较大的墓葬区，分别是白家庄墓区、杨庄墓区、郑州烟厂墓区和人民公园墓区。在这四处墓葬区中均发现有铜器墓，铜器作为当时权力和财富的标志，拥有铜器的墓主人应该是郑州商城中有地位的贵族之一。另外，在北二七路、铭功路、东里路、二里岗等地都曾发现过铜器墓。

（1）白家庄墓区[15]

白家庄墓区地层为：

表土层→黄灰土层→M2→深灰土层→生土
黄灰土层↘M3↗深灰土层

黄灰土层出陶长颈细腹大口尊、折唇颈带同心圆鬲，其相当于尸商城二期Ⅳ段。

M2出铜罍、爵、盘、斝、鼎各1件（原简报图版十二、十、十三、七、四），M3（墓中有一人殉）出铜鼎1、鬲鼎2、斝2、罍1、觚2、爵1（原简报图版五、六、八、十一、十四、十五、九），这两座墓的年代相当于尸商城二期Ⅲ段。

深灰土层出陶短颈粗腹大口尊、卷沿绳纹鬲，其相当于尸商城一期Ⅱ段。

白家庄墓区以M2和M3为代表的20余座墓葬均为二里岗上层时期的，也就是说在相当于尸商城二期Ⅲ段的时候，这一带是郑州商城的一处墓地。

（2）人民公园墓区[16]

该墓区已发现商墓19座。其地层关系为：

晚期层→M15→H6(早期坑)
↘
3座殷墓

晚期层中出陶矮足鬲、腹底内缩簋等，其年代相当于殷墟文化时期。

殷墓中的随葬品有陶大口罐、罍、簋、豆、壶、鬲（原简报图五、六）。

M15（墓中有一人殉）出玉璜、玉戈、铜戈以及殉狗骨（原报告图二、八）。M15 及一些墓的年代相当于尸商城二期Ⅳ段或更晚。

早期灰坑 H6 出陶大口尊、周壁近直的簋、鬲颈带圆圈纹且高足，其相当于尸商城二期Ⅲ段。

另外，M25 的地层为：

殷商文化层→晚期灰坑→M25→早期文化层

殷商文化层中出陶厚胎矮足浅腹鬲。

M25 出铜爵、刀、镞、陶斝、盆、釉陶尊，其相当于二里岗上层文化。骨、玉饰等（原简报图）。

早期文化层出陶薄胎高足细绳纹鬲、斝、盆，其相当于二里岗上层文化。M25 的年代应该与早期文化相同。

以 M15 和 M25 为代表的人民公园墓区，是郑州商城相当于尸商城二期Ⅲ、Ⅳ段时期的又一处较重要的墓区。

（3）铭功路墓区[17]

该墓区已先后发现 10 余座商代墓。以 M2 和 M4 为代表。

M2→H21（二里岗下层文化）

M2 出釉陶尊、铜鼎、斝、觚、爵等（原简报图二，1、2、7、8、15、16），其相当于尸商城二期Ⅲ段。

H21 出陶甑、盆、瓮（原简报图八，1、2、3、5、6、7），其相当于尸商城二期Ⅲ段。

M4→二里岗灰坑

M4 出铜爵、觚各 1 件（原简报图二，3、10），其相当于尸商城二期Ⅲ段。

另外，在 M146、M148（腰坑内一狗）中也分别发现铜鼎、铜爵，其年代均为二里岗上层文化。

由此可见铭功路西侧也是郑州商城一处较重要的墓地。

（4）北二七路墓区[18]

在该墓区发现 3 座商墓，其地层以 T1 剖面为例：

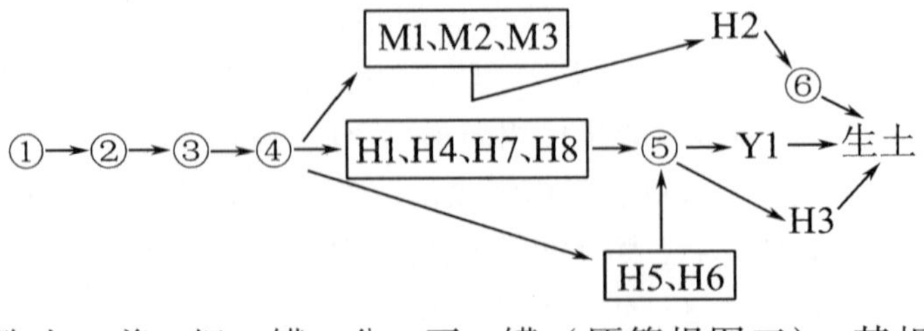

T1④层出有陶大口尊、捏口罐、盆、鬲、罐（原简报图三），其相当于尸商城二期Ⅳ段。

H1、H4、H7、H8出有陶盆、大口尊、瓮、鬲足、罐、簋、小口尊、缸、甗、原始瓷片等（原简报图四、五、六、七），其相当于尸商城二期Ⅲ段。

M1（腰坑一狗）出铜鼎、斝、爵、觚、刀以及石器、骨器、玉器等（原简报图一七、二〇、二一、二二），M2（腰坑一狗）出铜斝、爵、觚、刀和玉、石器及硬陶尊（原简报图二三、二四、二五），M3无随葬品，在填土中见二里岗文化绳纹陶片。这3座墓的年代大体相当于尸商城二期Ⅲ段。

H5出有陶缸、罐、盆、鼎、大口尊、瓮、鬲（原简报图九），H6出有陶小口尊、瓮、盆、大口尊、罐、缸（原简报图一〇），其年代相当于尸商城一期Ⅱ段。

T1⑤层出有陶缸、小口尊、瓮、盆、罐、鬲、大口尊（原简报图八），其相当于尸商城一期Ⅱ段。Y1中仅见细绳纹陶片，时代同T1⑤层。

H2出有陶罐、瓮、豆、碗（原简报图一二），H3出陶罐、觚形器、单耳杯（原简报图一三），T1⑥层出有陶折腹盆、瓮、碗、罐、斝、杯（原简报图一一），从T1⑥和H2、H3所出器物看，大多与龙山文化煤山一期陶器相近，少数与二里头一期文化相近，故T1⑥、H2、H3约为煤山一期向二里头一期文化过渡的煤山二期文化。

北二七路的墓与铭功路、人民公园等地墓以及张寨南街窖藏均相距不远，这一带应是郑州商城的一处重要的墓地。

（5）杨庄墓区

杨庄墓区位于郑州商城东南城角外不远处。在这一带先后发现几件青铜器，有×纹鬲2件、弦纹鬲1件、饕餮纹爵2件（《河南出土商周青铜器》图版四二、四三、四四、六〇、六四）[19]。据学者研究有属于二里岗上层文化的弦纹鬲、饕餮纹爵，亦有二里岗下层文化的×纹鬲[20]。可见杨庄墓区至少经历了相当于尸商城一期Ⅱ段至二期Ⅲ段两个时期。

（6）郑州烟厂墓区

在该墓区仅发现几件青铜器，均为饕餮纹斝（《河南出土商周青铜器》图版四七、五三）[21]。这2件铜斝的年代均为二里岗上层文化。暂将此墓区的年代定在相当于尸商城二期Ⅲ段。

（二）分期的意义

通过对郑州商城具有代表性的城墙、宫殿、作坊、窖藏、墓葬等遗迹的典型地层及单位的考察，并参考尸乡沟商城的分期，将郑州商城分为前后紧密相连的两期四段（参见表一，郑州商城分期表），它可以较为清晰地勾勒出郑州商城的发展轮廓。

郑州商城城墙及近年发现的南、西外城墙均始建于一期Ⅰ段，属于同一时期的还有2座小型宫殿即C8G9和C8T62夯土台基。

郑州商城一期Ⅱ段为该城的繁荣期，城墙继续使用，以C8G15和C8G16为代表的一批大型宫殿在城内建成并投入使用，近年来新发现的黄河医院、黄委会水文局、郑州变压器厂家属院等夯土基址也都是这一时期的。城外的南关外铸铜基址、铭功路制陶遗址、紫荆山北制骨遗迹等手工业作坊中均有属于这一阶段的遗存，杨庄墓区中亦有此时的墓葬。但需要指出的是：属于这一时期的墓葬较少，在已发现的郑州南城六处墓区中仅有杨庄一处。若以墓葬的多寡能在一定程度上反映出当时当地的人口数量的话，似乎此时郑州商城的居民并不很多。

郑州商城二期Ⅳ段为该城持续繁荣的时期，城内宫殿以C8G10为代表。城外有南

表一　郑州商城分期表

分期		城墙				外城墙		宫殿						作坊					窖藏		墓地						备注
单位		东城墙	南城墙	西城墙	北城墙	南外城墙	西外城墙	C8G10及周围遗迹	C8G10及周围遗迹	C8G16	黄河医院夯土基址	黄委会水文局夯土基址	郑州变压器厂家属院夯土基址	铸铜：南关外遗址铸铜基址	铸铜：紫荆山北铸铜基址	制陶：铭功路制陶	制骨：紫荆山北制骨遗迹	制骨：东里路1号院制骨废料堆积	张寨南街大铜鼎坑	向阳回族食品厂铜器坑	白家庄墓区	人民公园墓区	铭功路墓区	北二七路墓区	杨庄墓区	郑州烟厂墓区	
第二期	第Ⅳ段	第3层叠压4、5层（城墙夯土）CEM5打破5层（城墙夯土）			CEM5打破5层（城墙夯土）													有				有					
第二期	第Ⅲ段				CNM13、CNM15打破5层（城墙夯土）			C8G8、G10、G13						有	有	有	有		有	有	有	有	有	有	有	有	本段层、坑、墓叠压或打破城墙的位置均在城墙夯土内侧
第一期	第Ⅱ段		第4层叠压5层（城墙夯土）	第5层和CWH1、M7、M8、M9叠压或打破6层（城墙夯土）	C8M8打破5层（城墙夯土）第4层叠压5层（城墙夯土）			C8G11、C8G12、G14	C8G15、C8T55、60、61夯土台基	G8G16	有	有	有	有		有	有								有		此段层、坑、墓所谓叠压或打破城墙者均发生在城墙内侧下部而非城墙主体上
第一期	第Ⅰ段	夯土包含物为此段	未发表夯土包含物			有	有	C8G9	C8T62夯土台基																		

关外铸铜基址、紫荆山北铸铜基址和制骨遗址、铭功路制陶遗址等作坊，可能与祭祀有关的张寨南街大铜鼎、向阳回族食品厂铜器窖藏均属此期。城外的白家庄、人民公园、铭功路、北二七路、杨庄、郑州烟厂等六处墓区都有这一时期的墓葬，如仅从所发现墓葬的数量来推测，此时的郑州商城的居民是比较多的。它与商代前期历史上的高度繁荣期是相一致的。

郑州商城二期Ⅳ段，此城经历了自始建到兴盛之后在本期开始衰落且不久便被废弃。城墙被本期的文化层、壕沟、墓葬等遗迹所叠压和打破，城内尚未见一座这一时期的宫殿，城外作坊大都废弃，仅在城内今东里路1号院的一条壕沟里发现制骨废料堆积，城周围的六处墓区内已见不到属于该期的墓葬，种种迹象表明郑州商城辉煌的一页已成为历史。它可能反映出商代历史由盛而衰的自早期向中期的转折，这一真实内涵还有待深入探讨。

三、郑州商城的考古学年代与性质

（一）年代的判定

现根据已有的材料讨论郑州商城的相对年代和绝对年代。

郑州商城相对年代：

郑商城一期Ⅰ段，属于本段的陶器出自城墙夯土内或被城墙所压的灰沟中[22]。出自郑商城城墙夯土内的CET7盆（原报告图三八，5）与尸商城D5H25井下：32盆[23]（原简报图八，14）相同，并和二里岗H9∶354盆[24]（原报告图柒，2）相似，CET7瓮（原报告图三八，6）与尸商城D5H26井下∶9高颈罐（原简报图八，6）相似；出自郑商城城墙下灰沟的CST4∶6大口尊（原简报图三六，1）与尸商城D5H25井下∶46（原简报图八，15）相同，CST4罐（原报告图三六，2）与尸商城D5H25井下∶40圆腹罐（原简报图八，16）相同。尸商城五号宫殿的水井D5H25（井下）和D5H26（井下）均属尸商城一期Ⅰ段，因此，郑商城的始建年代应与尸商城一期Ⅰ段或二里岗下层文化早段的H9的年代相当。

郑商城一期Ⅱ段，属于城墙的材料[25]：CWM8∶1盆（原报告图一四，1）与二里岗H3∶37盆[26]（原报告图柒，8）相同，CWM8∶4爵（原报告图一四，2）与二里岗H18∶14爵（原报告图伍，7）相同，CWM8∶3豆（原报告图一四，3）与二里岗H17∶113豆（原报告图陆，5）相同，CWM8∶2鬲（原报告图一四，4）与二里岗H17∶118鬲（原报告图壹，2）相同，CWM9∶2斝（原报告图一六，2）与二里岗H17∶38斝（原报告图伍，3）相同。属于宫殿的材料[27]∶C8G16大口尊（原报告图一七，1）与二里岗H14∶75大口尊（原报告图拾壹，2）相同，C8G16瓮（原报告图一七，2）与二里岗H14∶83瓮（原报告图拾叁，5）相同，C8G15罐（原报告图二七，2、4）与二里岗H12∶52罐（原报告图拾，3）相似，C8G15盆（原报告图二七，5）与二里岗H3∶37盆（原报告图柒，8）相似，C8T55、60、61夯土台基的瓮（原报告图三二，3）与二里岗H2甲∶334瓮（原报告图拾伍，5）相同、大口尊（原报告图三二，8）与二里岗H2甲∶328大口尊（原报告图拾贰，1）相似。以二里岗H2甲为代表的单位是二里岗下层文化晚段的遗存，因此，郑商城一期Ⅱ段的年代应与之相当。

郑商城二期Ⅲ段，属于本段的城墙材料[28]：CNM15∶4 簋（原报告图二六，1）与二里岗 H1∶21 簋[29]（原报告图陆，4）相同，CNM15 鬲（原报告图二六，3）与二里岗 H2 乙∶228 鬲（原报告图壹，7）相似，C8M10∶1 豆（原报告图二五，1）与二里岗 H13 乙∶21 豆（原报告图陆，10）相似，C8M10∶2 爵（原报告图二五，2）与二里岗 T31∶1 爵（原报告图伍，10）相同，C8H21∶3 鬲（原报告图二四）与二里岗 H2 乙∶220 鬲（原报告图壹，6）相同，CWT2∶6 甗（原报告图二〇，5）与二里岗 H1∶39 甗（原报告图肆，2）相同。以二里岗 H2 乙为代表的单位是二里岗上层文化遗存，因此，郑商城二期Ⅲ段的年代亦应与之相同。

郑商城二期Ⅳ段，本段的城墙材料[30]：CNM5∶4 斝（原报告图二三，3）与白家庄中层斝[31]（原简报插图 10）相同，CNM5∶3 鬲（原报告图二三，4）与白家庄中层鬲（原简报插图 13）相同，CNM5∶7 爵（原报告图二三，5）与白家庄中层爵（原简报插图 17）相同，CEM5∶5 簋（原报告图二七，1）与白家庄中层簋（原简报插图 16）相同，CEM 5∶1 豆（原报告图二七，3）与白家庄中层豆（原简报插图 15）相同。白家庄中层遗存的年代稍晚于二里岗上层文化，那么，郑商城二期Ⅳ段的年代也与之相同。

郑州商城绝对年代：

有关郑州商城的^{14}C数据已公布的很少。现看郑州商城东城墙的 2 个^{14}C数据[32]：标本 ZK—178，来自 CET7⑤（城墙夯土层），其^{14}C数值为 3330±95 年，树轮校正 3570±140 年。标本 ZK—177，采自 CET7③（即压在城墙内侧的二里岗上层文化灰土层），^{14}C数值为 3310±95 年，树轮校正 3545±110 年。由此可知：郑州商城始建于公元前 16 世纪初叶，正当商代纪年之内。郑州商城大体与尸乡沟商城并存。

（二）郑州商城的性质及历史地位

郑州商城规模宏大，布局有序，无可置疑是我国奴隶社会繁荣时期的一座繁华都市，是当时殷商王朝的政治、经济、文化中心。根据历史文献记载和考古发掘成果，我们认为：它很有可能是仲丁所迁的隞都。

在讨论郑州商城作为一代王都的性质的时候，我们不打算再作只有只言片语留传于世的历史文献记载的考证，我们认为：应当把郑州商城放在整个商代历史更广阔的视野内予以考察。

首先，应当对郑州商城发展过程中的不同时期及其在商代历史中的不同地位加以缜密区别。换言之，郑州商城在其前后不同阶段的发展过程中承担着不同的社会功能。偃师尸乡沟商城和郑州商城的比较得出的结论可以给我们深刻的启迪。

我们在《关于偃师尸乡沟商城的考古学年代及其相关问题》一文中曾经将郑州商城和尸乡沟商城多方比较研究后得出结论：两城始建年代相近、废弃时代略同、相距不远、同时并存。但是两座城址经历的繁荣和衰败，高潮和低谷期是互相交错的。都城是一代王朝的政治中心，宫殿建筑是体现王权统治的最主要标志。由本文表一可知：在商城的一期Ⅰ段，虽然稍晚筑起了雄伟的城墙建筑（城墙夯土内出土有一期Ⅰ段的包含物），但作为都城存在必需的政治活动的场所——宫殿，却仅有 C8G10 周围的附属建筑 C8G9 和 C8G15 周围的 T62 内的夯土台基，两者均为小型夯土建筑台基，并不具备构成都城必需的大型宫殿建筑的条件。再看此时的尸乡沟商城，不仅筑起了城墙，并且在城内建筑了以四号宫殿、五号下层宫殿为代表的大型宫殿建筑群，经历着它的高度繁荣，具备有作为一代王都的基本内涵。而在尸乡沟商城遭受着五号下层宫殿的废弃，西二号城门的停用并被封堵的阵痛时，郑州商城却在它的东方崛起，迈步走向它的辉煌。在郑商城一期Ⅱ段，郑州商城的东北部矗立着规模巨大的宫殿建筑群，建起了如 G11、G12、G14、G15、G16 和黄河医院、黄委会水文局、郑州变压器厂家属院内夯土台基等一大批蔚为壮观的大型宫殿建筑。显然，它已基本具备了作为一代王都的条件。有必要指出，这些（近年来有一些发现证明还不仅这些）建筑极有可能不是同时起建的，它们应该具备有早晚的细微差别，这一差别的详细区分，对于探讨郑州商城的性质将大有裨益。但受目前发表资料的限制，我们还无法详细地将这种差别客观地揭示，尚期待今后商城资料的全面发表和深入研究。

由表一分析郑州商城的平面布局，在商城的二期Ⅲ段是它的持续高度繁荣期。本期商城范围内新建了 G8、G10、G13 等大型宫殿，城外的南关外、紫荆山铸铜作坊炉火熊熊，铭功路制陶作坊，紫荆山北的制骨作坊等手工业生产蓬勃发展，张寨南街和向阳回族食品厂两批窖藏铜器充分表明这一阶段青铜铸造业的高度发达的水平。白家庄、人民公园、杨庄、郑州烟厂、铭功路、北二七路的墓葬区大量的这一时期的商人墓葬，表明这一阶段郑州商城不仅铸铜、制陶、制骨等手工业生产生机勃勃，而且人口显然大量增加，城区经济、文化高度繁荣，是商城历史上的大发展时期。相比之下，西方的尸乡沟商城城墙虽经修补，并新建了五号上层宫殿，而四号宫殿于此时废弃，地位显然今非昔比，预示着商代历史由盛而衰的重大转折即将到来。

两城发展过程的客观揭示，使我们有理由得出这样的结论：郑州商城和尸乡沟商城这两座东西并立的大型城址，在各自不同的发展阶段分别具有不同的社会功能。夏末，商汤向夏王朝统治的心脏河洛地区进军灭夏，旋在夏腹心地区建都，即今偃师尸乡沟商城史称之为“西亳”，开创了商代历史的新纪元。而尸乡沟商城作为商代前期都城的时间，由其宫殿建筑分析，当在以四号宫殿和五号下层宫殿为代表的商城一期Ⅰ段。此后在商城一期Ⅱ段，尸乡沟商城尽管仍有四号宫殿的继续使用，但似乎已不具备一代都城的条件。与此同时，东方的郑州商城崛起，大型宫殿建筑群始建并投入使用。其作为一代都城的条件已然具备。在讨论郑州商城的性质的时候，我们就是从这一认识出发的。郑州商城作为一代都城的时间，不在始建城圈之时，而在一期Ⅱ段之间，其作为都城持续的时间大致在一期Ⅱ段和二期Ⅲ段。

那么，郑州商城始建之初，既非作为都城建造这么一座规模巨大的城址，又作何用？换言之，在郑州商城作为都城之前，它在商代前期历史中，究竟处于一种什么样的历史地位呢？我们认为：它当与商人经略东方的战略有着密切的关系。

整个有商一代北方相对平静，南方则无战事，显然与南方无劲敌有关，商人的主要对手在东西两面，而以东面的战事最为频繁。据《古本竹书纪年》“仲丁即位，征蓝夷”，河亶甲“征蓝夷，再征班方”。《后汉书・东夷传》亦载：“至于仲丁，蓝夷作寇，或畔或服。”。蓝夷、班方的地望，据丁山《商周史料考证》以为即汉之东海郡境，大约在今山东境内的枣庄、郯城一带。商代中晚期的频繁迁都，既可能与商王室内乱有关，而考察商人迁都路线，似乎不惟是怀旧地而归故里，而是向东开拓，随时在新开辟的东方夷人疆域内建都，以扩大自己的统治范围。自仲丁以后，河亶甲迁相一般认为在今河南内黄县境，而丁山先生则考定为应即今皖北的萧县、宿县之间的沛郡相县。祖乙居庇，《史记・殷本纪》作邢，《书序》作耿。有谓此三名为一地者。邢据王国维考证地在河内怀城，而丁山以为邢、耿可说音近字通，耿、庇则音形俱远，似不能并为一谈，庇地考定为春秋鲁国的费县，地当今山东鱼台县西南，南庚自庇迁奄，奄地无异辞，一般认为在今山东曲阜境，商代中期数王迁都之地大致在今山东洙、泗流域当不是一个偶然的孤立的事件。它说明始自仲丁的征伐蓝夷、班方的余烬复燃，战争一直未曾停息。至盘庚徙殷，重新回到商人先公故地，或许并非因东方其地卑湿不宜生活，而是因东方战争经百十余年基本结束，商人在东方的统治基本得以稳固有关。而至商代晚期东方仍不平静。《左传·昭公四年》："商纣为黎之蒐，东夷畔之"。《左传·昭公十一年》："纣克东夷而陨其身"。但商人的东方战争似集中于淮河流域，卜辞所记"征人方"、"伐虎方"可资为证。而其最重要的战争对象则在西方，殷墟卜辞中的许多记载证实了这一点。

由上面的分析，我们初步认为：郑州商城始建之初，与商人的东进战略有密切关系，抑或可言商人在南下灭夏之后，作为开国之君和一代明主的商汤即清醒地认识到东方面临的强大对手是对其统治的重大威胁，因偃师其地偏西，不宜与东方的强大敌人争战，因此在建都尸乡沟稍后，即在郑州建造规模宏大的城池，一方面为巩固商人的东部阵地，另一方面是为将都城东移作准备，以进行东方的战争。这种推测，我们也可从对考古资料的分析和夏代历史中略见一斑。

郑州商城内外普遍存在着洛达庙文化的堆积层。学术界对洛达庙遗存的性质早有定论，认为它属于二里头文化的范畴，即应是夏部族所创造的夏文化。从《左传》、《史记》、《国语》等历史文献中的零星记载可知：主要活动于今伊洛地区和豫中一带的夏部族与东夷集团关系十分密切。夏初"太康无道"、"夏政凌迟"，因而失国。夷族有穷氏首领羿"因夏民以代夏政"。而后羿代夏后，夏后相逃至同姓斟灌氏那里避难，寒浞代羿，灭斟灌、斟鄩，杀帝相，其时，相纪后緍以有孕之身，逃归有仍，生少康，少康为有仍牧正，寒浞更使其子求杀少康以斩草除根，少康逃奔有虞氏为庖正，有虞氏"妻之以二姚，而邑诸纶，有田一成，有众一旅"，更有夏遗臣逃奔有鬲氏的靡联合二斟残余力量，灭浞复国，史称"少康中兴"。由此段历史可知：东方夷人的力量是强大的，它既可颠覆夏之政权，也可扶持夏之政权，而且夏部族与东夷既有婚姻关系，也是政治联盟。这一现实不能不对新生的商王朝构成重大威胁，商在开国之初即考虑对东方的战事，是完全可能的。郑州商城始建之初，正是作为充当商人东进战略的桥头堡并为其将都城东移作准备而存在的。尸乡沟商城的平面布局与郑州商城比较，其军事防御的色彩更为浓厚，应与镇压夏人的反抗有关。而至商代仲丁前后，经百十年经营，夏人的反抗逐渐平息，夏商文化逐渐融合，商人积聚了强大的政治、经济力量，使其东进战略有了强大的物质基础，并成为可能。这时，仲丁一代乘机东进，迁都于隞，旋即征伐蓝夷，再征班方，正式揭开商代中期百十余年东向经略的序幕。这就是郑州商城最终成为一代王都的历史背景。近期，学术界对郑州南关外遗存的性质讨论颇为活跃，李伯谦先生撰文认为：南关外类型（以下层为代表）不可能是二里岗下层早段先商文化的直接前驱，而有可能是夏之某一与国的文化[33]。安金槐先生认为：它可能是来自淮河流域的另一种文化[34]。这种逐渐形成的共识，为郑州商城即仲丁所迁隞都说提供了考古学上的依据。

四、有关若干问题的讨论

郑州商城与周围的洛达庙遗址、南关外遗址、二里岗遗址、白家庄遗址和人民公园遗址的关系历来众说纷纭，现拟就有关问题谈一些我们的认识。

（一）郑州商城与洛达庙遗址的关系

洛达庙遗址位于郑州商城西面约 7 公里处（今郑州电缆厂），遗址西临贾鲁河，东有金水河。遗址面积约 3 万平方米。1956 年—1958 年，分别进行了三次发掘[35]。洛达庙地层为：

T65 东壁剖面：

① （耕土）→H304（洛达庙三期）→② （洛达庙二期）

① （耕土）→H303（洛达庙三期）→② （洛达庙二期）

T58 东壁剖面：

① （耕土）→② （洛达庙二期）→H248（洛达庙一期）

洛达庙报告认为：洛达庙一期约与偃师二里头文化二期大体相同，洛达庙二期与偃师二里头文化三期相近，洛达庙三期和偃师二里头文化四期相当或稍晚。学术界一般认为二里头文化遗存，根据文献记载和它所反映的社会形态，它应是夏部族所创造的夏文化。郑州商城已被学术界公认为是商代前期的都城，那么，郑州商城文化与洛达庙遗址的关系，其实质应该是夏商文化的关系。值得提出的是洛达庙三期中有些陶器的特征与二里岗下层文化相近，如洛达庙 H340∶4 盆（原报告图二八，1）与二里岗 H9∶354 盆（原报告图柒，2）相似，洛达庙 M24∶1 斝（原报告图二七，5）与二里岗 H9∶362 斝（原报告图伍，4）相似，洛达庙 H97∶12 甑（原报告图二七，3）与二里岗 H9∶368 甑（原报告图叁，3）相似。由此可见洛达庙三期中稍晚遗存的时间接近二里岗 H9 的年代，这部分遗存的性质应该仍然属于夏文化，但应是夏部族所创造的，其年代范围已超出夏代纪年之外且较多地吸收和融合了商文化因素的夏文化，即夏遗民文化遗存，它们的存在似乎表明“殷因于夏礼”的夏商文化之间继承和发展的历史脉络。

（二）郑州商城与南关外遗址的关系

南关外是指郑州旧城的南城墙以南，陇海铁路以北，二里岗大道以西和南关大街与新郑公路以东的地区。这里是郑州商城近郊一处重要的遗址。1952 年—1955 年，先后在此地进行了几次发掘[36]。南关外遗址地层以 T95 为例：

耕土层→第 1 层（战国）→第 2 层（二里岗上层）→第 3 层（二里岗下层）→第 4 层（早于二里岗下层）

南关外第 4 层在报告中又称中层，该层发现于大壕沟的下部，遗存很少。陶器以厚胎敛口鬲、敞口细腰胖袋足甗、敞口细腰弧裆斝、有流无尾圜底或平底爵、敛口短颈鼓腹瓮和圆饼形器盖为代表（原报告图六）。报告认为：南关外下层的遗物，是具有显著早期特征的。

南关外第 3 层又被称为中层，遗迹有窖穴、猪骨架等。陶器以敛口卷沿细绳纹鬲、敛口卷沿细绳纹甗、敞口高颈袋足斝、有流尾平底爵、敞口短颈大口尊、高颈小口尊、敛口鼓腹圜底盆、粗圈足豆、长颈鼓腹敛口瓮、敞口鼓顶器盖和浅腹盆为代表（原报告图一一、一二）。中层的年代与二里岗下层文化相同。

南关外第2层亦称上层，遗迹有窖穴、人骨架、猪骨架等。陶器以敛口折沿粗绳纹鬲、敛口折沿粗绳纹甗、敛口凸肩斝、有流无尾爵、敞口长颈大口尊、敛口折沿粗绳纹砂陶罐和敛口厚唇小口尊为代表（原报告图一六、一七）。上层的年代与二里岗上层文化相当。

南关外遗址中的中、上层遗存均与郑州商城大体处于同一时期，其应该是郑州商城郊外的一处村落遗址。值得注意的是南关外下层遗存，有学者指出："可见南关外下层确实较早，其作为早于二里岗下层早段的一期和一个新的类型是可以成立的。……南关外型有可能就是夏之某一与国的文化遗存。"[37]我们基本同意这种意见。

（三）郑州商城与二里岗遗址的关系

二里岗位于郑州市区东南部，距郑州商城东南城角约1000米。二里岗东西长1500米、南北宽600米、高出附近地面5—6米。遗址即位于岗上。1953年发掘商代灰坑24个、墓葬3座，发掘报告已出版[38]。其地层以T51探沟和H2甲、H2乙灰坑为例：

1层（农耕土）→2层（二里岗上层）→3层（二里岗下层）

H2乙（二里岗上层）→H2甲（二里岗下层）

报告依据T51②，H2乙和T52③、H2甲内所包含陶器特征的不同（原报告表三，二里岗上、下层出土主要陶器比较表），将其分作上、下两层。

属于二里岗下层的灰坑有：H1、H2乙、H5、H6、H11、H13甲、H13乙、H20、H21、H22共10个。

属于二里岗下层的灰坑有：H2甲、H3、H4、H7、H9、H10、H12、H14、H15、H17、H18、H19、H23、H24共14个。

二里岗上层陶器以折沿粗绳纹鬲、敛口折肩中粗绳纹斝、折沿中粗绳纹甗、折沿深腹中粗绳纹罐、矮领中粗绳纹瓮、敞口长颈折肩大口尊、折唇束颈圜底尊、浅腹盆、假腹豆为代表。

二里岗下层陶器以卷沿细绳纹鬲、敞口细绳纹斝、敞口细绳纹甗、细绳纹深腹罐、高领细绳纹瓮、短颈凸折肩大口尊、卷沿平底尊、深腹盆、深腹圈足带十字镂孔豆为代表。

在属于二里岗下层的H9内出的H9∶36鬲为圆唇外卷、陶胎较薄、绳纹细似线纹，H9∶368甑底残存3个桂叶形孔中间有一个圆孔，H9∶354盆颈部有斜方格一周，H9∶25盆腹部横饰细绳纹泥质褐陶，H9∶2缸颈部有附加带纹一周、器表饰斜横交错的条纹、黄红色陶，H9∶53缸和H9∶02缸同上器（原报告图壹，1、图叁，3、图伍，4、图柒，2、图捌，4、图拾柒，1、4、图拾捌，1）。原报告曾指出"这个坑中的遗物是比较持殊的"，就H9内陶器所反映的特征看，似为二里岗下层中最早的遗存，其年代应为二里岗下层早段，其余二里岗下层遗存或当为二里岗下层晚段。

纵观二里岗遗址的遗存，其性质当为郑州商城近郊的一处聚落址，二里岗遗址与郑州商城之间是聚落与都城的关系。

（四）郑州商城与白家庄遗址的关系

白家庄遗址位于郑州市区东北部，距郑州商城约100米。1954年~1955年发掘[39]。

其地层以 T10 探沟为例：

第1层（战国）→战国灰坑→第2层→房基→第3层
↘
灰坑

第 2 层又称中层，出有陶大口尊、瓮、罐、壶、簋、钵、豆、鬲、甗、斝、爵、器盖等（原报告插图 6—19），这些陶器与二里岗上层文化遗物相同，但部分陶器的陶胎较厚，形制较大，绳纹较粗，为二里岗上层文化中所少见。因此，中层可能是二里岗上层文化晚段的遗存。

被第 2 层叠压的房基的地坪和残墙上涂有白灰面，其年代当早于第 2 层。

第 3 层亦称下层，出有陶卷沿细绳纹鬲、短颈大口尊、圈足带有十字镂孔的豆、盆、簋、小口尊等，其年代与二里岗下层文化相当。

白家庄遗址包含的二里岗上、下层文化的内涵中，引人注目是白家庄中层那套器形硕大、庄重、陶胎厚实，颇有王室气派。考虑到这批陶器的年代相当于二里岗上层晚段，即郑州商城的衰落、废弃期，因此，陶器的主人很可能是郑州商城的遗民。

（五）郑州商城与人民公园遗址的关系

人民公园遗址位于郑州人民公园内，距郑州商城西城墙约 1000 米，1954 年发掘[40]。其地层以探沟 T15、16、17 为例：

耕土层→上层（人民公园期）→中层（二里岗上层）→下层（二里岗下层）

上层出陶厚胎矮足粗绳纹鬲、敞口斜壁圜底圈足簋、假腹厚胎豆、小口短颈圜底圈足瓮（原报告表一，郑州商代人民公园期与二里岗期上、下两层主要出土器物比较表）。此层所出陶器特征明显晚于二里岗上层文化。

中层、下层出土物分别与二里岗上层和下层文化相同。

从人民公园上层遗存的特点看，亦具有与白家庄中层相同的性质，即同属郑州商城的遗民。

通过上面对郑州商城与洛达庙、南关外、二里岗、白家庄和人民公园诸遗址关系的讨论，客观地揭示了诸遗址的相对年代及其相互间的关系，据此作出郑州商城及周围诸遗址与尸乡沟商城年代关系比较表（参见表二），由此表可知：在郑州商城建立以前，此地已

表二　郑州商城及周围诸遗址与尸乡沟商城年代、关系比较表

<table>
<tr><th colspan="2">遗址
分期</th><th>尸乡沟商城遗址</th><th>郑州商城遗址</th><th>洛达庙遗址</th><th>南关外遗址</th><th>二里岗遗址</th><th>白家庄遗址</th><th>人民公园遗址</th></tr>
<tr><td colspan="2"></td><td></td><td></td><td rowspan="6"></td><td></td><td rowspan="2"></td><td></td><td>人民公园上层</td></tr>
<tr><td rowspan="2">第二期</td><td>第Ⅳ段</td><td>废弃</td><td>衰落并废弃</td><td rowspan="2">南关外上层</td><td>白家庄中层</td><td rowspan="2">人民公园中层</td></tr>
<tr><td>第Ⅲ段</td><td>复兴</td><td>持续繁荣</td><td>二里岗上层</td><td></td></tr>
<tr><td rowspan="2">第一期</td><td>第Ⅱ段</td><td>中衰</td><td>繁荣</td><td rowspan="2">南关外中层</td><td>二里岗下层晚段</td><td>白家庄下层</td><td>人民公园下层</td></tr>
<tr><td>第Ⅰ段</td><td>始建与兴盛</td><td>始建</td><td>二里岗下层早段</td><td></td><td></td></tr>
<tr><td colspan="2"></td><td></td><td>南关外下层遗存</td><td>南关外下层</td><td></td><td></td><td></td></tr>
<tr><td colspan="2" rowspan="3"></td><td rowspan="3"></td><td rowspan="3">洛达庙遗存（相当于二里头文化）</td><td>洛达庙三期（相当于二里头文化四期或稍晚）</td><td rowspan="4"></td><td rowspan="4"></td><td rowspan="4"></td><td rowspan="4"></td></tr>
<tr><td>洛达庙三期（相当于二里头文化三期）</td></tr>
<tr><td>洛达庙三期（相当于二里头文化二期）</td></tr>
<tr><td colspan="2"></td><td></td><td>龙山文化遗存</td><td></td></tr>
</table>

有洛达庙文化和稍后的南关外下层文化的存在，当郑州商代都城建立以后，南关外、二里岗、白家庄、人民公园等地也都成为商人的聚落点，郑州商城衰落并废弃之后，仅在白家庄、人民公园等地发现有年代接近安阳小屯殷墟文化的遗存。白家庄中层和人民公园上层遗存如何发展成为灿烂的殷墟文化，郑州商城与小屯殷墟之间的联系等问题，尚待进一步讨论研究。

---

[1] 河南省博物馆、郑州市博物馆：《郑州商代城址试掘简报》，《文物》1974 年 1 期。

[2] 河南省博物馆、郑州市博物馆：《郑州商代遗址发掘简报》，《文物资料丛刊》（1），1977 年。

[3] 张文军、张玉石、方燕明：《关于偃师尸乡沟商城的考古学年代及相关问题》，《青果集——吉林大学考古系成立二十周年考古论文集》，1993 年。

[4] 同［2］。

[5] 同［3］。

[6] 河南省文物研究所：《郑州商城外夯土墙基的调查与试掘》，《中原文物》1991 年 1 期。

[7] 1. 同［1］。
2. 河南省文物研究所：《郑州商代城内宫殿遗址区第一次发掘报告》，《文物》1983 年 4 期。

[8] 河南省文物研究所郑州工作站：《近年来郑州商代遗址发掘收获》，《中原文物》1984 年第 1 期。

[9] 河南省文物研究所：《郑州商代二里岗铸铜基址》，《考古学集刊》第 6 集，1989 年。

[10] 河南省文物研究所：《郑州市商代制陶遗址发掘简报》，《华夏考古》1991 年 4 期。

[11] 1. 河南省文化局文物工作队第一队：《郑州商代遗址的发掘》，《考古学报》1957 年 1 期。
2. 郑州市博物馆：《郑州商代遗址发掘简报》，《考古》1986 年 4 期。

[12] 1. 河南省博物馆：《郑州商城遗址内发现商代夯土台基和奴隶头骨》，《文物》1974 年 9 期。
2. 同［1］。

[13] 河南省博物馆：《郑州新出土的商代前期大铜鼎》，《文物》1975 年 6 期。

[14] 河南省文物研究所，郑州市博物馆：《郑州新发现商代窖藏青铜器》，《文物》1983 年 3 期。

[15] 河南省文物工作队第一队：《郑州市白家庄商代墓葬发掘简报》，《文物参考资料》1955 年 10 期。

[16] 1. 安志敏：《郑州市人民公园附近的殷代遗存》，《文物参考资料》1954 年 6 期。
2. 郑州市文物工作队：《郑州市人民公园第二十五号商代墓葬清理简报》，《文物参考资料》1954 年 12 期。

[17] 1. 马全：《郑州市铭功路西侧的商代遗存》，《文物参考资料》1956 年 10 期。
2. 郑州市博物馆：《郑州市铭功路西侧的两座商代墓》，《考古》1965 年 10 期。

[18] 河南省文物研究所：《郑州北二七路新发现三座商墓》，《文物》1983 年 3 期。

[19] “河南出土商周青铜器” 编辑组编：《河南出土商周青铜器（一）》，文物出版社，1981 年。

[20] 裴明相：《郑州商代二里岗期青铜容器概述》，《中国考古学会第四次年会论文集（1983）》，文物出版社，1985 年。

[21] 同［19］。

[22] 同［2］。

[23] 中国社会科学院考古研究所河南第二工作队：《河南偃师尸乡沟商城第五号宫殿基址发掘简报》，《考古》1988 年 2 期。

[24] 河南省文化局文物工作队：《郑州二里岗》，科学出版社，1959 年。

[25] 同［2］。

[26] 同［24］。

［27］同［7］2。
［28］同［2］。
［29］同［24］。
［30］同［2］。
［31］河南省文化局文物工作队第一队：《郑州白家庄遗址发掘简报》，《文物参考资料》1956 年 4 期。
［32］中国社会科学院考古研究所：《中国考古学中碳十四年代数据集（1965—1981）》，文物出版社，1983 年。
［33］李伯谦：《先商文化探索》，《庆祝苏秉琦考古五十五年论文集》，文物出版社，1989 年。
［34］安金槐：《对于郑州商代南关外期遗存的再认识》，《华夏考古》1989 年 1 期。
［35］1. 河南省文化局文物工作队第一队：《郑州洛达庙商代遗址试掘简报》，《文物参考资料》1957 年 10 期。
2. 河南省文物研究所：《郑州洛达庙遗址发掘报告》，《华夏考古》1989 年 4 期。
［36］1. 赵霞光：《郑州南关外商代遗址发掘简报》，《考古通讯》1985 年 2 期。
2. 河南省博物馆：《郑州南关外商代遗址的发掘》，《考古学报》1973 年 1 期。
［37］同［33］。
［38］同［24］。
［39］河南省文化局文物工作队第一队：《郑州白家庄遗址发掘简报》，《文物参考资料》1956 年 4 期。
［40］1. 同［16］1。
2. 同［11］1。

（原载《郑州商城考古新发现与研究 1985—1992》，中州古籍出版社，1993 年）

汤都四迁刍议

张维华

20世纪50年代在郑州发现了以二里岗文化为主要内容的商城遗址。城址位于二里岗文化遗存的中心地带，城墙周长6960米，城址内面积300万平方米。这是我国迄今发现的商代城址规模最大的一座。在城墙的南和西南面距城墙数百米外，陆续又发现外城城址，在郑州商城东北部发现了许多宫殿基址。在城址外侧，发现了一批制陶作坊、制骨作坊和青铜铸造作坊。同时城内出土了大量的陶器、骨器、石器、玉器、青铜器和原始瓷器。这些发现说明，郑州商城是一座商代重要的都邑。从东城墙下部碳14测定的数据来看，郑州商城修建年代约为公元前1620年左右（经树轮校正）。围绕着郑州商城的社会性质，众说纷云，现在主要有两种认识：一为“隞都说”，即商王仲丁迁隞，厉外壬共二王，时近20年。一为“亳都说”，即汤都亳，共历十王至太戊，时约150多年。从1978年“郑亳说”提出后，二说进行了迄今长达十五年的论战，都依据文献和考古资料，较为充分地阐释了立论的理论体系和主要观点。

1959年发现偃师县二里头遗址，这是一处以二里头文化为主要内涵的遗址。遗址范围很大，文化堆积在同类文化遗存中为最厚，在遗址的中部发现有两座巨大的宫殿台基。出土文物十分丰富，计有陶器、石器、骨器、玉器和青铜器。还发现不少房基、窖穴和陶窑，以及铸造铜器的遗物。在已发掘的几座墓葬中，发现墓穴底部铺有朱砂，随葬品丰富，计有铜器、玉器和漆器等。二里头文化可分为四期。现在人们一致认为二里头遗址是一处都邑，依碳14测定，第四期为公元前1625年左右。但它是何代何王都邑，人们的认识不尽一致。第一种意见是一、二期为夏文化，三、四期为商文化；第二种意见是一至四期都是夏文化；第三种意见是一、二、三期为夏文化，四期为商文化。为夏文化者，是夏都斟鄩；为商者是汤之西亳。

1983年春在偃师县城关西尸乡沟发现一座商代城址，周长5300多米，城址内找到四处建筑基址，其中南部中间的一处，长、宽各200多米，四周有3米厚的围墙，正中是一座宫殿台基。在城内还发现纵横交错的道路。该城址文化层分为二里头四期、二里岗早期和二里岗晚期。关于它的社会性质，人们认识亦不一致：有的学者认为它是汤都西亳；有的学者认为它是放太甲的“桐宫”；有的认为它是“陪都”，郑州是亳都；还有的学者依据郑州商城和尸乡商城文化内涵一致、时代相近的客观存在，提出商代早期“二京”说。

巩义市西南的稍柴遗址位于坞罗河与洛河交汇处的右岸。经多次调查，发现它的面积很大，其文化内涵以二里头文化为主要内容。按文献记载，有少数学者认为该处可能是夏都斟鄩。

上述提到的郑州商城、偃师县二里头遗址、偃师县尸乡沟商城和巩义市稍柴遗址是十分重要的发现。关于它们的社会性质的讨论具有重大的学术价值，它涉及夏商史的编年以及二者的断界，无论二里头一至四期夏都说、二里头一至二期夏都说、二里头一至三期夏都说或郑亳说、西亳说等哪一说成立，都将对解决夏、商年代分界具有重要价值，从而对历史学、夏商考古学等学科的研究产生深远的影响。

我认为，现在文献和考古资料已经不少，如何梳理这些资料，是应该好好研究一下的。多年来，我们在博物馆历史陈列中，深为这些重大课题所困扰，总不能向社会介绍一个较理想的明晰认识。我们带着这个问题，认真地读了一批文献、近现代一些著名学者的专著和许多研究论文，详尽地核查了多次公布的发掘简报、报告和专著，深感所有研究者各有所得，都对这一问题的最终解决作出了贡献。争论双方的理论体系和方法论是值得借鉴的。若没有先辈和当代各位治夏商史学者的研究成果，也不可能产生我的这篇拙作。现将一点心得表述如次，以求教于大方。

夏商时期，由于我国步入阶级社会不久，总的讲，人们抗抵自然的能力还比较有限。当时，社会上部族林立，夏王室和商王室的控制地域有一定限度，诸侯方国之间经常交恶。再加之王室内部的权力斗争，这样，由于自然的、社会的双重因素，形成了经常迁都的局面。按王国维《古本竹书纪年辑校》云“禹居阳城”，“太康居斟鄩”，后相“居商丘”，又“居斟灌”，“帝杼居原”，“自原迁于老丘”，胤甲“居西河”，“桀居斟鄩”。又《史记·封禅书·正义》引《世本》云：“夏禹都阳城，又都平阳，或在安邑，或在晋阳”，似禹亦三迁。又今本《竹书纪年》，桀亦有二都，始居斟鄩，后迁河南。依《穆天子传》，夏启居黄台之丘，地在新郑与密县间。看来夏都达十处之多。商代的都邑，张衡在《西京赋》中云：“殷人屡迁，前八后五。”即成汤之前八次迁都，成汤之后五次迁都。以上可见夏商迁都之频繁。

我们认为，就是成汤，亦四迁矣。若不注意上古徙都频繁这个基本特征，将会长期你说你的、我说我的，无认同之期。本文亦以此立论，依照文献、考古资料，梳理成汤都亳之真相，还历史本来面貌。

一、商侯成汤都郑亳

1. 商民族是长期居住冀中以南到郑州地区的一个民族。在夏代，它是夏王朝的臣服国，其社会结构为众多的诸侯国组成。就是到了商代，它的社会结构仍是方国联盟（参见林沄《甲骨文中商代方国联盟》，《古文字研究》第6期）。按考古资料，登封王城岗遗址中的二里岗下层文化来源于王城岗二里头文化，可见先商文化分布已远抵郑州以南，近在嵩山一带。又先商文化分漳河型、辉卫型和南关外型，商之先祖已按区域形成了多个次一级的族团。而创造南关外型文化的诸侯国到成汤时可能已成了先商方国联盟的宗主国，但仍事夏。

2. 在目前文献资料很少的情况下，对商之先公事夏仍有斑迹可寻。按今本《竹书纪年》，夏王少康十一年“使商侯冥治河”，到夏王杼十三年“商侯冥死于河”。《鲁语》云：“冥勤其官而水死”，看来冥是治水的英雄，商先公可能因功受封予“殷”。夏王芒三十三年，“商侯（子亥）迁于殷”。“殷”的名称由来已久，非盘庚迁河北曰“殷”。这也可能就是司马迁写《史记》时，称《殷本纪》而未称《商本纪》的历史根据。殷地在何处？颍水之中原为濦水（水、濦水）。《辞源》释“濦”曰：“古水名。也作‘濦’、‘溵’。河南颍水三源中的中源”。实则，“颍”、“濦”相近，“颍”也可能为“濦”之转变。所以渐次为颍、为殷。在商周之际又称衣、依，《左传》称洛东十国有“衣”可证，到战国以后因方言音近，衣、郼、殷相近，均为“殷”。

3. 到主壬时，迁商邱。今本《竹书纪年》云，夏王孔甲九年“殷侯复归于商邱”。王国维云，商邱当为帝邱。其说甚是。那么帝邱在何处？我认为，帝邱当在新郑县境。主要理由为传说时代五帝之首的黄帝，居轩辕之丘，又称轩辕氏。黄帝都轩辕之丘，史载无争议，汉以来许多学者认为轩辕丘新郑，即黄帝都新郑。此外，新郑、密县一带有关黄帝的神话和传说十分丰富。神话和传说具有土著性，它的高发区应视其有一定的历史影子。我认为，轩辕丘就是帝丘。按唐善纯等先生在《释“黄帝”》（《文史知识》1988 年 9 期）一文中研究可知，“轩辕”一词为古突厥语，原意为“大汗”、“可汗”等称号，而“大汗”、“可汗”等称号在汉语中可作“国王”、“诸侯王”讲。“可汗”“合罕”等汉译名按音译为“轩辕”、“轩猿”。故“轩辕丘”可译为“国王丘”、“诸侯王丘”，转译，可称作“帝丘”。看来，“轩辕”一词是汉语中的外来语。《淮南子》、《荀子》等讲汤侯辖区地不过七十里或百里。汤所迁的亳在郑州（后详），距帝丘不远，也只能在他有效辖区范围内迁徙才合乎逻辑，不可能想像，“商邱”若为今之豫东商邱或豫北之濮阳，二地均距郑州数百里，与史载汤的方国仅数十公里是不相协调的。因此，我们认为，帝丘即为新郑之“轩辕丘”。可见，汤的祖父主壬、主癸居新郑一带。

4. 汤侯始居亳在郑州。汤都亳在郑州是邹衡先生 1978 年首次提出的，尔后又多次进行详论。总的讲，邹先生之说是可信的，该说称为“郑亳”说。但学术界有不同的认识，赵芝荃先生首提汤都在偃师尸乡沟，亦进行了多次详论。总的讲，赵先生之说也是可信的，该说称为“西亳”说。到底这是怎么回事呢？原来，二处都是汤之所都：①汤侯时都“郑亳”；②汤王时居桀之都；③汤王时在河洛营建新都“西亳”；④汤王后来又迁回“郑亳”。以下对汤都四迁分述之。先谈汤侯始居郑亳。

先从一句古文释义说起。《尚书·序》、《史记·殷本纪》均记载：“汤始居亳，从先王居。”今本《竹书纪年》载：夏桀十五年“商侯履迁于亳。”成汤又名履。先秦诸子亦多言汤居亳。现在考古学证实，郑州商城南关外期和二里岗期的文化遗迹都是汤之亳都的见证。而“汤始居亳，从先王居”一语可从文献角度证之亳亦为郑州。

“始居亳”：是说成汤开始居亳，而非别人没居过从汤始才居之。《诗经》云：“玄鸟生商”，说是商之先祖契生于叫商的地方。“契居商”，亦有称“契居蕃”。“蕃”与“亳”可通用。故可知亳是古地名，非自汤才称之。

“从”：许慎《说文》云：“双人为从，反从为比”。许说“从”、“比”是反形结构的音、义不同的两个字。实际上在古文字中，反形写法为一个字者比比皆是。对“从”与“比”应另释新意。林沄先生在《甲骨文中商代方国联盟》（载《古文字研究》第 6 辑）一文中，认为“从”、“比”二字形近而实异。“从”字之“人”字写法是象形字，人体部分为竖直，正形、反形写法均有。“比”字不从“人”而从“匕”。“匕”字亦为象形字，书写匕字时字体下部似竖直而非竖直，或向左摆，或向右摆，正形、反形写法均有。

林说极是。如果把“从先王居”之“从”字，改为“比”字，意为“比先王居”，其意大变。“从先王居”是“亳”与“先王居”为一地。“比”有“比”邻之意，“比先王居”是“亳”与“先王居”为两地，意为亳位于先王居处之附近，或言曰：亳毗邻先王之都。

“先王居”：当今不少学者释“先王”为帝喾。我们在先秦文献中，很少见到称“帝喾”为“王”者，就见黄帝、颛顼、尧、舜几位圣人，亦少称为“王”者。因此，我们认为，先王非帝喾。在文献中，“先王”者多指夏、商、周三代开国之君，多为禹、汤、文王、武王。在成汤之前，仅有夏代一朝。按春秋战国及秦汉治史者，已形成的中国自古以来“大一统”的观念，这里的“先王”可指为“夏禹”。那么禹都在什么地方呢?《世本》云：“夏禹之都阳城，避商均也。”《史记·夏本纪》云：“禹避舜之子商均于阳城。”《集解》引刘熙曰：“今颍川阳城是也。”《汉书·地理志》颍川郡阳翟县下班固注曰：“夏禹国”。应劭曰：“夏禹都也。”《史记·周本纪·集解》引徐广曰：“夏居河南，初在阳城，后在阳翟。”《国语·周语上》韦昭注曰：“禹都阳城，伊洛所近。崇，崇高山也。夏居阳城，崇高所近。”“崇”通“嵩”，夏都阳城近嵩山一带。《水经·颍水注》云：（阳城）“县南对箕山。”《括地志》云：“阳城县箕山北十三里。”据此，阳城当在今登封告成镇一带。安金槐先生依据对告成附近王城岗发掘资料研究，王城岗的古城址当为大禹之都，或称禹之所居。依上，“汤始居亳，从先王居”可释为：汤侯开始迁都的亳，邻近夏禹王的都城。又按《淮南子·泰族训》云：“汤处亳，七十里。”《荀子·王霸篇》云：“汤以亳，武王以鄗，皆百里地也。”这是说汤侯之辖地仅三五十公里。若亳在豫东商邱或在豫东北的濮阳，距禹都数百里之遥，中间可能为多个方国隔开，不能称为“毗邻”。现释亳与禹都毗邻，而汤国仅方圆数十里，郑州距阳城也仅数十公里。因此，亳在郑州说，与禹都毗邻，其意是十分相近的。我初步断定，“汤始居亳，从先王居”一句话中“从”字是个“白”字，可能治《尚书·序》的作者和司马迁引错了。对这一句话的理解若不从纠正错别字，再从汤侯、先王所处的时空入手，将无法理解“汤始居亳，从先王居”之真谛所在。

再从“大丕”地望探求亳之地望。《国语·周语上》云：“昔夏之兴也，融降于崇山；……商之兴也，梼杌次于丕山；……周之兴也，鸑鷟于岐山。”这是说，夏、商、周三代成为王业的基地分别在崇山、丕山、岐山。考古学证实，夏兴于崇山，有二里头文化为证：周兴于岐山，有周原发现的西周文化为证。依理推，商兴于丕山，在丕山周围也应有相应的先商和早商文化分布。在这里，就涉及丕山的地望，以及丕山周围是否有先商和早商文化分布。

关于丕山的地望，历来有三说：一说在获嘉、武陟两县间。孔氏疏引东汉郑玄云：“大伾在河内修武、武德之界。”一说在成皋，三国魏人张揖说大伾山为“成皋县山也。”（《尚书·正义》）一说在浚县，唐刘伯庄在《汉书音义》中说：“有臣瓒者，以为修武、武德无山也，成皋山又不一成，今黎阳县山监河，岂不是大伾乎?”上述三说中，浚县说为晚出，臣瓒时已在修武、武德看不到山，在成皋一带山仅成残留陵丘，故臣瓒发出疑问，是不是黎阳即今浚县东南的一座山就是大伾？臣瓒亦非定论，此说显系证据不足。清河道总督文冲就任以前曾途经浚县大伾山，并赋诗一首，诗曰：“黎阳城外草斑斑，可是黄河旧曲湾？神禹不来怜下策，《尚书》枉记大丕山。”这首诗否定大丕山在浚县，并刻石，现存浚县大伾山霞隐山庄东殿内。关于大伾在河内修武、武德境说：在东汉以前黄河已腰斩大伾，分大伾为南、北两部分，北部在修武、武德界，郑玄时北段尚存后为河水蚀没，南段在成皋县，为不连续的土陵，已看不出山的原貌。故郑玄所云近是。我认为成皋说是正确的。《尚书·禹贡》曰："导河积石，至于龙门，南至华于阴，东至于砥柱，又东至于孟津。东过洛汭，至于大伾。北过降水，至于大陆。又北播九河，同为逆河，入于海。"又《史记·河渠书》司马迁自序云："东阙洛汭、大伾。"由此可知：洛汭、大伾在孟津以东，大伾又在洛汭以东。尔后，从大伾起，黄河才向北折。实际上黄河从大伾是往东北流去，经浚县东又东北进入河北省之大陆泽，又东北散为九支入海的。现在汜水一带的黄土陵原是古大伾山的残留地貌。因此，大伾在今荥阳、巩义市境当无什么争议。我们还有一个推测，大伾是一个区域概念，它未消失前，山呈南北向，从成皋到今郑州北之"邙山"应统称为"大伾"，向北延及今原阳境之黑羊山和修武、获嘉古黄河以东。实质上，这是黄土高原的最东端。郑州近大伾，先商和早商遗存在荥阳、上街、新郑、登封等地均有发现，特别是郑州商城所包涵的丰富的先商南关外期文化和早商的二里岗期文化，证实了大伾为商之起兴基地。《国语》所记商兴于伾山，当是言之有据的。正是因为大伾一带为先商的发迹之处，才有可能使之成为成汤领导诸侯伐夏的基地。但这个根据地有一个形成过程。《孟子·滕文公下》云："汤居亳，与葛为邻。""使亳众往为之耕。"《尚书·胤征》云："汤征诸侯。葛伯不祀，汤始征之。"以上说明，葛与亳很近。按牛济普先生《"格氏"即"葛乡城"考》（《中原文物》1984 年 1 期）一文中讲，葛地望在今荥阳县北。葛在大伾与亳之间，只有灭掉葛，汤才能向西推进。又依今本《竹书纪年》云，汤在夏桀二十一年"征有洛。克之。"有洛在大伾以西，地处洛水下游。汤占领有洛之后，才真正打通了进军夏王朝中心地域的通道。由此可知，大伾真正成为商伐夏的基地，应在汤灭葛和有洛之后。

郑州在商代晚期仍称亳。《尚书·说命下》云："入宅于河，自河徂亳。"《尚书·无逸》云："其在高宗，时旧劳于外，爰暨小人，作其即位，乃或亮阴，三年不言。其惟不言，言乃雍，不敢荒宁，嘉靖殷邦。"这两段的意思是说：武丁王即位后三年不在殷都理政，而把国政大事委托于大臣傅说。他用了三年时间在下边考察，体恤民情，了解国事。他去亳时，夜晚住在黄河边上的河邑，第二天就到了亳地。卜辞有"巳奠河邑"（《合集》41754）的记载，巳为汜水，可知河邑近汜水，此距郑州仅数十里。可见河邑距亳不远，仅一天之路程。《国语·楚语上》亦有对这件事的类似记载："昔殷武丁能耸其德，至于神明，以入于河，自河徂亳，于是乎三年，默以思道。"这是说武丁王在亳地追思先王之道。也只有亳是汤都，才有可能在此"思道"。就是早在武丁之前的盘庚王，按《殷本纪》载，还曾"渡河南，复居成汤之故居"，"治亳，行汤之政"，亦说明盘庚之复居的亳，在今安阳之南，才会有渡黄河往南居亳的过程，此地应为郑州才较为合理。可见晚商，亳仍是商的重要城邑。反证之，则汤居郑亳。

汤侯在郑亳为对夏战争进行了充分的准备。首先他注意治理国内事务，《国语·鲁语上》云"汤以宽治民而除其邪"，从而得到人民的拥护和支持，与夏桀的"不务德，而武伤百姓，百姓弗堪"（《史记·夏本纪》）形成了鲜明对照，出现了"汤修德，诸侯皆归商"（《夏本纪》）、"百姓亲附、政令流行"（《淮南子·修务训》）、"诸侯与之，贤士归之"（《墨子·非命篇》）的政治局面。商的势力的发展引起了夏桀的担忧，一方面夏桀“乃召汤而囚之夏台”（《夏本纪》）；另一方面，为避商之威胁，按今本《竹书纪年》夏桀于“十三年迁居河南”。

在汤侯对夏的军事斗争中，曾会盟诸侯于景亳。今本《竹书纪年》云，夏桀二十八年“商会诸侯于景亳”。《左传·昭公四年》云：“商汤有景亳之命。”这是灭夏前三年的一次十分重要的军事会议。会后加速了伐夏战争。

关于“景亳”地望，历来不得其解。孔颖达疏云：“书传无久，不能知其本末。”我认为，“景亳”或为亳都，或为亳都的一个具体地点。《墨子·非攻下》曰：“汤奉桀众以克有夏，属诸侯于薄，荐章天命，通于四方，而天下诸侯莫敢不宾服。”薄同亳。显然，景亳就是亳都。《非攻下》又曰：“天乃命汤于镳宫，用受夏之大命：‘夏德大乱，予既卒其命于天矣，往而诛之，必使汝堪之’。”依此，会盟地点在亳都的“镳宫”。从考古资料知道，郑亳的东北角一带是宫殿区，“镳宫”地望亦应城内东北一方为是。为什么称为“景亳”呢？可有二解：一是亳有“荆山”，景与荆音近，景、荆可互称。商城之北城墙依地势顺延而筑。今称为“紫荆山”的几个土丘，正是亳北城墙所在之位置，因此，紫荆山可能还是一个十分古老的名字，“紫荆山”可简称“荆山”，景山之盟，可称荆山之盟。为强调亳都，可称作景亳之盟。另一解是：景，即为京。《诗经·商颂·玄鸟》曰：“景员维河，殷受命咸宜，百禄是何！”意思是：幅员很大的京都，靠近黄河，殷王受天之命是应该的，凡能享用的百物，也都献给国王去享用。按此，“景亳”就是指京城亳都，即指的就是亳。无论作哪一种解释，“景亳”地望是亳都，或亳都的一个具体地点都应在今郑州商城。

顺便提及的是：“郼”与“殷”的关系。我认为，郼与殷是一个字的两种写法，非为二地。如《淮南子·原道训》高诱注：（伊尹）“名挚，郼汤之贤相也”；《吕氏春秋·具备篇》云：“汤尝约于郼薄矣”，高诱注：“薄或作亳”；《吕氏春秋·慎大览》云：“汤立为天子，夏民大说，如得此亲，朝不易位，农不去畴，商不变肆，亲郼如夏”；《吕氏春秋·分职篇》云：“无费乎郼与岐周”；《吕氏春秋·慎势篇》云“汤其无郼，武其无岐”。以上可知秦汉人可称殷为郼，殷、郼音同义同，非二字、二地。

春秋时称郑州一带为“殷墟”，可证商时为亳都。《左传·定公四年》云：“分康叔……封畛土略，自武父以南，及圃田之北境。……命以《康诰》，而封于殷墟”。西周初平定管、蔡之乱后，所封的卫国南境已抵郑州一带的圃田，当时称为“殷墟”，可证周初平定东方之乱后，亳都确实已废。在郑州商城东北一带还发现有“亳丘”铭的战国陶文，可见战国时此地仍称“亳墟”，即为“殷墟”。《逸周书·作雒解》云：“武王克殷，乃立王子禄父俾守商祀”。晋孔晁注：“分以郑，祭成汤”。正因为成汤都亳，才封以郑，祭成汤，亦可证亳都即为郑州。

陈旭女士在《郑州商文化的发现与研究》（《中原文物》1983 年 3 期）一文中，详尽地分析了郑州商城的发掘资料，提出 6 条证据论证郑州商城的城墙始筑于先商的南关外期；在《郑州商城宫殿基址的年代及其相关问题》（《中原文物》1985 年 2 期）一文中亦提出宫殿基址始建于南关外期；在《郑州商代王都的兴与废》（《中原文物》1987 年 2 期）一文中，再次论证商都的始建时代在南关外期。陈文论证有说服力，基本可信。这为汤侯都亳提供了有力的考古学依据。

综上所述，成汤灭夏前，郑亳已成为他伐夏战争的中心，依此为根据地，在洛东打了许多胜仗，才代夏政。《孟子·滕文公下》曰：“（汤）十一征而无敌于天下”；古本《竹书纪年》云：“汤有七名而九征”；《帝王世纪》云：“凡二十七征而德施于诸侯焉。”汤的“十一征”、“九征”、“二十七征”等，是说他打了多次仗的意思，尔后取得了胜利。

二、汤王居河南

夏桀都斟鄩为史书所共识。今本《竹书纪年》曰：“太康……居斟鄩’，“羿入居斟鄩”、“仲康……居斟鄩”、“癸（桀）……居斟鄩”。说明斟鄩曾在较长时期是夏代的都城。斟鄩在哪里？历来有不同的认识：伊洛说、豫北说和山东东部说等。我们从伊洛说。《史记·夏本纪》云“帝太康失国，昆弟五人，须于洛汭”；《尚书·五子之歌》云“太康失邦，兄弟五人，须于洛汭”；《国语·国语上》云“昔伊洛竭而夏亡”；《逸周书·度邑篇》云“自洛汭延于伊汭，居易无固，其有夏之居”。以上说明，斟鄩地近伊洛。又依《括地志》云“故斟鄩在洛州巩县西南五十八里，盖桀所居也”。《水经·洛水注》云，洛水下游有上鄩、下鄩，亦谓之北鄩、南鄩。还有鄩中、鄩城等。乾隆《巩县志》曰：“斟鄩在巩县西南五十里，今为罗庄”。今依考古资料，在罗庄一带找到以二里头文化为主要内容的稍柴遗址。许多学者认为，稍柴遗址与文献记载地望相近，可能它就是桀都斟鄩故地。

据今本《竹书纪年》云：“（桀）十三迁于河南。”河南地近洛阳。无疑，这是向西的一次迁都。这可能与避商的威胁有关。夏桀亡于三十一年，可知桀居河南达 18 年之久。桀迁河南后，可能仍称所迁之地为斟鄩，《汉书·地理志》注“斟鄩在河南”可证。依考古资料，“河南”应为今偃师县西南的二里头遗址。二里头遗址位于夏族的腹心地带，由于二里头文化层在此堆积很厚，可分为四期，其中在二、三期中还发现庞大的宫殿遗址，说明夏桀迁去之前，二里头已是夏族的一个重要城邑。

汤灭夏后始居河南，即在夏的都城处理政务大事。这在一些史料中可一览斑迹。《尚书·汤誓》曰：“汤既胜夏，欲迁其社不可，作《夏社》”。今本《竹书纪年》云：“汤十八年（桀十五年为汤之元年，桀亡之第二年为汤十八年）癸亥王即位居亳，始屋夏社”。以上记述，无论汤保存夏社，使之不绝其祀；还是汤将自己的宗庙由郑州亳都迁往河南，都说明汤确实在桀之河南住了下来，亦称此为“亳”了。《逸周书·殷祝》云，汤胜桀后，桀曾三次禅让国君予汤，而汤亦三让才受君位，得夏之国。既是禅让受国于汤，当然汤之国都还是桀的河南。我们不信桀有禅让之事，实为汤以武力夺其国柄。但言让国，其都在“河南”可证也。

汤王在河南临朝是暂时的，与此同时，汤在偃师县尸乡一带决定营建新都该都邑史称“西亳”。

三、汤王都西亳

商汤营建新都，史书多有记载。《诗经·商颂·殷武》曰：“天命多辟，设都于禹之绩。”《齐侯镈钟》铭：“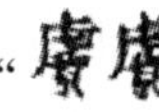成唐（汤），……处禹之堵”。可证设汤都于夏禹发迹的伊洛地区。虽不十分具体设都于哪个地点，但这必定是秦汉以前最早的记录了。又据董仲舒的《春秋繁露：三代改制质文》载，古代改朝换代时，“作国号，迁宫邑，易官名，制礼作乐。故汤受命而王，应天变夏作殷号，……作宫邑于下洛之阳，名相官曰尹，作《蔓乐》，制质礼以应天；文王命而王，应天变殷作周号，……作宫邑于丰，名相官曰宰，作《武乐》，制文礼以应天；周公辅成王受命，作宫邑于洛邑。”这条史料所讲商周改朝换代时要办的四件大事：作国号、迁宫邑、易官名、制礼乐。文王、成王朝之事史无争议，汤都下洛之阳当亦有所根据的，应该是可信的。“下洛之阳”为在洛水的下游河之北岸，现发现的偃师县尸乡沟商城，其地望与之相合，当为汤的“下洛之阳”新设的都邑。《后汉书·逸民传·野王二老传》曰：“昔汤即桀于鸣条，而大城于亳。”这里的“城”字当动词讲。汤大城于亳，意为汤大兴土木，兴建新都于亳。许多学者已指明汤在河洛地区设都，在于稳定新占领的夏族居住区，同他“欲迁夏社，不可”一样，是一项重要的立国措施。

汤王都河洛地区在其他一些史书上亦有记述。《尚书·胤征》中孔疏引郑玄云：“亳，今河南偃师县，有汤亭。”《汉书·地理志·补注》引《太康三年地记》云：“尸乡故殷汤所都，本曰汤亭，田横死于此，故曰尸乡。南有亳阪，东有城，即桐宫也，太甲所放处。”《汉书·地理志》中河南郡偃师县下班固自注云：“尸乡，殷汤所都。”《帝王世纪》云：“偃师为西亳。”《水经·谷水注》曰：“阳渠水又东迳亳殷南，昔盘庚所迁，改商曰殷，始此也。……”北魏杨衒之的《洛阳伽蓝记》卷三记永桥引常景诗《洛汭颂》曰：“浩浩大川，泱泱清洛，……纳谷吐伊，贯淹周亳。”周为成周城，亳为西亳，二者地望在洛水之北。由诗文可证，汉魏以后到北魏时，人们对二城是清楚的，在成周附近确有一个亳的故城。另外，从尸乡沟商城西城墙地层剖面看，汉代文化层直接叠压在商代二里岗文化层之上，说明汉时可见西亳之遗迹，班固、郑玄等人的注释或许为亲眼目睹，不应视为无根据的杜撰。

按今本《竹书纪年》，汤十八年亡夏后居河洛，二十七年迁九鼎又到郑亳，共在西亳十年。

汤都西亳在考古文化上，按尸乡商城营建时代，始自二里头文化四期，历二里岗文化早期和晚期。这与二里头遗址文化分期是相吻合的，二里头遗址的二里头文化一至三期是繁盛期，特别是二、三期有大型宫殿遗址为证。但到第四期，文化突然衰落，其文化遗存为墓葬和灰坑等。这说明其中历经了社会大的变化。尽管总的文化面貌四期与三期之间有一定的继承性，但它已是另一个朝代文化的一部分了。因此，二里头遗址第四期文化的衰败与尸乡沟在二里头文化第四期性质不同。尸乡之二里头四期之文化是二里岗文化起兴之始。谈到此，顺便提及，夏与商的时代断界应在二里头文化的三、四期之间，一至三期为夏文化，四期和二里岗文化为早商文化。

四、汤王都郑亳

今本《竹书纪年》云：汤二十七年，即胜夏后的第十年“迁九鼎于商邑”。《风俗通

·三王篇》曰："汤者，攘也，言其攘除不轨改亳为商，成就王道，天下炽昌。"商邑，就是郑亳。《诗·商颂·殷武》曰："商邑翼翼，四方之极。"可证商邑就是亳都。为什么汤要离开西亳又回到郑亳呢？按《风俗通》，汤在执政中遇到了"不轨"，即不顺利的事，所以要迁都，以"攘除不轨"。发生了什么事呢？按许多史料称，汤遇到了大旱灾。今本《竹书纪年》载：汤"二十年大旱"；"二十一年大旱，铸金币"；"二十二年大旱"；"二十三年大旱"；"二十四年大旱，王祷于桑林雨"；"二十五年作大濩乐"。《墨子》云："夏书曰禹七年水，殷书曰汤五年旱。"《管子·权数》云："管子对曰：'汤七年旱，禹五年水'"。《荀子·王霸》曰："禹十年水，汤七年旱。"《吕氏春秋·顺民》云："昔者汤克夏而正天下，天大旱五年不收。"这么严重的自然灾害，对初得中原大地的成汤是非常不利的。对此汤采取了许多措施。其一为"铸金币"，赈济灾民。徐文靖统笺云："民之无糧卖子者，汤以庄山之金铸币而赎民之无糧卖子者"。其二为改进耕作方法，推广沤田法。统笺云："汜胜之书曰：'汤有旱灾，伊尹为区田。后汉刘般传有区田法，言区壅禾根也'。区与沤同。"这是一种保墒措施，是北方旱地农耕中的一项重大改进。至今我国西北地区流行的"沙压田"与之相仿，或许压沙法就见从沤田法继承过来的。其三为"祷雨"于桑林。汤祈雨，就是为了解除旱灾。统笺云："尸子曰：'汤之救旱也。素车、白马、布衣身，婴白茅，以身为牲'。《殷本纪》曰：'汤既放桀，后大旱七年，以身祷于桑林之野'，祝曰：'无以余一人之不敏，伤民之命，以六事自责，曰：政不节与民、失职宫室、崇与女、谒盛与苞苴、行与谗夫、昌与言'。未已，大雨方数千里。"《淮南子·修武训》也记有汤祈雨于桑林之事："汤祷于桑山之林"。《吕氏春秋》曰："汤祷于桑林之社，而大雨至。""桑林"一说为地名，一说为桑社。二说似不矛盾。《战国策·张仪说韩王》曰："秦东取成皋、宜阳，则鸿台之宫、桑林之苑，非王之有矣。"可见桑林是地名，地近河洛京畿一带。汤在此祭天，必设坛。祭祀有松社、榆社、桑社等。汤为桑祭，即在坛上设桑木为之。可见在"桑林之苑"设的是桑社祭天。汤以大德感动上帝，倾刻数千里降了大雨。这与《三国演义》诸葛亮设坛祭东风有点类似，汤的巫师中可能有懂气象变化的人。连年大旱对汤的打击是巨大的，汤必问巫师这是为什么。上古人们的世界观是崇拜自然与神祇的。桀都河洛，出现了许多不利征兆，如今本《竹书纪年》载：五星错行、夜中星陨如雨、地震、伊洛竭等。这些令人生畏的天象说明夏桀气数将尽。"伊洛竭"在桀十五年，是大旱造成河中无水。到汤初仍在大旱，说明夏末、商初是少雨的年份。在巫师们的认识中，汤之大旱是桀的余恶。及此，河洛是一个倒霉的地方，我们还是回到郑亳去吧。汤听信了巫师们的意见，遂"迁九鼎于商邑"。这是自然灾害迫使汤徙郑亳的。解除旱象的第二年，伊尹作大濩乐。统笺引熊氏语："濩，护也，言汤之宽仁能救护生民也。"在其他一些史料中，亦有桀有昏德余恶，造成大旱，使汤迁都的记录。《汉书·郊祀志》曰："夏德衰，鼎迁于殷。"

汤回到郑亳之后的第三年，即汤二十九年，就去世了。一代圣君，在王位仅 12 年。正如扬雄《兖州牧箴》云："成汤五徙，卒都于亳"。扬雄将郼、殷视为二地，言"五徙"。实则二为一地，"成汤四徙，卒都于亳"。汤之后，郑亳一直是商的都邑，至太戊，历十王 150 多年。从郑州商城的考古资料看，二里岗期下层始建的宫殿基址，应为汤迁回郑亳后新建，对此，陈旭女士在《郑州商城宫殿基址的年代及其相关问题》（《中原文物》1985 年 2 期）一文中作了分析。二里岗早期的宫殿基址状况为："二里岗下层之时，宫殿遗址区中部的 C8G9。已废弃，又在就近新建了 C8G10、G8、G11、G12、G14、G13 房址。其中 C8G12、G14 又在同期遭到破坏。宫殿区西部的 C8G15 建筑群也在此时废弃，而在宫殿区南部新建了 C8G16 建筑群。”

关于汤由西亳迁回郑亳这件事，有的史书记载过于简单，往往省略居西亳一语，如《尚书·序》云：“汤既黜夏命，复归于亳。”《史记·殷本纪》云：“既丑有夏，复归于亳。”《左传·宣公三年》云：“桀有昏德，鼎迁于商。”《逸周书·殷祝》云：“汤放桀而复亳。”等等。实际上，这都应是离开西亳后才去郑亳的。

因为郑州商城和尸乡沟商城都是早商的重要城邑，遂又产生了“陪都说”和“二京”说。夏商之时屡屡迁都包括汤之屡迁，都是因势而迁，我认为不存在陪都和二京制。

汤凡四迁，即汤侯居郑亳、汤王居河南（斟鄩）、汤王都西亳、汤王复迁郑亳。汤都每迁一处均称“亳”。汤四迁共居三地，故有《尚书·立政》“三亳”之称。皇甫谧云汤亳为“北亳、南亳、西亳”，实谬矣。

五、余　论

不少学者认为郑州商城为仲丁迁居的隞都，我认为，此说值得商讨。因在隞仅仲丁、外壬二王近二十年，不可能在地上留下丰富的文化遗存，这与郑州商城的客观存在不相协调。关于隞都地望历来意见不一，有郑州郊区小双桥隞都说、荥阳县敖仓隞都说、成皋北敖山（已被黄河冲蚀掉）隞都说。此外，丁山先生还认为隞都近怀地（在洛阳北今沁阳境），邹衡先生认为隞都可能在山东境。我认为隞都应在荥阳县境，《史记·殷本纪·正义》引《括地志》曰：“荥阳古城在郑州荥泽县西南十七里，殷时敖地也。”荥阳古城为今之古荥镇，在其西南十七里，是点军台遗址附近的平桃城。该城是东虢都邑，文化内涵丰富。秦文生先生告诉我，城内发现有早商二里岗文化，出土有二里岗晚期的铜斝和铜爵，现存荥阳县文管所。此外，1990 年 11 月 26 日，《光明日报》报道了在郑州郊区小双桥发现商代前期宫殿遗址，依照公布资料该遗址的时代为二里岗文化晚期，发现有夯土基址、石质柱础、壕沟等重要遗迹，以及大型铜建筑饰件、特磬、石圭、原始瓷器等礼器和珍贵品。因此，该遗址决非一般村落遗址。陈旭女士认为小双桥遗址可能就是隞都。成皋说和敖仓说因无发现早商文化遗存，称其为隞都没有考古学证据，怀地说和山东说因已发现的早商文化不十分丰富，亦不足证实隞都说的成立。现荥阳境之平桃城和小双桥二地相近，出土有重要文物，这为寻栈隞都提供了重要线索。

（原载《中原文物》1993 年第 3 期）

郑州商城所反映的商代社会发展阶段

李　民

郑州的商代文化遗址分布的范围很广，灰层堆积相当厚，遗物也非常丰富，特别是商城的发现与发掘，雄辩地说明这一地区在当时已成为人口相当集中、居住相当长久的一个人类活动的地方。如果把这些遗迹和遗物综合分析，并参考有关古代的一些文献记载，虽然并不能复原当时的社会状况，但这对研究当时社会状况的某些方面则是绝对必要的，因为这些遗迹、遗物和有关的文献为我们提供了可靠的研究资料。本文不打算就郑州的商城所反映出来的商代社会状况的各个方面进行研究，现仅就能反映商代社会发展阶段、能反映其社会特色的三个方面的问题予以研讨。

一、郑州商城的性质

郑州的商代文化遗址中发现了周长6960米的城墙，发现了当时的一定的城市布局，发掘出大面积的夯土台基和大型房基。种种事实表明这是一处重要的城市遗址。根据《周礼·考工记》记载："天子之城方九里"。这里虽说的周制，但殷周相距不远，其制度有不少是相近的，因此郑州商代城应是一座都城所在。特别是近年来，随着商城东北部的那些大型夯土台基和房基的发掘，已逐步确定那是一个大的宫殿群，并可确定有5处宫殿建筑基址，同时，还发现了一段商代的外廓城墙[1]。这样，郑州商城是一座都城的说法日臻可靠。然而它究竟是王朝的哪一代国王所建之都，迄今尚无定论。

要正确回答这一重大问题，其困难很多，尤为困难的是郑州商代遗址中并没有出土一些能够"自报家门"的当时的文字。虽然在二里岗遗址范围内曾发现过两片带字卜骨，但可惜是习字刻骨，字迹杂乱，互不联属。这样只有靠殷商以后的有关文献去寻踪觅迹。尽管后世的文献对往古的历史记载常常相互牴牾，相互矛盾，但在考古发掘的基础上利用一些有关文献去研究这一问题，还是可以找到线索的。

围绕着上述这一课题，目前国内外学术界大致上提出了三种不同的看法：一为"汤居亳"说；一为"中宗所居之庇"说；一为"仲丁迁敖说"。各家的研究与探索都本着认真求实的原则，皆有所据，在此不一一评说。本文倾向于最后一种说法，今将其主要证据列举如下：

1. 据《古本竹书纪年》记载："仲丁即位，元年，自亳迁于嚣"。这部书是战国时期所写的史书，后来失传，这里引自《太平御览》（八十三）《史记·殷本纪》也记载："中宗崩，子帝中丁立。帝中丁迁于敖"。这两部书都说是商王仲丁建都于敖（嚣和敖是一个字的异写），但并未点明敖都在什么地方。

2. 能指出敖都的具体地点的史书最早的是晋朝人皇甫谧写的《帝王世纪》，书中记载："仲丁徒嚣，或曰敖，今河南之敖仓是也。"后来北魏的郦道元在他写的《水经注》中也主张这一说法，"济水又东径敖山北……其山上有城，即殷帝仲丁之所迁也。"（《水经注·济水注》）这种说法，是说仲丁所建之敖都在黄河南岸的敖山（敖山距郑州市区不远，今已无存。）之上。实际上这是不可能的。试想，在当时主要是使用石质、木质工具的条件下，怎么能够在山上建筑起一个做为国都的规模巨大的城市呢？成千上万的人口又如何生活呢？有人曾估计郑州商城的人口，大约在 7 万左右，也有人说，大约在 10 万左右，这些说法，仅供参考。同时，在中国境内发现的古代的大城市没有在山上建筑的，即如是一些小城也很少建筑在山上，如早于二里头一期的河南登封王城岗城堡遗址和最近发掘的河南淮阳平粮台龙山文化中期的城堡，它们都不是在山上建筑的，而晚于商代的西周和春秋战国时期的城市也没有一个是建筑在山上的。总之，说敖都是建筑在山上，那是不可信的，但若说敖都与敖山有关，或说敖都与敖山地望相近，那则是可能的。

3. 唐朝人写的《括地志》就比较正确地解释了这一问题。那里面记载："荥阳故城在郑州荥泽西南十七里，殷时敖地也。"由于唐朝人在写《括地志》时早已不知道敖都在什么地方，但他们仍知道另外一个史实，即唐时的荥阳故城处于原来商代的敖地范围之内。无疑，这就为寻找商代敖都的地望提供了重要线索。

4. 根据《括地志》提供的线索，需要先找到唐时的荥阳故城。据明朝人写的《读史方舆纪要》记载："荥泽县在（郑）州北五十里。"而《明史·地理志》记载："荥泽县在郑州少西……北有故城。"这些材料是说，明代的荥泽在郑州以北五十里，而明代以前的荥泽县（即唐代的荥泽）又在明代荥泽以北约十余里处。这样我们可以判断，《括地志》所说的荥泽县（即唐之荥泽）在今郑州以北约六十余华里处（现已被黄河所夺）。

既然已经知道唐代的荥泽在郑州以北约六十余华里处，那么在它的西南十七里处就应该是唐人说的荥阳故城。由此我们又可以断定，唐时的荥阳故城就在现今的郑州市区以北偏西的五十余华里处，这也就证明了现今郑州市区以北偏西五十余华里处，在商代属于敖地的范围之内。

5. 商代的敖地范围究竟有多大，这在《括地志》中并没有说明，即是说现今的郑州市区在商代是否属于敖地范围，从《括地志》的记载中是无法判断的。但据商代的甲骨文获知，商代的地名如"西洹"、"南单"、"八桑"等，每一个地名往往是包括很大一片地区，因此敖地也应是包含一片很大的地区。《诗·小雅·车攻》有言："东有甫草，驾言行狩。之子于苗，选徒嚣嚣。建旐设旄，搏兽于敖。"甫草亦即甫田之丛草。可见甫田与敖地基本相连，而且甫田和敖地都是一个相当大的范围。另外，在甲骨文中有一条材料："二田噩、盂"（《殷契粹编》986 片）有的学者认为这一"噩"字就是"敖"字，其地在今黄河南岸的郑州、荥阳一带。现今在郑州市区内发现了如此巨大的城址，以它处的位置而论，应是在商代的敖地的大范围之内。从时代上看，它的建筑时代为商代前期，而仲丁迁敖的时间大体上也属于商代前期。种种事实表明，郑州的商城应为商代的敖都，而且是因为处于敖地而得名。至于有的史书记载说，在郑州附近有一个称为"亳"的地方，这是一个不可回避的事实。但究其实这与郑州商城为敖都的说法并不矛盾，因为在商代称"亳"者甚多[2]，以至可以泛称其都城为"亳"，所以敖都也可以称之为"亳"。

从上述考证可知，郑州的商代城市应是商代第十一个国王仲丁所建的敖都。正因为它是商代前期的一个都城，所以其遗址范围大、遗物丰富也是符合情理的。（其说详见杨育彬：《商代王都考古研究综论》，《中原文物》1991年1期。）当然，在确定了它的都城性质的同时，也进一步证明了商代社会确已进入了阶级社会，早已跨入了“文明”的门槛。绝不像有人所说的那样，商代滞留在氏族制度时期。

二、商代的等级制

商代已进入阶级社会，社会上明显地存在着等级制度。做为国都的敖都自当更不例外。从郑州商代遗址的考古发掘材料并参考古代文献以及卜辞的有关记载，可以看出，那时敖都的居民至少明显地存在三个等级，即贵族、平民和奴隶。

关于贵族：

依据古代文献所记载，当时的贵族奴隶主包括有“王”（国王）、“众戚”、“百姓”、“旧人”、“婚友”和“邦伯师长百执事”等[3]。贵族奴隶主是当时的统治集团。在郑州的商代遗址中发现的大面积的夯土版筑遗迹，尤其像C8G15那样的大型建筑，在它的南北两排柱础槽外侧留有较宽的房基，又称擎檐柱，可见此建筑物外有回廊，中部是木骨泥墙构成的一排房间，前面还有庭院。若把它与湖北盘龙城的商代宫殿遗址F1相比较，C8G15确实是一个“四阿重屋”式的宫殿（寝殿），而周围那些大面积的夯土建筑遗址，应是宫殿群的遗迹。宫殿或寝殿是国王和大贵族们起居或发号施令的所在，无疑这里集聚了许多大贵族。

再以墓葬为例。墓葬的等级不同，也可以看出死者生前的社会地位。墓葬是等级制的一个历史见证。在郑州商代遗址中，虽没有发现像殷墟妇好墓和二号王陵那样大型的墓葬，但也发现了像张寨南街出土的高有100厘米的大铜鼎，按着商代墓葬器组合情况判断，这种大铜鼎应为王族或大贵族之墓葬所在，再看郑州白家庄M3的情况，墓中出土有两套觚、爵、斝和其他少量的食器与酒器，并且在二层台上发现一名殉葬奴隶[4]。这显然是一座贵族墓葬。类似这样的墓葬在人民公园内也有发现。如M25为二里岗上层时期的墓葬，长方竖井形土坑墓，墓口深1.2米，墓底深2.06米，墓室长2.07米、宽0.76米。墓内有随葬品10件，计有铜爵、铜刀、卜骨、玉器、陶器等，其中还有一件釉陶尊，表面为淡黄色釉，肩腹皆饰有篮纹，陶胎坚硬，火候很高，是商代前期的艺术珍品[5]。这样的墓葬虽不是大贵族墓，但至少应是中小贵族的墓葬。

关于平民：

平民在古代文献中被分别称为“民”、“畜民”、“惀民”、“小人”和“农”等。在郑州的商代遗址中可以看到，平民的墓葬中有一些随葬陶器，而且一般都是小墓。例如在二里岗和铭功路西侧都发现有这种小型墓，墓室也是长方形竖井土坑，一般长2米、宽0.60米、深1米，也有的长宽仅能勉强容下一个尸休，随葬品很少，以陶器为主，极个别的有一两件玉器。也有少数墓葬中一件随葬品也没有。从这类墓葬也可以反映出死者生前的生活是贫困的。

关于奴隶：

在卜辞中，奴隶被分别称为“仆”、“羌”、“妾”“牧”等。奴隶的生活是很悲惨的。他们住在矮小潮湿的房子里，如在铭功路西侧制陶区发现的小型房址，其构造是从自然地面下挖一方穴，再在四周树以简陋的墙壁。房子残高 0.3 至 1.2 米，即是说最低的房子只能爬进去。这就是奴隶们的住房！

奴隶在死后根本没有什么正常的墓葬，死后或者被随便丢弃在灰坑中，或者被就地草草掩埋；甚至有的被当做殉葬品（如白家庄 M3）；有的被当做奠基牺牲品，更有甚者是使用他们的尸骨制成器物，如在紫荆山以北的制骨作坊中，发现其骨料一半以上是人骨。在商城东北部宫殿遗址附近，发现一条大致呈南北向的商代壕沟，在其中的长约 15 米的一段内，发掘出近百个人头骨，在一些人头骨上尚留有明显的锯痕、多是从眉部和耳部上端横截锯开。这是奴隶们悲惨遭遇的真实反映。这些事实与古代文献和金、甲文字的记载是十分合拍的。文献和金、甲文的记载有些需要推论才能判断，而考古发掘则为这些推论的正确与否提供物证。

三、氏族社会的孑遗——图腾崇拜

商代前期去夏不远，虽说已进入奴隶制，但氏族社会的某些孑遗仍然顽固地保存下来，这在卜辞和有关文献记载中实例很多[6]，此不赘举，即使在郑州的商代遗址的发掘中也可以找到其痕迹，而图腾崇拜的残余就是其中的一个方面。

图腾崇拜是自然崇拜和祖先崇拜结合在一起的一种原始宗教。它的一个重要特点就是把崇拜的对象视为本族的祖先和保护神，甚至往往把图腾做为本氏族的徽号和标记。

在郑州出土的二里岗期的青铜器上，经常见到一种纹饰饕餮纹。在白家庄的墓葬 M2 中共出土有 5 件青铜容器，而其中竟有 4 件铜器皆饰饕餮纹，计鼎：颈饰饕餮纹；斝：腹饰饕餮纹；爵：腰饰饕餮纹；罍：腹饰饕餮纹[7]。在一座墓中竟然在器物上如此集中地出现饕餮纹饰，这是应该引起重视的现象。

按，饕餮是一种恶兽的形象，《吕氏春秋·先识览》说：“周鼎著饕餮，有首无身。食人未咽，害及其身。”古代有的氏族或部落以此为图腾，如《左传》文公十八年记载，黄帝之时缙云氏部落的一支就以饕餮为其图腾和徽号，可见以饕餮做图腾已由来甚久。商代青铜器上的饕餮纹是承袭陶器上的纹饰而来，而陶器上的这一纹饰显然与氏族的图腾有关，因此，可以说饕餮纹是图腾崇拜在商代青铜器上遗留下的烙印。

在郑州出土的商代青铜器上另有一种纹饰——夔纹。如白家庄 M2 出土一铜盘，腹饰一周夔纹，M3 有一件铜鬲，颈饰夔纹[8]。

按，夔是一种奇异的怪兽形象，《山海经·大荒东经》中说：“有兽状如牛，苍身而无角，一足，名曰夔”。世间本无此兽，这显然是由图腾中虚拟的综合性动物。古人有的以此做为本族的标记（如《尚书·尧典》记载，在尧、舜时期就有一个氏族以夔为其标志）。至商代仍留下其影响。

在白家庄 M2 中出土的铜器上还有一种纹饰——龟形纹，这里出土的一件铜的颈部饰有三个龟形纹[9]。有人释为“龟”字，窥其貌应为“龟”。按，龟在商代是一种具有权威的神灵，殷人举凡一切大事，每每用龟卜，这无疑是将龟神秘化，用之做为愚弄人民的精神武器。究其实，那是借用并发展了图腾崇拜。此足以看出，商代前期的社会发展去氏族社会并不甚远。尤其是商代前期，若说成是发达的奴隶制，尚嫌证据不足。

综上可知，郑州商城遗址的发掘以及大量遗物的出土勾勒出商代社会的一些状况：当时确已进入奴隶制时代、社会的生产已有了长足的发展，社会是以农业为主，手工业、商业已有了较为明显的发展；而图腾孑遗的存在又恰恰说明商代社会并未远离氏族时代，即是说它虽已跨入了“文明”社会的门槛，即进入了奴隶制时代，但仍保留着某些氏族社会的胎记。这也就是说，郑州商城所处的历史阶段，正是中国古代奴隶制的发展时期。

---

［1］《郑州商城考古又有重要发现》，《光明日报》1993 年 2 月 15 日；河南省文物研究所：《1992 年度郑州商城宫殿区发掘收获》，《郑州商城考古发现与研究（1985—1992）》，中州古籍出版社，1993 年。

［2］李民：《尚书与古史研究》，河南人民出版社，1983 年增订本，119 页。

［3］《尚书·盘庚》。

［4］河南文物工作队第一队：《郑州市白家庄商代墓葬发掘简报》，《文物参考资料》1955 年 10 期。

［5］郑州市文物工作队：《郑州市人民公园第二十五号商代墓清理简报》，《文物参考资料》1954 年 12 期。

［6］参见王宇信：《建国以来甲骨文研究》，中国社会科学出版社，1981 年，129 页。

［7］［8］［9］同［4］，并见《河南出土商周青铜器》，文物出版社，1981 年。

［10］李民：《尚书所见商代之农业》，《山西大学学报》1980 年 4 期。

（原载《郑州大学学报》（哲学社会科学版）1993 年第 6 期）

论商亳在郑州

阎铁城

近来拜读了有关郑州商城属性讨论的文章，查阅了一些历史和考古材料，我认为，郑州商城不可能是敖都而应该是亳都，理由如下。

一

敖都说否定亳都说的重要理由之一是：郑亳说文献论据不足。其实不然，打开我国早期文献典册仔细查找、郑亳说文献记载不仅最早很多，而且非常一致。

1. 《诗·商颂·殷武》说："昔有成汤，自彼氐羌，莫敢不来享，莫敢不来王，曰商是常，天命多辟，设都于禹之绩。"郭沫若所编《两周金文辞大系图录考释》所录春秋齐器也说："**虩虩**成唐，有严在帝所，尃受天命，刻伐夏祀，败厥灵师，伊小臣惟辅，咸有九州，处禹之堵。"这两段文字表明，亳地与大禹有关，其意思是汤亳在大禹创立业绩和受封的地域内。大禹的活动范围在哪里呢？古有九州，禹在豫州，所谓豫州，即以今天郑州为中心的河南中西部地区，这个问题学术界认识基本是一致的。那么我们可以这样说，禹之土在豫州，汤处禹之土，汤亳也应在豫州，而并非在当年属徐州的今商丘一带。现代考古发掘证实，商丘及其以东地区没有先商文化，这个地区遍布的是有别于商文化的岳石文化[1]，而在今郑州及其以北地区的古豫州则布满了先商文化，考古发现文献记载完全一致。可见，郑州与汤亳有关。

2. 汤亳究竟在豫州何处？《国语·周语》上有段值得重视的文字："昔夏之兴也，融降于崇山；商之兴也，梼杌次于丕山；周之兴也，鹫鹭鸣于岐山。"这是说夏、商、周王朝在兴起前夕，其都邑附近皆有山川神主显示神灵以昭告天下。神灵昭告之说当然不可相信，但透过这一说法传出的夏、商、周王朝兴起的地望信息，我们却不能轻看。关于夏兴之于崇山、周之于岐山的问题，经过多年的研究和考古发现基本得到证实。那么商兴之于丕山的说法也绝非戏言，应是有根据的。因此，这条材料为我们寻汤亳提供了重要线索，划定了具体的范围。可以这样说，汤亳在丕山周围，丕山周围之亳应是商汤兴起之亳。丕山在哪呢？学术界一致意见是：丕山在今荥阳到武陟县一带[2]。这恰在古豫州之内，东南距今郑州市仅数十里之遥。

3. 丕山周围有没有称亳的地方，巧得很，确实有亳，而且这个亳就记述在我国最早的史书《春秋》之中。《春秋》载：襄公十一年，晋、鲁、宋、齐、卫等国联合攻打郑国，围而不下时，"秋七月己未，同盟于亳城北"。郑国即以今郑州市区南部为中心，这儿离丕山不远，正在丕山范围内。因此，《春秋》中所记载的这个亳应是商汤成阳的亳地。《春秋》是我国最早指出汤亳地望的史书，它比其他记载亳都地望的著作早了数百年，因而应是最具说服力的。但是，有人对《春秋》所载郑亳提出疑义[3]，他们或者怀疑“亳”为“京”字之误，或以《春秋三传》中所述诸“亳”抵毁之。我认为，其论点均不能成立。第一，孔子编《春秋》韦编三绝，是相当严肃的，而且又依据各国史书，京城为郑国大邑，亳城为商汤旧都，二者名气都很大，孔子不可能将其混淆。而提出怀疑的汉人比孔子晚了数百年，此时，京城仍为京县，亳城城名则从西周时已不复存在，他们倒有可能只知京城地望，不晓亳地遗迹，因而，看到《春秋》中所述同盟于郑地亳城便大惑不解，于是怀疑起亳城是否就是郑地的京城来了。实际上，孔子《春秋》记述并没有错，倒是这些后生们因时代的变迁和自己的无知，把原本很清澈的池水搅浑了。第二，《春秋》中提到“亳”的地方仅有两处，一处讲的是“亳城”，一处讲的是“亳社”。“亳城”，当为地名，“亳社”当为祭祀场所，清清楚楚，明明白白。另外，书中还有一处提到“薄”，这个“薄”字尽管在古代与“亳”字通用，但是，在一部书中同时出现，应是有所区别的，两个不是一个地方，当然内涵也不相同。因此，可以说，孔子编《春秋》时认定的亳只有一处，这就是丕山脚下郑国地域的亳，《春秋三传》是后人释《春秋》的，他们提到的亳，是他们所认为的他们那个时代的亳，这些亳记述的再多，也是不能与早于它们数百年的《春秋》中所记载的亳城相提并论的，把这些亳与汤亳联在一起不可信，以《春秋三传》中的亳来否定《春秋》中的郑亳丝毫不足为凭。

4. 丕山脚下的郑亳是否只《春秋》一孤证呢？不是，陈梦家先生所编《殷墟卜辞综述・方国地理》中所录的一段甲骨卜辞证实了这一点。这条卜辞记载的是商王朝倒数第二王帝乙征伐人方（即淮夷）的事，其中说：“壬寅王卜才商贞今日步于亳”。意思是说帝乙王讨伐部队从商出发当天到达了亳。这里的商是特指，即商王朝当时所在的首都，不是别的什么地方，亳则只有一个，那就是商王朝的旧都，商王朝当时的国都在今淇县一带，伐人方是向南进军，从今天的淇县向南进军一天到达的亳，方位恰好在丕山附近的郑州一带。这是一条非常难得的具有亳都地望坐标作用的商王朝历史档案资料，应该说具有相当的权威性和可信性。

5. 甲骨卜辞中另外一条材料也可以帮助我们了解亳都地望所在。这条卜辞说：“癸酉卜在巳奠河邑……”（见《合集》41754）。谁在巳奠河邑占卜呢？翻开《国语・楚语》篇，原来是武丁在卜：“昔殷武丁能耸其德，至于神明，以入于河，自河徂亳，于是乎三年，默以思道。”武丁是从亳都到河邑“思道”占卜呢！河邑在哪里？卜辞说在巳奠，巳是古汜水，奠即今荥阳汜水一带，这里北面紧临黄河，与所说巳奠河邑方位相符。值得注意的是，大河何处不能“思道”，偏偏要跑到巳奠来呢？经考察，原来这方土地并非一般沃土，这里即丕山脚下，是商王朝兴起的地方，商王朝开国之帝成汤曾在这里自责祷雨。今日这里仍有桑林地名，汤王庙遗迹等。这就不难理解了，武丁“思道”不到别处而选择了巳奠河邑是为了“法先王”。而巳奠及其范围内的桑林、汤王庙等东距郑州商代故城仅数十里之遥，来往非常方便，这正符合武丁思道“自河徂亳”的史载。汤王祷雨、武丁思道等遗迹与郑州商城相距如此之近，表明郑州商代故城十分可能是亳都。

以上有关汤亳地望的材料全部来源于我国早期典籍，没有比这些典籍更早的著作了。因此，这些材料也是有关汤亳地望的最早记述。这些典籍记述比晚它数百年的所谓三亳的说法当然可信的多，并为今天的考古发现所证实，我们应该以此为准。

二

敖都说否定亳都说的重要理由之二是：郑州商城是商代中期城池。敖都说实际上是把自己圈在所谓“三亳”说的框框内，抱定汤亳在偃师的前题下，把郑州定为商代中期城池进而又安上敖都之名的。这种论证方法不仅值得商榷，其论证结果也与郑州商城考古发掘的实际相去甚远。为了澄清问题，还是让我们看看郑州商城的考古发现吧！郑州商城自1950年代发现以来，经过40多年的发掘，其面貌已逐渐被人们所认识。那么郑州商城考古成果能够告诉我们些什么呢？

1. 郑州地域密布商代文化遗存。从1950年代以来，通过考古发掘和文物探查，不仅发现了旧城区大规模商代遗址群，而且在其周围的新市区和郊区范围内，发现了宋庄、关庄、西史赵、洼刘、沟赵、郑庄、堂李、兰寨、双桥等近30处商代文化遗址[4]，这些遗址面积都在数万平方米以上，最大的达三十多万平方米，形成了规模宏大具有辐射、网络性质的以郑州商城为中心的城乡生活群区。这些遗址具有相当清晰的发展层次，构成了洛达庙、南关外、二里岗下层、二里岗上层、人民公园等特征明显的商代各个不同发展时期的文化层。所有这些，使郑州成为国内商代文化遗址分布最密集、数量最多的地区。

2. 这里有迄今为止发现的规模最大的商代城池。商王朝时期的城池全国发现有5座，但郑州商城规模最大[5]。郑州商城北城墙长1690米，西城墙长1870米，南城墙和东城墙均长1700米，整座城垣周长达6960米。此外，近年来又在商城外围发现环绕商城还构筑有一道夯土墙，已探明的南墙和部分西墙长度已达4000米，其宽度与筑法以及年代与郑州商城相同[6]。如此规模的城池，不仅使盘龙、东下冯、垣曲3座边塞商城望尘莫及，即使郑州西去不远的偃师尸乡沟商城也相形见绌（尸乡沟商城仅是郑州商城面积的三分之一）[7]。规模恢宏的城池奠定了郑州王都无可争辩的地位。

3. 这里发现有迄今为止面积最大的商代宫殿建筑遗址。郑州商城内东北部一带为商代宫殿建筑区，已发掘探明的宫殿夯土台基有20多处，面积达六万多平方米[8]，不少夯土台基上遗留有成排的圆形柱础和柱子洞。这样大面积的宫殿建筑遗址，不仅偃师尸乡沟商城难以比拟，就是安阳殷墟历经半个世纪的发掘所探明的宫殿建筑基址面积，也仅是郑州商代宫殿基址面积的一半[9]。考古发掘表明，郑州商代宫殿建筑基址并非形成于一个时期，而是历经了一个相当长的使用时期[10]。

4. 这里发掘出的遗物遗迹表明，以二里岗时期为主体的郑州商文化，上溯与偃师二里头文化相接，下推与安阳殷墟文化相连，形成这一时期比较完整的考古体系。值得注意的是，在郑州二里岗文化之前，这里还存在与二里头文化三四期同时的洛达庙、南关外商代文化，这表明相当成熟繁盛的二里岗文化是在南关外文化基础上发展的，只不过它受到了二里头文化重大的冲击和影响。

5. 郑州商城考古发掘为我们提供了郑州商城所处年代的有关参考数据。1970年代，考古工作者对东城墙进行横断解剖时，从堆砌叠压在商代夯土城墙内侧近底根处的商代文化层中，发掘到当时人烧用过的木炭，经碳十四测定并经树轮校正确认，这些遗物年代为公元前 1620±135 年至公元前 1595±135 年[11]。既然这些文化层是叠压在商代城墙上的，那么，城墙的构筑年代较之这些堆积文化层年代更早是没有疑问的。

以上郑州商城考古成果可以得出这样几条概念和结论：第一，郑州商城在当时是一座规模巨大的繁盛时间较长的都会，因此，它才可能对周围地区产生强大的辐射力和吸引力，形成相当密集的社会生活群区网络。第二，规模恢宏的城池、面积巨大的宫殿基址向人们显示，它们的建设绝非短时间所然，也绝非一个动荡贫弱的王朝时期所能为。据测算，仅内城的构筑，一万名奴隶干上 10 年才能完成。因而，从它的选址，到它的构筑使用，加之规模更大的外城墙、六万多平方米的宫殿夯土建筑、以及内城墙堆砌物的形成等等，郑州商城应该是历经了一个相当长的发展时期。第三，郑州商城是一个介于二里头时期与安阳殷墟时期之间的王朝都会，因而，确立郑州商城何王所都，必须把它置于这样一个完整的时期来研究和考虑。第四，郑州商代遗址，不仅南关外、白家庄时期存在多层文化，就是二里岗时期也分有上下层。这些特点鲜明的文化层说明其中曾经历某种变动和一定的时期。

既然郑州商城考古成果表明这一王都建在安阳王都之前二里头文化之后，并且又绝非短时间内所然，绝非贫弱动荡帝王时期所为，那么，我们就结合史载商王朝的历史，来研究一下郑州商城究竟是何王所都。

有关殷商的发展历史，记载最系统也最早的当数司马迁的《史记》。这部流传近两千年的史书历经岁月的检验，特别是现代考古发掘的验证，其论述的主要历史事实是基本正确的。因此，研究殷商历史，《史记》记述最为可靠。《史记》中有关殷商历史是怎样记述的呢？司马迁讲：商的先人契是与大禹同时代的人物，因佐禹治水有功而受封。从契往下传了十三代便是汤。汤生下时，商人并不在亳地，是汤将流离颠簸的商部族迁移到了亳地，汤以亳为根据地成长壮大，而后进行了讨伐夏的战争并灭了夏王朝。汤灭了夏王朝后回到了亳地，在亳建立了商王朝，从此，商以亳为都达 100 多年。到了仲丁时，将都城迁到了敖，商都在此存在 20 年左右的时间又迁到了邢、耿等地，商都动荡 70 余年，到了盘庚为王时，将国都又重新迁回亳地，企图借开国之王商汤的都城的旧威复兴渐趋衰亡的商王朝，此次盘庚迁亳，商王朝以此为都又稳定了 100 多年。到了武乙时方将国都迁往黄河北，商王朝在此走完了自己的历程，被周王朝所取代[12]。

从《史记》的记述中我们可以发现，从商汤建国到武王伐纣，商王朝经历了三个较为稳定的时期：一是商汤到仲丁前，二是盘庚至武乙前，三是武乙到封亡。商王朝最后一个稳定时期是武乙所迁河北，武乙所迁其址在今安阳一带有了着落，那么规模大于并且时代早于安阳殷墟的郑州商城当然应该也只有是在另两个稳定时期所建。有意思的是，这两个稳定时期同在一个地方，这就是以亳为都时期。根据郑州商城考古成果，结合《史记》记载，我们完全有理由认为，郑州商城就是商代亳都，只有在商王朝以亳为都的稳定强盛时期才能建设郑州商城如此规模的都市，只有亳都的影响力和辐射力才能形成郑州商城周围密集庞大的社会生活群区网络。而且，这里的遗存经碳十四测定为公元前 1620 年左右，这恰与史载汤王在世时代相符。因为郑州商城是亳都，商汤以此为根据地讨伐夏王朝，后又返回建都，带回了大量的先进夏文化，这才出现了郑州商文化主体二里岗文化与早于它的南关外商文化衔接直接承袭二里头夏文化的现象；因为郑州商城是亳都，而且两次为都，时间长达 300 余年，它成为目前发现的所有商遗址中规模最大者；因为盘庚二次还都，因而这里才出现了许多商王朝中期帝王活动的痕迹，以二里岗命名的商文化也显现出上下两层的现象。因为历经汤至仲丁、盘庚至武乙的商王朝早中时期，所以它才呈现上溯与二里头夏文化相接、下推与安阳殷墟晚期文化相连的现象。

有人说郑州商城为敖都，这不仅与史书的一致结论地望不对，也与碳十四测出的城址存在年代不符，而且商王朝以敖为都仅仅只有 20 年左右的时间，这个时期又是动荡多难的时期，这样一时期能够创造出如此灿烂辉煌的郑州商城吗？看看百年帝都殷墟的规模，比较一下郑州商都的气派，这个问题无需再辩。

三

敖都说否定亳都说的重型炮弹莫过于偃师尸乡沟商城的发现。他们认为，这座城比郑州城早，而且其内涵亦是王都，因此，非亳莫属。然而，“不怕不识货，就怕货比货”，若将二者放在一起进行比较，真假亳都便会自然清楚。

1. 记载亳都在偃师的史料确实不少，这是事实。但遗憾的是，这些史料全都是汉唐时期的史料，先秦典籍中竟然没有一点亳都在偃师的记述，而说法相互矛盾的汉唐史料的可信度是大大打了折扣的，这就使得以汉唐史料做论据的偃师商城亳都论者的立论显得十分脆弱。与此相比较，尽管亳都在郑州的记载不多，但是，它们大都出自我国最早的典籍中。因此，记载亳都在郑州的史料虽然不多，但价值及其可信度都大大强于亳都在偃师的史料。

2.《史记》在记述商汤灭夏及其建国立都的过程时说得十分明白：“当是时，夏桀为虐政淫荒，而诸侯昆吾为乱。汤乃兴师率诸侯，伊尹从汤，汤自把钺以伐昆吾，遂伐桀……桀败于有娀之虚，桀犇于鸣条，夏师败绩。汤遂伐三㚇，俘厥宝女，义伯、仲伯作典宝。汤即胜夏，欲迁其社，不可，作夏社。伊尹报。于是诸侯毕服，汤乃践天子位，平定海内。汤归至于泰卷陶，中𠷎作诰。既绌夏命，还亳……”从这段史料中我们可以明确两点。第一，商汤是从亳出发讨伐夏王朝的，亳与夏都并非一个地方。第二，商汤灭夏之后，没有在夏都建立商都，而是返回了亳地，以亳为都了。那么，依据这段史料结合今天的考古发现来研究，偃师二里头文化为夏文化而且为夏王都这是没有疑问的，既是夏王都，那么，偃师一带就不可能存在亳地，商亳都也就不可能建在这里。司马迁说的明白，商汤消灭了夏王朝后还都于亳了。因此，距二里头夏都仅数里之遥的尸乡沟商城不可能是亳都，而东去二里头 200 里的郑州商城，无论是从史载西夏东商的方位关系看，还是从史载商汤由东向西讨伐夏王朝的进军路线观，都十分符合亳都地望。

3. 郑州商城与偃师商城考古发现参考年代表明，两座城池的使用基本上是同一个时代。郑州商城内城东城墙探沟 7 第三至五堆积文化层中出土的木炭，经碳十四测定并经树轮校正为公元前 1620±135 年至公元前 1595±135 年；而偃师商城四号宫殿基址内的 H29 木炭经测定并经树轮校正年代为公元前 1630±135 年[13]。既然两座城池使用在同一时期，那么规模比偃师商城大三分之一的郑州商城最应该是亳。值得指出的是，有的同志曾经说碳十四测定多有年代提前之误，因此，他们在研究郑州商城属性的时候，提出减去相应的年代，并且以减去后的年代断定郑州商城是商代中期城池[14]。那么我们要说了，既然减，都要减，照这样做，偃师商城的参考年代不也成商代中期城池了吗！还需要指出的是，近来有人把偃师尸乡沟商城年代愈来愈提前，提到了二里头三期，这就产生了一个无法解释的矛盾，二里头一至四期全部为夏，这是原来也曾主张二里头三、四期为商文化的长期从事二里头考古的同志自己修正认定的意见[15]，既是如此，难道夏王朝能够允许商汤在自己的眼皮下修筑一座与自己分庭抗礼的城池吗！这种判断显然不能服人。

4. 仲丁即位后，把首都从亳迁到了敖，商王朝在亳兴旺发展了100多年为何要迁都呢？有人推测说是为了军事需要，是为了征蓝夷[16]。商王朝战事不少，但并没有哪次大的军事行动首都就跟着迁移的记载。那么，究竟是什么呢？《纲鉴易知录》中说，仲丁之所以迁都，“是时亳都有河决之患，故迁于敖。”这种说法尚还可信，因为不仅这次，在此前后商王朝的几次迁都也都与水患有关。既然仲丁迁都与水患有关，那么我们可以分析，偃师商城若为亳都，它北边有高大逶迤邙山做天然屏障，可以阻隔黄河南侵，城池遭河患似乎不太可能，退一步说，即使遭了黄河发水威胁，仲丁不将其都迁往西部高地避水，反而将其都东迁地势低于偃师商城而更易遭河患的郑州商城，这倒使人难以理解。反过来，郑州商城若为亳都，其位置在古黄河西来北折处，是黄河从丘岭山区流向沃野平原的分界处，恰是黄河肆虐受害区域，它遭河患倒是十分可能。正是亳都遭受到了黄河水患，仲丁才将其都由平原迁往附近的高地敖山，这十分符合做事法则。因此，从仲丁迁都事件的本身可以帮助说明亳都应是郑州商城。

5. 偃师商城经过几次大规模的发掘，其面貌大体呈现在人们面前。如果说它是亳都，考古发掘的成果不少令人费解。据偃师商城发掘报告介绍，城内文化层堆积十分复杂，在城墙的两条探沟内，第三层汉文化层下面堆积的是商代文化层，商代文化层又分了两层，即第四层和第五层，第五层下面叠压着路土，路土之下又压着城墙附属堆积。属于商文化层第四层出土的陶片“多属二里岗型”，“它们的年代显然相当于二里岗上层，其中有的器物延续的时间似乎比二里岗上层更长一些。第五层出土的陶片年代显然比二里岗上层要早”。路土内陶片，年代略晚于二里头四期，而路土之下所压城墙附属堆积层中出土的陶片，“多数年代较早，少数可晚至二里岗期。”[17]城墙西二城门的文化层更为复杂，西二城门的地层分四层，第二层为汉代层，第三层为二里岗上层，第四层为二里岗下层，此层又分A、B两层。二层、三层下有二里岗上层墓葬，四层下则叠压有二里岗下层墓葬。这里的城门曾被封堵，它压在第二层下，又被四层叠压或打破。封堵墙自身又压在城门的路土上，这条路土虽然没有陶片出土可供断代，但前述城墙探沟中路土断代可供借鉴[18]。此外，城内建筑夯土台基遗址上的文化层也比较复杂，不仅有二里岗上层时期的灰坑，还有窖穴、水井等等[19]。以上事实表明，偃师商城内的变迁是相当杂乱的，封堵城门、在建筑基址上倒垃圾等异常之举确实令人费解。因此，把这样一个不稳定的城池定为商王朝立都300年的亳都似乎不妥。与此相反，郑州商城考古表明，郑州商城不仅文化层堆积十分清晰一致，而且宫殿基址上基本没有商文化期内的人为破坏痕迹，这与强大稳定的亳都、威严不可辱的商王朝才相符合。

6. 据偃师商城发掘报告介绍，偃师商城内南部发现有自西南向东北方向排列的三座方型小城和一些零散的夯土台基，中间的那座小城，每面长200余米，四周筑有2米厚的夯土围墙，南边开一大门。围墙内有五座自成一体的宫殿式建筑。南面有笔直的大道直通南门以外[20]。有人断定这就是亳都城内的宫城。但是，这里有一个问题不好解释。中国历代王都帝王宫殿群区一般建筑在都城的北部或东北部一带，那么偃师商城的所谓宫殿群却不在这个位置，城内东北部又未探明和发掘出宫殿建筑遗存，那么说它是亳都显然缺乏说服力。郑州商城则不然，它不仅发掘出了国内所有商代遗址中面积最大的宫殿建筑遗址，而且这些遗址全部在城内北部和东北部，遗址中最大的建筑遗存有65米宽，是偃师商城最大建筑物宽度的一倍。而且在宫殿区内还发现规模巨大的以石板铺底、白料礓土做壁的蓄水池[21]。这才最具备王都宫殿区的气派，郑州商城才最有可能是亳都。

综上所述，郑州商城为亳都其条件相比较而言要比偃师商城更具备和充分，因此，可以认为，郑州商城就是商代亳都，偃师商城不过是商王朝监管夏遗民的一座军事重镇罢了。

---

[1] 宋豫秦：《现今南亳说与北亳说的考古学观察》，《中原文物》1991年第1期。
[2] 《古史续辨》，中国社会科学出版社，1991年。
[3] 石加：《"郑亳说"商榷》，《考古》1980年第3期。
[4] 《郑州博物馆志》，《中原文物》1989年特刊。
[5] 王迅：《从商文化的分布看商都与商城》，《中原文物》1991年第1期。
[6] 《郑州商城外夯土墙的调查与试掘》，《中原文物》1991年第1期。
[7] 《偃师尸乡沟发现商代早期都城遗址》，《考古》1984年第4期。
[8] 陈显泗：《郑州商代城遗址》，《中国历史的童年》，中华书局，1984年。
[9] 《古都安阳》，河南人民出版社，1987年。
[10] 陈旭：《商文化的发现与研究》，《中原文物》1983年第3期。
[11] 邹衡：《郑州商城即汤都亳说》，《文物》1978年第2期。
[12] 见《史记·殷本纪》。
[13] 赵芝荃：《关于汤都西亳的争议》，《中原文物》1991年第1期。
[14] 石加：《"郑亳说"再商榷》，《考古》1982年第2期。
[15] 同注[13]。
[16] 丁山：《商周史料考证》。
[17]《偃师商城的初步勘探和发掘》，《考古》1984年第6期。
[18]《1983年秋季河南偃师商城发掘简报》，《考古》1984年第10期。
[19]《1984年春偃师尸乡沟商城宫殿遗址发掘简报》，《考古》1985年第4期。
[20]《偃师尸乡沟发现商代早期都城遗址》，《考古》1984年第4期。
[21]《郑州商城考古又有重要发现》，《光明日报》1993年2月15日。

（原载《中原文物》1994年第1期）

试论岳石文化与郑州地区早期商文化的关系

——兼论商族起源问题

栾丰实

岳石文化的识别与确立，是最近10余年来山东地区考古研究工作的重要成果。而岳石文化的发现，则可以追溯到20世纪30年代初。1930年发掘的章邱城子崖遗址（原隶属于历城县）和1933年在辽东半岛双砣子清理的积石墓中，都包含有岳石文化的遗物[1]。50年代末，在江苏北部的赣榆下庙墩和山东平度东岳石遗址，再次发现比较单纯的岳石文化遗存[2]。虽然当时已经注意到这批遗存的独特风格，但由于可资比较的资料的双重性，仍将其归入龙山文化之中。70年代末期，随着海岱地区北辛—大汶口—龙山文化序列的建立，在探讨这一地区龙山文化的去向问题时，有人注意到以平度东岳石为代表的这一批与龙山文化风格迥异的文化遗存，认为它有可能是晚于龙山文化的另一类型[3]。不久，有人提议称之为“岳石文化”[4]。至此，认为在山东地区，龙山文化的下限延续到早商时期的观点已成为历史。

岳石文化的分布范围，主要包括山东全省、苏皖的淮河以北和豫东地区，而具有岳石文化因素的范围则达到了江南、中原、东北和甚至更为遥远的地区。

岳石文化以其风格独特的器物群，尤其是含有大量的夹砂褐陶而显著区别于以灰、黑陶为主的龙山文化。以至到目前，我们虽然找到了两者之间具有传承关系的若干证据，但仍未达到密切衔接的程度。同时，岳石文化与同时期分布于中原地区的二里头文化之间，也少有共同之处。在二里头文化中，我们只发现少量具有岳石文化特征的遗物，比较明确的，如侈口深腹夹砂褐陶中口罐、斜颈近筒形褐陶大口罐、腰部饰附加堆纹的褐陶残甗，以及半月形双孔石刀等。而在岳石文化里，还很少发现明显具有二里头文化特征的遗物，即使是在邻近二里头文化分布区的鲁西南地区也是如此。

与上述情况形成鲜明对照的是，岳石文化与郑州地区的早期商文化，尤其是与其较早阶段，有着极为密切的关系。

郑州地区的商代文化遗存极为丰富，现已发表材料的早期遗址（不包括属于二里头文化的洛达庙和上街等遗址），主要有郑州南关外、二里岗和商城等数处[5]。这些遗址的商代文化遗存，归纳起来，可以划分为依次的三期，即南关外期（以郑州南关外下层为代表）、二里岗前期（以二里岗下层为代表）和二里岗后期（以二里岗上层为代表）。中原地区，尤其是在郑州洛阳一带，考古学文化的序列完整，年代关系也比较清楚。尽管在二里头文化与二里岗文化的期别对应关系上尚有不同意见，但对于南关外期和二里岗前后期均属于商文化系统这一点，认识是一致的。

这里，有必要先澄清南关外中、下层与二里岗下层的关系问题。除原报告明确地将其分为两期，即把南关外下层称为南关外期和将南关外中层归为二里岗下层之外[6]，还有两种意见：一种是抽出二里岗遗址下层中偏早的部分单位（如 C1H9、C1H4 等），与南关外中、下层合并，称之为先商文化南关外型，或将南关外下层归为二里头四期文化[7]；另一种意见认为，南关外中、下层“属于二里岗期下层文化”，“二里头四期与二里岗下层及南关外下层（包括南关外中、下层在内—引者注）是同时的商文化”[8]。我认为，尽管南关外中层由于“直接迭压在商代文化的下层之上，发掘时为了防止下层遗物混入，所以清理得就较深些，因而中层可能混入了一部分下层的遗物”，但若与下层相比，差别仍然是极为明显的。这主要表现在：（1）陶质陶色有别。下层中砂质和泥质褐陶“数量最多，约占 80%以上”，而中层是以“泥质灰陶最多，砂质褐陶次之”，其差异十分明显。（2）两者主要陶器器类在形制上有显著差别。如下层出土的腰部施附加堆纹、肥硕袋足直接着地的甗和大口深腹罐不见于中层；下层的小口鼓腹罐、敞口平底盆和中层的同类器差异较大；应属于下层的斝和鬲（《郑州南关外商代遗址的发掘》图一一，12、9），原发掘简报就定为下层[9]分别与中层偏早的同类器（同前图一一，10、3）有一定演变关系。因此，原报告把在层位上早于二里岗下层，并具有显著的自身特征，而又与二里岗下层有一定渊源关系的南关外下层遗存，单独定为“南关外期”。这一结论是符合考古实际的，因而也是适当的。

下面，首先分析岳石文化与南关外期商文化的关系。

岳石文化的农业生产工具有两类七种，即扁薄单刃石铲、长方形孔多刃石镢、半月形有孔（多为双孔，也有个别的为单孔或三孔）石刀、窄身石镰、蚌铲、蚌镰和蚌刀[10]。南关外下层出土的农业生产工具很少，主要有石铲、石镰和蚌镰三种。石镰为扁平长方形，背部有窄肩，岳石文化也发现同类有肩石铲。石镰与蚌镰比较接近于岳石文化的同类器。此外，南关外中层还发现一件类似岳石文化的半月形单孔石刀，孔系对面琢透，这种穿孔方法与岳石文化也完全相同。蚌刀系以蚌壳较厚的边缘部分为背部，而于中部较薄部位磨出刀刃，这种加工蚌刀的取材方法与岳石文化是一致的。

岳石文化的陶器，以各种颜色不纯正的褐色陶为主，约占总数的 60%以上，尤其是夹砂陶，绝大多数为褐陶，其中有相当多的质地较松的粗砂褐陶。南关外下层的陶器，“以砂质褐陶和泥质褐陶数量最多，约占 80%以上”。两者陶质陶色十分相似。

在器表装饰上，绳纹、弦纹、划纹、泥饼、附加堆纹和夔龙纹等是两者共有的纹样。南关外下层的绳纹纹道较细，印痕清晰，所占比例较大。岳石文化的绳纹数量较少，主要有三种：一种是整齐的竖行细绳纹；一种是排列较乱、印痕较深的细麻绳状横行绳纹；还有一种是成列的颗粒状绳纹，细看每个颗粒都有毛刺，这种绳纹在龙山文化晚期已习见。两者比较接近的是第一种。此外，在附加堆纹之上再按捺窝纹的做法，两者也是一致的。

岳石文化陶器的器类较多，约有二十余种。其中最常见的是罐、甗、鼎、豆、尊、盆和器盖等，也有少量的鬲和斝。南关外下层由于发掘面积的关系，出土遗物较少，陶器的种类不多，计有鬲、甗、罐、盆、斝、爵和箪子七类（原报告陶器小目上有瓮，描述部分则无）。其中与岳石文化比较接近的有五类六种。下面分别予以说明。

甗：岳石文化的甗均为夹砂褐陶。形制特征是侈口，斜沿，细腰，肥硕的炮弹形袋足直接着地，无实足尖。腰及裆部多有附加堆纹，堆纹之上往往再饰捺窝、指甲、楔形刺点和“×”形刻划纹等，有的器身留有细密的篦状刮抹痕迹。南关外下层出土的陶甗，陶质和形态与岳石文化完全相同，只是器表加饰细绳纹，三足外撇稍甚（图一，1、9）。同类陶甗在辽东半岛的高丽寨下层亦有发现，日本学者小林行雄曾指出过其与南关外下层陶甗之间的密切关系（图二）[11]。

大口深腹罐岳石文化的典型器物之一。多作大口，斜领，颈稍内收，上腹微鼓，深腹，小平底，均为夹砂褐陶。南关外下层发现一件，原报告将其定为甗之上部，不确。陶质、形态均与岳石文化的大口深腹罐相似，只是陶胎较薄，器表加饰细绳纹（图一，6、13）。

小口鼓腹罐岳石文化常见器类。多为小口外侈，卷领，广斜肩，鼓腹，平底或内凹。器表为素面或饰竖行细绳纹。均为泥质陶，陶色有灰黑和褐色两种。同类器南关外下层出土二件，形制与岳石文化极为相似（图一，4、12）。

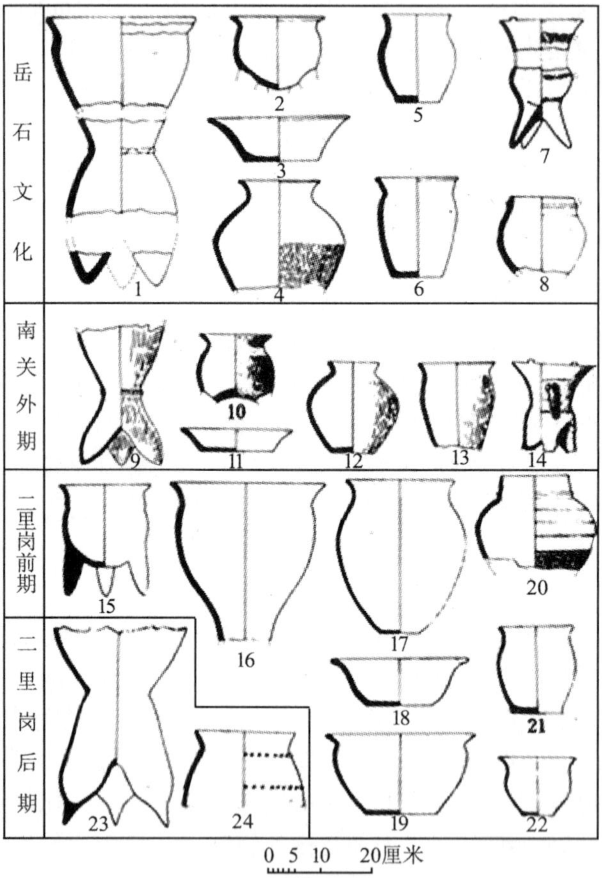

图一　岳石文化与郑州地区早商文化陶器比较图

1、9、16、23. 甗 2、15. 鼎 3、11、18、19、22. 盆 4、12. 小口罐 5、6、13、17、21、24. 罐 7、14. 斝 8、20. 直口罐 10. 鬲（1. 安邱堌堆出土，2—5、7、8. 尹家城出土，6. 栾台出土，9—14、22. 南关外出土，15—21、23、24. 二里岗出土）

平底盆岳石文化常见器类。形制为大敞口，圆唇，斜壁，浅腹，平底。素面，或磨光。泥质灰陶或褐陶。南关外下层亦发现同类盆，只是盆腹更浅。平底盆是一种延续时间较长、分布范围较广的一种器物，其中心是在大汶口—岳石文化的分布区之内（图一，3、11）。

斝　岳石文化的陶斝为敞口，束颈较长，腹部微鼓，下接三个锥状袋足，一侧有鋬手，沿面设置一对平顶矮柱，两柱之间有小流。器身饰刻划纹，有的遗有细密的篦状刮抹痕迹。夹细砂褐陶。南关外下层的同类斝，陶质陶色相同，形制相似，器身亦饰刻划纹，沿面之上设矮柱。只是袋足较浅，无流（图一，7、14）。

箪子岳石文化发现甚多。圆形，均为夹砂褐陶。有两种形制：一种是周沿上卷呈浅盘状；另一种是圆饼形。其上均穿有数量不等的细孔，少则几个，多则十几个，箪眼细且极不规则，往往一面凸起，有许多甚至未穿透，或穿透后又被迷住。同类器南关外下层出土一件，圆饼形，中部穿四个细孔，夹砂褐陶。从照片观察，与岳石文化第二种箪子的形态完全相同。

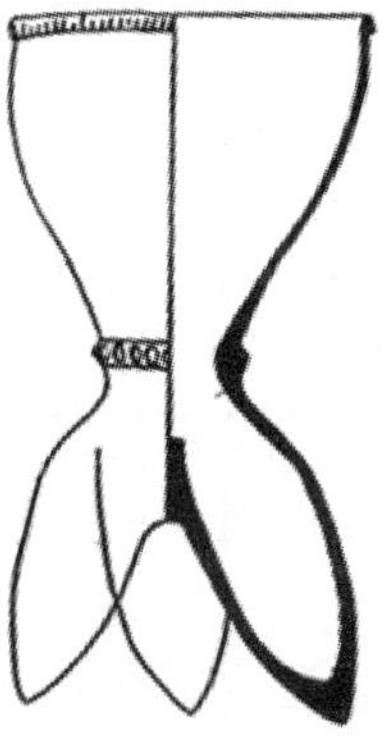

图二　高丽寨下层出土的甗

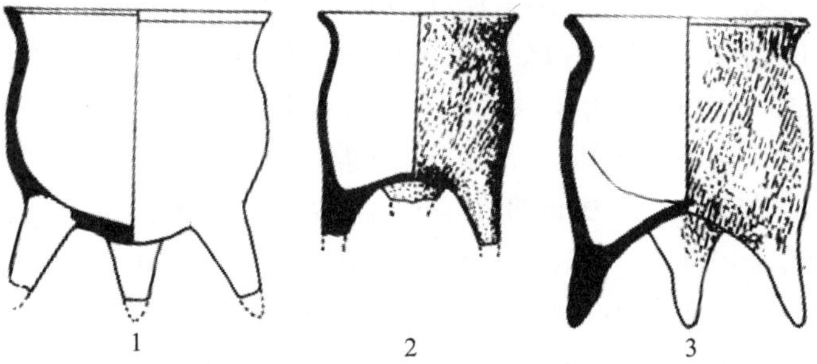

图三　岳石文化陶鼎与南关外陶鬲

1. 陶鼎（尹家城，T229⑦:5）2、3 陶鬲（南关外，T86 :53 H62 :19）

南关外下层还发现一定数量的鬲，如果把这些鬲和中层出土的同类型鬲联系起来分析，我们发现，这些鬲的特色十分明显，均为厚胎砂质褐陶，弧形裆。与那种分裆的薄胎灰陶鬲明显不同。据已复原的两件标本观察，这种鬲的较早形态是侈口，卷领，腹微鼓，微弧裆，近似款足。逐渐过渡到二里岗下层那种折颈近似分裆鬲。其演化规律是由卷沿到折沿，袋足从浅向深变化，裆部由微弧裆、弧裆再到微分裆，整体则由矮到高，其递变的轨迹比较清楚。那么，这类陶质陶色和形态均较独特的陶鬲，显然不是当地的传统，也非来自豫北冀南地区。

考察袋足器的产生与发展过程可知，袋足器的形成主要有两条途径：一条是斝式途径，即在鼎等实足器的启发之下，将预先做好的三个空足接成一器，逐渐形成较深的分裆；另一条是渐变的途径，即由实足（鼎式）、款足（鬲式）到深袋足（斝式），表现在裆部就是由平裆到弧裆进而分裆。对陶鬲的演变，苏秉琦先生曾做过精辟而详尽的研究[12]。纵观海岱地区大汶口—龙山文化时期的鬶、甗、鬲等袋足器的产生与发展，实际上就是在不断地重复上述两个过程。南关外下层这种微弧裆的陶鬲，按发展规律推测应源于某种鼎类器。我们注意到，岳石文化（主要是其西部地区）存在大量的厚胎夹砂褐陶鼎，鼎身上半部的形制与南关外下层的早期鬲极为相似，两者似应有一定的渊源关系（图三）。在二里岗遗址下层，也确实见到了这种稍加改造的陶鼎（详后）。

南关外下层的陶器中有一部分爵，并存在较多的绳纹装饰。这些应与二里头文化的影响有关。

上述分析表明，南关外期商文化的主要文化内涵来自东方的岳石文化，而不是其他地区。同时，也较多地吸收了二里头文化的因素，这也可能是有人将其归为二里头文化四期的一个原因。

接下来，我们比较一下岳石文化和二里岗前期之间的关系。

岳石文化与二里岗前期在生产工具方面，仍然存在着若干共性。例如，两者都有窄身宽尾小石镰，石器的穿孔方法均为对面琢打穿透，都发现较多的蚌器，其中蚌刀取材和磨刃方法也相同，等等。但是，两者之间的差别是极其明显的，例如，岳石文化用于收获的农具主要是石刀和蚌刀，镰很少，而二里岗前期的收获用具主要为石镰。

属于二里岗前期的南关外中层，陶器“质地可分为砂质褐陶、砂质灰陶和泥质灰陶、白陶、釉陶和原始瓷器等六种。其中以泥质灰陶数量最多，砂质褐陶次之”[13]。二里岗遗址的陶器未做分层统计，除了个别单位（如出夹砂粗红陶特别多的 T9、T12、H9 和 H10 等）之外，从总体上看（包括二里岗上层在内），绝大多数为灰陶，也有一小部分风格特殊的夹砂褐陶，当时就指出其“好像另是一系统”[14]。曾参加过二里岗遗址整理工作的邹衡先生，也认为这一作风迥异的陶系“确属另一陶系。三十多年来，我们一直未找到其归宿。今天才明白，这就是山东省岳石文化中最主要的陶系之一”[15]。

在陶器的器表装饰上，二里岗前期仍有许多与岳石文化相同或相似的特征。例如，大型器物外壁多附加若干周泥条，泥条之上往往刻压成索状或加饰“×”、短直条和圆窝等纹饰，一些器物外表饰有压印小方格纹、云雷纹、刻划折线纹和网状纹等。尤其是在弦纹中间加饰双泥饼（见《郑州二里岗》图叁拾：21）和遗留在夹砂褐陶表面的细密的篦状刮抹痕迹，与岳石文化完全一致。

二里岗前期的陶器种类较多，其中与岳石文化作风相似、形态接近的器形，有鼎、甗、罐和盆四类中的部分器形。

鼎　二里岗下层陶器中鼎的数量不多，特征明显的是 I 式鼎，形制为侈口，直颈微束，深腹，圜底，下接三个扁圆锥状足，外表饰竖绳纹，厚胎，夹砂褐陶。此类鼎在其他文化中少见，当直接来源于岳石文化的同类鼎（图一，2、15）。

甗是二里岗下层的主要炊器之一。与岳石文化作风相同的是Ⅲ式甗，仅残存甗腰以上部分。形制为大口，斜领，上腹微鼓，下腹急收成细腰，素面，夹砂红褐陶，质地较松软。此类甗当承自岳石文化的同类器（图一，1、16）。

罐类是二里岗遗址出土数量最多的器类，其中具有岳石文化风格的有深腹罐、小罐和直口罐三小类。

深腹罐形制为圆唇，侈口，沿外卷，深腹，小平底，最大腹径居上。素面，或外表有细密的篦状刮抹痕迹，夹砂灰陶或夹砂褐陶。这种罐在二里头文化中亦有少量发现，其源是在岳石文化（图一，5、17）。

小罐侈口，颈略束，腹较深，平底较大。素面，泥质或夹砂灰陶（图一，21）。

直口罐或可称为子母口罐。直口较高，下部起棱，呈子母口状，圆鼓腹。泥质灰黑陶。此种罐在二里岗下层中比较少见，其他文化则更少见，应与岳石文化中数量较多的子母口罐有渊源关系（图一，8、20）。

盆与岳石文化风格接近的盆主要有卷沿鼓腹盆和敞口盆两种。

卷沿鼓腹盆这种盆的特征是侈口，颈部卷折，鼓腹，多平底。多为素面，泥质灰黑陶。南关外Ⅰ式盆（H62∶15），卷沿，深腹，底残。《郑州二里岗》Ⅴ式盆，近似折沿，腹稍浅，平底。前者更具岳石文化作风，可能时代略早。这一类作风的盆在岳石文化中较为常见，如果再进一步追溯其渊源，当为龙山文化中晚期习见的鼓腹双錾手小平底盆（图一，18、22）。

敞口盆形制为大敞口，宽沿微卷，斜腹近底部微曲，浅腹，大平底。此种盆具有岳石文化作风，当直接源于南关外下层的浅腹大平底盆（图一，18）。

此外，二里岗遗址下层出土的Ⅰ式器盖和体较厚且侧边外鼓明显的纺轮等，均与岳石文化同类器比较接近。

上述比较表明，二里岗前期遗存中所包含的岳石文化因素，较之南关外下层时期显著减少，并且是风格与作风近似者多，形态完全相同者少，这应与时间的早晚和文化内涵的发展、变迁有关。

最后，再讨论一下岳石文化与二里岗后期之间的联系。

到二里岗上层时期，具有岳石文化作风的遗物，在郑州地区已经极为罕见。从地域上说，二里岗后期之时，商文化的分布范围已扩及到山东中部地区，即蒙山、鲁山一线，即使在这一区域，具有岳石文化因素的遗物，在整体文化中已退居到极次要的位置，充其量只是遗风而已。郑州地区在二里岗后期见到的具有岳石文化风格的器物，主要有甗和中口罐两种。

甗　甑的上腹部残缺。形制为粗腰，近似筒形袋足，着地一端有高实足尖。器表有篦状刮抹痕迹，薄胎，夹砂褐陶。形制相似的甗在济南大辛庄商代早期地层中亦有发现。这种陶甗，从风格上说，确有一定的岳石文化遗风，但器物形态与岳石文化的陶甗已判然有别（图一，23）。

中口罐二里岗遗址仅见一件（H11∶53）。侈口，颈圆折，深腹，底部残。颈下与腹部有二周附加堆纹，其上划有“x”形纹饰，夹砂褐陶，胎较厚。这件陶罐从形制和纹饰上看，均接近于岳石文化的同类器，其时代应早于二里岗后期（图一，24）。

综上所述，我们看到这样一种现象，就是郑州地区的早期商文化遗址中，在时代最早的南关外下层时期，岳石文化或具有岳石文化因素的成分占据主导地位，东方气息极为浓厚。二里岗前期，二里头文化因素激增，而具有岳石文化特征的遗存仍然存在，但面貌已有所变化，比重大大下降，已经退居次要位置。到二里岗后期阶段，带有岳石文化遗风的遗物虽然也偶有所见，但实属凤毛麟角。要之，郑州地区早商遗址中，时代越早，岳石文化的成分越多，东方色彩越浓厚。随着时间的推移，典型岳石文化的因素越来越少，并不断发生变化，以至到晚商时期全部消失。

需要加以说明的是，郑州地区商文化的较早时期（即南关外期），在年代上要略晚于大家目前所认识的岳石文化。其理由如次：

1. 从某些器类的演化趋势看，南关外期较晚。例如，岳石文化的陶甗，三袋足外撇有逐渐加大的趋势，而南关外期的甗，外撇明显，远较岳石文化为甚。如前分析，南关外期的侈口微弧裆陶鬲，与岳石文化形制相近的鼎之间有一定承继关系，而在岳石文化较晚阶段，也确实发现个别的弧裆绳纹鬲和素面鬲。斝在岳石文化中出现较晚，并且袋足为深空足，几乎没有实足尖，仍有早期斝的作风，而南关外期的斝类器，袋足内空较浅，实足尖较高，正处在袋足向实足的过渡的中间环节上。

2. 早年在辽东半岛的高丽寨下层，曾发现一件与南关外期极为相似的陶甗，两者时代应相去不远。从出土遗物分析，高丽寨下层的时代大致与双砣子三期同时，而晚于出土有大批典型岳石文化遗物的双砣子二期[16]。这也间接说明，南关外期应略晚于岳石文化。

3. 已测定的岳石文化碳—14 数据共有 17 个，除去部分明显偏早或略嫌偏晚的之外，多数落在公元前 1890~1670 年之间（均按树轮校正值计算）[17]。南关外期的年代，可根据二里岗下层来比定。被二里岗下层所叠压的郑州商城城墙夯土内出土的木炭标本，经测定为公元前 1620±135 年（树轮校正值）[18]。由此可知，二里岗下层的上限，不会超过公元前 1600 年，而时代早于二里岗下层的南关外期，年代在这之前，但估计不会超过公元前 1700 年。因此，南关外期的年代应略晚于目前所认识的岳石文化，或与岳石文化晚期稍有重迭。这与邹衡先生的分析是基本一致的[19]。至于在山东地区介于现在所认识的岳石文化与二里岗后期之间的缺环，还有待于今后的考古发现和进一步研究认识。

对岳石文化与郑州地区早期商文化之间的这种关系应做何解释呢？我认为，应当将这一问题置于商族起源的大格局中加以考察分析。

关于商族起源问题，是上古史中悬而未决的重大课题之一，一直为历史学家和考古学家所关注。长期以来，众说纷纭。近年来，注重考古发现并加以论证的，归纳起来，主要有以下几种观点：

1. 夏商同族说。持此观点的学者认为，夏和商是同一文化的前后两段，只有政权的更迭，没有文化的更迭。因此，没有必要在二里头文化内去硬找“突变”[20]。

2. 太行山东麓起源说。认为商族起源的中心地区，在冀南漳河和滹沱河之间的太行山东麓一线。随着其势力的增长，辗转南下征战，最后灭夏。其文化代表是先商文化漳河型和辉卫型[21]。

3. 东方起源说。认为商族起源于东方，即豫东和鲁西南地区。其文化代表是分布于上述地区的龙山文化青堌堆类型（或称王油坊类型）[22]。

此外，还有晋南起源说、东北起源说等。至于从文献上考证商族起源的说法就更多了，除了没有涉及南方地区之外，其他地区均有论及。详尽地论证商族起源诸说，非本文的主旨。下面主要讨论一下东方起源说。

商族起源于东方，文献资料比较确凿，与考古实际比较符合。因此，传统的商族起源于豫东鲁西一带的说法是可信的。

由于经济和政治等方面的原因，商人“不常厥邑”，经常迁徙。据史书记载，成汤以前的先商时期共有八迁[23]。对于这八次迁徙的具体地望，近代学者王国维曾做过详尽的考证[24]。依其所说，汤以前八迁的地望，除了砥石不详之外，余者均在今豫东、鲁西和豫北这一范围之内，尤其是集中于豫东和鲁西南一带。因此，上述范围最有可能是商族早期的活动区域。

《尚书·商书序》云："汤始居亳，从先王居"。先秦文献提到汤都亳（或薄）者，不下十余种之多。因此，"亳"的地望之确定，对于研究早商及先商文化至关重要的意义，是不言而喻的。多数人认为，"亳"地不是固定于一地的，而是随着都城的迁移而移动，就像后来的"京"一样，定都西方的叫"西京"，定都东方则叫"东京"，"南京"、"北京"亦属此理。我们赞成以灭夏为界，将"亳"的地望分别考察的观点。灭夏之前，"汤从先王居"之亳在东京。灭夏之后，为了加强对中原地区的控制，迁"亳"于西方。东方之"亳"，现有南亳与北亳两说，我们更倾向于北亳说。除了文献证据较充足之外，众所周知，宋为商人后裔，宋都在商丘而置宋庙于北亳（两地直线距离约40公里），当非出自无故。不过，无论是北亳或者是南亳，有一点是共同的，即都在传说中商族早期活动区域的中心地带。

因之，从文献记载方面说，商人先祖发祥地在东方，即在鲁豫皖交界地区的说法较之其他诸说更为可信。

从考古发现的实际情况看，商族起源于东方的轮廓逐渐清晰起来。

关于郑州南关外下层文化，原报告作者曾这样指出："这层出土的陶器，如厚胎敛口鬲、敞口细腰胖袋足甗、敞口细腰弧裆斝、有流无尾圜底或平底爵、敛口短颈鼓腰瓮和圆饼形器盖等，形制是比较特殊。同时，陶器又以棕褐色的较多。这些特征，与郑州商代遗址二里岗期和洛达庙期的同类器，都有着显著的不同"[25][26]。据此将其定为早于二里岗下层的"南关外期"，无疑是正确的。也正因为如此，才有人指出："对于郑州来说，南关外期是一种外来的文化类型"[27]，"是从中途插进来的"[28]，是一种"从外地迁到郑州南关外一带居住的人们遗留下来的文化遗存"[29]。以南关外下层为代表的早期商文化的直接来源，既不是龙山文化青堌堆类型，也不是所谓先商文化"漳河型"和"辉卫型"，而应是岳石文化中的一支，即分布于鲁豫皖一带的岳石文化。关于这一地区龙山文化之后和商文化之前的文化面貌，过去一直是不清楚的。最近几年，首先是菏泽安邱堌堆遗址的发掘[30]，证明了岳石文化在这一区域北部的存在。接着是鹿邑栾台遗址，表明南部地区仍然是岳石文化，并且首次在这一区域发现二里岗下文化遗存[31]，证实了岳石文化的年代（至少是在其西部分布区）是与二里头文化大致平行的。

鲁豫皖一带岳石文化（或可称为安邱堌堆类型）的创造者，就是先商时期的居民，到夏朝晚期，他们在成汤率领下，北征西伐，来到郑州，留下"南关外期"遗存，最后"奉桀众以克有夏"（《墨子·非攻篇》），救夏民于水火。同时，在文化内涵上大量摄取、吸收发达的夏文化的"营养"，逐渐融和形成独具特色的二里岗期商文化，这也是二里岗期文化中岳石文化因素渐次减少的主要原因。

应该承认，由于鲁豫皖地区岳石文化材料发现较少，引用的资料多出自更靠东的遗址，南关外期遗存发现的也不多，因此，上述论证还是初步的。不过，两者之间存在着深刻的内在联系则是不容置疑的。我们相信，随着今后这一区域考古工作的广泛开展，商族起源问题的真相是会大白于天下的。

---

[1] 李济等：《城子崖》，1934年；江上波夫等：《旅顺双台子山新石器时代遗迹》，《人类学杂志》，49

卷 1 期，1934 年。
［2］ 南京博物院：《江苏赣榆新石器时代至汉代遗址和墓葬》，《考古》1962 年 3 期。中科院考古所山东队：《山东梁山青堌堆发掘简报》，《考古》1962 年 1 期。
［3］ 黎家芳、高广仁：《典型龙山文化的来源、发展及社会性质初探》，《文物》1979 年 11 期。
［4］ 严文明：《龙山文化和龙山时代》，《文物》1981 年 6 期。
［5］ 河南省博物馆：《郑州南关外商代遗址的发掘》，《考古学报》1973 年 1 期；河南省文化局工作队：《郑州二里岗》，科学出版社，1959 年；河南省博物馆等：《郑州商代城遗址发掘报告》，《文物资料丛刊》，1。
［6］ 河南省博物馆：《郑州南关外商代遗址的发掘》，《考古学报》1973 年 1 期。
［7］ 邹衡：《试论夏文化》，《夏商周考古学论文集》，文物出版社，1980 年；罗彬柯：《小议郑州南关外期商文化》，《中原文物》1982 年 2 期。
［8］ 仇祯：《关于郑州商代南关外期及其他》，《考古》1984 年 2 期。
［9］ 赵霞光：《郑州南关外商代遗址发掘简报》，《考古通讯》1958 年 2 期。
［10］ 山东大学历史系考古专业：《山东泗水尹家城遗址第二、三次发掘简报》，《考古》1985 年 7 期；《山东泗水尹家城遗址第四次发掘简报》，《考古》1987 年 4 期；《山东泗水尹家城遗址第五次发掘简报》，《考古》1989 年 5 期；《泗水尹家城》，待刊。以下引用的岳石文化资料，凡未加注号者，皆出自以上几种。
［11］ 水野清一、小林行雄：《考古学辞典》，东京，创元社刊，308 页。
［12］ 苏秉琦：《瓦鬲的研究》，《苏秉琦考古学论述选集》，文物出版社，1984 年。
［13］ 河南省博物馆：《郑州南关外商代遗址的发掘》，《考古学报》1973 年 1 期。
［14］ 河南省文化局工作队：《郑州二里岗》，科学出版社，1959 年。
［15］ 邹衡：《论荷泽（曹州）地区的岳石文化》，《文物与考古论集》，文物出版社，1987 年。
［16］ 小川静夫：《极东先史土器的一考察》，东京大学文学部考古学研究室研究纪要，第 1 号，1982 年。
［17］ 全部数据见《山东龙山文化研究文集·附录一》，齐鲁书社，待刊。
［18］ 河南省博物馆等：《郑州商代城遗址发掘报告》，《文物资料丛刊》，1。
［19］ 邹衡：《论荷泽（曹州）地区的岳石文化》，《文物与考古论集》，文物出版社，1987 年。
［20］ 郑光：《二里头遗址的性质与年代》，《考古与文物》1988 年 1 期；赵芝荃：《试论二里头文化的源流》，《考古学报》1986 年 1 期。
［21］ 邹衡：《试论夏文化》，《夏商周考古学论文集》，文物出版社，1980 年；罗彬柯：《小议郑州南关外期商文化》，《中原文物》1982 年 2 期。
［22］ 吴秉楠、高平：《对姚官庄与青堌堆两类遗存的分析》，《考古》1978 年 6 期：孙飞：《论南亳与西亳》，《文物》1980 年 8 期。
［23］《尚书·商书序》：“自契至于成汤八迁”。
［24］ 王国维：《说自契至于成汤八迁》，《观堂集林万》卷十二。
［25］ 参见杜金鹏：《先商济亳考略》，《殷都学刊》1988 年 3 期。
［26］ 河南省博物馆：《郑州南关外商代遗址的发掘》，《考古学报》1973 年 1 期。
［27］ 孙飞：《论南亳与西亳》，《文物》1980 年 8 期。
［28］ 邹衡：《论汤都郑亳及其前后的迁徙》，《夏商周考古学论文集》，文物出版社，1980 年。
［29］ 安金槐：《对于郑州南关外商代遗址分期的再认识》，《华夏考古》1989 年 1 期。
［30］ 北京大学考古系商周组等：《菏泽安邱堌堆遗址发掘简报》，《文物》1987 年 11 期。
［31］ 河南省文物研究所：《河南鹿邑栾台遗址发掘简报》，《华夏考古》1989 年 1 期。

（原载《华夏考古》1994 年第 4 期）

中国最早的“两京制”

——郑亳与西亳

许顺湛

郑亳与西亳近几年学术界讨论的非常热闹，见仁见智，各持己见。为此，我也想发表一点看法以求教于方家。

一、郑州商城与偃师商城的比较

郑州商城是50年代中期发现的，在它的周围25平方公里的范围内，到处都分布着商代遗址。商城平面略呈纵长方形，周长6960米。在城内东北隅是一片宫殿区，东西长1000米，南北宽900米，约占商城总面积的三分之一。在这个区域内分布着大小不等的数十处夯土台基，其中最大的宫殿台基面积2000多平方米，小的也有100余平方米。郑州商城的南、西两面距城墙600~1100多米地带还有外郭城墙，东起商城东南角外的凤凰台，向西南经二里岗、南关外折向西北，一直延伸到商城西南角外，然后又折向商城西墙外，虽然还未找到尽头，已知外郭城墙断断续续的长度约5000多米。商城内外的文化遗物，从地层叠压分为二里岗下层期文化、二里岗上层期文化和白家庄期文化，通过整理研究又认为二里岗下层和上层也有偏早偏晚两个阶段。安金槐先生把二里岗文化分为四期，即二里岗下层一、二期，二里岗上层一、二期。二里岗上层二期实际包括了白家庄期。碳14测定商城的年代（校正）有两个数据，上层为公元前1595年，即前16世纪，下层为公元前1620年，即前17世纪。对郑州商城的看法学术界比较一致的意见有两点：第一，它早于安阳殷墟；第二，它是商代的国都。安金槐先生认为：“郑州商代城垣是兴建于商代二里岗下层二期，并延续使用到商代二里岗上层一期。到了商代二里岗上层二期郑州商代夯土城垣已被废弃。”根据制陶作坊、制骨作坊、铸铜作坊以及出土的陶器、青铜器来判断，郑州商城“应是属于商代二里岗下层二期至二里岗上层一期的一处都城遗址”。“从而说明二里岗下层二期和二里岗上层一期是郑州商代二里岗期发展的鼎盛时期”。陈旭教授认为商代二里岗下层文化堆积层直接覆盖商代城墙，二里岗下层的房基、窖穴和墓葬均有叠压商代城墙现象，说明郑州商城始建早于二里岗下层，应该始建于南关外期。有关六个宫殿基址和房基单位，均被二里岗下层的遗存叠压或打破，所以始建年代当在南关外期。对郑州商城经济发展总的认识是：“南关外期为初创阶段，二里岗下层、二里岗上层为繁荣期阶段，白家庄是其衰落期阶段。”这里提到的白家庄期即前边所说的二里岗上层二期。尽管对商城始建的看法有分歧，但是有两点可以说其认识基本是一致的。例如：

白家庄期，安说，“夯土城垣已被废弃”，陈说：“是其衰落期阶段。”安说：“二里岗下层二期和二里岗上层一期是郑州商城二里岗期发展的鼎盛时期。”陈说：“二里岗下层、二里岗上层为繁荣期阶段。”这一共识是有代表性的，非常重要，它是与偃师商城比较的标尺。

1983 年春季，在偃师尸乡沟发现了一座商城，北依邙山，南临洛河，整体略作长方形。城址范围：南北 1700 余米，东西最北部 1215 米，中部 1120 米，南部 740 米。面积为 190 万平方米。城周围有夯筑土城墙。城内有东西、南北道路，发现有四处大型夯土建筑基址。偃师商城的初步发掘，出土了大量的遗物，发掘者非常自信地说：“我们有理由断定，商文化的二里岗期当是该城历史上的兴盛时期之一；在与二里岗上层相当的某段时间里，城墙曾作过修补；该城废弃的年代，约相当于二里岗上层偏晚或更迟一些时期。因此，可以说偃师商城是商代前期的城址。”与郑州商城比较，除了规模小，没有大型的青铜礼器外，其大量的陶器基本上是相同的，城的兴盛与衰败的年代也基本相同。我赞成原发掘报告的意见。

1983 年秋，对偃师商城西墙西二门又作了发掘。发掘简报认为：“城址应当是商代早期兴建的”。1986 年在偃师商城发掘了第五号宫殿基址，发掘简报根据地层和出土遗物特别是两口水井出土的遗物进行对比研究的结果认为：“五号宫殿上层基址的建筑年代晚于二里岗下层，废弃年代为二里岗上层偏晚阶段。下层基址废弃年代接近南关外中层，其建筑与使用年代应早于南关外中层”。陈旭、裴明相两先生则认定两口水井中绝大部分文物都属于二里岗下层二期（即偏晚阶段），个别有二里岗下层一期（即偏早阶段），没有南关外期遗物，当然偃师商城的始建和使用年代就不会早于南关外中层。

前边介绍了郑州商城和偃师商城的基本情况，比较一致的意见可以归纳以下三点：

1. 两座商城都有夯土城墙，城内都有宫殿遗址，均具备都城的基本条件。

2. 两座商城出土的遗物，最多的都是二里岗下层和上层的陶器，而且陶器的品种也基本相同。

3. 两座商城的繁荣兴盛期和衰败期也基本相同。

两座商城兴盛和衰败基本相同的这一事实，说明郑州商城与偃师商城的使用是同时的。如果偃师商城是西亳，郑州商城是隞都，相差一百多年怎样解释。客观的事实只能证明两座商城是同时的都城，也只有从“两京制”的角度来分析，也许才是一条出路。

二、西亳与郑亳的文献分析

偃师尸乡沟发现的商城，学术界公认是商代早期的城。《汉书·地理志》河南郡偃师县尸条班固注：“尸乡，成汤所都。”《帝王世纪》云：“偃师为西亳。”《史记·殷本纪·正义》说：“亳，偃师城也，……汤即位，都南亳，后徙西亳也。”又引《晋太康地记》说：“尸乡，南有亳阪，东的城，太甲所放处也。”按“尸乡在洛州偃师县西南五里也”。《括地志》：“尸乡亭在洛州偃师县。”又说：“亳邑故城在洛州偃师县西十四里，本帝喾之墟，商汤之都也。”以上诸文献记载综合起来，不仅说明汤都西亳，而且指出其地望在偃师的尸乡。在偃师商城的西侧杏园村出土了两方唐代墓志。一方墓志铭说：“祔新茔于西亳”。另一方墓志铭说：“葬于偃师亳邑乡”。文献有记载，墓志铭作证明，再加上这里的的确确发现了一座商代早期的城，而且城内还有宫殿遗址，所以对前代的学者不能不相信，应该承认偃师商城是汤都西亳。另外，《春秋繁露·三代改制质文》中提到：汤受命而王，改夏为殷，作宫邑于下洛之阳；文王受命而王，改殷为周作宫邑于丰；周公辅成王受命，作宫邑于洛邑。这里提到的宫邑不是离宫别馆，文王作宫邑的丰是国都，成王作宫邑的洛邑也是国都，汤作宫邑的下洛之阳当然也是国都。下洛之阳即洛水下游的北岸，与偃师商城的地望正相吻合。

偃师商城如果说是西亳，当在汤灭夏之后所营建。但是《尚书·序》云：“汤既黜夏，复归于亳。”《史记·殷本纪》云：“既丑有夏，复归于亳。”这里说的亳，很明显不是指灭复后在偃师新建的亳都。在16年前邹衡教授发表了《郑州商城即汤都亳说》一文，我赞成邹衡教授观点。因为郑州确实发现了一座商代早期的都城，同时商代文化遗址遍布25平方公里，这种情况是少有的。特别是郑州商城内外，曾四次总共发现东周时陶文“亳”字约130余件，前后四次出土的地点，大都集中在郑州商城宫殿区内的祭祀遗迹周围。这不是偶然现象。别的地方虽然也有亳字陶文发现，但不能证明在商代祭祀遗迹周围，更没有商代早期都城这个背景。因此，对这样多亳字陶文的发现，岂可等闲视之。大批亳字陶文发现是“亳城，郑地”的佐证。“汤复归于亳”，只有郑亳才是最合理的解释。

《国语·周语上》说：“昔夏之兴也，融降于崇（嵩）山”；“商之兴也，梼杌次于丕山”；“周之兴也，□□鸣于岐山”。嵩山、丕山、岐山分别是夏商周三代建树王业的基地。嵩山、岐山地望比较清楚，关于丕（邳、伾）山的地望，《水经》云：“大邳，地在河南成皋（今荥阳）县北”。《吕氏春秋·具备》：“汤尝约于郼薄矣”。高诱注：“郼即殷，薄或作亳”。此意郼薄即殷亳。《吕氏春秋·慎势》：“汤其无郼，武其无岐，贤虽十全，不能成功”。高诱注：“郼，岐，汤、武之本国，假令无之，贤虽十全，不能以成功”。又“郼，汤所居也；岐，武王所居也”。这里文意十分清楚，郼，是汤的本国，汤就居住在这里。《淮南子·原道训》高诱注：“郼汤之郼，亦殷字”。《路史》也认为“殷也，读如衣”。现在需要研究殷（郼）的地望，它是汤的本国，至为重要。《竹书纪年》：“殷商成汤”，笺按：“殷以溵水得名，古溵水县今陈留之商水县也。殷商兼商山溵水言之。郑氏《通志》曰：溵水出阳城，东至西华、汝阳入于颍，与颍水合流，古人谓颍为殷，故命为殷焉。”殷之名起于先商，汤的先公被夏封为殷侯。对殷如果溯源，与郑州地区早期的溵水（也称濦、颍）有关，殷水源于登封。殷，又通衣，也读衣音。可知郼、殷、衣（依）同音同义。《史记·郑世家》：“郑武公竞取十邑之地而国之”。集解引虞翻曰：“十邑谓虢、郐、鄢、蔽、补、丹、依（即殷）、畴、历、莘等也”。这十个小国都被郑所灭，说明衣（殷）在郑地。不过这个衣（殷）地是殷族后裔所在地，考虑“衣”的地望，不能不与郑州商城内祭祀遗迹周围发现的大批的陶文亳字相联系。《逸周书·作洛解》：“武王克殷，乃立王子禄父，俾守商祀。”晋孔晁注曰：“封以郑，祭成汤。”这里把郑直接与成汤相联系。

汤的先祖居殷在郑，商兴于邳在郑，汤的后裔在郑，更重要的是汤的本国郼（殷）也在郑，因此，把商代早期的郑州商城称为汤之亳都，是符合历史事实的。

三、郑亳与西亳并存

通过前边的比较分析，我以为问题基本清楚了。郑州商城是都城，偃师商城也是都城。郑亳说不否定偃师商城的时代，认为同是商代早期的城，只是把城的性质作为桐宫或陪都看待，这在时代上并不矛盾。西亳说把偃师商城作为早商都城看待，而把同时兴衰的郑州商城作为商代中期的隞都看待，这在时代上明显存在着矛盾。我以为最重要的是：大家都承认，郑州商城与偃师商城的鼎盛期和衰败期基本是同时的，碳 14 测定的年代数据也基本上是同时的。同时的两座商城绝对不会一座是早商的西亳，另一座则是晚一百多年的隞都。

偃师商城是商代早期的都城，与文献（包括墓志铭）记载的西亳其时代、地望基本吻合，我们没有理由不承认它是西亳。这个西亳，应该是汤灭夏之后，在下洛之阳所建的国都，长期使用，曾一度繁荣昌盛。但是《尚书·序》和《史记·殷本纪》中都提到汤灭夏后“复归于亳”，这个亳绝对不是偃师商城的亳都，应该是灭夏前的亳地或亳都。前边已经谈到，商兴于大邳，汤先公居于殷地，汤本国在郼（殷）亳，邳、郼（殷）均在郑州地区。汤“复归于亳”的亳，从目前看，只有郑州商城才具备汤本国亳都的资格。

郑亳是否始建于汤灭夏之前，还需要通过考古进一步研究。偃师商城绝对是始建于汤灭夏之后。偃师商城和郑州商城，其繁荣期和衰败期基本相同这一事实，说明两城是并存的，即说明西亳与郑亳是并存的。郑亳是汤本国的亳。西亳是“始屋夏社”的亳。汤居西亳连年大旱，后复归于郑亳。汤死后诸王均居亳，但未知是郑亳还是西亳。只有太甲继位居亳，伊尹放太甲于桐宫，当在西亳。文献和考古资料不能证明两亳有一兴一废的继承关系，反而证明基本是同时兴衰的两个亳都。因此，可以说商代早期的郑亳、西亳并存，这是最早出现的“二京制”。

（原载《中原文物》1996 年第 2 期）

偃师商城与二里头遗址、郑州商城关系的比较

刘士莪

河南郑州商城和偃师二里头遗址的相继面世，是20世纪50年代夏商考古史上的两大重要发现。三四十年来，随着发掘工作的逐步扩大和深入，探索研究的成果也日益丰富和提高。这不仅对夏商历史文化的研究起了积极的推动作用，而且对我国考古事业的发展产生了深远影响。时至今日，它仍然以众多的新发现和新内容，给予我们一些钻之弥坚的学术课题。

1983年，偃师商城的发现，是继发现上述两大文化遗址之后在夏商考古领域中又一次重大的收获。这座古城遗址全部被埋在现代地面之下，城墙由夯土筑成，平面呈长方形，总面积为190万平方米。城内有若干条纵横交错的大道，偏南部有三座小城，一为宫城，居中，内有若干座宫殿基址；另两座小城分别位于宫城的东北面和西南面，面积较宫城为小，里面是排房式的建筑，形制与宫城不同，应是其辅助建筑。古城的地理位置、文化内涵、兴废年代和性质，对进一步认识夏商文化、探索上述两大遗址所引发的若干重大历史问题，具有非常重要的意义。本文试就三城的关系作一比较。

一、偃师商城与二里头遗址

偃师二里头遗址是1959年在豫西地区为寻找"夏墟"和探索夏文化而发现的[1]。遗址的面积很大，东西为2.5公里，南北达1.5公里，文化堆积厚3米~4米，埋藏十分丰富。遗迹有宫殿基址，小型房基，铸铜、烧陶、制骨等手工业作坊，及灰坑、水井、墓葬等；出土遗物有石器、陶器、铜器，骨器、玉器和卜骨等。就遗址面积之大、内涵之丰富来看，它乃是一座重要的古代城邑废墟，而非一般的村落遗址。

二里头文化遗存在豫西地区多有发现。它既不同于河南龙山文化，又区别于郑州商代二里岗期文化，其文化面貌具有独特的风格。首先是，它拥有一群区别于其他文化的陶器组合。其中，用作炊器的是带扁锥状足的罐形鼎、折沿深腹罐，用作饮食器和容器的则有觚、爵、盉、簋、豆、三足盘、深腹盆、小口高领罐、瓮、缸、澄滤器和器盖。其中，尤以鼎、花边口沿罐、附有鸡冠形鋬的盆和三足盘等最具特色。其次是，河南龙山文化中常见的带把手鬲、斝、双腹盆、带耳杯、碗等器形在这里不见，它跟郑州商文化以鬲、甗、斝、卷沿圜底盆、大口尊、小口直领瓮等为主的器物组合也有明显的区别。因而学术界对二里头文化的分期和性质产生了不同的看法。

根据二里头遗址的地层堆积，该类型文化可分为四期。目前，史学界对于四期文化性质的认识，概括起来有两种相异的观点，即二里头文化一至四期是前后相承的一种文化呢？还是前后发展不同的两种文化？换言之，一至四期是属于夏文化呢？还是属于商文化或主要部分属于商文化？因而对二里头遗址就有了夏邑还是商都的认识分歧。

引人注目的是，偃师商城的发现为上述问题的深入讨论提供了重要新依据。自 1983 年以来，先后公布了四批偃师商城的发掘材料，其中就地层堆积提出了一系列有关该城兴建和废弃年代的看法，这对断定二里头遗址的性质极为重要。

据偃师商城发表的《简报》称，1983 年，在城墙夯土内出土的陶片既少且碎，陶质主要是泥质灰陶和夹砂灰陶，多数陶片火候较低，表面多饰细绳纹，其次为篮纹，有的绳纹陶片内施麻点纹，可确认的器形有鬲、豆、刻槽盆以及鸡冠形鋬手等。“这些陶片年代晚的稍晚于二里头四期”[2]。这就是说城墙的建造年代不得早于二里头文化四期。若从 T1L2 来看，这条位于西城墙外侧的路土，其下面叠压城墙附属堆积之下层和生土，在路土中出可复原的细绳纹夹砂灰陶鬲和泥质黑褐陶残豆盘各 1 件，其时代和形制均略晚于二里头四期。如是，则依城墙而存在的附属堆积之下层，也应与之同时，这又可以说城墙的建造较之二里头四期稍晚。

二里头四期是夏文化还是商文化？它不仅关系到二里头遗址三期文化性质的判断，也涉及对偃师商城的年代认识。

从二里头遗址发掘资料得知，二里头文化四期直接覆盖在三期文化之上，它既保留了三期文化众多的特点，又产生了一定的新因素。若以 1972 年～1973 年发掘的一号宫殿基址上面属于四期灰坑的陶器分析[3]，在炊器中，三期通行的三角形足罐形鼎在四期多数变成了浅盆形鼎；鬲的数量虽有所增加，但仍少于同期的折沿夹砂罐，其形制则是大口，长颈，瘦腹，与二里岗期的鬲也不同，亦不及二里岗期盛行。又如食器中的簋，口部较大，圈足稍高，型式虽较一期为多，但不见二里岗期的Ⅰ式广腹簋和Ⅱ式直壁簋，数量更不及二里岗期为多，还有三期流行的三足盘消失，花边口沿罐也较少发现，等等。这些因素表现得比较明显，但从整个文化面貌来看，其主流仍与三期文化具有一脉相承的发展关系，并非有质的突变。

从墓葬反映的文化面貌来看，也是如此。1984 年秋，在二里头遗址Ⅳ区发掘了十余座属于四期的墓葬。《简报》称：“这批墓葬的葬俗与二里头二、三期无甚差别，墓底多有硃砂，随葬品的基本组合与二、三期没有根本的差别，它保持了很长的延续性，如爵盉相配，以豆、盆或炊具鼎、圆腹罐随葬，从二到四期皆很普遍……这从一个方面反映二里头二至四期文化的一体性。”[4]但必须看到一种风俗习惯的演变往往迟于社会政治和经济的变更发展。从现有材料来看，二里头四期的文化层堆积较薄，发现的遗存数量也不多，呈现出衰退的现象。生活于三期文化之上的四期时代的居民，在一种社会剧烈变动之后，仍墨守着一定程度的本族固有文化也是很自然的事。值得注意的是，四期的年代与郑州二里岗下层的年代相近，可能已进入商代纪年的范畴了。

二里头遗址三期是该文化发展的繁荣鼎盛阶段，与第一、二期文化比较，其地层堆积厚，遗存种类多，出土遗物丰富多彩，是构成二里头文化特点的主要内涵。学术界已有众多的文章论及，兹不多述。

二里头文化分布于豫西、晋南地区，它与文献记载夏人的政治活动区域基本上是吻合的；二里头文化所反映的社会面貌，有宫室礼制、社会分工，阶级对立、贫富差别、权力统治种种不平等现象，这与夏王朝所处的社会发展阶段又是一致的；二里头文化的年代据碳十四测定也未超出文献记载的夏王朝存在的年代范畴。目前虽无直接文字材料来证明二者是统一的，但从我国历史朝代来看，夏以后为商代，偃师商城既是商代早期兴建的，那么商代早期以前的二里头文化自应归于夏代或夏文化系列。

偃师商城发现以后，对二里头遗址西亳说者提出一个无法回避的问题。这两处遗址均位于古洛河以北，东西相望，相去约四五公里，既然二者的时代不同，文化面貌又不一致，显然应该分属于两个不同系统的文化。如果坚持二里头遗址西亳说，则对偃师商城和二里头遗址的关系这一新问题，二者必从其一。可是，对偃师商城和二里头遗址的关系这一新问题，又有学者提出不同的看法：“两地相距不远，应同属于西亳的范围，只是建筑形制和使用目的不同而已”[5]；“二里头宫殿基址有可能是偃师商城的有机组成部分，至于其形制的区别，有可能是出于某种礼仪方面的特殊需要”[6]；或说与偃师商城“相距不远的二里头，则可能是宗庙建筑”[7]等等。这些看法实际上仍然是对夏商文化的认识问题，是值得进一步讨论的。

二、偃师商城与郑州商城

郑州商代遗址是1952年开始进行科学发掘的[8]。在这里发现有夯土城墙，宫殿基址，平民房基，烧陶、冶铜、制作骨器作坊区，窖藏和墓葬等；出土遗物有石器、陶器、青铜器、骨器、蚌器、玉器、原始瓷器、习刻字骨和陶文符号等。遗址规模之庞大，城墙宫殿之宏伟，出土遗物之丰富，实属罕见。足以证明它是一座相当重要的商代王都所在地。

郑州商文化的年代判定已获得科学的地层依据。二里岗和人民公园的重要地层堆积呈现出早、中、晚三期文化的叠压层关系[9]。晚期的和安阳小屯殷墟的时代相同，而早、中两期的则早于殷墟文化。这些资料扩大了人们对商文化发展认识的眼界，将商文化的考古研究提前了一大步。

特别是湮没了3000年的夯土城墙之发现，为探讨商代早期都城历史提供了重要资料。这座古城平面近长方形，城墙底宽约20米，周长7公里多，其规模甚为壮观[10]。发掘证明，郑州商城建于二里岗下层时期稍早，其使用时间应从二里岗下层开始，一直延续到二里岗上层时期。这段时间共经历了约150年。

众所周知，郑州商城和偃师二里头遗址一样，被视为探讨夏商文化的两大重点遗址之一。长期以来，随着郑州商代遗址的陆续发现，学术界对商代历史文化的研究取得了许多共识，成绩是喜人的，但还存在着不少疑窦，如关于郑州商城的都邑性质就是其中之一，目前对此问题有截然不同的两种看法，简单地说就是“隞都论”与“郑亳论”。前者主张二里头文化是早商文化，偃师二里头遗址是汤都“西亳”所在地，而郑州二里岗期文化属商代中期文化，郑州商城为仲丁所迁的“隞都”[11]；后者则主张二里头文化是夏文化，偃师二里头遗址应是夏代晚期的一座都邑所在地，而郑州二里岗期文化属商代早期文化，郑州商城应是汤所居之亳，春秋时又称“郑亳”[12]。这两种意见所持的考古资料基本相同，而研究结论却大相径庭，究其原因，文献之不足是其一，但对夏、商文化的认识存在分歧亦不容置疑。

而今，偃师尸乡沟商城的发现，对于回顾郑州商城的讨论居于十分重要地位。

1983年秋，对偃师商城西二城门（X2）进行了发掘，不仅在城墙的建造和城门结构方面获得了可靠资料，而且在这座城的使用年代方面也取得了直接证据[13]。在城门内发掘了一批商代小型墓，墓穴窄长，无一定方向，从地层上说，墓口分别开于第3层（二里岗上层）和第4层（二里岗下层），可见经历了较长的时期。其中较晚的M12出土的3件陶器相当于二里岗上层偏晚，较早的M7和M18出土的6件陶器与二里岗下层大致相当。这批小墓虽开口于不同的层位，但都叠压或直接打破城内的路土，这就从地层上表明，城门的使用年代早于这批小墓。可见该城始建年代的上限早于二里岗下层或与之同时。故《简报》推定，“商文化的二里岗期当是该城历史上的兴盛时期之一；在与二里岗上层相当的某段时期内，城墙曾作过修补；该城废弃的年代，约相当于二里岗上层晚期。因此，可以说偃师商城是商代前期的城址。”[14]

前面已经指出郑州商城的建筑和使用年代，如此看来，偃师商城较郑州商城可能稍早，但时期距离不会太大，两座都城是同一时期兴建和使用的，其时期均属于商代早期。

从城内建筑基址出土遗物来看，两城也表现了很大的一致性，如偃师商城第五号宫殿基址上、下层堆积中出土的鬲、深腹罐、高颈深腹罐、敛口盆、大门尊等陶器，全部属于二里岗系统，其文化特点分别与郑州二里岗期上、下层文化基本相同。虽然由于地域之间的差别，其间也存在着一些不同之处。如偃师商城通行的折肩盆在郑州商城基本不见，而郑州商城常见的圆肩盆在偃师商城亦不出现；郑州商城遗址的二里岗期上、下两层中多见陶甗，而偃师商城至今未见一件完整器形[15]；再如郑州商城的敛口盆是器腹中部突鼓，而偃师商城敛口盆的特点是器腹微鼓，形式差异比较明显。但这并不能影响二者之间文化的共性。

这两座古城既属于同一个时期，其城墙建造方法和平面布局又有颇多相似之处，一东一西，相距不过百公里，那么，它们之间又是什么关系呢？于是，围绕着偃师商城的都邑性质便出现了“西亳说”和“桐宫说”之辩。可见，偃师商城的讨论是十分重要的。它不仅直接涉及郑州商城为何王何时所都的判定，而且也关系到二里头遗址的文化性质，这对深入研究夏商文化的区分，无疑起着重要的推动作用。

三、再谈偃师商城的性质

偃师商城位于今偃师县城西南约1公里处，地当洛阳盆地的东部，北倚邙山，南临伊、洛，尸乡沟横贯遗址的中部，自然条件十分优越。城址范围很大，城墙坚厚，大城里面有宫城，宫城两侧有辅助城，完全具备了早期王都的规模和条件。关于该城的性质，目前虽没有直接的文字材料来证明它是“西亳”，还是“桐”或“桐宫”[16]，但学者们对此作过的一些探讨和推论，对于认识这一问题则是十分有益的。

《书·商书序》云：“汤始居亳，从先王居。”《孟子·滕文公（下）》则云：“汤居亳，与葛为邻。”《墨子·非命（上）》又云：“汤封于亳……方地百里。”是知先秦文献所谓成汤居亳，应无异议。然而，对于亳的地望，则说者不一，论者有异，汉以后主要有杜亳、南亳、北亳、西亳诸说。其中以西亳说的影响最大。

《汉书·地理志》河南郡偃师县尸乡条中，班固自注说："尸乡，殷汤所都。"此后皇甫谧、杜预等人则据以引申偃师为汤都西亳。可见偃师称"亳"或"西亳"，确为后起之事，但不能因此而否定偃师为西亳之说。

偃师尸乡沟古城为商代早期的一座重要都邑，今已为考古发掘所证实。这座古城在东汉时期于地面上还能有古迹标志可寻，班固久居京师洛阳，或许目观此城而考察立说，故能确切地指出"尸乡，殷汤所都"。众所周知，古代城邑往往随迁徙而数地一名。商都多迁，亳并非一地。王国维曾指出："古地以亳名者甚多。"[17]丁山也进一步说："凡是殷商民族居留过的地方，总要留下一个亳名，可见亳字最初涵谊，应是共名，非别名也。"[18]若此，从广义上讲，偃师商城是诸亳之一，又因地处西方，或称之为西亳，是可以讲通的，但它绝不是先秦古籍中所说的"汤始居亳"之亳，也应该是肯定的。在灭夏之前，汤既不可能跑到夏王朝统治的中心地区去建立一个政治军事据点，而夏王朝也绝不会允许一个心腹之患窥窬作身旁，这是很自然的事。何况《尚书·汤诰序》、《逸周书·殷祝解》等均有汤革夏命后，复归于亳的记载，可知汤放桀前所居之亳必不在夏都所处的伊、洛流域。

偃师商城西南隅洛水相望的二里头遗址既为夏都废墟，则前者非汤始居之亳也可自明。偃师商城若与郑州商城相比，时代大体相近，其形制和建筑方法也基本相同，虽规模约小三分之一，但城池、宫室布局均带古代王都之风。目前，有学者从年代、历史和考古发现上已指出郑州商城非仲丁所迁之隞都，而是汤都之"郑亳"。果真如此，为什么汤灭复后在约有百公里的范围内另建一个与之并存的都邑呢？这座商城又居于什么样的地位呢？

汤灭夏后，疆域猛扩，国势大强。《诗经·商颂》言其当时政治势力从黄河中游的中心地区一直延伸到西方氐羌各族所居的偏远地带。为了有效地镇抚夏遗民和巩固商在西方的统治秩序，必须在夏王朝的统治中心建立一个都城，作为政治军事重镇以捍卫一方，颇具有后世所说的陪都、行都的性质。值得注意的是，发掘西二城门（X2）时，发现"此城门在使用一段时间之后被废弃不用，两端用夯土墙封堵，中部填满杂土，不经夯打，土质松散"，从地层上看，"城门封土墙被压在第二层（汉代文化层）下，而又被4A、4B层（二里岗期下层）叠压或打破"[19]。这一现象清楚地说明城门应建于二里岗期下层偏早阶段，其使用的时间很短暂，停用后就封堵了。此后城内北半部变为墓地，而活动中心似以南部宫殿区为主，或许此城兴建后不久，由于某种原因就将政治中心转移到今郑州地区而另建了一个新的商城，故有二城并存互补的局面。

郑州商城兴建以后，偃师商城作为早期的一座离宫别邑所在地，并未因此而失去其重要地位。这里除筑有高耸的城墙和庞大豪华的宫殿群外，并置有各种手工业作坊，以便商王来此进行巡狩、朝觐、议事、燕飨和祭祀等重大活动。至于《晋太康地记》、《括地志》等古籍记载偃师有"太甲所放处"或"桐"、"桐宫"之说可据的话，则其与偃师商城的关系尚须进一步探求。

---

[1] 徐旭生：《1959年夏豫西调查"夏墟"的初步报告》，《考古》1959年第11期。

［2］ 中国社会科学院考古研究所洛阳汉魏故城工作队：《偃师商城的初步勘探和发掘》，《考古》1984年第6期。
［3］ 中国科学院考占研究所二里头工作队：《河南偃师二里头早商宫殿遗址发掘简报》，《考古》1974年第4期。
［4］ 中国社会科学院考古研究所二里头工作队：《1984年秋河南偃师二里头遗址发现的几座墓葬》，《考古》1986年第4期，
［5］ 赵芝荃等：《河南偃师商城西亳说》，《全国商史学术讨论会论文集》，《殷都学刊》增刊，1985年。
［6］ 愚勤：《关于偃师尸乡沟商城的年代和性质》，《考古》1986年第3期。
［7］ 杨育彬：《郑州商城初探》，河南人民出版社，1985年，第113页。
［8］ 河南省文化局文物工作队：《郑州二里岗》，科学出版社，1959年。
［9］ 郑州市文物工作组：《郑州市殷商遗址地层关系介绍》，《文物参考资料》1954年第12期。
［10］河南省博物馆等：《郑州商代城址试掘简报》，《文物》1977年第1期。
［11］安金槐：《试论郑州商代城址——隞都》，《文物》1961年第4、5期。
［12］邹衡：《郑州商城即汤都亳说》，《文物》1978年第2期。
［13］中国社会科学院考古研究所河南第二工作队：《1983年秋河南偃师商城发掘简报》，《考古》1984午第10期。
［14］同注［2］。
［15］见《河南偃师尸乡沟商城第五号宫殿基址发掘简报》（《考古》1988年第2期）。此后可复原的陶甗在偃师商城陆续出土过数件，1995年笔者前去塔庄偃师商城考古队文物库房参观时，曾见到古城出土的、已复原的完整商代陶甗2件。
［16］a. 邹衡：《偃师商城即太甲桐宫说》，《北京大学学报》（哲学社会科学版）1984年第4期。
b. 邹衡：《西亳与桐宫考辨》，《纪念北京大学考古专业三十周年论文集》，文物出版社，1990年。
［17］王国维：《说亳》，《观堂集林》卷十二，中华书局，1959年。
［18］丁山：《商周史料考证》，龙门联合书局，1960年，第27页。
［19］同注［13］。

（原载《中国商文化国际学术研讨会论文集》，中国大百科全书出版社，1998年）

郑州二里岗字骨的研究

李学勤

河南安阳殷墟的商代后期有字甲骨，百年以来发现达十余万片。经过深入细致的分期研究，知道其中年代最早的，就甲骨的修治、钻鑿的形态和文字的性质而言，都已经具有相当的发展程度。[1]这明确地指示人们，有字甲骨在更前的时期一定已然存在。

事实上，早于殷墟的有字甲骨在很久以前业已发现了，这便是1953年郑州二里岗出土的两片字骨，当时曾引起学者的普遍重视，但由于讨论中有一些问题未能解决，研究的论作不多。近年关于郑州商城的认识有了巨大进步，有必要对二里岗字骨重新考察。希望读者对本文提出的想法赐予指教。

二里岗的字骨，最先是由陈梦家先生在《解放后甲骨的新资料和整理研究》文中报道的。该文刊于《文物参考资料》1954年第5期，陈先生说：

一九五三年四月间，郑州二里岗在被翻动的地面上找到一块有字的牛骨，五月间由夏鼐副所长带到北京交我研究。当时作了如下的记录："这是在一片牛肋骨上刻着练习契刻卜辞的十个字。占卜只用肩胛骨，不用肋骨。在肋骨上习刻。从前小屯发掘中也出过一片。安阳出卜用甲骨的区域并不限于小屯，但只有小屯侯家庄所出的牛胛骨和龟腹甲背甲刻了卜辞。小屯周围附近出了很多不刻卜辞的甲骨和少数习刻的卜骨。这片肋骨所刻的字，和小屯的殷代晚期的卜辞相似，可能也属于这个时期。它的出土启示着黄河以南很有可能发现殷代的刻辞卜骨……"……同年九月夏副所长又从郑州带回二里岗发现的第二块字骨，出土地点CIT30探沟，离地面深半公尺。这块平底填起圆形的牛骨不像是胛骨，送请古脊椎动物研究室鉴定，认为是牛肱骨上关节面的一部。它的背面是平的，乃是锯下来的。它的正面刻了一个字，似为"㞢"字。因为这一肱骨残片的发现，更增加了郑州殷遗址出现刻辞卜骨的可能性。

两片字骨也都著录于1956年出版的《郑州二里岗》报告。

这里附带提一下，陈梦家先生在1956年印行的《殷虚卜辞综述》里，还记有第三片骨："1954年4月，掘获一条有小孔的薄骨片，上端刻有一字。"[2]这一骨片的拓本、摹本见上引《文物参考资料》1954年第5期封三，虽有刻划，但不是文字，所以二里岗所出字骨实际只有两片。

以上陈梦家先生关于两片字骨的论述，除了一片是牛肋骨、一片是牛肱骨的鉴定外，涉及三个问题，即：字骨的地层关系，字骨的性质，字骨的时代。

第一个问题最为重要，关系到二里岗字骨究竟是否早于殷墟的甲骨文。正因为有这样的问题，字骨的价值长期没有得到充分的估计。

1984年10月，在安阳举行的"全国商史学术讨论会"上，多年在郑州从事考古工作的裴明相先生提出论文，就二里岗两片字骨的出土情形及当地文化层状况作了详细说明。[3]

关于第一片即牛肋骨的发现，裴文说：

1953 年 4 月，在配合郑州二里岗黄河水利委员会的建设中，于被推土机推动的土层内拣到牛肋字骨一块。被翻动的土层深约半公尺左右，内含有许多的商代二里岗陶器碎片和唐、宋瓷片等。在铲平后的地面上，暴露出许多边沿清楚的二里岗期窖穴、灰层和汉、唐、宋时期的瓷片。该地“绝无郑州商代人民公园期及安阳殷墟晚期遗存”。

关于牛肋骨的发现，裴文说：

同年 9 月，又在该工地开挖的探沟 T30 东端深 50 公分的商代二里岗期灰层内发现第二块字骨，该灰层被宋代墓葬所扰动。文化层虽被扰动，但也没有混入商代后期遗物的可能。

把二里岗两片字骨出土的情形结合起来看，我认为裴明相先生的见解是可信的，字骨应该属于早于殷墟的商代二里岗期。

第二个问题是字骨的性质。两片字骨里面，牛肱骨不是卜骨，上面的字不是卜辞，是很清楚的。这块骨片是由肱骨上关节面用锯截取下来的，如裴文所形容：“锯齿的印痕历历可见”，显系有意做成凸面扁片的形制。上面的“㞢”字刻得很大。字的左、下侧还刻有交叉成角的框线。看起来颇可能有作为物品标牌的功能。

“㞢”字的意义自然可以有种种理解。一种猜想是地名或族氏名。西周早期的雍伯鼎（《三代吉金文存》3，31，3）铭云：“王命雍伯鄙于“㞢”，为宫，雍伯作实障彝。”雍国在今河南修武西，[4]距郑州不远，记此以备参考。

肋骨上面的文字，则明显是卜辞，而且共有两辞。字的大小匀称一致，行款却不很整齐（殷墟最早的卜辞也有类似现象）。下面一辞现见七字。前五字大略成一纵行，只有第二字偏在右，第四字偏在左。因肋骨下端已折，第五字下是否还有字，无法知道。剩下两字，又成一纵行。释文是：

乙丑贞，从受

十月。

上面一辞现见三字，成一弯曲的纵行。由于肋上端也已折断。并且骨面有一缺口。辞的前半（可能有干支及“贞”字）残去。释文为：

又土羊。

陈文以为这片肋骨上的卜辞乃是习刻，理由是“占卜只有肩胛骨，不用肋骨”，他还讲到殷墟也出有习刻的肋骨。后来有学者对殷墟所出有字肋骨（不包括雕骨）作了统汁，共得 11 片。[5]这些肋骨，有的“文字紊乱，字体幼稚”，有的则“字体工整”。非常值得注意的是，这 11 片肋骨，都属于无名组的范围。

在殷墟，习刻的字骨有肋骨，也有胛骨，其共同特点是文字的紊乱幼稚。至于那些卜辞完全、字体又精好工整的，恐怕很难说是模仿性的习刻，二里岗的肋骨也当划归这一类。对此，我觉得有两种可能的解释：

一种解释是，这类文字精整的肋骨确实不是占卜的实际记录，也不是学卜的人习刻的结果，而是教卜的人为习刻者示范的例子。这个解释有利于说明肋骨上全无钻灼，不过当时刻过的甲骨大量现成，有甚么必要做这种范本，尚须斟酌。

另一种解释是，当时另有使用肋骨的卜法，而且是不施钻灼的。这种卜用肋骨（也可能有其他的骨）一般不刻文字，从而难于区别出来，刻字的乃是特例。这种解释的好处是有人类学的依据，如日本、朝鲜的卜骨就有肋骨，或加烧灼，或者不然。[6]

我自己是倾向后一解释的。不管怎样，二里岗肋骨不是实际的卜辞，也是摹写的卜辞，作为卜辞来理解是没有错的。

第三个问题是字骨的时代。既然两片字骨属二里岗期，它们当然早于殷墟的甲骨文。肱骨上的“㞢”字，屡见于殷墟较早的𠂤组、宾组等卜辞。肋骨的文字，在结构上、风格上，接近𠂤组卜辞的一种，而“乙丑贞”的前辞形式，又类于历组卜辞。正因为如此，我在1956年一篇小文里，曾说它近于武乙、文丁卜辞[7]。现在知道𠂤组、宾组、历组都是较早的，其在若干因素上有似二里岗期卜辞，是不足怪的。

二里岗肋骨的文字，自有其本身特点。如“贞”字尽管方耳，类似𠂤组、历组，可是耳的上部并不闭合，这是殷墟卜辞中从来未见过的。“十月”的“十”字中央有小横笔，不同于殷墟“七”字的长横笔，而同于俊世的“十”，也很有特色。

肋骨上下面一辞，月日干支清楚，所卜问的内容却没有多少可说。“从受”也许并不完全，裴明相先生即补之为“从，受又（祐）”[8]，这只能是推测。假如“从受”是完全的，“从”当释为就或自，“受”是地名或者人名。

上面一辞：“又（侑）土羊”，明显是指祭祀。殷墟卜辞中的“土”，早年学者多以为是商的先公相土，后来知道应读为地神的“社”，主要证据是土常与方即四方同祭，与《诗·甫田》“以社以方”一致[9]。辞例可举出：

燎于土，方帝。（《甲骨文合集》11018）

贞，燎土，方帝。（同上14305）

……燎于土，方帝。（同上14306）

壬午卜，燎土，征（方）帝。（同上21075）

□午卜，方帝三豕㞢（又）犬，卯于土宰，桒雨。（同上12855）

癸卯卜贞，酌桒乙巳，自上甲廿示一牛，二示羊，土燎牢，四弋（极）彘，四（方）豕。（同上34120）

土还屡与河、嶽即山川同祭，如：

癸未卜贞，燎於土，桒于岳。（同上14399）

己亥卜，田率燎土豕，兕豕，河豕，岳豕。（同上34185）

凡此均表明土为地祇。祇是卜辞祭土多用燎，与《周礼》不同。

殷墟卜辞也有记“又（侑）土”的，如《甲骨文合集》34031：“甲申卜，又土。”

古代王与诸侯都邑皆有社。[10]二里岗肋骨出现祭社的卜辞，与郑州商城作为都邑的性质是符合的。

二里岗两片字骨的出土，离今天已近五十年了，郑州商城遗址没有再出现有字甲骨，但是二里岗字骨是相当有力的证据，使我们确信郑州还会存在有字甲骨，我们期待着在新世纪里有重要的发现。

[1] 参看李学勤、彭裕商:《殷墟甲骨分期研究》,上海古籍出版社,1996年,第48~50页。
[2] 陈梦家:《殷虚卜解综述》,中华书局,1988年,第27页。
[3] 裴明相:《略谈郑州商代前期的骨刻文字》,《殷都学刊》增刊《全国商史学术讨论会文集),1985年。
[4] 陈槃:《春秋大事表列国爵姓及存诚表撰异》。历史语言研究所,1988年,第652页。
[5] 刘一曼:《殷墟兽骨刻辞初探》,《殷墟博物苑苑刊》创刊号,中国社会科学出版社,1989年。
[6] 李学勤:《比较考古学随笔》,广西师范大学出版社,1997年,第98~99页。
[7] 李学勤:《谈安阳小屯以外出土的有字甲骨》,《文物参考资料》1956年第11期。
[8] 裴明相:《略谈郑州商代前期的骨刻文字》,《殷都学刊》增刊《全国商史学术讨论会论文集》,1985年。
[9] 于省吾:《甲骨文字释林》,中华书局,1979年,第184~188页。
[10]《尚书·禹贡》孔传。

(原载《中国社会科学院历史研究所学刊》第一集,2001年)

郑州商城的考古学研究

杨育彬　曾晓敏

一、郑州商城历年来的发掘概况

1950 年秋，在郑州东南郊二里岗一带，发现商代陶片。同年冬，河南省文管会派安金槐等人到郑州二里岗和南关外进行调查，从而证实这一带是埋藏丰富的商代遗址。

1952 年 10 月，由中国科学院考古研究所、文化部文物局和北京大学联合举办的全国第一届考古工作人员训练班，曾在郑州二里岗进行考古发掘实习，发现了很多重要的商代遗迹和遗物，同时也发掘出龙山文化遗存。

1953 年 3 月至 1954 年春，河南省的文物考古工作者配合基本建设，又在这里进行考古发掘，发掘出更多的商代遗存，其中包括一段商代夯土墙基，还发掘了一大批战国墓。这两次大规模发掘的收获是如此丰富，不但先后编写了《一九五二年秋季郑州二里岗发掘记》的考古发掘报告和《郑州二里岗》考古专刊，而且按照考古学的惯例，把以后其他地方类似的考古发现都命名为商代二里岗期文化。

1954 年至 1955 年，在华东文物工作队支援下，先后发掘了人民公园的商代遗址和墓葬，郑州南关外商代铸铜作坊遗址，郑州紫荆山北铸铜作坊遗址和制骨作坊遗址，郑州白家庄商代遗址和墓葬，郑州铭功路西侧商代制陶作坊遗址，郑州杨庄商代铜器墓葬等。其中最重要的发现是在白家庄的两座商代房基下面还叠压有商代夯土层，后经调查与试掘，方知这里是郑州商城的东北城角。从此，发现了郑州商代城遗址。

1956 年至 1965 年，陆续发掘了郑州铭功路商代墓葬，早于二里岗期的郑州西郊洛达庙遗址，郑州南关外早商遗址等。对郑州商城四面城墙也进行发掘，地层叠压关系和出土遗物证明，这是一座早于安阳殷墟的商代前期城址。

1972 年至 1976 年，在“文化大革命”后期，又恢复了对郑州商城的考古发掘工作。针对有些专家的怀疑，在郑州商城东城墙、西城墙、南城墙分别开挖了探沟，再一次证实了郑州商城是一座早于安阳殷墟的商代前期城址。在郑州商城的东北部发现了多处面积较大的夯土建筑基址，在今东里路 1 号院发掘出大型房基（C8G10），在今黄委会水利科学院南院发掘出另一座大型房基（C8G15），在今河南省中医研究院前院发掘出又一座大型房基（C8G16），说明这一带是郑州商城的宫殿区。与此同时，在郑州商城西城墙外约 300 米处的张寨南街，发掘出一座商代青铜器窖藏坑，出土一对商代大型铜方鼎和 1 件铜鬲，当为商王室所用之物。在今东里路发掘的一条商代壕沟内，出土近百个奴隶的头盖骨及少量的牛骨和猪骨，一些人头骨上有明显的锯痕。在河南省中医学院家属院和黄河中心医院内，发现有商代铜器墓。尤其是黄河中心医院的 C8M32，是比较少见的二里岗期下层墓葬。在郑州商城北约 500 米处，即今新华社河南分社院内，配合基建进行发掘，出土有大量陶片、骨器、废骨料、砺石、铜刀、铜块、铜渣等遗物，说明这里属商代制骨和铸铜手工作坊遗址的范围。同时还发现有被绑缚的弓身屈肢人骨架、无首人骨架、杂乱人骨和猪骨掷埋在一起的现象，这也许与祭祀有关。

1977 年到 1984 年，在东里路和二里岗发掘商代铜器墓；在郑州商城北城墙缺口以南，即今紫荆山百货大楼范围内，发掘有商代文化层和窖穴；在郑州商城中部偏南处，即今郑州变压器厂家属院内，发现面积约 250 平方米的商代夯土，这是当时发现最偏南的一处夯土基址。为打通东里路与城东路相接，需通过一段东城墙，经过发掘知道这段城墙修建在较高的沙土岗上，这沙土岗就是紫荆山的一部分。在黄河中心医院发现战国文化层，出土一批战国陶片，在一些陶豆柄和陶豆盘上，印有三种形制的“亳”字，或印有“十一年以差”五个小字，这可能是战国“亳社”的遗存。战国文化层下，还发掘出商代夯土台基。在黄河中心医院 8 号宿舍楼下发掘出一段由石板砌成的石板池遗迹。鉴于该遗迹内遗物很少，上被战国文化层直接叠压，下又打破商代夯土，因此被定为战国祭祀遗迹的一部分。其后，在 1992 年，又在其西侧 9 号宿舍楼下发掘出同样遗迹，证明这是商代二里岗上层时的蓄水池遗存。在郑州商城中部偏西处，即今天成路南侧郑州市中级人民法院院内，发掘出一座商代窖穴，出土能复原的陶器如鬲、斝、大口尊、小口尊、罐、瓮、盆、甑、簋、盂、罍、盉、爵、豆等 20 余件，还出有骨匕和卜骨等。在大口尊口沿或颈外刻有十字陶文符号、小鸟纹饰或“目”字，有 1 件瓮的腹壁当时曾用白灰面修补过。在郑州商城西墙外 500 余米处，即今德化街商业大楼下，发掘出两座相近的商代灰坑，靠北的一座为东西向长方形，出有二里岗下层较完整的盆、斝、甗、大口尊和石器、骨器等；靠南的一座为南北长方形，出有能复原的二里岗上层陶鬲、仿铜器的饕餮纹陶簋。在郑州商城东南角外侧，即今向阳回族食品厂院内，发现 1 座商代青铜器窖藏坑，内置大方鼎 2 件、大圆鼎 1 件，还有其他尊、罍、卣、鼎、盘、觚等 10 件。在郑州商城南城墙外约 700 米处，即今郑州市木材公司院内，发掘一座商代窖穴，坑内有一件折沿大口绳纹罐，罐内放置石镰 19 件，刃部均较锋利。在郑州商城西墙外约 500 米处，即今北二七路中段路东，发掘 4 座商代墓，其中 3 座随葬有青铜器。

1985 年配合修建商城路及黄委会食堂的改建和其他基建工程进行了调查、试掘和大面积发掘工作。其中在配合修商城路的发掘中，在管城区政府门前东侧，发现有商代夯土堆积，由于揭露面积有限，对整个夯土遗迹的面貌已无法全面弄清，但至少可以说明，在接近郑州商城的中部，仍存在有夯土堆积，这对于我们探讨宫殿区的范围提供了新的线索；商城路与郑州商城东墙交叉点的发掘，发现城墙上部覆盖文化堆积有宋、元时期的陶瓷残片，只是在城墙的中心部位才发现有商代夯土城垣，城墙下叠压有仰韶文化晚期的堆积，这次发掘中，未发现城门遗迹。通过天成路西头的发掘，基本上弄清了商城西城墙墙基部分的结构和时代，同时发掘清理了 3 座打破城墙的商代墓葬。在黄委会食堂发掘出一段二里岗下层的夯土墙基，为东北—西南走向，长约 80 米（其中发掘 25.2 米，钻探 50 多米），宽约 7 米，厚 1.4~2.4 米。可能是宫城墙。

1986 年配合基建发掘，在郑州火车站广场以南，一马路东侧振兴商场的施工中，发现夯土墙基一段，宽16米左右。夯层明显，夯窝清晰，另外在郑州饭店东侧，地下管道沟槽的南北断面上，也发现与振兴商场性质相同的夯土墙基，两处夯土墙基连成一线，方向约为353°，向北一直延伸到东方红影剧院门前。郑州商城外夯土墙的确认使我们想到1950年代的调查、试掘材料中发现的夯土城墙，并组织力量对这两段夯土墙的延伸地带进行了钻探。西墙长度已探明了700余米，南墙1100余米，在探明的南墙位置上布置探沟6条，面积149平方米。二者的宽度和结构相同，应为同时筑成的夯土城墙，当是郑州商城的外城墙。

1987年随着郑州市旧城改造工程的进展，共对13个地点进行了抢救性发掘，其中以郑州医疗机械厂西院、黄委会锅炉房、东里路污水管道工程等地点的发掘资料较为重要。郑州医疗机械厂布置探方、探沟16个，面积1200多平方米，发现大面积的商代夯土堆积，夯土南部边缘发现排列有序的柱础坑，由于发掘面积有限，除南部边缘外。其余三边目前尚不清楚。在郑州医疗机械厂西院北半部发现大量二里岗上层二期即白家庄期文化层。黄委会锅炉房发现有战国和商代的柱础坑9个，排列有序，规模较大，这一带有级别较高的战国遗迹。东里路污水管道工程的发掘，使我们了解到位于东里路两侧的郑州回中操场的夯土基址和河南省文物研究所郑州工作站院内的夯土原来是连成一片的，位于路南侧的河南省中医院家属院内的夯土堆积也一直延伸到了北大街菜地。

1988年配合基本建设发掘2360平方米，发掘单位14个。通过发掘，肯定了郑州医疗器械厂西院商代宫殿基址的年代和性质，进而弄清了该区域内商代宫殿建筑的叠压打破关系。其他地点的发掘，也取得了十分丰富的实物资料。如在黄河医院战国陶文的大量发现，对研究这一带的文化性质及相关问题就有着十分重要的意义。

1989年配合郑州商城保护区域内的基本建设单位进行了大量的抢救性发掘。除了发现堆积层次较厚、内涵丰富的商代文化层和宋代层外，还发现商代窖穴1个，唐代陶窑1座，宋代古河道1条，在配合郑州电力学校的发掘中，清理出残破夯土台基1座，面积500平方米，年代相当于二里岗上层时期。

1990年，在黄委会1号、62号楼的发掘中，揭露面积700多平方米，发现商代夯土建筑基址2座，其中1座保存较好。有商代柱础坑22个，规模较大，排列有序。在再次进行的郑州电力学校的发掘中，继续清理二里岗上层时期的残夯基，又发现商代灰坑7个，商代、战国和唐代水井各1眼。商代水井结构复杂，井框平面呈长方形，但在井框外有一个直径近9米的椭圆形坑，口大底小，略呈锅底状。井框底部用榫卯结构做成一个长方形井盘，井盘上用粗加工的木材做成高1.5米的木结构“井”字形框架，木井框外侧附贴0.30~1米的青膏泥；井盘内铺有20~30厘米厚的碎陶片和汲水时损毁或掉下来的水器，碎陶片层的作用主要是澄沙过滤。这为研究商代前期的凿井技术提供了珍贵的实物资料。配合黄委会电缆沟槽的发掘，在位于郑州商城的东城墙与北城墙转弯处通过解剖发现墙基宽33米，平地起建，未见基槽。在打破城墙的1座残商代墓葬中出土觚、爵、斝3件残破青铜礼器。郑州化工三厂家属楼基建工地的发掘，发现2个商代灰坑和1眼宋代水井。其中1个灰坑出土物形制比较特别，表现了比较早的时代特征，为我们研究郑州商文化中较早的文化因素的源流提供了线索。

1991年配合郑州市的基建工程，发掘面积达4000平方米。共清理夯土建筑基址6处，其中面积在200平方米以上的2处，陶窑2座，灰坑30余个，水井1眼。还有城墙夯土、外城墙的西南拐角、少量墓葬等。这些为研究商代城墙的筑法与结构、商代宫殿建筑的布局、水井与供水以及外城墙的相关问题提供了重要资料。

1992年，主要在郑州商城南稍偏西的三德里和花园新村等地，发掘出外城墙南墙西段，其上部已被破坏，只剩下夯土基槽，下面坐落在生土上。在郑州商城宫殿区的黄河中心医院南半部发掘出商代石板蓄水设施，东西长约100米，南北宽约20米，深约2.5米，用青石板铺底，用圆形或不规则形石块砌壁。西北至东南方向，属二里岗上层一期。在回民中学和河南省中医学院家属院各发现3座夯土台基，尚保留有部分石柱础。在河南省中医学院家属院还发掘出商代水井。商城外城墙南墙西段的发现，为我们研究郑州商城的军事防御设施以及外城的形状、范围、城墙本身的营建方式、结构特点提供了十分重要的线索。大型宫殿建筑基址的发现和商代水井的清理，为研究宫殿区的建筑布局特点和宫殿区生活供水问题有十分重要的意义。宫殿区内石板筑蓄水设施的发现，为研究郑州商城宫殿区的供水和排水，以及其他水利设施的布设提供了实物佐证。

1993年，主要在郑州商城内东北部南侧的郑州市丝钉厂发掘出面积较大的夯土建筑基址2处。一处在南部，为东西长条形，长度超过70米（其中东段为1996年发掘），南北宽2.2~2.3米。在夯基上有长方形柱础55个，间距0.5~0.8米，应是廊一类的建筑。另一处在东部，东西总长40余米，发现一排圆角方形柱础槽，每边宽为1~1.4米，中间有直径0.4米的木柱灰痕，其下都埋有柱础石。时代约为二里岗上层一期。在东部夯土的东南侧，还发掘出一眼夯土井，井外侧为一圆形井坑，直径11米，坑内分层夯打，质地坚硬。中间为一口部呈不规则圆形井筒，亦属二里岗上层一期。

1994年，在郑州饭店建筑工地，发掘出长约58米的一段外城墙，属于西城墙的南段，和过去其他的外城墙一样，主要是基槽部分。新的发现是该段外城墙下面还压着一些龙山文化晚期文化层。此外，在郑州商城的东北部宫殿区，即今郑州皮毛工艺厂院内东侧，发现2座商代夯土基址。其中一座的地坪上尚有少量的圆形柱洞，另一座残存两个柱础槽，槽内底部有柱础石。由于建筑物和马路所压，以及晚期遗迹的破坏，其形状的范围尚搞不清楚，从包含物看，属二里岗上层时期。在郑州商城内南半部的南学街一带，发掘出一些二里岗上层时期的灰坑。此外，在东里路东段南侧（现为东里路38号院）发掘出商代房基、灰坑、水井等。

1995年，继续在东里路38号院进行发掘，发掘出连间房1座，南北长11米，东西宽6米，中间有墙隔为4间。房基四周有柱洞10个，洞内放置柱础石，房内地坪多次铺垫而成。发掘出1座大型宫殿基址，基本呈南北走向，略偏西南。南北长25米，东西宽16米，并有7排柱础槽，每排有柱础槽14个。柱础槽间距1.9~2.3米，槽内下部均放有柱础石。

上半年在东里路东段北侧，发现一段商代夯土墙和供水设施。墙呈西北至东南向，现仅存基槽部分，墙宽约3米，目前发现长度约60米，高约1.1~1.4米，墙基槽直接打破生土，上部被二里岗上层二期遗迹打破。供水设施位于夯土墙以北并与之平行，二者间距4米，已发现长度约40米。由地下夯土沟槽、石板筑水管道和汲水井三部分组成。沟槽平面为长方形，断面呈倒梯形，口宽11米，底宽3米。底部中间为用长方形石板筑砌的水管道，管道内侧为方形，高0.68米，宽0.55米。其上盖有3米多厚的夯土，管道底部有沉淤的细黄沙及螺壳、河蚌壳等。汲水井位于夯筑沟槽的中部，向下打破夯土与石板水管道相通。井平面呈长方形，长2.5米，宽1.5米，南半部均有二层台。汲水井发现4

个，间距均为 8 米。可能用于汲取清水、清淤或控制水量。该供水设施向北延伸可与 1992 年黄河医院发现的商代蓄水池相通。

在黄河中心医院，发掘出 2 座二里岗上层一期的夯土建筑基址，位于商代石板蓄水设施的北侧不远。其地坪上还分别保存有成排的料礓石筑柱础或圆形柱基槽，槽底部有石柱础。

1996 年，在春节前发现一座商代青铜器窖藏坑，位于郑州商城西城墙南段外侧 50 米处（今南顺城街路西），出有商代青铜器 12 件。其中青铜方鼎 4 件，分别高 83 厘米、72.5 厘米、64 厘米、59 厘米，具有列鼎性质。还有铜斝 2、铜爵 2、铜簋 1、铜钺 1、铜戈 2。在青铜器的上下还有朽木痕和朱砂痕，可能是盛装木器的残迹。从青铜器形制、坑底部和一些陶器看，当属于二里岗上层二期甚至还稍晚一些。很可能为王室祭祀的遗存。

本年内，在东城墙内侧的郑州医疗机械厂西院内，发掘出破坏较甚的夯土基址 3 处，不怎么成形，属二里岗上层一期。还发现大型商代水井，由夯土井坑、井台和井筒组成，深约 7.75 米，因井内水位较高，井底部是否有木井盘尚不清楚，属二里岗上层二期。在院内西北角，还发掘出石板砌供水管道，残长 4 米，为东北西南向，其结构与东里路发掘的相同，但方位形成直角，二者关系密切，作用相同。

本年 12 月开始，在黄委会 43 号院（该院位于顺河路西段北侧，其东南不远为黄委会食堂工地，西南 200 米处为 C8G15）进行发掘，发现二里岗上层一期夯土台基 2 处。发掘进行到次年 4 月结束。

1997 年，配合郑州打通紫荆山路工程进行考古发掘，开挖探沟 16 条，实际发掘面积超过 4000 平方米。共发现商代墙基 1 段，残夯土遗迹 2 处，灰沟 3 条，丛葬坑 2 座，还有水井、灰坑等。其中沟 3 比较重要，位于商城路北近 200 米处，沟口宽 7 米，底宽 6 米，深 1.5 米，发掘 20 余米长，从出土陶片看为二里岗下层二期。在沟内发现 2 座商代丛葬坑，一座坑埋葬人骨 3 具，有 2 具作捆绑状交叉在一起，另一座坑有人骨 4 架，上下两层叠葬，其中下层有一具人骨的脊椎内被射进一枚骨镞。这 2 座丛葬坑属于二里岗上层二期。

还在紫荆山路通过的南城墙开挖南北长 35 米，东西宽 6 米的探沟 4 条。南城墙顶部现宽 7 米，底部宽 22.5 米，残高 5.5 米。城墙底部有宽 5.9 米、深 0.4 米的基槽。夯层较薄，夯窝密集，土质纯净，相当坚固。还发现有二里岗上层一期文化层叠压城墙底根部。

与此同时，在紫荆山路北段西侧的民族小区也进行考古发掘。发掘一座二里岗下层的夯土基址，平面呈曲尺形，其东部压在现代路面下，西北部被晚期污水坑打破，其下多为生土和沙土，也压着 1 座洛达庙晚期灰坑。夯土面上发现柱洞 4 个。

本年开始发掘黄河河务局宿舍区。

1998 年，在黄河河务局发掘出一些商代夯土基址，鉴于被晚期破坏严重，其平面形状难以看出原貌，夯土结构也残缺不全。其时代从二里岗上层二期到二里岗下层二期均有，其中最早的可能为二里岗下层一期。发现二里岗下层一期墓葬 1 座，出土有青铜鬲、盉、戈各 1 件，还有玉柄形器、涂朱圆陶片、骨镞和由海贝和绿松石组成的串饰。

在黄委会 1 号高层楼宿舍进行发掘，又发现一段夯土墙，与 1985 年黄委会食堂改建工地发现的夯土墙相连，其总长度已近百米。在此范围内还发现一条东南—西北向的输水管道，其底部和两壁均为夯土，其上面盖有石板。该输水管道上宽 0.68 米，下宽 0.79 米，高 0.50 米。在管道东端壁上还发现 4 组用来控制水量插木板闸阀的竖向窄沟槽，该输水管道向东南延伸与 1992 年在黄河中心医院发现的蓄水池相对应。从其地层打破关系和出土陶片看，该输水沟道建于二里岗上层一期并使用到二里岗上层二期。

本年度在东里路东段北侧的北大街农业队宿舍区进行大面积发掘，已发掘出大大小小 18 块夯土基址，由于后期破坏，所看到的夯土均为地面以下的基槽部分，除少量为长方形外，多不成形。从夯土之间的打破关系及与夯土密切相关的活动面堆积来看，这里的夯土基址从二里岗下层到二里岗上层均有，延续时间较长。在个别夯土下面还压有洛达庙期灰坑。

二、郑州商城的考古发现

（一）郑州商城的城墙结构和布局

郑州商代文化遗存分布范围较广，东起凤凰台，西至西沙口，北抵花园路，南到二里岗，遍及整个郑州市区，面积约 25 平方公里。既发现有商代房基、窖穴、壕沟、水井、墓葬和祭祀坑等遗迹，也发现有铜器、玉器、陶器、骨器、蚌器、原始瓷器以及刁刻字骨、陶文符号等遗物。

郑州商代城墙，全是用土分层夯筑起来的。每层夯土的厚度一般为 8~10 厘米，但也有厚达 20 厘米或薄到 3 厘米的。每层夯土表面皆布有密集的圆形尖底和圆形圜底夯杵印痕，夯窝口径多为 2~4 厘米，深约 1~2 厘米。另外还发现数量很少的长方形或三角形夯杵印痕。根据夯窝的大小、形状和分布的密集程度推测，有可能是用成捆的圆木棍作为夯筑工具夯筑城墙的。由于夯层薄、夯窝密，所以夯土层相当坚硬。从夯筑的质量看，城墙中部的夯层一般稍厚，夯打的质量较差，甚至有些地方还比较松软，而城墙边缘部分夯层较薄，夯打质量也较好。这种现象可能是被迫参加筑城的奴隶们，为了反抗奴隶主的压迫，在筑城时进行消极怠工的结果。

城墙的横剖面呈梯形，中部夯层呈水平分布，层层叠筑，是城墙的主体，即“主城墙”；梯形两腰的夯层则是倾斜筑成的，即“护城坡”。城墙内侧的坡度较缓，外侧坡度陡峭。“主城墙”是用版筑法筑成的，两侧与“护城坡”接缝处有近于垂直的壁面，壁面上留有横列木板的痕迹。由此可以看出，“护城坡”的斜夯土层除了有加固城墙作用外，还与版筑“主城墙”时支撑横堵的木板有关。

在南城墙探沟 CST3、CST4 内，清理出来的商代城墙内侧壁部分保存较好。它的筑法是：在修筑城墙之前，先平整地面，然后在“主城墙”内壁相应的地面上，向下挖出一道与城墙相平行的沟槽，作为建筑城墙的底部基础。商代城墙夯土层是从沟槽底部层层夯筑的。当夯土层筑到与沟槽口部相平齐时，便开始用横列木板相堵，逐层夯筑出两壁近于垂直的“主城墙”。因此，在“主城墙”两壁上遗留有比较明显的横木板痕迹。现存版筑痕迹的两壁通高 1.5 米，每块木板长约 3 米左右，板宽 0.16~0.19 米。在紧靠“主城墙”版筑面的内侧，附加有内高外低的斜夯土层，即“护城坡”。“护城坡”顶面上铺有一层料礓石碎块，这可能是为了防止“护城坡”受雨冲刷而铺设的保护层。

在东城墙探沟CET7中，清理出来的商代“主城墙”下半部宽约10.6米，内外侧均保留有近于垂直的版筑壁面，壁面高3.5~3.6米。版筑痕较清楚，木板长2.5~3.3米，板宽0.15~0.3米。“主城墙”外侧的“护城坡”底宽约4米，内侧的“护城坡”底宽7.25米。在“护城坡”的表面也铺设有料礓碎石块的保护层。从发掘中可以看出，“主城墙”是分段版筑而成的，每段长约3.8米左右。其筑法是，将两壁和一个横头用木板相堵夯筑而成。采用这种方法，逐段向前延伸，从而使城墙逐渐加长。在段与段相接处，也发现有横列木板的版筑痕迹。

从上述情况看，在郑州商城修建的时候，采用了“护城坡”堵挡木板的方法，但尚未使用立柱、夹棍和绳索来固定木板的技术，表现出夯筑技术有一定原始性。

郑州商城的平面近似长方形，北城墙长1690米，西城墙长约1870米，南城墙和东城墙均长约1700米，周长将近7公里。西北城角、西南城角和东南城角都近似成直角，唯北城东段向南倾斜。北城墙东段即现在的紫荆山，这里有一条相当古老的沙土岗子，商代筑城时。到这里便依照土岗的走向，就其高度修建过去，所以商城的东北角就不成直角了。在郑州商城四面城垣上，共发现11个宽窄不同的缺口，有些缺口是城墙废弃后损毁的，有的可能与商代城门有关。郑州商城的西城墙和北城墙西段破坏较甚，残墙绝大部分掩埋在现今地面之下；北城墙东段、东城墙和南城墙的大部分还保存在地面之上，其中尤以东南城角保存最好。

郑州商城不仅有高大的夯土城堵，而且城内外还有丰富的遗迹。

在郑州商城内的中部偏北和东北部一带，以东里路为中心，北自顺河路北侧，南至城北路南侧，西起河南省戏校西院和黄委会水利科学研究院南院，东到黄河医院和郑州医疗器械厂院内，约占郑州商城四分之一左右的范围内，先后发现了数十处成组的或大型的结构复杂的商代夯土建筑基址。有的夯土基址面上，还保存有柱子洞或柱础槽和石柱础，表明这里是商代宫殿遗址区。近年来的考古发现证明，在郑州商城的中部偏东、偏南、偏西处，也有少量较大的夯土建筑基址。此外，在城内还发现一些形制较小的房屋基址，以及相当数量的商代遗存，这可能是一些平民居住区。

在城内还发现许多农业生产工具，由此推测，在偌大的郑州商城内，可能有若干空地进行农业种植，这正是早期城市的特点。

在郑州商城城郊，还发现一批按照一定布局建立起来的手工业作坊遗址。北城墙外300多米处，即今河南饭店一带，有1处铸造铜器的作坊遗址。在铸造作坊遗址北面，即今新华社河南分社院内，发现1处磨制骨器的作坊遗址。在郑州商城南城端外约600米处，即今河南省公路运输公司院内，也发现1处铸造铜器的作坊遗址。以上三处手工业作坊遗址，正好位于郑州商城南北中轴线上。此外，在西城墙外约1300米处，即今铭功路西侧的郑州第十四中学院内，发现一处烧制陶器的作坊遗址。这些手工业作坊全部安置在城外，可能是为了防范手工业的奴隶“作乱”。

在城外还发现不少商代遗址，如二里岗遗址等。在这些遗址中，也发现了一些小型房屋、窖穴，从出土的遗物看，这些居民大半是农业人口。

商代墓葬也多分布在城外，如城东北角的白家庄附近，城东南隅的杨庄一带，城南的郑州卷烟厂，城西的北二七路、人民公园和铭功路等，都是分布集中的墓葬区。

近年来，在郑州商城南城墙外900~1200米处和西城墙南段外700~900米处发现一大段夯土墙基，可与20世纪50年代在二里岗一带发现的夯土相连接。即从凤凰台向西经水利厅仓库、商业仓库、市粮一库、市木材公司、市二轻仓库，继续向西稍偏北，再经郑州五中、新民村、东豆腐寨、臧家门、郑州三十中、郑州四十七中，再折向北稍偏西，又经振兴商场、群众影剧院、中原大厦、郑州长途汽车站直到东方红影剧院，断断续续发现夯土墙基约2900米，自郑州商城东南、南、西南和西部的外侧环绕着郑州商城，其总长度约在5000米左右。南面的夯土墙基宽12米左右，西面的夯土墙基宽17米，残存高度1.2~2.3米，夯层厚10~15厘米，夯层面上的夯窝与郑州商城城墙和城内宫殿基址的夯层、夯窝相同。夯土内的遗物很少，有鬲、碗和细绳纹、篮纹、方格纹陶片，分别属于龙山文化晚期、洛达庙期和商代二里岗下层时期。按时代最晚的遗物推断，夯土墙应属于二里岗期下层时期。这应是作为防御的外城墙遗迹。一部分手工业作坊和墓葬区就分布在郑州商城东南城墙、南城墙、西城墙南段的外侧与这道夯土墙基之间。而在外城墙之外，商代遗迹就非常少（图一）。

（二）郑州商城的宫殿建筑

1973年以来，在郑州商城东北部以及中部和东部，曾发掘出一批商城大型宫殿基址，为研究郑州商城内的宫殿布局、形制和建筑技术提供了十分珍贵的实物资料。

在东里路东段北侧，即今河南省文物考古研究所郑州工作站院内，发掘出第10号房基（C8G10），房基为长方形，南北长34米，东西宽约10.2~10.6米。房基是由10多层夯筑硬土堆垫而成的，一般每层厚约8~12厘米（也有薄到5厘米或厚到26厘米的），皆为红花硬土，或红灰硬土，或灰硬土，或夹白砂灰硬土。每层又可分为三小层。以第五层为例，上层为地面层，采用料礓石粉铺垫而成，质地坚硬，厚0.5厘米；中层是厚约0.9~1.2厘米的白灰砂层；下层是厚约10厘米的夯土，夯层面上有密集的夯窝印痕。从10多层堆积的房基地坪看，10号房基使用的时间相当长。

在房基地坪上保留有大小不同、高低深浅不等的圆形柱础的柱洞，大致分为7排，由于不少地方遭到破坏，每排现存的数量差别较大，最多的有13个，最少的仅存2个。从圆形柱础和柱洞的形制看，可以分为三种：一种圆形柱础是用料礓石块砸成的，柱础直径为30~40厘米；另一种圆形柱础是用料礓石碎块和砂土修筑的，周边用调合的料礓石粉涂抹，柱础直径为28~42厘米。这两种露出房基地坪的柱础可能是明础。第三种是挖的柱子洞，数量最多，边缘整齐，上口稍大，底较小，为坚硬的平底，有的底部还铺有料礓石层，但其下没有发现柱础石，柱洞口径18~36厘米，深9~30厘米。在房基西壁中部和北部，还残存有夯土筑成的墙基。由于该房基被战国及其以后的文化层破坏，整个房基的平面结构目前还不能复原。

紧靠10号房基西侧，还发现6座商代大型夯土基址，但损毁较甚，无法看出原貌。这些房基也是夯土筑成，有的还发现有方形柱础石或圆形柱础槽。方形柱础石间距2.15米。其中有一个长35厘米，宽37厘米，顶面平整，系用红褐色石头稍加打制而成；另有一个长30厘米，宽27厘米，顶面近平，系用青白色河卵石制成。圆形柱础槽仅有一个保存完整，直径约1米，中间留有直径42厘米的圆形木柱痕迹，木柱下面垫有柱础石。此外，在这些夯土基址上还发现3个河卵石，直径35~50厘米，也应是柱础石的遗存。这些夯土基址与10号房基是一组宫殿建筑。

值得注意的是，在宫殿遗址范围内出土一些铜簪和玉簪，这些珍贵的装饰品在郑州商

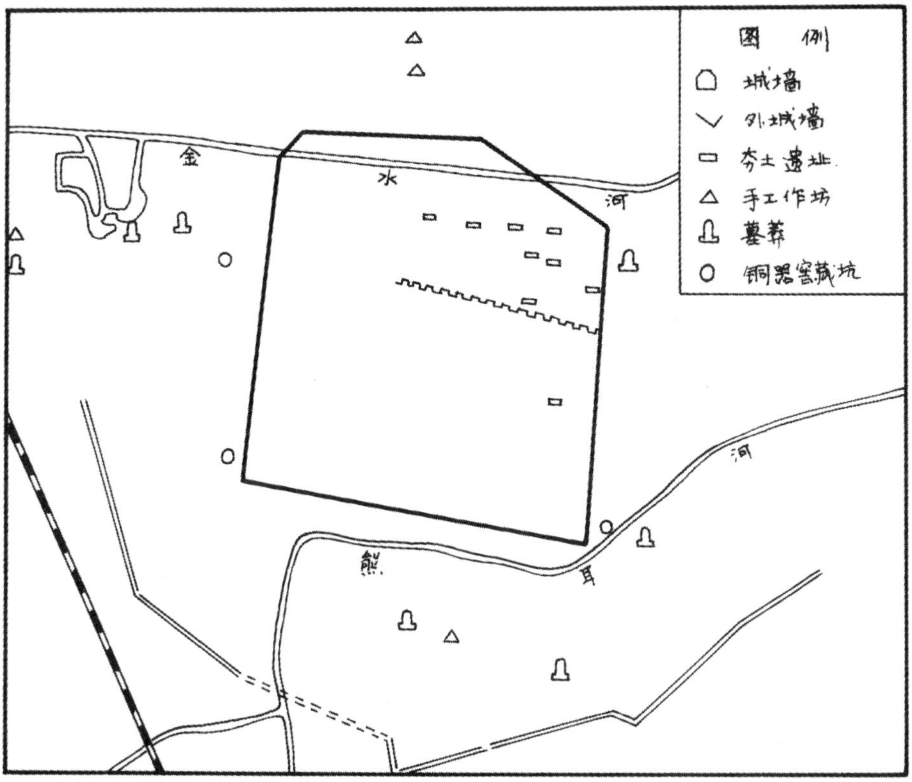

图一　郑州商城遗迹分布图

城的其他地方很少发现或没有发现。由此可见，居住在这里的当是奴隶主贵族。

在10号房基以东约近百米处，即今北大街农业队宿舍区内，发掘出大大小小18块夯土基址。其中较完整的为F1和F2。这是东西并列的2处夯土基址，其形制、大小、方向、填土和结构相若，应属同一组建筑。F1在西，平面为圆角长方形，东西长19.4米，南北宽6.3米。从剖面看这是房址基槽，深近2米，西、南、北三壁均呈阶梯状内收，底部近平。填土呈深灰色，质地较细腻，结构紧密，平面夯窝和剖面夯层皆很清晰。现存房址地坪面上尚未发现柱础痕迹。F2在东，二者相距11米，其北部边缘基本在一条线上。平面亦为圆角长方形，东西长19.1米，南北宽应与F1相当，因大部分尚压在探方南壁之下，详细情况尚不尽知。其他夯土基址由于发掘甚少，或者破坏较甚不成形，其平面布局等情况尚待日后发掘结束方可知晓。

在东里路西段南侧，即今黄委会水利科学研究院南院内，发掘出第15号房基（C8G15），房基地坪距今地面深约3.7米，东西长65米以上（东边被马路叠压），南北宽13.5米。房基面上尚存在两排柱础槽。北面一排有27个柱础槽，皆为长方形，一般南北长1.5米，东西宽0.8米，现存深度约0.4~0.7米；南面一排的东段已发现10个（中段和西段被现代建筑所压），也为长方形，一般南北长1.2米、东西宽0.85米。这两排柱础槽除已被破坏者外，周边都很清楚，槽的中部有深灰色的圆形木柱痕迹，柱径约0.3~0.4米。木柱下面有石柱础，有的是红色砂岩，有的是青灰色河卵石，平面向上，但形状不甚规整，长、宽约0.3~0.5米。据北排的一个柱础槽的剖面看，槽壁并不是垂直的，而是向内收，底部比口小，现存深0.74米，石柱础为厚0.24米的红色砂岩。两排柱子各排成直线，柱与柱之间相距约2.1米，排与排之间相距9米。值得注意的是，在北面一排柱础槽的外侧，还发现4个排列有序的较细的木柱痕迹，直径约0.15~0.2米，其下没有石柱础。这应是擎檐柱的遗存。

通过考古发掘，可以看出这座大型房基修建的大致程序：先挖一个东西横长的大型房基槽，在房基槽内填土分层夯实，逐渐高出地面，筑出一座夯土台基，然后在夯土台基上挖两排长方形的柱础槽，把石柱础放进柱础槽内，再把木柱立在石柱础上，然后把柱础槽填上夯实，使木柱固定。这两排木柱是起檐柱的作用。接着在两排檐柱的内侧修筑房子的木骨泥墙或夯土墙，最后再上梁架，修茅草屋顶。这大致就是所谓的“茅茨土阶”。

根据南北两排柱础槽外侧留有较宽的夯土台面以及北面一排柱础槽外侧尚有4个擎檐柱遗存来看，15号房基曾修建有回廊。从一些石柱础已露出的情况分析，由于夯土台基的地坪已毁，所以，回廊中间原有的一排木骨泥墙或夯土墙房子，以及回廊外沿的绝大部分擎檐柱等也均被破坏了，现已无存。但仍可将15号房基复原成“四阿重屋”式的建筑。这座宫殿可能与《考工记》中描写的“内有九室，九嫔居之，外有九室，九卿朝焉”的建筑形式相似，或许就是一座九室重檐顶并带有回廊的大型寝殿。

在15号房基东部偏南10米之外，距地表3.6米深处，有一大片夯土，东西长26米以上，南北宽约14米，厚0.7~1米，夯层清晰，每层厚8~12厘米，夯层表面都有密集的圆形夯窝印痕。由于夯土台基破坏较甚，没有发现柱础槽和石柱础。在15号房基西部偏南10多米的地方，距地表3米多深处，有一片近方形的夯土台基，南北宽约16米。由于没有发掘，详情不明。这两处相距近的夯土台基，可能与15号房基是同一组的宫殿建筑。

在城北路中段南侧，即今河南省中医研究院内，发掘出第16号房基（C8G16），南北长38.4米，东西宽31.2米，距地表深3米多。西部和南部保存较好，北部、中部和东部均被战国文化层破坏。它的建筑方法和第15号房基相似。16号夯土台基现存最厚处为1.5米，夯层明显，每层厚约10~16厘米，夯层表面有与商代城墙相同的密集圆形夯窝印痕。房基面上发现有内、中、外三排距离很近且又相平行的柱础槽。柱础槽皆为圆形，边框直径为0.95~1.35米，槽内中部灰色的圆木柱痕直径为0.3~0.4米，石柱础都是青白色的河卵石，平面向上，径长为0.34~0.45米。柱础槽排与排之间相距1.2~1.6米，木柱中心相距2.05~2.5米。同一排的柱础槽之间相距0.5~1.5米，木柱中心相距1.6~2.45米左右。柱础槽口大底小，槽壁斜直，石柱础平置于底部中间，其上木柱灰痕明显。从残存的柱础的布局看，原建筑可能有较宽的回廊和重檐，也许就是“堂”一类的建筑。由于中部、北部和东部破坏较甚，这座规模巨大的宫殿整体格局已无法复原。在16号房基的南侧、西侧和北侧，均钻探出面积较大的夯土台基，这很可能与16号房基同属一组建筑群。

此外，近年来在顺河路南侧黄委会家属院内，发掘出一座东北、西南向的长方形宫殿基址，南北长47米，东西宽11米。夯土台基面上发现有南北纵列有三排柱础槽，保存完好的有34个，柱础槽内有圆形木柱痕，其下均有柱础石。在城北路东段北侧郑州医疗机械厂西院内，发掘出一座东西长32米，南北宽11米的夯土台基，其南北边缘各有一排柱础石，在其东西两侧还各有面积较小的附属建筑，构成一组宫殿。在东里路中段南侧的郑州回民中学院内，发掘出3座夯土台基，发现有柱础槽遗存，还发现有排列密集的木骨泥墙柱洞。在夯土台基底部有古河道的河相堆积层，为加固基础，在古河道上先用天然石块垫筑2米多厚，然后再在其上修建夯土台基。在东里路东段南侧河南省中医学院家属院内，发掘出近10座夯土建筑基址，多排的柱础槽保存较好，是宫殿区中建筑最集中的地点之一。

值得注意的是，在宫殿区内发现了几处相对应的大型商代石板蓄水池和石砌的或夯筑底、壁而其上盖有石板的输水管道。其中在黄河医院内发现的一处蓄水池东西长100米，南北宽20米，深1.5米。底部用掺有碎料礓石的白色土铺平夯实，再用青灰色石灰岩板铺底，用河卵石加固池壁。其西段可能与输水管道相通。管道底部和两壁均为夯土，其上面盖有石板。在管道东端壁上还发现4组用来控制水量插木板闸阀的竖向窄沟槽。其东段与供水管道相通，供水管道设置在夯土沟槽内，用石板砌成方腔形管道。在夯土沟槽内还有小型汲水井，平面为长方形，南部留有二层台，可能与汲取清水、清除淤泥和控制水量有关。在宫殿区内还发现多座大型水井，均为先挖一个井坑，以清除流沙，填土夯实后修建井筒，井筒下部用木结构井框，井框底部有长形木拼成的井盘，在井盘内侧，铺垫有厚0.2~0.3米的破碎陶片层，以过滤井水。这在当时来讲，已是很高的技术水平了。上述这种由输水管道、蓄水池、供水管道和汲水井构成的供水系统，当是目前我国乃至世界上发现时代最早又很科学的地下供水设施，是我们祖先了不起的发明。

夯土技术也是我们祖先的杰出创造之一。远在仰韶文化晚期就出现夯土城垣。在龙山文化时期，修建房屋地坪时也进行了夯筑。这便于对建筑基址的平整和加固，同时也起着保护人体健康的作用。而《墨子·辞过》记有："古之民未知为宫室时，就陵阜而居，穴而处，下润湿伤民，……为宫室之法，曰：室高，足以辟润湿；边，足以圉风寒；上，足以待雪霜雨露……"说明原始的穴居、半地穴居，曾给人们以严重的潮湿危害，若居址夯筑，则有一定的防潮功能。另外，夯土还有较高的强度，不但可以修筑雄伟的夯土城垣，又可作为木构建筑的夯土基础，在商代已由过去的平面修整发展成为高出一般地面的台基。郑州商城的多组宫殿建设都坐落在夯土台基上，这是我国高台建筑的雏形，正符合"堂崇三尺"的文献记载。这种高台宫殿建筑，既有防潮、防水、通风性能，又有更重要的防御性能。

此外，为使殿堂台基和外围木结构免遭雨淋，采用了承檐屋盖技术，这是非常重要的，同时也是保持建筑雄伟壮观的一种很成功的创造，充分显示了我国劳动人民高超的才能和智慧。郑州商城几座宫殿建筑，可复原为有回廊的重檐顶建筑，就为此提供了重要的实物例证。这也符合文献中的"四阿重屋"的记载。

郑州商城的宫殿与湖北黄陂盘龙城商代宫殿，在建筑结构和建筑形式上是一样的，甚至连方向都是一致的，均为北偏东20°左右。同时，两地的商城城垣营造技术、墓葬的埋葬习俗、青铜器、陶器和玉器的种类、形制、纹饰、风格也是一样的。这扩大和丰富了我们对商代二里岗期文化时期商代统一政权和疆域的认识，至少可以说，此时商王朝已是南抵长江、幅员广大的国家。若考虑到江西清江县吴城和新干大洋洲商代二里岗期文化遗址与墓葬的发现，就可推知商王朝的影响，甚至扩大到赣水流域。

郑州商城宫殿分布在城内中部偏北和东北部一带，这也开了以后各个王朝宫殿布局的先例。如汉魏洛阳城、宋代东京城（开封）、明清北京城的宫殿区，都位于城内中轴线的北半部；又如唐代长安城的宫殿区除在北半部外，城的东北部还有大明宫，在城内靠东偏北处有兴庆宫。由此可以看出郑州商城宫殿布局对后世的一些影响。

（三）郑州商城的手工作坊

1. 铸造青铜器作坊和铸铜工艺

商代属于青铜器时代，是以生产和使用青铜器生产工具、兵器和容器为其标志的。在郑州商城，冶铸青铜器是一种最先进的生产技术，是当时各类手工业中最重要的生产部门。1954 年在南关外和北城墙外紫荆山北发现了两处铸铜作坊遗址。在这两处作坊遗址内，分别发现有当时进行冶铸的操作场地——粘附有一层铜渣的硬土面，硬土面上还有圆锥形的坑窝，很像是放置坩埚的地方。还发现有大量的坩埚残器和碎片、红烧土块、炼渣、木炭以及数以千计的铸造各种青铜器的陶范。在作坊遗址范围内，还发现有非常简陋的半地穴式住室和一些小型房基，这些可能是在作坊劳动的奴隶居住的。由此可以看出，其生产规模还是相当可观的。

当时熔铜的坩埚有三种。一种是用黏土堆制而成的，外部敷有较厚的草拌泥，椭圆形口，坩埚内外粘有一层铜渣，有的口部还有破裂痕，大概是由于高温而形成的。另一种是用泥质陶大口尊作胎改制的。改制时，在器壁内外涂有很厚的草拌泥，由于高温，器内壁变成青灰色，并粘有一层铜渣。还有一种是由砂质红陶缸改制的，其耐火程度比泥质大口尊高，所以只在外壁涂草拌泥，由于高温，缸的胎壁被烧成砖红色，内壁也粘有一层铜渣。

在大量的陶范中，能看出器形的有镢、铲、斧、刀、凿、锥等生产工具范，约占一半左右；而镞、戈等兵器范较少；方鼎、圆鼎、鬲、斝、爵、觚、尊等容器范也占相当数量。值得注意的是，这两处铸铜作坊遗址中，除了出土相同种类的陶范之外，在南关外作坊遗址中还发现有数量较多的镞范和镢范，而在北城墙外作坊遗址中则发现有较多的刀范和戈范。看来它们的产品还有些不同，从而说明，郑州商城的铸铜手工业作坊可能已有了一定的分工。

郑州商城铸铜作坊遗址中出土的陶范是一种“硬范”，商代用硬范来铸造青铜器，是一种先进的技术，远远走在当时世界的前列。采用范铸法，第一步是先制模，模是用泥仿制要铸造的器物，并刻划上纹饰，经过烘烤而成。第二步是制外范，即用一定厚度的泥块贴在模的表面，用压力印出模的形状和纹饰，待泥半干时，选择适当部位，用刀切开。在切开的泥块之间附有三角形榫眼，使合范时各个范块能扣合紧密，然后晾干、烘烤、修饰内壁花纹，这样就翻制成外范。第三步是做内范，用泥先做成器物外形，然后依照要铸造器物的厚度刮去一层，再经过烘烤，这样就制成内范。通过预制在内、外范上的榫卯或支钉、定位鞘，使其在合范时不会发生移动或错位。在范面上涂一层涂料后，就可合范。最后在外面用泥加固，并留出浇口和冒口，再经过烘烤，就可用坩埚里的铜液进行浇铸。

在郑州商城内外的二里岗、杨庄、白家庄、东里路、铭功路、张寨南街、北二七路、人民公园、南关熊耳河、向阳回族食品厂、南顺城街等地，出土了一大批商代青铜器。除生产工具和兵器之外，还有很多青铜容器，其中有饕餮纹或夔纹圆鼎、夔纹扁足小圆鼎、饕餮纹大圆鼎、饕餮纹或乳钉纹大方鼎、夔纹或人字形纹鬲、饕餮纹或乳钉纹斝、弦纹或饕餮纹爵、弦纹或饕餮纹盉、龟形纹或羊首纹罍、牛首纹尊、素面或夔纹盘、饕餮纹或联珠纹觚、饕餮纹提梁卣、涡纹中柱盂和簋等。这些为研究我国商代青铜铸造工艺和独特的装饰技术提供了重要实物资料。

在郑州商城出土的青铜器表面，或多或少都遗留有铸造的痕迹，与铸铜作坊遗址出土的陶范相对照，不但可以证明这些青铜器是在郑州商城制造的，而且有助于了解当时铸造青铜器的工艺。

大方鼎是用多范、分铸、嵌铸、分次浇注的多种方法铸造的。鼎耳与口沿相接处较光滑，看来鼎耳和鼎腹是同时铸造的。从鼎腹四壁纹饰看，凡横向纹饰的上下界线都是笔直相通的，没有一点歪曲或错缝的现象，而器壁外四角从口沿至底部均留有明显的铸缝，可知鼎腹是由 4 块完整的外范铸造的。铸鼎时，先铸造留有鼎足位置（四角各有一个圆孔）的腹底，然后把倒置的内范四周合上 4 块外范，再把铸好的腹底放在内范之上，合铸而成。四个鼎足是倒置嵌铸于鼎底上的。还有的大方鼎的铸造方法稍有不同，鼎腹是由 4 块角壁外范和 4 块中壁外范，以及 1 块腹底外范和腹内范合铸而成的。在郑州商城铸铜遗址中，就发现有铸造乳钉纹方鼎的外范残块。

由于大圆鼎的耳和腹有弧度，其铸造程序较方鼎复杂。鼎耳是分铸的，鼎腹从外壁铸缝看，上腹有 3 块外范，铸好的鼎耳嵌在上腹外范上，下腹也用 3 块外范与 1 块内范合铸。三个鼎足中，一足为浇口，另两足为冒口，是一次倒立浇铸而成的。

铜鬲是由 3 块外范和 1 块内范合铸而成的。鬲的裆底有范线的遗存。鬲腹的右侧有一道与鬲腹相垂直的青灰色凹槽，当为铸造时注入铜液的浇口，浇口为外宽内窄的小喇叭形，在连着器面的中间有一个三角形脊棱，把浇口分成两个小凹槽，这样可以使铜液很快流入范腔内。

铜斝是倒铸而成的。斝的一足尖端为浇口位置，因此，足端留有修补的痕迹。在郑州商城铸铜作坊遗址中发现斝的外范残块，腹与腰的界线分明，腹壁为凹入的圆弧形。与铜斝底部外沿的弧度相近，足呈三棱锥形。

从铜爵底部外壁看，有合范时的三条范线，可证明外范是 3 块，三条范线向外的一端与足的上端对应。流口间的矮柱，可能就是浇口位置。郑州商城铸铜作坊遗址出土有爵的外范和内范，外范为粉红色，铸面处为深灰色，范块之间相接的切面平直光滑，范内壁下凹成圆弧形，恰与铜爵外壁的圆弧相吻合；内范为褐红色，顶部为近椭圆形的平面，流口部分突起且狭窄，尾部呈尖圆形，侧面呈漏斗状。

铜盉器身外范 3 块、内范 1 块，顶部外范 2 块。流和鋬上有纵向合范线，说明是一次铸成的。器上部的后端凸起，应是浇口的遗存。

尊、罍、觚、盘等器物的铸造方法相同，都是倒铸的，浇口在圈足的底部。关于尊的牛首和罍的羊首等装饰的铸造，是把牛首纹或羊首纹凹刻在外范上，在内范相对应的位置上塑出不刻花纹的一块凸起，这样，合范铸成后，铜尊的牛首或铜罍的羊首就是凸出的。个别的牛首尊有扉棱，正好位于范线上，这很可能是由铜器表面遗留的合范铸缝逐渐发展变化而成的。

涡纹中柱盂是采用分铸法，先铸好中柱，然后放入盂内范中，再与 3 块外范铸成盂体，同时使中柱和盂身嵌铸在一起。

提梁卣的铸造颇为困难，是经过多次铸造而成的。先用 2 块外范铸好套环链，然后把套环链的一端在铸盖时与之相连，另一端穿以先铸的半圆形铜环和后铸的提梁；用 4 块卣体外范、1 块卣体内范以及 4 块半圆形外范合铸成带半圆环耳的卣体。铸提梁时，在卣体二环耳内各加一块小范，提梁浇铸后，除去小范，形成间隙，使提梁通过环耳和卣身相连，且又能活动。卣体是倒铸的、浇口是圈足底部。

通过对郑州商城出土的几件青铜器进行的成份含量分析，可以看出，当时已经掌握了复杂的青铜铸造工艺，知道了用金属原料的多种配合方法冶炼青铜。根据含锑量差别较大，可以推知当时选用了不同地区的矿石。商代二里岗期青铜器上承河南中西部地区二里头文化的青铜器，下启安阳殷墟商代晚期青铜器，其所处的地位是十分重要的。

2. 烧造陶器作坊和制陶工艺

在郑州商城，烧制陶器也是一个很重要的手工业生产部门。1955 年在郑州商城西城墙外的铭功路西侧发现了一处规模较大的商代制陶作坊遗址。在约 1400 平方米的范围内，发掘出 14 座排列有序的陶窑和 10 多座小型房基。陶窑大多数为圆形，个别为椭圆形。陶窑分上下两部分，上面是窑室，下面是火膛和火门，中间以带圆孔的窑箅相隔，箅下有长方形土柱支撑，箅下可以烧火。因经高温火烧，窑壁内侧已变成砖灰色，向外渐成红色。在陶窑和房基附近，出土有一批陶垫子（又称“抵手”）和陶印模等用于制造陶器的工具。陶垫子的面一般呈凸状或半圆形凸起，后部加有圆柱形或半环形把柄，在制作陶坯时，可以进行打磨或作垫子使用；陶印模则用来印制陶坯上的各式各样的花纹。还出土有大量的陶器碎片和烧坏的残破陶器，以及未经烧制的陶坯子。值得注意的是，在这里发现的大量陶器品种比较单一，多为泥质陶盆和陶甑，而夹砂陶器的鬲、甗、缸等很少发现。由此可以看出，这处作坊是专门烧制盆、甑等泥质陶器的。这就证明，在当时，不但手工业已从农业中分离出来，成为独立的生产部门，而且在同一种手工业内部，如制陶业，也已经有了固定的分工。作坊主生产如此大量的盆和甑绝不是为了自己使用，而是为了进行产品交换，这显然是一种商品生产。

郑州商城出土最多的遗物就是陶器，它们不仅反映了当时社会生活的一个侧面，同时也是考古断代的重要标志。在当时，无论是平民，还是贵族，都普遍使用陶器。从陶质上看，有泥质和夹砂的；从陶色上看，有灰陶、红陶、黑陶和白陶；从制法上看，有轮制的、模制的、轮模合制的和手制的；从器形上看，有平底器、圜底器、三足器、圈足器和器盖等；从用途上看，有炊器、饮器（酒器）、盛器、生产工具、雕塑艺术品和乐器等；从类别名称上分，陶容器有鬲、鼎、甑、甗、罐、斝、爵、觚、杯、豆、簋、盆、壶、大口尊、小口尊、盉、罍、澄滤器、瓮、钵、缸、器盖等 20 多种，生产工具有纺轮、网坠、弹丸、垫子、印模等，雕塑艺术品和乐器有虎、猪、羊、龟、鱼、鸟及埙等；从纹饰上看，有绳纹、弦纹、篮纹、方格纹、圆圈纹、附加堆纹、人字纹、云雷纹、饕餮纹、乳钉纹等十几类。真是丰富多彩，琳琅满目。

虽然郑州商城出土的陶器数量很多，但当时人们在使用时还是比较爱惜的。在郑州商城内中部偏西处，即天成路北侧的一个商代窖穴中，出土了 20 多件较完整的陶器，其中一件小口高领圆肩直腹瓮的腹壁破裂后，被当时的人们用白灰面之类的东西粘补过。这种修补陶器的现象在龙山文化晚期也有发现，表明我国古代劳动人民很早就掌握了陶器的修复技术。

能够代表郑州商城陶瓷工艺最高水平的是原始瓷器。它们用高岭土制成，火候高，质地硬，吸水性弱，敲起来近似金属声。器形多为尊，也有少量的罍和罐。胎为灰白色或黄白色，个别为灰绿色和浅褐色，多施青绿釉，少数为褐色釉或黄绿色釉。经化验证明，郑州原始瓷器与一般瓷器的胎骨相似，郑州的原始瓷釉与一般所谓的豆青色釉所含化学成份也相似。由此可见，郑州商城的原始瓷器已经接近一般的瓷器，这样，就把我国发明瓷器的历史提早到3500多年前，中国被全世界誉为“瓷的祖国”，是当之无愧的。

3. 磨制骨器作坊和制骨工艺

前面提到的郑州商城北郊的磨制骨器的手工业作坊遗址是1954年发现的。虽然发掘面积不大，但出土遗物却非常丰富。在一个长方竖井形窖穴中，就出土了上千件骨器的成品、半成品以及带有锯痕的骨料和废料，还有一批磨制骨器的砺石和加工骨器的小型铜刀。骨器的成品和半成品绝大多数为骨簪和骨镞，也有少量的骨锥和骨针。由此可见，这是一处以生产骨簪和骨镞为主的手工业作坊。骨器和废料经过鉴定，除有牛骨、猪骨、羊骨和鹿骨外，半数以上竟是人的肢骨和肋骨。

1974年，在郑州商城东北部，即今东里路河南省文物研究所郑州工作站院内的一条商代壕沟内，发现有三堆总数近百个人的头盖骨和少量的牛骨、猪骨，但没有发现人的肢骨和肋骨。不少的人头骨上有明显的锯痕，一般都是在眉骨和耳部上端横截锯开。经鉴定，多为青壮年男性，这些人可能是战俘。安阳殷墟发现有人头骨刻辞，而没有发现过带锯痕的头骨。但在一些文献中有这样的记载，《战国策·赵策一》：“及三晋分智氏，赵襄子最怨智伯，而将其头以为饮器。”《史记·大宛列传》：“匈奴破月氏王，以其头为饮器。”“至匈奴老上单于，杀月氏王，以其头为饮器。”《晋书》卷一百十五《载记》第十五“符丕、符登”条：“及垒陷，姚方成执而数之，（徐）嵩厉色谓方成曰……方成怒，立斩嵩，漆其首，以为便器。”在希罗多德所写的《历史》（中译本1959年北京商务印书馆出版）一书中，也有类似的记载，古代斯基泰人在战争中，把他们最痛恨的敌人的首级，自眉骨处锯开，包上牛皮镀上金，当作杯子使用。有时也用与己不合的族人头骨做成杯子，用来款待客人，以证实自己的勇武。上述记载表明，在古代的中国和外国都有用人头骨做器物的。解放前，在我国西藏地区，也有用人头骨制作器皿的现象。由此推知，商代壕沟内带锯痕的人头骨，也是用来制作器物的，这里可能是商代制作人头骨器皿手工业作坊的一个废料堆。联系到商城北面磨制骨器手工作坊遗址中的半数人骨，使我们可以清楚地知道，奴隶们生前像牛马一样劳动，一旦被奴隶主折磨死或残遭杀害之后，他们的骨骼还要被做成各种工具和器皿，这充分暴露了商代奴隶社会的残酷。

除了上述骨器之外，在郑州人民公园出土有双股骨簪和顶端雕刻有小鸟等图形的骨簪。在郑州商城内外，还发现一些象牙器和蚌制品。如1955年夏初，在郑州白家庄的商代墓内，出土有象牙觚和象牙梳。象牙觚呈椭圆筒状，颈部和下腹部各有一周凹槽。象牙梳下部有10个梳齿，制作相当精致。蚌制品除常见的蚌刀、蚌镰外，1956年2月在郑州铭功路西侧的商代墓内，出土了6串蚌珠，共计1000多颗。这些发现说明，当时的制骨手工业产品还是比较丰富的。

（四）郑州商代墓葬

1. 商代铜器墓

据初步统计，在郑州商城内外，发现有19座铜器墓。其中人民公园3座、白家庄3座、铭功路4座、河南省中医院家属院1座、黄河医院1座、黄委会人防工程1座、黄河河务局1座、黄委会43号院1座、二里岗1座、北二七路3座。墓内除出土有铜器外，还有陶器、玉器和其他随葬品，具有重要的历史考古价值。

1954年3~4月，在郑州商城西墙外人民公园内先后发掘了20座商代墓葬，其中有3

座铜器墓。这3座墓皆为长方形竖穴土坑墓。M25，长2.07米，宽0.76米，深0.86米。墓主人仰身直肢，头向北。墓底中部有一长方形腰坑。墓内随葬有铜爵、铜刀、铜镞、原始瓷尊、陶盆、玉柄形器、卜骨及带有锯痕的加工骨。M9，长3.1米，宽1.1~1.5米，深2.7米。骨架已朽，葬式不明。墓底中部有长方形腰坑，腰坑底部有红色朱砂。随葬有铜壶、铜戈、铜镞、铜饰、玉器、石斧、石戈、贝和加工蚌壳。M9时代较晚，应属商代晚期。M15，长2.35米，宽0.95米，深2.65米。方向朝东。有棺椁痕，墓主骨架已朽。椁内殉葬一个青年女性，屈肢，椁外殉葬一只狗。随葬器物有铜钺、铜戈、残铜器、铜片、玉璜、带孔玉器。从出土的器物形制看，M15也属商代晚期。

1955年5月和9月，在郑州白家庄发掘了一批商代墓葬，其中3座为铜器墓。这3座墓皆为长方形竖穴土坑墓。M2，已被破坏，残长1.5米，宽1.05米，深1.06米。方向朝北。有棺痕，墓主人骨架已朽，墓底铺有厚约0.01米的朱砂。随葬器物有铜罍、铜爵、铜鼎、铜斝、铜盘、象牙觚、玉柄形器、绿松石饰、涂朱圆陶片。其中铜罍的颈部有三个龟形图案装饰，可能是族徽。唐兰先生曾考释为“黾”字。若这种考释正确，那么这就是我国目前发现最早的青铜器铭文了；铜爵的底部有烟熏痕，流口处粘附有编织物痕迹；铜斝的表面粘附有白色编织物痕和木痕；涂朱陶片通体磨光，一面涂朱，商代墓中常见，这可能是专门为随葬而制作的带有避邪之意的祥瑞之物。M3，东部被破坏，长2.9米，残宽1.17米，深2.13米。墓室底部四周有熟土二层台，正中有长方形腰坑，坑内殉一只狗，仅存肢骨和肋骨。墓室内有棺椁痕，椁长2.2米，宽约1.1米，棺长1.85米，宽0.6米。墓底及腰坑内皆铺朱砂。棺内人骨架已朽，仅在北端发现有牙齿和残头骨。在墓内西边二层台上，有一具头向北、面向下稍偏西的俯身葬骨架，应是殉葬的奴隶。这座墓内随葬品丰富，绝大多数放置在二层台的西南角上，计有铜鼎、铜鬲、铜斝、铜爵、铜觚、铜罍、铜簪、玉璜、玛瑙环、残石器、涂朱陶片、涂朱蚌片。这是郑州商代墓葬中目前所见的形制最大、随葬品最丰富的一座墓葬，墓内殉葬奴隶也是商代前期少见的现象。M7也被破坏，墓内有较低的二层台，墓底铺有朱砂，并隐约可见有棺灰，人骨架已朽无存。随葬品有铜爵、铜斝、铜凿、铜戈、石戈、玉戈、玉圭、玉柄形器、涂朱圆陶片和贝等。

1956年3月和1965年2月，先后在郑州铭功路一带发掘了一批商代墓葬，其中有4座铜器墓。这4座墓皆为长方形竖穴土坑墓。M146，长2.26米，宽0.58~0.7米，深1.35米。墓向朝南。墓底铺有一层朱砂，有棺痕，人骨架为仰身屈肢，头向南、面朝西。人骨架下有一长方形腰坑，腰坑内殉葬一只狗。墓内随葬有铜鼎，出土时底部有烟熏痕。还有陶鬲、陶爵、陶斝、陶饼、玉柄形器等。M148，长2.32米，宽0.7米，深1.35米。墓向朝南。墓底铺有朱砂，有棺痕，人骨架为仰身直肢，头向南，面朝西。墓底中部有一长方形腰坑，坑内殉一只狗。随葬器物有铜爵、陶豆、陶鬲、陶觚、陶盆、陶斝、陶饼、骨匕、骨饰、玉饰、玉带饰、蚌饰及海蚌等。M2，长1.9米，宽1.35米，深0.65米。墓底铺有厚约1.5厘米的朱砂，还有类似棺板腐朽后残存的木漆片等。人骨架为俯身直肢，头向南。墓内随葬器物比较丰富，计有铜斝、铜爵、铜觚、铜戈、铜刀、玉戈、玉磺、玉璧、玉柄形器、原始瓷尊、陶盆、涂朱圆陶片、绿松石、骨器以及由1000多颗蚌珠串成的6条项链。其中铜斝在出土时器表有熏痕，器内有水锈痕；铜鼎在出土时器外腹部和底部也均有烟熏痕；原始瓷尊出土时，已成碎片，并散置墓底各部，这种现象在其他商代墓中也曾发现，推测在随葬时就已经打破，这与墓内挖腰坑、墓底铺朱砂、墓内随葬涂朱圆陶片等一样，是商代埋葬习俗之一。M4，长 2.08 米，宽 0.69 米，深 0.55 米。人骨架多已朽，但仍可看出为头南足北的仰身直肢葬，面部偏向西侧。墓内随葬品有铜爵、铜觚、玉璜、玉饰、涂朱圆陶片等。其中铜爵在出土时，底部有烟熏痕。

1971 年 9 月，在河南省中医学院家属院内发现了 1 座商代墓。因被破坏，墓葬形制、葬式等均无法得知，仅发现有一件铜盉和一件铜爵。其中铜盉造型奇特，上有圆顶，顶的前部斜伸着管状长流，顶后部有鸡心状口，鋬在足的上部，深腹，分裆，下附三个袋状空心锥足，颈部饰三道弦纹。

1975 年 3 月，在郑州黄河医院院内发现 1 座商代墓（M32）。该墓为长方竖穴土坑墓，南北长约 1.8 米，东西宽 0.5 米。骨架无存，仅有零乱的碎骨头。墓内随葬器物有铜爵、铜斝、陶鬲、陶簋和陶器盖。其中铜斝在出土时器底外部有烟熏痕，内底有白色水锈。器盖较特殊，为大敞口，沿外卷，腹内收，平底，底部正中立一空柱握手，外形像盘，又像浅腹盆，有人称之为空柱盘或空柱盆，但据其作用看，应是器盖。这是郑州商代铜器墓中较早的一座。

1979 年 6 月，在东里路和顺河路之间，黄委会挖防空洞时，发现了 1 座商代长方形竖穴土坑墓（M39），长 1.7 米，宽 0.44 米。骨架已乱。出土器物有铜鼎、铜斝及残玉戈。

1979 年 9 月，在郑州二里岗发现 1 座商代长方形竖穴土坑墓，长 2.05 米，宽 0.55 米，深 0.95 米。方向为南偏东 20°，骨架已朽，仅存一段腿骨。随葬器物有铜斝、铜爵及残玉柄形器。

1982 年 11 月，在郑州北二七路中段路东，发掘了 3 座商代铜器墓。1 号墓平面为长方形，南北长 2.7 米，东西宽 1.4~1.5 米，残深 0.15 米。墓底铺有 1 厘米厚的朱砂土，还存有板灰痕迹。人骨架已朽，仰身直肢，头北足南，面向西。人骨架下有一长方形腰坑，腰坑内殉葬一只狗。墓内随葬品较多，有铜鼎、铜斝、铜爵、铜觚、铜刀、铜片、玉戈、玉铲、玉柄形器、玉璧、玉饰、石戈、石铲、石柄形器、石钵、骨匕、骨簪、骨镞、牙饰、涂朱圆陶片等。其中石钵为白色粗砂石制成，口微敛，方唇。深腹稍鼓，圜底，口径 16 厘米，高 10.2 厘米，是罕见的石制品。2 号墓距 1 号墓仅 0.2~0.4 米，平面为长方形，南北长 2.7 米，东西宽 1.1 米。墓底铺有 1 厘米厚的朱砂土，也有少量棺板灰痕迹。人骨架仅存下肢骨，仰身直肢。人骨架下有一近正方形的腰坑，腰坑内殉葬一只狗，狗骨架已朽。墓内随葬品有铜斝、铜刀、玉柄形器、石戈、石铲、涂朱圆陶片、印纹硬陶尊等。其中印纹硬陶尊在出土时，皆为碎片，并铺在墓底南半部。还有 4 号墓，位于 1 号墓和 2 号墓南约 6 米处，墓中出土有铜爵和几件陶器。

1997 年，在东里路中段以北和顺河路中段以南的黄河河务局宿舍工地，发掘出一座商代铜器墓（M6），平面为长方形，东西长 2.4 米，南北宽 1.1 米。为 3 人合葬墓。均为俯身直肢葬，头向东。中间 1 人为男性，身上身下均铺撒大量朱砂。北侧 1 人为女性，右手上举。南侧 1 人为儿童，双手交叉捆绑于头顶部。在墓东北侧随葬 1 件铜鬲，在墓南侧中间，随葬有铜盉、铜戈、玉柄形器和涂朱圆陶片各 1 件。并有骨镞 30 余个，在墓中间男性胸颈部，挂有 1 串由 90 余枚海贝和 1 块绿松石组成的串饰。从随葬器物形制看，这是目前郑州商代铜器墓中最早的一座。

1997 年，在顺河路西段北侧黄委会 43 号院，发掘出一座商墓（M1），南北长 2 米，东西宽 0.5 米，随葬青铜鬲，还有玉璧、玉饰等。属二里岗上层一期。

除上述 19 座铜器墓外，在人民公园出土有饕餮纹铜尊和爵，在商城东北角的白家庄出土有饕餮纹铜斝、盉、觚、罍，在南城墙外的郑州卷烟厂出土有饕餮纹铜盉，在南关外出土有饕餮纹铜觚，在熊耳河边出土有弦纹铜盉和爵，在城东南角杨庄一带出土有 X 纹铜鬲、弦纹铜鬲和饕餮纹铜爵，在二里岗一带出土有饕餮纹铜斝、罍和镬、凿等。另在郑州商城内外还搜集到很多青铜器。这些青铜器应为商代墓内的随葬品。

2. 小型墓葬

小型墓葬也是长方形土坑墓，不过规格比铜器墓略小，一般长约 2 米，宽约 0.6 米。随葬品多用陶器，如鬲、斝、豆、鼎、盆等器。有的还用骨器或玉饰等物。也有少数墓无随葬品。葬式以仰身直肢者居多，俯身葬较少。

郑州商代遗址的二里岗期灰坑或灰层中，还发现一些没有墓圹、没有随葬品的死者。有的 5 具成人骨架与 2 具孩童骨架分四层埋在一起；有 10 数个成人骨架与数架猪骨分层合埋在一个灰坑；也有 4 个成年人骨、4 个人头和 1 副猪骨架分三层合埋在一起。在城墙的发掘中，发现狗坑 9 个，每坑埋狗 6～23 只。有一个坑中，狗架下面还埋有人骨架 2 具。这些死者的身份应属奴隶或战俘。

（五）郑州商城的其他考古发现

多年来，郑州商城先后发掘出 3 座商代青铜器窖藏坑。如 1975 年在西城墙北段外侧 300 余米处的张寨南街距地表 6 米处，发掘出一座青铜器窖藏坑，坑的直径约 2 米，2 件大方鼎东西并列，端正地放置在一起。由于 1 号鼎较高，就把其下的生土面挖低一些，特意使两鼎上面的口沿平齐。在 2 号鼎内还放置 1 件青铜鬲。1982 年在东南城角外的向阳回族食品厂，也发掘出一座青铜器窖藏坑。坑口距现今地表 5 米多，平面呈长方形，东西长 1.7 米，南北宽 1.62 米。坑内有 13 件青铜器口对口并列或套装放置在一起。包括大方鼎 2、大圆鼎 1、扁足圆鼎 2、牛首尊 2、羊首罍 1、提梁卣 1、觚 2、中柱盂 1、盘 1，其中坑的南半部有 7 件，坑的北半部有 6 件。窖藏坑的旁边还有同期的 3 个长方形坑，其中 2 个还埋有残缺牛骨架。1996 年在西城墙南段外侧约 50 米处的南顺城街，又发掘出一座青铜器窖藏坑。距地表 5 米处，坑口呈长圆形，东西长 2.1 米，南北最宽处约 1.8 米。坑内放置大方鼎 4，以及簋、斝、爵等共 12 件青铜器。坑的底部和铜器上面的堆积中都铺有一层朱砂。这 3 座窖藏坑，皆在城墙外侧不远处，底部都坐落在生土上，青铜器放置井然有序，且都有成双成对的大方鼎，有的坑旁还有牛骨架坑，有的还铺有朱砂，这些均与祭祀有关，而且放置时十分从容。其时代前两个窖藏坑为二里岗上层一期，南顺城街窖藏坑为二里岗上层二期，有的铜器可能更晚一些，说明郑州商城使用的时间更长。

在郑州商城内外的遗址和墓葬中，出土了一些玉簪、玉璜、玉玑、玉戈、玉铲、玉璋、玛瑙环、玉柄形器、玉饰等玉器。有白色的、淡黄色的、青色的、墨绿色的，光泽晶莹，是商代的艺术珍品，也反映了商代前期相当高的制玉工艺水平。

在郑州商城东北角内侧以狗为牺牲的祭祀坑内，出土了一团极薄的金箔片，展开之后是一件罕见的夔龙纹金叶，很可能是镶嵌在某种漆器上的装饰（在河北省藁城台西商代中期遗址中曾出土过镶嵌绿松石的漆器残片）。这说明商代的奴隶们不但在冶铸青铜工艺上有很高的成就，而且还掌握了黄金的冶炼技术并能制成精美的艺术品。

在郑州商城白家庄商代墓出土的铜爵和铜觚器表上，遗留有用麻布包裹的痕迹。在郑州商代遗址中发现了一些能够纺线的陶纺轮和石纺轮，能够缝衣的骨针和骨锥；也发现有竹席和竹篮的痕迹，其编织方法与现在的芦苇席、竹篮的编织法基本相同。由此可见，当时的纺织技术和编织技术工艺已经具有相当水平了。

在陶器和铜器中，有相当数量的酒器，显示了酿酒手工业的发达，也从一个侧面反映了农业生产达到了较高的水平，以致能有相当数量的粮食可以用来酿酒。铜斧、铜刀、石斧、石刀、石铲、石镰、蚌刀、蚌镰、骨铲等农业生产工具的出土，以及许多石杵、石臼等谷物加工工具的发现，为研究商代的农业生产提供了重要实物资料。

郑州商城的铸铜、制骨、制陶等有一定分工的手工业作坊，至少有一部分是作为商品生产出现的。郑州商城还发现过只有海里才有的鲟鱼甲和海贝。而铜矿石、锡矿石、黄金、玉料、绿松石和象牙等，郑州地区也不出产。其中有一些可能是远方进贡来的，另一些则是与远方交换的。郑州白家庄商代墓内，曾出有460多枚穿孔贝，也许就是当时使用的货币。《尚书·酒诰》中提到的商代有些人是“肇牵牛车，远服贾”，可能就是当时进行贸易交换的写照。

在郑州商代遗址中还出土有数量较多的卜骨和少量的卜甲，表明占卜已成为奴隶主贵族进行统治的重要手段之一。可惜的是，还没有发现像安阳殷墟出土的甲骨卜辞（甲骨文）。只是在郑州二里岗遗址中发现过2片习刻字骨，一片上只有一个“㞢”字，另一片上有“又土羊乙丑贞从受十月”10个字；在郑州商城内出有“玉弜”、“弜玉”等少量字骨。我们有理由期望在今后的考古发掘中能找到一定数量的甲骨卜辞，从而真正打开郑州商代文化宝库的大门。

反映当时精神生活的除了一些装饰品、工艺品之外，还发现有吹奏乐器——石埙和陶埙，这和偃师二里头遗址出土的陶埙一样，展示了我国音乐发展源远流长。

三、郑州商代二里岗期文化的分期

商代二里岗期延续时间较长，地层堆积很厚，遗迹、遗物相当丰富。在20世纪50年代郑州二里岗遗址发掘之时，考古工作者曾根据该地区商代遗址的地层叠压打破关系和陶器等遗物特征的明显不同，将郑州商代二里岗遗址划分二里岗期下层和二里岗期上层两大期。随着对郑州商代二里岗期遗址发掘面积的扩大和新的地层关系的出现，以及各层出土陶器特征的一些变化，有些学者在原来划分为二里岗期下层和二里岗期上层前后两大期的基础上，又细分为二里岗下层一期、二期和二里岗上层一期、二期等前后四期，或二里岗期下层一段、二段和二里岗期上层一段、二段等前后四段。这些反映了对郑州商代二里岗期文化研究的新水平。通过对郑州商城典型遗址考古学年代分析，再参照已发表的资料如《郑州二里岗》[1]、《郑州商代城遗址发掘报告》[2]等，可以确定与郑州商城关系最密切的郑州商代二里岗期文化的分期。如在二里岗发掘的H9、H10、H14[3]，郑州商城城墙夯土内或被城墙所压的灰沟中[4]所出的陶片，可以作为二里岗下层一期的代表。二里岗的H2甲、H15、H17、H18[5]，与城墙有关的CWM7、CWM8、CWM9和C8H22[6]等出土的陶片可作为二里岗下层二期的代表。二里岗的H1、H2乙、H13乙[7]，与城墙有关的CNM15、C8M10、C8H21[8]，以及郑州市人民法院灰坑内[9]所出的陶片，可以作为二里岗上层一期的代表。郑州白家庄遗址上层[10]和郑州医疗机械厂西院 T5、T6 二层[11]所出陶片可作为二里岗上层二期代表。其主要特征是：

二里岗下层一期：陶器中的鬲和甗都为卷沿圆唇；斝的颈部瘦细而较长，颈与腹相接处稍显有折线；豆的圈足细高，且中部内凹有镂孔；爵的椭圆形口近平，有流、尾，腹部瘦细，平底；盆有鼓腹圜底盆和大敞口深腹斜壁平底盆；簋为敛口，深腹圆鼓，下附圈足；大口尊的口径略小于肩径，肩部凸起，在肩部的附加堆纹条带之间，多加有对称的兽面形握手，有的腹部还加饰几周附加堆纹带条。该期青铜器数量较少，有爵、斝、盉、鬲等四种。其中爵有素面爵，颈部饰弦纹爵，以及颈部饰弦纹、乳钉纹爵；斝有无柱顶帽、圆鼓腹、素面斝，还有与此相似但颈部饰窄凸线弦纹和方格纹的斝，有颈部饰两周窄凸线弦纹的青铜斝；鬲为折沿，颈内收，深腹，分裆，袋状空足并有锥状高足尖。总之，铜器器壁较薄，纹饰简单。属于此期的遗存有东城墙、西城墙下压的灰沟，属于此期晚段的遗存有正在修建的四面城墙，城内东北部的 9 号房基（C8G9）、探方 62（C8T62）的夯土台基和紫荆山路中段西侧民族小区的夯土房基 F1，还有黄委会青年公寓的夯土墙基（CW22）。这是属于郑州商城的始建阶段。

二里岗下层二期：陶胎较一期稍厚，器表绳纹稍粗。除卷沿圆唇鬲外，新出现一种数量较多的卷沿双唇鬲，即在唇面中部有一折棱，形成内厚外薄的双唇沿；陶甗除一期的卷沿圆唇外，新出现了卷沿双唇和唇沿加厚的方唇；陶斝颈部皆加粗变短，呈弧形内凹，且袋状也较前稍直而略鼓；爵的腹部多变短而稍胖；陶豆的圈足中部稍向内收，圈足底部稍外侈，圈足中部多有对称的十字镂孔装饰；陶盆除少量和一期类同的敛口、圆鼓腹的圜底盆外，新出现了较多的直口、腹近直的圜底盆和大敞口、卷沿、浅腹圜底盆；陶簋为敛口，鼓腹，圜底，下附矮圈足，部分簋的颈部有加饰弦纹或方格纹带条；大口尊的颈部较一期加长，肩部凸起部分变低，口径一般大于肩径或与肩径相等，但在肩部只饰一周附加堆纹带条，很少再加饰兽面形握手。该期的青铜器种类增多，有爵、斝、盉、鬲、鼎、觚等 6 种。铜爵为窄长流，三棱体双柱顶帽作半月形，束腰，平底，三棱锥状足，腰部饰细弦纹或三角纹与方格纹或细线饕餮纹与联珠纹；铜斝有的为圆腹，圜底，颈部饰弦纹与联珠纹斝，有的为圆柱顶帽，腹略鼓，平底弦纹斝；盉为袋状足，外壁较直，颈部饰窄凸线饕餮纹；鬲为方棱体圆拱耳，肥胖袋状空足，饰弦纹和人字纹；鼎有直口，折沿，深腹略鼓，圜底弦纹鼎，还有颈部饰目纹的鼎；觚形体短粗，饰细线饕餮纹。此期，郑州商城城墙已经筑好，并开始修建南城墙外侧和东城墙南段、西城墙南段外侧的外城墙。城内东北部有 15 号房基及其周围的夯土台基，16 号房基及其周围的夯土台基，以及 11 号、12 号、14 号房基等宫殿建筑均已使用。同时在北大街农业队宿舍区夯土基址（F1、F2、夯土Ⅵ、夯土Ⅶ）、黄河河务局、黄委会水文局、黄委会幼儿园、郑州皮毛工艺厂、郑州回民中学、紫荆山路民族小区 F1、郑州变压器厂家属院均有这时期夯土台基。南关外铸铜作坊、紫荆山北制骨作坊、铭功路制陶作坊也已经使用。在东南城郊的杨庄，在城内的东里路还发掘出这时期的铜器墓。这一切反映了郑州商城已进入使用和发展时期。

二里岗上层一期；陶器胎壁一般较厚，器表绳纹较粗，但绳纹印痕比较清晰。陶鬲口部多为卷沿近折，其唇部有的下垂形成方唇，也有的沿面带一周似子母口的凹槽，袋状足稍直而鼓，颈部多饰有二周划纹或圆圈纹装饰；陶甗也多为卷沿近折，其唇部有的为方唇，也有的沿面中间为内凹的子母口，均为细腰，袋状足斜直瘦细；新出现一种敛口斝，窄方唇；陶爵有流无尾，腹部近直，底稍平；陶豆多作厚胎，浅盘，假腹；陶盆有直口直壁圜底深腹盆和大敞口折沿圜底浅腹盆；陶簋为直口，直壁，圜底下加圈足；大口尊均是大敞口，方唇，长颈斜向内收，肩微鼓接近消失，腹部细长，肩部饰一周附加堆纹，有的上腹部饰一周竖凹槽的窗棂纹。本期的青铜器种类最多，有爵、斝、盉、鬲、圆鼎、方鼎、扁足鼎、觚、尊、罍、盘、盂、卣等10多种。爵多为长流，短尾，颈斜而内束，腹略鼓，底较平，下附三锥状足，流口间有半月形顶帽的矮双柱或圆鼓形顶帽的双柱及独柱，颈部饰弦纹或饕餮纹；斝为大敞口，长颈向下内收，鼓腹，平底或微鼓，三锥状空足，口沿前部有二柱，口沿后部的颈与腹间有扁体弧形鋬；鬲为敛口，卷沿，深腹，袋状足加高足尖；鼎有大型方鼎、大型圆鼎、圜底深腹锥状足鼎和浅腹扁足鼎；觚为大敞口，长颈，细腰或粗腰，平底，下有喇叭形圈足座，座上有镂孔；罍的颈与肩有折棱，深腹略鼓，下附带镂孔的圈足，也有的颈与肩无明显分界；此外，大敞口折肩鼓腹圈足尊、素面盘、中柱盂、提梁卣也别具一格。此期，郑州商城城墙继续使用。过去的宫殿建筑有些仍在使用。城内东北部又修建了10号房基和8号、13号房基等宫殿建筑，靠近东城墙的郑州医疗机械厂有101号、102号等大型建筑基址，在河南省中医学院家属院、黄委会幼儿园、黄河中心医院、黄河河务局、郑州丝钉厂、黄委会43号院，也都发现出这一时期诸多的夯土建筑基址。在宫殿区内还有大型石砌蓄水池、石砌供水管道、木结构框架的水井等供水系统。此外，在城中部偏东的郑州电力专科学校，也发现有大型建筑夯土台基和水井，说明宫殿区范围已经扩大。原有的铸铜、制陶、制骨作坊仍在生产使用，并在北城墙外新建一座铸铜作坊。在东里路和顺河路，以及城郊的白家庄、杨庄、郑州烟厂、二里岗、北二七路、铭功路、人民公园发现有铜器墓葬。在西城墙北段外侧的张寨南街和东南城角的向阳回族食品厂，发现了该期偏晚些时的青铜器窖藏祭祀坑，展示了这一时期郑州商城人口较多、高度繁荣的景象。也正是在二里岗上层一期时，郑州商城已经拥有王都的地位。

二里岗上层二期：陶器的形制较大，胎壁明显加厚，绳纹更粗，但印痕变浅。陶鬲均为折沿，沿面斜上伸，唇部下垂折成方唇，颈部已绝少饰圆圈纹；陶甗口部唇沿多呈方折状，有的沿面还有一周凹槽，腹部圆鼓，袋状足更细瘦；陶斝的内折棱上多有一周凹槽；陶爵腹身上加长，底部已由平底发展成圜底；陶豆为浅盘，圈足座皆为上下粗而中间稍细的内凹弧形；陶簋为敛口，折沿，深腹下部圆鼓，下附矮圈足。陶盆多为大敞口，折沿，浅腹，圜底；大口尊为喇叭形口，方唇，长颈斜直。肩部微鼓，腹部加长，腹壁近直，有的在上腹部刻划竖条窗棂装饰，有的在肩部饰对称兽面形握手。本期铜器数量减少，有爵、斝、觚、鬲、尊、罍等。铜爵流较弯曲，尾较短，腹圆鼓，底部已稍成圜形，流口间双柱高且柱顶圆鼓；斝为大敞口，长颈内收，腹圆鼓，底部微凸近圜，口沿边双柱较高，柱顶饰涡纹；鬲为敛口，沿外卷，方唇，分裆，肥胖袋状足，矮圆锥状足尖；鼎为大口，沿外折。方唇，深腹略鼓，圜底，三锥状空足；觚为大敞口，长颈，束腰，平底，下有喇叭形圈足座，座底部周边有折棱，腰部饰饕餮纹，圈足上饰夔纹并有3个十字镂孔。此期显示的是郑州商城从繁荣走向衰落，发现有西城墙南段外侧的青铜窖藏祭祀坑，人民公园和白家庄发现有该期墓葬。在白家庄和郑州医疗机械厂一带发现有文化层和灰坑。在黄河河务局发现有灰坑和狗坑。在紫荆山路南城墙旁边发现有文化层、绳纹板瓦和丛葬坑。在紫荆山路中段，发掘出一段东西向的夯土墙，其长度已达百米以上。在黄委会1号高楼宿

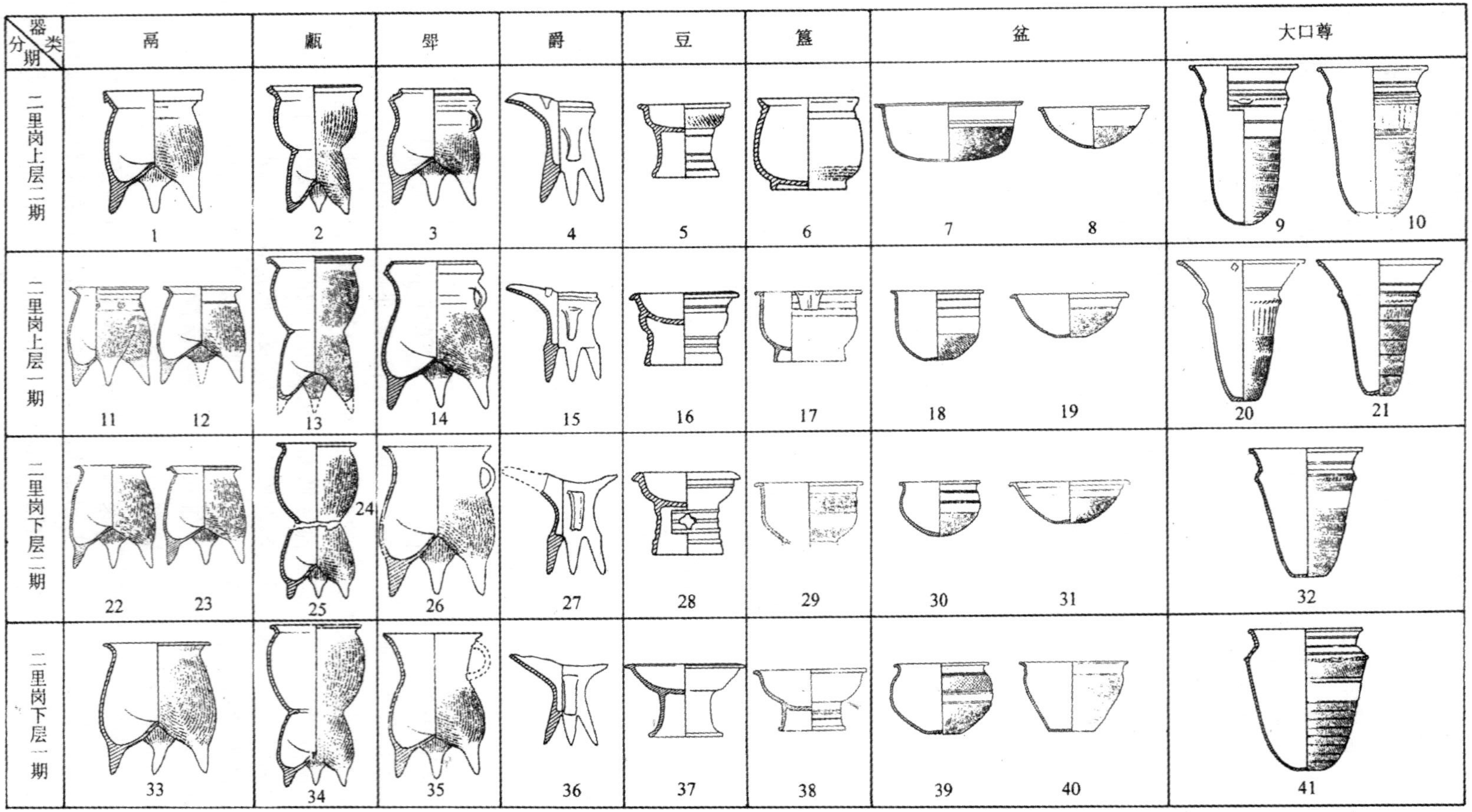

图二 郑州商代二里岗期陶器分期图

舍区发现有夯土遗存。在宫殿区范围内多处发现绳纹板瓦，当与建筑有关（图二）。表明此期郑州商城仍有商王室活动。

四、典型遗址考古学年代分析

（一）城墙

有关城墙的资料，主要依据已发表的郑州商城试掘简报和发掘报告，如北城墙C8T27、东城墙CET7、南城墙CST3和CST4、西城墙CWT5，以及1997年配合旧城改造打通紫荆山路，在南城墙开挖的探沟资料。将其地层关系整理如下。

1. 北城墙

以C8T27[12]——北城墙东段探沟为例的地层情况：

农耕土和扰土层
↓
战国时期文化层和夯土城墙
↓
二里岗上层文化层
↓
二里岗下层文化层
↓
商代夯土城墙
↓
洛达庙期灰坑
↓
龙山文化层
↓
生土层

战国时期文化层和战国时期夯土城墙，直接倾斜叠压着商代城墙外侧（即北侧）的夯土层。战国时期文化层在上，包含有战国时的绳纹板瓦、筒瓦片和盆、豆、碗等陶片。战国时期夯土城墙在下，夯土坚硬，夯层清晰，在每层夯面上均有很浅的圆形平底夯杵印痕，夯层内出土战国陶片。

二里岗上层文化层以北高南低倾斜叠压着商夯土城墙内侧。该层曾清理出同期的5座小型房基、7座小型墓葬和8座以狗为牺牲的祭祀坑。其中有两座墓和两座狗坑的底部破坏了商代城墙内侧近底根处的夯土层。文化层内出土有折沿鬲（有的颈部饰有圆圈纹）、敛口斝、长颈大口尊、有流无尾爵、矮圈足簋、浅盘假腹豆、深腹粗绳纹罐、缸、甑等陶片，为二里岗上层一期。

二里岗下层文化层被二里岗上层文化层所叠压，其下又直接压着商代夯土城墙内侧近底根处。该层含有卷沿双唇鬲、敞口斝、短颈大口尊、卷沿甗、深腹盆、圆唇捏沿小口尊、有流有尾爵、高圈足簋、深盘真腹豆、长颈小口瓮、深腹细绳纹罐和缸、甑、器盖等陶片，属二里岗下层二期。

商代夯土城墙，被直接压在战国时期文化层和二里岗上层及下层文化层下面。现存城墙顶宽近 12 米，底部宽近 20 米，残高约近 4 米，系用红色黏土并夹杂一些砂土及遗址灰土夯筑成的。土质坚硬，夯层清晰，每层夯土面上皆布有密集的圆形尖底或圜底的夯窝印痕。城墙夯土内有少量碎陶片，多为绳纹，也有篮纹和方格纹，能辨认出器形的有罐、瓮、豆、钵、缸和鼎足，有属龙山文化的，也有洛达庙期的和二里岗下层一期的。

洛达庙期灰坑，被直接压在商代城墙靠北部的夯土层下面。平面近似椭圆形，口径 1. 06 米~2 米，深 0. 80 米。坑内出土有大口尊、罐、瓮、豆、缸等洛达庙期陶片，还有 1 件铜器残片。

龙山文化层，也是被压在商代城墙靠北部的夯土层下面，又被上述洛达庙期灰坑所打破。文化层内包含有龙山文化时期的鼎、罐、瓮、盆等陶片，器表饰有绳纹或篮纹或方格纹。

2. 东城墙

①以 CET7[13]——东城墙北段的探沟为例的地层情况：

农耕土层

↓

战国时期文化层和夯土城墙

↓

二里岗上层文化层

↓

二里岗下层文化层

↓

商代夯土城墙

↓

二里岗下层小沟及洛达庙期灰土沟

↓

生土层

战国时期文化层和战国夯土城墙，也是战国文化层在上、战国夯土城墙在下。出土有战国时期的绳纹板瓦和盆、碗、豆等陶片。直接倾斜叠压在商代城墙外侧（即东侧）夯土层上。

二里岗上层文化层，作东高西低倾斜堆压在商代城墙内侧（即西侧），其东部还直接压在城墙夯土层上。除包含有鬲、斝、大口尊、豆、鼎、盆、钵、缸、簋等二里岗上层时期陶片之外，还出有原始青瓷片和白陶片，以及石器、骨器、蚌器、鹿角、木炭粒、烧土块等遗物。还清理出属于该层开口的两座小型商代墓和一个埋有完整猪骨架的椭圆形坑。

二里岗下层文化层，它被二里岗上层文化层所叠压，其下还直接叠压着商代城墙内侧近底根处的夯土层。文化层内出有鬲、大口尊、豆、瓮、缸、罐等二里岗下层二期的陶片。

商代夯土城墙，它的外侧（即东侧）被直接叠压在战国时期文化层下，内侧（即西侧）被直接叠压在二里岗上、下层文化层下。现存城墙顶宽约 10.6 米，底宽 21 米多，残高 5.4 米。其夯筑结构与北城墙相同。夯土层内出有鬲、罐、瓮、大口尊、缸等陶片和坩埚碎片。从陶片的形制和纹饰看，多为洛达庙期，也有少量为二里岗下层一期。

二里岗下层小沟及洛达庙期灰土沟，分别压在商代城墙靠西侧和中部的夯土层下面，沟均为南北向，与城墙平行。西侧沟内堆积浅灰土，包含有二里岗下层一期陶片。中部的沟内堆积较硬的浅灰土，包含有洛达庙期陶片。

②1983 年配合东里路东端与城东路连接打通工程，对东城墙进行发掘，即 CET8[14]，其位置在 CET7 北边约百余米处，其地层关系为：

农耕土
↓
宋代文化层
↓
商代文化层
↓
商代夯土城墙
↓
黄沙土层

商代文化层，分布在城墙内侧（西侧），其上为宋代文化层，其下分布着商代夯土城墙。由黄灰土（在上）和深灰土（在下）组成，出土遗物相同，有长颈大口尊、折沿鬲、敛口斝、小口尊、瓮、罐、盆、刻槽盆、豆、甗、缸、器盖等，多属于二里岗上层一期。

商代夯土城墙，其东侧（外侧）被取土挖土部分直接露在外面，夯层看得很清晰。现存残宽 10.75~11.6 米，高 1~2.9 米。夯土十分坚硬，每层夯面上都有很薄的一层黄沙。夯土内出有方唇绳纹罐、圆唇绳纹罐、方格纹罐、短颈大口尊、瓮、盆等陶片，少量为二里岗下层一期。

黄沙土层，高于城墙内外的地面，原来应是一条沙土岗子，城墙就其高而修建，可视为城墙下面的一部分。

3. 南城墙

①以 CST3、CST4[15]——南城墙中段偏东的两条合二为一的探沟为例的地层情况：

宋代城墙堆积层，堆积相当厚，分布在商代夯土城墙内侧（即北侧）的上面，有经过夯打的痕迹。出土有大量唐代和宋代的瓷片、砖、布纹瓦片等遗物。

战国时期夯土城墙，位于探沟南半部，直接叠压在商代城墙外侧（即南侧）下部的夯土层上面。与商代城墙相接处，还留有许多铁铲修整的痕迹。夯土内有战国时期瓦片和陶片。

二里岗下层文化层，仅在 CST3 内发现此层。被叠压在宋代城墙堆积下面，作南高北低倾斜状堆积，其下叠压着商代城墙内侧底部夯土层。该层还包括一个商代二里岗期下层的长方形窖穴，均出土有二里岗下层二期的陶片、石器、骨器等遗物。

商代夯土城墙，被压在宋代城墙堆积层、战国夯土城墙和二里岗下层文化层之下。夯筑结构同于北城墙和东城墙，夯层明显，似乎更坚硬一些。现存顶宽 10. 8 米，底宽 22. 4 米，残高 5. 7 米。在城墙内侧下面，发现有宽 2. 3～2. 5 米、深 0. 55 米、与城墙平行的沟槽，与修筑城墙有关。夯土层内包含少量碎陶片，有饰绳纹的或饰篦纹的，但看不出器形。

南关外期文化层及灰沟和灰坑，位于商代夯土城墙内侧边缘处的下面，当修筑商代夯土城墙时破坏了上述文化层的一部分。该文化层下又压着两条同期的灰沟和一个灰坑。文化层内和灰沟、灰坑填土内，包括有大量南关外期的鬲、瓮、盆、大口尊、罐、甑等陶片。在灰沟的底部还埋有一个侧身屈肢的人骨架。

扰土层
↓
宋代城墙堆积层
↓
战国时期夯土城墙
↓
二里岗下层文化层
↓
商代夯土城墙
↓
南关外期文化层及壕沟和灰坑
↓
生土层

②1997 年，在配合郑州老城紫荆山路打通工程，在南城墙开挖了南北长 35 米、东西宽 6 米的探沟 4 条，其地层关系为：

扰土层
↓
战国夯土城墙
↓
二里岗上层文化层
↓
商代夯土城墙
↓
生土层

战国夯土城墙，位于城墙外侧（南侧），其下压着部分二里岗上层文化层和商代夯土城墙。夯层面上有较大的圆形浅夯印，夯土内有绳纹瓦片和战国陶片。

二里岗上层文化层，也位于城墙外侧（这与其他城墙探沟内所见二里岗上层文化层方向不同，多是在城墙内侧），该层似可分两个层次，上面出有大口尊、鬲、罐，属二里岗上层二期，同时出有3块绳纹板瓦。而下面则出有不少长颈大口尊、折沿方唇同心圆鬲、假腹豆，敛口斝、浅腹盆等陶片，属二里岗上层一期。

商代夯土城墙，夯层较薄，夯窝密集，土质纯净，建筑异常坚固。该段城墙现存顶部宽7米，底部宽22.5米，高5.5米。城墙底部也有与之平行的宽5.9米、深0.4米的沟槽。城墙夯土内没有发现陶片。夯土城墙下压生土层。

4. 西城墙

以CWT5[16]——西城墙中段的探沟为例的地层情况：

扰土层
↓
宋代文化层
↓
战国时期文化层和夯土城墙
↓
二里岗下层文化层
↓
商代夯土城墙
↓
二里岗下层灰沟
↓
生土层

宋代文化层其堆积位于探沟偏东端上部，其下压着二里岗下层文化层和商代城墙内侧（即东侧）夯土层。该文化层内出土有唐宋瓷片和瓦片。

战国时期文化层和夯土城墙，位于探沟西部即商代夯土城墙外侧。战国文化层在上，战国夯土城墙在下，出有绳纹瓦片和战国时期陶片等。战国夯土城墙还直接压着商代城墙外侧的夯土层。

二里岗下层文化层，在探沟东部，其上为宋代文化层所压，其下部分叠压着商代城墙内侧夯土层上。还清理出3座同期的灰坑，均出土有二里岗下层二期的陶片。

商代夯土城墙，被压在宋代文化层、战国夯土城墙和二里岗下层文化层的下面。其建筑结构与前述北、南、东城墙相类似。现存城墙顶宽约6.6米，底宽19.35米，残高5.15米。在城墙内侧壁面上有横木版筑痕迹。夯土层内出有鬲、瓮、罐、器盖等碎陶片，属于洛达庙期或二里岗下层一期。

二里岗下层灰沟，被压在商代城墙内侧夯土层边缘的下面。沟作南北向，与城墙平行，宽0.8~1米，深0.7~0.8米。沟内填红褐色土和淤土，质地较硬，出土有盆、罐、大口尊等陶片，以及螺壳、木炭屑、草拌泥等，属洛达庙期和二里岗下层一期的遗物。

综合上面有关郑州商城四面城墙的地层叠压关系，可以归纳为：

农耕土和扰土层

↓

宋代文化层和城墙堆积层

↓

战国时期文化层和夯土城墙

↓

二里岗上层一期文化层、房基、灰坑、墓葬和以狗为牺牲的祭祀坑

↓

二里岗下层二期文化层及灰坑和墓葬

↓

商代夯土城墙

↓

二里岗下层一期小沟

↓

南关外期文化层及灰沟和灰坑或洛达庙期的灰沟和灰坑

↓

龙山文化层

↓

生土层

在这些地层关系中，商代夯土城墙是介于二里岗下层二期和二里岗下层一期之间，即不会晚于二里岗下层二期，也不能早于二里岗下层一期。其始建年代约在二里岗下层一期偏晚阶段，使用时间应是从二里岗期下层二期开始，一直延续到二里岗上层二期。

5. 外城墙

从 1953 年到 1955 年，在郑州凤凰台经二里岗到南仓西路以西，经过发掘或钻探，发现夯土城墙遗存，长约 2100 米[17]。夯层清楚，夯窝明显，墙宽约 25 米，高 1. 8 ~ 3. 75 米。1986 年，在郑州火车站以南的振兴商场（今银基商贸城），发现南北向的夯土城墙墙基，宽约 16~17 米，高约 2~2. 3 米。该墙向北延伸至兴隆街和福寿街北段（即东方红影剧院门前）[18]。1991 年至 1992 年在三德里和花园新村（即布厂街东侧），又发掘出夯土城墙遗存，宽 13. 5~14 米，高 0. 8~1 米[19]。1994 年，在郑州饭店工地发掘出长约 58 米的一段外城墙，宽 16 米，高 1. 9 米（包括基槽）。其夯土为红褐色，土质坚硬，较纯净，夯层面上布满密集的圆形尖底夯窝印。夯土内包含物很少，其中有细绳纹鬲足和斝、瓮、钵、簋、鬶等碎陶片。城墙下还压有龙山文化层，该层土色深灰，出土有篮纹、方格纹和细绳纹陶片，能看出器形的有罐、碗等。

据已发表的资料和1994年郑州饭店发掘资料，综合外城墙的地层关系为：

现代扰土层
↓
宋代文化层
↓
商代夯土城墙
↓
垫土层
↓
龙山文化层
↓
生土层

宋代文化层为黄灰土堆积，出有布纹瓦片和白釉、青釉瓷片。

商代夯土城墙内出有夹砂红陶罐、泥质灰陶豆、泥质灰陶钵、细绳纹鬲、褐灰陶簋圈足及碗、斝、瓮、鬶等陶片，还有夹砂方格纹陶片、篮纹陶片、粗绳纹夹砂灰陶片、绳纹泥质灰陶片。有些为洛达庙期的，有些为二里岗下层的。夯土城墙的建筑结构与郑州商城城墙相类似，可以推断其始建年代与郑州商城相近或稍晚一点。可暂定为二里岗下层二期。

垫土层在商代夯土城墙下，可能是修建城墙时铺垫而成，但在垫土层内未见包含物。

龙山文化层，仅在郑州饭店工地发现，出有罐、碗及篮纹、方格纹和细绳纹陶片。

（二）宫殿

有关郑州商城宫殿的资料已发表的有第10号夯土基址及其周围遗迹、第15号夯土基址周围遗址、第16号基址，还有黄河医院、郑州回民中学、河南省中医院东里路家属院、郑州医疗机械厂、黄委会食堂工地、黄委会水文局、郑州变压器厂、郑州电力学校等，还有近年发掘尚未发表或发掘仍在进行的黄河河务局、紫荆山路民族小区、黄委会1号高楼宿舍、东里路东段北侧北大街农业队宿舍区、郑州皮毛工艺厂、郑州市丝钉厂的资料。主要分布在郑州商城内东北部，少量在郑州商城北部偏中、中部偏南、东部偏中的地方。

1. 东里路东段北侧1号院内第10号夯土基址（C8G10）[20]

二里岗上层文化层，出有大口尊、盆、瓮、鬲等陶片，属二里岗上层二期。

二里岗上层壕沟，打破了C8G10，壕沟内有不少带锯痕的人头骨。出有盆、瓮、大口尊、鬲、罐等陶片，亦属二里岗上层二期。沟内还出有绳纹板瓦片。

商代夯土建筑即C8G10，该基址有10多层堆积。在现存的1~5层房基地坪内，出有大口尊、小口尊、盆、缸、罐等陶片，属二里岗上层一期。

农耕土
↓
宋代文化层
↓
汉代文化层
↓
战国文化层
↓
二里岗上层文化层
↓
二里岗上层壕沟
↓
商代夯土建筑基址（C8G10）
↓
淤土和生土层

在 C8G10 旁边（主要是西侧）还有 6 座残破夯土基址，在它们的下面压有二里岗下层或洛达庙期的文化和灰坑。与 C8G10 算在一起，其地层叠压和相互间打破关系为：

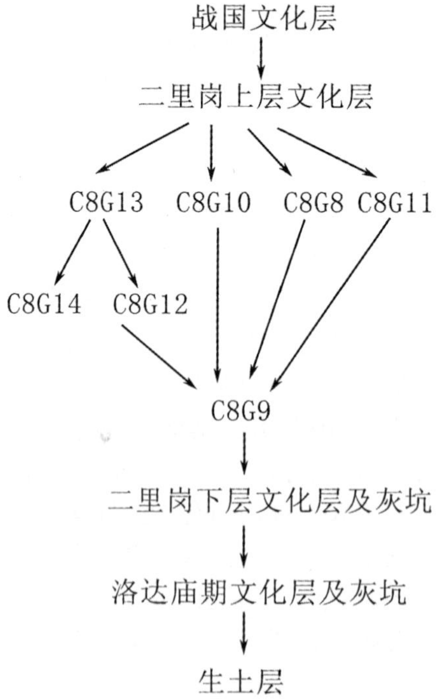

鉴于 C8G13 压在二里岗上层二期文化层下面，又打破二里岗下层二期文化层和 C8G12、C8G14，C8G8、C8G11 被二里岗上层二期文化层叠压，又打破二里岗下层二期文化层和 C8G9，其时代可属于二里岗上层一期。而 C8G12、C8G14 均下压有二里岗下层文化层和洛达庙文化层，又被 C8G13 打破，可定为二里岗下层二期晚段。而 C8G9 被 C8G8、

C8G10、C8G11、C8G12 打破，其下又压着二里岗下层文化层和洛达庙期文化层，可定为二里岗下层二期早段或二里岗下层一段晚段。

2. 东里路西段南侧黄委会水科研究院内第 15 号夯土基址（C8G15）[21]

耕土层和扰土层

↓

宋代黄细砂土层

↓

战国文化层

↓

二里岗上层文化层及灰坑

↓

二里岗下层灰坑及墓葬

↓

商代夯土建筑基址（C8G15）

↓

洛达庙期文化层

↓

生土层

战国文化层为浅灰土层，出有战国绳纹厚瓦片等。

二里岗上层文化层为深灰土层，出有假腹豆、粗绳纹罐、簋、缸、小口尊、小口瓮、盆、钵、鬲等陶片，最晚者为二里岗上层一期。还发现同期一个不规则形灰坑（C8H50），口径约 1.15 米，深 2 米以上，打破商代夯土建筑基址，出有浅腹盆、折沿小口尊、鬲等陶片。

二里岗下层灰坑及墓葬，均打破商代夯土建筑基址。灰坑为 C8H49，坑口呈椭圆形，口径 0.85~1 米，深 0.76 米，出有卷沿鬲、小口尊、深腹盆等陶片。属二里岗下层二期晚段。墓葬为 C8M36，该墓北部被战国文化层破坏，墓内随葬敞口斝、高柄豆各 1 件，属二里岗下层二期晚段。

商代夯土基址（C8G15），其夯筑结构与城墙相同，夯土层内包含有红陶罐、绳纹罐、深腹盆、缸等，属于二里岗下层二期。

洛达庙期文化层，在 C8G15 北部，被夯土基址基槽挖破，出有洛达庙期各类陶片。

在 C8G15 旁边的东南侧和西南侧，以及稍稍远一点的西南部和南部，均发现有夯土基址（分别为 C8T55、C8T60、C8T61、C8T62、C8T67）。有的被晚期破坏较甚不能成形，有的只经钻探没有发掘，详情不明。它们上面有农耕土和扰土层、宋代文化层、汉代文化层、二里岗上层和下层文化层及灰坑，其下为洛达庙期文化层或生土层。这些夯土基址也应属于二里岗下层二期，与 C8G15 相同。其中 C8T62 内的夯土基址也可能稍早一些。

3. 城北路中段南侧河南省中医研究院内第 16 号夯土基址（C8G16）[22]

二里岗上层灰坑，近似直筒形，压在战国文化层下，打破了夯土基址西部边缘，并打破了二里岗下层文化层和洛达庙期文化层。坑内出有长颈大口尊、浅腹盆、瓮等陶片。

农耕土和近代砂土层

↓

宋代文化层和壕沟

↓

战国文化层及墓葬、灰坑

↓

二里岗上层灰坑

↓

商代夯土建筑基址（C8G16）

↓

二里岗下层文化层

↓

洛达庙期文化层

↓

生土层

商代夯土建筑基址（C8G16）出土有短颈大口尊、卷沿小口尊、卷沿绳纹罐、小口瓮、深腹盆、鼎足等陶片，最晚的一些属二里岗下层二期。

二里岗下层文化层，出有瓮、罐、大口尊等，可定为二里岗下层一期晚段。

洛达庙期文化层，出有罐、瓮、甑、鼎足等洛达庙晚期陶片。

4. 东里路东段北侧北大街农业队宿舍区（原为菜地）商代夯土建筑夯址

这里位于 C8G10 东面 100 多米处，发掘出商代夯土基址 18 处，地层关系较为复杂，不少尚看不出形状，仅 F1、F2 可看出是长方形，目前仍将继续进行发掘。其地层关系为：

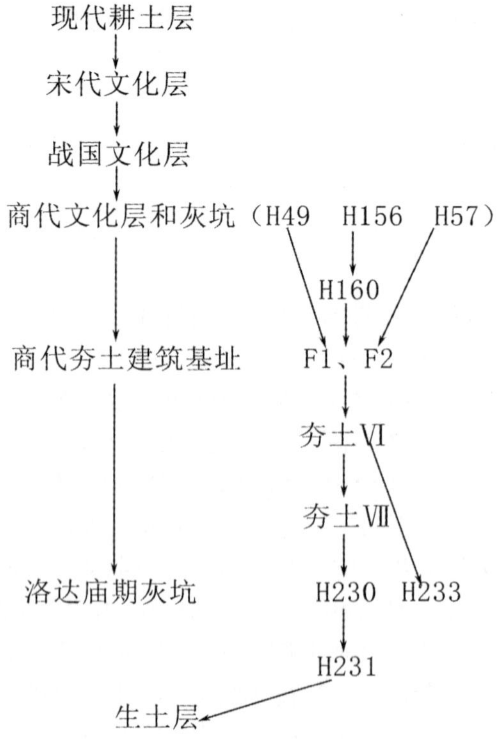

商代文化层和 H49、H57、H156、H160 约为二里岗上层一期，而 F1、F2 约为二里岗下层二期偏晚，夯土Ⅵ、夯土Ⅶ约为二里岗下层二期偏早或一期偏晚，而 H233、H230、H231 可能为洛达庙晚期。鉴于这一带尚需进一步发掘，商代夯土建筑基址的年代待发掘结束及^{14}C 测年之后，方可最后确定。

5. 郑州医疗机械厂商代夯土建筑基址[23]

发掘地点在该厂西院，而发现的商代夯土建筑基址 F101、F102、F103 位于西院南半部。其中较完整的为 F101。

表土层
↓
二里岗上层文化层
↓
商代夯土建筑基址（F101）
↓
二里岗下层文化层
↓
生土层

二里岗上层文化层出有长颈大口尊、瓮、浅腹盆、敛口斝、折沿深腹绳纹罐等，属二里岗上层一期。

商代夯土建筑基址（F101），为东西向长方形，东西长 31.2 米，南北宽 11 米。在房基南部边缘留有石柱础 9 个，北部边缘留有石柱础 4 个。房基为红色夯土，夯层明显，但在夯土层内未发现遗物。

二里岗下层文化层，被二里岗上层文化层和 F101 打破和叠压，出有卷沿束颈绳纹罐、圆唇捏口尊、圆唇直口瓮等陶片，属二里岗下层二期。

F102 与 F101 情况相类似，它们的时代约为二里岗上层一期偏早段。而 F103 被 F101 打破，且夯层内有颈尊大口尊和深腹绳纹罐陶片，其下坐落在生土层上，因此，F103 时代稍早于 F101，约为二里岗下层二期偏晚段。

6. 郑州回民中学商代夯土建筑基址（91F12）[24]

该校位于东里路东段南侧和城北路中段北侧，东邻河南省中医学院家属院，北部操场钻探出的宫殿基址，与第 10 号夯土基址相距不远。这次发掘位于学校南部。其地层关系：

现代扰土层
↓
宋代文化层
↓
战国文化层
↓
商代夯土建筑基址（91F12）
↓
河相堆积层

战国文化层，为灰褐土，出有大量的红烧土块和较多的战国筒瓦、板瓦片。

商代夯土建筑基址（91F12），被压在宋代文化层和战国文化层下。已发掘的面积东西 19.5 米，南北 12 米。在基址北侧发现两排相距较近的石柱础，北排 3 个，南排 4 个。夯土层内出有少量残陶片，包括有罐、小口尊、鼎、缸等，约属于二里岗下层二期偏晚段。与其套接叠压的还有 91F11、91F13，其地层关系是 91F11 打破 91F12，91F12 又打破 91F13，发掘面积均不很大，其时代也应为二里岗下层。

河相堆积层，此层压在 91F12 下面，厚度在 3.4 米以上，因见水无法再向下挖。土色灰褐，土质松软，在其上部有一道东南—西北向的石头堆积带，厚达 2 米多。河相堆积层内出有罐、瓮、盆、小口尊等陶片，属于二里岗下层。

7. 河南省中医学院东里路家属院商代夯土基址[25]

①该处位于东里路东段南侧与城北路东段北侧之间，1992 年至 1993 年，在南半部发掘出商代夯土建筑基址 F1、F2、F3，其中 F2 较为完整，其地层关系为：

近现代扰土层
↓
战国文化层
↓
商代夯土建筑基址
↓
河相淤土堆积
↓
生土层

战国文化层，除出有一批战国陶片之外，还有不少商代绳纹陶片。

商代夯土建筑基址，F1 东西残长 30 米，南北宽 13 米，发现多排、多个柱础坑，西部夯土厚达 4 米，是在处理地基时平整低洼河相堆积所致。夯土内多有商代碎陶片。F2 位于 F1 西侧，相距 3 米。南北残长 20 米（两端均在探方外未发掘），东西宽 8 米，发现柱础 3 排，夯土层内有商代碎陶片。F3 位于 F1 南侧，又被 F1 打破，大部分压在探方南壁之下，其范围不清楚，夯土面上未见柱础石。此外还发现 2 眼商代水井，出有鬲、盆、大口尊、罐、小口尊等陶片。从出土物看和水井的时代应属于二里岗上层一期。

河相淤土堆积，为黄沙土、水锈土淤土层，包含陶片极少。商代夯土基址修建时，对该层进行处理。

②1994 年至 1995 年，在北半部又发掘几处商代夯土建筑基址。其地层关系为：

农耕土
↓
近代黄砂土层
↓
宋代文化层
↓
战国文化层
↓
商代文化层
↓
商代夯土建筑基址（ F5、F16等）
↓
商代灰坑及商代残夯土堆积
↓
洛达庙期灰坑
↓
生土层

战国文化层，范围较大，出土一些绳纹板瓦、筒瓦和其他陶片。其下压商代文化层和商代夯土建筑基址。

商代文化层，面积较小，分布不均，包含有鬲、斝、罐、瓮等陶片，属二里岗上层一期偏晚。商代夯土建筑基址 F5，仅发掘出该基址的南部边缘，东西残长 20 余米，发现一排 9 个柱础坑，从夯土内包含物看，应为二里岗上层一期。F16，南北长 25 米，东西宽 16 米，夯土厚 1.2 米。地坪有上南北向 7 排柱础槽，每排有柱础槽 14 个，亦属二里岗上层一期。在商代夯土建筑基址下，打破或叠压有二里岗上层一期灰坑，以及二里岗下层二期灰坑和残夯土。最下面，还发现个别洛达庙期灰坑。

8. 郑州市丝钉厂商代夯土建筑基址

该处位于城北路东端南侧，其地层关系为：

表土层
↓
宋代文化层
↓
战国文化层
↓
商代文化层及灰坑
↓
商代夯土建筑及水井
↓
（其下未作）

战国文化层，出有碗、罐、盆等战国陶片和绳纹板瓦、筒瓦片。

商代文化层和灰坑，为二里岗上层二期。其中 H30 为不规则圆形。口径 2 米，深 0.6 米，除出有折沿鬲、斝、盆、瓮、簋、罐等二里岗上层二期陶片外，还出有数量较多的绳纹板瓦，瓦表面为粗绳纹，内壁为麻点，宽窄不一，与其他陶片应该同时，这在郑州商城宫殿区内已有多次发现，当与建筑有关。

商代夯土建筑有夯 1 至夯 4，其中夯 1 和夯 4 多压在城北路下，情况不明。夯 2 为东西长条形，长 70 米以上，宽 2.2~2.3 米，其上有 55 个长条形小柱础坑，可能是廊一类的建筑。夯 3 东西长 40 余米，北部压在城北路下，宽度不详，发现 17 个圆角方形柱础槽，长宽在 1~1.4 米之间，中间有直径 0.4 米左右的木柱灰痕，其下有石柱础。从其夯土内包含物看，应属二里岗上层一期。在夯 2 东南侧，还发现同时期的大型商代水井。

9. 郑州变压器厂家属院商代夯土基址[26]

该处位于郑州北大街南段东侧，为郑州商城中部偏南处，发现一处商代夯土基址，地层关系为：

扰土层
↓
宋代文化层
↓
战国文化层
↓
商代文化层
↓
商代夯土建筑基址
↓
生土层

战国文化层，出有绳纹瓦片以及盆、罐、瓮等战国陶片，直接压在商代文化层和商代夯土建筑之上。

商代文化层，部分叠压商代夯土建筑基址。出土有长颈大口尊、折沿鬲、盆、罐、甗、器盖等陶片及原始瓷片，属二里岗上层一期。

商代夯土建筑基址范围较大，东西长 37 米以上。主要是红色夯土，也有一些含灰土较多的灰色夯土和含黄沙较多的黄色夯土。出有绳纹碎陶片，约为二里岗下层二期。

10. 郑州电力学校商代夯土建筑基址（F1）[27]

这里位于郑州商城中路东段南侧，属郑州商城东侧稍偏南。其地层关系为：

近现代回填土层

↓

二里岗上层文化层及水井

↓

商代夯土建筑基址（F1）

↓

二里岗下层文化层

↓

生土层

二里岗上层文化层，出有折沿鬲、夹砂罐、大口尊、小口尊、盆等陶片，属二里岗上层一期晚段。开口于该层下的有水井 J3，平面呈圆角长方形。井口长 2.1 米，宽 1.3 米；井底长 2.68 米，宽 1.42 米；井口距地表 2.7 米，距井底 7.8 米。井下部有木构井框，底部有 4 块粗大长方形木拼成的井盘。井底铺垫有 0.20～0.25 米厚的破碎陶片，有相当数量的小口尊，以及大口尊、鬲、盆、罐等。属二里岗上层一期偏晚。

夯土建筑基址（F1），东西残长 34 米，南北宽 20 米，残高仅 0.1～0.3 米，其上部被破坏无存。夯土内出有鬲、盆、小口尊等，属二里岗上层一期。

二里岗下层文化层，压在 F1 下，分布面积较小，堆积甚薄，仅包含有红烧土粒和炭层屑。暂定为二里岗下层时期。

11. 郑州紫荆山路北段西侧民族小区夯土建筑基址（F1）

商代文化层和灰坑（H6）出有大口尊、小口尊、罐、盆、豆、簋、甑、瓮、缸等，属于二里岗下层二期。

农耕土

↓

宋代文化层

↓

战国文化层

↓

商代文化层及灰坑（H6）

↓

商代夯土建筑基址（F1）

↓

洛达庙晚期灰坑（H18）

↓

生土层

商代夯土建筑基址（F1），被战国文化层破坏相当部分，还有部分为商代文化层和灰坑所叠压打破。夯土层内含有大口尊、鬲、罐、盆、器盖等，约为二里岗下层一期偏晚。

洛达庙晚期灰坑（H18），包含陶片以泥质灰陶为主，还有夹砂灰陶和少量的夹砂红褐陶。器形有鬲、盆、大口尊、罐、簋、缸、器盖等，属洛达庙晚期，有人认为这些陶器还明显地受到山西光社文化和黄河以北辉卫文化的影响。

12. 宫殿区内商代夯土墙基

发现于黄委会食堂和1号高楼宿舍范围内，为东北—西南走向，两处相连接，长度近百米。

①黄委会食堂部分（发掘25.2米，钻探50多米）[28]：

表土层
↓
宋代文化层
↓
战国文化层
↓
商代文化层和灰坑
↓
商代夯土墙基（W22）
↓
洛达庙期文化层和灰坑
↓
生土层

战国文化层，分布面较广，厚达1.2~3.2米，出有很多绳纹板瓦、筒瓦片，以及印纹圆瓦当、米字纹空心砖和瓮、盆等陶片。

商代文化层和灰坑（H35），出有大口尊、鬲、盆、瓮等陶片，属二里岗下层二期偏晚。其下叠压或打破夯土墙基。

商代夯土墙基（W22），宽6.9~7米，厚1.4~2.4米，夯层厚10~15厘米。夯层内出有二里岗下层一期的罐、大口尊、小口尊、鼎、盆、簋、缸、刻槽盆、瓮、器盖、甗等陶片，也出有洛达庙晚期的花边口沿罐、鼎足、鼎腹、豆盘、盆等陶片。说明W22是属于二里岗下层一期偏晚段的夯土墙基。其下压有少量洛达庙期文化层和1个灰坑（H73），大部分都坐落在生土上。

②黄委会1号高楼宿舍部分（发掘近10余米，其南段被一个二里岗期上层二期灰坑打断）：

表土层
↓
宋代文化层
↓
战国文化层
↓
商代文化层和灰坑
↓
商代夯土墙基
↓
洛达庙文化层和灰坑
↓
生土层

战国文化层堆积厚 0. 2~0. 45 米，出有绳纹板瓦、筒瓦片等。其下叠压着商代的文化层灰坑、夯土墙基、夯土基址、水管道等。

商代文化层和灰坑，从二里岗上层二期至二里岗下层二期均有发现，还发现有二里岗上层二期的夯土遗存。

商代夯土墙基，宽 7. 65~8. 3 米，厚 2. 25 米。出有盆、罐、鼎、小口尊、大口尊等陶片，最晚为二里岗下层一期偏晚。其时代即为此。其下还压有洛达庙期的几座灰坑。

13. 郑州商城宫殿区内商代输水设施

在黄河中心医院、东里路东段北侧北大街农业队宿舍区、黄委会 1 号高楼宿舍、郑州医疗机械厂西院等处，均发现有商代输水设施。大致为西北—东南走向，到郑州医疗机械厂垂直向西南拐弯。有的是石板砌筑的蓄水池，有的为石板砌筑的输水管道，并有汲水井或控制水量的插木板闸阀等设施。

①黄河中心医院商代石板蓄水池地层关系[29]：

表土层
↓
战国文化层及灰坑和夯土遗迹
↓
商代文化层
↓
商代石板蓄水池
↓
商代文化层
↓
生土层

战国文化层、灰坑和夯土遗迹，这一带可能是战国的建筑遗存，出土有不少空心砖、方砖、筒瓦、板瓦、瓦当和其他战国陶片，其中一些豆柄和豆盘上印有“亳”字等陶文。

商代文化层，土色深灰，土质较硬，出有大口尊、瓮、簋等陶片，属二里岗上层一期遗物。

商代石板蓄水池，为长方形，东西长约 100 米，南北宽约 20 米，下为 1 米厚的铺垫土层，再用石板平铺，池边砌有石块。

商代文化层，被石板蓄水池壁叠压和打破，深灰土，出有鬲、大口尊、捏口尊、亦属二里岗上层一期。这样可推断石板蓄水池属二里岗上层一期。

此外，在石板蓄水池北侧，还发现 2 座并列的二里岗上层一期夯土建筑基址，均呈东南—西北向。一座长 25 米，宽 10 米，其上有 18 个料礓石柱础。另一座长 23 米，宽约 10 米，发现圆柱础槽 7 个，间距 2. 3~2. 5 米，槽内底部均有石柱础。

②东里路东段北侧北大街农业宿舍区商代输水管道地层关系：

表土层
↓
战国文化层
↓
商代文化层
↓
商代输水管道
↓
（其下未作）

商代文化层，浅灰土，出有鬲、罐、瓮、小口尊等陶片，为二里岗上层一期晚段。

商代输水管道，已发现长约 40 米，由地下石板筑水管道、夯土和汲水井三部分组成。从夯土内包含的陶片来看，属于二里岗上层一期。

③黄委会 1 号高楼宿舍商代输水管道地层关系：

表土层
↓
宋代文化层
↓
战国文化层
↓
商代夯土和灰坑（H2、H3、H35）
↓
商代输水管道
↓
商代灰坑（ H60、H69、H104、H105）
↓
生土层

该处输水管道已发掘长 20 余米，为坐落在生土的倒梯形沟，底部和两壁均经夯筑，顶部盖石板。

战国文化层在这一带普遍存在，出有绳纹板瓦、筒瓦和其他战国陶片。

商代灰坑 H2、H3、H35，均为打破商代输水管道的灰坑，在商代输水管道上面还有一些灰夯土。灰坑和灰夯土内出土有折沿鬲、盆、斝、罐等陶片，属二里岗上层二期晚段。

商代输水管道所出有折沿颈饰同心圆鬲等陶片，属二里岗上层一期。

商代灰坑 H60、H69、H104、H105，均被商代输水管道打破，约属二里岗下层一期偏晚。

④郑州医疗机械厂商代石板砌输水管道地层关系：

表土层
↓
战国文化层
↓
商代输水管道
↓
（以下未作）

仅发掘 4 米多长，其两端尚压在探方外的房屋下，为东北—西南向，与东里路东段北侧北大街农业队宿舍区商代输水管道相似但方向垂直。

战国文化层较厚，出有绳纹板瓦、筒瓦和盆、豆、瓮等战国陶片。

商代输水管道，其上部被战国文化层破坏严重，仅存输水管道底部石板和两侧壁 3—5 层石板。从残留出土陶片看，属二里岗上层一期。

14. 其他商代夯土建筑基址

在顺河路黄委会 43 号院发掘 2 座二里岗上层一期夯土基址；在东里路中段郑州皮毛工艺厂和黄委会幼儿园，发现二里岗上层一期和二里岗下层二期的夯土基址；在顺河路中段黄河河务局宿舍区发掘二里岗上层一期和二里岗下层时期的夯土基址；在城北路黄委会水文局发掘二里岗下层二期的夯土建筑基址。

（三）手工作坊遗址

1. 铸铜作坊遗址

共发现两处：一处在南城墙外约 600 米处，被称为南关外铸铜作坊[30]；另一处在北城墙外 300 多米处，被称为紫荆山北铸铜作坊[31]。

①南关外铸铜作坊地层关系。

农耕土层（上层）

↓

商代文化层（中层即1甲层和1乙层）

↓

商代文化层（下层即2～5层）

↓

生土层

商代文化层（中层即1甲层1乙层），为铸造青铜器的场地，还有窖穴和熔铜炉残底，并出有长颈大口尊、敛口斝、盆、壶等陶片，属二里岗上层一期。还出有与铸铜有关的铜矿石、炼铜坩埚、炼渣、木炭屑、各种陶范和少量铜镬、凿、镞及铜容器残片。这应是南关外铸铜作坊兴盛时期。

商代文化层（下层即2~5层）内出有卷沿鬲、敞口斝、短颈大口尊、盆、罐、缸、甗、鼎、小口尊、簋、豆、爵、器盖等陶片，属于二里岗下层二期。也发现铸铜有关的窖穴等遗迹，还有铜矿石、坩埚、炼渣、木炭屑以及各种陶范等遗物。这应是南关外铸铜作坊起始阶段。

②紫荆山北铸铜作坊地层关系。

农耕土层（上层）

↓

扰土层（中层）

↓

商代文化层（下层）

↓

生土层

商代文化层内出有折沿、长颈大口尊、折沿深腹罐、浅盘豆、盆、瓮、爵、小口尊等陶片，属二里岗上层一期，并发现有与铸铜有关的房基、铸铜场地、窖穴等遗迹，还有铜矿石、铅块、坩埚、木炭、炼渣、陶范、小件铜器等遗物。

2. 制陶作坊遗址

该遗址位于郑州商城西城北段外约1300米处[32]，即今铭功路西侧郑州第十四中学院内。其地层关系综合为：

农耕土

↓

商代文化层（人民公园期）

↓

商代文化遗存（二里岗期上层）

↓

商代文化遗存（二里岗期中层）

↓

商代文化遗存（二里岗期下层）

↓

（其下有水未作到生土）

商代文化层，出有折沿短颈浅腹矮裆鬲、宽沿浅腹平底盆、甑、瓮等陶片，属商代晚期的郑州人民公园期。

商代文化遗存（二里岗期上层），发现陶窑4座、墓葬6座、灰坑17个，出土有陶垫子、陶印模等制陶工具，还出有颈部饰同心圆鬲、敛口斝、浅盘豆、盆等陶器，属二里岗上层一期。

商代文化遗存（二里岗期中层），发现房基17座、陶窑10座、制陶白灰地坪场地3处、储陶器坑1个、灰坑40个，墓葬22座。出有陶垫子、陶拍子、陶印模等制陶工具，还有折沿方唇鬲、敞口斝、浅盘豆、宽流无尾敛口重沿爵、中颈大口尊、盆、簋、直口瓮等陶器，其时代似乎介于二里岗下层二期晚段和二里岗上层一期早段之间，是制陶作坊的兴盛期。

商代文化遗存（二里岗期下层），发现有灰坑10个，墓葬1座。出有鬲、斝、爵、大口尊、豆、甗、盆等陶器，属于二里岗下层二期。

3. 制骨作坊遗址

郑州商城的制骨遗存有两处：一处为紫荆山北（今新华社河南分社院内）制骨遗存[33]，另一处为东里路1号院制骨废料堆[34]。

①紫荆山北制骨遗存。

位于紫荆山北铸铜作坊北120米处，在1座长1.9米、宽1米的竖井形窖穴中，发现了上千块经锯、磨过的骨镞、骨簪等成品、半成品、骨料和废料，还有用于磨制骨器用的砺石11块，伴出的陶片属二里岗下层二期。

1983年，又在该窖穴东南部数十米处进行发掘[35]，其地层关系为：

农耕土

↓

扰土层

↓

商代文化层（浅灰土）

↓

商代文化层（深灰土）

↓

生土层

商代文化层（浅灰土），出有长颈大口尊、折沿颈饰圆圈纹鬲、浅腹盆、刻槽盆、折沿罐、带耳簋、有流无尾爵、敛口斝、浅盘假腹豆、甗足等，多属二里岗上层一期。同出还有骨簪、骨锥、卜骨、加工鹿角和废骨料，加工骨架用的砺石、小铜刀等，又有铜块铜渣等遗物。

商代文化层（深灰土），出有短颈大口尊、卷沿鬲、深盘石、小口尊、瓮、器盖等，属二里岗下层二期。还出有骨簪、卜骨、加工鹿角、废骨料、碎铜块、铜渣等。

1983年，还在经五路省保险公司工地发掘，这里距紫荆山北制骨遗址200多米[36]。其地层关系为：

农耕土层

↓

黄沙土层

↓

宋代文化层

↓

汉代文化层

↓

商代文化层（灰土）

↓

商代文化层（黄花土）

↓

生土层

商代文化层（灰土），包括10个同期灰坑。出有盆、罐、长颈大口尊、饰同心圆纹折沿鬲、簋、浅盘豆、瓮、缸、敛口斝、刻槽盆、器盖等陶片，属二里岗上层一期。还出有骨镞、骨锥、骨簪、骨梳和大量的带锯痕的牛、猪、鹿等废骨料及磨制骨器的砺石等。

商代文化层（黄花土），包括一些灰坑、灰沟。出有盆、卷沿深腹罐、卷沿鬲、小口直领瓮、缸、碗等陶器，属二里岗下层二期。还出有几件骨镞、骨簪等，但未见废骨料。

综合以上3处发掘，应属于制骨作坊范围，可以看出，是从二里岗下层二期偏晚到二里岗上层一期偏晚进行生产使用的。

②东里路 1 号院制骨废料堆

这里实际上是堆积在打破 C8G10 的一条壕沟内的近百个人头骨，其中不少带锯痕。似为加工人头器皿的废料遗存。沟内伴出的陶片属二里岗上层二期。

（四）商代青铜器窖藏坑

郑州商代青铜器窖藏坑有 3 处：一处在西城墙北段外侧的 320 米处的张寨南街[37]，一处在东南城角外 50 多米远的向阳回族食品厂[38]，一处在西城墙南段外侧 50 米南顺城街路西边[39]。

1. 张寨南街商代青铜器窖藏坑

扰土层
↓
宋代文化层
↓
汉代文化层
↓
商代文化层
↓
商代青铜器窖藏坑
↓
生土层

商代文化层为浅灰土，出有长颈大口尊、折沿鬲、盆、小口尊、小口瓮等陶片，属于二里岗上层一期偏晚。商代青铜器窖藏坑，直径约 2 米，放置有大方鼎 2、铜鬲 1。坑内填土中出有折沿鬲、长颈大口尊、浅腹盆、短颈瓮、折沿罐、浅盘豆、壶、簋、甗、器盖等陶片，属二里岗上层一期。

2. 向阳回族食品厂青铜器窖藏坑

农耕土
↓
明代文化层
↓
宋代文化层（晚）
↓
宋代文化层（早）
↓
商代文化层
↓
商代青铜器窖藏坑及灰坑H1、H2、H3、H4
↓
生土层

商代文化层内出有长颈大口尊、折沿鬲、盆、瓮、缸等陶片，约为二里岗上层二期早段。H1 除放置 13 件青铜器外，填土中还有长颈大口尊、缸、绳纹罐、深腹盆、鬲足等陶片，属二里岗上层一期晚段。H2 内发现一具残缺的牛骨架，还出有长颈大口尊、大口罐、深腹盆、瓮、折沿饰粗绳纹附加堆纹鬲、簋、缸、甗、瓮等陶片，属二里岗上层一期晚段。H3 出有浅腹盆、甗、缸、长颈大口尊、折沿饰同心圆鬲、敛口斝、小口尊、夹砂绳纹罐等，属二里岗上层一期。H4 出有长颈大口尊、绳纹罐、大口瓮、小口瓮等陶片，属二里岗上层一期偏早。从上述推之，向阳回族食品厂处发现的商代青铜器窖藏坑约为二里岗上层一期偏晚段。

3. 南顺城街青铜器窖藏坑

扰土层
↓
宋代文化层
↓
商代青铜器窖藏坑（H1）
↓
生土层

商代青铜器窖藏坑，坑口呈东西长、南长窄的不规则形（也可能原为长方形坑，遭坍塌或其他原因而变形），坑口距地表约 4.9 米，开口于宋代文化层下。坑深 4.26 米，直接坐落在生土之上。坑内大致可分上下两层堆积。上层为 12 件青铜器和回填窖藏时所形成的文化堆积，还包含有折沿鬲、夹砂罐（尊）、盆、簋、大口罐，应属二里岗上层二期。但从铜器上分析，个别铜器接近于殷墟早期。下层堆积是在放置青铜器前形成的，有大量的鬲、甗、小口罐、尊、壶、豆、夹砂罐、罍、瓮、盆、簋、大口尊、器座、器盖等陶器，属二里岗上层二期。

（五）墓葬

1. 白家庄墓区

这一带发现商代墓葬 20 余座，其中随葬铜器墓不多，有 C8M2、C8M3、C8M7[40] 等，地层关系为：

表土层
↓
商代文化层（黄灰土）
↓
C8M2、C8M3
↓
商代文化层（深灰土）
↓
生土层

商代文化层（黄灰土），出有长颈细腹大口尊、折唇颈带同心圆纹饰鬲等陶片，属二里岗上层二期。C8M2为长方竖穴土坑墓，出有铜罍、爵、鼎、斝、盘各1件，并有象牙觚、绿松石、玉柄形器、涂朱圆陶片等；C8M3亦为长方竖穴土坑墓，有人殉1，随葬有铜鼎1、鬲2、斝2、罍1、觚2、爵1，还有玉璜、玛瑙环、涂朱陶片、涂朱蚌片等。从出土的青铜器特征看，C8M2、C8M3约为二里岗上层一期偏晚，也有人认为应属二里岗上层二期偏早。

商代文化层（深灰土），出有短颈粗腹大口尊、卷沿绳纹鬲陶片，应为二里岗下层二期。

此外，还有C8M7，墓底铺有朱砂，随葬有青铜爵2、斝1、凿1、戈1，以及石戈、玉戈、玉圭、玉柄形器、涂朱圆陶片等。从铜器的形制看，当属二里岗上层一期。在白家庄一带，还出土有铜觚、罍、盉、斝等，亦为二里岗上层一期，应与墓葬有关。而白家庄墓区的其他商代墓，也都是二里岗上层一期偏晚或二里岗上层二期偏早，说明这一带在当时是郑州商城的一处重要墓地。

2. 人民公园墓区

这里已发现商代墓葬19座，其中C7M9、C7M15、C7M18、C7M25等随葬有青铜器[41]，其地层关系为：

①C7M15

殷商文化层

↓

C7M15及多座殷商墓

↓

商代灰坑（H6）

殷商文化层，出有矮裆鬲、腹底内缩簋等，相当于殷墟文化时期。

C7M15，墓内有一人殉，出有铜钺、戈、残铜器和铜片，还出有玉璜、玉戈、带孔玉器等，其年代为二里岗上层二期偏晚或更晚一些。另几座殷商墓内出有大口罐、罍、簋、豆、壶、鬲等陶器，时代要比二里岗上层二期再稍晚一些。

商代灰坑（H6），出有大口尊、周壁近直的簋、折沿颈饰圆纹的高足鬲等陶片，为二里岗上层一期。

②C7M25

殷商文化层

↓

殷商灰坑

↓

C7M25

↓

商代文化层

殷商文化层和灰坑，出有厚胎矮足浅腹鬲等陶片，属殷墟文化时期，晚于二里岗上层二期。

C7M25 随葬有铜爵 1（窄流尖尾，流口处有二矮柱，平底下附 3 个三棱形锥足，腰饰三周弦纹）、铜刀 1、铜镞 1，还有陶斝、盆、原始瓷尊、玉柄形器等。相当于二里岗上层一期晚段。

商代文化层，出有鬲、斝、盆等陶片，属二里岗上层一期。

通过以上论述，再参考 C7M18 出的铜戈，以及 1954 年和 1961 年在人民公园出土的两件铜尊，1958 年出土的 1 件铜爵。可以看出这一带是郑州商城二里岗上层时期又一重要墓地。

3. 铭功路墓区

这里先后发现 10 余座商代墓，其中 M2、M4[42] 和 C11M146、C11M148 等随葬有青铜器。其地层关系为：

①M2。

表土层
↓
M2
↓
H21
↓
生土层

M2，揭去表土后即露出墓口。出土铜斝 2、爵 2、鼎 1、觚 1、刀 1、戈 1，还有玉璜、玉戈、玉柄形器，以及釉陶尊、陶盆、涂朱圆陶片、蚌珠串饰、绿松石等，从器物形制上看，属二里岗上层一期早段。墓内填土中有折沿陶片，亦为二里岗上层一期。

H21，为商代灰坑，出土有甑、瓮、盆等陶片，属于二里岗下层二期偏早。

②M4。

表土层
↓
M4
↓
商代灰坑

M4，亦为揭去表土后就露出墓口。出有铜爵、觚各 1 件，还有玉璜、玉饰和涂朱圆陶片等。墓内填土出有敛口斝、浅腹盆等陶片，其时代要晚于 M2，因为其铜爵底部已由平变稍圜，铜觚由粗矮变细高，底部由平变微弧。由此，应为二里岗上层一期晚段。

③此外，在 1956 年 3 月，发掘有 C11M146，随葬有铜鼎 1，还有陶鬲、爵、觚、斝、涂朱圆陶片、玉柄形器等，墓下腰坑内殉一狗。C11M148，出有铜爵 1，还有陶豆、鬲、觚、盆、斝、涂朱圆陶片、玉饰、蚌饰等。墓底铺有朱砂，亦有殉狗腰坑。这两座墓的时

代，当属二里岗上层一期。

从上述可知，铭功路一带也是郑州商城一处重要墓地。

4. 北二七路墓区

这一带发掘出4座商代墓[43]，其地层关系为：

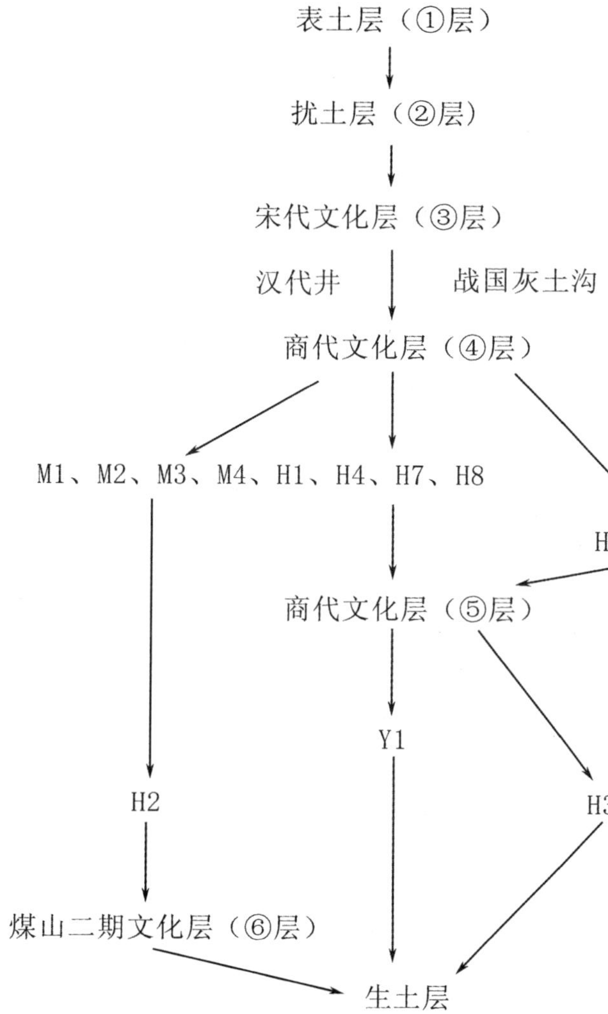

商代文化层（④层），出有长颈大口尊、折沿鬲、折沿罐、盆、瓮、小口尊、器盖等陶片，属二里岗上层二期。

H1、H4、H7、H8出有大口尊、盆、瓮、鬲足、罐、簋、小口尊、缸、甗、原始青瓷片等，属二里岗上层一期。

M1墓底铺朱砂并有殉狗腰坑，出有铜鼎1、斝3、爵1、觚2、刀1、铜片1，还有玉戈、铲、璧、柄形器、玉片饰，以及石戈、铲、柄形器、钵和圆陶片等。M2墓底铺有朱砂并有殉狗腰坑。随葬有铜斝2、爵1、觚1、刀1，以及印纹硬陶尊、玉柄形器、石戈、石铲和圆陶片等。M3没有随葬品，在墓葬填土中有二里岗期绳纹陶片。M4亦有腰坑，随葬有青铜爵1，还有带流无尾爵、敛口斝、折沿鬲等陶器，又有玉簪等。从地层叠压关系和所出青铜器的形制看，这4座商墓应属二里岗上层一期。

H5 出有短颈大口尊、方格纹红陶缸、卷沿罐、深腹盆、鼎足、瓮、卷沿鬲等陶片；H6 出有短颈大口尊、细绳纹罐、瓮、折沿深腹盆、缸等陶片。其年代均属于二里岗下层二期。

商代文化层（⑤层）出有短颈大口尊、卷沿鬲、折沿罐、深腹盆、缸、豆、小口尊、刻槽盆等陶片，其年代为二里岗期下层二期。

Y1 仅见细绳纹陶片，时代亦属二里岗下层二期。

H2 出有磨光黑陶豆、磨光黑陶瓮、篮纹高领瓮、带耳篮纹红陶瓮、折沿深腹绳纹罐、斜腹平底碗等陶片。H3 出有折沿深腹绳纹罐和方格纹罐、折沿深腹甑、敞口宽卷沿素面磨光黑陶觚形器、直口高领圆肩双耳篮纹瓮、敛口圆肩鼓腹篮纹瓮、钵、碗、单耳杯等。煤山二期文化层（⑥层）出有高领瓮、折沿瓮、方格纹折沿深腹罐、折腹盆、斜腹平底钵、磨光黑陶平底斝、斜腹平底碗、杯鋬等陶片。从上述遗迹单位所出陶片的形制和纹饰看，大多和临汝煤山一期陶器特征相近，少数与二里头文化一期陶器接近，因此，上述灰坑和文化层应属河南龙山文化晚期的煤山二期。这里与铭功路、人民公园等地墓区以及张寨南街青铜器窖藏坑相距不远，因此，北二七路一带应是郑州商城的一处重要墓地。

5. 杨庄墓区

杨庄墓区位于郑州商城东南角外不远处。这一带先后发现商代青铜器。有 X 纹鬲 2 件、弦纹鬲 1 件、饕餮纹爵 2 件[44]。其中 2 件 X 纹鬲和 1 件饕餮纹爵属于二里岗下层二期，而 1 件弦纹鬲和另 1 件饕餮纹爵属二里岗上层一期。这些青铜器当均为商代墓内随葬品，因此，这里也应是郑州商城的重要墓地。

6. 二里岗墓区

1979 年 9 月，在郑州商城东南郊外的二里岗，即今河省商业厅仓库西墙外，发现一座商代土坑墓[45]。出土有青铜斝 1、爵 1，还出有玉柄形器。从铜器的形制看，应为二里岗上层一期。此外，多年来在二里岗一带还出有铜斝、罍、凿等[46]，显系商代墓随葬之物，亦属二里岗上层一期。所以，二里岗也应是郑州商城墓地之一。

7. 东里路墓区

1971 年以来，在东里路东段南北侧发现多座随葬青铜器的商代墓[47]。如路南河南省中医学院家属院商代墓，出土有弦纹盉、弦纹鬲等青铜器，属二里岗下层二期。路北黄河中心医院商代墓（C8M32），出土铜爵 1、斝 1，还有陶鬲、斝、簋、器盖等，属二里岗下层二期。路南黄委会挖人防工程发现一座商代墓（C8M39），出有铜鼎 1、斝 1 和残玉戈，属二里岗上层一期。这一带位于白家庄西侧，相距很近，或可与白家庄墓地划归一个范围。

8. 郑州烟厂墓区

这一带，近年来配合厂区和紫荆山路北段基建工程，曾发现少量残破的商墓。而这里过去曾出土过 2 件饕餮纹铜斝[48]，在相距不远的熊耳河边出有弦纹盉、弦纹爵[49]，在相近的南关外出有饕餮纹觚[50]等商代二里岗上层一期青铜器，这些都与墓葬有关。由此可知这一带也是郑州商城的重要墓地。（参看“郑州商城遗迹分期表”）

郑州商城遗迹分期表

分期	单位	城墙					宫殿区							
		北城墙	东城墙	南城墙	西城墙	外城墙	黄委会食堂及一号高楼宿舍区	C8G10及周边遗迹	C8G15及周边遗迹	C8G16	北大街农业队宿舍区夯土基址	郑州医疗机械厂西院夯土基址	郑州回民中学夯土基址	东里路东段南侧38号院
二里岗上层	二期（白家庄期）			文化层叠压城墙夯土外侧并出有绳纹板瓦			文化层及灰坑、夯土基址	文化层、绳纹板瓦			灰坑	文化层		
	一期	文化层和房基、墓葬、以狗为牺牲祭祀坑叠压或打破城墙夯土内侧近底根处	文化层、墓葬、猪骨架坑叠压城墙夯土内侧	文化层叠压城墙夯土外侧			文化层及灰坑、输水管道	C8G10 C8G13 C8G8 C8G11	文化层及灰坑	灰坑	文化层或灰坑、大型输水管道	文化层、输水管道、F101、F102	F11	文化层、F5、F16、F1、F2、F3、水井、文化层
二里岗下层	二期	文化层叠压城墙夯土内侧下部	文化层叠压城墙夯土内侧下部	文化层和灰坑叠压城墙夯土内侧底部	文化层和灰坑叠压城墙夯土内侧	城墙夯土内包含此期陶片	灰坑	C8G12 C8G14	文化层及灰坑、墓葬、C8G15、C8T55、T60、T61、T67夯土台基	C8G16	F1、F2	夯土基址	F12、F13	灰坑及残夯土
	一期	城墙夯土包含此期陶片	城墙夯土包含此期陶片，城墙夯土下压有此期小灰土沟		城墙夯土包含此期陶片，城墙夯土下压有此期灰土沟		夯土墙基	C8G9其下压有本期文化层及灰坑	C8T62夯土台基	文化层	夯土VI、夯土VII			

续表

宫殿区										作坊				
										铸铜		制陶	制骨	
郑州市丝钉厂夯土基址	郑州变压器厂家属夯土基址	黄河中心医院夯土基址	郑州电力学校夯土基址	紫荆山路民族小区夯土基址	黄委会43号院夯土基址	黄委会幼儿园夯土基址	郑州皮毛工艺厂夯土基址	黄河河务局宿舍区夯土基址	黄委会水文局夯土基址	南关外铸铜基址	紫荆山北铸铜基址	铭功路制陶遗址	紫荆山北制骨遗存	东里路1号院制骨废料堆
文化层及灰坑，并出土有绳纹板瓦								文化层						文化层、壕沟、经过加工的人头骨废料堆
夯1、夯2、夯3、夯4、大型水井	文化层	夯土基址和大型蓄水池	文化层、水井、F1		夯土基址	夯土基址	夯土基址	夯土基址		文化层、窖穴、铸铜遗迹	文化层、房基、窖穴、铸铜场地	陶窑、灰坑、墓葬	文化层、窖穴、制骨遗存	
	夯土基址		文化层	文化层及灰坑		夯土基址	夯土基址	夯土基址	夯土基址	文化层、窖穴、铸铜遗存		陶窑、房基、灰坑、制陶场地	文化层、制骨遗存	
				F1										

续表

青铜器窖藏坑			墓地							
张寨南街青铜器窖藏坑	向阳回族食品厂青铜器窖藏坑	南顺城街青铜器窖藏坑	白家庄墓区	人民公园墓区	铭功路墓区	北二七路墓区	杨庄墓区	东里路墓区	郑州烟厂墓区	二里岗墓区
		青铜器窖藏坑	文化层、墓葬	文化层、灰坑、墓葬		文化层				
文化层、青铜器、窖藏坑	文化层、灰坑、青铜器窖藏坑、墓葬		墓葬	墓葬	墓葬	灰坑、墓葬	墓葬	墓葬	墓葬	墓葬
			文化层		灰坑	文化层、灰坑、陶窑		墓葬	墓葬	

五、郑州商城的年代、性质及其与
偃师商城、郑州小双桥商代遗址的关系

从前面所述郑州商城四面城墙的地层关系我们能看出，商代夯土城墙的根基部分被二里岗下层二期或更晚一些的文化层、灰坑、墓葬叠压和打破；商代夯土城墙本身包含最晚的陶片为二里岗下层一期；商代夯土城墙下面所叠压的有二里岗下层一期小灰沟或更早一些的文化层、灰坑和灰沟。由此可知郑州商城的相对年代是介于二里岗下层一期和二期之间，亦即不能早于二里岗下层一期，也不会晚于二里岗下层二期。其始建年代约在二里岗下层一期偏晚阶段，其使用时间应是从二里岗期下层二期开始，一直延续到二里岗上层二期。其中二里岗上层一期是繁荣的时期。

关于郑州商城的绝对年代，其^{14}C数据已公布的很少，只有东城墙 CET7 的 2 个数据[51]和郑州商城内中部偏东的郑州电力学校商代水井 J3 井框木料的 2 个数据[52]。其中 CET7 第五层—城墙夯土层（标本 ZK—178）^{14}C数值为 3330±95 年，树轮校正 3570±140 年。CET7 第三层—压在城墙内侧的二里岗上层一期文化层（ZK—177）^{14}C数值为 3310±95 年，树轮校正 3545±110 年。J3 西壁井框木料树轮校正为 3580±70 年，J3 东壁井框木料树轮校正为 3545±50 年。

让我们再来看看与郑州商城关系十分密切的偃师商城以及郑州小双桥商代遗址的情况：

通过对偃师商城西城墙、西城门和北城墙的发掘，可以见到一批二里岗下层的文化层、路土、墓葬，叠压或打破城墙的附属堆积。与此同时，在西城墙和北城墙夯土内出有一批陶片，有罐、瓮、鬲、盆、大口尊等，从其形制看多为二里头文化一、二期，也有一些二里头文化三、四期的。此外，在北城墙东段发现有被夯土城墙基槽打破、同时又被城墙附属堆积所叠压的文化层，文化层内所出的陶片不晚于二里头文化四期。在城墙附属堆积下面还发现有几个小灰坑，坑内出土有一批陶片和与青铜铸造有关的木炭、铜液凝固块和小块陶范等遗物，其陶片也不晚于二里岗下层一期。这样可以证实偃师商城始建年代不晚于二里岗下层一期[53]。近年，在偃师商城西南部，发现一座小城，平面大致呈长方形，南北长 1100 米，东西宽 740 米。已知北墙中段和东墙局部有曲折，墙宽 6～7 米。其南墙、西墙和东墙的南段同偃师商城（可称为大城）城墙重合。通过南墙和西墙的发掘证明，小城的始建要早于大城。当扩建大城时，曾利用小城的南墙、西墙及东墙的南段，将其内外两侧加宽并加高，亦即将小城城墙包在大城城墙之内。以致大城墙宽约 17～19 米。而大城的西墙北段、北墙的全部和东墙的大部则为新建。这样，偃师商城的宫城就正位于小城的中轴线偏南部位[54]。考古发掘资料又显示，最初的宫殿和宫城甚至比小城还要早，如 4 号宫殿呈长方形，包括正殿和东、西、南庑及庭院等遗迹，属三面封闭式宫殿建筑。从打破 4 号宫殿的灰坑 D4H29 的^{14}C测年看，其年代为 3380±75 年，树轮校正为 3630±125 年[55]，这与二里头文化四期的年代一致。而 6 号宫殿（原称为 5 号宫殿下层基址）平面呈口字形，北面基址较宽，其余三面较窄，构成方形庭院。在宫殿内发现有二里头四期文化层。而 6 号宫殿的灰坑 D5H19 的^{14}C测年为 3395±80 年，树轮校正为 3650±130

年[56]，这也和二里头文化四期的年代相一致。宫城的建筑，是偃师商城最初出现的标志性建筑物，由此可以推断，偃师商城的始建年代应在二里头文化四期。这要比郑州商城早一个阶段。在偃师商城范围内的其他发掘表明，偃师商城建成之后，历经了二里岗下层一、二期和二里岗上层一期的断续繁荣之后，到二里岗上层二期时，就已经衰落甚至废弃了。

郑州小双桥遗址是近年来新发现的重要商代遗址[57]。发掘出一些夯土台基、多座牛头及牛角的祭祀坑、埋有人骨或狗骨的奠基坑，出土一批陶器、石器、青铜器、玉器及朱书陶文，还有孔雀石、炉壁残片、铜渣、残范块等遗存。这些遗物少量属于二里岗下层二期或二里岗上层一期，大量为二里岗上层二期。据此推断，郑州小双桥商代遗址属于二里岗上层二期，但某些遗迹的时代也可能会早一些。

如上所述，偃师商城的始建年代要早于郑州商城，它们之间的繁荣与衰落、发展与停滞、高潮与低谷是相互交错的。当偃师商城始建时，郑州商城尚是一个聚落址；当偃师商城进入繁荣期时，郑州商城才开始修建；当偃师商城停滞时，郑州商城进入使用和发展时期，成为一座防御东方的重镇；当偃师商城又稍有恢复时，郑州商城却更加辉煌，进而发展成为一代王都；当偃师商城废弃时，郑州商城又维持了相当一段时间后才逐渐衰落下去。一些学者认为，偃师商城是商灭夏后所建最早的都城，至迟在二里头文化四期晚段已经完成了夏商王朝的更替，偃师商城成为夏商文化分界的界标[58]。至于郑州小双桥商代遗址，在其出现时，郑州商城早已存在，其废弃时，郑州商城仍在维持，有相当长的并存时间。

在偃师商城、郑州商城和郑州小双桥遗址的时空框架确定之后，也为探讨它们的性质创造了条件。对于偃师商城来说，从其始建年代、地理方位、规模和形制来看，它是商代最早的一座都城。结合文献记载，可以认定是商汤灭夏后在这里所建的亳都。《汉书·地理志》河南郡偃师县条下班固自注："尸乡，殷汤所都。"从偃师商城西墙和北墙的发掘来看，商代夯土城墙之上均有汉代文化叠压，说明至少在汉晋时期，城墙还矗立在地面之上，而班固一定也曾目睹了这座城址，并以汉代地名转述前人旧说。虽未直言亳都，但汤都为亳则是人所共知的事情。

从历史发展看，这一带是夏王朝的辅畿地区，商灭夏后出于政治上的需要，为了维护和巩固政权，为了加强控制迅速扩大的商代疆域，为了镇抚夏王朝的残余势力，成汤就在这里建立都城。《诗·商颂·殷武》记有："天命多辟，设都于禹之绩。"春秋齐器《叔夷钟》铭说成汤"咸有九州，处禹之堵（都）。"《春秋繁露·三代改制质文》（卷七）云："汤受命而王，应天变夏作殷号……作宫邑于下洛之阳。"均可提供佐证。

还需指出的是，在偃师商城中部，有一条东西向的低洼地带穿城而过，当地群众世代相传称之为尸乡沟或尸乡洼，今发掘出的偃师商城亦被称为尸乡沟商城即由此而来。这与文献所记的"尸乡"相同，当非巧合。而近年来在这一带的吓田寨、杏园村、槐庙村等处，发掘出一批唐代墓葬，从其墓志记载看，有唐一代这里就称为"亳邑乡"、"薄台里"、"西亳"、"尸乡"、"景亳"等。这些有的是唐代建制的乡名，有的是别的地名，但都是沿袭古代的旧称，应与偃师商城有关。这就从另一侧面证明偃师商城是汤都西亳[59]。

而郑州商城规模宏大，布局有序，无可置疑是一座商代前期的王都。从商代历史看，汤都亳在前，仲丁迁隞紧接其后。前已论述，偃师商城为商灭夏后所建最早的都城，即汤之亳都。郑州商城比其要晚，其繁荣期可能就是仲丁的隞都。

一些文献记载说得较为明确，如《诗·小雅·车攻》记有："东有甫草，……搏兽于敖。"郑玄注："敖在郑地，今近荥阳。"甫草即甫田之草，在今郑州东郊圃田一带。把"甫草"与"敖"并列于诗内，说明二者相距不远，且"敖"在"甫草"以西。由此可知，敖就在郑州一带。

从郑州商城修建的背景和仲丁迁都的情况看，有商一代在商王朝的东西南北时而有些战事，如对西部的羌方、北部的土方、西南的巴方、东部的夷方等。但战事最频繁的还是在东方，而且贯彻商代始终，直到殷末还曾是"纣克东夷而陨其身。"（《左传》昭公十一年）夏部族与东夷既有婚姻关系，又是政治联盟，这不能不对商王朝构成重大威胁。因此，商灭夏后在偃师建都，待大局平定国力恢复之后，就在郑州修建城池，为日后平息东方威胁作准备。到"仲丁即位，元年自亳迁于嚣。"当时迁都的最主要原因是对付外部敌人。而仲丁之时，就有征伐东方蓝夷的战争，《竹书纪年》记有："仲丁即位，征蓝夷。"《后汉书·东夷传》亦曰："至于仲丁，蓝夷作寇，或畔或服。"而蓝夷是古代东夷族的一支，约在今鲁南、苏北一带。仲丁迁都主要是为了便于征伐蓝夷，也只能从偃师商城东迁到郑州商城，即从亳迁都至隞。

近些年郑州外城的发现，把郑州商城的范围扩大了近一倍。商汤灭夏后不可能立即兴建这样大的都城，而只能在定都偃师商城经过一长段时间休养生息之后才可办到。这就为郑州商城是仲丁所迁之隞都提供新证。

从目前考古资料看，偃师商城要早于郑州商城，郑州商城不可能是商代最早的都城亳都。而郑州小双桥遗址兴衰的全过程与郑州商城始终并存，绝不是郑州商城废弃后郑州小双桥商代遗址才兴起来，即所谓年代上"一兴一废"的前后衔接关系。从前面提及的《竹书纪年》等文献记载可知，仲丁即位之后，蓝夷作寇，外患不安。又据《史记·殷本纪》所记："自中丁以来，废适而更立诸弟子，弟子或争相代立，比九世乱，于是诸侯莫朝。"这又反映了中丁后期政治动荡，内忧严重。在这种形势下，若郑州小双桥商代遗址作为隞都，则势必要有城墙等防御设施。但时至今日，尚未发现一点线索。这要用当时没有修建城墙的理由是难以解释的。

废旧都迁新都，对于每一个国家、每一个王朝来说，都是一件大事，主要是政治和军事原因。从最早的夏商周迁都到北魏孝文帝迁都，以及辽金元明清诸朝迁都都是如此，而且新都离旧都相距甚远，从几百公里到上千公里者，比比皆是。但郑州小双桥商代遗址与郑州商城中心部位相距仅 20 公里，若以边缘计算，尚不及此数。看不出有什么必要废掉郑州商城，在其远郊耗费大量人力、物力、财力再建新都。有人反驳说西周初文王都丰邑，而武王又建镐京，两者不是相距很近吗？其实这并不是什么迁都。从考古发现获知，沣水以东的客省庄、张家坡一带是丰邑，沣水以西的普渡村、花园村、斗门镇一带是镐京，二者基本连成一体。从文献记载看，《史记·周本纪》："成王在丰，使召公复营洛邑。"《史记·鲁周公世家》："成王七年二月乙未，王朝步自周，至丰，使太保召公先之雒相土。"这说明，虽然周武王建镐京，但成王时还经常在丰发号施令，且成王可以自镐步行至丰。丰邑在整个西周时期仍然起到宗庙祭祀和政治中心的作用。丰邑和镐京实际上是一座扩大了的国都，而被连称为丰镐绝非废丰兴镐。犹如今天襄阳和樊城组成了襄樊，武昌、汉口和汉阳组成了武汉一样。

再从郑州小双桥发掘的考古内涵看，是一些夯土台基、牛头牛角祭祀坑、少量奠基坑和一些陶器、石器、青铜器、玉器及朱书陶文。没有发现明显的居住生活的迹象，即没有发现考古学者一般所称的“生活垃圾”。这表明，郑州小双桥只是一处商代王室祭祀遗址，而不是一座王都。

还要提及的是，郑州小双桥商代遗址最初调查是15万平方米，目前已扩大到144万平方米，那是把发现的若干遗址点连线而成，据说类似的点还在增多，那么遗址面积还可能扩大。但是它们不同于一个大城垣之内的若干遗址地点，这些遗址点的时代和内涵是否都完全一样，是否属于同一个大型遗址，还需要做更多的工作来证实。

对于夏文化研究来说，目前的主要问题是要解决夏代的起始年代和夏商的分界年代。按目前情况看，偃师商城为夏商文化分界的界标有可能逐步达成共识，那么夏代的起始年代就显得更加突出和重要了。

有些学者认为，夏代起始于二里头文化一期，而止于二里头文化四期，再早再晚均不是。而在偃师二里头遗址和偃师商城进行考古发掘的一些学者认为，二里头文化一期时，偃师二里头一带遗迹遗物较少，尚属于一般聚落。二、三期为其繁荣阶段，夏王朝在这里建都。到了二里头文化四期时，这里已经衰落，至迟到了四期晚段，二里头遗址旁边已出现了偃师商城，完成了夏商王朝的更替。据^{14}C测定，它的年代最早距今不超过3900年，其繁荣期也不过200年。这与整个夏代来比，可能太短。鉴于至迟二里头文化四期晚段属于商文化，那么夏文化就不能向后延续，只能向前面追溯。早于二里头文化而又与之紧密相连的是河南龙山文化晚期，它们时间早晚衔接而又有明显的传承关系。二里头一期陶器中的鼎、盆、罐等的形制和纹饰还遗留着河南龙山文化的作风。以至于在20世纪50年代进行考古发掘时，就把二里头文化早期归入河南龙山文化之内。考古学文化的名称本来就是根据发掘情况人为确定的，河南龙山文化是二里头文化的渊源，二里头文化也可以说是河南龙山文化的归宿。如果把二里头文化早期归于河南龙山文化晚期之内，或把河南龙山文化晚期纳入二里头文化早期之内，也实在不算太差。有的学者也认为在偃师二里头遗址的二里头一期文化不是夏代的早期，但提出要去寻找所谓比这里的二里头一期文化还要早的二里头一期文化，其实，这还是要追溯到河南龙山文化晚期，不过不提河南龙山文化晚期的名称而已。夏商周断代工程中的夏年代学研究课题组的早期夏文化研究专题，在邹衡先生的领导下，自1996年至今，已经在登封王城岗、禹州瓦店等河南龙山文化遗址继续进行考古发掘，取得了第一手的全新资料。在河南龙山文化晚期之时，已经出现了诸如登封王城岗[60]、淮阳平粮台[61]、郾城郝家台[62]、辉县孟庄[63]、安阳后岗[64]等城邑，已经能够铸造青铜器，发明和使用文字，并有了较为复杂的礼制遗存，这都为夏王朝的建立创造条件。到了距今4000多年的时候，夏王朝开始建立，中国历史上第一次出现了一个西起华山之东、东到豫东平原、北自济水之南、南抵淮河沿岸方圆千里的奴隶制王国。

---

[1] [3] [5] [7] [17] 河南省文化局文物工作队：《郑州二里岗》，科学出版社，1959年。

[2] [4] [6] [8] [12] [13] [15] [16] 河南省博物馆、郑州市博物馆：《郑州商代城遗址发掘报告》，《文物资料丛刊》(1)，文物出版社，1977年。

[9] [14] [26] 河南省文物研究所郑州工作站：《近年来郑州商代遗址发掘收获》，《中原文物》1984

年第 1 期。
［10］［40］①河南省文化局文物工作队第一队：《郑州市白家庄商代墓葬发掘简报》，《文物参考资料》1955 年第 10 期。
②河南省文化局文物工作队第一队：《郑州白家庄遗址发掘简报》，《文物参考资料》1956 年第 4 期。
［11］［23］河南省文物研究所：《郑州医疗机械厂考古发掘报告》，《郑州商城考古新发现与研究》，中州古籍出版社，1993 年。
［18］河南省文物研究所：《郑州商城外夯土墙基的调查与试掘》，《中原文物》1991 年第 1 期。
［19］河南省文物考古研究所郑州工作站：《郑州三德里、花园新村考古发掘简报》，《郑州商城考古新发现与研究》，中州古籍出版社，1993 年。
［20］［21］［22］河南省文物研究所：《郑州商城内宫殿遗址区第一次发掘报告》，《文物》1983 年第 4 期。
［24］［25］［29］河南省文物研究所：《1992 年度郑州商城宫殿区发掘收获》，《郑州商城考古新发现与研究》，中州古籍出版社，1993 年。
［27］［52］河南省文物研究所：《郑州电力学校考古发掘报告》，《郑州商城考古新发现与研究》，中州古籍出版社，1993 年。
［28］河南省文物研究所：《郑州黄委会青年公寓考古发掘报告》，《郑州商城考古新发现与研究》，中州古籍出版社，1993 年。
［30］［31］河南省文物研究所：《郑州二里岗期铸铜基址》，《考古学集刊》，1989 年。
［32］①安金槐：《郑州地区的古代遗存介绍》，《文物参考资料》1957 年第 8 期。
②河南省文物研究所：《郑州商代制陶遗址发掘简报》，《华夏考古》1991 年第 4 期。
［33］［35］［36］①河南省文化局文物工队作第一队：《郑州商代遗址的发掘》，《考古学报》1957 年第 1 期。
②河南省文物研究所郑州工作站：《近年来郑州商代遗址发掘收获》，《中原文物》1984 年第 1 期。
③郑州市博物馆：《郑州商代遗址发掘简报》，《考古》1986 年第 4 期
［34］①河南省博物馆：《郑州商城遗址内发现商代夯土台基和奴隶头骨》，《文物》1974 年第 7 期。
②河南省博物馆、郑州市博物馆：《郑州商代城址试掘简报》，《文物》1977 年第 1 期。
［37］河南省博物馆：《郑州新出土的商代前期大铜鼎》，《文物》1975 年第 6 期。
［38］河南省文物研究所、郑州市博物馆：《郑州新发现商代窖藏青铜器》，《文物》1983 年第 3 期。
［39］河南省文物考古研究所、郑州市文物考古研究所：《郑州南顺城街窖藏坑发掘简报》，《华夏考古》1998 年第 3 期。
［41］①安金槐等：《介绍郑州新发现的古遗址及殷代墓葬概况》，《文物参考资料》1954 年第 5 期。
②安志敏：《郑州市人民公园附近的殷代遗存》，《文物参考资料》1954 年第 5 期。
③郑州市文物工作组：《郑州市人民公园第二十五号商代墓清理简报》，《文物参考资料》1954 年第 12 期。
［42］①马全：《郑州市铭功路西侧的商代遗存》，《文物参考资料》1956 年第 10 期。
②郑州市博物馆：《郑州市铭功路西侧的两座商代墓》，《考古》1965 年第 10 期。
［43］①河南省文物研究所：《郑州北二七路新发现三座商墓》，《文物》1983 年第 3 期。
②郑州市博物馆：《郑州商代遗址发掘简报》，《考古》1986 年第 4 期。
［44］［48］［49］［50］河南出土商周青铜器编辑组：《河南出土商周青铜器（一）》，文物出版社，1981 年。
［45］［46］①河南出土商周青铜器编辑组：《河南出土商周青铜器（一）》，文物出版社，1981 年。
②王彦民、赵清：《郑州二里岗发掘一座商代墓》，《中原文物》1982 年第 4 期。

［47］杨育彬、赵灵芝等：《近几年来在郑州新发现的商代青铜器》，《中原文物》1981 年第 2 期。
［51］中国社会科学院考古研究所：《中国考古学中碳十四年代数据集（1965～1991）》，文物出版社，1991 年。
［53］中国社会科学院考古研究所河南第二工作队：《河南偃师商城东北隅发掘简报》，《考古》1998 年第 6 期。
［54］中国社会科学院考古研究所河南第二工作队：《河南偃师商城小城发掘简报》，《考古》1999 年第 2 期。
［55］［56］中国社会科学院考古研究所实验室：《放射性碳素测定年代报告（一五）》，《考古》1998 年第 7 期。
［57］①河南省文物研究所：《郑州小双桥遗址的调查与试掘》，《郑州商城考古新发现与研究》，中州古籍出版社，1993 年。
②河南省文物考古研究所等：《1995 年郑州小双桥遗址的发掘》，《华夏考古》1996 年第 3 期。
［58］高炜、杨锡璋、王巍、杜金鹏：《偃师商城与夏商文化分界》，《考古》1998 年第 10 期。
［59］①中国社会科学院考古研究所河南第二工作队：《河南偃师杏园村的两座唐墓》，《考古》1984 年第 10 期。
②中国社会科学院考古研究所河南第二工作队：《河南偃师杏园村的六座纪年墓》，《考古》1986 年第 5 期。
③偃师商城博物馆：《河南偃师县四座唐墓发掘简报》，《考古》1992 年第 11 期。
④樊有升、李献奇：《河南偃师唐严仁墓》，《文物》1992 年第 12 期。
⑤洛阳市第二文物工作队等：《河南偃师唐柳凯墓》，《文物》1992 年第 12 期。
［60］①河南省文物研究所：《登封王城岗遗址的发掘》，《文物》1983 年第 3 期。
②河南省文物研究所：《登封王城岗与阳城》，文物出版社，1992 年。
［61］河南省文物研究所：《河南省淮阳平粮台龙山文化城址试掘简报》，《文物》1983 年第 3 期。
［62］河南省文物研究所：《郾城郝家台遗址的发掘》，《华夏考古》1992 年第 3 期。
［63］袁广阔：《辉县孟庄发现龙山文化城址》，《中国文物报》1992 年 12 月 6 日。
［64］①胡厚宣：《殷墟发掘》，学习出版社，1995 年。
②尹达：《中国新石器时代》，生活·读书·新知三联书店，1979 年。
③中国社会科学院考古研究所安阳工作队：《1979 年安阳后岗遗址发掘报告》，《考古学报》1985 年第 1 期。

（原载《河南考古探索》，中州古籍出版社，2002 年）

郑州商代铜器窖藏的年代与性质

王文华　宋国定　陈万卿

20世纪70年代以来，在郑州商城东、西城垣外侧，先后发现了三个商代青铜器窖藏坑，发掘出土了一批商前期青铜礼器[1]（图一）。这三个窖藏坑的发掘，为探讨郑州商城的性质提供了重要资料，对了解前期的王室礼制、青铜铸造工艺及这一时期的手工业发展水平具有重要意义，因而引起了学术界的广泛关注，取得了许多有意义的研究成果。但关于窖藏坑的年代与性质，却迄今争论未定，其中最有代表性的观点是安金槐先生和陈旭先生提出的。安金槐先生认为这三个窖藏坑均为商代祭祀坑，张寨南街窖藏坑的年代为二里岗上层一期，向阳回族食品厂和南顺城街窖藏坑的年代则晚到白家庄期[2]。陈旭先生认为张寨南街窖藏坑的年代为白家庄期，向阳回族食品厂的年代为二里岗上层一期偏晚，这两个窖藏坑的性质是铜器窖藏坑。陈旭先生还进一步把这两个窖藏坑的窖藏原因与文献记载的仲丁自亳迁嚣的历史事件联系起来[3]。安、陈二位先生关于郑州商代铜器窖藏坑年代的判断互有出入，关于窖藏坑的性质的见解更是不同，但仔细分析，有以下两点安、陈二位先生是共同的。第一，均认为这三个窖藏坑的年代不出郑州二里岗文化期的范围[4]。第二，在对窖藏坑的性质与年代进行研究时，使用的方法都是分坑研究。两位先生的论述为郑州商代铜器窖藏坑的研究奠定了坚实的基础，给我们以许多有益的启示。但我们认为，二位先生关于窖藏坑性质与年代的观点也有许多可商榷之处。本文试图围绕这一问题，发表一点不成熟的看法，以就教于方家。

一、三个窖藏坑的关系

由于三个窖藏坑发现的时间先后相距多年，因此，许多关于窖藏坑的论述都是从单坑研究的角度出发，去探讨三个窖藏坑的年代与性质，忽略了他们之间相互联系的一面。我们认为，这些联系，对探讨三个坑的年代与性质却是至关重要的。

首先，从三个坑所处的地理位置看。张寨南街铜器窖藏坑（以下简称“张寨坑”）位于商城西北城垣外侧约160米的杜岭土岗的南段，地势较周围高起4米左右。郑州向阳回民食品厂H1（以下简称“向阳H1”）位于郑州商城东南角城垣护城河以外，距离城东墙约50米左右，坐落在二里岗沙岗向北延伸的边缘。南顺城街铜器窖藏坑（以下简称“南H1”）位于郑州市西大街以南、南顺城街以西，“该地点处在郑州商城西墙南段外侧约50米处，西临武警总队招待所所在的高岗地的东部边缘，向北与杜岭土岗相连……向东隔城壕与郑州商城相邻……”[5]从以上引述可以看出，这三个窖藏坑在地理位置上有以

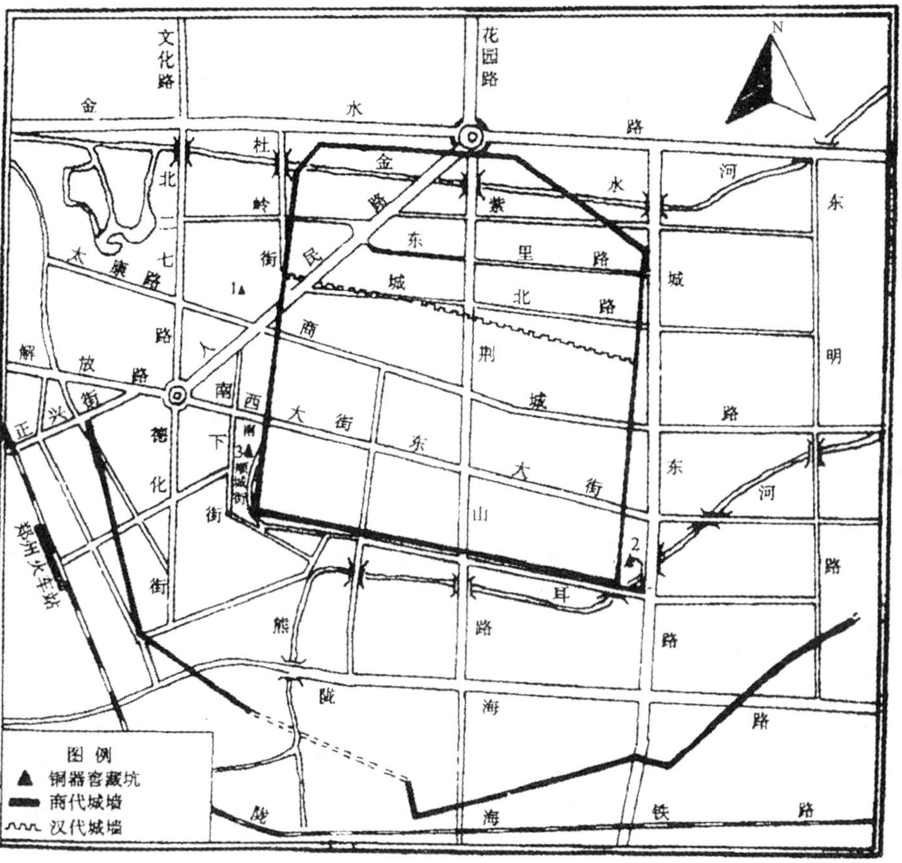

图一

下两个共同点：一是均位于郑州商城城垣外的城垣转角处附近，这其中，除张寨坑距城垣及城垣转角处稍远外，南 H1 和向阳 H1 与城垣及城垣转角处的距离几乎完全相同。二是三个窖藏坑均埋藏于商城城垣外侧较高的岗地或岗地边缘。这说明在藏埋这些铜器时，藏埋地点的选择有一定的标准。

其次，从三个窖藏坑的形制结构看，三个坑也具有许多共同点。张寨坑是 1974 年群众挖防空洞时发现的，当时“仅知两件铜方鼎放置在一个坑壁规则的东西向长方形土坑内，坑东西长 1.8~2.0 米，打破生土”[6]。后经钻探，探知坑底距地 6 米左右。1993 年，河南省文物考古研究所郑州工作站在配合“华诚商贸中心”的工程建设中，对窖藏坑上部及其附近进行了抢救性发掘，“通过这次发掘，清理了原铜方鼎出土地点东北侧的残留边缘”，得知“该坑南北残长 0.5 米，东西残宽 0.3 米……”[7]由此可以看出，该坑应为一东西向长方形灰坑。向阳 H1 的形制结构原报告作了比较详细的叙述：“在向阳食品厂基建工地，工人施工时，在地下约 5 米深处发现了 7 件商代青铜器……当在窖藏坑北部向下清理到 0.4 米时，又发现 6 件青铜器……坑近正方形，东西长 1.7 米，南北宽 1.62 米，深 0.9 米，坑南打破商代长方形灰坑 H4 的上部。大部分座落在生土之上，底部稍平。”[8]由此可知该坑坑壁规整，坑底深度为 6 米左右。南 H1“坑口距地表深约 5 米，呈不规则形状，西半部转角处近方折，而东半部略呈椭圆形，东西长 2.1 米，南北最宽处为 1.8

米，坑深4米，打破生土……从整个坑的结构来看，坑壁上半部近直，中间偏上的坑壁由于四壁生土塌落而外张，下部向内呈圆弧状内收，形成一个近长方形的平底”[9]。由以上所引材料可以看出，这三个坑均为东西向长方形直壁平底坑，其中向阳H1的平面形状略呈方形，坑深较浅，张寨坑和南H1的平面形状则几乎完全相同。

再次，从三个窖藏坑的堆积成因看，也有较大的一致性。张寨坑铜方鼎出土时，“在鼎腹内和周围灰土中还出土有商代前期的一些陶器碎片、石器、人骨和兽骨”，在1993年对该坑残留又进行了发掘，“通过这次发掘，清理了原铜方鼎出土地点东北侧的残留边缘，发现该坑填土为深灰色杂土，包含物多为二里岗上层时期的陶质生活用具残片……”[10]。可见，张寨坑的形成是利用了一座废弃的商代灰坑。如果说张寨坑因为基建破坏严重，尚不足以说明问题，那么南H1的发掘，则以确凿的证据证明了这一点。南H1的填土“上半部为浅灰色土，中层土色较深，质地松软，近底部为浅黄色略泛白的文化堆积。从形成过程分析，中上层的形成时间前后相差不大，中层以下当与中层在形成过程中有早晚之别”[11]。值得注意的是，该坑伴出的大量陶器主要出自下层，而且其中近70%为商前期的汲水工具——捏口罐，这说明该坑原来是做水井使用的。因此发掘者推断“下层堆积当为该坑使用时期形成的堆积”[12]。另外，从前文介绍的南H1的形制结构可以看出，该坑原为长方形灰坑，但其东半部又近椭圆形，显然是在埋藏铜器时因坑口太小而进行了外扩。可见南H1是对原已废弃的水井的再利用，这与张寨坑的形成过程如出一辙。向阳H1的成因在三个坑中表现出一定的特殊性。向阳H1坑内填土为黄白色土，夹杂有砂礓石块和灰土，填土中虽也发现有商代陶质生活用具残片及兽骨等遗物，但数量很少。从以上可以看出，向阳H1填土较为单纯，和张寨坑及南H1有明显区别，似专为埋藏这批铜器而挖成的窖藏坑。但这种差异的原因是可以解释的。从发掘报告可以看出，虽然向阳H1周围还分布着H2、H3、H4，但这些坑之上普遍覆盖着一层厚约40厘米的白家庄期地层，而向阳H1从层位上看，应是打破这一地层的，关于这一点，我们在下文中有详细论述。因此，当选择这一地点进行藏埋铜器时，地面上已找不到现成的灰坑，只有专门挖坑窖藏。这反而从另一方面证明了我们在前文所做的推断，即藏埋铜器地点的选择事先是有标准的，很少受到其他因素的干扰。

最后，也是最重要的一点，是这三个窖藏坑出土的铜器种类既有相同点，也有差异点，但无论是相同还是差异，却一致揭示出三个坑之间的紧密联系，而且从某种程度上讲，差异所揭示的联系比相同更深刻。张寨坑出土铜器3件，其中方鼎2件，分别高100厘米和87厘米，另外出土有铜鬲1件。向阳H1也出土铜方鼎2件，高度均为81厘米。大铜鼎圆鼎1件，高77.3厘米。扁足圆鼎2件，造型、大小、纹饰完全相同，通高均为31.7厘米。牛首尊2件，分别高37厘米和30.5厘米。羊首罍1件，高33厘米。卣一件，高50厘米。觚2件，盂1件，盘1件。南H1出土有铜方鼎4件，分别高83厘米、72.5厘米、64厘米、59厘米。簋1件，高24.4厘米，斝2件，通高分别为40.4厘米和26.6厘米。爵2件，戈2件，钺1件。通过对比这三个坑所出器类，我们可以得出以下几点认识：

1. 三个坑所出器类相同点是：三个窖藏坑均出土有青铜重器方鼎。这说明青铜方鼎在商前期青铜礼器中占有最重要的地位。三个坑所出方鼎共计8件，从三个坑所出的8件铜方鼎分析，高度依次为100厘米、87厘米、83厘米、81厘米、81厘米、72.5厘米、

64、59 厘米，似具有列鼎性质，尽管这种列鼎和周礼用鼎制度中的列鼎在含义上还有较大的区别。我们在这里提出具有列鼎性质，并不是否认这批青铜方鼎铸造年代上有早晚之分，而是说，如果我们把这批青铜方鼎看作是在与其中某几件最晚铜鼎的铸造年代相当的某一时期形成的一种组合，那么把它们称之为具有列鼎性质也是可以的。这一方面反映出商前期青铜铸造中在方鼎铸造技术上的发展，更加重要的是，在另一方面揭示出三个坑之间的某种紧密联系。

2. 三个窖藏坑中器类之间的差异也是十分明显的。如张寨坑中除方鼎外，另有一件个体较大的鬲，而在向阳 H1 和南 H1 中却都不见鬲。向阳 H1 中发现的大圆鼎、2 个扁足圆鼎，在张寨坑和南 H1 中均不见。向阳 H1 的器物种类较多，除鼎外，还出土有 2 件牛首尊、1 件羊首罍、1 件提梁卣、1 件中柱盂、2 件觚和 1 件盘，这些器物在张寨坑和南 H1 中均没有发现。而南 H1 中所出的铜斝、铜爵、铜簋、铜戈和铜钺，在其他两个坑中也没有发现。

3. 如果说每坑均出青铜方鼎反映了三个坑之间的紧密联系，那么每坑所出其他器类互不重复，则暗示出这种差异是经过人为的划分，也就是说这三个坑内所出铜器极有可能是同一批铜器经过统一规划后分不同地点同时埋藏的。

4. 把三个坑出土的所有铜器综合起来，我们可以看到，这三个坑所出器类基本代表了商前期的全部青铜器类。如果把这视为一种组合应是一种最高组合，郑州商前期的所有铜器墓中所出的铜器组合均不出此范围。由于这个组合中仅王室重器铜方鼎就出有 8 件，其他器类也均为形体较大、铸造精美的礼器，所以这批铜器极有可能是商王室宗庙祭祀所用法器。

综上所述，无论是祭祀坑还是窖藏坑，无论从这三个坑的位置、形状结构、堆积成因，还是从出土器类的相同和差异所揭示的联系分析，我们都可以得出结论，这三个坑的关系应是商王室宗庙祭祀所用法器经过统一规划后，分不同地点同时埋藏的。

二、三个窖藏坑的年代

我们在前文中通过分析得出这三个窖藏坑的关系是商王室宗庙祭祀所用法器经过统一规划后，分不同地点同时埋藏的结论，实际上已很明确地指出了三个窖藏坑的年代是同时的。但这只不过是对三个窖藏坑关系的一种判断，要准确推断这三个坑的具体年代，还应作进一步的研究。

判断一个遗址单位的年代，一般考虑两个因素，一是该遗址单位的层位关系，二是该遗迹单位内所包含的最晚的遗物。下面我们就从这两个方面入手，具体研究。

首先从层位关系方面看。一般认为这三个窖藏坑除向阳 H1 有地层关系外，其余两坑均为孤立的遗迹，但实际上并非如此。我们在前文窖藏坑的堆积成因中已经分析除向阳 H1 外，张寨坑和南 H1 均是利用废弃的商代灰坑或水井形成的窖藏坑，这种对废弃遗迹的重新利用，实际上形成了一种特殊的打破关系，即张寨铜器坑打破原灰坑，南顺城街窖藏坑打破原水井。在这种打破关系中，势必造成对原遗迹的破坏，这一点在张寨坑和南 H1 的形成成因中已有详细论述。由于这两个坑中的填土均为灰色杂土，其中包含有较多的生活用具残片，所以应是原遗迹的填土被挖出后又回填所致。因此，铜器周围的填土虽然在理论上与窖藏铜器同层位，但其填土中的包含物所标示的年代却不应被视为与窖藏坑同时，而应被视为窖藏坑形成的上限。

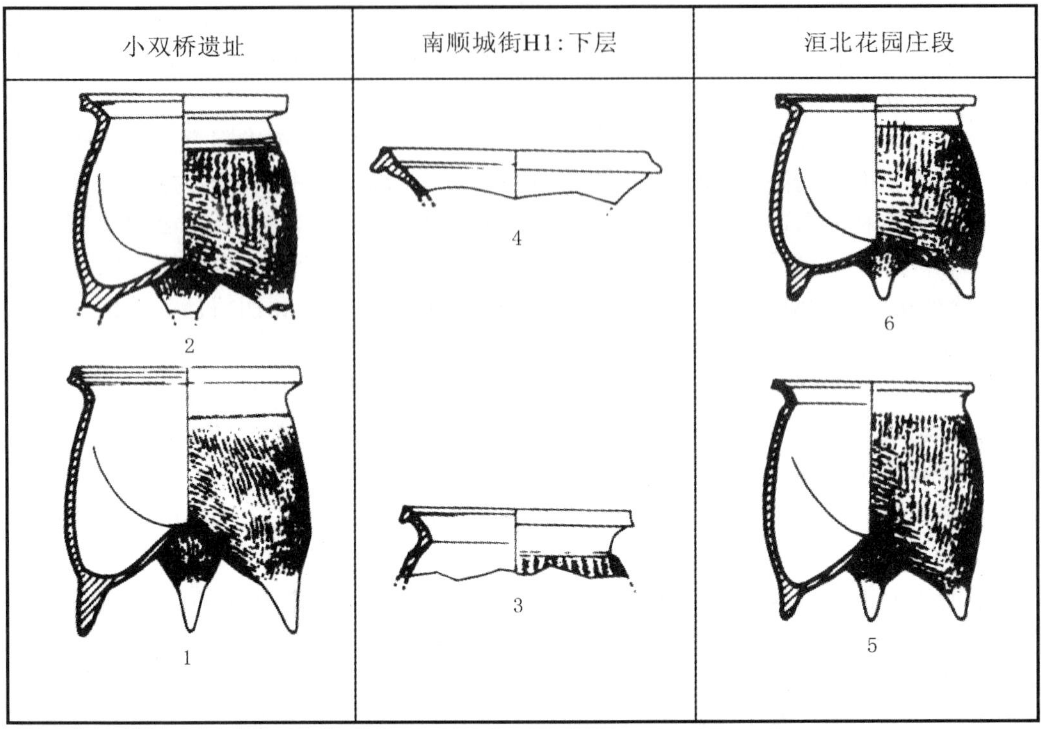

图二　小双桥、南顺城街、洹北花园庄出土陶鬲比较

1. BaⅠ式鬲（NT94④:3）　2. BaⅡ式鬲（VT108④:6）　3. BaⅠ型鬲（南 H1 下:32）　4. Ba 型鬲（南 H1 下:33）　5. Aa 型鬲（G4:1）　6. AbⅠ式鬲（G4:2）

向阳 H1 的层位关系按原发掘报告本来应该是明确的，即向阳 H1 被第⑤层所压，也就是说向阳 H1 的形成年代应早于第⑤层[13]。但仔细阅读原报告，却发觉并非如此。原发掘报告在第二节介绍地层叠压关系时说："第五层下面叠压着灰坑 H1、H2、H3、H4 和生土层"[14]，这说明 H1、H2、H3、H4 坑口均处于同一平面上，开口深度自然也应接近。从报告发表的向阳回族食品厂探方北壁剖面图上看，H2 的坑口被叠压在⑤层下，距地表垂直深度 5.05 米，那么向阳 H1 的开口深度亦应在同一深度即 5.05 米左右，即叠压在⑤层底线下。但报告在第一节叙述向阳 H1 发掘经过时却明确记载"当挖至距地表约 4.6 米深时，发现了出土青铜器的坑口"[15]，而 4.6 米的深度正是第⑤层的层面深度。若依原报告记述的这一开口深度，则向阳 H1 并非被⑤层叠压，而应是打破了⑤层。由于向阳 H1 坑口位于探方中部，所以原报告所发表的剖面图上无法显示，而报告第一节中所记向阳 H1，坑口距地表深度十分明确，所以我们认为，向阳 H1 坑口层位应以此为准，这样从层位上讲，向阳 H1 的层位不早于探方第⑤层。张寨坑和南 H1 坑内填土及向阳回族食品厂探方第⑤层内所出包含物的具体年代，以往论者多认为属白家庄期，我们认为这是正确的。因此按照前文的分析，这三个坑的上限均应为白家庄期。但我们认为这虽然正确却并不准确。南 H1 的上限和张寨坑及向阳 H1 的上限并不完全一致。张寨坑和向阳回族食品

厂探方第⑤层内所出陶器不多，其中最具特征的是陶鬲。从两坑所出陶鬲特征看，均为折沿修口，方唇下垂，和郑州商城以往出土的白家庄期陶鬲形制基本相同。南 H1 下层出土陶器较多，其中和以上两坑可比的陶鬲虽然也是折沿修口，方唇下垂，但近唇缘部却向上翻折，这和另外两个坑所出陶鬲特征颇不相同（图二）。这说明这三个坑虽然同属白家庄期，但还存在着阶段差异。我们知道白家庄期概念的提出，始于 20 世纪 50 年代白家庄遗址的发掘。后安金槐先生于 80 年代在总结郑州商城陶器分期时，将其划为二里岗上层第二期，但没做进一步划分[16]。90 年代以来，随着郑州商城考古工作的进一步开展，特别是郑州市附近小双桥遗址的发掘，人们逐渐认识到白家庄期还存在着发展的阶段性。小双桥遗址是一处以白家庄期堆积为主的大型聚落遗址，发掘者将其分为早晚两组，其第一组相当于典型的白家庄阶段，第二组年代上略晚于第一组，其中部分陶鬲的形制已和安阳洹北花园庄早期的陶鬲近同，发掘者在结语中说："这些器物常有它们的Ⅰ式器物伴出，且Ⅰ式器物在第二组的器物群中占很大比例。"[17]这说明第二组和第一组之间时间上差距不大。通过对比出土器物，我们发现南 H1 下层的年代应与小双桥遗址第二组的年代相当，但南 H1 所出陶鬲均为小双桥遗址的 BaⅡ式陶鬲，这说明南 H1 下层的年代可能比小双桥遗址第二组的年代还要略晚一些，或者相当于第二组的最晚阶段。因此南 H1 铜器窖藏坑的上限应为小双桥遗址第二组的最晚阶段。根据我们在前文的分析，三个窖藏坑的年代是相同的，那么这三个窖藏坑的上限也应该是相同的，即均为小双桥遗址第二组的最晚阶段。

通过上文的分析，我们可以确定属于这三个窖藏坑的遗物只是三个窖藏坑出土的这批青铜器。由于这三个窖藏坑的上层覆盖的地层均为唐宋时期地层，不能据此判断三个窖藏坑的下限，因此我们只有对这批铜器的年代进行具体分析，确定其中的最晚者，从而尽可能接近其下限。根据这批铜器的形态、纹饰特征（图三）、铸造方法，并结合郑州商城历年出土的各类铜器，我们可以把它们分成早晚相连的五组。

第一组：只有南 H1∶3、4 号铜方鼎。纹饰不见饕餮纹，仅在鼎腹四壁饰乳丁纹，乳丁纹的排列十分杂乱，足部饰有简单的三角形曲折纹。铜鼎器壁较薄。铸造技术在这批铜器中最为原始。铸法为多范分铸，鼎腹为八范合铸。铸造缺陷和补铸痕迹也是最多的。3、4 号鼎分别重 21.4 公斤和 20.3 公斤。根据安金槐先生对郑州二里岗青铜容器的分期结果，二里岗下层一期的青铜容器纹饰中尚未出现饕餮纹[18]。从郑州已出土的八个铜方鼎看，除南 H1∶3、4 号鼎外，其余各鼎均饰有饕餮纹。我们认为铜方鼎是商王室最重要的青铜重器，饕餮纹又是有商一代最普遍的纹饰，如果当时出现的饕餮纹，那么最有可能饰饕餮纹的容器当然应是铜方鼎。因此南 H1∶3、4 号鼎上没有饰饕餮纹，只能说明这一时期尚没出现这一纹饰。另外从这两个方鼎铸造技术的原始程度看，其时代也应较早。因此，这两个方鼎的铸造年代有可能早到二里岗下层一期。

第二组：仅南 H1∶2 号鼎一件。方斗型腹，腹壁饰八组饕餮纹，饕餮纹为窄线条，组成饕餮纹的图案互不相连，饕餮纹的鼻梁及双眉装饰极为简单，尾巴为单线组成的鱼尾纹。鼎腹四边饰乳丁纹，乳丁纹排列比较杂乱，足部饰有简单的三角形曲折纹。铸法为多范分铸，鼎腹四壁为八范合铸。铸造缺陷及补铸痕迹较多，但铸造技术较前二鼎有所进步，鼎的四壁更为规整，强度提高。重 26.7 公斤。从这件鼎腹饰饕餮纹及其铸造技术的改进看，和第一组的两件方鼎构成了阶段性的差别，但其饕餮纹图案还比较原始，因此这件铜方鼎的铸造年代可能为二里岗下层二期。

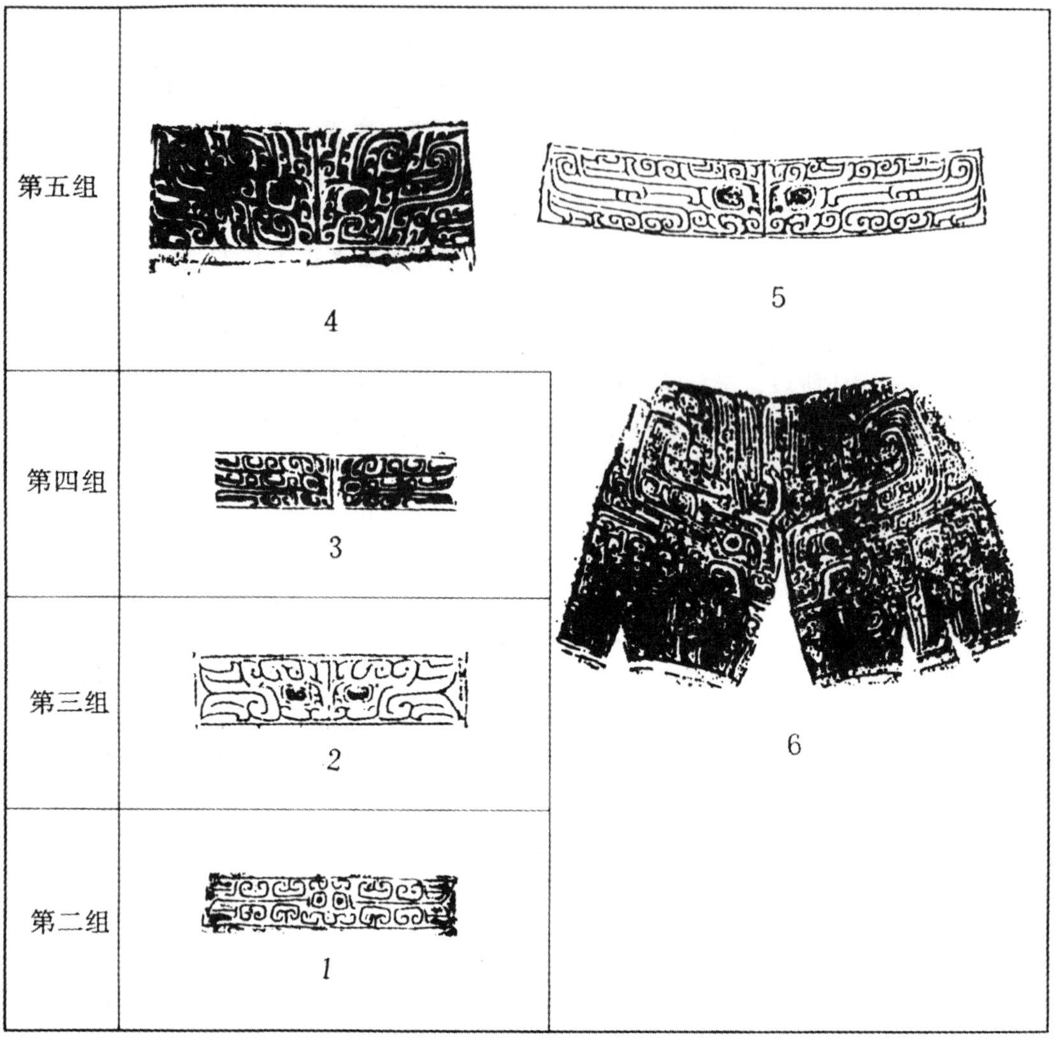

图三　郑州商代铜器窖藏饕餮及演变图

1. 方鼎腹（南 H1 上:2）　2. 方鼎腹（向阳 H1:8）　3. 方鼎腹（南 H1 上:1）
4. 斝腹（南 H1 上:6）　5. 圆鼎腹（向阳 H1:1）　6. 卣腹（向阳 H1:11）

第三组：张寨坑一、二号铜方鼎；向阳 H1:8 号鼎；张寨坑三号鬲、向阳 H1:12、13 号铜觚，6 号铜盂，7 号铜盘；南 H1:9 铜簋。其中三件方鼎腹壁均饰八组饕餮纹，饕餮纹均为窄线条，但饕餮纹的各个组成单元已相互连接，线条挺劲流动，饕餮纹鼻梁及眉饰变得复杂，尾巴仍残留有单线鱼尾纹，但已变短，形态也与南 H1:2 号鼎的不同，显示出饕餮纹图案在这一时期进一步完善。在铸造方法上仍采用多范分铸法，鼎腹四壁均为八范合铸。铸造缺陷及补铸痕仍较多，但比南 H1:2 号鼎有较大提高[19]。张寨坑一、二号鼎，向阳 H1:8 号鼎分别重 86.4 公斤，64.2 公斤和 52 公斤。向阳 H1:12、13 号铜觚的饕餮纹亦为窄线条，类似形制的铜觚在郑州商城的商代墓葬中多有出土，其时代应为二里岗上层一期。张寨坑三号鬲，向阳 H1:6 号铜盂、7 号铜盘，南 H1:9 号铜簋学者多认为属于二里岗上层一期[20]，因此这组铜器的铸造年代应为二里岗上层一期。

第四组：南 H1∶1 号鼎，向阳 H1∶2 号鼎。这两件铜鼎腹壁均饰八组饕餮纹，饕餮纹为宽线条，风格变得更为华丽，鱼尾纹完全消失，鼻梁及眉饰更为复杂。饕餮纹尾巴上挑，但饕餮纹仍呈横扁形。在铸造方法上虽然仍采用多范分铸法，但鼎腹四壁采用了四范合铸"，"已经淘汰了原始的拼铸方法，发展到类似浑铸的范铸法铸方鼎的新阶段"[21]。南 H1∶1 号鼎和向阳 H1∶2 号鼎分别重 52.9 公斤和 75 公斤。这两个鼎从纹饰和铸造技术看，和第三组的三件方鼎构成了阶段性的差别，其铸造年代有可能晚到二里岗上层二期。

第五组：向阳 H1∶3、4 号尊，5 号罍，11 号卣，1 号圆鼎；南 H1∶5、6 号铜斝，7、8 号铜爵。除向阳 H1∶9、10 号扁足圆鼎外，均饰有饕餮纹。向阳 H1∶1 号圆鼎为窄线条，其余均为宽线条。饕餮的尾巴多上卷。在饕餮纹的布局上，有些器物已突破了商前期青铜容器传统的条带状安排，花纹满布全身，如向阳 H1∶5 号罍、11 号卣。1 号圆鼎的三足为上粗下细的圆柱状，足底已平，和商前期出土的铜鼎多为尖锥状颇不相同，呈现出向商后期柱状足过渡的特点。3、4 号尊肩部所饰的突饰也是在商后期广为流行的作风，向阳 H1 ∶9、10 号扁足圆鼎的扁足开了商后期透雕扁足的先河。5、6 号铜斝，7、8 号铜爵底部圜凸，与郑州商城最晚期即白家庄期以往所出同类器物均不相同，而和藁城台西商代遗址的一、二期墓葬所出同类器物十分接近[22]。总之第五组铜器在许多方面已与传统认为的郑州二里岗期同类器物有了一定的差别，而接近于以洹北花园庄早期为代表的中商二期遗存，具有浓厚的由以郑州白家庄为代表的中商一期向中商二期过渡的特点，因此第五组铜器的铸造年代定为小双桥遗址第二组比较合适。

从上面的分析我们可以看出，南 H1 和向阳 H1 均出有第五组铜器，因此南 H1 和向阳 H1 的下限均应为小双桥遗址第二组，这样我们就可以确定南 H1 和向阳 H1 的形成年代均为小双桥遗址第二组的最晚阶段。张寨南街坑出土的铜器均为二里岗上层一期，但根据我们在前文的分析，该坑的上限却为白家庄期。我们认为造成这种上下限倒置的原因正是前文所指出的这三个窖藏坑所出的这批铜器是商王室宗庙祭祀用器经过统一规划后在同一时期分不同地点进行埋藏这一事实。张寨南街坑的铜器虽然年代较早，但其埋藏年代却和其他两坑的相同，均为小双桥遗址第二组。需要指出的是，由于材料的限制，以上研究尚不能完全卡死其下限，但小双桥遗址第二组已属于由中商一期向中商二期的过渡阶段，商王朝的统治中心在中商二期已由郑州转向安阳地区，因此这批王室重器的藏埋下限为小双桥遗址第二组的可能性是极大的。

三、窖藏坑的性质

关于这三个坑的性质，已有陈旭先生的窖藏说和安金槐先生的祭祀坑说两种观点[23]。陈旭先生认为这批铜器窖藏坑的性质是窖藏，其窖藏原因是商王朝统治阶层内部因争夺权力发生动乱，仲丁即位后自亳迁嚣，将这些铜器仓促藏埋。应当说陈旭先生的观点比较符合这三个窖藏坑发掘的实际，但也有自我矛盾的地方。因为陈旭先生在文章中，将向阳 H1 的年代定为二里岗上层一期偏晚，张寨南街坑定为白家庄期，两坑埋藏年代分布在两期之内，间隔时间较长，却又把窖藏原因和仲丁自亳迁嚣这样一个具体的历史事件联系起来，这就意味着这个历史事件延续了几十年时间，这显然不符合历史实际，因为根据文献记载，仲丁在位的时间最长也超不过20年。安金槐先生是力主祭祀说的[24]，认为这批铜器应是商代贵族进行祭祀后就地埋藏的，张寨坑的埋藏年代为二里岗上层一期，南H1和向阳H1的埋藏年代均为白家庄期。安先生的祭祀说和他判定的年代在逻辑上并不矛盾，但由于没有发现更多与祭祀相关的直接证据，所以也只能认为是一种假设。

从这三个坑发掘的实际情况分析，我们认为性质均是窖藏坑，理由如下：

1. 这三个窖藏坑除向阳H1外，均是利用原已废弃的商代灰坑或水井埋藏，并非专门挖坑埋藏。如果是祭祀坑，其埋藏形式不应如此草率。

2. 这批铜器年代有早有晚，最早可到二里岗下层一期，最晚为小双桥遗址第二组，年代跨度很大，而且又在同一时期埋藏，更像是窖藏坑。

3. 这批铜器均为实用器，铜方鼎出土时鼎腹上均有比较厚的烟炱，这说明使用时间很长。根据我们在前文分析，这批铜器是商王室宗庙祭祀所用法器。我们知道，宗庙及宗庙用器是十分神圣的，因为它们是祖先神灵和人间现世沟通的地方和桥梁，受到加倍看护，轻易不会移动和毁弃。这一点，从这批铜器的年代跨越整个商前期可以得到肯定。如果为了一般的祭祀而宗庙用器分批或整批迁移并掩埋，这在当时是不可想象的。因此这三个窖藏坑不可能是祭祀坑。

4. 没有发现直接的证据证明是祭祀坑。祭祀说为证明自己的观点而提出的五点证据并非只能用于祭祀说，用于窖藏说也未尝不可[25]。

研究这三个窖藏坑的性质，首先要探讨窖藏的原因和铜器的来源。由于这批铜器是商王室宗庙祭祀所用法器，这批铜器出在郑州商城外侧，郑州商城自然应是商王都邑之所在。郑州商城在商前期一直是商都之所在，但到了白家庄期时，郑州商城已不再作为王都使用[26]，这一点，学术界并无异议。而根据我们在前文的分析，这批铜器的窖藏年代为小双桥遗址第二组，很显然，这批铜器不可能来自郑州商城。这就向我们提出一个问题：这批铜器究竟从何而来？

在郑州地区，相当于小双桥遗址第二组，同时具有都邑规模，和郑州商都紧窑相连的遗址只有小双桥遗址。由于该遗址又正好处于文献所记的嚣地，因此有许多学者认为该遗址正是仲丁所居之嚣都[27]。小双桥遗址第二组是该遗址的最晚阶段，同时也是郑州地区作为商王朝统治中心的最后阶段，在此之后，商王朝统治中心已转移至安阳地区的洹北商城。洹北商城是近年来商代考古新发现，其早段遗存紧接小双桥遗址第二组，极有可能是河亶甲所居之相[28]。这批铜器在小双桥遗址第二组时窖藏，就是河亶甲由嚣迁相时将王室宗庙用器由小双桥遗址迁至郑州商城周围加以埋藏所留下的遗存。

那么，商王在迁都时为何不把这批铜器埋藏在小双桥反而要运至郑州商城周围埋藏呢？我们认为，商王在统治中心从郑州地区转往安阳地区时，将宗庙祭祀所用法器埋在郑州商城周围，其用意很可能是借助祖先神灵来护佑商城。我们知道，郑州商城是整个早商时期的王都，又是商王朝开国之王成汤所居之亳都，因此商人对郑州商城是非常重视的。即使到了商后期，商王还到郑州商城来进行祭祀[29]。另外，文献记载："自中丁以来，废適而更立诸弟子，弟子或争相代立，比九世乱，于是诸侯莫朝。"[30]显然，仲丁迁嚣的目的是为了避乱，和一般意义上的迁都不能完全等同。郑州商城距小双桥遗址只有25公里，商人此时迁都小双桥，也决不会将其完全废弃。事实也是如此。根据考古发掘，郑州商城南、北两座铸铜遗址——紫荆山和南关遗址此时仍在使用，在商城周围还发现有铜器墓[31]。因此，在迁都时将这批铜器从嚣运至亳都埋藏就是情理之中的事了。至此，我们可以得出结论：这三个窖藏坑的性质是具有特殊意义的窖藏坑，是河亶甲自嚣迁相之际把这批铜器由嚣都运至亳都周围埋藏所形成的遗存。

---

[1] a. 河南省博物馆：《郑州新出土的商代前期大铜鼎》，《文物》1975年6期。

b. 河南省文物考古研究所，郑州市博物馆：《郑州新发现商代窖藏青铜器》，《文物》1983年3期。

c. 河南省文物考古研究所，郑州市文物考古研究所：《郑州商代铜器窖藏》，科学出版社，1999年。

[2] [24] [25] 安金槐：《再论郑州商代青铜器窖藏坑的年代与性质》，《华夏考古》1997年1期。

[3] 陈旭：《郑州杜岭和回民食品厂出土青铜器的分析》，《中原文物》1986年4期。

[4] [20] [23] 同 [2] [3]

[5] [6] [9] [11] [12] 同 [1] c。

[7] [10] 宋国定、曾晓敏：《郑州商城考古又有新收获》，《河南日报》1993年6月23日7版。

[8] [13] [14] [15] 同 [1] b。

[16] 安金槐：《关于郑州二里岗期陶器分期问题的再探讨》，《华夏考古》1996年3期。

[17] 河南省文物考古研究所等：《1995年郑州小双桥遗址的发掘》，《华夏考古》1996年3期。

[18] 安金槐：《对郑州商代二里岗期青铜容器分期问题的初步探讨》，《中原文物》1992年3期。

[19] [21] 李京华：《郑州商代窖藏铜方鼎拼铸技术试析》，《郑州商代铜器窖藏》附录二，科学出版社，1999年。

[22] 河北省文物考古研究所：《藁城台西商代遗址》，文物出版社，1985年。

[26] 陈旭：《郑州商城宫殿基址的年代及其相关问题》，《中原文物》1985年2期。

[27] 陈旭：《郑州小双桥商代遗址即隞都说》，《中原文物》1997年2期。邹衡：《郑州小双桥商代遗址隞（嚣）都说辑补》，《考古与文物》1998年4期。

[28] 刘绪、雷兴山：《洹北花园庄遗址与河亶甲居相》，《文物世界》1999年11期。

[29] 郑杰祥：《释亳》，《中原文物》1991年1期。

[30]《史记·殷本纪》。

[31] 邹衡：《夏商周考古学论文集》，文物出版社，1980年，110页。

（原载《考古与文物》（先秦专号）2002年）

夏都斟鄩与汤都亳合考

张立东

夏都斟鄩是夏后太康至桀的都城，而商都亳则是商王成汤至太戊的都城。二都的考古学研究，直接关系到夏商文化的年代分界，进而影响到整个夏商考古学体系的建立。如果不解决这一关键问题，夏商考古就很难向纵深发展，很难探讨更深层次的问题。

中国考古学界关于斟鄩与亳的探讨，目前主要聚焦于二里头遗址、郑州商城和偃师商城。虽然多数学者支持二里头遗址即斟鄩，但有关两者对合关系的论证仍有不尽如人意之处。至于郑州商城与偃师商城何为商都亳，正是目前夏商文化研究的争论焦点。通观几十年来的研讨过程，各家对考古遗存的认识实际上差别甚小，相反各家对有关文献记载的认识则有很大的差异。鉴于此，笔者以为有必要对二都再加考辨。

夏商诸都的考古与文献研究，是业师邹衡先生用力最深、成就最大的课题之一。笔者受业于先生以来，虽自知愚钝，仍悉心揣摩先生治学之法，以求学得一二。自 1996 年至 1999 年，受命作为先生的秘书，参与“夏商周断代工程”之“夏代年代学研究”课题的论证、实施和结题，遂又得机缘经常聆听先生关于夏商考古的心法。“工程”结题阶段，在执笔“夏代年代学研究”课题报告和“工程”总报告（简本）的过程中，自以为对夏商二都的体悟又大有进境。欣逢庆贺先生 75 岁寿辰之盛举，特将所得奉献于先生和各位读者，敬请指教。

一、夏都斟鄩与二里头遗址

二里头遗址的发现，无疑是中国考古学史上的一件大事。关于这个重要遗址的历史归属，自徐旭生先生推测其可能为商都西亳之后[1]，直至 20 世纪 70 年代末，绝大多数学者都追随其说。在 1977 年的“登封会议”上，邹衡先生提出二里头文化一至四期均为夏文化，稍后又指出二里头遗址可能是夏都斟鄩[2]。此说引发有关二里头文化与二里头遗址历史归属的热烈讨论，于是有人开始力主二里头遗址为夏都斟鄩[3]，而大多数学者仍坚持二里头遗址即汤都西亳。自偃师商城发现以来，原来主张二里头遗址为汤都西亳的学者多转而力主二里头遗址即夏都斟鄩[4]，从而使二里头遗址即夏都斟鄩之说成为学术界的主流。

笔者自受业于先生之始，即笃信此说。然自工作于二里头遗址并立志研究夏文化以来，往往感觉已有的论证尚欠周详。这主要表现在两个方面：

一是二里头遗址与文献记载的斟鄩之地望并不相合。仅就文献记载而言，巩义稍柴遗址远比二里头遗址更有资格作为夏都斟鄩。这是有些学者，尤其是历史学家，怀疑乃至否定二里头遗址为夏都斟鄩的主要原因之一。

二是二里头遗址与文献记载的斟鄩之年代也难相合。依目前资料而言，二里头遗址的兴盛期为二至四期，而文献中以斟鄩为都者仅太康和桀，或者加上代夏的羿。在太康（或羿）与桀之间尚有原、老丘、西河诸都。

经过认真仔细的考辨，笔者以为无论地望还是年代，二里头遗址均与夏都斟鄩颇为相合。

地望

《史记·夏本纪·正义》引臣瓒曰：

《汲冢古文》云："太康居斟鄩，乙羿亦居之，桀又居之。"

这是说太康、羿和桀均曾以斟鄩为都。关于斟鄩的地望，主要有山东、河南两说。鉴于山东说无先秦文献佐证，而且其地为山东龙山文化和岳石文化的分布区，现代学者大多否认山东的斟鄩为夏都所在。

相比较而言，河南说则有众多的先秦文献为证。例如：

1.《逸周书·度邑》：自洛汭延于伊汭，居阳无固，其有夏之居。

2.《国语·周语上》：昔伊洛竭而夏亡，河竭而商亡。

3.《楚辞·天问》：帝降夷羿，革孽夏民。胡射夫河伯，而妻彼雒滨。

4. 古本《竹书纪年》：后桀伐岷山，进女于桀二人，曰琬，曰琰。桀受二女，无子，刻其名于苕华之玉，苕是琬，华是琰，而弃其元妃于洛，曰末喜氏。末喜氏以与伊尹交，遂以间夏（《太平御览》卷一三五引）。

5.《战国策·魏策一》：吴起对曰："夫夏桀之国，左天门之阴，而右天溪之阳，庐睪在其北，伊洛出其南。"

《尚书序》和《史记》亦有相关的记载：

6.《尚书序》：太康失邦，昆弟五人，须于洛汭，作《五子之歌》。

7.《史记·孙子吴起列传》用汉代地名转述《魏策》云：夏桀之居，左河济，右泰华，伊阙在其南，羊肠在其北。

8.《史记·封禅书》：昔三代之居，皆在河洛之间。

9.《史记·夏本纪》：帝太康失国，昆弟五人，须于洛汭，作《五子之歌》。

由以上诸条文献虽然难以确知斟鄩的具体位置，但可以肯定其位于伊、洛一带。

至于其具体所在。古代文献中主要有两说：

一说为河南城。《汉书·地理志》东海郡平寿县注引臣瓒曰：

斟鄩在河南，不在此也。《汲冢古文》云："太康居斟（斟字据《史记·夏本纪·正义》改）寻，羿亦居之，桀又居之。"《尚书序》云："太康失邦，昆弟五人，须于洛汭。"此即太康所居为近洛也。又吴起对魏武侯曰"昔夏桀之居，左河济，右太华，伊阙在其南，羊肠在其北"，河南城为值之。又《周书·度邑》篇曰武王对太公曰："吾将因有夏之居，南望过于三涂，北瞻望于有河。"有夏之居，即河南是也。

通过考古调查与发掘，汉始置之河南县城在今洛阳市区。

二说为巩县西南五十八里之鄩城。

《水经注·巨洋水注》：

薛瓒《汉书集注》云：按《汲郡古文》，相居斟灌，东郡灌是也。明帝以封周后，改曰卫。斟鄩在河南，非平寿。又云：太康居斟鄩，羿亦居之，桀又居之。《尚书序》曰：太康失国，兄弟五人，徯于洛汭。此即太康之居为近洛也。余考瓒所据，今河南有寻地。

此处之薛瓒应即臣瓒。《巨洋水注》所引薛瓒《汉书集注》文，自“又云”以下几乎与上引《汉书》颜师古注所引臣瓒文全同。颜师古《汉书叙例》云：

有臣瓒者，莫知氏族，考其时代，亦在晋初，又总集诸家音义，稍以己之所见，续厕其末，举驳前说，喜引《竹书》，自谓甄明，非无差爽，凡二十四卷，分为两帙。今之《集解音义》则是其书，而后人见者不知臣瓒所作，乃谓之应劭等《集解》。王氏《七志》，阮氏《七录》，并题云然，斯不审耳。学者又斟酌瓒姓，附著安施，或云傅族，既无明文，未足取信。蔡谟全取臣瓒一部散入《汉书》，自此以来始有注本。

在颜师古列出的《汉书》注释家中，只有臣瓒，而无薛瓒。

郦道元引用臣瓒关于太康所居近洛之后，省略了最关键的“河南城为值之”一句，而另行推测臣瓒之说的根据是“今河南有鄩地”。关于河南之鄩地的位置，《水经注·洛水注》记载得相当清楚：

洛水又北，迳偃师城东，东北历鄩中，水南谓之南鄩，亦曰上鄩也。迳訾城西，司马彪所谓訾聚也。而鄩水注之。水出北山鄩溪，其水南流，世谓之温泉水……鄩水又东南，于訾城西北，东入洛水。故京相璠曰：今巩洛渡北，有鄩谷水，东入洛，谓之下鄩，故有上鄩、下鄩之名；亦谓之北鄩，于是有南鄩、北鄩之称矣。又有鄩城，盖周大夫鄩肸之旧邑。

综合《巨洋水注》和《洛水注》，可知郦道元虽同意臣瓒太康之居近洛的说法，却改而指认巩县西南的鄩地为夏都斟鄩。

初唐的《括地志》则将里数说得相当清楚：

温泉水即鄩水，源出洛州巩县西南四十里。《注水经》曰：“鄩城水出北山鄩溪。”又有故鄩城，在巩县西南五十八里（《史记·张仪列传·正义》引）。故鄩城在洛州巩县西南五十八里，盖桀所居也（《史记·夏本纪·正义》引）。

《括地志》显然是根据《水经注》所说的周大夫鄩肸旧邑的“鄩城”立说，只是方位、里数更为具体，但并没有太大的把握，因此用了表示猜测的“盖”字。

明代至民国时期的《巩县志》，均沿用《括地志》的说法，有的更明确指出斟鄩就在罗庄。

郦道元、李泰所依据的鄩地之名可以追溯到东周时期。《左传》昭公二十三年：“癸卯，郊、鄩溃。”杜预注：“河南巩县西南有地名鄩中。”《史记·张仪列传》：“下兵三川，塞什谷之口”。《集解》引徐广曰：“一作‘鄩’，成皋巩县有鄩口。”《索隐》：“一本作‘鄩谷’，鄩什声相近。”《后汉书·郡国志》河南尹巩县有：“鄩谷水。”

综观以上两说，臣瓒的“河南说”显然是根据先秦文献所透露出的大体范围立说，但其具体方位的推定显然并无根据。郦道元虽然赞同臣瓒太康之居近洛的说法，但不同意在河南城，于是以巩县西南的鄩地立说，但仍然说的比较模糊。《括地志》始将郦道元所说“盖周大夫鄩肸之旧邑”的鄩城，推定为“盖桀所居也”。由臣瓒而至李泰，其“层累地造成”的夏都斟鄩之地望灼然可见。

鉴于此，先秦文献所透露出的斟鄩近洛是可靠的，而臣瓒以来据此而做出的两种推断则仅供参考，不必拘泥。换言之，凡是上述有夏之居范围内、具有都城规模的夏代遗址均有可能为夏都斟鄩。

在河洛一带已知的二里头文化遗址中，二里头遗址最具王都气派，最有资格作为夏都斟鄩。只有在“有夏之居”的范围内发现了比二里头遗址更具都城规模的夏代遗址之后，才能否定二里头遗址为夏都斟鄩之说，从而另立新说。

年代

最初研究者仅仅推断二里头三期具有王都规模，后来随着二期大型夯土基址和铸铜基址的发现，遂推断二期之时已为王都[5]。至于四期的情况，据曾长期主持二里头遗址发掘的郑光先生说：“四期文化遗存也遍布全遗址，除了小型房基外，有尚未全部清理的大型建筑夯土基址，二号宫殿和铸铜遗址仍继续使用，有不少精美铜器、玉器、漆器和大宗陶器。”[6]由此可见二里头遗址在四期之时可能仍为王都。迄今为止尚无人肯定二里头遗址在二里头一期之时已为王都，然若综合考察，此期的二里头遗址很可能已是王都。这主要是从以下几个方面考虑的：

1. 二里头一期文化层受到二里头二期至二里岗上层文化层的扰乱最为严重，因此遗留下来的文化遗存肯定最少。

2. 出于保护大型基址等原因，有些地方并未发掘到底。发掘者曾在二号宫殿下面发现二期大型夯土基址，并由此推断二期已为王都。将来也有可能发现更早的一期大型基址。

3. 此期属于王都的初创时期，其文化内涵较少也在情理之中。

4. 二里头早年所分的一期大体相当现在的一期至二期的早段，因此若依早年的分期法，至迟在一期晚段，二里头遗址已经比较兴盛。

5. 都城初创时期遗存较少的现象，也见于郑州商城、偃师商城和殷墟。

根据上引古本《竹书纪年》，以斟鄩为都者仅太康、羿和桀。关于太康与桀之间的中康、相、少康、杼、槐、芒、泄、不降、扃、胤甲、孔甲、皋、发，仅知相居商丘与斟灌、杼居原与老丘、胤甲居西河。其中相所居是流亡朝廷所在地，当时羿、浞仍在斟鄩发号施令，我们在考虑二里头遗址与斟鄩关系时可以不予考虑。值得特别注意的是，现在所用古本《竹书纪年》关于夏都斟鄩的记载，虽辑于三书，但均为臣瓒所引，无其他出处佐证，而从语气品味，臣瓒所说很可能只是撮要，而非纪年原文。太康与桀是居斟鄩者的一头一尾，而羿是异族代夏，三者均比较特殊，故以此作为代表。现在，至少有理由推测除了杼、胤甲之外，其他夏后均居斟鄩。

杼居原与老丘、胤甲居西河的记载与二里头遗址连续兴盛的情况存在矛盾。为了解决这个问题，我们曾提出太康至桀一直以斟鄩为都，原、老丘和西河可能只是夏代的别都，或夏后对外战争时的驻跸之所。三地均位于二里头文化（约与夏王朝疆域相当）的边缘地带，不符合“择天下之中而立国”的通例[7]。

先秦文献所说夏商周时期王都的迁、徙、居等，有时就是在保留原都的同时，往居别都。例如：

1. 相土徙商丘。

《太平御览》卷155引《帝王世纪》云：

《世本》：契居蕃，相（土）徙商丘。

而《左传》定公四年则说：

分康叔以……自武父以南及圃田之北竟，取于有阎之土以共王职，取于相土之东都以会王之东搜。

相土所徙之“商丘”，显然应是与当时的王都“商”并存的“东都”[8]。

2. 成王迁洛邑。

《史记·周本纪》：

营周居于雒邑而后去。

《何尊》：

惟王初迁宅于成周。

《春秋繁露·三代改制质文》：

武王受命，作宫邑于镐……周公辅成王受命，作宫邑于洛阳。

洛邑之为西周时期的东都，早已为学术界所公认。

若将原、老丘和西河理解为夏代别都，则二里头遗址的兴衰与臣瓒所引《竹书纪年》对夏都斟鄩的记载完全相合。综观夏商周三代，当时并无“都城”与“别都”这种现代人的区分，因此在记述这两种都城的居、迁之时并无分别。

总而言之，夏代自太康至桀一直以斟鄩为都，二里头遗址一至四期之持续繁荣，恰恰与此相互吻合。

二、商都亳与郑州商城、偃师商城

关于商王成汤始居之亳都，自古以来众说纷纭，有北亳、杜亳、南亳、西亳、垣亳、黄亳、郑亳等说。虽然至今仍有少数学者主张北亳、南亳、垣亳、黄亳诸说，但或由于文献证据过于薄弱，或由于无考古遗存可资对比，因此信从者甚少。自 1959 年徐旭生先生提出二里头遗址可能为汤都西亳以后，考古学者多信而从之。1978 年邹衡先生提出郑州商城为汤都亳[9]，始有“二里头遗址西亳说”与“郑亳说”之争。偃师商城发现以来，原来主张二里头遗址为西亳的学者多转而主张偃师商城为汤都西亳，于是亳都之争转化为“偃师商城西亳说”与“郑亳说”的对峙。近年又有学者提出郑州商城与偃师商城同为早商亳都，从而形成所谓“双亳说”[10]。

诸亳说之中，具有先秦文献依据的只有北亳说和郑亳说两家。现将两家的先秦文献依据罗列如下：

北亳说

《左传·庄公十二年》：

宋万弑闵公于蒙泽……立子游，群公子奔萧。公子御说奔亳。南宫牛、猛获帅师围亳。

杜注：“亳，宋邑，蒙县西北有亳城。”

《左传·哀公十四年》：

桓魋先谋公，请以鞍易薄。公曰：“不可。薄，宗邑也。”

郑亳说

《春秋·襄公十一年》：

公会晋侯、宋公……小邾子伐郑。秋，七月，己未，同盟于亳城北。

杜预注："亳城，郑地。"

《左传·襄公十一年》：

夏，郑子展侵宋。四月，诸侯伐郑。己亥，齐太子光、宋向戌先至于郑，门于东门。其莫（暮），晋荀罃至于西郊，东侵旧许；卫孙林父侵其北鄙。六月，诸侯会于北林，师于向。右还，次于琐。围郑。观兵于南门，西济于济隧。郑人惧，乃行成。秋，七月，同盟于亳城北。

郑州商城东北部发现的大批战国时期"亳"与"亳丘"陶文，表明战国时代的当地人仍然知道郑州商城名亳。最近，我们推测郑州战国陶文"十一年□□□"中的"十一年"或即晋悼公十一年，亦即鲁襄公十一年，并将"亳"、"十一年□□□"的双章同器与《春秋》中的十一年亳城之盟加以对合，从而为证明郑州商城即《春秋》、《左传》诸侯盟誓之亳城增加了一条难能可贵的证据[11]。

北亳说所在的鲁西南地区在夏代晚期至商代早期是岳石文化的分布区[12]，因此现代考古学者已鲜有主此说者。实际上，上引《左传》文字中，已明确告诉我们此亳邑为宋国的宗邑，与早商时期的亳都很可能没有任何关系。

尽管《春秋》、《左传》里并未明确告诉我们郑地之亳城即早商时期的亳都，可是我们恰恰在那里发现了早商时期规模最大的郑州商城。因此，就现有资料而言，郑州商城确是早商亳都的惟一选择。

由甲骨卜辞和《诗经·商颂》诸篇，可知商人习惯称自己的都城为"商"，早商居亳时期自然不会例外。仲丁迁隞之后，亳地之名并未迁往他处。《国语·楚语上》云：

昔殷武丁能耸其德，至于神明，以入于河，自河徂亳，于是乎三年，默以思道。

此处之亳应即早商旧都，亦即郑州商城。关于武丁"三年思道"之事，《尚书·无逸》云：

其在高宗时，旧（久）劳于外，爰暨小人……作（及）其即位，乃或亮阴，三年不言，其惟不言，言乃雍，不敢荒宁，嘉靖殷邦，至于小大，无时或怨，肆高宗之享国，五十年有九年。

可见此事可信无疑。根据乙辛时期的卜辞，商王于"征人方"的路途中曾在亳地停留，郑杰祥先生详细排比相关地名之后，认定乙辛卜辞之亳即郑州商城[13]。现有考古资料表明，郑州商城在白家庄期逐渐废弃，已失去都城地位，以后则仅在郑州商城西侧与外廓城之间发现有零星的遗址，正与已非都城而仍有人居住的情况相符。

进入西周以后直至春秋时期，郑州商城完全变为废墟，城内至今尚未发现西周至春秋时期的遗存。不过，由于去古未远，当时人仍然知道该城为亳都旧墟，上引《春秋》经传关于亳城的记述足可证明。进入战国时期，郑州商城重返历史舞台。郑州商城城墙外侧普遍发现的战国城墙，表明战国时期曾在商代旧城的基础上进行全面修缮。城内东北部发现的大量亳字陶文，表明该地在战国时期仍被称作"亳"或"亳丘"，人们仍然知道这座大城为古代亳城之墟。郑杰祥先生认为郑州战国城可能名"管"，而"亳"与"亳丘"陶文则表明此地虽已称管，但人们仍沿用众所周知的古老名称[14]。此说虽然尚未拿出确证，但与亳名逐渐消失的事实颇合，很可能正中肯綮。

郑州战国城在战火中遭毁之后，郑州商城经历了一个"失名"过程。经过秦始皇的"焚书"以及前后的争战，人们逐渐忘记此地曾经有过的辉煌。秦汉时期，当地官府利用郑州商城的南部修建新城，商城北半部仍然矗立在地面之上。由《续汉书·郡国志》河南尹："荥阳有薄亭、有敖亭"，可知汉代的荥阳仍有以"薄"（亳）为名之亭；另据出土"亳聚"陶文[15]，那里还有以"亳"为名之聚，从而为我们留下了地名化石。不过，人们已经不知此地曾为早商亳都所在，致使此后直至郑亳说提出之前，尽管郑州商城一直竖立在地面之上，可是没有任何学者指认其为早商亳都。

就在郑州商城为早商亳都之说被彻底遗忘之时，宋地之亳开始被指认为汤都，同时被指认为汤都者还有关中之亳。二说均见于《史记》：

1.《殷本纪》：

汤始居亳……盘庚渡河南，复居成汤之故居……治亳。

2.《货殖列传》：

昔唐人都河东，殷人都河内，周人都河南。夫三河在天下之中，若鼎足，王者所更居也，建国各数百千岁……夫自鸿沟以东，芒、砀以北，属巨野，此梁、宋也。陶、睢阳亦一都会也。昔尧作游于成阳，舜渔于雷泽，汤止于亳。其俗犹有先王遗风，重厚多君子，好稼穑，虽无山川之饶，能恶衣食，致其蓄藏。

3.《六国年表》：

夫作事者必于东南，收功实者常于西北。故禹兴于西羌，汤起于亳，周之王也以丰镐伐殷，秦之帝用雍州兴，汉之兴自蜀汉。

《殷本纪》未明言亳之所在，《货殖列传》的梁、宋之亳和《六国年表》的关中之亳，互相矛盾地共存于一书，表明司马迁对早商亳都之地望是兼采两说，心无定数。《六国年表》和《货殖列传》中涉及汤都的地方，均是总结历史规律。司马迁为了阐述自己对历史规律的认识。不惜博采异说，这是伟大的历史学家之不严谨之处。司马迁对亳都的这种认识，反映了他对郑地之汤都亳全然不知。

司马迁曾周游访古，他所说的两处汤都，有的可能就是其访古所得。如上所述，梁、宋之亳即东周时期宋国的宗邑，因此所谓的汤都显然是由宋国的亳邑附会而成。至于关中之亳，由《史记·封禅书》："于社亳，有三社主之祠"，可知很可能是由"亳社"而"社亳"而"杜亳"演化而来。亳社是周代商遗民之社，在商人后裔所建的宋国和接收了"殷民六族"的鲁国均有亳社，两者并见于《左传》。关中地区的亳社亦应是商遗民之社。在亳都之争中，有的学者认为凡是有亳社的地方均有可能衍生出亳[16]，但实际上只有"杜亳"可能是这样产生的。这两种说法应该是在郑州汤都亳失名之后新出的。

几乎与此同时，偃师商城为汤都的说法开始走上学术讲坛。

《春秋繁露·三代改制质文》云：

王者改制……咸作国号，迁宫邑，易官名，制礼作乐。故汤受命而王，应天变夏作殷号，时正白统。亲夏故虞，绌唐谓之帝尧，以神农为赤帝。作宫邑于下洛之阳，名相官曰尹。作《濩乐》，制质礼以奉天。文王受命而王，应天变殷作周号，时正赤统。亲殷故夏，绌虞谓之帝舜，以轩辕为黄帝，推神农以为九皇。作宫邑于丰，名相官曰宰。作《武乐》，制文礼以奉天。武王受命，作宫邑于镐，制爵五等，作《象乐》，继文以奉天。周公辅成王受命，作宫邑于洛阳，成文武之制，作《勺乐》以奉天。

在这段文字里，汤"作宫邑于下洛之阳"，与周文王"作宫邑于丰"、周武王"作宫邑于镐"、周公辅成王"作宫邑于洛阳"相对应。如果仅从字面理解，汤作于下洛之阳的宫邑，既可以理解为都城，也可以理解为别都。值得注意的是，董仲舒对作于下洛之阳的宫邑，并没有像对待其他几处都城一样直称其名，却使用“下洛之阳”这样的区域性地名。由此可以推知，董仲舒认为成汤作于下洛之阳的宫邑并非亳都，而且并不知道这处宫邑的名称。假如他认为这处都邑就是亳，他肯定会像对待“丰”、“镐”和“洛阳”一样直称其名。通读这段话，可知董仲舒所要讲的是“受命”、“作邑”两件连续事件。就成汤而言，他在“汤受命而王，应天变夏作殷号”之后所作之邑，确实是下洛之阳的宫邑即偃师商城，而非亳都即郑州商城，因为“始居亳”是在立国（受命）之前。

《史记·封禅书》云：“昔三代之居，皆在河洛之间。”司马迁心目中河洛之间的三代之居，夏代当为夏都斟鄩、周代当为东都洛邑，而商代则很可能为汤都，因为除此没有其他可能。《正义》在此条下引《帝王世纪》：“殷汤都亳，在梁，又都偃师，至盘庚徙河北，又徙偃师也”，可见张守节也是这样理解的。根据《史记》的《曹相国世家》、《樊郦滕灌列传》、《田儋列传》等，司马迁称呼偃师商城一带为“尸”或“尸乡”。

《汉书·地理志》转抄了《史记》河洛之间和梁、宋之地的两处汤都。将前者具体为“尸乡，殷汤所都”，其中的“尸乡”为汉代地名；而于后者则明说“汤止于亳”。《说文》五下“高部”则有“亳、京兆杜陵亭也”的记载。

综合董仲舒、司马迁和班固、许慎之说，可知两汉学者心目中的汤都亳位于梁、宋之地或关中，亦即后世的北亳和杜亳。尽管他们知道在下洛之阳（河洛之间、尸、尸乡）有一处成汤都邑，但并不认为其为亳都。这是直到东汉时代无人直称下洛之阳的汤都为亳的真正原因。

西汉学者提出下洛之阳的汤都，显然是根据该地关于成汤宫殿，亦即“桐宫”的传说。桐宫见于伊尹放太甲的传说。

《孟子·万章上》：

汤崩，大丁未立，外丙二年，仲壬四年，太甲颠覆汤之典刑，伊尹放之于桐。三年，大兵悔过，自怨自艾；于桐，处仁迁义，三年，以听伊尹之训，已也，复归于亳。

古本《竹书纪年》：

仲壬即位，居亳。其卿士伊尹。仲壬崩，伊尹放太甲于桐，乃自立也。伊尹即位，大甲七年，太甲潜出自桐，杀伊尹，仍立其子伊陟、伊奋，命复其父之田宅而中分之（《春秋经传集解·后序》引）。

《史记·殷本纪》：

帝太甲既立三年，不明，暴虐，不遵汤法，乱德，于是伊尹放之于桐宫。三年，伊尹摄行政当国，以朝诸侯。

帝太甲居桐宫三年，悔过自责，反善，于是伊尹乃迎帝太甲而授之政。

《孟子》和古本《竹书纪年》均称伊尹放太甲之地为“桐”，至《史记·殷本纪》叙述此事时，始有“桐宫”之名，《孟子·万章上》赵歧注始称“桐邑”。尽管桐、桐宫、桐邑据今所见有先后之分，但三者同为一地却是毫无疑问的。其中由“桐”增“宫”而成“桐宫”的情况在夏商地名中是独一无二的，当有其历史渊源。司马迁始称“桐宫”，很可能是依据桐地有成汤所作宫殿的传说，他可能仍然知道下洛之阳的宫邑即是桐宫。关于桐宫之所在，主要有郋西南说、扶风说、宝鼎说、梁国说和偃师说。自从邹衡先生考订偃师商城为桐宫之后[17]，多数学者认为桐宫在偃师[18]。只是偃师商城西亳说否认偃师商城为桐宫，主张桐宫应在偃师老城以东六里，或即传说为汤王冢、汤王庙的附近。根据桐、桐宫为一地的事实，我们完全有理由推断偃师桐宫说至迟战国时期已经存在。

关于作为地名的“桐”，依邹衡先生说应为“汤”之音转[19]。郑玄云：“亳，今河南偃师有汤亭”（《书序》“汤始居亳”孔疏引），皇甫谧也说“汤亭，偃师”（《续汉书·郡国志》河南尹刘昭注补引《帝王世纪》）。按汉代的地方组织，县下为乡，乡下为亭，乡级地名多取自当代地名，而亭级之名常取自古史传说。《水经注·谷水注》云：“阳渠水又东，迳亳殷南，昔盘庚所迁，改商曰殷，自此始也。班固曰：尸乡，故殷汤所都者也，故亦曰汤亭。……《晋太康记》、《地道记》并言田横死于是亭，故改曰尸乡，非也。”

由此可知“汤亭”与“尸乡”有着密切关系，很可能汤亭即属尸乡，而汤亭的具体管辖范围，可能即偃师商城一带。“汤亭”表明汉代偃师县尸乡确有名“汤”之地，而以汉代亭名常取自古史传说例之，“汤”之地名当可追溯到更早，很可能就是偃师商城的本名。偃师商城之所以称“汤”，当是因为该城为成汤所建。偃师商城始建年代与郑州商城基本同时而略晚的事实，足可解释为该城建于成汤之时。偃师商城内从未发现单纯的二里头文化地层，则表明偃师商城是在一片空地上兴建起来的，其始建之时当无现成的名称，因此当时人根据此城为汤所建而名之为“汤”也就在情理之中。

“汤宫”（桐宫）最初所指应即偃师商城之“宫城”。偃师商城已发现三重城圈[20]，研究者之所以将最里面的一圈称作“宫城”，主要是因为其内遍布宫殿建筑，而与后世之“宫城”颇似。关于三重城圈的建筑顺序，发掘者认为“偃师商城是先建宫城和内城（即小城），最后建外城（即大城）”[21]。然若仔细研究最新的偃师商城总平面图，即可发现即使仅从布局上说，最初在此兴建的应是“宫城”。根据有二：一是“宫城”与小城的轴线并不重合；二是“宫城”并不在小城的正中，以至于从小城东西二门进入城内的排水沟（及沟上的道路），必须经过两次大约90度的转折之后才能进入“宫城”。“宫城”、小城本身的地层关系也说明了这一点。据说“宫城”曾经两次扩建。至于两次扩建的具体时间，研究者属之于大城建造时期及以后[22]，但至今尚未拿出足够的证据，因此似有必要提出另外一种可能，这两次扩建的时间可能分别与小城、大城的建造年代大体相当（当然，更有待将来的资料证明）。就现有资料而论，以“宫城”内灰沟底层为代表的“偃师商城第一期第1段”可以代表宫城修建年代的下限；而小城的修建年代则是“当地商文化的第1、2段之际”，“至迟是在第2段的偏早时候”[23]，两者的建造年代似有一定区别[24]。我们有理由推断：最初在此规划、建造的只是所谓的“宫城”，过了一段时间之后，才修建了小城。正因为小城之建，“宫城”之防御功能丧失，才有数座宫殿突破“宫城”之举，正如小城与大城的关系一样。

既然可以肯定最初在此建造的只是边长约200米、外设2米左右厚的围墙、内建数座宫殿的一座略呈正方形的大院，我们就不难理解由“桐”而“桐宫”的演变了。郑玄所说“地名也，有王离宫焉”（《史记·殷本纪·正义》桐宫条引）虽然晚出，却与建城初期的实际情况颇合。邹衡先生曾推测当初偃师商城内的某座宫殿可能被称作桐宫，现在我们确知所谓桐宫应即偃师商城的“宫城”。

最早将下洛之阳的汤都称作“亳”和“西亳”的，亦即认定这处都邑为亳都的，是西晋时期的《帝王世纪》。而在改定下洛之阳的汤宫为汤都亳以后，就得重新安排桐宫的地望，于是新出东桐宫、西亳都之说。现知同时记载西亳与桐宫地望的文献主要有以下两条：

第一，《晋太康地记》：

尸乡南有亳坂，东有城，太甲所放处也（此处的亳坂可以理解为“西亳”，《史记·殷本纪·正义》引）。

第二，《括地志》：

亳邑故城在洛州偃师县西十四里（《史记·殷本纪·正义》引）。洛州偃师县东六里有汤冢，近桐宫（《史记·殷本纪·正义》引）。

据研究，汉魏时期偃师商城之城墙的残留高度，从南部的 0.3 米到北部的 2 米不等[25]。这样的高度是保存不了多久的。西晋皇甫谧误将亳都置于“偃师西二十里尸乡之□阳亭”，很可能就是因为已经看不到偃师商城的城墙。此后历代学者记述西亳地望时，有偃师西二十里、十四里、十里、三十里等说法，之所以出现诸多异说，一个重要原因就是偃师商城已经完全埋入地下，人们已无法确知西亳何在，只能根据书本进行转述或推算。若除去清代才出现的三十里说，历代对西亳地望的记载还是比较接近的。史家盛传的县治搬家之事，迄今未能得到考古资料的佐证。

现在，试将历代对成汤都城的认识做一下总结：据现有资料推断，东周时期当以郑州商城为早商亳都，而以偃师商城为桐宫。两汉时期，原先的亳都（郑州商城）和桐宫（偃师商城）均已失名，人们于是改认宋国的宗邑或关中的亳社为汤都亳，同时确认下洛之阳有一处成汤的宫邑，或直称其为汤都。西晋时期始将下洛之阳的汤都推定为亳都，同时将其与前此由宋国宗邑和关中亳社改认的亳都，以及新出梁国谷熟之亳并存于世。偃师商城既已被改定为汤都亳，于是只得将桐宫置于西亳之东，从而形成西亳都、东桐宫的格局。宋代以后，又陆续出现山西垣曲[26]、河南内黄等地的亳都（表一）[27]。

表一　**历代对亳都地望的认识一览表**

<table>
<tr><td colspan="2">时代</td><td>亳都</td><td>别都</td><td>文献来源</td></tr>
<tr><td colspan="2">先秦</td><td>郑亳</td><td>汤（桐）宫</td><td>《春秋》、《左传》、《孟子》</td></tr>
<tr><td colspan="2">两汉</td><td>北亳、杜亳</td><td>下洛之阳的宫邑</td><td>《春秋繁露》、《史记》、《汉书》、《说文解字》</td></tr>
<tr><td colspan="2">西晋至唐</td><td>北亳、南亳、西亳、杜亳</td><td></td><td>《帝王世纪》、《括地志》</td></tr>
<tr><td colspan="2">宋代至近代</td><td>北亳、南亳、西亳、杜亳、垣亳、黄亳等</td><td></td><td>《太平寰宇记》、《集韵》、地方志</td></tr>
<tr><td rowspan="4">现代</td><td>郑亳说</td><td>郑亳（郑州商城）</td><td>偃师商城</td><td>《郑州商城即汤都亳说》，《文物》1978 年 2 期</td></tr>
<tr><td>二里头遗址西亳说</td><td>先居南亳或北亳，后迁西亳</td><td></td><td>《1959 年夏豫西调查“夏墟”的初步报告》，《考古》1959 年 11 期</td></tr>
<tr><td>偃师商城西亳说</td><td>先居南亳或北亳，后迁西亳</td><td></td><td>《偃师商城的初步勘探与发掘》，《考古》1984 年 6 期</td></tr>
<tr><td>其他</td><td>垣亳、黄亳</td><td></td><td></td></tr>
<tr><td colspan="2">本文</td><td>郑州商城</td><td>偃师商城</td><td></td></tr>
</table>

汉代亭级地方组织的名称中保存有很多古史传说，值得古史学者重视。荥阳的薄亭、敖亭和偃师的汤亭，恰与郑州商城、小双桥遗址和偃师商城互相照应，很值得我们深思。郑州商城和偃师商城各有其名的现实，应当值得“双亳说”者三思。

总之，本文认为郑州商城为汤都亳、偃师商城为早商别都之说具有坚实的考古与文献证据，可以顺畅地说解两座商城的关系，以及上与二里头遗址、下与小双桥遗址的关系。相反，若将偃师商城指认为汤都西亳，则难以安排郑州商城的历史归属。两城几乎同时兴、衰的事实，使得郑州商城隞都说无法与偃师商城西亳说匹配。二里头遗址为夏都斟鄩的考古和文献证据均相对薄弱，但以目前资料而论，二里头遗址显然是夏都斟鄩的最优选择。按照一般的聚落分布规律，在河洛之间再发现另一座与二里头遗址同时而规模更大的遗址的可能性几乎微乎其微，因此我们自可放心地指认二里头遗址为夏都斟鄩。

后记：自师从邹衡先生专攻夏商考古以来，经常费尽心机思考先生之所以成功的原因，后悟出两条：一是从大局着眼，力求对夏商文化的有关问题进行系统的说解；二是从小处着手，从每一个陶片摸起，从每一条文献查起。或可比喻为睁大眼睛用两条腿走路。离开先生身边走上工作岗位之后，更时刻提醒自己。尽量模仿先生的治学方法，去探究所遇到的夏商考古中的每一个难题。

记得至少有两位前辈曾经非常善意地告诫笔者：要从考古资料出发，而不是从文献记载出发，更不应该走纯粹文献考辨的路子。我非常感谢前辈们的谆谆教导，不过，前辈们应该放心的是，我从来就不是纯粹从文献记载出发，更没有进行纯粹的文献考辨。迄今为止我所写的几篇以文献考辨为主的文章，均有坚实的纯考古研究为基础（例如：地层分析、器物型式划分、与其他文化的互动关系等，只可惜有些研究结果尚未来得及整理发表）。夏商文化研究是以考古资料探讨历史问题，因此必须将考古和文献资料结合起来进行研究，将现有的残破的考古和文献资料进行对合（就像对陶片一样），以便最大限度地重建中国上古史（就像修复陶器一样）。考古学家一旦由纯粹地层学和类型学的研究，上升到对历史问题（例如何种考古学文化是夏文化、商文化，哪一个遗址是夏都、商都等）的探讨，我们就不可避免地涉及文献资料。

在专攻夏商考古的同辈之中，窃以为是比较特殊的一个。我有幸师从夏商周考古学泰斗邹衡先生，攻读硕士、博士学位。从具体招式到套路心法，先生均悉心传授。进入考古所之后，蒙领导垂爱，有缘在二里头遗址、偃师商城工作数年。遂得机缘叩问所内各位大家，当面闻听西亳说者对郑亳说的诘难，从而对已有的若干看法进行了深入反思，进而加以修正。通过自己的切身感受，我觉得在夏商文化的研讨之中，各家应该认真对待对方的诘难。只有将别人的诘难全部化解之后，才能真正算得上成一家之言。纯粹从做学问的角度而言，作为郑亳说的追随者投身于西亳说的大本营，实在是学术人生之大幸。喜读武侠小说者大都会有这样的体会，凡在武林中出类拔萃者，多出身于名门正派，并出入各门各派之间，兼收各家之所长。具有这样的经历，并真正具有超然心态者，才有可能真正地笑傲江湖。

曾几何时，笔者曾雄心勃勃、不知天高地厚地想在江湖上真正闯出一点名头，可惜眼下只能洒泪而别。由于种种原因，从今年秋天开始，笔者将重入校门，进入艺术史的领域，在未来一段时间内无法全力从事夏商文化的研究。在这暂时惜别夏商文化研究，整装待发，准备踏上新的学习之路的时刻，我非常怀念在先生的牵领之下全力投入夏商文化研究的岁月。今后若得机缘，必将重回这片影响深远、意义重大，对本人而言又是牵肠挂肚魂牵梦萦的“江湖”。

---

［1］徐旭生：《1959 年夏豫西调查“夏墟”的初步报告》，《考古》1959 年 11 期。

［2］邹衡：《试论夏文化》，《夏商周考古学论文集》，文物出版社，1980 年。

［3］陈旭：《关于夏文化问题的一点认识》，《郑州大学学报》1980 年 5 期。

［4］a. 赵芝荃：《论二里头遗址为夏代晚期都邑》，《华夏考古》1987 年 2 期。
b. 方酉生：《偃师二里头遗址第三期遗存与桀都斟鄩》，《夏文化研究论集》，中华书局，1996 年。

［5］郑光：《试论二里头商代早期文化》，《中国考古学会第四次年会论文集》，文物出版社，1985 年。

［6］郑光：《二里头陶器文化论略》，《二里头陶器集粹》，中国社会科学出版社，1995 年。

［7］张立东：《夏都与夏文化》，《夏文化研究论集》，中华书局，1996 年。最初考证西河之地望时，主要根据《吕氏春秋·音初》推定西河当位于夏王朝中心区域之西，进而根据陈奇猷注“旧校云：‘河’，一作阿”，以及“阿”字的古义，推测西河当在夏王朝中心区域以西的黄河大拐弯处。后来推测可能在河南境内（《山西夏都考辨》，《考古求知集》，中国社会科学出版社，1997 年），则主要依据渑池县的崤山二陵。近读《史记·廉颇蔺相如列传》“秦王使使者告赵王，欲与王为好会于西河外渑池”，始知渑池附近亦有名西河之地。《索隐》云：“在西河之南，故云‘外’。”《史记辞典》（山东教育出版社，1991 年）认为此处西河“当指今陕西华阴至山西古城一段西南东北走向的黄河河段”。此说颇合情理。胤甲所居之西河应该就在今河南省渑池、陕县一带。

［8］张立东：《先商文化浅议》，《中国商文化国际学术讨论会论文集》，中国大百科全书出版社，1998 年。

［9］a. 邹衡：《郑州商城即汤都亳说》，《文物》1978 年 2 期。
b. 邹衡：《论汤都郑亳及其前后的迁徙》，《夏商周考古学论文集》，文物出版社，1980 年。

［10］a. 张国硕：《郑州商城与偃师商城并为亳都说》，《考古与文物》1996 年 1 期。
b. 许顺堪：《中国最早的两京制—郑亳与西亳》，《中原文物》1996 年 2 期。

［11］张立东：《郑州商城与战国陶文“亳”、“十一年□□□”》，待刊。

［12］邹衡：《论菏泽（曹州）地区的岳石文化》，《文物与考古论集》，文物出版社，1986 年。

［13］郑杰祥：《商代地理概论》，中州古籍出版社，1994 年。

［14］郑杰祥：《“夏商周断代工程·夏及商前期都城文献及考古资料的搜集与整理”专题研究报告》，内部资料。

［15］张立东等编：《手铲释天书——与夏文化探索者的对话》，大象出版社，2001 年，232、239 页。

［16］刘蕙孙：《从古文字“亳”字探讨郑州商城问题》，《考古》1983 年 5 期。

［17］a. 邹衡：《偃师商城即太甲桐宫说》，《北京大学学报》（哲学社会科学版），1984 年 4 期。
b. 邹衡：《西亳与桐宫考辨》，《纪念北京大学考古专业三十周年论文集》，文物出版社，1990 年。

［18］王立新、林沄：《“桐宫”再考》，《考古》1995 年 12 期。此文认为桐宫另有其地。

［19］邹衡：《西亳与桐宫考辨》注［63］，《纪念北京大学考古专业三十周年论文集》，文物出版社，1990 年。

［20］张立东：《偃师商城布局刍议》，《中国文物报》1999 年 7 月 7 日。

［21］本报讯：《偃师商城考古再获新突破》，《中国文物报》1998 年 1 月 11 日。

［22］王学荣：《偃师商城布局的探索和思考》，《考古》1999 年 2 期。

［23］杜金鹏、王学荣、张良仁：《试论偃师商城小城的几个问题》，《考古》1999 年 2 期。

［24］自 1996 年下半年起，为撰写《中国考古学·夏商卷》的有关章节，王学荣先生推出了偃师商城新

的分期，并得到杜金鹏先生的认同以及若干队员或所内其他同仁的支持。自编写组成员首次在考古队边看陶片边讨论之日起，笔者即明确指出其所谓第1、2两段的区分非常勉强，其分期系统中前半部分和后半部分的尺度显然不一致。以笔者将郑州二里岗文化分为两期四段八组的经验，尚看不出偃师商城所谓第1、2段之间的明显区别。不过，笔者并不否定两段之间可能存在早晚关系，故此暂时依从发掘者根据新分期对宫城、小城年代的推定，以说明两者年代有别。

[25] 王学荣：《偃师商城与二里头遗址的几个问题》，《考古》1996年5期。

[26] 邹衡：《汤都垣亳说考辨》，《国学研究》第一卷。北京大学出版社，1993年。

[27] 邹衡：《内黄商都考略》，《中原文物》1992年3期。

（原载《考古学研究（五）》，科学出版社，2003年）

释“三亳”

程平山

《尚书·立政》:“夷微卢烝,三亳阪尹。”伪孔传云:蛮夷微卢之众师及亳人之归文王者三所,为之立监,及阪地之尹长皆用贤。”孔颖达疏引郑玄说:“汤旧都之民服文王者分为三邑,其长居险,故言阪尹。盖东成皋、南轘辕、西降谷也。”《诗·商颂·玄鸟》孔颖达疏引皇甫谧说:“然则殷有三亳,二在梁国,一在河洛之间。谷熟为南亳,即汤都也;蒙为北亳,即景亳,是汤所受命也;偃师为西亳,即盘庚所徙者也,《立政》之篇曰:‘三亳阪尹’是也。”谷熟即今河南省虞城县谷熟镇,蒙亳在今山东省曹县南。郑玄、皇甫谧的“三亳说”出现后,成为后代学者所论三亳的主要依据。清人杨守敬已经论证,皇甫谧的“三亳说”更符合《立政》“三亳”的本义,故《立政》“三亳”当从皇甫谧的解释[1]。但是学者对于皇甫谧所举“三亳”中的各个亳有不同的解释,有些学者注重南亳,有些学者主张北亳,有些则赞成西亳,从而形成三亳的分离;一些学者甚至否定三亳的存在。我们认为《尚书·立政》的记载不仅是西周初年人们观念的反映,也是商代历史事实的反映,商代确实存在“三亳”,因此有探讨的必要。目前,在商统治区内发现了两座被认为与亳有关的商代城址,即郑州商城与偃师商城。另外,中美考古联合在商丘地区寻找亳都。本文根据考古发现结合文献资料探讨商汤之三亳。

一、郑州商城为早商正式都城

1955年,在郑州旧城一带发现一座商代城址,经多年的考古工作证明为商代都城。郑州商城分为宫城、内城、郭城三部分。内城平面形状呈长方形,周长6960米,东、南、北三面城墙各长约1700米,西墙长约1870米[2]。在内城的南面发现有外城郭。内城的东北隅为当时的宫殿区,在范围东西长约750米、宽约500米的范围内有夯土基址数十处[3],其中大的两千多平方米,小的百余平方米,这里应是当时的宫城等建筑所在。在宫城等建筑以南也有夯土基址的发现。在商城西墙外的张寨南街、商城东南角的向阳回民食品厂以及南顺城街西侧民族食街1号楼,发现了铜器窖藏[4],出土了许多青铜器,包括方鼎、圆鼎、鬲、盘、尊等。其中,张寨南街出土有方鼎两件,大鼎高100厘米、口径横62.5厘米、纵61厘米,重约86.4公斤,是目前所见时代最早的青铜重器。在南关外、紫荆山发现大规模的铸铜作坊[5],在铭功路发现制陶作坊[6],在东里路10号宫殿建筑基址旁和紫荆山北发现制骨作坊[7]。在商城外的白家庄、北二七路和人民公园等地,发现了数以百计的商代墓葬[8]。又在内城南距离南城墙600~900米处,发现郑州商城的外郭城[9]。通过对郑州商城城墙的解剖以及城内遗迹的分析，证明郑州商城始建于二里岗下层早段，废弃于二里岗上层晚段。郑州商城兴建与使用于二里岗时期，经历了一个相当长的历史阶段。总之，郑州商城的规模与内涵表明了它是商代都城。

关于郑州商城的定名问题主要有三种观点：（一）郑亳说[10]、（二）管邑说[11]、（三）隞都说[12]。其中隞都说者认为郑州商城是商代中期仲丁所迁敖都，我们认为二里岗文化属于早商文化，郑州是早商都邑。因此，本文主要讨论郑亳说和管邑说。

郑亳说

郑州战国城内出土有许多战国陶文[13]，文字有“亳”、“亳丘”、“周”、“王”、“京戻”等。其中，以“亳”字最为常见，“亳”与“亳丘”的陶文出土近200个。亳、京等陶文与地名有关。《春秋》襄公十一年：“（诸侯伐郑，）秋，七月，己未，同盟于亳城北。”杜预注：“亳城，郑地。”《左传》襄公十一年：“秋，七月，同盟于亳。”郑亳说者认为：亳是地名，陶器是当地造的，郑州附近又无名亳者，这样就直接证明郑州战国城东周时期本名亳，同时，郑州商城在东周时仍被利用，因此，可称为亳城。又认为亳丘犹亳墟，如同殷墟。《续汉书·郡国志一》河南尹荥阳条下：“有薄亭、有敖亭。”郑州市西北郊一带出土有战国秦汉的陶文，其中有“亳”、“亳聚”等[14]。目前，郑州战国城出土有“亳”、“亳丘”的战国陶文已经不少，但是不能用以证明郑州商城在商代是亳。郑州商城为商代早期都城，郑州战国城是在郑州商城废弃城墙的基础上修补而成，郑州战国城出土众多的“亳”、“亳丘”陶文，可能反映了战国时人以郑州商城为商汤都城的观念。但是，战国陶文“亳”，反映战国人的认识，这种认识未必准确，不足以证实久远的事物。郑州地区的早商文化以前的文化是二里头型文化，即郑州地区属于夏人的统治区域，是夏亡以后被商人占领区域。因此，郑州商城不是先商时期汤所居亳。

管邑说

据《汉书·地理志》、《括地志》等文献记载，周初管叔之封国在郑州旧城（即汉、唐至民国时期的城址）一带。自汉唐以来，学者多信此说。杨宽先生根据《汉书·地理志》、《括地志》等文献的记载，以及郑州商代废弃城墙之上有战国修补的城墙，认为郑州在周代称为管，并以周代的管地“是沿用商代的旧称，并不是一个新定的国名”，提出郑州商城为商代的别都管。

郑州商城废弃城墙之上是战国人修补的战国城墙，郑州商城在殷墟时期已经废弃，郑州商城内并无西周遗存的发现，说明郑州商城一带不是商代后期和西周初年的管城。郑州商城一带也无春秋时期的重要遗迹和遗物，说明春秋时期的管邑也不在此。我们在《商周管邑地望考略》一文考证，商代后期、西周和春秋时期的管邑在郑州西北郊古荥泽附近，郑州战国城是战国时期的管邑，郑州商城是早商时期的管邑[15]。

从目前的考古资料分析，郑州商城决不是商汤灭夏以前所居和灭夏以后复返的亳。但是却有充足的考古资料证明郑州商城是商代早期都城，郑州商城规模宏大，遗址的面积25平方公里，与商末都城殷墟面积（30平方公里）相当。它的规模不仅远大于偃师商城的规模，也应大于商汤居百里之地亳都的规模。夏商周时期城的规模均受都邑制度制约，郑州商城的规模表明它不是别都，而是正式都城。因此，郑州商城应是商代早期的正式都城。楚之都城称为“郢”或“某郢”，而鄂君启节的记载又表明，江陵之郢和寿春之郢都可以称为郢[16]。同样，郑州商城是商代都城管邑，可以称为“管亳”，也可以简称为亳。

亳是汤都的通称，专称时则指殷墟卜辞所记东方之亳。

二、偃师商城为早商别都

《汉书·地理志》河南郡偃师条下班固自注："尸乡，殷汤所都。"《尚书序》"作《帝告》、《釐沃》"。孔颖达疏引郑玄说："亳，今河南偃师县有汤亭。"皇甫谧《帝王世记》(《诗·商颂·玄鸟》孔颖达疏引)："偃师为西亳，即盘庚所徙也。"晋至唐相袭，《水经注·泒水》、《水经注·谷水》等皆采此说。《括地志》(《史记·殷本纪·正义》引)云："亳邑故城在洛州偃师县西十四里，本帝喾之墟，商汤之都也。"

1983年春，中国社会科学院考古研究所汉魏故城队在偃师尸乡沟一带，钻探出一座商代城址[17]。偃师商城由郭城、内城和宫城三部分组成。偃师商城北依邙山，南临洛水，建于洛水北岸的高地上。郭城平面形状略呈长方形，南北长1700余米，最北部宽1215米，中部宽1120米，南部宽740米。郭城周围筑有夯土城墙。偃师商城郭城有6座城门，其中南门、北门各1座，东、西城门各2座[18]。在偃师商城城址的南部发现有内城，内城平面形状呈长方形，南北长约1100米，东西宽约740米[19]。内城之中有2座小城，一号建筑居中为宫城，宫城呈方形，长宽200余米，宫城内发现有成组的宫殿基址群[20]。宫城的北部发现池苑[21]。二号建筑位于宫城的西南，长宽也约200米，城内发现成排的建筑基址，发掘了其中的15座为仓储之所[22]。三号基址位于郭城的南部，并西与内城相接[23]，性质也属府库。在西二城门附近发现有成片的墓地，已发掘其中的23座[24]，在城址东北隅分布着一片墓葬，已发掘其中的17座[25]。关于偃师商城的性质主要有"西亳说"[26]和"桐宫说"[27]两种观点。

根据地层叠压打破关系得知，偃师商城营建于二里岗文化下层早段，与郑州商城的始建年代相同。偃师商城的时代与郑州商城相当，都始建于二里岗下层，废弃于二里岗上层，延用于整个二里岗时期。既然二者为同一时代的城址，那么二者规模与内涵的比较可以反映二者的性质。

从偃师商城外西北角杏园村的唐代墓地和偃师商城外以东县招待所的唐墓分析，偃师商城的主要遗存应局限于城址本身，即在190万平方米之内。郑州商城遗址的规模是25平方公里，因此，从聚落的角度考察，二者相差悬殊。

郑州商城的内城平面形状近方形，每边长1700米左右，面积约289万平方米。偃师商城内城平面呈长方形，长约1100米，宽约740米，面积约为81.4万平方米。郑州商城内城的面积约为偃师商城内城面积的3.5倍。偃师商城宫城的规模为4万平方米，内有五组宫殿基址群，位居于宫城的南部，占地面积约2万平方米。郑州商城的宫城位于内城的东北隅，在长约750米、宽约500米的范围之内发现大量的宫殿和仓储等建筑基址群，其规模要远大于偃师商城宫城和库府等建筑的规模。二里头遗址中部的宫城规模为8万平方米[28]，也大于偃师商城宫城的规模。因此，偃师商城宫城的规模相对而言是小了。湖北黄陂盘龙城其实就是宫城，黄陂盘龙城城墙边长200多米[29]，偃师商城的宫城规模与盘龙城宫城的规模相当。因此，偃师商城的宫城规模小于郑州商城宫城的规模，而与方国都城相当。宫城规模之小，反映了偃师商城地位与功能。东周时期，楚灭它国后在灭国之地设立别都，如宜城楚皇城，即楚之鄢郢[30]，城内东北部有宫城，规模甚小。其他如不羹、蔡城等为楚之别都，宫城情况也皆如此。别都的宫城较之正式都城为小，规模有所差距。可见，偃师商城的宫城是商王临时居住的行宫。

偃师商城的布局比较简明，城址的主体部分是内城，内城的核心又为宫城。内城占据了偃师商城的绝大部分，宫城及其辅助的仓储之所的小城控制左右了内城的空间与布局。因此，偃师商城简明的布局，说明了该城的功能的相对明了与专一。从城址发展的角度分析，郑州商城要高于偃师商城，偃师商城的宫城以及辅助的小城址规定制约了内城的发展，根据钻探的结果，偃师商城宫城外附近只有灰沟等遗迹，而无建筑基址。郑州商城则不然，宫城位于内城的东北隅，在范围长1000米、宽约750米的范围之内发现大量的宫殿建筑基址群，其规模要远大于偃师商城宫城的规模。自宫城以南，郑州商城内城之中发现大量的建筑基址。充分表明了郑州商城的繁荣程度要远胜于偃师商城。从偃师商城的布局与内涵，难以看出反映城址繁盛的遗迹和现象，这表明偃师商城的功能与性质与郑州商城不同。在郑州商城不仅发现了内城、郭城，还发掘出大规模的冶铜和制陶作坊遗址，这在偃师商城内尚未发现。

根据对偃师商城规模与内涵的分析，我们认为偃师商城的地位要低于郑州商城，并且二者的性质功能不甚相同。由于偃师商城始建于早商文化早期（二里岗下层早段），而在此以前的偃师地区是属于夏人统治的中心区域，属于夏人旧地。所以，偃师商城是营建于夏人旧地的早商都城，具有慑服夏人、统治夏人旧地的功能。《汉书·地理志》河南郡偃师条下，班固自注："尸乡，殷汤所都。"今偃师商城正位于尸乡所在，城址中部为尸乡沟所过，因此，偃师商城应是班固所记汤之都。尸乡一带在东周至汉称为尸氏，《左传》昭公二十六年："五月戊午，刘人败王城之师于尸氏。"杜预注："尸氏，在巩县西南偃师城。"《汉书·地理志》河南郡偃师条下，班固自注："尸乡，殷汤所都。"《续汉书·郡国志一》河南尹匽师条下："有尸乡，春秋时曰尸氏。"西亳之名为后起。汤灭夏以前就居亳，亳为商汤之都名，因此夏人旧地二里头遗址附近绝无名亳之理。偃师商城为汤别都，其专名非为亳。西亳为后世之称，非当时之名。犹楚正式都城称郢，蓝、鄢为别都，也称蓝郢、鄢郢[31]，蓝郢、鄢郢之所以称郢者，别都之故。所以，亳非指偃师商城，偃师商城应有其专名。偃师商城从规模与内涵作为商代早期别都可以成立。

《括地志》(《史记·殷本纪·正义引》，云："亳邑故城在洛州偃师县西十四里，本帝喾之墟，商汤之都也。"1988年，在偃师商城以东的县招待所基建中，发掘出初唐麟德元年（664年）柳凯及夫人合葬墓[32]，墓志云："葬于偃师县亳邑乡邙山之南。"1984年，在偃师商城西北角的杏园村发掘葬于中唐景龙三年（709年）的李延祯墓[33]，出土墓志云："访旧瘗于北邙，祔新茔于西亳……葬于偃师县西十三里武陵原大茔。"1991年，在杏园村发掘了葬于乾宁三年（896年）的崔凝墓[34]，出土墓志云："窆于河南府偃师县亳邑乡。"可见，初唐、中唐与晚唐的墓志都称葬于亳邑乡或西亳，值得注意的是，位于偃师商城以东的柳凯墓墓志和位于偃师商城西北杏园村的崔凝墓墓志，都云墓葬在"亳邑乡"，可见偃师商城也是属于唐代偃师县亳邑乡的。根据墓志资料分析，偃师商城在唐代属于亳邑乡，因此，有充分的理由可以认为，偃师商城一带被唐代人视为"亳邑"。通过墓志的分析，唐代偃师县城的位置应在偃师商城以东偃师老城镇一带。1984~1985年，在偃师商城西北角的杏园村发掘六座唐墓[35]，其中，李守一墓志云："以大周长寿三年（694年）……葬于偃师县西一十二里首阳乡原……"葬于神龙二年（706年）的宋桢墓墓志记载："迁祔于偃师县西北原……" 葬于景龙三年（709 年）的李嗣本墓墓志云："葬于偃师县西十三里武陵原之新茔。"考古发掘出的偃师商城正位于唐代偃师县城之西。《括地志》（《史记·殷本纪·正义》引）云："亳邑故城在洛州偃师县西十四里，本帝喾之墟，商汤之都也。"《括地志》（《史记·殷本纪·正义》引）又云："洛州偃师县东六里有汤冢，近桐宫。"是《括地志》等文献记载的亳邑、桐宫分别在唐代偃师县城之西、东，相距约 20 里。

关于偃师商城的性质问题是学术界争论的热点，如何对考古资料进行科学的分析，使我们的结论是符合实际的认识，是一个难点。我们必须确定一些可靠的前提，在此基础上推论。偃师为夏人旧地，商人的到来与建邑都是商汤灭夏以后的事情，既然已经明确了夏商文化之分，那么偃师商城只能是早商都邑，放在相同的历史环境的进行比较，我们只能判断偃师商城属于别都。

三、东方之亳为先商时期汤所居亳，是宗邑

无论是郑州商城，还是偃师商城都处于夏人旧地，它们决非商汤灭夏以前所居的亳。因此，亳只能在此之外去寻找。关于亳的地点众说纷纭，古今主要有十多种观点：薄县说、博县说、谷熟说、蒙县大蒙城说、偃师说、郑亳说、内黄说、濮阳说、濮水说、殷亳一地说、关中杜亳说、商州说、垣曲说、汾阴说、燕亳说等。综合诸说，先商时期商人活动在北至燕山南北，南至河南，东至山东，西至陕晋的范围之内。燕山南北的夏家店下层文化、豫西晋南关中东部的二里头文化、保定以北的保北型文化都与早商文化差别显著，商汤灭夏以前所居之亳不会在这些地区。依据文献记载以及学者的考证，先商时期商人主要活动在豫北、冀南、豫东及鲁西南一带[36]，亳也应在此区域之内。豫北冀南地区的漳河型文化、辉卫文化与二里岗文化存在很大的差别，它们不是先商文化，商汤之亳也不会在豫北冀南一带[37]。山东地区属于岳石文化分布区，鲁西南一带也不例外[38]，岳石文化不是先商文化。因此，寻找先商文化只能在豫东商丘一带。于是，商丘一带的"南亳说"和"北亳说"就有了考古学上的联系。

根据文献记载，河南省商丘县（现为商丘市睢阳区）一带是古商丘所在。《左传》昭公元年："昔高辛氏有二子，伯曰阏伯，季曰实沈。居于旷林，不相能也，日寻干戈，以相征讨。后帝不臧，迁阏伯于商丘，主辰，商人是因，故辰为商星。"《左传》襄公九年："陶唐氏之火正阏伯居商丘，祀大火，而火纪时焉。相土因之，故商主大火。"《左传》昭公十七年："宋，大辰之虚也。"杜预《春秋释例》（《左传》襄公九年，孔颖达疏引）曰："宋、商、商丘三名一地，梁国睢阳县也。"宋之商丘上应天文，下合地理。目前的考古资料表明，郑州商城和偃师商城都是商汤灭夏以后的商都，偃师、郑州皆为夏人旧地，商人灭夏以前商汤所居亳（薄）只有可能在东方，距离商丘不远。

商丘附近的亳（薄）有两种不同的观点：南亳，在虞城县谷熟镇一带。北亳，在山东曹县南部一带。山东曹县南部历史上与商丘属于分合地区，因此，可以作为古商丘的一部分或邻近地区加以考察。

南亳说始见于皇甫谧《帝王世纪》，《诗·商颂·玄鸟》孔颖达疏引皇甫谧说："谷熟

为南亳，即汤都也。”《续汉书·郡国志》梁国谷熟条下：“《帝王世纪》有南亳。”《水经注·涣水》：“（涣水）又迳亳城北……”《十三州志》曰：“汉武帝分谷熟置。”

北亳说的文献记载较多。《诗·商颂·玄鸟》疏引《汉书音义》：“臣瓒案：‘汤居亳，今济阴薄县是也。今薄有汤冢，己氏有伊尹冢，皆相近。’”《汉书·地理志》山阳郡薄县条下，颜师古注：“臣瓒曰：‘汤所都。’”《续汉书·郡国志二》梁国薄县条下：“薄，故属山阳，汤所都。”刘昭注引杜预说：“蒙县西北有薄城，中有汤冢。《左传》宋公子御说奔亳。其西又有微子冢。”薄县西汉时属山阳郡，东汉时划归梁国，与蒙县相邻，三国魏和西晋时省并于蒙县。所以，故薄（亳）城在西晋时的蒙县西北，与杜预注合。皇甫谧《帝王世纪》（《诗·商颂·玄鸟》疏引）：“殷有三亳，二在梁国……谷熟为南亳，即汤都也；蒙为北亳，即景亳，是汤所受命也。”皇甫谧和杜预皆生活在三国西晋初，二人所指应当相同，蒙之北亳应是蒙县西北之薄城。《括地志》（《史记·殷本纪·正义》引）云：“薄城北郭东三里平地有汤冢。按：在蒙，即北薄也。”也是指三国和西晋时期蒙与薄城的情形。一说北亳在大蒙城，《续汉书·郡国志二》梁国蒙县条下刘昭注：“《帝王世纪》曰：有北亳，即景亳，汤所盟处。”《水经注·汳水》：“汳水又东迳大蒙城北，自古不闻有二蒙，疑即蒙亳也，所谓景亳为北亳矣。”《括地志》（《史记·殷本纪·正义》引）：“宋州北五十里大蒙城为景亳，汤所盟地，因景山为名。”按：这是因误解“蒙亳”所致，实际蒙亳是指蒙县西北汉之薄县故城（在今山东曹县县城南20余里[39]）。历代学者赞成济阴薄县为北亳者不乏其人，雷学淇、王国维等力主济阴薄县为汤之亳[40]。主要依据是：(1)与《孟子》“汤居亳，与葛为邻”相符合；(2)《左传》宋景公曰：“薄，宗邑也。”此薄（亳）与曹国邻近。(3)《孟子》所谓放太甲于桐者在宋地。(4)《皇览·冢墓篇》汤冢在济阴薄县。(5)《书大传》谓汤祷于桑林之社。《吕览》谓武王封成汤之后以奉桑林，在宋地。商丘之地，商人自相土以来居之，先人之庙社在此。汤必不舍之而远徙，居亳者，迁于国之北境，如同武王去丰迁镐。(6)与汤经略北方，伐韦、顾、昆吾和夏桀的形势相合。雷学淇重点论证了前五点，并且提到了第六点。王国维则详细论证了第一点、第二点和第六点。目前在曹县已经发现商代城址，时代和内涵待探明[41]。

卜辞记载商人伐人方经过商（商丘）与亳：

癸卯王卜，贞，旬无祸？在十月又一，王征人方在商。(《英国所藏甲骨集》2524)

……午卜，在商贞，今日于亳亡灾。(《甲骨文合集》36555)

癸丑王卜，贞，旬无祸，在十月又一，王征人方在亳。(《金璋所藏甲骨卜辞》584)

甲寅王卜，在亳贞，今日［步］［于］鸿（鸿），亡灾。(《殷墟书契后编》上9.12)

甲寅卜，在鸿（鸿）贞，王今夕无祸。(《甲骨文合集》36565)

董作宾认为卜辞中的亳在谷熟之南的安徽亳县[42]，陈梦家等学者认为在谷熟[43]。有些学者认为是指北亳[44]。

卜辞记载说明商与亳、亳与鸿邻近。“……午卜，在商贞，今日于亳亡灾。”以卜辞之例，亳与商行程在一日之内。甲寅之日在亳卜，而夕已至鸿（鸿），是亳至鸿的行程在一日之内。因此，根据卜辞，自商至亳、自亳至鸿均在一日之内。先秦行军正常速度以30里为一日的行程，是商至亳、亳至鸿（鸿）相距均在30里之内。商在商丘县，而亳在与其地域相接的地区。《左传》昭公二十一年：“齐师、宋师败吴师于鸿口。”杜预注：

"梁国睢阳县东有鸿口亭。"《水经注·渠（水）》：梁国睢阳县东有鸿口亭……盖春秋之所谓红泽者矣。"《钦定春秋传说汇纂》："（在）归德府商丘、虞城二县界"，距商丘30里。亳之行程介乎商、鸿之间，亳与商、鸿邻近。商人征人方行程至商而南下淮，是自以后总的行程是自北而南，商在商丘阏伯墟，鸿在鸿口，谷熟和亳州均在商丘和鸿口南，商人不得由商向南行至谷熟或亳州，然后再北折至鸿口，最后又由鸿口向南行至淮，如此行程迂曲大可不必。因此，我们认为亳应在商、鸿之北，以地望求之，正是春秋蒙地。《左传》庄公十二年："宋万弑闵公于蒙泽。"杜预注："蒙泽，宋地，梁国有蒙县。"《续汉书·郡国志二》梁国蒙县条下："有蒙泽。"《太平寰宇记》卷十二《宋州·宋城县》："蒙泽在县北三十五里。"《钦定大清一统志》卷一百五十四《归德府·山川》："蒙泽，在商丘县东北。"蒙地东南与鸿邻接，西南与商邻接。《左传》昭公十一年："（楚灵）王曰：'国有大城，何如?'（申无宇）对曰：'郑京、栎实杀曼伯，宋萧、亳实杀子游。'"《国语·楚语上》：国有大城，未有利者。昔郑有京、栎，卫有蒲、戚，宋有萧、蒙……宋萧、蒙实弑昭公。"是亳、蒙为一地，二者同地异名。宋地之睢阳即古商丘，宋地之蒙即商代的亳地。因此，实际的亳在北亳和南亳之间的蒙地，自商至亳30里之内，自商至古蒙泽35里，是卜辞亳地在古蒙泽附近，尤以蒙泽南部值得重视。

目前，由于所获取卜辞记载得不完整，学者们对于亳的确切地望存在分歧，但是绝大多数学者是在"南亳"和"北亳"中作选择，本人主张在古蒙泽附近说（不同于晋以后学者对皇甫谧"蒙为北亳"的误解），可见具体地望差别并不甚悬殊，更可以说明亳确实在此区域。

结合卜辞和文献记载，亳在蒙泽附近是最为可信的。亳为成汤灭夏之前的都城，《墨子·非命篇上》："古者，汤封于亳，绝长继短，方地百里。"《荀子·王霸篇》："汤以亳，武王以鄗，皆百里之地也。"薄（亳）是商人兴起的基地，鄗（镐）是周人兴起的基地；如同鄗（镐）在金文中称"宗周"一样，亳自然是商人的宗邑，《左传》："薄，宗邑也。"正是这种观念的反映。

四、"卫亳"等辨析

卫亳说辨析

卫亳有内黄说和濮阳（古濮阳包括邻近的浚县、滑县的一部分）说两种。

《嘉靖内黄县志》卷一《地理·乡镇》："亳城集，在县西南二十五里。"卷八《古迹·城壘》："亳城，在县西南二十五里。按《书》殷有三毫（亳）：蒙为北亳，偃师为西亳，谷熟为南亳。皆殷故都，乃商屡迁之地，而蒙其北亳也，中宗陵寝近焉。"按：皇甫谧"三亳"中的蒙亳指曹县之亳，不在内黄；中宗为河亶甲，内黄为河亶甲所居相都。邹衡先生考证：内黄的"古'亳城'是不存在的，明清所谓古'亳城'就是自唐以来的'故殷城'，即河亶甲所居之相地"[45]。可见，内黄亳都说系误传。

王国维《说亳》："《史记·五帝本纪·集解》引《皇览》云：'帝喾冢在东郡濮阳顿邱城南亳阴野中，则为卫地之亳。'"[46]一些学者申王国维之说，认为豫北濮阳、内黄、浚县一带也有亳[47]。按：王国维所引文献，中华书局本《史记·五帝本纪·集解》引

《皇览》、万有文库辑本《皇览》、《水经注·湛水》引、《白虎通》、《路史》等文献皆“亳”字作“臺”，亳、臺形近易伪，知是王国维误引。因此，濮阳说不成立。

《吕氏春秋·审应览·具备》云：“汤尝约于郼、薄矣，武王尝穷于毕、裎（程）矣。”《吕氏春秋·审分览·慎势》云：“汤其无郼，武其无岐，贤虽十全，不能成功。”高诱注：“郼、岐，汤、武之本国也。”郼地，傅斯年认为在卫地[48]，吕思勉先生以为即古豕韦国所在[49]，邹衡先生认为在今郑州[50]。按：郼实为殷，《吕氏春秋·慎大览·慎大》：“亲郼如夏”，高诱注：“郼读如衣，今兖州人谓殷氏皆曰衣。”两周之时常谓“商人”为“殷人”，殷实为商，郼、亳实即商、亳。如此，与《左传》、《史记》等文献记载商人起于商、亳相符合。《吕氏春秋》的“郼、薄”记载，并不说明商起源于豫北地区。豫北一带原为豕韦、昆吾、顾等国所居，汤灭韦、顾之后方占据此，这里的漳河型文化并非先商文化。据《孟子·滕文公下》、《尚书序》以及《史记·殷本纪》等记载，是汤先居亳，而后征伐葛、豕韦、顾等国，因此，这里决非灭韦、顾以前汤居亳之所在。并且早商之时，这里的漳河型文化在二里岗文化的影响下，演变为台西型商文化[51]，更可证明这里非先商之本土。早商之时，豕韦国仍在此。《国语·郑语》：“大彭、豕韦为商伯矣。”韦昭注：“豕韦，彭姓之别封于豕韦者也。殷衰，二国相继为商伯。”又《国语·郑语》：“彭姓彭祖、豕韦、诸稽，则商灭之矣。”韦昭注：“大彭、豕韦为商伯，其后世失道，殷复兴而灭之。”总之，卫地不存在汤之亳都。

杜亳说辨析

《史记·六国年表》：“夫作事者必于东南，收功实者常于西北。故禹兴于西羌，汤起于亳。”《集解》引徐广说：“京兆杜县有亳亭。”《史记·封禅书》：“于社[杜]亳，有三社主之祠。”《集解》引韦昭说：“亳音薄，汤所都。”

清人钱大昕《史记考异》[52]：

《秦本纪》：“宁公二年……遣兵伐荡社。三年，与亳战，亳王奔戎，遂灭荡社。”徐广云：“‘荡’，一作‘汤’，‘社’，一作‘杜’。”皇甫谧以为：“亳王号汤，西夷之国。”又云：“周桓王时，自有亳王号汤，非殷也。”《封禅书》：“于杜亳，有三杜主之祠。”亦指此。盖京兆之亳，乃戎王号汤者之邑；而徐广以殷汤所起，其不然乎？

《史记·六国年表》“汤起于亳”者，亦非太史公之意，此与《史记·货殖列传》“夫自鸿沟以东，芒砀之北，属巨野，此梁宋也。……汤止于亳”相矛盾，更与《史记·殷本纪》“汤归至泰卷陶……还亳”不合，故《六国年表》所云乃异说，难以为据。

西安以东的关中东路一带，目前关于夏代文化的考古资料不多，但是表明这里在二里头文化晚期，即已纳入夏王朝的势力范围[53]。在关中东部地区发现一些早商时期文化遗址[54]，其中最重要的是西安老牛坡遗址[55]。分析这里的早商文化与郑州地区比较接近，但是却有相当不少的地方特点。有的学者提出西安老牛坡遗址是杜亳[56]，有的学者则认为是崇国遗址[57]。老牛坡遗址缺乏充分的考古资料可以证明是杜亳。

总之，杜亳说既缺乏可靠的文献依据，考古学上也难以找到依据，因而难以成立。

商州、垣曲、燕亳和博县诸说的辨析

《史记·殷本纪》：“（契）封于商，赐姓子氏。”《集解》引郑玄说：“商国在太华之阳。”又引皇甫谧说：“今上洛商是也。”清人魏源提出商州为西亳：“郑注谓契本封商国，在太华之阳，为战国商于之地，今陕西商州。故《史记·六国表序》言‘禹兴西戎，汤起于亳’……是汤都西亳为元王契始封商州之地。故曰‘从先王居’。”[58]并且魏源提出：偃师景亳、东亳商邱、西亳商州为三亳，并以商州为商汤灭夏以前的亳。魏源的推测，缺乏坚实的证据。首先，《六国年表》之亳为杜亳与商州无涉。其次，商州为契封地的记载，本身就有问题（按：契封地当在河南商邱），更不足以依据它推亳之所在。商州地处狭僻，东龙山遗址[59]的发掘资料表明，当地的夏代文化是二里头型文化，即这里处于夏人的势力范围之内。这里的早商文化与郑洛地区的二里岗文化之间存在较大的差异，这里决非先商亳都所在，而作为早商亳都的可能性也极小。

《太平寰宇记》卷四十七《河东道八·绛州垣县》：“古亳城在县西北一十五里。《尚书·汤诰》：‘王归自克夏，至于亳，诞告万方。’即此也。”《集韵》卷十铎韵“亳”字条下：“绛州垣县西有景原亳。并西接安邑，盖汤将至桀都，于此誓众。……《春秋传》有‘景亳之命’。”邹衡先生在实地调查的基础上，结合文献记载，指出《太平寰宇记》记载的垣县西北汤亳实际上是战国汉代城，而《集韵》记载的“垣县西”亳实乃“垣县西北”之误[60]。1984 年，在垣曲县南关发现垣曲商城，后经勘探证明是二里岗时期的城址，城垣平面近方形，长宽各 300 余米，面积 13 万平方米[61]。在垣曲商城发现之初，就有学者认为垣曲商城是汤都亳[62]，邹衡先生予以否定[63]。主要理由：（1）垣曲商城城小地狭，地理位置和地理环境不适合作为亳都。（2）垣曲商城处于二里头文化东下冯类型的包围圈之内，是夏王朝的重要统治地区。（3）商代这里有亘方。目前，垣曲商城经多次发掘[64]，获取丰富的考古资料，在城内发现夯土基址、窖穴、墓葬等重要遗迹，已经证实垣曲商城城内夏代文化属于东下冯型文化，而非先商文化，因此，这里决非商汤先商时期的亳都所在。由于这里在商代属于亘方之域，商王朝在此建都的可能性极小。

《左传》昭公元年，周大夫云：“肃慎、燕、亳，吾北土也。”丁山以为此亳为近于幽燕之亳，在易水流域之蒲水的源头蒲阳山附近[65]。一些学者认为幽燕地区的夏家店下层文化是先商文化[66]，有些学者提出保北型文化是先商文化[67]。夏家店下层文化和早商二里岗文化存在相当长的并存时期，因此，夏家店下层文化决非先商文化。保北型文化与二里岗文化差异殊大，保北型文化也非先商文化。幽燕之亳与汤居亳伐诸侯的形势不合，此亳与葛、豕韦等国相距太遥远。因此，幽燕之亳也不会是商汤亳都。

丁山《商周史料考证》云：“学者必欲探寻成汤的故居，由‘韦顾既伐，昆吾夏桀’两句诗的方位测之，疑即春秋时代齐国的博县。此博位于豕韦、有扈、昆吾之东，所以欲灭定居洛阳附近的夏后氏，必先灭此三国。”[68]博在今山东泰安东南。山东博县在夏代和早商时期处于岳石文化的中心区域，二里岗文化取代这里的岳石文化的时间是二里岗上层晚段（即早商晚期晚段），早商之初，商人是否有能力在此建都实属很大的疑问，丁山提出博县说纯属推测，可能性极小。

《括地志》（《史记·秦本纪·正义》引）：“汾阴故城俗名殷汤城，在蒲州汾阴县北也。”汾阴故城其实是魏文侯所筑战国城，清人胡天游有辨，并且指出汾阴汤陵说出于隋人傅会[69]。如此，殷汤城也是出于隋人傅会。

另外，有殷亳一地说，王国维《说殷》已辨其非是[70]，故不论。又有学者以为亳（薄）、濮音同，亳在河南濮水流域[71]，属于推测，缺乏文献依据，也不详论。

五、结　语

依据对考古学文化、传世文献和殷墟卜辞等资料的综合研究，东方之亳应为先商时期成汤灭夏以前所居的亳都，为商人帝业所基，是宗邑；郑州商城和偃师商城则是灭夏以后商人在夏人旧地建立的都城，郑州商城是正式都城管亳，偃师商城是别都。郑州商城和偃师商城是灭夏以后起震慑夏遗民的设置，三者共同起着安定商人境内的作用。

郑玄以为“三亳”是汤旧都之民服文王者分为三邑：东成皋、南轩辕、西降谷也。从文献分析，这种观点的可靠性不大[72]。皇甫谧的“三亳说”中，偃师已被证明，东方宋地之亳有殷墟卜辞与文献相合的双重证据。可见，皇甫谧的说法还是基本上可靠的。郑州商城之亳，即管亳，被考古所证实，可以补皇甫谧之说。至于魏源提出偃师景亳、东亳商邱、西亳商州为三亳[73]，并以商州为商汤灭夏以前的亳，商州之亳并不成立。

---

[1] 杨守敬：《释三亳》，《杨守敬集》，湖北人民出版社，1988年。

[2] a. 河南省博物馆等：《郑州商代城遗址发掘报告》，《文物资料丛刊》第1集，文物出版社，1977年。

b. 河南省文物研究所郑州工作站：《近年来郑州商代遗址发掘收获》，《中原文物》1984年第1期。

[3] 河南省文物研究所：《郑州商代城内宫殿遗址区第一次发掘报告》，《文物》1983年第4期。

[4] a. 河南省博物馆：《郑州新出土的商代前期大铜鼎》，《文物》1975年第6期，64~68页。

b. 河南省文物研究所等：《郑州新发现商代窖藏青铜器》，《文物》1983年第3期。

c. 河南省文物研究所等：《郑州南顺城街青铜器窖藏坑发掘简报》，《华夏考古》1998年第3期。

[5] 河南省文物研究所：《郑州商代二里岗期铸铜基址》，《考古学集刊》第6集，中国社会科学出版社，1989年。

[6] 河南省文物研究所：《郑州市商代制陶遗址发掘简报》，《华夏考古》1991年第4期。

[7] a. 河南省文化局文物工作队第一队：《郑州商代遗址的发掘》，《考古学报》1957年第1期。

b. 河南省博物馆：《郑州商代遗址内发现商代夯土台基和奴隶头骨》，《文物》1974年第9期。

[8] a. 河南省文物工作队第一队：《郑州市白家庄商代墓葬发掘简报》，《文物参考资料》1955年第10期。

b. 安志敏：《郑州市人民公园附近的殷代遗存》，《文物参考资料》1954年第6期；郑州市文物工作组：《郑州市人民公园第二十五号商代墓葬清理简报》，《文物参考资料》1954年第12期。

c. 马全：《郑州市铭功路西侧的商代遗存》，《文物参考资料》1956年第10期；郑州市博物馆：《郑州市铭功路西侧的两座商代墓》，《考古》1965年第10期；河南省文物研究所：《郑州市商代制陶遗址发掘简报》，《华夏考古》1991年第4期。

d. 河南省文物研究所：《郑州北二七路新发现三座商墓》，《文物》1983年第3期。

[9] 河南省文物研究所：《1992年度郑州商城宫殿区发掘收获》，《郑州商城考古新发现与研究》，中州古籍出版社，1993年。

[10] 邹衡：《郑州商城即汤都亳说》，《文物》1978年第2期。

[11] 杨宽：《商代的别都制度》，《复旦大学学报》（社会科学版）1984年第1期。

[12] 安金槐：《试论郑州商代城址——隞都》，《文物》1961年第4、5期。

[13] a. 郑州市文物工作组：《郑州金水河岸发现许多带字的战国陶文》，《文物参考资料》1956 年第 3 期。

b. 河南省文化局文物工作队第一队：《郑州白家庄遗址发掘简报》，《文物参考资料》1956 年第 4 期。

c. 河南省文物研究所郑州工作站：《近年来郑州商代遗址发掘收获》，《中原文物》1984 年第 1 期。

d. 河南省文物研究所：《1992 年度郑州商城宫殿区发掘收获》，《郑州商城考古新发现与研究》，中州古籍出版社，1993 年。

[14] 张松林：《郑州市西北郊考古调查简报》，《中原文物》1986 年第 4 期。

[15] 程平山、周军：《商周管邑地望考略》，《中原文物》2000 年第 4 期。

[16] 殷涤非、罗长铭：《寿县出土的“鄂君启金节”》，《文物参考资料》1958 年 4 期。

[17] 中国社会科学院考古研究所汉魏故城队：《偃师商城的初步勘探与发掘》，《考古》1984 年第 6 期。

[18] 王学荣：《偃师商城布局的探索与思考》，《考古》1999 年第 2 期。

[19] 中国社会科学院考古研究所河南第二工作队：《河南偃师商城小城发掘简报》图一，《考古》1999 年第 2 期。

[20] a. 中国社会科学院考古研究所河南第二工作队：《1984 年春偃师尸乡沟商城宫殿遗址发掘简报》，《考古》1985 年第 4 期。

b. 中国社会科学院考古研究所河南第二工作队：《河南偃师尸乡沟商城第五号宫殿基址发掘简报》，《考古》1988 年第 2 期。

[21] 杜金鹏等：《偃师商城发现商早期帝王池苑》，《中国文物报》1999 年 6 月 9 日。

[22] 中国社会科学院考古研究所河南第二工作队：《偃师商城第Ⅱ号建筑群遗址发掘简报》，《考古》1995 年第 11 期。

[23] a. 中国社会科学院考古研究所汉魏故城队：《偃师商城的初步勘探与发掘》，《考古》1984 年第 6 期。

b. 中国社会科学院考古研究所河南第二工作队：《河南偃师商城小城发掘简报》图一，《考古》1999 年第 2 期。

[24] 中国社会科学院考古研究所河南第二工作队：《1983 年秋季河南偃师商城发掘简报》，《考古》1984 年第 10 期，第 872~879 页。

[25] 中国社会科学院考古研究所河南第二工作队：《河南偃师商城东北隅发掘简报》，《考古》1998 年第 6 期。

[26] 赵芝荃等：《河南偃师商城西亳说》，《全国商史学术讨论会论文集》，《殷都学刊》（增刊），1985 年。

[27] 邹衡：《偃师商城即太甲桐宫说》，《北京大学学报》（社科版），1984 年第 4 期。

[28] 赵芝荃：《二里头遗址为夏代晚期都邑说》，《华夏考古》1987 年第 2 期。

[29] 湖北省博物馆等：《盘龙城一九七四年度田野考古纪要》，《文物》1976 年第 2 期。

[30] 陈振裕：《东周楚城的类型初析》，《江汉考古》1992 年第 1 期。

[31] 湖北省荆沙铁路考古队：《包山楚墓》，文物出版社，1991 年。

[32] 洛阳市第二文物工作队：《河南偃师唐柳凯墓》，《文物》1992 年第 12 期。

[33] 中国社会科学院考古研究所河南第二工作队：《河南偃师杏园村的两座唐墓》，《考古》1984 年第 10 期。

[34] 偃师商城博物馆：《河南偃师县四座唐墓发掘简报》，《考古》1992 年第 11 期。

[35] 中国社会科学院考古研究所河南第二工作队：《河南偃师杏园村的六座纪年唐墓》，《考古》1986 年第 5 期。

[36] a. 王国维：《说自契至于成汤八迁》，《观堂集林》卷十二，中华书局，1959 年。

b. 丁山：《商周史料考证》，中华书局，1988 年。
[37] a. 杨宝成、程平山：《试论漳河型文化》，《武汉大学学报》（哲社版）1998 年第 1 期。
b. 张立东：《论辉卫文化》，《考古学集刊》第 10 集，地质出版社，1996 年。
[38] 邹衡：《论菏泽（曹州）地区的岳石文化》，《夏商周考古学论文集·续集》，科学出版社，1998 年。
[39] a. [清] 杨士骧修、孙葆田纂：《山东通志》卷二十六《疆域·古迹三》，民国四年《山东通志》刊印局铅印。
b. 和珅等：《钦定大清一统志》卷一百四十四，影印文渊阁四库全书，台湾商务印书馆发行。
[40] a. 雷学淇：《商都殷亳考》，《介庵经说》卷二，丛书集成初编本，中华书局，1985 年。
b. 王国维：《说亳》，《观堂集林》卷十二，中华书局，1959 年。
[41] 王恩田：《山东商代考古与商史诸问题》，《中原文物》2000 年第 4 期。
[42] 董作宾：《卜辞中的亳与商》，《大陆杂志》第六卷第一期。
[43] 陈梦家：《殷墟卜辞综述》，中华书局，1988 年。
[44] 张国硕：《殷商文明暨纪念三星堆遗址发现 70 周年国际学术研讨会综述》，《中国文物报》2000 年 9 月 6 日。
[45] 邹衡：《内黄商亳考略》，《夏商周考古学论文集·续集》，科学出版社，1998 年。
[46] 王国维：《说亳》，《观堂集林》卷十二，中华书局，1959 年。
[47] 孙淼：《夏商史稿》，文物出版社，1987 年。
[48] 傅斯年：《夷夏东西说》，《中国现代学术经典·傅斯年卷》，河北教育出版社，1996 年。
[49] 吕思勉：《自契至于成汤八迁考》，《吕思勉读史札记》，上海古籍出版社，1982 年。
[50] 邹衡：《论汤都前后的迁徙》，《夏商周考古学论文集》，文物出版社，1980 年。
[51] 中国社会科学院考古研究所等：《洹河流域区域考古研究初步报告》，《考古》1998 年第 10 期。
[52] 钱大昕：《史记考异》，《廿二史考异》，丛书集成初编本，中华书局，1985 年。
[53] 张天恩：《陕西商周考古发现和研究概述》，《考古与文物》1998 年第 5 期。
[54] 同 [53]。
[55] a. 宋新潮：《西安老牛坡遗址发掘的主要收获》，《西北大学学报》1987 年第 1 期。
b. 西北大学历史系考古专业：《西安老牛坡商代墓地的发掘》，《文物》1988 年第 6 期。
[56] 刘士莪：《西安老牛坡商代墓地探论》，《文物》1988 年第 6 期。
[57] 宋新潮：《殷商文化区域研究》，陕西人民出版社，1991 年。
[58] 魏源：《书古微·商书·汤誓发微并考三亳都》，光绪四年淮南书局刊本。
[59] a. 杨亚长等：《商州东龙山遗址考古获重要成果》，《中国文物报》1998 年 11 月 25 日。
b. 王力之：《东龙山遗址发掘的意义及其收获》，《青年考古学家》总第十一期，北京大学文物爱好者协会编（内部不定期刊物）。
[60] 邹衡：《汤都垣亳考》，《夏商周考古学论文集·续集》，科学出版社，1998 年。
[61] 佟伟华：《山西垣曲古城遗址的发掘》，《晋文化研究座谈会纪要》，山西省文物研究所，1985 年。
[62] 陈昌远：《商人起源地望发微》，《历史研究》1987 年第 1 期。
[63] 同 [60]。
[64] 中国历史博物馆考古部：《垣曲商城（1985—1986 年度勘察报告）》，科学出版社，1996 年。
[65] 同 [36] b。
[66] a. 干志耿等：《商先起源于幽燕说》，《历史研究》1985 年第 5 期。
b. 干志耿等：《商先起源于幽燕说的再考察》，《民族研究》1987 年第 1 期。
c. 蔺新建：《先商文化探源》，《北方文物》1985 年第 2 期。
[67] 沈勇：《保北地区夏代两种青铜文化之探讨》，《华夏考古》1991 年第 3 期。

［68］同［36］b。
［69］胡天由：《汤陵考》，《石笥山房文集》，清道光二十六年刻本。
［70］王国维：《说殷》，《观堂集林》卷十二，中华书局，1959年。
［71］田昌五：《先商文化探索》，《华夏文明》第三集，北京大学出版社，1992年。
［72］同［1］。
［73］同［58］。

（原载《考古学研究（五）》，科学出版社，2003年）

论夏商时代的主辅都制

张国硕

夏族、商族同属于中国古代三大部族集团之一的华夏集团。在漫长的岁月里，夏、商二族分布地域相邻，文化交流频繁。由夏族和商族先后建立的夏王朝和商王朝在社会性质上同属我国奴隶社会前期，在政治、军事、经济、文化包括都城制度等方面，两个王朝都有许多相似之处，此即文献所载“殷因于夏礼”[1]、“夏造殷因”[2]也。因此，这里把夏、商二王朝连称，将夏、商二王朝存在的年代称作“夏商时代”。文献记载夏商时代有许多都城，如夏代有阳翟、斟鄩、商丘、斟灌、原、老丘、西河等，商代有亳、隞、相、邢、奄、殷、朝歌等。而考古发现又确认二里头遗址为夏代都城，郑州商城、偃师商城、安阳殷墟皆为商代都城[3]。夏商时代存在如此多的都城，自汉代至今学术界一般以“都城屡迁说”来释之，即夏商时代存在着都城屡迁现象。至于为何出现都城“屡迁”现象，学术界解释众说纷纭。通过对诸家观点进行剖析可知，目前尚没有一家观点能够足以令人信服。因此，对夏商时代的都城制度进行深入研究，仍将是当前乃至今后一段时期学术界的主要任务之一。在新的研究进程中，研究者应该注重文献材料与考古材料相结合的研究方法，要正确、全面地分析研究各种相关材料，并要透过现象看到其本质属性。笔者研究发现，所谓夏商时代都城“屡迁”，并非单一都城的多次兴废变迁。在夏商时代的大部分时段内，并不常见单一都城的此兴彼废现象。上述夏商时代诸都城，大多在时间上是并存的，且有主都与辅都之区别。所谓都城“屡迁”，只是辅都的变迁，而主都则不变迁或较少变迁。本文拟就此观点做一论证。

一、夏商时代“都城屡迁说”的误罔

文献记载夏商时代都城屡次变迁。夏王朝从启到桀，16 位夏王曾迁于阳翟、斟鄩、商丘、斟灌、原、老丘、西河等 7 地，其中除后羿代夏导致后相被迫迁居商丘、斟灌之外，夏王朝在和平年代尚有 5 次迁都。商王朝建都亳之后曾有 5 次迁都。《尚书・盘庚》记载：“（先王）不常厥邑，于今五邦。”张衡《西京赋》也云：“殷人屡迁，前八后五。居相圮耿，不常厥土。”多数学者认为这 5 次迁都是：仲丁迁隞，河亶甲迁相，祖乙迁邢（耿、庇），南庚迁奄，盘庚迁殷。此外，《史记・周本纪・正义》引《帝王世纪》云帝乙又徙都朝歌。这里不禁要问：在夏、商王朝各自 400 余年期间，除后羿代夏之外，在未再发生王朝更替和大规模异族入侵至都城地区的前提下，为何夏、商王朝还要屡次迁都？众所周知，中国古代都城是国家的政治、军事、经济、文化中心，建有大型防御设施和宏伟壮观的宫殿、宗庙建筑，都城附近还设有王陵区和贵族、平民墓葬区。没有特殊情况，一般不会随意废弃和另建新都。由于生产力发展还相对落后，夏商时代建设王都不会是轻而易举之事，当时统治者会十分慎重对待迁都问题，不到万不得已是不会迁都的。从《尚书·盘庚》可以看出当时在“殷降大虐”的情况下，一般民众和贵族犹不思迁都；盘庚利用说理和恐吓的手段，才达到迁都的目的。从郑州商城考古发现可知，当时的都城建造是一项庞大工程，要耗去大量人力、物力和较长的时间。“即使每天有上万的奴隶参加筑城劳动，也需要四五年的时间才能完成”[4]。这就是说，夏商时代都城多次出现废旧建新是不可思议的。因此，学术界很有必要对文献有关夏商时代都城“屡迁”记载的可靠性和准确性进行深思。笔者认为，所谓“都城屡迁说”是不正确的，至少是没有准确地表述出当时都城制度的实际情况。其证据如下：

各家观点无法圆满解释夏商时代都城“屡迁”之原因

许多学者在肯定夏商时代都城“屡迁”的基础上，对夏商时代尤其是商代都城“屡迁”之原因进行了广泛研讨。综合起来，主要有政治斗争说、军事战争说、游农说、游牧说和水患说等5种观点。这些观点有一共同特征，即把夏商时代诸多迁都或商代5次迁都的原因说成是一样的。若对这5种观点进行剖析不难发现，无论哪一种观点，都有其弊端和疑窦，用这些观点无法圆满解释夏商时代所谓都城“屡迁”现象。

政治斗争说认为夏商时代都城“屡迁”是由于政治斗争所致。张之恒先生认为：“夏王朝建立的早期阶段，由于夏王朝内部的矛盾和斗争，以及夏部族与东夷部族之间的战争，都城曾多次迁徙。”[5]郭沫若先生曾认为“阶级斗争”是商代都城“屡迁”的原因之一[6]。黎虎先生认为统治阶级的“王位纷争”是导致商代都城“屡迁”的原因[7]。孙淼先生认为商代屡次迁都的原因可能与“当时内外交困的政治形势有密切关系”[8]。此说存在这样一个疑窦：即统治阶级内部的政治斗争是否必然导致迁都之举？按理说，统治阶级政治斗争的目的是争夺王权和控制国家。故参与政治斗争者，尤其是政治斗争中的胜利者，应该极力控制都城地区这个权力中心，而不大可能拱手把都城让给别人盘据而自己另选它址营造新都。实际上，军事战争的失利导致迁都是可以理喻的，如周王朝由镐京迁都洛邑，但统治阶级内部的政治斗争似乎与迁都没有必然联系。

军事战争说以为夏商时代都城“屡迁”是由于军事战争的需要。邹衡先生认为：“当时选择王都的地点，不能不考虑到作战的方便，就是说，不能不从军事的角度上考虑迁都的问题。”[9]杨升南先生认为：“国力强盛的首都，常在与敌方相对的国防第一线内，以便于战争调度，且不示弱于敌人。”[10]此说虽有一定的道理，但也有难解之处。诚然，应从军事角度设置都城，这在某种特定条件下可能是正确的，如商代初年偃师商城的设置。但在夏、商王朝政权稳固之后，是否一遇边境战争发生即把都城迁到“国防第一线”值得深思。都城的设置，除了考虑军事作战方便之外，还要考虑是否利于军事防御、交通是否方便以及能否有效地对全国进行统治。从技术上讲，建造一座都城也不是一蹴而就之事。因此，仅仅为了“作战方便”就把旧都废弃而迁都到“国防第一线”是不可思议的。

关于游牧说和游农说，前者认为夏商时代的社会经济在盘庚迁殷之前尚处于“游牧经济”，因而不断迁徙；至盘庚迁殷之后，农业生产发展了，社会经济生活已进入以农业为主的阶段，因而定居下来，不再迁徙[11]。后者认为商代经济虽然以农业生产为主，但其前期处于“粗耕农业阶段”，耕作到一定时期，地力耗尽，必须抛荒迁徙；至盘庚迁殷之后，农业生产进入精耕农业阶段，因而定居下来，未再迁徙[12]。依此游农说推断，商代之前的夏代更属于“粗耕农业阶段”，夏都迁徙也应与游农经济有关。笔者认为游牧说和游农说有四点可疑之处：一是，所谓夏商时代是游牧或游农社会经济的观点与历史事实不符。从考古发现可知，当时既不是游牧经济，也不是游农经济，而是有了比较固定的农业生产，农业已是当时社会的主要经济部门。二是，游牧、游农经济社会不需要建造大规模的都城。若当时是游牧、游农经济，统治者明知过些年要迁徙，又何必下那么大功夫去建造如郑州商城那样大规模的城池呢？三是，都城迁徙与经济发展没有直接联系。当时都城的迁徙，并不是全民族的大转移，只能说是部分统治者转移其统治地点。就整个社会来讲，当时的劳动者并没有因此而改变其生产环境、生产条件和居住地域。四是，夏商时代都城“迁徙”之间隔没有年代规律可循，这不符合游牧、游农经济之特点。如商代早期从汤至大戊5代10王一直都亳，延续时间大约150年；而仲丁以后的历次“迁都”，一般间隔一个王或几个王，时间至多几十年。这就产生一个疑问：为何商代早期那么长时间不需要游牧或游农，而偏偏仲丁至盘庚期间需要游牧或游农呢？

水患说认为商代都城“屡迁”的原因是由于水患所致。吴泽先生认为盘庚迁殷前，史称自汤到盘庚，均因水灾而迁都者凡五次[13]。顾颉刚、刘起釪先生认为盘庚之迁是由于水涝给旧址造成祸患，从而引起一系列经济、社会问题，导致迁都[14]。诚然，一个都城若是经常遇到大的洪涝灾害，那么统治者考虑迁都是可以理解的。但问题是商代5次“迁都”和夏代5次“迁都”是否都与水患有关呢？应该说盘庚迁殷的原因可能与水患造成旧都生态环境的破坏有关[15]，但商代其他“迁都”以及夏代历次“迁都”，现在尚未有确凿证据表明其与水患有关。历代水患说者认为祖乙迁邢与水患有关，主要证据是《尚书序》有“祖乙圮于耿”的记载，而实际上此条文献不足为凭。若释“圮”字为河水泛滥之意不误，则只能说明祖乙耿都曾遭受洪灾，而不能得出祖乙迁邢（耿）是由于水患所致的结论。因祖乙是从相迁邢的，迁邢（耿）是在“圮耿”之前进行的。而且祖乙时的“圮耿”并未导致祖乙迁都，只是到了祖乙之后第4王南庚之时才迁奄。

考古材料表明夏商时代都城并非“屡迁”

从二里头遗址、郑州商城、偃师商城的考古发现可知，三地作为都邑的时间是相当长的，夏商时代并不存在都城“屡迁”现象。

二里头遗址自成为夏都始至夏亡，几百年间一直存在，中间并未废弃。经过几十年的夏文化探索，尤其是偃师商城发现之后，学术界大都赞同二里头文化为夏文化[16]，二里头遗址为夏代的都邑遗存。种种迹象表明，二里头遗址作为夏都的时间延续甚长。从文化遗迹来说，二里头遗址二至四期皆发现有宫殿（或大型建筑）基址。20世纪70年代、80年代发现的一号、二号宫殿基址始建于二里头文化三期，至四期二号宫殿仍继续使用，且第四期还建有新的大型宫殿类建筑。郑光先生认为，在二里头文化四期，二里头遗址铸铜工场仍在继续生产，还存在不少随葬品丰富的朱砂墓，文化遗存分布范围亦不小[17]。这些说明二里头文化晚期该遗址仍为都邑性质。90年代以来，在二里头遗址又发现数座二里头文化早期的大型建筑基址，其使用年代不晚于二里头文化二期，建造年代的上限很可能早到二里头文化一期[18]。这些又说明该遗址在二里头文化早期也属都邑性质。从文化遗物来看，二里头遗址一至四期文化因素紧密相连，一脉相承性非常强烈，中间没有任何缺环、中断现象。从年代上看，该遗址的绝对年代约在公元前2000~前1600年之间，前后延续至少 300 余年，基本涵盖夏王朝的存在年代。以此可知，夏王朝时期都城并非“屡迁”。

郑州商城作为商代前期都城一直存在。郑州商城属都城性质，这是学术界公认的。但其属于商代前期何王时期的都城，历年来学术界存在争议。随着 20 世纪 90 年代以来偃师商城重大考古发现不断涌现，学术界有关夏商文化的观点渐趋一致。多数学者赞同二里头文化为夏文化，二里岗文化为商文化；郑州商城与偃师商城始建年代相当或略有先后，约在二里岗下层一期前后；二城的使用期比较接近，共同延续至二里岗上层时期，年代超过 150 年以上[19]。

关于郑州商城的废弃年代，多年来许多学者包括作者本人认为其为二里岗上层二期，即白家庄期阶段。但近年考古发现和研究成果表明，该都城的使用期比原来推定的年代要长久一些。诚然，郑州商城在白家庄期文化面貌确有衰落现象，但这个时期乃至更晚一段时间该城并未废弃，仍具有都邑性质。这方面，郑州商城发现的青铜器窖藏坑、白家庄期贵族墓葬的发现、人头骨壕沟遗存以及一些手工业作坊在白家庄期的继续使用即为明证。

郑州商城城墙外侧已发现张寨南街、向阳回族食品厂、南顺城街 3 处青铜器窖藏坑，出土包括大型方鼎在内的青铜器 28 件[20]。这些青铜器铸造精良，规格较高，显然属王室重器，说明在这 3 处青铜器窖藏埋藏之时及埋藏之前，郑州商城仍为商王朝都城所在地。关于 3 座窖藏坑的年代，张寨南街窖藏坑因出土青铜器较少且独特，可比性不强，其时代大约在二里岗上层一期或二期，也可能更晚。向阳回族食品厂窖藏坑所出提梁卣的纹饰与郑州小双桥遗址所出的青铜建筑构件纹饰[21]相似，其扁足小圆鼎与安阳殷墟一期的同类器物相近，其时代应属二里岗上层二期甚至接近殷墟一期。南顺城街窖藏坑（H1 上层）铜器的埋藏年代应处在晚于白家庄期而早于或接近于殷墟一期。从铜器看，该坑所出 2 件铜爵（H1 上∶7、8）同郑州铭功路墓 M4 所出铜爵[22]相比，前者尾加长，柱加高，柱头变为圆形，底更圜凸；器表虽同饰兽面纹，但前者纹饰带加宽，图案更加繁缛复杂。显然此坑要晚于 M4 所出铜爵，而 M4 的年代应属于白家庄期[23]。又如该坑 2 件铜斝（H1 上∶5、6）同郑州北二七路 M1 所出铜斝[24]相比，前者柱头加高，饰 2 周兽面纹，而且纹饰更加繁缛复杂，时代也明显稍晚。北二七路 M1 的年代亦为白家庄期。以此可知，该窖藏坑的埋藏年代应晚于白家庄期。另一方面，该坑所出铜斝、铜爵的特征，还与郑州白家庄 M3[25]相当，而 M3 的年代已接近殷墟一期[26]。该坑所出铜器与殷墟一期早段所出的同类器物有许多相似的地方，如爵更近于安阳三家庄 M3 所出铜爵[27]，只是后者底更圜凸；又如簋（H1 上∶9）与小屯 M232 所出 R2073 号盘[28]形制相近，只是后者盘腹底部饰有鱼、龟等动物纹样。因此，从整体上看，该坑铜器的埋藏时间同殷墟一期早段之间其年代已相距不远。再从陶器上看，该窖藏坑的堆积年代应晚于白家庄期而早于或接近于殷墟一期。该坑下层（水井使用年代）出土陶器种类齐全，数量丰富，形制特征明显，其时代要早于上层堆积（铜器埋藏时间）。下层堆积陶器有早有晚，早的基本相当于白家庄期，晚的已接近殷墟一期的作风[29]。

除青铜器窖藏坑之外，还有一些白家庄期遗存与商王室或贵族生活有关。在郑州商城宫殿区今商城工作站内，发现一条商代壕沟。该沟位于 2 座商代建筑基址之间。在沟内堆积灰土的上部，发现有近百个残人头骨，其中绝大部分是头盖骨，从耳孔、眉骨至枕骨粗隆处平行锯开，边缘尚存有锯痕[30]。因沟内出有白家庄期陶器，故此沟人头骨埋入的年代当属白家庄期。一般认为，此沟发现的人头骨应与祭祀有关。死者的身份多为青壮年，有人认为“该是从其他方国俘虏的异族战俘”。商人“以俘虏为牲，杀祭俘虏以表示对战神、祖先保佑的感谢、报答和对阵亡将士的慰藉”[31]。在人头骨壕沟附近，即商城内东北角靠近北墙的东端，发现一处由6个大石块、狗坑、烧坑等组成的祭祀遗存[32]。联系到附近出土有战国陶文“亳”、“亳丘”，有人认为此处应为商城的“亳社”所在，而“壕沟内的人头骨与附近的建筑基址，与亳社应有联系”[33]。此外，商城壕沟内发现的人头骨，在祭祀完毕之后，似又经过加工，利用头盖骨作饮器，这说明在白家庄期附近存在制造骨器的作坊遗址。再者，郑州商城还发现有一些属白家庄期且随葬青铜礼器的贵族墓葬，如以上提到的郑州铭功路M4、北二七路M1、白家庄M3等。

考古材料表明，安阳殷墟一带作为商代后期都城一直存在。殷墟是商代后期的都城遗址，这是绝大多数学者公认的。但是由于多年来没有发现盘庚至武丁以前的甲骨文和王陵，以及少见盘庚、小辛、小乙时期的文化遗存，学术界甚至有人对“盘庚迁殷”的文献记载持怀疑态度，提出武丁始居小屯的观点[34]。考古新发现表明，至少从盘庚开始，安阳一带即为商王朝都城所在地。洹北花园庄发现有大型夯土基址、青铜器、卜骨和大量陶器，发现一些有地层关系的遗迹单位。陶器具有一些白家庄期的风格，有的接近大司空村一期（武丁早期）的特征，故遗址的年代，整体上早于武丁早期，上限晚于白家庄期[35]。目前学术界有人认为洹北花园庄遗址与盘庚迁殷有关[36]。商代晚期殷墟仍作为商王朝的都城存在，帝乙、帝辛时期殷都并未废弃。从甲骨文来看，小屯一带出土了大量与商王及商王室生活有关的甲骨卜辞，年代从武丁时代开始，一直延续到帝乙、帝辛时期，并未出现文丁之后甲骨卜辞中断的现象。从文化面貌上来看，这里发现的殷墟文化一至四期是连续发展的，直至周初中间无缺环，其中三、四期遗址多连续使用，而且四期（帝乙、帝辛）的遗址面积大，分布范围也最广，居住遗址内窖穴、灰坑密集，反映出帝乙、帝辛时期这里人口稠密，无衰落、中断现象。从墓葬来看，殷墟发现有大量属帝乙、帝辛时期的墓葬。这里所发现的竖穴小墓中以帝乙、帝辛时代的占比例最大。如殷墟西区的939座墓中，有陶器的共有719座，能分期的697座，而属于第四期的即占434座[37]，约占总数的60%以上，与居住遗址所见现象一致。在西北岗王陵区，有属于第四期的大墓，如西区的M1003，此墓有4条墓道，规格较高，学术界公认属帝乙、帝辛时期，有人甚至认为即帝乙之墓[38]。此外，M1567墓并未修成，墓道尚未开挖，墓室内并未埋人，有人推测此墓属第四期帝辛的，因墓未修成即亡国，帝辛死后未埋入此墓[39]。

二、夏商时代长期实行主辅都制

虽然以上分析证明夏商时代都城屡迁不可思议，考古材料也证明夏商时代并不存在都城屡迁现象，但文献确有夏、商王朝多次迁都的记载。如何解释这种矛盾现象？笔者认为这是由于夏商时代存在主辅都制所致。

主辅都制的萌芽

尧舜时代属酋邦社会，在今河南、陕西、山西三省相邻地区形成一个酋邦联盟，尧、舜、禹相继成为这个酋邦联盟之首长[40]。夏禹之都位于今河南登封的“阳城”，就任酋邦联盟首长之后又在今晋南地区设立诸多政治中心，此为夏商时代主辅都之制的形成奠定了基础。

文献记载禹都阳城，而阳城之地望在登封。如古本《竹书纪年》云："禹居阳城。"《世本》曰："禹都阳城。"《孟子·万章上》赵岐注谓阳城在"嵩山下"。《国语·周语上》韦昭注："夏居阳城，崇高所近。"《史记·夏本纪·集解》引刘熙曰："今颍川阳城是也。"《水经·颍水注》记载阳城在颍水与五渡水交汇处。考古工作者在河南登封市告成镇的王城岗发现一座龙山文化时代城址，在告成附近还发现东周时代的阳城遗址[41]。王城岗城址时代包含夏禹所处时代，位置与《水经注》等记载阳城地望相合，故多数学者赞同登封王城岗一带即为禹都阳城所在地[42]。

居于豫西地区的夏族，在夏禹争得豫陕晋相邻地区酋邦联盟首长职位之后，力图控制今晋南地区原属尧、舜等酋邦的分布地域，从而开始夏族的北上进程[43]。这个北上进程应是从今豫西地区出发，途经今豫西北地区踏入晋境，由晋东南地区向晋西南地区扩展，最终控制今晋南地区。

在控占晋南地区的进程中，夏禹分设一些辅助性政治中心。夏禹设立的第一个"辅都"可能是位于晋东南地区的另一"阳城"。文献材料称今晋东南地区亦为禹都阳城之地。《路史》卷十二罗苹注云："乃泽之阳城，尧舜者都河东北，不居河南。""泽之阳城"是说阳城属泽州（今山西晋城市），所指是汉朝的濩泽县，自唐以后就改名阳城县，现在仍叫作阳城县。从夏族北上晋南的进程来看，晋东南地区是必经之地。夏禹在这里设立政治中心，作为向晋南地区扩展的立足之地，这种可能性是存在的。至于其政治中心所在地之名称，正如后人把汤之居地多称作"亳"一样，也有可能后人把夏禹活动的几个地点皆称作"阳城"。在控制住晋东南地区之后，夏族继而向晋西南地区发展。为便于从事政治、军事活动，夏禹又设立安邑、平阳两个"辅都"。《世本》记载："夏禹都阳城……又都平阳，或在安邑，或在晋阳。"一般认为安邑在今山西夏县，平阳（即晋阳）在今山西临汾一带[44]。值得注意的是，《世本》先说"禹都阳城"，再言禹又"都安邑、平阳"，而没有称先都安邑，而后才都阳城。这实际上是反映了夏族的起源及北上路线。因夏族起源于豫西，后向晋南地区发展，这才出现夏禹先都阳城后都安邑、平阳的现象，而不能出现相反的设"辅都"顺序。

通过设立新阳城、安邑、平阳等三角形的辅助性政治中心，夏禹终于控制了晋南地区的局势。此后至夏启时期，夏王朝的政治中心仍集中在豫西地区，晋南诸"辅都"即被撤销。

之所以称夏禹时期在晋南地区设立的诸政治中心为主辅都制之萌芽，是由于这个时期社会属于酋邦阶段，国家和完全意义上的都城尚未真正形成。再加上这些地点的主要功能是军事基地和夏禹驻跸之地，存在时间较短，来不及建设一些与都城有关的设施，故不能算作真正意义上的都城。但这个时期已具备某些主辅都之特征，故称夏禹时期为夏商时代形成的主辅都之制的萌芽期。

主辅都制的形成

夏商时代已进入中国历史上的奴隶制社会。这个时期已形成了稳固的农业经济，生产工具发展已由铜石并用时代进入青铜时代，国家真正产生。统治阶级有能力和充裕时间去建造大型宫殿、陵墓、宗庙及防御设施，从而形成完全意义上的都城。从对文献材料和考古材料综合分析可知，夏商时代在建设都城的同时，又在其他地区设立一些辅都，从而形成主辅都制。这种主辅都制存在于夏商时代的许多时段，并对西周以后的中国都城制度产生深远影响。

夏王朝时期，从太康开始营建都城斟鄩，至夏桀时仍在使用。古本《竹书纪年》记载："太康居斟鄩，羿亦居之，桀又居之。"斟鄩之地望，《史记·夏本纪·正义》引臣瓒曰："斟鄩在河南，盖后世迁北海也。"这就是说斟鄩应在今河南洛阳一带。从其他文献记载来看，夏代都城应在伊洛一带。《史记·封禅书》云："昔三代之居，皆在河洛之间。"《逸周书·度邑解》云："自洛汭延于伊汭，居阳无固，其有夏之居。"此外，《国语·周语》有"伊洛竭而夏亡"的记载，《战国策·魏策》称夏桀之国"伊洛出其南"，古本《竹书纪年》记载后桀伐岷山"充其元妃于洛"，这些文献材料说明夏桀曾居伊洛河之滨。二里头遗址原居洛河之阳，由于洛河改道今居洛河之南；它南距伊河约 3 公里，东距伊、洛交汇处 7.5 公里，地望与文献记载夏代都邑相符。因此，二里头遗址当为斟鄩故地。

斟鄩应为夏王朝的主要都城。理由有二：一是斟鄩作为都城存在时间长。二里头遗址一至四期连续发展，中间无间断、缺环或废弃现象，而且早期、四期也有宫殿建筑，反映出此地一直应为夏王朝的都城所在地，存在年代应达数百年之久。这就是说，从太康都斟鄩开始，至夏桀亡国，夏王朝一直以斟鄩为其都。二是斟鄩规模大，规格高，遗存最为丰富。在现今发现的二里头文化诸遗址中，二里头遗址规模最大，其规格高于其他任何遗址。二里头遗址面积约 375 万平方米以上，其中宫殿区即占地约 7.5 万平方米。而其他二里头文化遗址的面积，甚少有超过 30 万平方米者。二里头遗址发现有多处宫殿基址，还见有铸铜、制陶、制骨等手工业作坊遗存，有大型墓葬及中小类型的墓葬，出土有精美的青铜器和玉器，这些遗存是其他二里头文化遗址所无法相比的。只有夏王朝长期以此地为都，才能形成如此高规格的文化遗存。二里头遗址文化堆积丰厚，一般达 3~4 米，可划分为数层；发掘出大量中小型房址、窖穴、水井、灰坑等遗迹和数百座平民墓葬，出土陶器、骨器、石器等遗物数量惊人，这些说明这里在夏王朝时期经过人类长期居住，且人口繁盛，实乃当时一大都会。

郑州商城应为商代前期的主都。其证据在于郑州商城规模大，规格高，且延续时间长。郑州商代遗址总面积达 25 平方公里。商城城垣（内城）周长近 7 公里，城内面积约 300 万平方米以上。而与郑州商城同期的偃师商城城垣（大城）南北最长 1700 米，东西最宽 1200 米，南端仅宽 740 米，周长不足 6 公里，城内面积只有 190 万平方米，仅及郑州商城的三分之一。其他商代前期城址面积更小，显然无法与郑州商城相比。郑州商城发现有大型多重的城墙设施，而且还发现多处宏伟壮观的宫殿建筑、各种手工业作坊和各类墓葬，并出土有大型方鼎、圆鼎、精美玉器和原始瓷器等珍贵遗物。其他遗址，如偃师商城、盘龙城[45]等也发现有城墙、宫殿、手工业作坊、贵族墓葬等重要遗迹和青铜礼器、玉器等贵重遗物，但无论是规模、数量还是规格方面，郑州商城皆优于其他商城。从年代上看，郑州商城作为商代都城始建于二里岗下层一期前后，并延续到上层二期甚至更晚阶段。即使仲丁、河亶甲时期，以及祖乙、南庚时期，郑州商城仍作为都城存在。郑州商城出土的多件白家庄期至殷墟一期以前阶段的王室重器，为目前发现的所有同期商代遗址中器形最大、铸造技术最为精良的青铜礼器。这充分说明仲丁以后乃至盘庚之前，商王朝并未废弃郑州商城而迁往它地另建都城。

殷墟是商代后期的主都，这是毫无疑问的。除未有城墙外，这里发现有50多座宫殿建筑基址和13座王陵及其他大墓，有宗庙建筑和大量祭祀遗存，设有铸铜等手工业作坊，出土大量珍贵的铜器、玉器等遗物。这些遗存，无论是从规模上看，或是从数量、品位上比较，都是目前所发现的商代后期诸遗址中的佼佼者。这里发现的殷墟文化一至四期是一连续发展的文化遗存，不见缺环、中断或废弃现象，年代范围从盘庚开始直至帝辛，这说明殷墟一带一直作为商代后期的都城，并未遭到废弃。

夏商时代在建造以上主都的同时，还设立一些辅都。史载夏王朝时期帝宁迁都（居）原、老丘和胤甲居西河，实际上这是夏王朝在原、老丘、西河等地设立辅都。前已述及，自太康之后，夏王朝一直以斟鄩为都城，斟鄩从未被废弃。由于“太康失国”，夏王朝几乎被灭亡，幸而“少康中兴”，夏王朝才逐渐稳固下来。至帝宁时，为了向北方地区发展，夏王朝在原设立辅都。这是夏王朝设立的第一个辅都，也是夏商时代首次出现主、辅都并存的局面，标志着主辅都制的正式形成。原之地望在今河南济源市西北。在距济源市区2公里发现的庙街（原城）遗址，总面积达75万平方米，为目前发现的大型夏代遗址之一。此遗址规格应较高，绝非一般村落遗址，确定其为帝宁原都[46]是可信的。“帝宁居原”属夏王朝早期偏晚阶段，约相当于二里头文化二期阶段。这个时期斟鄩正逐渐进入繁盛期，没有中断现象。因此斟鄩与原二都应为并存关系，决不是前废后兴关系。从规模上看，斟鄩面积达375万平方米以上，有大型宫殿；而原面积只有75万平方米，仅及斟鄩面积的五分之一。显然，斟鄩应为主都，原应为辅都。帝宁居原之后，夏王朝在老丘（今河南开封县境）设立另一辅都。至胤甲时，夏王朝又在西河（今洛阳西至华阴东之间）设立辅都。与帝宁居原性质一样，老丘、西河二都存在时期（约为二里头文化二、三期）正是斟鄩的繁盛期，二里头遗址不见文化中断现象，显然斟鄩与老丘、西河也是并存关系，而非前废后兴关系。

偃师商城是商王朝设立的第一个辅都。从考古发现来看，郑州商城与偃师商城均具有都邑性质，二城的始建年代与使用年代相近，这几乎已是公认的事实。郑州商城为汤都亳[47]，而《汉书·地理志》、《帝王世纪》、《括地志》等文献记载偃师一带亦为汤都西亳。实际上，“亳”之含义犹如后世之“京”，凡是商王朝政治中心所在地皆可称亳。因此郑州商城与偃师商城可并称亳都[48]，二者共存于商王朝前期。既然二者皆为商王朝前期之都城，其中必有主、辅之分。显然，无论城址规模，或是出土遗物数量、规格，偃师商城皆大大逊色于郑州商城，偃师商城应为辅都性质。

隞、相、邢、奄四都亦皆为商王朝前期的辅都。证据之一是郑州商城作为都城延续时间长，仲丁以后乃至盘庚以前这里仍具有都邑性质。证据之二是仲丁至盘庚年代较短，正常情况下不足百年，如此频繁迁都是难以想象的。证据之三是商王朝在未发生大规模异族入侵至都城的情况下废弃其统治中心地区的都城而迁往周边地区设都令人费解。商代前期后段的统治中心区是在今天的郑洛一带，按理说一都制之商都应在这一带设立。但是相（河南安阳或内黄）、邢（河北邢台）、奄（山东曲阜）三都，皆在商王朝固有中心统治区之外。因此，相、邢、奄等地皆应属商王朝的辅都，而主都则为亳。至于隞都，其地望目前尚存争议，或曰其地在今郑州西北郊一带[49]，或曰在今豫东或山东南部[50]。若是后二者，其性质与相、邢、奄一样亦属辅都。若是前者，其与郑州商城相距较近，由于二者有并存关系，而郑州商城的规模又远远超过小双桥遗址或郑州西北郊其他商代遗址，故定位于此的隞都仍属辅都性质。

商代后期没有专设辅都，曾设立一些离宫别馆，如朝歌、邯郸、沙丘等。但朝歌在商王朝末期事实上也具备辅都性质。这是由于纣王经常在此居留，又在这里建造一些大型设施，城内又聚集较多的普通民众，城内外又有大量驻军，如此则朝歌的地位发生了变化，由离宫别馆演变成商代末年的辅都[51]。这就是说，商代末期实际也实行主辅都制。

三、夏商时代主辅都制的特点

夏商时代的主辅都制有如下两个特点：

主都的相对稳定性和辅都的相对屡迁性

夏商时代的主都保持相对稳定。夏王朝自定都斟鄩之后，斟鄩作为主都的地位一直未有改变，直至夏桀仍是如此。商王朝前期的主都是亳，后期的主都是殷，其主都仅仅经历了由亳到殷的变迁。

相比之下，夏商时代的辅都却屡经变迁。如原辅都存在年代甚短。《太平御览》卷八十二引《帝王世纪》记载：“帝宁在位十七年。”今本《竹书纪年》记载帝宁五年“自原迁于老丘”，说明原辅都在几年内即被老丘辅都取代。至胤甲时，夏王朝辅都又改迁西河。商王朝时期，在仲丁至盘庚不足百年的时间内，其辅都经历4次变迁，其中相辅都仅存在9年。

商代主都的惟一变迁是由亳到殷。证据有三：第一，郑州商城在仲丁至盘庚迁殷以前阶段仍然存在，并且其规格仍为同期诸遗址中最高的。第二，盘庚曾居留亳都。《史记·殷本纪》记载：“帝盘庚之时，殷已都河北，盘庚渡河南，复居成汤之故居。”郑州商城位居古黄河之南，本为商汤之都亳，与《殷本纪》所载盘庚居留地望相合。需要指明的是，《殷本纪》称盘庚时“殷已都河北”有误。此“河北”应指祖乙邢都，其在今河北邢台市，位居古黄河之北。之所以把“殷已都河北”与“盘庚渡河南”相连，是由于司马迁漏记“南庚迁奄”。奄辅都在今山东曲阜，属于古黄河之南，《竹书纪年》明确记载南庚迁都于此，盘庚初期以此地为都。如此，奄地本身已在“河南”，怎么又出现盘庚“渡河南”呢？第三，盘庚是从郑州商城（亳）迁往殷地，而非从奄直接迁到殷。从《尚书·盘庚》可知盘庚迁殷之前所居之旧邑与黄河相邻。其曰：“盘庚作，惟涉河以民迁。”“河”指黄河。可以看出黄河是盘庚旧邑附近的一个障碍，要迁都必要“涉河”。若黄河相距甚远，不会一提到迁都就马上提到它。夏商时代的黄河走向，自今河南焦作市东流，经修武、辉县、滑县、浚县北流入河北境，又东北流至天津入渤海[52]。如此则古黄河与奄相距甚远，盘庚迁都途经自然障碍很多，不会首先提到黄河。相反，郑州一带距古黄河较近，从郑州往北至安阳，途经的第一个大的自然障碍即是古黄河。此外，从《尚书·盘庚》又知盘庚迁都的原因之一是与水患有关。曲阜一带属于鲁中南丘陵、山地，地势较高，距古黄河及其他大河较远，发生大的洪涝灾害的可能性较小。而郑州一带位居古黄河之南，地势平坦，易遭洪涝之灾。再者，《盘庚》还记载盘庚之前的先王“适于山”，而盘庚之时“荡析离居”。言盘庚之前的先王住在“山”地，此与曲阜一带的地貌是比较接近的；而盘庚迁殷之前所居之地地势较低平，此与郑州一带的地貌是一致的。

之所以夏商时代主都相对稳定，是由于主都建有大规模的宫殿建筑和宗庙建筑，有用于统治者享用的各种手工业作坊，还建有宏伟壮观的防御设施，建造这些设施要消耗大量人力、物力和时间。加之主都附近又有夏、商诸王的陵寝和其他先人的墓地，故不到万不得已之时，一般是不会废弃旧都而另建新都。

辅都之所以“屡迁”，一个原因是辅都的各项设施相对来说比较简陋一些，主要起着政治、军事中心的功能，而经济、文化中心的功能相对薄弱，故其比较容易迁徙。当然，政治、军事方面的需要也是夏商时代辅都屡迁的原因之一（详后）。

主都居中和辅都在边制度

夏商时代的主都皆位于夏、商王朝统治的中心地区，而辅都则大多位于周边地区。《吕氏春秋·慎势》篇云：“古之王者，择天下之中而立国。”此“国”字当指都城。“古之王者”当包括夏商时代诸王。从大的范围来说，夏、商王朝统治区的中心是河洛地区，此即《史记·封禅书》所云“昔三代之居，皆在河洛之间”。尽管由于夏、商二王朝版图范围有所不同，而且不同时期统治区域也有所变化，从而导致夏商时代主都的位置也相应有所变化，但一个不变的宗旨是，主辅都之制下的主都皆位在中心统治区。与此相反，辅都多位于主都之外的周边地区，即夏、商王朝控制区的边缘地区。

夏王朝统治区的中心是在豫西洛阳盆地，而其主都斟鄩正位于这个中心区域之内。属于夏文化的二里头文化分布区的中心是在今洛阳地区，这里发现的二里头文化遗址最为丰富和最具代表性，文化遗存规格最高。文献材料多言伊洛一带是夏王朝的中心区域，如《逸周书·度邑解》所云：“自洛汭延于伊汭，居阳无固，其有夏之居。”

商王朝前期统治区的中心是在今河南郑州地区，而其主都亳即位于这一地带。从考古发现来看，商代前期文化是以郑州二里岗遗址为代表的文化遗存。二里岗商文化的分布范围，早期（下层）主要局限于今河南境内；晚期（上层）分布范围骤然扩大，不仅包括今河南省的大部，而且鲁西、冀南、晋南、陕西关中东部、湖北大部和赣北、湘北，皆为商文化分布区。在这个大范围内，郑州正好居于中心地带。

商王朝后期统治区的中心北移至河南省北部，随之商王朝的主都也由今郑州迁到安阳一带。考古材料显示，商文化分布区在商代后期存在着北扩南缩的现象。在东方，商文化扩至今山东中部潍河流域。在北方，商文化分布至今京津一带。但在南方，商文化分布北缩至今河南南阳至信阳一线，商王朝已失去对湖北、湘北、赣北等地的控制。在西方，商族势力在商代后期前段仍在关中地区存在，但这一地区的地方特色日益明显；武乙之后，商王朝逐渐失去了对这一地区的控制。如此，位于今郑州的亳都一带在商王朝后期控制区中属稍偏南位置，有可能受到来自南方的军事威胁。商王盘庚在选择新的主都位置时，毅然选中了今安阳一带，原因之一是这里位居商代后期控制区的中心地带。

目前所能确定的夏王朝辅都皆位在夏王朝控制区的周边地带。帝宁原辅都位于今河南济源市一带，这里在帝宁时期正处于夏王朝控制区的北缘。考古材料表明，在今河南焦作、新乡地区，以沁河为界，以北为先商文化区，以南则为夏文化分布区[53]。帝宁时期的另一辅都老丘位于今河南开封县境内，这里正处于夏王朝统治区的东部。夏文化东向并未逾出今河南东部，属于东夷文化的岳石文化与二里头文化大约以今杞县—鹿邑一线为界，以东属岳石文化分布区，以西为二里头文化分布区[54]。而位于开封县境内的老丘辅都处在此线西侧不远地带。夏王朝另一个辅都西河也位于周边地区。西河之地望，判定其位于今河南洛阳市以西至陕西华阴市以东某地比较合乎情理[55]。至于西河指实，现在尚比较困难。大体来说，其应位于今河南三门峡地区。因主都斟鄩在今偃师一带，若把辅都设在洛阳以西至新安一带，主、辅都相距太近，没有实际意义；但也不可能把辅都设在较偏远的华阴市以东至潼关一带，这个地区发现的二里头文化遗存甚少，说明夏王朝当时并未有效地控制这一地区。相比之下，今三门峡地区发现有较丰富的二里头文化遗存，说明这里属于夏王朝控制区的西缘，在这里设辅都比较合适。

偃师商城辅都位于商代初年的周边地区。偃师商城距夏都斟鄩不足10公里，这里属夏王朝统治区的中心地带。而商汤灭夏前及商王朝初年的统治中心是在今郑州一带，故在商王朝初年商人的眼里，夏王朝的中心地区则属于商王朝的"周边"地区。

商代前期后段（又曰商代中期）诸辅都大都位于周边地区。如相、邢、奄等辅都分别位于河南北部、河北南部和山东中部，皆远离商代前期统治中心——郑州地区。从主辅都制的分布特点来看，笔者倾向于隞都位在河南东部或山东西部某地。二里岗上层时期，商文化已分布至今山东中部一带，显然这里已成为商王朝控制区的一部分。古本《竹书纪年》记载仲丁时有"蓝夷作寇"、"仲丁征蓝夷"事件发生。蓝夷属商代东夷族的一支，其分布区在今山东滕州市东南一带[56]。古本《竹书纪年》又载："仲丁即位，征于蓝夷。"以此可知仲丁即位后即设立隞辅都，这个隞辅都的设立应与征蓝夷有一定的关系，其位置应在距蓝夷分布区不太远处的商王朝控制区内。当然，若将来确有材料证明隞都位于郑州西北郊一带，那么亳、隞仅相距20公里，隞是惟一一座不位在周边地区的辅都。

商代末年朝歌辅都也基本上位于周边地区，只是其距殷都稍微近了一些。之所以朝歌距殷都较近，主要原因是朝歌原本只是商王朝晚期的离宫别馆。只是纣王在此长期居留，后逐渐演变为辅都的性质。由于商末东南夷的叛乱和西南方周人的崛起，朝歌距商王朝与敌方征战之地已不算太远。人方等东南夷分布于今河南东部至安徽北部一带，距朝歌最近距离不足200公里。《史记·周本纪》、《尚书》等记载商纣时周人曾"败耆国"或"戡黎"、"伐邘"以及武王九年"东观兵至于盟津"。耆国即黎国，其地位在今山西黎城县东北。以此地东逾太行山即达华北平原，距殷都及朝歌不算远。邘位在今河南沁阳市西北，盟津在今河南孟州市，二地已接近商王沁阳田猎区，距朝歌较近。因此，朝歌在纣王时期已属商王朝的周边地区。

四、夏商时代主辅都制形成的原因

夏商时代形成主辅都之都城制度的原因是多方面的。既有客观原因，也有主观原因。

客观原因

夏、商王朝地域辽阔是形成主辅都制的客观原因之一。夏商时代的版图包括国王直接统治区和夏商王朝控制区两部分。夏王朝时期，其直接统治区域包括今河南中西部和山西南部。而在此区之外，还有许多受夏王朝控制的方国、部族。《左传》哀公七年载："禹会诸侯于涂山，执玉帛者万国。"《尚书·禹贡》及《史记·夏本纪》有"五服"的记载，即把不同的地区分成所谓的甸服、侯服、绥服、要服和荒服。从考古材料来看，二里头文化范围较广，东达豫东，南抵长江沿岸，西至陕西关中东部及商洛地区，北至山西中部。商王朝时期，其直接统治区和控制区范围更广。《诗·商颂·玄鸟》云："古帝命武汤，正域彼四方。……邦畿千里……肇域彼四海，四海来假，来假祁祁。"《诗·商颂·殷武》曰："昔有成汤，自彼氐羌，莫敢不来享，莫敢不来王，曰商是常。"具体来说，商王朝的直接统治区主要局限于河南省境内，而商王朝的控制区，昌盛时期东达山东潍坊一带，西到关中、汉中，西南到达四川盆地，南至湘北、赣北，北抵京津地区。这么大的范围，若要有效控制全国局势，辅都的设立是必要的。

交通不便是夏、商王朝实行主辅都制的另一客观原因。在夏、商王朝版图内，地貌条件复杂多样，既有高山大河，又有众多湖泊、沼泽，这些对当时人们的交往造成诸多不便。由于受生产力等诸多条件限制，夏商时代道路条件较差，人们还不能修建大型桥梁和宽阔的长距离大道。当时的交通工具主要是舟船，也可能利用牛、象。但由于舟船航行速度较慢，逆水行舟则更是困难，又要受到河流走向、通航条件和水文变化等条件的限制，故利用舟船从事交通运输局限性很大。而牛、象这两种陆上动物，行动缓慢，故也不是理想的交通工具。在中国古代，应该说马和马车是较为便捷的交通工具。商代后期马已被人工驯养，并发明了马车，甲骨文中有"马"、"车"字即为明证，而且殷墟也发现有车马坑。但是夏代和商代前期，考古材料不见有利用家马和制造马车从事交通运输的实证[57]。这就是说，夏商时代大部分时段还未出现家马和马车，这种便捷的交通工具还未被人们所广泛利用。

主观原因

欲对全国进行有效统治导致主辅都的建立。夏商时代是我国奴隶社会的初级阶段，国家刚刚形成，国家政权机构简单，基层组织尚不完善。除王畿地区为夏、商王朝直接统治之外，在其他辽阔区域内还散布着许许多多的方国和部族。这些方国、部族"自治"性很强，甚至还有自己的军队；在族属上，既有与夏、商王朝同族同姓者，也有异族异姓者，故其潜存着不稳定因素，随时可能发生对夏、商王朝的叛乱。因而若仅依靠在中心地区建立一个都城实施对全国的治理，有时确实存在鞭长莫及现象，有必要在都城之外另建辅都，夏、商国王在必要时可到那里进行巡视、祭祀、宣威、安抚或其他活动。如在商王朝初期，伊洛地区还存在着大量夏遗民，他们光复夏王朝的思想并未泯灭，今山西境内还存在着夏族和其他部族的武力反抗。为了有效统治夏遗民，监视夏遗民的举动，商王朝在主都（郑州商城）之外，又在原夏王朝的腹地建立辅都（偃师商城），从而对商王朝西土进行有效治理。

军事战争的需要也是主辅都制形成的主要原因之一。在夏、商王朝的周边地区及其外围，时常发生军事战争，既有诸侯、方国的叛乱，也有异族的入侵、骚乱和掠夺。由于主都位于中心地区，其与边境发生战争之地相距较远，夏、商国王在主都指挥作战实在不方便，其中包括政令、军令传达迟缓，军队调动不能迅速到达指定地区，急用的军事物资运输困难等，而战争一线的情况夏王、商王也不能及时了解。为便于战争调度和就近指挥战争，有必要在那些经常发生战争的地区附近设立辅都，作为一段时期内的政治和军事指挥中心，同时也是一处重要的军事据点。待这些地区战事结束、政局稳定之后，夏、商国王仍然回到主都进行统治。若夏、商王不再驾临某一辅都，其辅都功能便自然取消。具体来说，夏代帝宁时期设立的原辅都，是夏王朝为对付北方地区诸方国和重新控制今晋南地区而设立的政治、军事中心。由于后羿代夏、太康失国，夏王朝失去了对晋南地区的控制。帝宁即位后，力图振兴夏王朝，展开了一系列讨伐战争，其把矛头首先对准北方。通过在今济源一带设立辅都，不仅可以控制豫北西部地区，而且也为夏王朝重新占领晋南地区建立一个稳固的基地。实践证明，这个目的达到了，夏王朝最终又控制了晋南地区。从考古材料看，属于夏文化的二里头文化有一个自南向北的发展进程，晋南地区的东下冯类型要晚于豫西地区的二里头类型[58]。其他辅都，老丘是帝宁为了便于对东夷各部的作战而在今豫东地区设立的军事中心，西河是夏王胤甲为了镇抚西土而在今豫西西部地区设立的政治、军事中心。商王朝时期，偃师商城既是政治中心之一，也是镇抚夏遗民、讨伐夏族及其他部族的军事基地。考古材料表明，偃师商城的军事色彩十分浓厚，以至于有的学者把其定性为商代前期的“军事重镇”[59]。敫都的设立也可能与军事战争有密切关系。从仲丁开始，商王朝东境开始发生“蓝夷作寇”，直至商亡来自东夷的战争接连不断。若敫都位在山东或河南东部的观点能够成立，则说明敫是为便于在今山东南部、江苏北部一带对东夷的作战而设立的一个辅都。同样，相、邢、奄三辅都的设立也与军事战争有关。河亶甲为了对付今山东西部的东夷诸部，在今河南北部设立相辅都。祖乙为便于就近指挥对今河北境内及鲁西北地区诸方国、部族的战争，在今河北邢台一带设立邢辅都。而南庚在今山东曲阜一带设立奄辅都，主要目的是为在今山东境内建立一处攻伐东部诸夷的大本营。此外，商代末年朝歌辅都的形成，在很大程度上是由于讨伐东南夷军事战争的需要所致。实践证明商王朝设立以上诸辅都的军事目的达到了。在商王仲丁至盘庚时期（二里岗上层二期至殷墟文化一期），山东中西部和南部、河北中部及京津地区皆纳入了商文化的范围。史载纣王利用朝歌作为大本营，频繁向东南夷攻伐，并取得了重大胜利。只是纣王对来自西南方周人势力的崛起关注不够，最终导致军事战争的失败和商王朝的灭亡。

---

[1]《论语·为政》。

[2]《礼记·礼器》。

[3] 河南省文物考古研究所：《河南考古四十年》，河南人民出版社，1994 年。

[4] 北京大学历史系考古教研室商周组编著：《商周考古》，文物出版社，1979 年，59 页。

[5] 张之恒：《夏代都城的变迁》，《夏文化研究论集》，中华书局，1996 年。

[6] 郭沫若：《中国史稿》，人民出版社，1976 年，162 页。

[7] 黎虎：《殷都屡迁原因试探》，《北京师范大学学报》1982 年 4 期。

[8] 孙淼：《夏商史稿》，文物出版社，1987 年，369 页。

[9] 邹衡：《夏商周考古学论文集》，文物出版社，1980 年，210 页。

[10] 杨升南：《“殷人屡迁”辨析》，《甲骨文与殷商史》第二辑，上海古籍出版社，1986 年。

[11] 丁山：《由三代都邑论其民族文化》，《国立中央研究院历史语言研究所集刊》第五期第一分册。郭沫若《中国古代社会研究》，科学出版社，1960 年，216 页。

[12] 傅筑夫：《中国经济史论丛（上）》，三联书店，1980 年，47 页。

[13] 吴泽：《中国历史大系（古代史）》修订本，棠棣出版社，1953 年，320 页。

[14] 顾颉刚、刘起釪：《〈盘庚〉三篇校释译论》，《历史学》1979 年 1、2 期。

[15] 李民：《殷墟的生态环境与盘庚迁殷》，《历史研究》1991 年 1 期。

[16] 邹衡：《试论夏文化》，《夏商周考古学论文集》，文物出版社，1980 年。

［17］郑光：《二里头遗址的发掘》，《夏文化研究论集》，中华书局，1996 年，71 页。
［18］杜金鹏：《二里头早期大型建筑基址的发现及其意义》，《中国文物报》1993 年 2 月 28 日。
［19］中国社会科学院考古研究所编著：《中国考古学中碳十四年代数据集》，文物出版社，1983 年，73 页。
［20］河南省文物考古研究所等：《郑州商代铜器窖藏》，科学出版社，1999 年。
［21］河南省文物研究所：《郑州小双桥遗址的调查与试掘》，《郑州商城考古新发现与研究》，中州古籍出版社，1993 年。
［22］郑州市博物馆：《郑州市铭功路西侧的两座商代墓》，《考古》1965 年 10 期。
［23］朱凤瀚：《古代中国青铜器》，南开大学出版社，1995 年，614 页。
［24］河南省文物研究所：《郑州北二七路新发现三座商墓》，《文物》1983 年 3 期。
［25］河南省文化局文物工作队第一队：《郑州市白家庄商代墓葬发掘简报》，《文物参考资料》1955 年 10 期。
［26］邹衡：《夏商周考古学论文集》，文物出版社，1980 年，72 页。
［27］中国社会科学院考古研究所安阳工作队：《安阳殷墟三家庄东的发掘》，《考古》1983 年 2 期。
［28］《小屯》第一本《遗址的发现与发掘》，台湾历史语言研究所，1973 年。
［29］河南省文物考古研究所等：《郑州南顺城街青铜器窖藏坑发掘简报》，《华夏考古》1998 年 3 期。
［30］河南省博物馆：《郑州商城遗址内发现商代夯土台基和奴隶头骨》，《文物》1974 年 9 期。
［31］郝本性：《试论郑州出土商代人头骨饮器》，《华夏考古》1992 年 2 期。
［32］裴明相：《略谈郑州商代祭祀遗迹》，《中原文物》1987 年 2 期。
［33］郝本性：《试论郑州出土商代人头骨饮器》，《华夏考古》1992 年 2 期。
［34］丁山：《商周史料考证》，中华书局，1988 年，35 页。
［35］中国社会科学院考古研究所安阳工作队：《河南安阳市洹北花园庄遗址 1997 年发掘简报》，《考古》1998 年 10 期。
［36］杨锡璋、徐广德、高炜：《盘庚迁殷地点蠡测》，《中原文物》2000 年 1 期。
李民：《盘庚迁都新议》，《史学月刊》2001 年 2 期。
［37］中国社会科学院考古研究所安阳工作队：《1969～1977 年殷墟西区墓葬发掘报告》，《考古学报》1979 年 1 期。
［38］杨锡璋：《安阳殷墟西北岗大墓的分期及有关问题》，《中原文物》1981 年 3 期。
［39］杨锡璋：《殷代墓地制度》，《考古》1983 年 10 期。
［40］李民、张国硕：《夏商周三族源流探索》，河南人民出版社，1998 年，15～26 页。
［41］河南省文物研究所等：《登封王城岗与阳城》，文物出版社，1992 年。
［42］安金槐：《豫西夏代文化初探》，《中国历史博物馆馆刊》1979 年 1 期。
［43］张国硕：《从夏族北上晋南看夏族的起源》，《郑州大学学报》1998 年 6 期。
［44］李民：《夏商史探索》，河南人民出版社，1985 年，9 页。
［45］湖北省博物馆等：《盘龙城一九七四年度田野考古纪要》，《文物》1976 年 2 期。
［46］杨肇清：《原城考》，《河南文物考古论集》，河南人民出版社，1996 年。
［47］邹衡：《郑州商城即汤都亳说》，《文物》1978 年 2 期。
［48］张国硕：《郑州商城与偃师商城并为亳都说》，《考古与文物》1996 年 1 期。
［49］郑杰祥：《夏史初探》，中州古籍出版社，1988 年，294 页。
陈旭：《郑州小双桥商代遗址即隞都说》，《中原文物》1997 年 2 期。
［50］唐孔颖达《尚书正义》卷八引东晋李颙云：“嚣在陈留浚仪县。”丁山：《商周史料考证》，中华书局，1988 年，29 页。
［51］张国硕：《关于殷墟的几个问题》，《考古与文物》2000 年 1 期。

[52] 顾颉刚：《禹贡（全文注释）》，《中国古代地理名著选读》，科学出版社，1959 年。
[53] 刘绪：《论卫怀地区的夏商文化》，《纪念北京大学考古专业三十周年论文集》，文物出版社，1990 年。
[54] 宋豫秦：《夷夏商三种考古学文化交汇地域浅谈》，《中原文物》1992 年 1 期。
[55] 李民、张国硕：《夏商周三族源流探索》，河南人民出版社，1998 年，147 页。
[56] 丁山：《商周史料考证》，中华书局，1988 年，29 页。
[57] 袁靖、安家瑗：《中国动物考古学研究的两个问题》，《中国文物报》1997 年 4 月 27 日。水涛：《驯马、马车与骑马民族文化》，《中国文物报》1997 年 6 月 15 日。
[58] 李伯谦：《东下冯类型的初步分析》，《中原文物》1981 年 1 期。
[59] 郑杰祥：《关于偃师商城的年代和性质问题》，《中原文物》1984 年 4 期。

（原载《考古学研究（五）》，科学出版社，2003 年）

评述郑州商城与偃师商城几个有争议的问题

赵芝荃

1955 年发现郑州商城，1959 年发现二里头遗址，1983 年发现偃师商城，这三次考古发现为研究夏商文化提供了重要资料，并已取得丰硕成果。然而，这三处遗址的性质和它们与商汤亳都的关系等问题在学术界却始终争论不休，如果从头说起大致可以分为三个阶段。

第一阶段是 1959～1977 年，属分散研究、各抒己见的阶段。在二里头遗址发掘初期，发掘者把二里头文化分为四期，其中一期文化包含有一些河南龙山文化因素，遂把一、二期定为晚夏；三、四期文化与二里岗商文化较为接近，再联系“殷汤所都”的古文献记载，故把二里头三、四期文化定为早商。而此时北京大学历史系考古专业的讲义先称二里头文化为早商，后称为先商。此时的研究各抒己见，互无争议。

第二阶段为 1977～1983 年，是关于二里头遗址和郑州商城何为商汤亳都的争论阶段。1977 年，在河南登封举行了全国首次夏文化学术研讨会。邹衡先生在会议上首次提出郑州商城为商汤亳都、二里头文化为夏代文化说[1]，引起考古学界的广泛关注；二里头考古队的石加（郑光）先生则坚持原有的观点，不赞同郑亳说[2]。双方就此展开了公开的辩论。他们的争论推动了夏文化的研究，相关的学术大讨论也自这次会议开始。笔者在此次会议上提交的论文是《二里头遗址发掘工作的回顾与展望》，对于二里头遗址的性质未加推断。

第三阶段是从 1983 年至今，属郑州商城与偃师商城何为商汤亳都的争论阶段。1983 年春季，中国社会科学院考古研究所汉魏故城队在首阳山电厂东南侧发现了偃师商城，同年秋季即组队负责发掘工作。由于笔者当时正在思考“殷汤所都”的问题，很快接受这一事实，发表了《河南偃师商城西亳说》的论文[3]，并推断二里头遗址为夏代晚期都邑[4]。古史学家张政烺先生说：“持二里头文化为夏文化的一方得一分，持汤都西亳的一方得一分，这场学术讨论犹如足球场上的比赛，一比一，平局。”[5]张先生的这一评论语重心长，比喻深刻，颇有启示。而持郑亳说的学者仍坚持原有观点，推断偃师商城为“太甲桐宫”[6]，或为军事重镇[7]，因此又掀起一场学术讨论。争论的内容包括郑州商城与偃师商城孰大孰小、孰早孰晚、谁为核心遗址、谁为夏商分界的界标等问题，其中的焦点则是这两座商城谁为商汤亳都。

笔者 1959～1982 年参与发掘二里头遗址和编写发掘报告，1983～1996 年又发掘偃师商城和整理它的发掘资料，因此有责任就这两座商城存在争议的问题阐述自己的观点和意见，以尽微薄之力，求更多共识。

一、两座商城孰大孰小

偃师商城有三周城垣，居中者为宫城，宫城外有小城，小城扩展后成为大城。宫城平面为方形，每边长约200米，面积为4万多平方米。宫城内有多处宫殿、宗庙、池苑和祭祀遗址，有的宫殿和城垣又经过改建或扩建，经历了较长时间。小城平面呈长方形，南北长1100米、东西宽740米，面积为80万平方米，城内有数十座较大的夯土基址，有可能是贵族宅邸和衙署的所在地，城外北部分布有手工业遗址。大城是在小城的北面和东面北半部扩建而成，平面略呈菜刀形，南北长1710米、北墙长1240米，面积为190万平方米，城内分布有手工业遗址和一般居住区。三道城墙的建筑顺序是先建宫城，后建小城，城址得到发展之后再扩建大城。偃师商城位于洛阳盆地东端，北依邙山，南临洛河，向西可以监视夏遗民，东靠黑石关则可连接洛阳盆地东去的要道，地势极为险要。

郑州商城包括宫城、内城（即通称的郑州商城）和外郭城。其宫城位于内城的东北隅，城内夯土基址密集区长约750米、宽约500米，周围发现有城墙基址，而在此范围之外夯土基址较为疏稀，情况与偃师商城相似。郑州商城的内城略呈方形，东墙和南墙各长1700米、西墙长1870米、北墙长1690米，面积为300万平方米，较偃师商城的大城多出110万平方米。手工业遗址多分布在内城以外。外郭城位于内城以外的南半部，形似长弓，包围住内城，两城相距数百米或近千米，其面积大于内城，更大于偃师商城的大城。

二、两座商城孰早孰晚

偃师商城文化分为三期，每期又可划分为早、晚两段，共为六段。其中一期早于郑州二里岗下层，二期相当于二里岗下层，三期相当于二里岗上层。郑州商城二里岗文化则分为上、下两层，每层又分为早、晚两期（段），共为四期（段）。

关于郑州二里岗下层早段的H9，多数学者认为应早于一般所称的二里岗下层文化早段。笔者认为此H9的时代应相当或略晚于偃师商城一期晚段，晚于偃师商城一期早段，而早于二里岗下层早段。此H9的资料见于报道的有鬲、折肩盆、圆腹盆和斝共4件完整陶器。其中，鬲（H9∶36）的器形为圆唇上卷下折，颈部内收，腹部下垂，宽袋足，器壁较薄，所饰绳纹较细（图一，1），它与偃师商城一期晚段的ⅣH134井∶6号鬲（图二，1）相似，而晚于一期早段的ⅣH72井∶4号鬲（图二，5）。折肩盆（H9∶25）器形为侈口，短颈，小肩微折，深腹下收，小平底，腹壁饰极细绳纹（图一，2），它与偃师商城二期早段ⅣH47∶14号折肩盆（图二，2）极为相似，而晚于偃师商城一期晚段的ⅣT32HG2⑤∶16号折肩盆（图二，6）。鼓腹盆（H9∶354）器形为厚唇内卷，束颈，鼓腹，凹圜底，颈部饰斜方格纹，腹部饰绳纹（图一，4），它与偃师商城一期晚段的ⅢM18∶1号鼓腹盆（图二，3）较为相似，而晚于一期早段的ⅦH17∶3号鼓腹盆（图二，7）。斝（H9∶362）的器形为侈口，长颈，颈一侧附一把，腹部以下与鬲相似（图一，3），此器

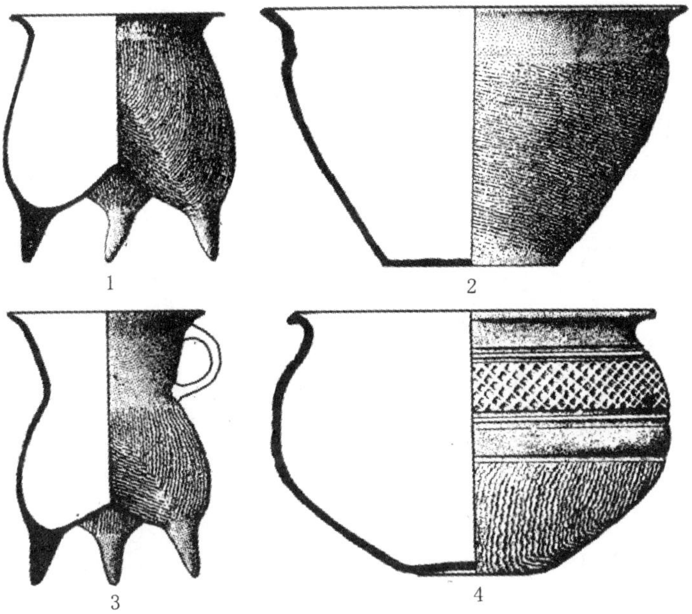

图一　郑州商城二里岗下层早段 H9 出土陶器
1. 鬲（H9∶36）　2. 折肩盆（H9∶25）　3. 斝（H9∶362）　4. 圆腹盆（H9∶354）
（本图中器物均引自《郑州二里岗》）

与偃师商城一期晚段的ⅣH57∶1 号斝（图二，4）形制相似。

综上所述，郑州商城二里岗下层 H9 所出陶器应晚于偃师商城一期早段，与偃师商城一期晚段的年代相近。由此推断，偃师商城二期文化的年代应相当于郑州商城二里岗下层文化，三期则相当于二里岗上层，各期的早、晚段也应大体对应。

近年，郑杰祥先生发表《郑州商城与偃师商城的性质与夏商分界》一文，汇集了高煦、陈旭和张文军等先生的研究成果，表明学者们对郑州二里岗文化的推断是基本一致的。本文则借用张文军、方燕明、张玉石先生有关郑州商城的城墙和宫殿基址的论述，与偃师商城的城墙和宫殿基址作一比较，说明二者的早晚关系。

张文军等三位先生在《关于郑州商城的考古学年代及其若干问题》[8]一文中指出，属于二里岗一期的有“郑州商城城墙及近期发现的南、西外城墙”，以及“小型宫殿即 C8G9 和 C8T62 夯土基址”，为该城的创始期；属于二期的有“以 C8G15 和 C8G16 为代表的一大批宫殿”，为该城的发展期；属于三期的有“城内宫殿以 C8G10 为代表”和城外一大批手工业作坊遗址，以及张寨南街出土的大铜鼎等，属该城的繁盛期；及至第四期，“此城经历了自始建到兴盛之后，在本期开始衰落且不久便被废弃”。主持发掘郑州商城的杨育彬先生认为：“郑州商城应建于商代二里岗期下层偏晚阶段，其使用时间应是从商代二里岗期下层开始，一直延续到二里岗上层二期”[9]。前述郑杰祥先生的论文称：“这些意见与上述诸位先生的意见是基本相同的。”笔者认为各家看法与观点相差无几。

偃师商城大规模的建筑共经历了三个阶段，最早的建筑有四号等宫殿和宫城的城墙，稍后出现小城，时间都在一期早段，为形成期。第二阶段建造的包括五号下层等宫殿、大城城墙和西二号等城门，时间是在一期晚段或一、二期之间，为该城的发展期。第三阶段建造的有五号上层等宫殿，并改造了部分宫城城墙和修补大城城墙，时间是在二、三期之

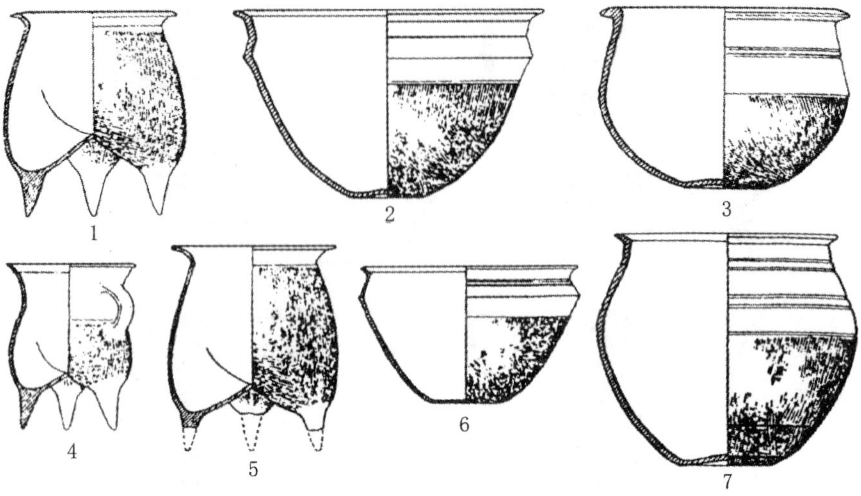

图二　偃师商城一期早、晚段陶器

1. 鬲（ⅣH134 井:6）　2. 折肩盆（ⅣH47 :14）　3. 圆腹盆（ⅢM18 :1）

4. 斝（ⅣH57 :1）　5. 鬲（ⅣH72 井:4）　6. 折肩盆（ⅣT32HG2⑤:16）　7. 圆腹盆（ⅦH17 :3）

（本图中器物均引自《偃师商城的发掘与文化分期》，1~4 属一期晚段，5~7 属一期早段）

间，属偃师商城的繁盛期。最后该城与郑州商城一起衰落，一起被废弃。总之，偃师商城的宫殿和城墙之始建年代均早于郑州商城的宫殿和城墙（表一）。

以上是偃师商城的宫殿和城墙早于郑州商城的宫殿和城墙的相关比较资料。还需提及的是，商汤伐夏必须事先到达郑州之地，在郑州发现早于偃师商城的文化遗存是完全可能的，也是合理的，对此笔者坚信无疑。

三、两座商城谁是商代早期文化分布区的中心遗址

近年，持郑亳说的学者论称："郑州商城是迄今所发现最早的一座商代城址，从其规模、文化内涵丰富并且处于二里岗早期商文化分布中心来看，应当就是商初王都亳邑。"[10]

二里头遗址位于二里头文化分布区的中部，长宽各 2000 米，面积为 400 万平方米，地下堆积的二里头文化层厚达 2~3 米。遗址中部为宫殿区，长宽约 300~400 米，面积约为 12 万平方米；四周分布有手工业作坊区和一般居住区，出土大量陶器、石器、骨角蚌器及一些青铜器、玉器、漆器和绿松石器等。二里头遗址不仅是夏王朝的政治、军事中心地，也是当时全国文化最发达的中心区。商汤灭夏后，在夏人长期经营的"天室"建造自己的国都偃师商城，不仅巩固了初创的政权，而且急切地吸取夏文化，创造出商王朝的二里岗文化，以显示商王朝的历史功绩。

分布在冀南豫北地区、属于先商的下七垣文化，仅发现有小型房址、陶窑、灰坑和粗糙的陶、石、骨器等，与二里头文化相比差距极大。商汤灭夏后以二里头夏都为范例建立偃师商城，修筑了三道城垣和完整的水系，宫城内有多处宫殿、宗庙建筑、大型池苑、祭祀场所等，呈现出"四阿重屋"、"前朝后市"的格局。偃师商城的规划、形制、布局和

内容等都远远超过了二里头遗址，开创了帝王建都的整体规范和完备的形制。

表一　**偃师商城与郑州商城宫殿和城墙建造时间表**

	偃师商城一期早段	偃师商城一期晚段	二里岗下层早段	二里岗下层晚段	二里岗上层早段	二里岗上层晚段
偃师商城宫殿	四号宫殿	五号下层宫殿		五号上层宫殿		
郑州商城宫殿			C8G9 C8T62	C8G15 C8G16	C8G10	
偃师商城城墙	宫城城墙小城城墙	大城城墙		修补城墙		
郑州商城城墙			内城城墙及外郭城墙			

夏商时期为青铜时代，出土的青铜器十分珍贵。二里头遗址的夏代青铜器有容器、工具和武器等，容器包括爵、斝、鼎等。铸造时有的使用双范，有的为多范。较早的器物整修水平较差，多为素面；较晚的则器表平整，器形较工整，表面花纹有弦纹、圆圈纹、十字纹和乳丁、镂孔等。器物的含铅量偏低，处于铸造青铜器的初期阶段。二里岗文化的商代青铜器的铸造工艺完全承袭自夏代，器身逐渐增大，弯曲度增大，整修较好，器表铸有弦纹、人字纹、涡纹、联珠纹、饕餮纹、夔纹、黾纹和羊首、牛首等，新增加了多种器类，而且在郑州张寨出有大型铜鼎。这个时期青铜器的铸造使用铜、锡、铅三元合金，较夏代青铜器的铸造水平有了很大的进步。

下七垣遗址先商文化的陶器质地较粗，器壁平直，多为平底，纹饰简单，器类不多，给人以粗重之感。而与下七垣先商文化同时代的二里头文化夏代陶器则胎较细，质地坚硬，器壁较薄，陶色纯，火候较高，器形多卷沿曲腹，圜底或凹圜底，器身弧度增大，显得周正美观。二里岗文化的商代陶器全面承袭了二里头夏代陶器，二者相同的器类有24种，差别是很少的。纹饰都以绳纹为主，弦纹、阴线纹、附加堆纹、压印纹和刻划纹均有，其中压印纹有雷纹、云雷纹、云纹、圆圈纹、涡纹、人字纹、花瓣纹和乳丁等；刻划纹有兽面纹、蛇纹、鱼纹、网纹和指甲纹等。此外二者都在大口尊的口沿部位刻划一些符号，真可谓“殷因夏礼”。商王朝一方面在继承，另一方面也有创新，例如新增加有硬陶和釉陶，这在二里头文化的夏代陶器中是极为少见的。

总之，偃师商城的功绩是承袭夏文化、融合夏商文化，由此形成二里岗商文化，它发挥着初创的作用；郑州商城则发展了二里岗文化，展示出商代前期灿烂文化的风采，为商文化的发展时期；至于洹北商城和安阳殷墟则是集大成者，出土有王室占卜记事所用的甲骨文，以及数以万计精美绝伦的铜器、玉器等，达到殷商文化的鼎盛时期。总之，偃师商城、郑州商城、洹北商城和安阳殷墟共同组成商代文化的中心区域，并向周边的方、土方、羌方、荆楚和东夷等地区传播和辐射，同时也吸收周边各地文化之精髓，构成灿烂的殷商文明。

四、两座商城谁为夏商分界的界标

在“夏商周断代工程”研讨夏商分界时，持郑亳说的学者认为：“以郑州商城始建为夏商分界的界标”，或说：“以郑州商城和偃师商城为界标，而以郑州商城为主要界标”。

笔者认为，夏商分界以夏而论，为二里头文化三期末年，理由如下。第一，象征王权的二里头夏都一号宫殿毁弃于二里头文化三期末年。第二，二里头文化第四期出土陶器主要有深腹罐、圆腹罐、罐形鼎、甑、刻槽盆、平底盆、浅腹盆、三足盘、深腹豆、盉、觚、大口尊和折肩器盖等，同时还有属于商文化的侈口瘦腹绳纹平底罐、束颈瘦腹绳纹平底罐、束颈瘦腹素面平底罐、浅腹盆形鼎、浅腹平底盆、深腹平底盆、高足簋、矮足簋、圈足簋、圈足豆、卷沿深腹鬲、侈口深腹鬲、盔形器盖等（图三）。二里头第四期夏文化中出现大量商文化的陶器，表明此时商人已入主中原，夏商文化在激烈地碰撞相汇。第三，对古文献的考证推断夏代纪年为公元前 21 世纪至公元前 16 世纪，碳十四测年结果则表明二里头三期文化的下限到了公元前 1600 年，此应即夏王朝终止的可能年代。

而夏商分界就商而言，开始于偃师商城之始建，理由如下。第一，商汤亡夏，摧毁了二里头夏都一号宫殿。由于夏之先人功绩盖世而保留了“夏社”，二里头夏都二号宫殿在这场战乱中安然无恙，一直沿用到二里岗上层文化时期，有可能就是“夏社”。古文献记载商汤“始屋于夏社”，又在二里头遗址东侧建造偃师商城，宣告夏亡商兴，一统天下。偃师商城包括三道城垣，宫城中有多处宫殿、宗庙建筑、御用池苑和祭祀场所，宫殿是“四阿重屋”，呈现出“前朝后市”、左右对称的格局。此外还存有系统的水利设施，为建造王都的系统规划和全面建制开创了先河。

第二，偃师商城第一期文化出土的陶器主要有鬲、甗、平底罐、甑、盆形鼎、折肩盆、深腹平底盆、浅腹平底盆、高领罐、捏口罐、簋、圈足豆、平底大口尊和盔形器盖等，另外包括一部分夏文化的附加堆纹扁三角足罐形鼎、束颈深腹圜底罐、圆腹甑、圆腹罐、刻槽盆、平底盆、浅腹盆、敛口深腹罐和折肩器盖等（图四）。商汤灭夏建造偃师商城，急切地吸收夏文化的因素，必然会在陶器中包含一部分夏文化的陶器，并经过交汇融合，最后与二里头第四期文化一起发展成为二里岗下层文化。在偃师商城第一期文化层和二里头第四期文化层上面，都直接叠压着二里岗下层文化堆积。偃师商城第一期文化的碳十四测年数据最早的为公元前 1600 年，与二里头第三期文化之末的年代相同。

综上所述，笔者认为二里头遗址一号宫殿的毁弃，以及偃师商城的始建为夏商分界的界标。因此，笔者近期发表了《简论夏朝的断代问题》[11]、《再论偃师商城的始建年代》[12]、《论夏、商文化的更替问题》[13]、《夏商分界界标之研究》[14]，并撰写了《综论夏商文化分界的问题》（未刊）。这些研究曾论及商汤伐夏必须事先到达郑州之地，然后才能西进灭夏，建立偃师商城，宣告夏亡商兴，占领中原，统一天下。关于商汤开国之事应与郑州之地毫无关系。“夏商周断代工程”认为：“郑州商城和偃师商城是已知最早的商代都邑规模的遗址，其始建年代应最接近夏商更替之年。根据碳十四测年数据，推断郑州商城和偃师商城始建年代在公元前 1610～前 1560 年之间”[15]，表示支持夏商分界双标制，本人对此深感遗憾。

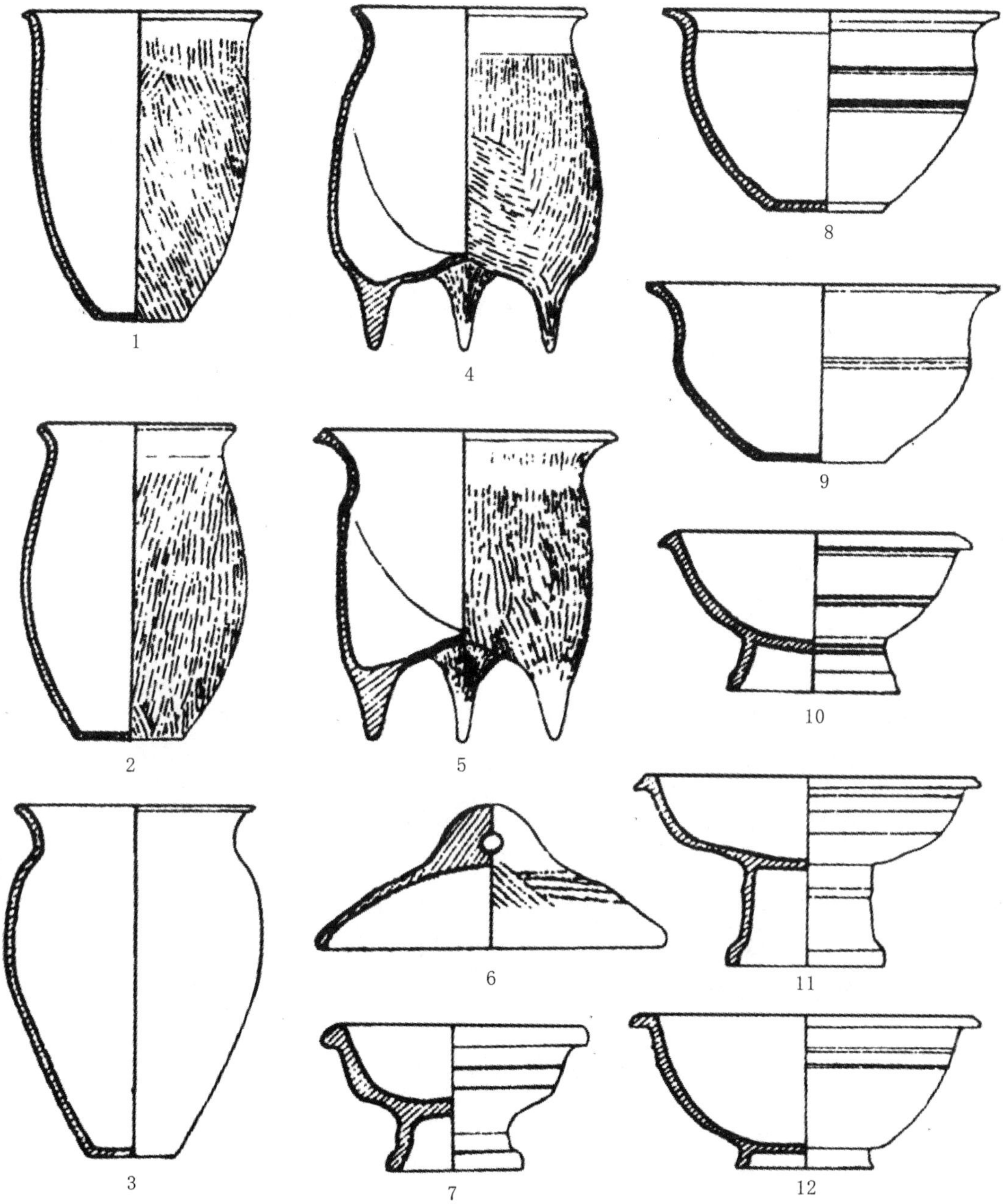

图三　二里头第四期文化中的早商文化陶器

1. 侈口瘦腹绳纹平底罐　2. 束颈瘦腹绳纹平底罐　3. 束颈瘦腹素面平底罐　4. 卷沿深腹鬲　5. 侈口深腹鬲　6. 盔形器盖　7. 圈足豆　8. 深腹平底盆　9. 浅腹平底盆　10. 圈足簋　11. 高足簋　12. 矮足簋

（本图中器物均引自《考古与文物》1999 年第 2 期第 25 页图一）

五、两座商城谁为商汤亳都

商汤灭夏后建立偃师商城，不仅巩固了初创的王国，而且开拓了西北部的疆域，正如《诗·商颂·殷武》所言："昔有成汤，自彼氐羌，莫敢不来享，莫敢不来王，曰商是常"。又如春秋时齐器叔夷钟铭："成唐（汤）……翦伐夏祀……咸有九州，处禹之堵"。由于偃师商城发挥了重要作用，因此《春秋繁露·三代改制质文》记载："汤受命而王，应天变夏作殷号……作宫邑于下洛之阳，名相官曰尹。"《汉书·地理志》"河南郡偃师县"下班固自注："尸乡，殷汤所都"。《水经注·汳水》引阚骃曰："亳本帝喾之墟，在《禹贡》豫州河洛之间，今河南偃师城西二十里尸乡亭是也。"《洛阳伽蓝记》常景为《汭颂》："导源熊耳，控流巨壑，纳谷吐伊，贯周淹亳，近达河宗，远朝海若。"

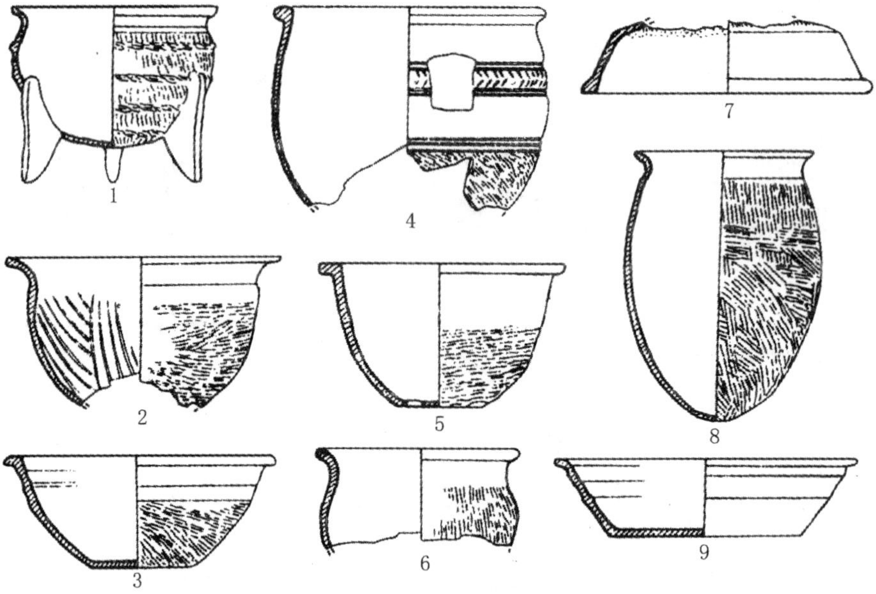

图四　偃师商城第一期文化中的夏文化陶器

1. 罐形鼎　2. 刻槽盆　3. 浅腹盆　4. 敛口深腹罐

5. 圆腹甑　6. 圆腹罐　7. 折肩器盖　8. 深腹罐　9. 平底盆

（本图中器物均引自《考古与文物》1999 年第 2 期第 26 页图二）

《括地志》云："河南偃师为西亳，帝喾及汤所都，盘庚亦从都之。"《史记·封禅书》也说："昔三代之居，皆在河洛之间。"总之，我国古代的经学家、历史学家、古地理学家等对偃师之商汤亳都有精辟的论述或明确的记载，偃师商城应为商汤亳都。

六、结　　语

关于郑州商城和偃师商城存在争议的几个问题，就城址大小而论，偃师商城的宫城面积为4万多平方米，小城面积为80万平方米，大城面积为190万平方米，而郑州商城内城面积即达300万平方米，当然是郑州商城大于偃师商城。关于城址面积大小的差别，一般是小者为早，大者为晚，这完全合乎商朝日趋昌盛的发展形势。

就城址早晚而论，偃师商城的宫殿和城墙建造年代较早，郑州商城的宫殿和城墙建造年代较晚。但是如果从一般文化遗存而论，郑州之地应早于偃师商城。

就文化分布区的核心遗址而论，偃师商城发挥着创始和形成的作用，郑州商城发挥着发展和繁荣的作用，洹北商城和安阳殷墟则是集大成者，达到殷商文化最为繁盛的时期。此四者组成商文化的大核心，向四周地区传播和扩展，并且也吸取周边地区文化的精华，共同组成灿烂的殷商文明庞大王国。

就夏商分界的界标而论，在夏代为二里头遗址一号宫殿的毁弃，商代则为偃师商城之始建，此为二者分界之界标。

就谁为商汤的亳都而言，邹衡先生说："成汤灭夏之后，作宫邑于此，显然是为了监视夏遗民。"[16]是的，偃师商城为成汤所建，监视夏遗民为其目的之一。郑杰祥先生指出："它的发现无疑对于研究商政治、军事和文化状况都有重要意义。"[17]显然偃师商城作为商汤亳都，其他同时代的商城是无法与之相提并论的。

1983年春季发现偃师商城，同年秋季开始正式发掘，转眼20年已过去了。现在笔者撰写本文，从根本上说是重申自己原有的观点，因为发现和发掘偃师商城最大的意义是证实班固所云"尸乡，殷汤所都"正确可信，其他所有类似的论述和记载，都应受到人们的重视。

---

[1] 邹衡：《郑州商城即汤都亳说》，《文物》1978年第2期。

[2] 石加：《"郑亳说"商榷》，《考古》1980年第3期。

[3] 赵芝荃：《河南偃师商城西亳说》，《全国商史学术讨论会论文集》，《殷都学刊》增刊1985年。

[4] 赵芝荃：《论二里头遗址为夏代晚期都邑》，《华夏考古》1987年第2期。

[5] 张政烺先生的这段话是由夏鼐先生转告笔者的。

[6] 邹衡：《偃师商城即太甲桐宫说》，《北京大学学报》1984年第4期。

[7] 郑杰祥：《释亳》，《中原文物》1991年第1期。

[8] 张文军、张玉石、方燕明：《关于郑州商城的考古学年代及其若干问题》，见《郑州商城考古新发现与研究》，中州古籍出版社，1993年。

[9] 杨育彬：《商代王都考古研究综论》，见《郑州商城考古新发现与研究》，中州古籍出版社，1993年。

[10] 同［7］。

[11] 赵芝荃：《简论夏朝的断代问题——为纪念二里头遗址发掘四十周年而作》，《中原文物》1999年第1期。

[12] 赵芝荃：《再论偃师商城的始建年代》，《中原文物》1999年第3期。

[13] 赵芝荃：《论夏、商文化的更替问题——为纪念二里头遗址发掘40周年而作》，《考古与文物》1999年第2期。

[14] 赵芝荃：《夏商分界界标之研究》，《考古与文物》2000年第3期。

[15] 夏商周断代工程专家组：《夏商周断代工程1996~2000年阶段成果报告（简本）》，世界图书出版公司，2000年。

[16] 同 [6]。
[17] 同 [7]。

（原载《考古》2003 年第 9 期）

关于成汤都邑位置的历史文献研究

辛德勇

关于商朝开国君主成汤都邑的位置所在，学术界有许多不同看法。彻底解决这一问题，需要分别从考古学和历史文献角度进一步做出深入研究。本文即试图从历史文献角度出发，对这一问题谈一点自己的看法。

关于汤都，有亳（薄）和“下洛之阳”两种记载，现分别移录如下。

（甲）亳（薄）

（1）《书序》：

自契至汤八迁。汤始居亳，从先王居。

（2）《史记》卷三《殷本纪》：

自契至汤八迁，汤始居亳，从先王居。

（3）《孟子·万章上》引《尚书·伊训》：

天诛造攻，自牧宫。朕载自亳。

（4）《书序》：

汤既绌夏命，复归于亳，存《汤诰》。

（5）《吕氏春秋·慎大》：

伊尹奔夏，三年，反报于亳。

（6）《史记》卷三《殷本纪》：

伊尹去汤适夏。既丑有夏，复归于亳。

（7）《墨子·非命上》：

古者汤封于亳，绝长继短，方地百里。

（8）《墨子·非攻下》：

汤奉桀众以克有夏，属诸侯于薄。

（9）《荀子·正论》：

汤居亳，武王居鄗，皆百里之地也。

（10）《荀子·王霸》：

汤以亳，武王鄗，皆百里之地也。

（11）《孟子·滕文公下》：

汤居亳，与葛为邻。

（12）《战国策·楚策四》：

客说春申君曰：“汤以亳，武王以鄗。”

（13）《淮南子·泰族训》：

汤处亳，七十里。

(14)《逸周书·殷祝解》：

汤放桀而复亳。

(15)《管子·轻重甲》：

夫汤以七十里之薄，兼桀天下。

(16)《后汉书》卷八三《逸民列传》：

光武……于野王猎，路见二老者即禽。光武问曰："禽何向?"并举手西指，言"此中虢，臣每即禽，虎亦即臣，大王勿往也"。光武曰："苟有其备，虎亦何患。"父曰："何大王之谬邪！昔汤即桀于鸣条，而大城于亳，武王亦即纣于牧野，而大城于郏鄏。彼二王者，其备非不深也。……"

（乙）"下洛之阳"

(17)《春秋繁露》第三十三《三代改制质文》：

王者必受命而后王，王者必改正朔、易服色、制礼乐，一统于天下。明易姓，非继人（按："人"本作"仁"，据清凌曙《春秋繁露注》改），通以己受之于天也。王者改制作科，奈何？曰：……咸作国号，迁宫邑，易官名，制礼作乐。故汤受命而王，应天变夏作殷号……作宫邑于下洛之阳。

根据以上所列史料，知商汤都亳，又通作薄，当无可置疑。但关于亳都所在，却众说纷纭，莫衷一是。李民综计诸家说法，列出九种主要观点[1]。下面即从中择其较有依据者，分别予以说明。

(1) 关中杜亳说。

此说为清人俞正燮所主[2]。盖骃《史记·六国年表》云："夫作事者必于东南，收功实者常于西北。故禹兴于西羌，汤起于亳。"裴骃《集解》引徐广语云："京兆杜县有亳亭。"然而清人钱大昕已据《史记·秦本纪》秦宁公伐荡社与亳并逐走亳王一事，力辨此杜县之亳，"乃戎王号汤者之邑"，与商汤无涉，司马迁"以关中之亳为汤之亳"亦误[3]。今邹衡复据《吕氏春秋·慎大览》所记汤灭夏桀来自东方的事实，论定此成汤都关中杜亳说根本不能成立，所说可作定论[4]。

(2) 陕西商于说。据前列《书序》及《史记》所云，"汤始居亳"系"从先王居"；郑玄注《尚书》，乃谓"契始封商……商国在太华之阳"。清人魏源以为汤都之亳，即为此契始封之"战国商于之地"，"故曰从先王居"[5]。其地在今陕西丹凤县境。今按契受封之商地，诸说不一，并非仅有华山之阳一种说法。仅以前述邹衡否定关中杜亳说之论据，即可同样否定此陕南商于说；遑论商于本无"亳"这一地名，魏源此说缺乏起码的依据，显然不能成立。

(3) 山东博邑说。丁山创立此说。他以为"按照'韦顾既伐，昆吾夏桀'地理方位说，商汤之时，似乎居于韦顾诸国之东，夏后氏则居于昆吾之西，此夏商两大民族之分野也。汤之伐桀，实自东徂西的远征，不是自南而北的进取"。依此方位推寻，在春秋齐西南境适有博邑，即西汉泰山郡之博县，在今山东泰安附近。博与亳音同相通，所以丁山推测汤之亳都很可能就是这个博邑[6]。

今按"韦顾既伐，昆吾夏桀"语出《诗·商颂·长发》，是用诗的语言来描述商汤灭夏的过程，而不是灭夏战争的历史记录，因此不宜过分拘泥诗名字面，谓汤灭夏是由韦而顾，再由昆吾而至夏桀。即以韦、顾二国而论，按照丁山本人的看法，顾即在韦国之东，若依丁说，汤灭夏由东徂西，自应先伐顾，后伐韦，何以《商颂》会有先韦后顾的次序？可见丁说本自抵牾不通。其实直到战国时期，各国领地尚且交互错落，你中有我，我中有你，不能按照后世的情况，给上古各国的领地划出截然分明的界线，再由此去推求其都邑所在。

总之，丁山这一观点虽然不妨姑备一说，但终因别无其他史料，论据过于薄弱，恐怕是很难成立。

（4）谷熟南亳说。此说初见于西晋皇甫谧《帝王世纪》。《史记》卷三《殷本纪·集解》引《帝王世纪》佚文云："梁国谷熟为南亳，即汤都也。"所谓"南亳"，是因为皇甫谧发现"殷有三亳，二亳在梁国，一亳在河南"，而《尚书·立政》中恰有"三亳阪尹"的提法，便依据这三处亳邑的相对方位，分别称之为南亳、北亳（又称景亳）和西亳，即除谷熟为南亳外，"蒙为北亳，即景亳，汤所盟地；偃师为西亳，即盘庚所徙者也"[7]。《史记》卷三《殷本纪·正义》引《括地志》，述此三亳位置云："宋州谷熟县西南三十五里南亳故城，即南亳，汤都也。宋州北五十里大蒙城为景亳，汤所盟地，因景山为名。河南偃师为西亳，帝喾及汤所都，盘庚亦徙都之。"此外，《水经·睢水注》亦谓南亳为汤都。

关于汤都南亳的时间，唐以前文献，没有见到明确说明。唐初所纂《括地志》谓"汤即位居南亳，后徙西亳"[8]。即先建都南亳，后迁都西亳，但也没有交代徙都西亳的确切时间。唯清人金鹗谓"汤灭桀之先，始居谷熟，及灭桀之后，乃迁居偃师"[9]。设若汤都南亳说可信，所说自较近情理。

李民认为夏商时期有两都或数都并存的制度，南、北、西三亳均为商汤的都邑。所以他说《括地志》"后徙西亳"的"徙"字，"用得不对，应是后建西亳"。李民认为前述《〈史记·殷本纪〉正义》引《括地志》所述三亳，正是反映了商汤时期三都并存的都城位置设置状况。他还举述《〈史记·封禅书〉正义》引《帝王世纪》云"殷汤都亳，在梁。又都偃师"及《太平御览》卷一五五引《帝王世纪》云"殷有三亳，二亳在梁国，一亳在河南。南亳、偃师，即汤都也"这两条材料为证，认为在《帝王世纪》中存在着与《括地志》三亳说大体一致的说法[10]。

单纯从理论上讲，李民提出的三亳并立说自然是很有道理，值得深入探讨。但实际上皇甫谧并没有讲到有三处并立的亳都，他只承认谷熟南亳是商汤的都邑。

首先是北亳。李民谓《太平御览》卷一五五引《帝王世纪》所云"南亳、偃师即汤都也"，"这一说法显然是把南、北亳合称为一亳，由于南亳是商汤时期的主要都城，故而说那时有南亳与偃师（西亳）二都"。今按《御览》引《帝王世纪》此文本有舛误（详下），即使依照此文，也绝对看不出"把南、北亳笼统地合称为一亳"的意思。因为假若三亳俱为汤都，即无需特地指明三亳之中有"南亳、偃师"为汤都，只需加一"皆"字，云"皆汤都也"即可。

其次是西亳。《太平御览》卷一五五引《帝王世纪》谓"南亳、偃师即汤都也"，这句话与《〈史记·封禅书〉正义》引《帝王世纪》谓汤"又都偃师"一样，均应有舛误。因为据清顾观光辑本《帝王世纪》，皇甫谧论汤都亳邑云：

汤始居亳，学者咸以亳本帝喾之墟，在《禹贡》豫州河洛之间，今河南偃师西二十

里有尸乡亭是也。谧以为考之事实，甚失其正。孟子称汤居亳，与葛为邻，是即亳与葛比也。案《地理志》，葛今梁国宁陵之葛乡是也。汤地七十里，葛又伯耳，封域有制。葛伯不祀，汤使亳众为之耕，有童子饷食，葛伯夺而杀之。计宁陵去偃师八百里，而使亳众为耕，童于饷食，非其理也。今梁国自有二亳，南亳在谷熟，北亳在蒙，非偃师也。……然而二亳皆在梁矣。……及盘庚立，复南居亳之殷地，故《书序》曰“盘庚五迁，将治亳殷”，令偃师是也。然则殷有三亳，二亳在梁国，一亳在河南。谷熟为南亳，即汤都也。蒙为北亳，即景亳，汤所盟地。偃师为西亳，即盘庚所徙者也。故《立政篇》曰“三亳阪尹”是也。

这段文字，顾观光是以《太平御览》卷一五五引文为骨干，参用其他一些书籍的引文做了合理的订定。其中“谷熟为南亳，即汤都也”以下数句，依据的是《初学记》卷二四和《御览》卷八三的引文。通观上于文，可知皇甫谧认为把汤都亳邑定在偃师的通行说法，“考之事实，甚失其正”，因此才提出自己独创的谷熟南亳说，他又怎么会反过来说西亳偃师为汤都呢？迄唐代《帝王世纪》尚未散佚，颜师古所见原本即谓“汤都在谷熟”，故举以为与偃师西亳说对立的不经之谈[11]；北魏郦道元所见原本不仅不载汤都西亳之说，且一如今所见佚文，对此颇有非难[12]。钱熙祚为顾观光辑《帝王世纪》作序，亦特地指出皇甫谧“证汤都在谷熟，不在偃师”，“其说实较旧说为长”；王国维也认为皇甫谧主“汤居南亳”，与郑玄主汤都偃师者不同[13]。可证皇甫谧本来确无汤都西亳的说法。即使北亳，皇甫谧也仅仅认为是“汤所盟地”，与都邑无关。

至于《括地志》所述，也不是三亳并为都邑，汤都只是南亳和西亳，北亳仅仅是“汤所盟地”。

由此看来，李民提出的三亳并立说思路虽然很好，但却缺乏比较有力的文献依据，似乎还需要进一步论证。

汤都南亳，虽然自皇甫谧以下，有许多明确记载，但毕竟不见于汉魏以前史籍（不过皇甫谧说谷熟古有亳邑，不会出于杜撰，有《水经·睢水注》之“亳城”可证），所以许多人对此持否定或怀疑态度。王国维分析当时形势，谓“汤之时，方有事北方，断无自商邱南徙谷熟之理”[14]。现代许多学者如邹衡等，结合考古调查和发掘情况，也认为从文献角度说，汤都南亳说缺乏先秦文献依据，不能成立[15]。今按分析前引《帝王世纪》文字，可知皇甫谧创立汤都南亳说，除当地旧名亳邑之外，只有《孟子·滕文公》所记汤都亳邑与葛为邻一事，并无其他证据。然而正如王国维《说亳》所说，葛与北亳距离更近。这样一来，谷熟南亳说失去支持，似乎已很难成立。

（5）郑亳说。此说为邹衡创立。邹衡提出此说，是以讨论考古发现的郑州商城的性质为基础，并非仅仅依据文献立论。但限于本文宗旨，这里仅从文献角度予以讨论。

此说的文献依据，有如下几点：①左氏《春秋》及《左传》并载襄公十一年，与晋侯等“盟于亳城北”，杜预谓“亳城，郑地”。②《续汉书·郡国志》河南尹条下谓“荥阳有薄亭”。此“薄亭”应即“亳亭”。③《国语·郑语》载郑初所得十邑中有地名曰“补”，或即《续汉志》之“薄亭”。④《逸周书·作雒解》载：“武王克殷，乃立王子禄父，俾守商祀。”晋孔晁注云：“封以郑，祭成汤。”说明郑与成汤有一定关系。⑤郑州商城北部和东北部出土的东周陶文中有“亳”、“亳丘”，由器物特征判断，这些带“亳”字的陶器应该是在当地烧造，从而证明了郑州商城的北部和东北部一带在东周时本名亳，而且这一地名在东周以前应该早已存在。⑥《孟子·滕文公》云亳都“与葛为邻”，而郑州附近即有数处葛邑、葛城，“其中总或有其一为孟轲所言之葛”。⑦成汤都郑，符合《商颂》述“韦—顾—昆吾—夏桀”的灭夏作战路线[16]。

可以看出，这一观点的提出，有着丰富的文献基础，因而郑州商城遗址，至少应当列为寻找汤都亳邑的重点考虑对象之一。

不过分析上述史料，可以看到，对于这些文献，显然还可以做出另外的解释。

首先，郑州商城遗址处上古是否名为亳邑，论据还不能完全落实。如邹衡文中所述，左氏《春秋》及《左传》之“亳城”，公羊、谷梁及服氏经俱作“京城”，惠栋、陈立、王国维诸人也都认为应以“京城”为是。像这样的文字歧异固然不宜按“少数服从多数”的办法裁定是非，此次盟会地点，是亳、是京，仍然可以继续探讨。不过已经有人指出，今郑州在西周至春秋战国时期本名为“管”，为武王弟叔鲜封地，见称于《史记·周本纪》及《左传》、《战国策》诸书，“古今一辞，并无异说”，那么“郑州在东周既名管，何得名亳”[17]？邹衡虽试图对此予以说明，谓据《水经·渠水注》，“管叔之封地，似不应在商城（按指郑州商城遗址），或者应在今郑州之西北地区”，但依据《水经注》这段记载亦未尝不可以把管城定在今郑州商城所在地，且《括地志》等书明确记述叔鲜所封之“古管国城”即唐“郑州管城县外城”（按唐管城为郑州附郭县，唐郑州城址则沿用至今未变）[18]，说明在唐代管国旧城尚有清晰可辨的遗存。邹衡所说，论据似乎尚嫌薄弱。至少仅就文献记载而言，还不足以动摇郑州古称为“管”的旧说。

至于郑州商城遗址出土之“亳”字陶文，抛开有些学者对此字本身的不同看法不论，即依照邹衡所说，定为“亳”字，也还有一个不易解释的问题，即这批陶文中有一“郐”字，与“亳”字同在一块陶片上，若谓“亳”是该遗址所在地的邑名，那么对于在此“亳”字同在一器上的“郐”字理应同样做出合理的解释。对此，邹衡提出，今流经郑州商城遗址的金水河，“也有可能即古郐水名”，因《水经注》云古郐水又名郐水，所以“其在东周之时，或可名为会，而印戳陶文上所见的‘侩’，可能是今白家庄一带近于古侩（或郐）水的一个小地名。总之，印有‘侩’字的陶器并非他地移入，应该就是商城附近的产品”。郐水见于《水经》，乃为洧水即溱水同音异收；又因溱水是在古郐邑西侧东南流入洧，不在新郑东侧，所以郦道元认为《水经》所记郐水流路有误，是错把新郑东侧的黄崖水当作郐水。清人全祖望、赵一清等错误地理解郦道元的本意，把郦道元所说的《水经》郐水入洧地点有误，误解成“郐水不得入洧”[19]。邹衡由此推衍，把郐水改为北流入后世贾鲁河之今金水河，其依据看来不够可靠。况且谓郐水别名郐水，其说本出自《水经注》，盖与郦道元所记郐水流经郐邑西侧正相吻合。若谓郐水北流，则自与郐邑无涉，又何以会有“郐水”的别名？总之，假若对此“侩”字陶文做不出合理的解释，就很难令人信服“亳”字陶文是用以表示当地地名亳邑[20]。

至于邹衡所列其他依据，本来都只能起到辅助说明作用（其中有些说法尚值得斟酌。如谓晋人孔晁云周武王封王子禄父于郑，此郑字本应为“鄁”字之讹误[21]，说明不了成汤与郑地有关；况且郑由关中东迁，在武公时，已入东周，新迁的居邑又在新郑，与今郑州略无关涉），在此似已无需一一辨说。

总之，郑亳说的文献依据在目前看来还不够十分坚实，需要进一步深入论证，才能够使之得以确立。

（6）薄县北亳说。此说最早见于晋人臣瓒，《汉书·地理志》山阳郡薄县下颜师古注引臣瓒语云："汤所都。"王国维撰《说亳》一文[22]，认为关于商汤都邑，应以此说最为可信。王氏首先论证薄县之汤都，实即皇甫谧所云北亳：

山阳之薄，即皇甫谧所谓北亳。后汉以薄县属梁国，至魏晋并罢薄县，以其地属梁国之蒙县。故谧云蒙为北亳者，浑言之；杜预于庄十一年传注云蒙县西北有亳城，则析言之。蒙之西北，即汉山阳郡薄县地也（今山东曹州府曹县南二十余里）。

继之，王氏列举三证，论其应为汤都。其一为《左传》载春秋宋有亳邑，在先秦史籍中能够得到证明。又《左传》载宋景公云："薄，宗邑也。"准其地望，此薄邑应即前述亳邑，其为宋之宗邑，"尤足证其为汤所都"。王氏云："此北亳者，丁春秋时为亳、为薄，于两汉为薄县，晋时县治虽废，而尚有亳城。"其二为"《孟子》言汤居亳，与葛为邻。皇甫谧、孟康、司马彪、杜预、郦道元均以宁陵县之葛乡为葛伯国，谧且谓偃师去宁陵八百余里，不能使民为之耕，以证汤之所都当为谷熟之南亳。然谷熟之去宁陵，虽较之偃师为近，中间尚隔二百余里。若蒙县西北之亳，与宁陵东北之葛乡，地正相接"。所以"汤之所都，自当在此"。其三为"汤所伐国，韦、顾、昆吾、夏桀，皆在北方"。据此推断，"亳于汤之世，居国之北境，故汤自商邱徙此，以疆理北方"。

王国维所举以上三项证据中，其第三项弹性很大；第二项邹衡亦列举先秦以"葛"为名的地方有很多[23]，所以这两项都只能算是辅助性的旁证。最关键的证据还是第一项，即薄（亳）为宋之宗邑。邹衡谓王国维此第一项证据系建立在这两个前提之下："一是商之始祖契封于商，即宋之商丘；二是宋乃商后，春秋时宋之宗邑即商之宋邑。"[24]这种提法似乎不够准确，王国维固然认为契受封之商邑即宋之商丘（在今河南商丘县境），但此处论薄为宋之宗邑却并非以此为前提，因为此宗邑在薄而不在商（商丘）。所以不必一定要用契都商丘来做支撑。至于"宋之宗邑即商之宗邑"，则确实是王国维确立此说的基本前提。

邹衡不同意"宋之宗邑即商之宗邑"。他认为，第一，宋景公所云宋之宗庙为微子受周封以后所立，"与成汤时的商宗庙根本不是一回事"；第二，商代前期的宗庙只能是"一座盖茅草的版筑夯土建筑"，不可能从成汤时期一直保持到宋景公时期，"因此所谓宋宗邑至多也只能是宋始封之地的宗邑，决不会是什么商宗邑"[25]。

今按邹衡讲的两个问题，似乎都可以进一步斟酌。第一，宋景公所云宋之宗庙，若无特殊历史因缘，为什么不设在宋都商丘，却偏偏要设在离开都城几十里的薄（邑）？显然这里有一个对于历史因缘的继承问题。如王国维所见，这个因缘，只能是这里曾为汤都所在，并有先人旧庙。第二，茅葺版筑方式，并不足以妨碍商汤亳都的宗庙一直延续到宋景公时期，因为房子坏了，还可以重新修葺。《吕氏春秋·慎大篇》云周武王"立成汤之后于宋，以奉桑林"，汉高诱注谓"桑山之林，汤所祝寿也，故使奉之"。可见封微子于宋，与成汤有直接关系。

总之，目前似乎还不能动摇王国维的基本依据，因而也就不宜推翻北亳为汤都的结论。

汤都北亳，应在灭夏之前。皇甫谧《帝王世纪》谓"蒙为北亳，即景亳，汤所盟地"，是指汤与诸侯盟会起兵灭夏事，《左传》昭公四年载椒举云"商汤有景亳"之命，即指此。今本《竹书纪年》述此事云："（帝癸）二十八年，昆吾氏伐商，会诸侯于景亳，遂征韦。商师取韦，遂征顾。”前列史料中有《书序》谓“汤既黜夏命，复归于亳”；《逸周书·殷祝解》亦云“汤放桀而复薄”，说明成汤在灭夏之初，仍是返回都邑北亳。

此外，需要在此补充说明，北亳在秦汉之际仍称亳，至西汉定名为薄县，始不再称用“亳”字。其事见《史记》卷九五《樊郦滕灌列传》。盖樊哙随刘邦西入关中时，在攻下成武后，“从击秦军出亳南，（击）河（按应为“涉”字之讹）间守军于杠里，破之。击破赵贲军开封。”司马贞《史记索隐》谓此亳为西亳偃师，张守节《史记正义》谓此亳为南亳谷熟，均与当时战役形势不合。此亳邑在成武、开封间，正当北亳所在地，是指北亳无疑。

（7）偃师西亳说。此说初见于《汉书·地理志》河南郡偃师条下班固自注，谓：“尸乡，殷汤所都。莽曰师成。”继之郑玄亦云：“亳，今河南偃师县，有汤亭。”[26]此即皇甫谧所云西亳。在皇甫谧的时代，汤都西亳说占据着主导地位。所以《帝王世纪》说：“汤始居亳，学者咸以亳本帝喾之墟，在《禹贡》豫州河洛之间，今河南偃师西二十里有尸多亭是也。”[27]晋《太康地记》载“尸乡南有亳阪”[28]，“亳阪”当与亳都有关。唐初所纂《括地志》记云：“亳邑故城在洛州偃师县西十四里。本帝喾之墟，商汤之都也。”[29]说明唐初尚有古城遗迹可见。近年在偃师商城遗址附近，发现有多方称葬于“亳邑乡”或“薄邑乡”的唐代墓志[30]。唐代乡名与里名不同，里名多据当时意识观念重取另定，乡名则多沿承当地旧称。此“亳邑乡”也应沿自当地旧有亳邑之称。与《括地志》相参证，可知今偃师商城遗址一带，即古亳邑所在。

前列史料中有《春秋繁露》谓“汤受命而王……作宫邑于下洛之阳”。“下洛之阳”即洛水下游之北岸。又《太平御览》卷一五五引《帝王世纪》述殷有三亳，一亳在河南；《诗·玄鸟》疏引同文作“在河洛之间”，所说似更为明确，与《春秋繁露》讲的自然是同一个地点。《后汉书·逸民列传》载野王二老言“昔汤即桀于鸣条，而大城于亳”，可见成汤新建的这所“宫邑”，显然就是西亳。据《春秋繁露》，可知成汤居此西亳是在以商代夏之后。唐人张守节谓“汤即位，都南亳，后徙西亳”[31]，所说汤先都南亳虽未必正确，但谓居西亳为后来所徙，却与《春秋繁露》汤受命后始作西亳的说法相合[32]。如邹衡所述，“至清金鹗《汤都考》更进一步提出汤未伐桀以前居南亳，灭夏以后都西亳”[33]。如前文所述，汤都南亳说不如北亳说更为可信，成汤在伐桀前及灭夏之初，应居北亳。所以金鹗的说法可修正为灭夏前居北亳，灭夏后未久随即徙居新建的西亳。

在对汤都西亳说提出的不同看法中，在文献方面，以邹衡所论最有代表性，说见所著《论汤都郑亳及其前后的迁徙》，故在此予以论析。

首先，邹衡认为从孙星衍、金鹗以至王国维等人，他们否定西亳说有三条主要理由，这三条理由现在依然成立。其一，西亳不与葛为邻（今按如前所述，这条理由也是皇甫谧否定西亳说的基本理由）。其二，偃师之亳，不见于东汉以前文献，班固所指“尸”或“尸氏”，而无称亳者。其三，西亳与汤灭夏“韦—顾—昆吾—夏桀”的作战顺序不合。上述第一、三两点，是以汤都亳邑始终在同一地点为前提，而依前文所述，汤都亳邑在灭夏前本在薄县之北亳，则这两条理由便自然不复成立。至于其第二点，班固谓尸乡为成汤所都，只是说成汤故都在西汉偃师县尸乡，不能把尸乡与亳邑等同为一事。这个尸乡的地名可以一直上溯到东周，也不能排除西汉尸乡辖有商汤亳邑故地的可能。商亡后亳邑故都衰落，反不如邻近的尸地有名，这也是很正常的现象，不足以据此否定亳邑的存在[34]。

曲英杰认为小屯卜辞中的亳地，即指此邑[35]。虽然对此还有一些不同的解释，但可以看出，西亳在早期文献中也不一定是绝对没有足迹可寻。

其次，邹衡不赞成汤灭夏后始徙西亳的看法。他举述的文献依据为：①《逸周书·殷祝解》："汤放桀而复薄。"②《吕氏春秋·慎大览》："伊尹奔夏三年，反报于亳。"③《书序》："汤既黜夏命，复归于亳。"④《殷本纪》："既丑有夏，复归于亳。"⑤《左传》宣公三年："桀有昏德，鼎迁于商。"邹认为"这明明是说，成汤和夏桀并不在一个地区，汤并未在夏都的废墟上建都；更没有两次迁二亳的任何迹象。"今按上述第二、四两点，是讲起兵伐桀前伊尹由夏归商，依前文所述，此时汤都北亳，夏都斟鄩，二者确实不在同一地区，但与成汤后来自北亳（南亳也是同样）徙居西亳的说法并无冲突。其第一、三、五这几条材料，则如前文所述，确实说明成汤灭夏之初，是返回了起兵时的旧都。但"得胜回朝"是情理中必然的事情，汤灭夏后在"下洛之阳"重建新都，自然需要一定时间，不可能直接从战场上收兵走到另一个地方去兴建新都。

如上所述，单纯从文献角度看，目前否定汤都偃师西亳的说法恐怕还很难成立。

总结以上分析，我认为：

（1）关中杜亳说、陕南商于说和山东博邑说，依据最为薄弱，看来不能成立。

（2）谷熟南亳说，虽然有许多记载，但时代相对稍晚，证据不够有力，似乎也很难成立。但李民提出的包括谷熟南亳在内的三亳并立说，尽管文献依据不足，思路却很好，值得重视，可以为南亳说提供一定支持。

（3）郑亳说文献及出土文字资料比较丰富，至少应当列为寻找汤都亳邑的重点考虑对象之一。但对于这些文献，大多还可以做出不同的解释，似乎还需要进一步探入论证。假若郑亳确为商都之一，它究竟是什么时候的都邑更值得仔细斟酌。

（4）薄县北亳说，目前看来还无法动摇。它应当是成汤灭夏前和刚刚灭夏时的都邑。

（5）偃师西亳说，目前看来也无法否定。它应当是成汤灭夏后新建的都邑。

---

[1] 李民：《南亳、北亳与西亳的纠葛》，见所著《夏商史探索》，河南人民出版社，1985年。

[2] 俞正燮：《癸巳类稿》卷一《汤从先王居义》。

[3] 钱大昕：《廿二史考异》卷二《史记·六国表》"汤起于亳"条。刘起釪于《周初的"三监"与邶、墉、卫三国及卫康叔封地问题》（刊《历史地理》第二辑）谓成王平定三监之乱声，亦曾迁殷遗民于关中，此亳邑或与其相关。

[4] 邹衡：《论汤都郑亳及其前后的迁徙》，见所著《夏商周考古学论文集》，文物出版社，1980年。

[5] 魏源：《书古微》卷二《商书》。

[6] 丁山：《商周史料考证》，中华书局，1988年。

[7]《太平御览》卷一五五引《帝王世纪》。

[8]《诗地理考》卷五《商颂》引《括地志》。

[9] 金鹗：《求古录礼说》卷一〇《汤都考》。

[10] 李民：《南亳、北亳与西亳的纠葛》。

[11]《汉书》卷二八《地理志上》河南郡偃师县下颜注。

[12]《水经·谷水注》。

[13]《观堂集林》卷一二《说亳》。

[14]《观堂集林》卷一二《说亳》。

[15] 邹衡:《论汤都郑亳及其前后的迁徙》。

[16] 邹衡:《论汤都郑亳及其前后的迁徙》。

[17] 石加:《“郑亳”说商榷》,载《考古》1980年第3期。

[18]《史记》卷四《〈周本纪〉正义》引。

[19] 见赵一清《水经注释》卷二二。

[20] 邹衡后来又撰写《再论“郑亳说”》一文(刊《考古》1981年第3期),据清人姚彦渠《春秋会要》,谓“管在春秋前已绝封,其地属桧。桧灭,属郑”。所以“侩” “亳”二字连读为“桧(侩)亳”。故“桧亳亦即郑亳。犹韩郑、魏梁之类”。今按假若把陶文上的“侩”释作桧国、桧邑之“桧”,并依旧说把桧邑定在古郐水(溱水)东侧,此说自较前说容易被人接受,至少可以自成一说。但邹衡并未明确说明是否放弃陶文上的“侩”“可能是今白家庄一带……的一个小地名”的看法。又姚彦渠所说疑承自顾栋高《春秋大事表》之《春秋列国爵姓承存灭表》。按据《史记·管蔡世家》,管叔作乱死即已绝封。而绝封后其领地是否确已入桧,还需要通过早期史籍具体论证,不宜简单地沿用清人的说法。

[21] 见雷学淇《介庵经说》卷三《武庚三监之地无定说》。

[22] 见《观堂集林》卷一二。

[23] 邹衡:《论汤都郑亳及其前后的迁徙》。

[24] 邹衡:《论汤都郑亳及其前后的迁徙》。

[25] 邹衡:《论汤都郑亳及其前后的迁徙》。

[26]《尚书·胤征》孔颖达疏引。

[27] 此据清顾观光辑本《帝王世纪》。

[28]《史记》卷三《殷本纪·正义》引。

[29]《史记》卷三《殷本纪·正义》引。

[30] 乔栋、李献奇:《从唐代墓志谈西亳》,载中国先秦史学会等编《夏文化研究论集》,中华书局,1996年。

[31]《史记》卷三《殷本纪·正义》。

[32] 邹衡《论汤都郑亳及其前后的迁徙》,谓皇甫谧已提出“汤都南亳后西亳的调和说”,不确。辨已见前。

[33] 邹衡:《论汤都郑亳及其前后的迁徙》。

[34] 曲英杰谓“偃师之亳在周初已废或改名”(见所著《先秦都城复原研究》),疑非是。前述唐墓志可证亳邑地名也一直沿用至唐代。

[35] 曲英杰:《先秦都城复原研究》,黑龙江人民出版社,1981年。

(原载《九州》第三集,商务印书馆,2003年)

论郑州商城

田昌五　方　辉

郑州商城自 1955 年发现至今，已有近四十个年头了。这期间，围绕商城的始建年代、城墙范围及城内外布局等课题展开一系列的考古发掘，取得不少成果。但由于学者对考古学上夏、商文化的断限这一关键问题认识不一，因此，虽然都认为这是一座商代城址，然其始建于早商抑或中商？学术界却见仁见智，意见纷歧。偃师尸乡沟商城的发现与发掘，使得原来争论的焦点问题非但没有消除，反而各执一辞，争论又起。归纳起来，围绕郑州商城的性质，不外两种说法：1. 隞都说。认为郑州商城建于二里岗下层，为商代中期"仲丁迁隞"之地。而偃师商城建于二里头四期以前，为商初汤所都"西亳"。2. 郑亳说。起初认为郑州商城始建于以二里岗 C1H17 为代表的二里岗下层晚段，后又提前到以二里岗 C1H9 和南关外商代遗存中、下层为代表的所谓"南关外期"，在始建年代上要早于南关外商代遗存中、下层为代表的所谓"南关外期"，其始建年代也早于偃师商城。前者为汤都亳，后者则是太甲所放的"桐宫"，或为商初一"别都"。我们认为，上述对郑州商城性质的两种说法均有可商之处。早期的郑州商城既非汤都亳，亦非仲丁都隞，而是出自太甲之手，是太甲城。至于晚期的郑州商城（相当于二里岗上层），则可能与仲丁迁隞有关。现陈之于下，就教于时贤。

一

欲明郑州商城的性质，首先要搞清它的始建年代。《郑州商代城遗址发掘报告》[1]（以下简称《商城报告》）详细介绍了 22 条城墙探沟的发掘情况，这是我们讨论商城始建年代的第一手材料。

先说商城建筑的上限。《商城报告》说："在南城墙 C8T3、CST4 发掘中，发现有在修筑商代城墙时挖破了一些商代南关外期的文化堆积层。""在 C8T27、CNT4、CET7 三条探沟内的商代夯土城墙下面，还发现有洛达庙期文化层。"这表明，郑州商城的始建年代不能早到南关外期和洛达庙期。尤为重要的是，"商代二里岗期下层的一个小沟，被压在商代夯土城墙（五层）和商代二里岗期下层文化层（四层）的下面。沟作南北向（两端未到头），宽 0.8~1、深 0.7~0.8 米……包含有洛达庙期和二里岗期下层的盆、大口尊、罐等陶片和一些涂朱陶片"等（见报告图三）。也就是说，在修筑城墙之前，这里已存在着二里岗下层文化的遗迹了。这就表明商城非但不能早于洛达庙期和南关外期，而且也不会早于二里岗期下层。《商城报告》中多次提到城墙夯土中出土有二里岗下层期的陶片，也可证明这一点。

《商城报告》所提供的资料表明，郑州商城的始建年代也不可能晚于二里岗下层。因为城墙夯土内不见晚于二里岗下层的陶片，而且更为重要的是发现二里岗下层的文化层和房基、窖穴（包括一些小灰坑）、墓葬等遗迹直接或间接压着夯土城墙内侧近底根处的夯土层。就是说，郑州商城的始建年代只能是在二里岗下层期间。

我们知道，二里岗下层代表了一个较长的历史时期，随着新材料的不断增加和人们认识的不断深入，不少学者主张对其进行进一步分期。20 世纪 70 年代初期，安金槐先生根据南关外遗址发掘所获地层堆积，指出："过去所定的二里岗期上、下层，也可能进一步需划分为上、中、下三层。"[2]但未作深论。80 年代初，邹衡先生公布了二里岗期四组分期法，即将二里岗上、下层各分两组，其中二里岗下层分为以 C1H9 为代表的一组（即"先商期第二段第三组"）和以 C1H17 为代表的另一组（即"早商期第二段第三组"）[3]。其后，又有同志分别发表了对二里岗期重新分期的意见[4]。1988 年第四期《华夏考古》刊登了安金槐先生 50 年代旧作《郑州商代陶器初论》中的一部分，题为《关于郑州商代二里岗期陶器分期问题的再探讨》，亦主张将二里岗期文化分为四期。对比以上几位同志的分期结果，我们发现除在二里岗上层分期问题上存在歧异外，他们对二里岗下层所作的分期，可谓大同小异，说明学者们对这一问题渐趋达成共识。

那么，郑州商城始建于二里岗下层的早段还是晚段？我们还得回到《商城报告》中去寻找答案。遗憾的是报告中没有给出唯一一个被城墙所叠压的二里岗下层小沟内出土遗物的介绍，也没有报道夯土城墙中出土的二里岗下层遗物的照片或线图。现在我们只能根据叠压或打破城墙内侧近底根处夯土层的二里岗下层文化层、墓葬、窖穴（灰坑）和房址中出土的陶器，来判断其使用和始建期的时间。经对比我们发现，商城 CT24∶28 陶鬲（图一，1），CWM8∶2 陶鬲（图一，2）与二里岗下层晚段的 H17∶118 接近；商城 CWM8∶3陶豆（图一，5）与二里岗下层晚段的 H17∶113 相同；商城 C8T24∶22 陶爵（图一，4），CWM8∶4 陶爵（图一，7）与二里岗下层晚段的 T14∶28 相似；商城 CWM8∶1 陶盆（图一，6）与二里岗下层晚段的 H3∶37 相似。据此可知，至二里岗下层晚段，作为早期的郑州商城虽然仍在使用，但部分地段已遭到破坏。考虑到这个过程不会在短时间内形成，将郑州商城的始建年代定在二里岗下层早段是较合适的。其绝对年代，据城墙夯土内出土木炭所作的 C14 测定数据，大约为公元前 1620 年。

另外，郑州商城内宫殿基址也可证明商城的始建年代，因为"它们是与商代城墙大致同时修建的"。据《郑州商代城内宫殿遗址区第一次发掘报告》[5]（以下简称《报告》）看，这些宫殿基址有早有晚，有属于二里岗上层期的，如 C8G10，C8G8 等，也有属于二里岗下层期的，并且其中又有早晚之分。在《第 10 号夯土建筑基址（C8G10）及其周围的遗迹》一节中，共报道了七座夯土建筑基址，其中以 C8G9 年代最早。它下压二里岗下层和洛达庙期文化层，又被二里岗下层的多座基址所叠压（如 C8G10，C8G12），层位关系类似于商城 CET7 南壁剖面，其建筑年代应与商城同时，惜未发表有关出土物的报道。《第 15 号夯土建筑基址（C8G15）及其周围建筑遗址》一节中报道的 C8G15，是一座面积相当大的宫殿基址，其东南约 10 米处也有大片夯土，《报告》推测"是 C8G15 的庭院遗存或附属建筑基址"。它们均叠压或打破了洛达庙期文化层，又被二里岗下层的灰坑和墓葬所打破。从出土陶器（图一、3）看，个别灰坑如 C8H11 的时代可早到二里岗

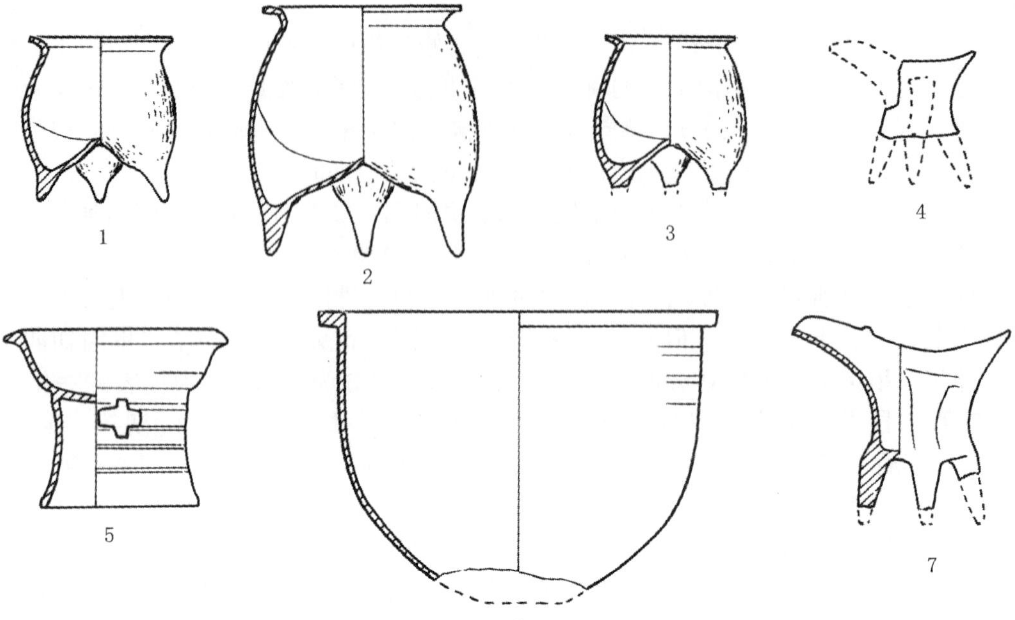

图一　郑州商城出土陶器

下层早段。而且，夯土基址内出土陶片也多具为洛达庙期和二里岗下层早段的特征（原图二七、图三二），而不见更晚的。因此，《报告》将 C8G15 及其附属基址的年代定为“二里岗下层偏早”，是可信的。这也证明我们郑州商城的建筑年代只能在这一时期的看法，因为很难想像在商城建筑之前会孤零零地存在这样一座大面积的商代宫殿。

这里还需说明一下二里岗下层早段与“南关外期”的关系问题，因为在有的文章中，常将这二者混为一谈。根据《郑州南关外商代遗址的发掘》我们知道，“南关外期”指的是该遗址第四层（即商代遗存下层）为内涵的一类遗存，报告中明确指出了其与第三层即二里岗下层文化之间的差异。后来有学者主张将三、四合并，统称为“南关外型”（“先商期第一段第Ⅱ组”）[6]或“南外下层”[7]，以与“南关外期”相区别。这本来是容易区分的两个概念，而在有的文章中，用的是“南关外期”的名称，但却是“南关外型”的内容，造成不必要的混乱。一般认为，南关外第三层即商代文化中层与二里岗下层早段时代相当，“南关外期”自然要早于这个时间。我们认为处在二里头文化三、四期之际[8]。

二

在回答郑州商城性质问题之前，还要首先搞清其与偃师商城的关系，尽管两者谁早谁晚并不能最终决定它们的性质。

现在谈偃师商城的始建年代。虽然城墙解剖探沟已有数处，但均未发现城墙夯土迭压或打破的文化层或其他遗迹，而“夯土内出土的陶片，既少且碎”[9]为判断城墙时代上限带来一定困难。从已发表的几件标本 T1 城墙夯土：6 刻槽盆、T1 城墙夯土：1 鸡冠扳手和 T1 城墙夯土：2 鬲足来看，时代不会晚于二里头四期，并不能得出简报所说“稍晚于

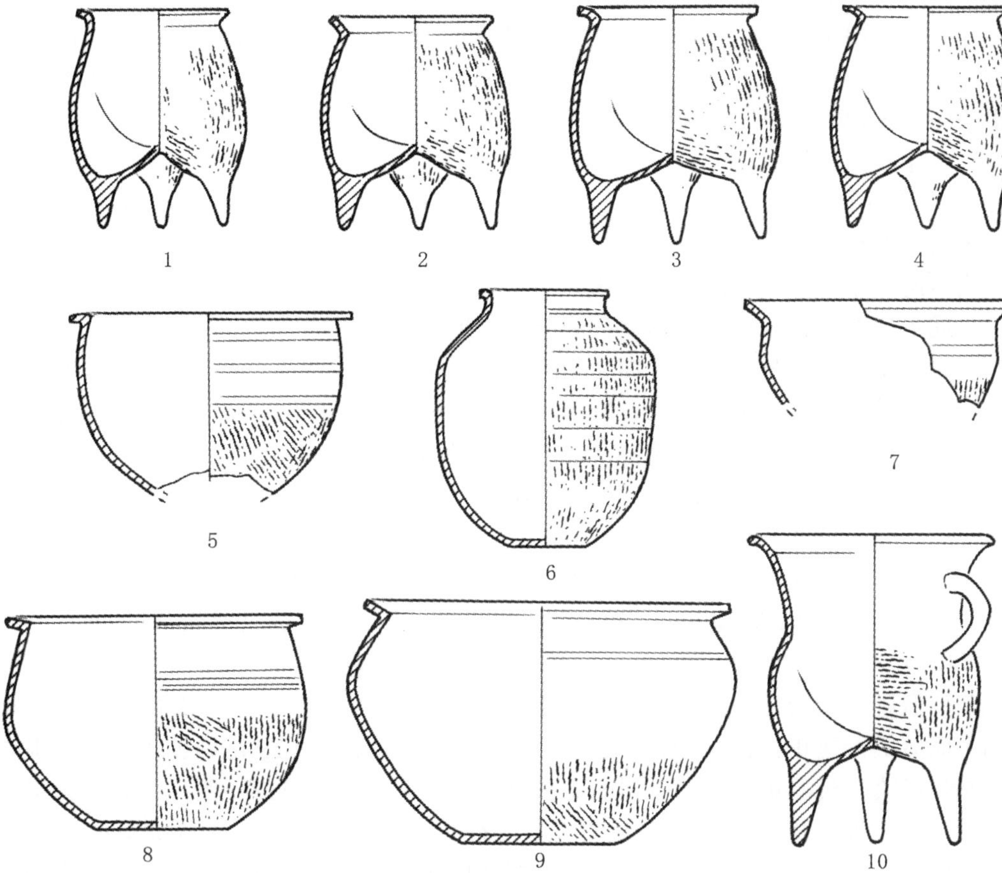

图二　偃师商城出土陶器

1. H26 井下：11　2. H25 井下：42　3. H25 井上：43　4. H25 井上　36　5. H25 井下：32
6. H26 井下：45　7. H25 井下：33　8. M18：1　9. M18：2　10. M18：4

二里头四期”的结论。后来的发掘只说“城墙夯土内含有二里头四期陶片”[10]，并没有更晚者。由此说明城墙建筑年代在二里头四期。另外，西城门发现了城门使用一个阶段后被封堵废弃的现象，门道内侧发现有若干二里岗下层墓葬打破了路土，其中 M7、M11、M21 和 M18 已有报道[11]。从出土器物看，M7、M11 和 M21 大约与以二里岗 H17 为代表的二里岗下层晚段相当，而 M18 则可能稍早，如 M18:4 斝（图二，10），M18:2 敛口盆（图二、9）和 M18:1 深腹盆（图二、8），分别与二里岗下层早段的 H9:362、T18:3 和 H10:401 接近，说明二者时代相当。M18 的埋葬，距商城始建还隔着一个城门使用和废弃的阶段。因此，偃师商城的始建年代当早于二里岗下层早段，即建于二里头四期。

我们还可根据偃师商城内五号宫殿下层基址及其附属遗迹中的出土物来判断该城的始建年代。一般来讲，城内宫殿的建造不会早于城墙建造的时间，至多是同时起建。《河南偃师尸乡沟商城第五号宫殿基址发掘简报》[12]没有介绍下层基址的出土陶器，但根据基址庭院内附属建筑 H25、H26 两口水井中的出土物，仍可判断基址的建筑使用和废弃年代。H25、H26 两口水井的形制结构、深度和堆积基本相同。根据 H25 水井的介绍：“井深 5.7 米，在 2.75 米深处有一层青褐色水浸土，厚 0.4 米，土质较硬，淤沉层次明显，把井内堆土分为上、下两层。”显然下层出土物可反映水井使用时间从而也反映下层基址的建成使用年代，而至上层，水井已废弃为一般灰土坑，与其他21个灰坑一样，代表了基址和水井的废弃年代。我们这里只谈其建成使用的时间。H26井下：11陶鬲（图二、1）与二里头四期ⅢH23：8陶鬲形制相似，H25井下：32敛口盆（图二、5）与二里头四期VH57：12[13]相似，H25井下：33折肩盆（图二、7）与二里头四期T204④：1[14]相近，H26井下：9高颈圆腹罐与二里头四期ⅢH1：3同类器近似，H26井下：45瓮（图二、6）则与二里头四期ⅢH236：10[15]有相似之处。这就说明水井和下层基址的建成使用年代应在二里头四期。至于个别陶器如H25井下：42（图二、2）接近于二里岗下层早段同类器的特征，或可说明下层基址的使用期，可能延续到二里岗下层早段。

在二里岗下层文化与二里头四期文化的关系问题上，学术界有不同看法。有的认为二者为延续继承关系；有的则认为二者时代相当，二里岗下层文化就是二里头四期文化。而大多数同志则认为二者在时间上有重合，这不但有C14测定年代上的支持，在器物类型学上也可得到证明。前已提及属于二里岗下层早段的郑州商城夯土内木炭测定数据为公元前1620年，而二里头四期则为公元前1625年[16]。可见二者大约同时而后者稍早。至于器物形制，两者确实存在着许多相似之处，如二里头四期的VH57：10鬲与二里岗下层早段的南关外H62：18鬲、二里头ⅢH23：8鬲与二里岗H9：36鬲、二里头Ⅲ10：8大口尊与南关外T87：46大口尊、二里头ⅢH234：10盆与南关外H62：22盆等，形制都极为近似。这样说来，偃师商城与郑州商城的始建年代不会相差太远。按二里头四期延续一百年计算，两个商城的修建年代也就是相差几十年。几十年的时间要想从陶器的演变上分出时代早晚，真是难之又难。难怪根据相同的考古材料来判断两个商城的早晚，学者们会得出截然相反的结论。根据我们分析，只能说两者建筑时间大致相同，而偃师商城略早。理由是：郑州商城城墙及宫殿基址均有下压二里岗下层文化层或遗迹的现象，而且夯土内含二里岗下层（早段）陶片，说明郑州商城是在二里岗下层早段存在一段时间后开始修建的；而偃师商城不但没有叠压二里岗下层早段的层位关系，反而被属于后者的遗迹所打破，此其一；其二，“特别是需要提出的是五号宫殿H25井下出土的大口尊H25井下：46，与郑州商城城墙下面叠压的C5T4：6大口尊十分相似，郑州商城城墙下面叠压的这件大口尊出自于南关外期的灰坑中，年代略早于二里岗下层”[17]。有此二端，说偃师商城在始建年代上略早于郑州商城，是可以定论的。

三

在讨论郑州商城性质之前，还得谈谈我们对偃师商城的看法。因为在这个问题上，仍存在不少分歧。有人提出这里是伊尹放逐太甲的桐宫所在，并断定其为商初成汤之离宫。[18]为证明其说，论者援引董仲舒《春秋繁露·三代改制质文》卷七中“汤受命而王，应天变夏作殷号……作宫邑于下洛之阳”的话。但细审原文，董仲舒是将成汤“作宫邑于下洛之阳”与“文王……作宫邑于丰”、“武王作宫邑于镐”并提的。根据董氏原义，只能得出成汤建都于下洛之阳，即今偃师商城。并不能得出成汤于此建造“离宫”的结论来。至于偃师商城又为太甲所居桐宫，更是臆测之辞。历史上对桐宫所在地望多有歧义。即使按有的文献说在偃师，亦绝非偃师商城。因为偃师商城规模如此之大，军事色彩如此之浓厚，“离宫别馆”岂能当之？学者或言：“盖商朝本有离宫制度。直到商朝末年还继续存在。”那我们来看看商朝末年的离宫是什么样的景况吧，据《史记·殷本纪》：帝纣“益广沙丘苑台（《正义》引《竹书纪年》：“南距朝歌，北据邯郸及沙丘，皆为离宫别馆。”），多取野兽蜚鸟置其中。慢于鬼神。大冣乐戏于沙丘……”这与防御色彩极为浓厚的偃师商城，真是不可同日而语。再说，灭夏之初，商汤也绝不可能将其休闲游乐的离宫置于夏人的中心地区吧？

我们早就指出，夏、商文化的断限应在二里头文化三、四期之间。因为兴建于二、三期的宫殿基址到四期已遭毁弃，并且其上还埋了人。两期之间有如此差别，如果不生发重大的政治变动，实不可能。而这一政治变动，就是夏、商之间的改朝换代。商人继承了夏人的文化传统，二里头四期从文化上说仍应属夏，但时间上已进入商代了。这种认识由于偃师商城的发现，益发证明其可信性。二里头遗址在三期之后的废毁，与偃师商城在四期的兴建，不正可说明夏、商之间政权的交替吗？如此说来，偃师商城应就是商汤灭夏后所建立的第一座商代都城，而文献中也不乏这样的记载。除前引董仲舒“成汤……作邑于下洛之阳”的记载外，更有班固《汉书·地理志》河南郡偃师条下自注，曰：“尸乡，殷汤所都。”巧的是偃师商城恰有一条“尸乡沟”从中穿过。这条记载还可与时代更早的《齐侯镈》铭文互相印证，铭曰：“虩虩成唐（汤），又严在帝所，专受天命……咸有九州，处禹之堵（都）。”今豫西洛阳盆地与晋南运城盆地是夏朝统治的中心区域，夏禹之都亦不外这两个地区。而偃师商城处于洛阳盆地之中，则“殷汤所都”，与“处禹之堵（都）”正相符合。至于偃师商城是否即“亳”，班固未说，《尚书正义》引郑玄说：“亳，今河南偃师县有汤亭。”看来，偃师商城也可以称为“亳”。

说到亳，还得把话题扯远点。《世本·居篇》曰：“契居蕃。”《史记·殷本记》又说：“自契至于成汤八迁，汤始居亳，从先王居。”蕃、亳韵纽不通，声纽是可以通的。故汤居亳与契居蕃应是同一地域。按我们的考证，此地在濮水流域[19]。商人灭夏前在冀南豫北以及鲁西地区“迁徙毋固”，至成汤之时又回到濮水流域之亳，在商代，除其发祥地称亳外，其余各地均不名亳。此亳屡见于甲骨卜辞，如：

其又（侑）亳土《粹》22

……亳土叀小宰《粹》21

于亳土御《粹》20

有一条卜辞，提供了亳地所在的线索。曰：

癸丑王卜，贞，在十月又一，王征人方在亳《金》584

人方在商之东南淮泗之间，是商朝后期的劲敌，故商王亲自率军出征。“王征人方在亳”，说明亳在商之东南，征人方途中。其具体地望，可由下列卜辞估算：

……在商贞，今日步于亳，亡灾

甲寅王卜，在亳贞，今日步于隹，亡灾。

《后》上9.12

由商至亳只需一日路程，按，商既指王都，也指王畿。以晚商王都在安阳或汤阴算，则亳地可能在今长垣北古卫濮（亦称蒲）地区。它西北接古韦国（今河南滑县），东北接古顾国（今河南范县），东南邻葛（今河南宁陵）。商汤正是从这里开始灭夏战争的。“汤始征，自葛载。”（《孟子·滕文公》），然后是“韦、顾既伐，昆吾、夏桀”（《诗·商颂·长发》）。韦、顾已如上述，昆吾有二，一是《左传》哀公十七年“卫侯梦于北宫，见人登昆吾之观”之昆吾，地今河南濮阳县境；二是《左传》昭公十二年楚灵王所谓“我皇祖伯父昆吾，旧许是宅”之昆吾，地在今河南许昌以北。旧许之昆吾很可能是受商汤征伐，由濮阳西逃依附夏桀时所迁。《商颂》中的“昆吾、夏桀”，按商汤征伐的次序看，应是西迁后的昆吾。旧许所指恐怕是一个很大的区域，可能新郑至郑州一带也在其范围之内。夏桀之都在洛阳盆地，很可能即二里头遗址，郑州为其在东方的重要门户。夏桀与作为“夏伯”的昆吾联袂于郑州以对抗成汤，当是情理中事。以上所言虽多是文献中的记载，可喜的是业已得到考古学上的证明。郑州“南关外期”被公认为是外来文化。据我们考证，它来自冀南豫北及鲁西一带的可能性最大。与文献相互参证，“南关外期”应是商汤时期先商文化到达到郑州后的遗留。它在二里头三、四期之际到达郑州，遇到夏人同盟的抵抗（“南关外期”不见房址及窖穴等生活遗迹，只有纵横的壕沟且内中常见人骨可证），并最终取胜，西进灭夏，并在夏都附近建都以镇抚夏民[20]。这样，不仅为南关外期找到其来源，而且像二里头三、四期之际重大政治变动和偃师商城的兴建，都有了合理解释。

还是回到“亳”的问题上来。我们知道，古代常常出现因部族变迁而地名搬家的情况。最初的亳地只有一个，即卫濮之亳，后来随商人的分迁，尤其是商亡后商族被作为亡国之奴分授给姬姓诸侯，叫“亳”的地名便流散开来。凡是有商人活动的地方，都可能出现以亳为称的地名。如《左传》昭公九年“肃慎、燕亳，吾北土也”之“燕亳”，就可能与商族北迁有关。又如关中杜陵之亳，就是商朝之封国遗留下来的，近年在这个区域已发现不少商文化遗址，可以为证。春秋时这里尚有“荡社”。据《史记·秦本纪》秦宁公二年，“遣兵伐荡社，三年，与亳战，亳王奔戎，遂灭荡社”。按，荡与汤为同音假借，荡社即汤社。《史记·封禅书》中所说的“杜亳”，即指此而言。汉时这里尚“有三社主之祠”。太史公以此为汤都之亳，显系误解。商灭亡后，许多地方都设亳社，以奉殷祀。宋国自不必说，鲁国亦有之。《左传》定公六年载：“阳虎又盟公及三桓于周社，盟国人于亳社，诅于五父之衢。”《春秋》哀公四年亦载：“六月辛丑，亳社灾。”杜注：“亳社，殷社。诸侯有之，所以戒亡国。”既然是“诸侯有之”，当然不止一处，可见，古代叫亳的地名很多，但却不一定与汤都有关。我们不能看到郑州出有战国时代“亳”或“亳丘”陶文，或看到《春秋》经称这里为“亳城”，便断言郑州商城为成汤始居之亳，何况《公羊》、《谷梁》传中对此有不同称呼。至于偃师商城所在的尸乡，班固只说它是汤都，郑玄注为亳。说偃师有西亳，乃西晋皇甫谧所创。《尚书·立政》“三亳阪尹”下孔颖达《疏》引皇甫谧说：“三处之地皆名为亳，蒙为北亳，谷熟为南亳，偃师为西亳。”《括地志》引申其说，谓“宋州谷熟县西南三十五里南为南亳故城，即南亳汤都也。宋州北五十里大蒙城为景亳，汤所盟地，因景山为名。偃师为西亳，帝喾及汤所都”。现在称偃师商城为西亳，即缘此而来。皇甫谧之说显然不可靠，但此名沿用已久，现不妨仍以亳名之。就是郑州商城，因为肯定也是商人所建，称其为亳亦无不可，关键是要搞清其时间顺序，是不是商汤所都就行了。郑亳说者将郑州商城定为汤居之亳都，既于史无证，也不符合“汤居亳，与葛为邻”的记载，与“韦、顾既伐，昆吾、夏桀”的灭夏进军路线也不合拍。为自圆其说，“郑亳说”将自汉以来有关上述地点地望的说法舍弃一边，而重新“考证”出它们均在今郑州附近，不免给人以削足适履之嫌。

“郑亳说”与史难通，那么“隞都说”又怎样呢？《竹书纪年》、《书序》及《史记·殷本纪》都载仲丁迁隞（嚣）事。其地望，一般认为即《水经·济水注》所说的“敖山”，在今河南荥阳境。荥阳距郑州不足百里，这一带虽有春秋时代“敖伯”器出土，但考虑到目前在这个地区尚未发现商代城遗址，说仲丁迁隞在今郑州商城亦有可能。只是仲丁都隞在时间上应是在二里岗上层期，而不会是始建于二里岗下层早段的商城。道理很简单，汤至仲丁共历五世十王，若每世以三十年计，则共约一百五十年左右。偃师商城较郑州商城绝不会早这么长时间。一般认为二里头四期延续了一百年时间，整个二里岗下层也大致经历一百年，其早段又与二里头四期有重合。这样，从二里头四期之始到二里岗下层之末、上层之初，正好是一百五十年左右的时间。因此说，仲丁迁隞只能是在二里岗上层期。这样说还有一个旁证。《竹书纪年》载：“仲丁征于蓝夷。”《后汉书·东夷传》亦曰：“至于仲丁，蓝夷作寇，或畔或服。”蓝夷所在，丁山谓即东海郡昌虑县之蓝乡，在今滕县东南[21]。我们认为，此蓝夷不必确指，其居地盖在今沂蒙山区。值得注意的是，这一地区也有个“敖山”。《国语·晋语》九：“范献子聘于鲁，问具山、敖山，鲁人以其乡对。”《左传》桓公六年：“先君献、武废二山。”杜注：“二山，具、敖也。”《读史方舆纪要》卷三十五蒙阴县条：“县西北三十五里有敖山。”我们怀疑，此敖山很可能与仲丁征蓝夷有关。证之以考古发现，在沂蒙外围的滕县、邹县、泗水、曲阜、济南一带都普遍发现了二里岗上层遗存，但是早于二里岗上层的商文化迄今则绝无发现。这从一个侧面证明仲丁之世只能与二里岗上层文化相当。

四

早期的郑州商城既非商汤所都的郑亳，又非仲丁所迁的隞都，那么，它到底为谁所建呢？揆诸各种历史现象，我们认为它很可能兴建于太甲之手。

太甲是商朝历史上有数的名王之一。《尚书·群君奭》以成汤、太甲、太戊、祖乙、武丁并举。即使周朝统治者也对其褒扬有加，如周公曾说：“自殷王中宗、及高宗、及祖甲，及我周文王，兹四人迪哲”（《尚书·无逸》）。《史记·殷本纪·集解》孔安国、王肃曰：“祖甲，汤孙太甲也。”按《殷本纪》说：“太甲，成汤嫡长孙也，是为帝太甲。……既立三年，不明，暴虐，不遵汤法，乱德，于是伊尹放之于桐宫。三年，伊尹摄行政当国，以朝诸侯。帝太甲居桐宫三年，悔过自责，反善，于是伊尹乃迎帝太甲而授之政。帝太甲修德，诸侯咸归殷，百姓以宁。伊尹嘉之，乃作《太甲训》三篇，褒帝太甲，称太宗。”可是，像这样一代名王，文献记载却不见他的业绩。如果把郑州商城定为太甲所建，则可补文献之不足。并且，这种说法在考古学上可得到证明。第一，商汤灭夏后十余年便死了。按《孟子·万章》上和《史记·殷本纪》的说法，太子太丁早死，由太丁之弟外丙和仲壬先后继位，但时间很短，或云六年，或云七年，接下来才是太丁之子太甲继仲壬而立。上述年数相加，约历二十余年。据说太甲“享国三十有三年”（《尚书·无逸》）。若以太甲继位十至二十年开始修建郑州商城的话，则与偃师商城的时间差当在三四十年。这与考古学上得到的两个商城始建年代的时间差正好吻合。第二，前已指出，偃师商城两口水井的上层堆积代表五号宫殿下层基址的废弃年代。据发掘简报："水井上层出土的Ⅱ式 H25 井上:43 陶鬲（本文图二、3）与《郑州商代城址发掘报告》中属于二里岗下层的 CWM8:2 鬲相似；Ⅰ式 H25 井上：36 鬲（图二、4）与郑州南关外中层的Ⅳ式 H62:18 鬲较为相似……其年代应属于二里岗下层偏早阶段。"即与我们所说郑州商城始建年代相当。这一兴一废，同样不是出于偶然，而应与太甲时政治中心一度转移有关。至于太甲为什么在偃师商城之外另建郑州商城，从积极方面来说，偃师商城距商族起源地太远，有孤悬域外之势。郑州商城不仅可以把新、旧统治区联结起来，而且能据此经营四方。从消极方面来说，伊尹在夏之遗民中是有影响的，他又囚禁过太甲。《竹书纪年》记载，他曾自立为王。太甲潜出自桐，将他杀掉，而立其子伊鹭伊奋。这段往事不能不给太甲造成心理上的创伤和隐忧。另建郑州商城，不仅可以克服这些消极的东西，而且可以树立自己的威名。当然，这并不是说太甲已经明确地迁都了，而只是说他又建立了一个统治中心，或者说他把实际上的统治中心放到郑州商城来了。至于有人说郑州商城的始建年代早于偃师商城，也不能说绝对没有可能。因为夏桀和昆吾可能联手筑城对付东来的成汤，或者成汤攻灭昆吾后即着意于郑州商城的建设。因此，可能出现个别地段修建较早的现象，但其建成使用，绝在偃师商城之后。因为成汤在立国之初不大可能同时修建两座如此规模的都城，而从镇抚夏遗民这点出发，偃师商城的地理位置无疑是更为重要的。

---

[1]《郑州商代城遗址发掘报告》，《文物资料丛刊》1，文物出版社，1977 年。

[2]《郑州南关外商代遗址的发掘》，《考古学报》1973 年 1 期。

[3]［6］邹衡：《试论夏文化》，《夏商周考古学论文集》，文物出版社，1980 年。

[4] 高煦：《略论二里岗期商文化的分期和商城年代》，《中原文物》1985 年 2 期。
陈旭：《关于郑州商文化分期问题的讨论》，《郑州大学学报》1988 年 1 期。

[5]《郑州商代城内宫殿遗址区第一次发掘报告》，《文物》1983 年 4 期。

[7] 仇祯：《关于郑州商代南关外期及其他》，《考古》1984 年 2 期。

[8]［20］方辉：《南关外期先商文化的来龙去脉及其对夏商文化断限的启示》，《华夏文明》第三集，北京大学出版社，1992 年。

[9]《偃师商城的初步勘探和发掘》，《考古》1984 年 6 期。

[10] 赵芝荃、徐殿魁：《偃师尸乡沟商代早期城址》，《中国考古学年会第五次年会论文集》，文物出版社，1988 年。

[11]《1983 年秋季河南偃师商城发掘简报》，《考古》1984 年 10 期。又，同［10］。

[12]［17］《河南偃师尸乡沟商城第五号宫殿基址发掘报告》，《考古》1988 年 2 期。

[13]《河南偃师二里头早商宫殿遗址发掘报告》，《考古》1974 年 4 期。

[14]《河南偃师二里头二号宫殿遗址》，《考古》1983 年 3 期。

[15]《河南偃师二里头遗址三、八区发掘简报》，《考古》1975 年 5 期。

[16]《中国考古学中碳十四年代数据集》，文物出版社，1983 年，第 73 页。

[18] 邹衡：《西亳与桐宫考辨》，《纪念北京大学考古专业三十周年论文集》，文物出版社，1990 年。

[19] 田昌五：《先夏文化探索》，《文物与考古论集》，文物出版社，1986 年。

[21] 丁山：《商周史料考证》，龙门联合书局，1960 年，第 29 页。

（原载《商文化论集》，文物出版社，2003 年）

对郑州商城的再认识

李伯谦

1955 年发现的郑州商城，经过近半个世纪的钻探、发掘和研究[1]，已确知其乃由内城和外廓城所构成（图一）。内城略呈长方形，周长约 6960 米，外廓城现仅发现于内城之南面、东南面和西南面，已知长度约 5000 米，大体呈弧形，如按其走向复原，郑州商城（包括内城和外廓城）约有 16 平方公里的面积[2]。内城东北部在东西长约 800 米，南北宽约 500 米，总面积约 40 万平方米的范围内，发现成片的大型夯土建筑基址，是宫殿区所在。

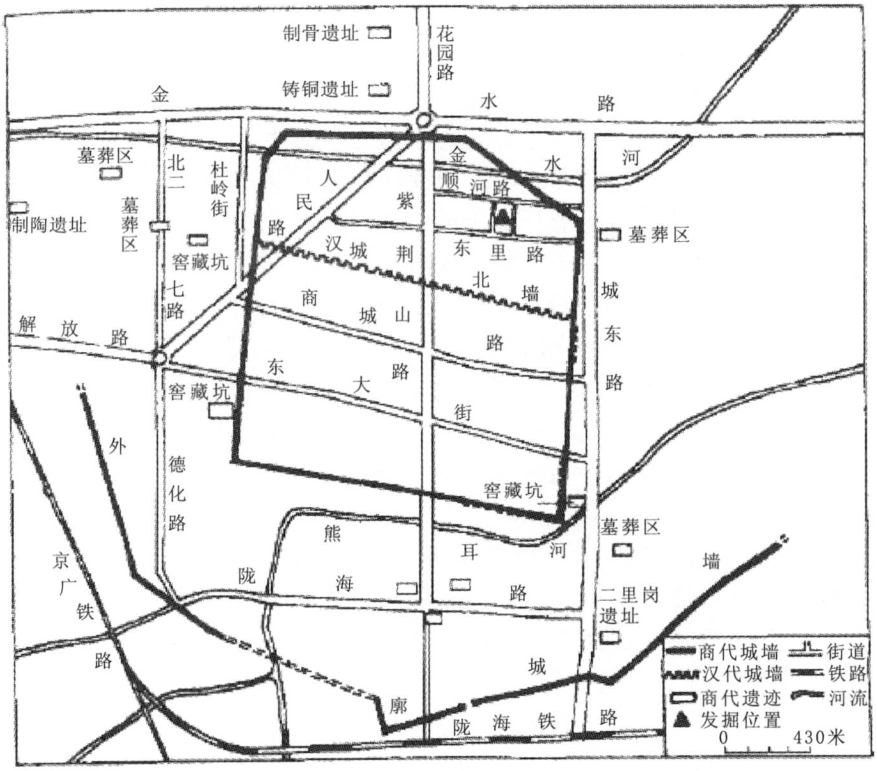

图一　郑州商城平面图

（引自河南省文物考古研究所《河南郑州商城宫殿区夯土墙 1998 年的发掘》，图一，《考古》，2000 年第 2 期）

在内城与外廓城之间，发现有成片的居住区、墓葬区和制骨、烧陶铸铜等手工业作坊区，出土了大量制作精致的陶器、青铜器、玉石器和骨器等。其规模之大，内涵之丰富，为当时世界诸文明古国中所罕见，堪称世界大都会。

郑州商城遗址早于安阳殷墟，这早已是学术界的共识。但其具体始建于何时，意见尚未统一。根据考古工作者在郑州二里岗和商城内城及外廓城内的发掘，郑州商系统文化大体分为南关外期—二里岗下层一期—二里岗下层二期—二里岗上层一期—二里岗上层二期—人民公园期六个大的发展阶段。除人民公园期属商代晚期殷墟早段遗存，其余均早于安阳殷墟。关于郑州商城的始建年代，究竟相当于上述分期的哪一段，迄今共有四种说法。第一，以安金槐先生为代表，主张始建于二里岗下层二期[3]。第二，以杨育彬先生为代表，主张始建于二里岗下层一期偏晚[4]。第三，以高煦先生为代表，主张始建于二里岗下层一期，笔者也持相同的观点[5]。第四，以邹衡先生和陈旭先生为代表，主张始建于南关外期[6]。邹衡先生和陈旭先生所说的南关外期，是包括南关外下层、中层和公认的二里岗下层一期典型单位二里岗 C1H9 在内的。这就是说，认真分析起来，对郑州商城的具体始建年代，实际上只有二里岗下层一期和二里岗下层二期两种不同的意见。

安金槐先生提出郑州商城始建于二里岗下层二期的观点，是建立在根据郑州商城 1953~1985 年发掘资料作出的“郑州二里岗下层一期遗迹，仅在郑州商城（笔者按：指内城）之外的东南部二里岗和西南的铭功路西侧的两个商代二里岗下层一期村落遗址中有所发现”的判断基础之上[7]。但后来在内城宫殿区和其他地点继续发掘，发现了多处二里岗下层一期文化层叠压或打破同期或早期大型夯土建筑基址的地层关系[8]，从而动摇了安金槐先生做出上述判断的基础。《郑州商城》考古报告在叙述城墙和大型夯土基址层位时，都是被二里岗下层二期遗存叠压、打破，显然与事实不符。造成这一误判的原因，固然是因为当时发掘资料少而且十分零碎，但也与对叠压打破城墙及夯土建筑基址的某些单位的年代推断不确有关。例如，《郑州商城》上册第 268、269 页图一六一、图一六二所载城内宫殿区第五夯土小区叠压夯土的 C8T62③所出的鬲、盆、豆、大口尊、缸等器物，均定为二里岗下层二期。但若与第 163~170 页图一〇三~一〇八所载二里岗下层一期诸单位所出同类陶器相比，却很难看出两者之间有什么区别（图二）。事实说明，过去定为二里岗下层二期的一些单位如同 C8T62③层一样，其实都应是二里岗下层一期的遗存，即便比二里岗下层一期晚一些，也不会晚到二里岗下层二期。这种情况，不少学者例如陈旭、袁广阔等先生早就注意到了。陈旭在《郑州商城宫殿基址的年代及其相关问题》[9]一文中，将《郑州商城》考古报告定为始建于二里岗下层二期或更晚的 C8T39 基址，C8T43、T45 基址，C8G8 基址，C8G15 基址，C8T55、T60、T61 基址，C8T62 等 6 组基址，均定为始建于南关外期。袁广阔在《关于郑州商城夯土基址的年代问题》[10]一文中，也将 C8G15 基址，C8T55、T60、T61 基址以及 1998 年 9 月至 1999 年 5 月为配合“夏商周断代工程”在管城区北大街发掘的 6 号、10 号、11 号、14 号基址定为二里岗下层一期。因为陈旭先生的“南关外期”包括了二里岗下层一期的典型单位二里岗 C1H9，所以两人对上举这些单位的始建年代的认识是一致的，即都属于二里岗下层一期或更早。不仅内城如此，外廓城的发掘资料也同样可以证明这一判断是正确的。袁广阔在《关于郑州商城外廓城的几个问题》[11]一文中，根据以往和新近对外廓城的解剖，提出“内外城墙夯土相比，二者的夯筑方法，夯窝形制和大小基本相同。外墙夯土出土陶片很少，一部分为龙山时期，一部分为洛达庙时期，与内城墙内的包含物一样，可以认为二者的修筑时代是相同的”。事实表明，郑州商城内城和外廓城的始建年代的确应该是在二里岗下层一期或更早，不会晚到二里岗下层二期之时。

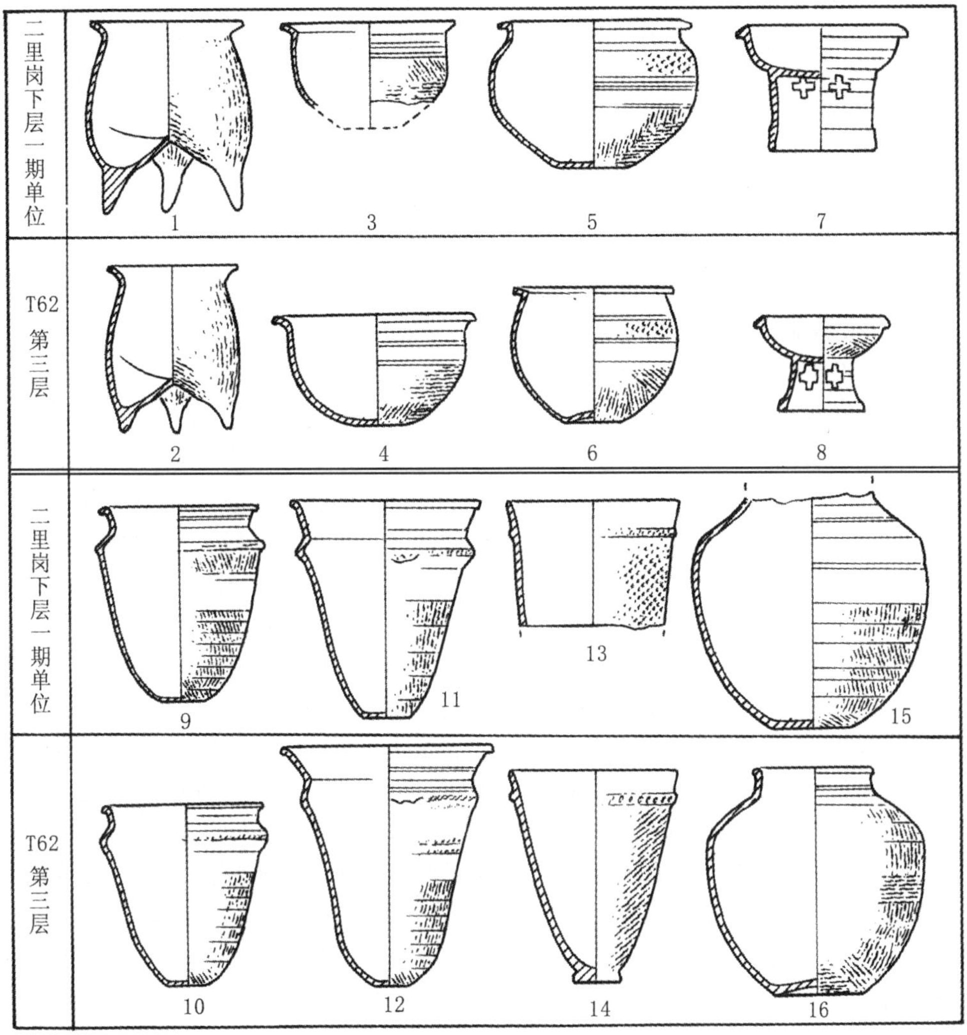

图二　二里岗下层一期与打破夯土基址之T62第3层出土陶器比较

1. C1H9∶36　2. T62③∶17　3. C1H9∶15　4. T62③∶6　5. C1H9∶354　6. T62③∶11　7. C11H154∶9　8. T62③∶1　9. C1H14∶75　10. T63③∶10　11. CH14∶3　12. T62③∶14　13. C1H9∶53　14. T62③∶7　15. C7H15∶44　16. T62③∶12

城址年代的确定，是正确判断其为何王所都的前提。郑州商城发现以后，围绕着其为何王所都问题，先后出现了安金槐先生的“隞都”说[12]和邹衡先生的“亳都”说[13]。这两种看法长期以来争论不决，成为商代考古的一大难题。1983年偃师商城[14]的发现，意外地为解开这一难题提供了可喜的契机。自1983年发现至今，偃师商城的勘探发掘迄未停止，现已发现宫城、小城、大城三重城垣和多组宫殿基址，提出了偃师商城文化三期七段（或三期六段）的年代分期标尺[15]。成为推定郑州商城的年代和性质的重要参照系。在偃师商城宫城尚未发现和偃师商城商文化分期标尺尚未完全建立之前，笔者根据当时掌握的资料，曾将偃师商城的始建年代推定在相当于郑州商文化分期的二里岗下层二期，认为其始建年代略晚于郑州商城（内城、外廓城）的始建年代[16]。偃师商城商文化三期七段（或六段）的年代分期标尺建立之后，以宫城及宫殿开始兴建为标志，偃师商城确应始建于一期[17]。尽管在郑州商城商文化分期与偃师商城商文化分期如何更好对应上，我们之间的认识可能还略有差异，但偃师商城始建于偃师商城商文化分期的一期的论断是可信的。而偃师商城分期的一期正与郑州商城分期的二里岗下层一期相对应。过去，我将偃师商城的始建年代推定为相当于郑州商文化分期的二里岗下层二期显然是晚了。“夏商周断代工程”基于这一认识，明确作出“郑州商城与偃师商城基本同时或略有先后”的论断，是正确的，符合实际情况的[18]。

偃师商城西南距二里头遗址仅 6 公里余。二里头文化属夏文化，二里头遗址是夏王朝最后一个王夏桀的都城斟鄩所在地，目前已成为学术界的主流认识。偃师商城城垣略呈南北长方形，南北不少于 1710 米，东西最宽 1215 米，规模如此之大的一座城址在距夏都如此之近的地方出现，自然非同寻常。尽管学术界对偃师商城性质的认识有汤之“西亳”[19]和太甲“相宫”[20]或亳之陪都、军事重镇[21]等不同，但其为汤灭夏之后所建，则是大家一致的意见。正如前面已经指出的，偃师商城与郑州商城的始建年代基本同时，既然偃师商城是汤灭夏之后所建，那么与其基本同时的郑州商城（内城及外廓城）的兴建也应该是开始于汤灭夏之后，而不能早到灭夏之前。实际上冷静思考一下，便不难理解。《孟子・滕文公下》载，“汤十一征”而灭夏，在戎马倥偬之际，在没有灭掉夏王朝，没有建立自己的稳定的政权的情况下，商汤怎么可能劳师动众，经年累月地建造一个规模达16 万平方公里的城池呢？即便不包括在建筑顺序上可能稍晚一些的外廓城，单就内城来说，也是不可能的。我是郑州商城“亳都”说的拥护者，我虽然没有写过专门研究郑州商城的论文，但在发表的涉及郑州商城的文章中，曾不止一次表达过郑州商城始建的二里岗下层一期属于先商文化，郑州商城是汤灭夏前始建的观点[22]。但是，在多次到郑州商城、偃师商城、二里头遗址发掘现场学习考察，对郑州商城和偃师商城新发现的材料认真比较研究之后，我不得不改变看法，放弃原来的主张。郑州二里岗下层一期属于早商文化，不是先商文化，郑州商城的内城、外廓城始建于灭夏之后，是早商城址，不是先商城址。《夏商周断代工程 1996—2000 年阶段成果报告》（简本）将包括郑州二里岗 C1H9 典型单位在内的二里岗下层一期作为郑州商城商前期考古学文化序列的第一期，以及关于“郑州商城和偃师商城基本同时或略有先后，是商代最早的两处具有都邑规模的遗址”的论断[23]，代表了大多数学者的观点，我是十分赞同的。

不过，熟悉古代文献的人都知道，《尚书序》明言“汤始居亳”、汤“既丑有夏，复归于亳，入自北门”，表明汤灭夏之前已居亳。此类记载尚有很多，恕不再一一征引[24]。《夏商周断代工程 1996—2000 年阶段成果报告（简本）》在肯定郑州商城（内城、外廓城）和偃师商城“是商代最早的两处具有都邑规模的遗址”之后，“又推断其分别为汤所居之亳和汤灭夏后在下洛之阳所建之‘宫邑’亦即‘西亳’，”[25]，显然在逻辑上存在矛盾，至少也是不够严密的。将考古实际和文献记载结合起来分析，我们只能说郑州商城（内城、外廓城）是汤灭夏复亳之后所建，而不能说是灭夏前始居之都。当然，这就给考古工作者提出了一个问题，即郑州有没有灭夏之前先商时期商人所建的都邑遗迹？如果按照《郑州商城》考古报告的观点，郑州商城是仲丁所迁的隞都，属中商时期，当然不会有了。但正如前面我们所分析的那样，在郑州商城和城内某些大型夯土建筑基址的下面尚叠压有文化层和遗迹，这些遗存有的是同期之间的叠压、打破，时代相同。但更多的是早于郑州商城的遗存，这些遗存有属于河南龙山文化的，也有属于二里头文化、南关外类型的[26]。二里头文化遗存在郑州最早发现于洛达庙，因此有人也称之为洛达庙文化[27]。

郑州地区的洛达庙文化可分为三期，就其文化面貌来讲，一、二期与二里头文化的二、三期相同，可以归入典型的二里头文化。但到第三期文化面貌则变得十分复杂，袁广阔将其文化因素分为 4 组[28]，A 组数量最多，直接源于当地的早期洛达庙文化（即由二里头文化三期发展而来）；B 组数量次之，同漳河型先商文化和杞县鹿台岗先商文化的特征一致；C 组、D 组数量较少。C 组同"豫东及山东地区的岳石文化关系密切"，D 组来源不详。与其看法相近的还有曾晓敏、李素婷、宋国定等，他们在 1998 年商城宫殿区夯土墙发掘简报中，对这一时期的文化遗存的特征也进行了分析，将其分为 3 组。A 组同于袁广阔所分 A 组，约占出土物总数的 85%；B 组同于袁广阔的 B 组，数量约占 10%；C 组同于袁广阔的 C 组，约占 5%[29]。这种情形，和偃师商城宫城内北部蓄水池（原称大灰沟）⑨、⑩层非常相像，其出土遗物主要是二里头文化四期的的典型陶器，但也有一定数量的以卷沿细绳纹薄胎鬲、橄榄形深腹罐等为代表的典型商文化因素。偃师商城的发掘者将以⑨、⑩层为代表的遗存定为偃师商城第一期 1 段，认为其时代已经进入商纪年了[30]。以此为例，郑州商城发现的洛达庙文化晚期遗存很可能是商人进入该地区之后所形成的一种新的文化类型，或可称为洛达庙类型。南关外型则以 1955 年发掘的郑州南关外 C5T95 第四层（通称南关外下层）为代表[31]，出土陶器以夹砂褐陶为主，有厚胎的鬲、甗、斝、爵、瓮等，形制与二里岗商文化、洛达庙一、二期夏文化和洛达庙三期以二里头文化因素为主也有相当数量商文化因素的混合文化类型均不同。关于其文化性质，有人认为其为先商文化[32]。我则觉得，其主要因素和二里岗下层早段商文化没有直接的承袭关系[33]，我推断其为夏之某一与国的文化遗存固然缺乏根据，但要真正弄清其渊源和性质，目前尚缺乏足够的资料。

洛达庙一、二期遗存主要分布于郑州市偏西；洛达庙三期遗存即洛达庙类型分布范围较广，主要在郑州商城内城一带；南关外类型发现最少，主要集中于南关外地区。洛达庙一、二期约与二里头文化二、三期相当，时代较早。洛达庙类型与南关外类型约略同时，或与二里头文化四期偏早阶段相对应。过去我在追溯二里岗下层一期商文化的来源时，是与分布在豫北冀南的下七垣先商文化直接相联系的[34]。杞县鹿台岗先商文化遗存发现以后[35]，大家纷纷把目光由豫北冀南投向了豫东[36]。从大的渊源关系来讲，从豫北冀南下七垣先商文化到豫东鹿台岗先商文化再到郑州二里岗下层一期早商文化是顺理成章的。但实际上郑州二里岗下层一期早商文化与洛达庙类型中的商文化因素的承袭关系则更为直接，洛达庙类型中的商系文化因素才是直接来源于豫东鹿台岗先商文化。前面我们已经指出，洛达庙类型很可能是商人进入郑州地区之后与二里头文化融合所形成，洛达庙类型已是商人在郑州地区居于统治地位后的先商时期的文化遗存。如果这一观点能够成立，那么，只要在洛达庙类型分布地域内找到洛达庙期的城墙、大型夯土建筑基址或贵族墓葬，而其又与二里岗下层一期早商文化有直接发展演化关系，我们就应该承认它是商人灭夏前在该地所建的与亳邑有关的遗存。以下所举三项，我认为不但时代属于洛达庙期，早于郑州二里岗下层一期，而且都直接与郑州商城（内城、外廓城）有密切关系。

第一项是编号为 W22 的夯土墙。该墙于 1985 年 8 月至 1986 年 6 月发掘时发现[37]，呈东北—西南走向。此次发掘 25.2 米，经钻探得知，继续由北、南两端向外延伸，发掘与钻探的长度共约 80 米。夯土墙挖有基槽，槽口最宽处约 17 米，夯土墙的夯层一般厚 12 厘米，夯窝口径 5~7 厘米、深 7~8 厘米。1998 年 3~9 月，“夏商周断代工程”商前期年代学研究课题组在该地区又一次组织发掘，发现一段残长约 24 米的夯土墙基槽[38]，发掘者对 1985~1986 年发现的夯土墙“从其位置、形制结构与方向等分析”，认为“与此次发掘的夯土墙应为同一道夯土墙”。关于 W22 的时代，1985~1986 年发掘简报定为二里岗下层，1998 年的发掘简报认为“其建筑及使用时间应大体相当于二里岗下层的 C1H9 阶段”。但我们经过对 W22 两次发掘的地层关系及出土物重新审视，认为 W22 叠压和打破的第 5 层及 H73，从出土遗物判断为洛达庙晚期，W22 夯土墙内的包含物与之相同。而叠压和打破 W22 夯土墙的第 4 层及 H35，从出土遗物判断时代也较早，最晚不过二里岗 C1H9 阶段。1998 年发掘，被 W22 叠压、打破的 H46、H85、H86、H87 等单位出土的遗物及夯土墙内包含的出土物特征相同，均为洛达庙晚期，而叠压、打破夯土墙的第 4 层及 H56、H114 的出土物也具有类似的特点，最晚也晚不过二里岗 C1H9。据此，W22 的始建年代应在洛达庙晚期，不会晚到二里岗下层一期之时（图三）。1998 年的发掘简报虽然说了 W22 始建于二里岗下层 C1H9 阶段的话，但并未进行论证，也没有提出任何证据。反倒是用了一段不算太短的文字论证 W22 应始建于更早时期。这段文字的原文是，“经过 1998 年的发掘，我们认为打破夯土墙的两个灰坑 H56、H114 的出土物可能要早于二里岗下层，最晚可至二里岗下层偏早阶段 C1H9 时期，如 H56 的夹砂褐陶橄榄形罐，唇缘上翘，陶胎极薄，大口尊的口径小于肩径等，这些都是比较早的特征。另外值得注意的是这两个灰坑打破的是夯土墙的基槽部分，H114 打破墙基的中部，表明在这个阶段这段墙已完全废弃，否则这些灰坑就不可能落在墙基的中部”。细细品味作者的这段文字，我们必然会得出这段夯土墙应早于打破它的 H56 和 H114，其始建年代应与被它叠压的 H46 等单位同时，即洛达庙晚期，因为当晚于它的 H56、H114 挖建之时，它早已废弃只剩下墙基槽了。况且，简报虽发表了大量夯土墙包含的遗物的图像，却无一处讲到这些遗物会晚到二里岗下层一期。显然，兴建夯土墙时，并没有破坏二里岗下层一期的文化层或遗迹，它破坏的只是洛达庙晚期的遗存。将商城宫殿区内发现的 W22 的时代推定为始建于洛达庙晚期不是我的发明，最早提出并这行论证的是袁广阔先生[39]，这是特别需要说明的。

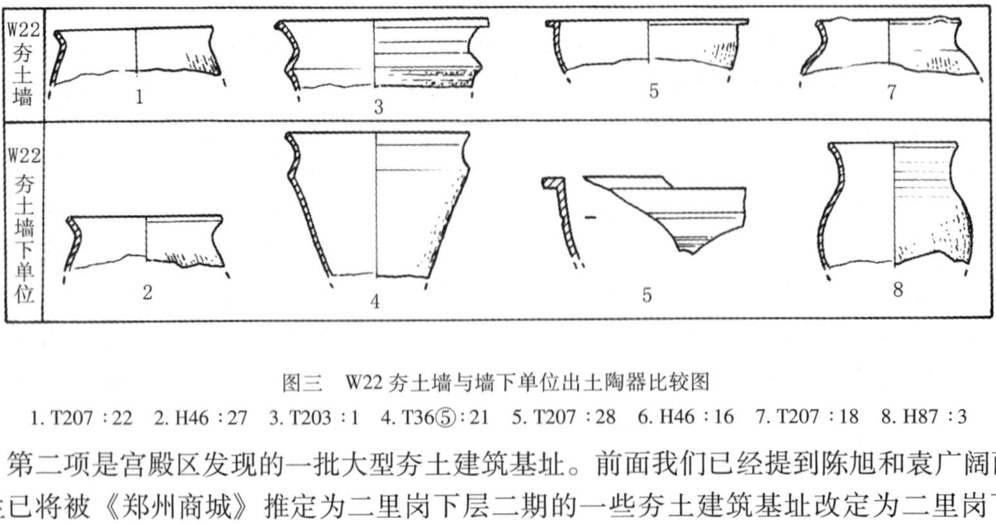

图三　W22 夯土墙与墙下单位出土陶器比较图

1. T207：22　2. H46：27　3. T203：1　4. T36⑤：21　5. T207：28　6. H46：16　7. T207：18　8. H87：3

第二项是宫殿区发现的一批大型夯土建筑基址。前面我们已经提到陈旭和袁广阔两位先生已将被《郑州商城》推定为二里岗下层二期的一些夯土建筑基址改定为二里岗下层一期。其实除此之外，他们还认为有些基址的时代可早到洛达庙晚期。袁广阔在《关于郑州商城夯土基址的年代问题》[40]一文中，推定始建于洛达庙晚期的有北大街夯土7、夯土9和夯土12。陈旭推定始建于南关外期的有6组夯土基址[41]，由于她同意邹衡先生将二里岗下层一期典型单位二里岗C1H9和南关外中层归入南关外期，尽管她认为南关外期尚可分为偏早、偏晚两个小阶段，但这6组夯土基址中究竟何者属南关外期偏早，何者属南关外偏晚，她没有明言，因此我们无从知道这6组基址中哪几组是真正属于南关外下层，即相当于洛达庙期的遗存。但与《郑州商城》[42]考古报告相对照，至少发表有相关夯土器物图像的C8T62夯土有可能是洛达庙时期的。从《郑州商城》考古报告上册第268、269页图一六一、图一六二打破T62夯土的文化层中出土的陶器形制观察，前面我们曾经指出，均具有与二里岗下层一期单位二里岗C1H9同类器相似的特征，其时代应属二里岗下层一期，被它打破和叠压的夯土基址又打破和叠压洛达庙期的文化层，因此其很可能就是洛达庙期的夯土。尽管由于发表的材料太少，在已发掘的几十座夯土基址中，能够确认属于洛达庙晚期的还只有很少几座，但即此已足以说明在郑州商城（内城、外廓城）建立之前，与宫殿区发现的W22那段夯土墙基本同时，也已经有宫殿性质的大型夯土建筑了[43]。

第三项是编号97C8ⅡT166M6的铜器墓[44]。该墓位于商城宫殿区内今东里路和顺河路之间，墓室长2.4米、宽1.1米、深0.3米。墓内有人架3具，中间一具为墓主人，左右各一具为殉葬人，均为俯身。随葬有铜鬲1、铜盉1、铜戈1、玉柄形器1及骨镞、蚌镞、贝饰、石饰、圆陶片等。铜鬲长身直腹，高锥足，沿上立双耳，造型类洛达庙类型出土的陶鬲，铜盉体瘦长，造型类二里头文化三期陶盉（图四）。铜戈长援直内，形制类二里头文化出土铜戈。玉柄形器较厚重，也有二里头文化出土的玉柄形器的特点。发掘者认为该墓为洛达庙晚期，是商系统文化中最早的一座铜器墓。从墓葬规模较大，用人殉葬，随葬有青铜礼器、兵器和玉器分析，墓主人无疑是一位身份较高的贵族。

从分布地域来看，以上三项发现均集中于宫殿区内同一地带。从年代来看，属于洛达庙晚期，早于郑州内城和外廓城；从规格来看，均属于与高等级的统治者有关的遗迹；从文化传承关系来看，均与早商文化有明显的承袭。因此我认为，它们连同在郑州地区有广泛分布的洛达庙类型其他遗存，应该就是“汤始居亳”时留下的遗迹。如果说以郑州商城内城、外廓城为代表是汤灭夏后又复亳时兴建的亳都，那么，以这三项为代表的则是汤灭夏之前始居亳时兴建的亳邑。至于为什么汤在伐桀的行军途中要在距偃师二里头夏都约80公里的郑州地区建立这一根据地，分析一下当时夏、商两族角力的政治军事形势便会知道，汤在此驻军实在是迫不得已，因为由郑州往西北大约22公里有一座夏人的城邑——大师姑二里头文化城址。大师姑城址略呈长方形，东西长约900米、南北长约600米，总面积约51万平方米。该城始建于二里头文化二期，使用至二里头四期早段。很显然，这是商汤灭夏进军路线上最大的障碍。大约正是因为夏、商两军在此地曾有过较长时间的对峙，商汤才不得不筑城屯守，积聚力量，准备作最后灭夏的准备。大师姑城衰落于二里头文化四期，与偃师二里头遗址的衰落及偃师商城的兴建基本在同一时段。联系有关文献记载，看来这些不会说话的遗迹、遗物都成了夏、商更替这一中国上古史上重大历史事件的见证：偃师二里头遗址为桀都斟鄩，偃师商城为汤灭夏后在下洛之阳所建的“宫邑”即西亳。郑州商城包括W22夯土墙等可能代表的宫城和内城、外廓城是灭夏前后商

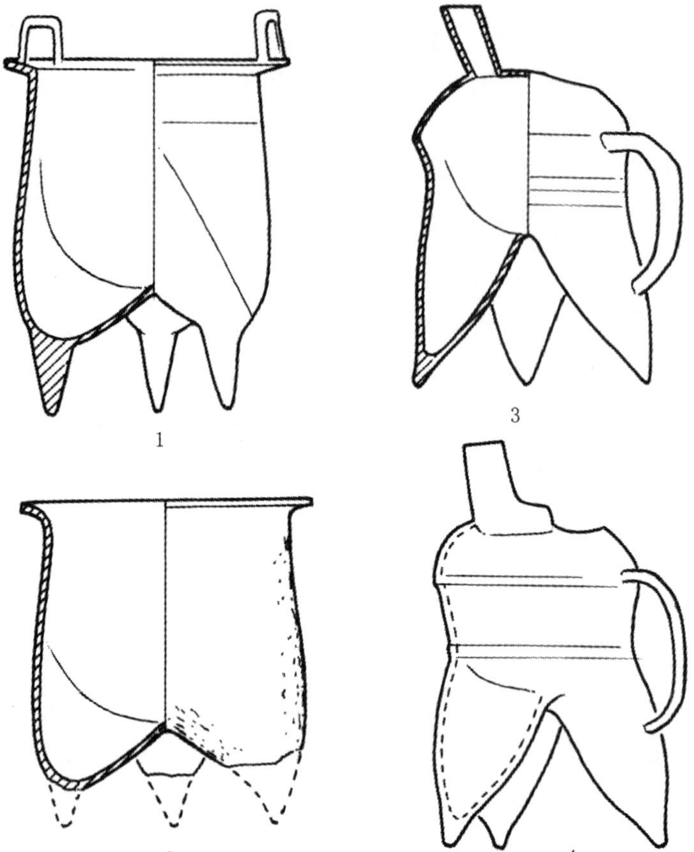

图四　T166M6 出土铜器与二里头洛达庙出土同类陶器比较图

1. T166M6 ：1　2. 洛达庙 T23 ：12　3. T166M6 ：2　4. 二里头 87NM44 ：6

汤所建的亳都。

关于 W22 夯土墙、北大街 7 号夯土等建筑基址和 T166M6 等遗迹可能是“汤始居亳”时所建亳都遗存的推定，可能会有不同看法。但汤灭夏之前，郑州存在一个先商之亳并非只是我们的主张。力主偃师商城为汤都西亳的杜金鹏先生早就认为，郑州可能存在一个先商之亳。他在《偃师商城为夏商界标说》[45]的文章中明确写道：“就目前考古发现并结合有关文献记载来看，不能排除先商晚期之亳在郑州的可能性。商族对于郑州地区的经营，可能始于先商时期，而郑州商城在早商时期也不失为统治中心之地位，这大概是我们必须直面的事实。”他又指出，“商汤在灭夏之前可能即在今郑州一带建立据点，营造了灭夏根据地——不排除修建大、中型建筑物的可能性”，“我们否定郑州商城界标说……并不意味着否定灭夏前后郑州商城作为商都的历史地位”。杜金鹏先生对郑州商城的这些看法，实际上也否定了郑州商城是隞都的可能。看来，在对郑州发现的城墙、夯土基址、墓葬等重要遗迹的年代和性质进一步明确并与偃师商城认真比较之后，在对其如何定位上已接近形成共识了。对郑州商城这些新的认识，正确与否，当然仍需要新材料的检验。

［1］ 河南省文物考古研究所：《郑州商城：1953—1985年考古发掘报告》（上、中、下），文物出版社，2001年。
［2］ 河南省文物考古研究所：《郑州商城外廓城的调查与试掘》，《考古》2004年第3期。
［3］ 河南省文物考古研究所：《郑州商城：1953—1985年考古发掘报告》（中），结语五之（四），文物出版社，2001年。
［4］ 杨育彬、袁广阔：《20世纪河南考古发现与研究》，中州古籍出版社，1998年，第334页。
［5］ a. 高煦：《略论二里岗期商文化的分期和商城年代——兼论其与二里头文化的关系》，《中原文物》1985年第2期；
b. 李伯谦：《先商文化探索》，《庆祝苏秉琦考古五十五年论文集》，文物出版社，1989年；
c. 李伯谦：《中国青铜文化结构体系研究》，科学出版社，1998年，第84页。
［6］ a. 邹衡：《试论夏文化》，《夏商周考古学论文集》，文物出版社，1980年，第107页；
b. 陈旭：《郑州商代王都的兴与废》，《中原文物》1987年第2期；陈旭：《夏商文化论文集》，科学出版社，2000年，第64~67页。
［7］ 同［1］，第146页。
［8］ 河南省文物考古研究所：《郑州商城北大街商代宫殿遗址的发掘和研究》，《文物》2002年第3期。
［9］ a. 陈旭：《郑州商城宫殿基址的年代及其相关问题》，《中原文物》1985年第2期；
b. 陈旭：《夏商文化论文集》，科学出版社，2000年。
［10］ 袁广阔：《关于郑州商城夯土基址的年代问题》，《中原文物考古研究》，大象出版社，2003年。
［11］ 北京大学古代文明研究中心编：《古代文明研究通讯》总第十二期，2002年3月。
［12］ 安金槐：《试论郑州商代城址——隞都》，《文物》1961年第4、5期。
［13］ 邹衡：《郑州商城即汤都亳说》，《文物》1989年第2期。
［14］ 中国社会科学院考古研究所洛阳汉魏故城工作队：《偃师商城的初步勘探和发掘》，《考古》1984年第6期。
［15］ 杜金鹏：《偃师商城初探·五》，中国社会科学出版杜，2003年。
［16］ a. 李伯谦：《先商文化探索》，《庆祝苏秉琦考古五十五年论文集》，文物出版社，1989年；
b. 李伯谦：《中国青铜文化结构体系研究》，科学出版社，1998年，第80页。
［17］ 同［15］。
［18］ 夏商周断代工程专家组：《夏商周断代工程1996—2000年阶段成果报告》（简本），世界图书出版公司，2000年，第72页。
［19］ 最早提出“西亳”说的是黄石林、赵芝荃二位先生，见《偃师商城的发现及其意义》一文，《光明日报》1984年4月4日第3版。
［20］ 提出此说的是邹衡先生，见《偃师商城即太甲桐宫说》，《北京大学学报》（哲社版）1984年第4期。
［21］ 最早提出此说的是郑杰祥先生，见《关于偃师商城的年代和性质问题》，《中原文物》1984年第4期。
［22］ 同［5］b。
［23］ 同［18］。
［24］ 参考注［15］杜金鹏《偃师商城初探》第171、172页所引。
［25］ 同［18］。
［26］ 河南省文物考古研究所：《郑州商城：1953—1985年考古发掘报告》（上），第二~四章。
［27］ 河南省文物考古研究所：《郑州洛达庙遗址发掘报告》，《华夏考古》1989年第4期。
［28］ 袁广阔：《试论夏商文化的分界》，《考古》1998年第10期。
［29］ 河南省文物考古研究所：《河南郑州商城宫殿区夯土墙1998年的发掘》，《考古》2002年第2期。

[30] 中国社会科学院考古研究所河南第二工作队：《河南偃师商城宫城北部“大灰坑”发掘简报》，《考古》2000 年第 7 期。
[31] 河南省博物馆：《郑州南关外商代遗址的发掘》，《考古学报》1973 年第 1 期。
[32] a. 同 [6] a；
b. 陈旭：《郑州商文化的发现与研究》，《中原文物》1983 年第 3 期。
[33] 同 [5]。
[34] 同 [5]。
[35] a. 郑州大学考古专业等：《河南杞县鹿台岗遗址发掘简报》，《考古》1994 年第 8 期；
b. 郑州大学文博学院等：《豫东杞县发掘报告》贰，科学出版社，2000 年。
[36] a. 宋豫秦：《夷、夏、商三种考古学文化交汇地域浅谈》，《中原文物》1992 年第 1 期；
b. 宋豫秦：《论杞县与郑州新发现的先商文化》，《中国商文化国际学术讨论会文集》，中国大百科全书出版社，1998 年；
c. 魏兴涛：《试论下七垣文化鹿台岗类型》，《考古》1999 年第 5 期。
[37] 河南省文物研究所：《郑州黄委会青年公寓考古发掘报告》，《郑州商城考古发现与研究 1985—1992》，中州古籍出版社，1993 年。
[38] 河南省文物考古研究所：《河南郑州商城宫殿区夯土墙 1998 年的发掘》，《考古》2000 年第 2 期。
[39] 同 [10]。
[40] 同 [10]。
[41] 同 [9]。
[42] 同 [1] 上册，第 268、269 页。
[43] 据《郑州商城》考古报告上册第五章第 233、234 页载，1995 年 5 月在北大街亦发现一段夯土墙，呈西北至东南走向，已发掘出的夯土墙基长 62 米、底宽 3 米。《郑州商城》报告认为，该墙始建于二里岗下层二期，推测其用途可能与商代宫城墙有关。由于该墙宽度与 W22 相差悬殊，二者应无关系。
[44] 河南省文物考古研究所：《郑州新发现的几座商墓》，《文物》2003 年第 4 期。
[45] 同 [15]。

（原载《古代文明研究通讯》总第 23 期，2004 年）

郑州商都年代（公元前1600年）的确认与古史研究的新课题

王宇信

国家重点科技攻关课题——夏商周断代工程自1996年5月启动以来，组织人文社会科学和自然科学的学者200多人联合攻关，在四年多期间内，由于多学科的合作，各学科用不同手段研究同一年代时能得到一致或十分接近的结论，从而确保了研究报告中提出的三代年代框架的科学性与可信度。因而其阶段性成果《夏商周断代工程1996—2000年阶段成果报告》（简本）[1]应是当前夏商周年代学研究最新水平的反映。

《夏商周断代工程1996—2000年阶段成果报告》（简本）中，对“商朝前期年代框架的估定”，为我们确定了“两个定点”，即“一是盘庚迁殷之年；二是夏商分界”。“夏商分界的推定一是由已知的武王克商年，根据我们考定的商代积年上推，二是在考古学上确定夏商之年，根据碳14测年数据定其年代范围，最后将二者加以整合”，即“盘庚迁殷之年已经定为大体在公元前1300年”。而关于“夏商文化的分界”，学者间虽有种种不同意见，但“郑州商城和偃师商城是已知最早的商代都邑规模的遗址，其始建年代应最接近夏商更替之年”的结论得到后，根据碳14测年数据推断“郑州商城和偃师商城始建年代在公元前1600年~前1560年之间”，并参考文献有关商积年的记载，“现取整估定商始年为公元前1600年”。

商始年为公元前1600年的确定，这就明确地为我们确定了商600多年历史分前期和后期的两座界标。即郑州商都和偃师商都至盘庚迁殷前（公元前1600~前1300）为商代前期。而“盘庚迁殷”以后至商纣灭亡（公元前1300~前1046年）的殷墟为商代后期。如果说，自上世纪20年代的“疑古学派”推翻了“三皇”、“五帝”的伪古史体系，为中国史学界提出了“重建”中国古史体系的任务。那么，断代工程对郑州商都年代的确定，为史学界提出了再认识并补写商代前期历史的课题。如所周知，迄至目前，不少有影响的通史著作，对殷墟以前，以郑州商城为代表的商代前期300年文明面貌，并未给予应有的位置。

一、传统伪古史体系的被推翻和新古史体系的重建

所谓传统的古史体系，是指经历代儒家所精心构筑的我国上古“三皇”、“五帝”的“大同”世界的发展，进入了“大道既隐”的“三代”王朝（夏、商、周）的古史体系。

由于这一体系有“经典”可据，因而儒家学说一直在思想文化领域占统治地位的封建社会里，多年来一直被我国广大读书人深信不疑，并尊崇为“信史”。上世纪二三十年代，随着五四运动的兴起，作为反帝反封建新文化运动有机组成部分的“疑古学派”，打倒了束缚人们思想两千年之久的儒家“大经大法”，推翻了儒家所精心编造的“三皇”、“五帝”的传统古史体系，这就使巍巍大观的中国上古史出现了一片空白，并把疑锋直指“三代”王朝，作为“信史”的灿烂古史体系一下子成为伪古史。

学者指出，“我国的古史传说中，到战国时期才先后出现了好几种以不同人物组成的‘五帝’说；又自战国末出现‘三皇’一词，到汉代才开始出现了好几种以不同人物组合成的‘三皇’说，而且把后起的三皇排在比它流传得早的五帝前。于是‘三皇五帝’就成了我国最早的古史系统”[2]。据刘起釪《几次组合纷纭的“三皇五帝”》考证，“三皇”的不同人物组合有六种之多，而“五帝”的不同人物组合，竟也有六七种之多。其中以《史记·五帝本纪》所列黄帝、颛顼、帝喾、尧、舜的“五帝”组合，和晋、唐所排定的伏羲、神农、黄帝的“三皇”和少昊、颛顼、帝喾、唐尧、虞舜的“五帝”的组合最有影响。虽然《史记·五帝本纪》所列五帝由于《史记》一书为首开我国纪传体史书的重要地位和出身太史世家的司马迁以书史严肃著称有着广泛的影响，但没有晋、唐以来取得“官定”地位“伏羲、神农、黄帝”的“三皇”与“少昊、颛顼、喾、尧、舜”的“五帝”组合地位为高。后者有晋、宋以后被尊奉为儒家经典的《古文尚书》为据，在中国封建社会里，“由于‘经’重于史，此说明明与《史记》所载第一五帝说相冲突，亦为人所尊信”[3]。因此，就连清朝吴枚乘所辑旨在向民间传播历史知识的《纲鉴易知录》的三皇、五帝也是按后一组合排列，从而更进一步扩大了此说的影响。因此，“这一说就基本成为我国晋以后所共遵的三皇五帝说，奉之为古代信史了”[4]。

而“三皇、五帝”以后，就是“三代”王朝夏、商、周。《史记·三代世表》集解说，“三代皆出自五帝”。“三王”由于有《尚书》的虞夏书、商书、周书的支持，自古以来众口一辞。但古人也发现了“五帝”和“三王”两个时期的不同，《史记·赵世家》说，“宓戏、神农教而不诛，黄帝、尧、舜诛而不怒。及至三王，随时制法，因事制乱”。儒家的经典《礼记·礼运》把“五帝”及其前的“三皇”时期概括为“大同”，而“三王”时期概括为“大道既隐”的“小康”之世。

但是，自上世纪20年代，“古史辨”派的创始人顾颉刚，通过对儒家经典《诗》、《书》、《论语》的研究，对一直被奉为信史的“三皇”、“五帝”的传统古史体系产生了怀疑。1922年提出了引起当时史学界震动的著名论断：“古史是层累地造成的，发生的次序和排列的系统恰是一个反背。”[5]这就十分明确地揭露了传统古史体系之所以成为“伪古史”的核心。以顾颉刚为代表的一批“疑古辨伪”学者，为了推翻伪古史体系，首先就把矛头指向了束缚人们思想一二千年的儒家煌煌经典，剥掉了儒家经典的神圣外衣，打破了儒家经典的偶像，从而使伪古史体系三皇、五帝从借以立身安命的儒家经典的宝座上跌落下来。他们发现，“有许多伪书是用伪史作基础的，如伪《古文尚书》、《古三坟书》、《今本竹书纪年》等。中国的历史，普通都知道有五千年（依了伪书说已有二百二十七万六千年了），但把伪史和依据了伪书而成立的伪史除去，实在只有二千年，只算打了一个对折。想到这里，不由得又激起我的推翻伪古史的壮志”[6]。

以顾颉刚为首的“古史辨”派学者，写出了一批在中国学术史上有相当影响的辨古书、疑古史的著作，收入由顾颉刚等学者主编的《古史辨》一书中。从1926年第一册出版起，至1941年第七册（共九本）出版，收入古史研究和古文献考辨文章350篇，共325万字之巨。就是这一批重要论文，揭开了“层累地造成的古史”的“发生的次序和排列的系统恰是一个反背”的真相，从而彻底摧毁了被人们千百年来崇信的儒家所精心编造的“三皇”、“五帝”的伪古史体系。

真理再向前一步，就成为了谬误。上世纪20年代初展开的“疑古辨伪”热潮，“参加的人很多，工作成绩也很丰富”；“他们的最大功绩就是把在古史中最高的权威《尚书》中的《尧典》、《皋陶谟》、《禹贡》三篇的写定归还在春秋和战国的时候（初写在春秋，写定在战国）。这样一来，它们的可靠性也就成了问题”[7]。虽然“古史辨”派学者取得了很大成绩，但有学者认为他们研究时“使用的治学方法却很有问题。主要的，去世的张荫麟先生已经指出，就是太无限度地使用默证。这种方法就是因某书或今存其时代之书无某史事之称述，遂断定某时代无此观念”[8]。因而“古史辨”派学者“在具体古史问题的处理上，往往有疑古过头的地方”[9]。

已如前述，中国历史上的“三代”王朝（夏、商、周）是继“五帝”而兴的。城门失火，殃及池鱼。既然“古史辨”派学者把“三皇”、“五帝”从圣道王功的宝座上拉了下来，推翻了传统的古史体系，自然“敢于在向来不发生问题的地方发生出问题而不丧气于他人的攻击”[10]。直把疑古辨伪之锋芒指向了“三代”王朝，“代系长远”的“三代”王朝自然受到了严重的冲击。

1923年，顾颉刚在《与钱玄同先生论古史书》中，把疑辨的矛头指向了夏朝的祖宗“禹”。据考证，“禹是上帝派下来的神，不是人”。“‘禹’和‘夏’并没有发生了什么关系”。而禹与桀发生关系，“是从九鼎上来的”。“九鼎”作为“凡兴国都应取九鼎为信物”的传统观念，“于是要追溯以前的统。知道周取自商，商取自夏，自然夏商周联成一系。成了一系，于是商汤不由得不做夏桀的逆子，周文王不由得不做殷纣的逆子了。他们追溯禹出于夏鼎，就以为禹是最古的人，应做夏的始祖了”[11]。顾颉刚继续向夏史的“本干”，即全面释述他对夏史上重大问题的疑辨意见，发表了《九州之戎和戎鼎》、《鲧、禹的传说》、《夏史三论》、《唐虞夏史考》等一组文章，集中收入1936年出版的《古史辨》第七册下编中。如此等等，列为我国历史上“三代”王朝之首的夏朝，一些重大历史事件和重要历史人物，如此这般的就被“古史辨”派学者，把他们和“三皇”、“五帝”的传统古史体系一道，被彻底否定了。

但“古史辨”派的学者并未就此止步，而是继续把疑古辨伪锋芒指向商周二代。顾颉刚在《自述整理中国历史意见书》中说：“照我们现在的观察，东周以上只好说无史。”不仅夏朝，连商朝、西周的历史也在否定之列。“现在所谓很灿烂的古史，所谓很有荣誉的四千年历史，自三皇以至夏商，整整齐齐的统系和年岁，精密的考来，都是伪书的结晶。”[12]“古史辨”派学者顾颉刚，在“辨”倒了夏朝的历史根基以后，又向商朝发“疑”了。顾颉刚“疑商”的代表作就是1924年发表的《纣恶七十事的发生次第》[13]。

如所周知，商纣王是商朝最后一位国王，在公元前1046年周武王伐纣灭商，这就是《左传》宣公三年所说“商纣暴虐，鼎迁于商”。商纣王种种暴虐行径，《史记·殷本纪》等书有详备述列，但“古史辨”派学者不以为然。他们认为，“春秋战国时人说话，最喜欢举出极好的好人和极坏的坏人作议论的材料。极好的好人是尧、舜、禹、汤，极坏的坏人是桀、纣、盗跖”。但“这种过度的毁誉，说得太离奇，即在没有历史观念的时代，也免不得引起听者的疑惑”。因此顾颉刚对那些“笃志信古之士一定要说古书无一字无来历，古人的话不可轻于怀疑”表示不赞许。他料到《纣恶七十事的发生次第》说明，不少史事是难以考实的。因此，“在这样参差抵牾的古史中，便是要信也苦于无从信起了”。

并不仅至于此，另一位“古史辨”派大师胡适竟然对战国末期的“屈原这个人究竟有没有”都产生了怀疑。他在《读楚辞》中，认为“《史记》本来不可靠，而且屈原贾生列传尤其不可靠”。在他看来，屈原其人“是一种复合物，是一种‘箭垛式’人物，与黄帝、周公同类”。所谓“箭垛式”人物，就是“古代有许多东西是一班无名的小百姓发明的”。后人“往往把许多发明都记到一两个有名的人物的功德簿上去。最古的，都说成是黄帝发明的。中古的，都说成是周公发明的”。如此等等，历史上有名的周公其人和屈原，就和传说中的黄帝一起被否定了。

就在“古史辨”派学者在20世纪初以摧枯拉朽之势，痛快淋漓地打倒了传统的三皇五帝古史体系，并撼动了夏朝的根基，虽然在“当时史学界的普遍意见似有利于顾氏”的情况下，顾颉刚等学者又把疑辨的锋芒直指“东周”以上的商朝、周朝，致使一些对他们的工作有较高评价的学者，“却总以为他走的太远，又复失真，所以颇不以他的结论为是”[14]。顾颉刚自己也叫到了“你们别考古史了，给你们一考什么都没有”[15]的不赞同意见。

1899年殷墟甲骨文的发现，开辟了我国近代学术史的新纪元。殷墟甲骨文研究的发展和近代田野考古学自上世纪20年代初，特别是1928～1937年殷墟大规模科学考古工作的进行，不仅证明了《殷本纪》、《纪年》、《天问》、《山海经》等古籍中保存的古史传说“存于周秦之间者，非绝无根据也”[16]。与此同时，也证明了河南安阳小屯村即为历史上所记“盘庚迁殷”至纣之灭亡的晚商273年都城遗址。殷墟所出大批甲骨文和大量遗迹、遗物，不仅丰富了《史记·殷本纪》所载的内容，也为商史的重建提供了更多的依据。因此，随着甲骨文研究的逐步深入和殷墟考古新出土资料的增多，“古史辨”派对商朝的冲击也就戛然而止，成为强弩之末了。商朝作为我国历史上确实存在过的奴隶制王朝，得到了进一步的确定和巩固。

二、新史学的重建与新史学著作开篇的商王朝

在上世纪20年代“古史辨”派学者“疑古辨伪”思潮的冲击下，儒家的经典被剥下了“大经大法”的神秘外衣。而以儒家经典为立身安命的“三皇”、“五帝”，也被人们从崇尚了上千年之久的圣道王功的宝座上拉了下来。就在这一传统的古史体系被揭穿为儒家所伪造的古史以后，“古史辨”派学者继续推倒下去，“照我们现在的观察，东周以上只好说无史”[17]。就是这样，虽称悠久的中国历史出现了一大段空白。

正如有学者所指出的：“他们扫除了建立‘科学上古史’道路上的一切障碍物，同时使人痛感到中国古史上科学的考古资料上的极端贫乏。”[18]

因此，时代必然要向学术界提出新史料的搜集和“科学的上古史”重建的任务。这正如著名学者钱穆在《国史大纲》中所说：“凡读本书请先具下列诸观念”，“当信任一国

之国民，尤其是自称知识在水平线以上之国民，对其本国已经历史，应该略有所知”。

自上世纪30年代以来，新史学家们搜集新材料，为重新建立“科学上古史”做了很大努力。我们不妨举出几部在当时（甚至直到今天）有较大影响的史学著作，就可以看到学者们所构筑“科学上古史”的体系，以及商王朝在新的古史体系中的地位了。

（一）“东周以上无史”的通史著作

邓之诚1933年出版的《中华二千年史》，曾受到史学大师顾颉刚《当代中国史学》的推崇，认为此书就是1947年以前出版的一大批通史著作中，为数不多的几部优秀著作之一。此书1954年由中华书局再版，至1956年就重印了三次。《中华二千年史》全书卷一，是从“秦汉三国”开始撰述的。之所以如此，“其所以选端于秦者，以秦以前六经即史。至说经偏于考据，聚讼纷纭，莫衷一是。若论远古，则杨朱所谓三皇之事，若存若亡。五帝之事，若明若暗。经传所传，宋人尚有故意翻案者。求证于金石甲骨，所得既渺，毋宁付之厥如”[19]。因此秦以前的神话传说时代和三代王朝，就被看做是“乖异传疑者不录，故遂决然不作了”。邓之诚认为“金石足贵”，但反对“闰位代嫡，谓金石以外无史，窃以为稍过也”。而1928年以来殷墟考古成果，“不过记史而已”。“且实物发现，较之正史所记，固已多少不侔矣”。仍主张以史书到史书的“考证”，从人们所熟悉的二十四史进行再发掘，把“不为人所重也久矣”的“废铜”爬梳出来，“若能给冶炼之用，未始不与采山之铜等”[20]。就是这样，邓之诚《中华二千年史》无视当时考古学和甲骨学研究提供的大批新史料，专靠发掘“正史”以“求新”，因而秦以上无史，就不是偶然的了。

另一部著作就是夏曾佑的《中国古代史》。此书1935年即已印行三版。1955年2月三联书店重印出版，当年7月又第二次印行。可见此书不仅在当时，而且新中国成立后仍有一定的影响。夏曾佑的《中国古代史》第一篇为“上古史”，而此篇的第一章为“传疑时代（太古三代）”，我国历史上的“三代”王朝——夏、商、西周，是作为“并无信史”的“传疑时代”，与“太古”作为同一阶段叙述的。《中国古代史》在第一章“传疑时代（太古三代）”第四节“古今世界之大变”中说，“自草昧以至周末为上古之世。自秦至唐，为中古之世。自宋至今，为近古之世”。而“由开辟至周初，为传疑之期。因此期之事，并无信史，均以群经与诸子中见之。往往寓言实事，两不可分，读者各信其所习惯而已，故谓之传疑时期”。商朝作为“传疑时期”，只在第一章第二十五节有“桀纣之恶”，并谓“今案各书中，所引桀纣之事多同，可知其间必多附会”。指出“桀纣之符合若此，夫天下有为善而相师者矣，未有为恶而相师者也。故知必有附会也”。很显然，《中国古代史》接受了顾颉刚《纣恶七十事的发生次第》的影响。

《中国古代史》第二章“化成时代（春秋战国）”的第一节“东周之列王”开宗明义就说“传疑时代之事已终，今当述化成时代矣”。所谓“化成时代”，则“周自平王东迁”开始，中国历史才进入了有史时代。

（二）以商朝作为中国历史开篇的通史著作

这些著作，充分吸收了1899年殷墟甲骨文发现以来所取得的新成果，并充分使用了上世纪20年代以来中国新兴的考古学发掘出来的新材料，诸如以河南渑池仰韶村的发现为代表的仰韶文化（当时称为“红陶文化”）、山东历城龙山镇城子崖为代表的龙山文化（当时称为“黑陶文化”）的研究成果。特别是1928年安阳殷墟科学考古的大规模展开和甲骨学研究的深入，是商朝成为无可置疑的“有文字可考”的历史时代。而1931年安阳后冈“三层文化”的发现，从地层上确立了仰韶文化、龙山文化、殷墟文化的年代发展序列[21]。而安阳殷墟商代晚期都城的确定，从而为历史学家从已知的商代历史，上溯史前的神话时代的原始社会历史的探索，提供了有实物可据的新场景。

钱穆的《国史大纲》认为商王朝因“最近有关该时代直接史料之发现，对于中国古史之可信价值，有甚大之贡献”[22]。虽然《国史大纲》“现在讲比较可信的古史，姑从禹、夏起”，但又明确加“附论”，指出“唐、虞时代情形，决不能如《尚书》、《尧典》所记之美盛”。甲骨文证明“《商本纪》诸帝王可信，《夏本纪》诸帝王即不必不可信”[23]。尽管如此，在章节的安排上，“虞夏”还是与神话传说时期一起，作为“中国上古史之第一期”处理，而“殷商可谓中国上古史之第二期”加以区分的。之所以如此，是因为商代“以其在近代以有直接史料发现，较虞、夏之纯为传说追记者更进一层”[24]了。因而从这个意义上说，钱穆《国史大纲》中国历史的开篇应是“第二章、黄河下游之新王朝——殷商时代”。

另一部史学名著是张荫麟的《中国史纲》。此书1941年由浙江大学石印500部，后又于1942年校订再版。顾颉刚在《当代中国史学》中对此书大加推崇，认为此书在当时大量涌现的通史著作中，是“较近理想”的一部。正因为《中国史纲》在上世纪40年代中国史学发展史上占有重要地位，所以上海古籍出版社1999年12月重印，旋又于2001年第二次印刷。虽然不少人对这位三四十年代被誉为学界“奇才”的张荫麟颇感陌生，但久违的《中国史纲》竟在三年内两次印刷了11100册，就说明此书直到今天，仍具有较高的学术价值。

《中国史纲》的第一章以“中国史黎明期的大势”为题，开篇就是从商朝开始的。本章第一节就论及“商代文化”。应该说，其内容是中国新史学十多年成果的反映。“在这十年间，严格的考证的崇尚，科学的发掘的开始，湮没的旧文献的新发现，新研究范围的垦辟，比较材料的增加，和种种输入的史观的流播，使得司马迁和司马光的时代顿成过去；同时史界的新风气也结成了不少新的，虽然有一部分还是未成熟的成果。”[25]

张荫麟《中国史纲》在以“商代文化”为全书的开篇以后，便在第二章述及“夏商大事及以前之传说”了。这是因为“我国最初有文字记录的时代是商朝”，因此“本书即以商朝为出发点，然后回顾其前有传说可稽的四五百年，即以所知商朝的实况为鉴别这些传说的标准”[26]。

（三）唯物史观指导下撰著的通史著作

就在新史学以商代历史为开篇，重新构筑科学的中国古代史的时候，以郭沫若为代表的马克思主义史学家异军突起，写出了一批有影响的历史著作。

郭沫若1930年出版的《中国古代社会研究》，是我国马克思主义历史科学的奠基之作。在该书《导论中国社会之历史的发展阶段》中，就有专论“殷代——中国历史之开幕时期”的标题，并认为“《尚书》是开始于唐虞，《史记》是开始于黄帝，但这些都是靠不住的”。而他“根据最近考古学的知识”研究的结果，“可以断言的是：商代才是中国历史的真正起头”。而商代以来的五帝和三王的祖先的诞生传说，以及所谓“禅让”、尧、舜、禹的传说，“正是古代传说中所保存着一些氏族社会的影子”[27]，这就把“中国的真正的历史时代”“开幕”——商代以前的“神话传说”时代，纳入了唯物史观社会发展的原始社会阶段。虽然在当时由于甲骨文和考古材料的限制，郭沫若认为商代“只是在文字构造的途中”的“原始公社制末期”。但在上世纪40年代，由于殷墟考古工作大规模展开和材料的公布，“靠着殷墟的发现，我们得到一大批研究殷代的第一手资料”。“就靠这一发现，中国古代的真面目才强半表露了出来，以前由后世史家所累积构成的三皇五帝的古史系统已被证明全属子虚，即是夏代的有无，在卜辞中也还没有找到直接的证据。但至少殷代的存在是确实被保证着了”[28]。因此，郭沫若宣布自己“十几年前认为殷代是原始公社制末期的那种看法，当然要修正才行”。在“中国历史之开幕”时期的殷代，“确已使用大规模奴隶耕种，是毫无问题的”[29]。在其后的研究中，郭沫若更注意殷墟考古的每一项研究新成果，并认为殷墟的考古工作，是“在发掘着一个典型的奴隶社会”[30]。

周谷城的《中国通史》，也是一部以历史唯物主义为指导写出的一部较早通史著作。此书1939年出版，至1957年就重印了16次，后又于1957年修订再版，1981年后又几经重印，可见此书对中国史学界影响之深。《中国通史》认为，“传说的夏代约在公元前二十一世纪到十六世纪。当时的情形如何，现在虽无确证”，只能“推测直接着商以前的夏代必有相当高的文化”。而“商代直接着夏，约在公元前十六世纪到十一世纪。这时已有金属器物，已有农耕畜牧及手工业与商业等的分工，已有阶级对立，已有政治组织，已有文字历法及其他高级文化的创造，已进入奴隶制社会阶段”。因此周谷城《中国通史》也是以甲骨文和殷墟考古成果为依据，论定中国“有文字记载的历史时代，自殷代开始”[31]的。

吕振羽的《简明中国通史》，1941年出版，1948年增订出版，1954年又修订出版，也是一部中国以唯物史观为指导写成的通史著作。本书认为，“到传说的‘夏桀’时期，氏族制已到末日”，“从而原始公社制社会，便为‘文明’的‘政治社会’所代替，而首先走完这种过程的是商族”[32]。古文献和甲骨文记载表明，“自公元前一千四百年代盘庚迁都殷后，到公元前一千二百年代的二百余年间，是殷朝奴隶制所有者国家经济、政治、文化的全盛时期”[33]。如此等等，也是把商朝作为有文字历史的“政治社会”——国家的开篇的。

另一部唯物史观指导下撰写的《中国通史简编》，1941年在延安出版并在各大根据地流行，第一编1949年人民出版社再版，1955年印行修订本第3版，1956年北京第四次印刷，是一部有广泛影响的通史著作。《中国通史简编》第一编修订本，虽然把夏商一起作为“原始公社的解体到奴隶制时代”的转变时期，但第二章第一节《夏朝的传说》，顾名思义，古籍所记夏代史事多为传说。因“夏朝文化遗址，迄今没有得到确实的证明”，因而第二节《假设的夏朝遗迹》，也只能泛论“仰韶、龙山、小屯可以说是一脉相传的华夏文化”[34]。但商朝，“照现有《尚书》中的商书和地下史料说来，商是中国用文字传下来的历史底开始”[35]。也是以商朝为开篇。

另一部较有影响的通史著作是翦伯赞的《中国史纲》第一卷《先秦史、殷周史》。此书1944年由重庆五十年代出版社出版，1946年以“新中国大学丛书”之一在上海出版，1947年再版。1950年三联书店再版。1998年北京大学出版社以《先秦史》出版校定本，并于1999年又印行了第二版。

先秦史之所以受到史学界重视并几经再版，是因为此书充分反映了当时史学研究的水平，即“一方面，因然是新的科学，如地质学、古生物学、人类学、考古学、民俗学等的发现；另一方面，又是中国史学自身发展之必然的归结。所谓中国史学自身的发展，即由盲目的信古而进到疑古，而进到积极的考古”。翦伯赞特别重视考古学的新发现，认为“中国古史之能更进一步发展，乃是由于近年以来考古学之不断发现”。正是由于殷墟有大批甲骨文和商代遗物的出土，“于是中国的古史，始得上溯于殷商时代”[36]，而“把夏代看作是‘氏族社会’的没落和向阶级社会转化的时期”处理的。“所以这样，和文献不足证，考古资料少有关系。在当时的史学界中，不少人对‘夏代’是否存在，持怀疑态度”[37]的。

《先秦史》认为殷由于出土甲骨文可与埃及、两河流域鼎足而立，“正是这一时代三大文化据点之特征”[38]。商汤灭夏的“大征服与夏族的大移动”过程中，“遂完成了商代种族国家的建立。到盘庚时代，商代的种族国家，便达到了完全的成熟时期”[39]。因此，翦伯赞的《先秦史》，也是以商代为中国有文字记载历史的开篇的。

虽然经过马克思主义史学家的努力，中国古代史的重建工作取得了很大成就，但仍有一些学者并不接受这些科学成果和研究的科学方法。诚为翦伯赞在《中国史纲》序（1943 年 6 月）中所指出的，他们“对于科学的发现，亦视若无睹，而仍然昏迷于神话与传说之中；以至近来许多历史的正著，不是把史前的社会避而不论，便仍然以神话的汇编当作真实的古史”。并一针见血地指出：“若把神话人物当作一个古帝先王看，则无异是白昼见鬼”了。

如此等等。中国老一辈马克思主义史学家和在中国史学界有较大影响的史学著作，都以商代为中国历史的开篇。而实际是以商代晚期——盘庚迁殷以后的晚商历史为开篇的。这是因为殷墟甲骨文和殷墟考古为商代历史的研究提供了大批有科学根据的资料，从而使中国历史的重建有了科学的基础。

直到 1962 年郭沫若主编的《中国史稿》第一册《原始社会、奴隶社会》的出版，学者们的看法才有了新的前进。即在本书《第一编　原始社会》的论述以后，就是《第二编　奴隶社会》，在本编《第一章　中国奴隶制国家——夏代》，就把“我国历史上的第一个朝代——夏朝建立了，这便是我国奴隶社会开端的标志”。之所以取代此前商王朝作为中国历史的“开端”，是由于新中国成立以后，考古学又取得的新的突破，即夏文化的初步探索已经开始。因此 1962 年版《中国史稿》中说，“夏朝活动的地区集中于河济流域和河洛流域，那里正是适合原始农业生产的地方”[40]。而由于夏文化探索的深入，1978 年修订出版的《中国史稿》第一册不仅更明确地论证了“早在公元前二十一二世纪，我国历史上的第一个朝代——夏朝建立了，这便是我国奴隶社会开始的标志”[41]，而且进一步论证了“从二里头类型文化分布的地区和时间的序列上看，同传说中的夏代所在的中心地已大致相符。这种文化的年代性质还有待进一步探讨，但它有可能反映着夏商之际的社会面貌”[42]。

如此等等。从此以后，出版的一系列通史著作，无不以夏朝作为中国历史的开篇。中国可信历史的提前，标志着我国历史学研究的深入。而推动和促进中国史学研究发展并补写老一辈学者作为中国历史开篇的商朝历史（实际是晚商历史）前，夏朝自公元前 21 世纪开始这段历史的根据，就是以殷墟为标尺，郑州商代早期都邑为代表的早期商文化研究的发展和更上溯二里头文化为代表的夏文化的发现。因此，郑州商城遗址的发现和研究，为中国文明史的补写和商代前期（即盘庚迁殷以前）历史的补写具有划时代的意义。

三、郑州商代前期建址的发现与商代前期历史的补写

自上世纪20年代，田野考古工作已在中国开始，诸如渑池仰韶村和夏县西阴村的考古工作。但正如学者所指出的："年来国内发掘古代地方，每不能确定年代，如安特生、李济诸君所作，虽生绝大之学术问题，而标年之基本工作，仍不免于猜度。"而安阳殷墟，罗振玉、王国维等学者根据文献和甲骨文记载已考订其为确是晚商都城。因此，在殷墟进行考古发掘，不仅可以得到有科学记录的甲骨文，而且"如将此年代确知之墟中所出器物，为之审定，即其他陶片杂器，可以比较而得其先后，是殷墟知识不啻为其他古墟知识作度量也"[43]。简言之，学者可以将殷墟有关考古学遗物作标尺，作为中国年代学系列的座标。

郑州遗址1952年以后的科学发掘工作和以殷墟为基点，郑州殷商前期年代序列的确定[44]，扩大了人们对殷商文化的认识。而1955年发现的城墙遗址及长达7公里城墙所围绕的郑州商代遗址核心地区，有许多重要遗迹、遗物发现[45]。关于郑州商前期都城的年代，有主张"隞都说"，以安金槐1961年在《文物》第4、5期上发表的《试论郑州商代城址》为代表，并一段时间为学者所肯定。但随着考古事业的发展和对郑州商前期文化研究的深入，邹衡又提出"郑亳说"，他1978年在《文物》第2期上发表了著名的论文《郑州商城即汤都亳说》。此后，持不同意见的学者展开了热烈的讨论，直到《夏商周断代工程1996—2000年阶段成果报告》出版时，二十多年的争论才取得了共识，即"郑州商城和偃师商城是已知最早的商代都邑规模的遗址，其始建年代应最接近夏商更替之年。根据C14测年数据，推断郑州商城和偃师商城始建年代在公元前1600~前1560年之间"。郑州商城遗址从1952年发现到2000年基本在年代方面取得共识，学者们共用半个世纪左右去发现，去认识，去争论和再认识。郑州商代前期文化及最早都城的发现，为商代前期历史——盘庚迁殷以前的历史提供了大批新资料。遗憾的是，在不少通史著作中对上世纪中期以中国考古学里程碑式的发现——郑州商城遗址的成果重视不够。

已如前述，1978年出版的郭沫若《中国史稿》已正式把"夏朝"作为我国历史的开篇，在论述夏朝历史时，已有不少篇幅论述了二里头文化的内涵及二里头遗址发现的近万米夯土台基及墓葬等和遗物。但在《第二章　奴隶社会的发展——商代》的第一节《商朝奴隶国家的建立和发展》，只说汤灭夏以后，在"传说中河南偃师有西亳，可能是汤建立以镇抚西方的"就一句带过。而在叙述"从仲丁到盘庚迁殷前，一直持续九个王时间"。在此期间，商朝的王都屡次迁徙：仲丁由亳迁嚣（即隞，今河南荥阳东北），"河亶甲由嚣迁相（今河南内黄东面）……"[46]就是这样，且不说郑州商城"亳都说"的意见，就是1961年学术界基本共识的"隞都说"及郑州中商文化遗址丰富的材料都没有涉及只字。

1979年刘泽华、王玉哲等学者主编的《中国古代史》（上），由人民出版社出版。此书应是"文革"后出版较早的通史专著。此书在《第一节　夏商奴隶制的形成与发展》中，谈到"商族的兴起和商汤灭夏"时，虽然提到"商汤在亳（今河南濮阳）正式建立

了商王朝"，但中国历史自夏朝开始，因亳在濮阳而却未谈及二里头文化的内涵。但在谈到盘庚迁殷以前的商代历史时，用较长的段落介绍了郑州商代遗址的考古学成果："1951年在郑州发现了以二里岗上下层为代表的范围广大、内容丰富的商代早期遗址。发现了青铜铸造、制陶、制骨等作坊遗址，还有以奴隶和青铜器殉葬的奴隶主墓葬以及夯土城墙基等。"并强调说："这为文献记载很少的商代早期历史，提供了宝贵资料。"[47]

应该说，这是通史著作中第一次引用郑州考古新资料，在研究商代前期历史时作了有益的尝试。

自1978年邹衡提出郑州商城"亳都说"以后，学者们进行了热烈的讨论。而1987年孙淼《夏商史稿》就是全面综述"郑亳说"的专著，可以说，是坚持"郑亳说"学者意见十多年讨论后的丰富和总结，而且使用了自然科学和人文科学相结合的方法。

《夏商史稿》定"郑州商城建筑的时间"，"是在二里岗下层偏早的时期，它的使用时间，是从二里岗下层延续到二里岗上层"[48]。其城墙夯土层内木炭碳14测年数为1620年，而压在城墙内侧的二里岗上层灰土层木炭碳14测定数据为1595年。然后再"对郑州商城的考订"中，列出"商代各王都城表"。此表表明汤至盘庚19王共6次迁都，这六处都城地点是亳、隞、相、耿、奄、殷。设定"如果说郑州商城是商代前期的都城，那么它必定是这六个城中的一个"。此外，又列"商代前十王在位年数表（汤至仲丁）"，表明汤至仲丁迁隞这段时间，应为158年左右。而有商一代三十一王，按大丁未立而卒共三十王，每位在位16~20年左右，则汤至仲丁前九王应在亳地居住144~180年左右。与表中十王在位年数基本相合。因此"将成汤至仲丁居亳时间，就其整数而言，估计在150~180年左右，大体是可信的"[49]。而考古学测年郑州商城二里岗上、下层包容年代在公元前1600~前1400年左右，与商代居亳十王年代合。

此外，其他各都，如隞都仲丁、外壬二王共19年。相：河亶甲1王9年。庇：祖乙（19年）、祖辛（14年）、沃甲（5年）、祖丁（9年）共四望，共47年。奄：南庚6年、阳甲4年，共10年。以上各都时间较短，都不能容下汤至仲丁十王居住的160~200年。

因此，《夏商史稿》根据"无论从郑州商城的建筑年代及其延续使用的年代考察，将它定为商代初年的都城——亳，还是比较适当的"[50]。

虽然本书论述商代历史时，还是以"盘庚迁殷与商代后期的政治情况"[51]开始，但已使用不少郑州遗址材料。如在《第八章　商代的社会经济》部分，第一节《农业》列举了"在郑州南关外商代炼铜遗址中，发掘出土了铸造铜镢的陶范，说明铜镢在当地曾经成批地生产过"[52]的材料。在论述商代农业的"耕作技术"时，"关于农田灌溉，从技术水平上讲，条件是完全具备的"。其证明就是"经考古发掘，在殷墟、二里岗、台西村等几个重要的商代遗址中，分别发现水沟、水井、陶水管道以及壕沟、窖穴等"[53]。第二节《手工业》中，在《1. 青铜器》部分，谈到"河南郑州二里岗、湖北黄陂盘龙城、河南安阳殷墟等地的商代冶铜遗址表明，商代青铜器铸制工艺已相当完备"[53]，书中还特意刊出了郑州杜岭出土铜方鼎、杨庄出土铜鬲、白家庄出土的铜甑和铜盘等青铜器的图示。在《3. 陶器和原始瓷器》中，介绍了"在河南郑州曾发现商代的制陶窖场。这个窖场周长1400米，其中有陶窖十四座。出土了大量烧流了的残毁陶器和数十件制陶用的陶拍子、陶印模"。并论述说"看来，当时的陶器制造，还是大规模的集体生产"[54]了。此外，还介绍了郑州出土的商代原始瓷器的材料。在《4. 绿麻、葛毛等纺织品的出现和制造》部分谈及了“在河南郑州与安阳殷墟出土的商代铜器上发现了附着于器表的布纹痕迹”[55]。在《6. 玉器、造酒和建筑》部分，论及“我国最早的宫殿建筑发现于河南偃师二里头遗址，它的时间相当于夏代。其后，在郑州二里岗、湖北盘龙城，都发现了商代的宫殿基址”[56]。第八章的第四节是《商业和交通》，在《2. “十贝一朋”与贝币使用的时间范围》部分，列举考古发现的几座商代墓葬殉贝较多的材料说，“出土贝的数量比较多的几个墓葬殉贝的时代都属商代晚期。其中，最早的是郑州白家庄7号墓，其时代，在考古学分期中属二里岗期上层”[57]。如此等等。在《夏商史稿》的《第九章　商代的奴隶制度》、《第十章　商代的官僚机构、军队》、《第十一章　商代各族》、《第十二章　商代的文字和历法》、《第十三章　商王朝的灭亡》等章节，就不再谈及郑州商城前期的考古材料，而是以殷后期的甲骨文和殷墟考古成果为主要依据了。虽然如此，我们应该说《夏商史稿》是当时较为重视郑州商代前期遗址考古材料的著作。

1994年上海人民出版社出版的白寿彝总主编的《中国通史》（10卷本），是集中国史学界老、中、青三代专家完成的一部通史巨著，曾获国家级奖励，是代表中国史学发展水平的著作。《中国通史》第3卷上古时代（上册）甲编为“序说”。其《第二章　考古资料》概说的《第一节　主要都城遗址的调查和发掘》，在“殷墟遗址”之后，专设“郑州商城遗址”并加以介绍说：

河南郑州商城是商代前期的王都之一……总面积约二十五平方公里。遗址以郑州商城为中心，其他如城北的省府、河南饭店、紫荆山，城南的南关外，城东南的二里岗、杨庄，城西的杜岭街、铭功路、人民公园和城东的白家庄等地发现了居住遗址、墓葬和手工业作坊等。

从人民公园发现的地层证明，二里岗的上下两层文化堆积都早于殷墟遗址，从而确定了郑州商城遗址的年代属于商代前期。郑州商城是我国现已发现的早期诸城址中规模最大的一座，面积约三百万平方米。这个城址提供的有关城墙的结构、宫殿的建造布局、城内外层居民遗址、墓地和手工业作坊等的分布等方面的大量资料，使我们能够用来研究我国早期城市和国家形成与发展的历史，其在学术上的重要意义是不言而喻的……这些都是研究商代前期的社会、经济和文化等方面的重要实物资料。

关于郑州商城究竟为商代前期何王所都问题，目前学术界还存在不同意见……相比较而言，其作为亳都的可能性似乎更大一些。

如此等等，《中国通史》第三卷上古时代（上册）概要地介绍了郑州商城的发现、时代和在中国古史研究中的价值。此外，还有“河南省郑州市商代前期郑州商城及其主要遗迹分布示意图”。应该说，这是在通史著作中第一次出现的郑州商城遗迹分布图[58]。

虽然《中国通史》第3卷上古时代（上册）甲编中对郑州商城作为商代前期都城遗址的历史地位给予充分肯定，但在《中国通史》第3卷（上册）的乙编部分，即“综述”先秦各代历史，特别是《第二章　殷商时期》的论述中却没给应有的位置。关于郑州商代前期遗址，只是在《第一章　神话传说历史年代》的《第三节　历史年代》关于“商代纪年”不同传说中，在论证“六百余年说，即将商王朝纪年定为公元前17世纪~前1208年”时有所论及：“近年来，通过对二里头、二里岗和殷墟文化等商文化三个不同时期的典型遗址C14测定的年代分析，勾画出整个的上文化之考古学年代的大致轮廓如下：

商代早期　公元前1800~前1600年。

商代中期　公元前 1600~前 1400 年。

商代晚期　公元前 1400~前 1100 年。”[59]

而自《中国通史》第 3 册上古时代（上册）的《第二章　商殷时期》的《第一节　商的建立、发展和衰亡》，在谈“商的先进”和“汤灭夏和商王国的建立”，在论述了灭夏过程中的葛、韦、顾、昆吾和夏桀以后，没有涉及商王都城屡迁之事，就直接跨越到“盘庚迁殷”了，因此没有给新中国重大考古发现的郑州商代前期都城留下一席之地。而本章“殷商时期”的各节，如《第二节　商殷时期的社会经济和统治制度》、《第三节　商殷时期的文化》等内容，也主要是依靠甲骨文和殷墟考古材料进行论述的。因为没有使用郑州商城商代前期的考古资料，所以本书所论述的“商殷时期”历史，仍然是商朝晚期以殷墟时期为代表的晚殷历史。尽管在甲编“综述”部分“商代纪年”利用郑州商城的材料推出了“商代纪年”的“前代中期公元前 1600 年~前 1400 年”（“中期”实为商代“前期”），但在具体的史实论述上，仍空白了“盘庚迁殷”以前这一段历史。

由于郑州商城考古材料的增多和学者研究的深入，2000 年出版的王玉哲《中华远古史》专著对郑州商城的材料给以较多的关注。本书的《第五章　商王朝前期的历史》，在《第三节　商王朝前期的历史》，是以二里头文化为依据的。在论述了“一、二里头遗址三、四期所反映的早商青铜器与农业生产”、“二、二里头文化的早商宫殿建筑”、“三、二里头文化的艺术生活”等有关方面以后，得出了“二里头既有宗庙，说明二里头基址在当时应该是一个都城。这和商汤所都西亳的历史应当是相符的”[60]。虽然此说由于偃师商城的发现而失去了立论根据，但《中华远古史》对郑州商代前期遗址的考古成果是非常重视的。在本章“第四节、从田野考古上看商代前期的文化”利用“以郑州二里岗上下层遗址、湖北黄陂盘龙城商代遗址和河北藁城台西村遗址等为代表”的文化遗址，即稍后于二里头文化三、四期的商代前期文化遗址（或称之为中商文化）的考古材料，专论“盘庚迁殷”以前的“商代前期的文化”。应该说，这在商史研究著作中是首例。

《中华远古史》从“一、二里岗文化的农业生产和手工业的分工”、“二、商代前期的城池建筑及其意义”、“三、商代前期的青铜器和漆器兼论陨铁的利用”等方面的论述，特别是《中华远古史》指出的“郑州这座商城”，“从城址规模上看，在距今三千多年前的早商时代能有这样宏大的建筑，不能不说是我国历史上的奇迹”[61]。而郑州二里岗期文化“所发现的青铜冶铸业是当时最先进的主要生产部门之一”。而“殷墟的大部分器型（铜器），是商代二里岗期的继承和发展”[62]。如此等等，《中华远古史》把以郑州商城为代表的商代前期文化考古学成果写入商史，应是第一部补写以“盘庚迁殷”以前商代前期历史的著作，这就使考古学者所期待的郑州商城遗址作为“研究商代前期的社会、经济和文化等方面的重要实物资料”[63]的科学价值得到了体现。

尽管如此，一些史学家仍没有给郑州商代前期都城遗址应有的重要地位。2001 年高等教育出版社出版的张岂之总主编《中国历史》先秦卷，《第三章　夏商周更替与华夏族形成》的第二节，是“商族与商朝的兴亡”，在叙述“一、商族来源”中，引述《殷本纪》“自契至汤八迁。汤始于亳，从先王居，作《帝诰》”说，“八处居邑的地名历来不完全清楚。孔颖达《尚书正义》考出商、砥石、商丘和亳四处。王国维《说自契至成汤八迁》又考出了蕃、‘东都’和殷三处。这些地名所在位置多有争论，难以确定。唯有殷在今河南安阳，不应再有异议”[64]。在“二、汤始建国到盘庚迁殷”中，谈道：“汤至盘庚期间，商朝曾五次迁都。《竹书纪年》中说：仲丁迁于隞（在今河南荥阳附近），河亶甲迁于相（在今河南内黄）……”[65]如此等等。《中国历史》先秦卷虽然谈到了“汤居亳”，但并没有谈“亳”地所在。虽然谈到了“汤至盘庚期间”五次迁都，仲丁所迁之隞在今河南荥阳，但仲丁从何处迁来，以及汤至仲丁期间十五王所居何处都没有涉及。自然，作为考古重大发现的郑州商城，无论是作为仲丁所都之隞，或商汤灭夏以后建立的最早商代都邑的学术研究成果，在《中国历史》先秦卷都没有得到反映，是作为“面向21世纪课程教材”的这部通史的一大缺憾。

同年出版作为“大学公共选修课”教材的另一部篇幅较小的张帆著《中国古代简史》（北大出版社），就较为注意吸收考古学家最新成果并向大学生普及。在本书“二、早期国家：夏与商”部分，在论述了“夏朝的有关记载”和“对夏文化的探索”后，得出了“综合来看，偃师二里头文化发现了不少新的内涵，很可能反映了夏朝的经济、文化发展水平”[66]。其后，在“商朝的兴衰”中，专论继夏之后的“中国古代第二个王朝”。商汤灭夏后，“成为新的中原王朝。它以河南北部、河北南部、山东西部为统治中心，起初的都城在亳（今河南商丘东南），其势力范围所及超出夏朝”[67]。关于商代都城迁徙问题，《中国古代简史》只极概要地介绍，“史载从商始祖契至汤共八次迁都，从汤到第19任商王盘庚又五次迁都。而从盘庚迁都到殷，直至商代灭亡，近三百年，都城未再迁徙”[68]。因未指认所迁之地名，所以也没有介绍偃师商城和郑州商城等商代前期都城遗址的考古收获。尽管如此，在“三、商朝甲骨文与青铜文化”中，当专论“青铜文化”时，谈到了“中国进入青铜器时代较早，偃师二里头遗址即已发现铜器”。而“商朝前期的青铜器在全国很多地方都有出土”。特别提到“在河南郑州，还发现了两处较大的早商青铜器作坊遗址”[69]。如此等等。虽然关于郑州商城有关收获所谈不多，但应该注意到这部作为“普通高等教育‘九五’教育部重点教材”，在讲授大学公共选修课中对一般大学生普及历史知识的作用和影响。

如此等等。1952年郑州商代前期遗址发现以后和1959年以来的夏文化探索，为中国历史商代晚期以前一段空白的补写提供了大批新的资料。而1961年、1978年出版的《中国史稿》，把中国可信的历史提前至夏代。因而商汤灭夏至盘庚迁殷以前这一段历史的补写，进一步摆在历史学家面前。近五十多年来，史学家补写商代前期历史的工作，在通史著作中也得到了反映。上举诸著作中，1979年出版的刘泽华等主编的《中国古代史》上，是第一本引用郑州的发现论述“文献记载很少的商代早期历史”的著作。而1987年出版的孙淼《夏商史稿》，则是第一部专论郑州亳都和把郑州商代前期考古资料论证“商代社会经济”并较多引用的著作。而2000年出版的王玉哲《中华远古史》，则是第一部提出“从田野考古上看商代前期的文化”，并以大量的郑州二里岗上、下层遗址的考古材料为依据，进行深入论述的著作，从而使郑州遗址的巨大科学价值得到体现。2001年出版的张帆著作《中国古代简史》，虽然篇幅较小，但作为“大学公共选修课”教材，第一次把河南郑州的考古发现写入大学教材，其对大学生普及郑州重大发现的长远意义是不可低估的。

尽管如此，郑州商代遗址的发现及其对商代早期历史补写的重大科学价值，尚未引起史学界的重视并给以应有的重视。而现在，“夏商周断代工程”确认了“郑州商城和偃师商城的建城年代为夏商界标”，从而为商代前期历史的补写提供了契机。

四、确认“夏商分界的界标”，将推动商代前期历史研究的深入与发展

《夏商周断代工程 1996—2000 年阶段成果报告》，“确认郑州商城和偃师商城的始建为夏商分界的界标”，是几代考古学者和历史学者以及自然科学的现代科技测年和现代天文学学者共同努力的重要科学成果。始建于公元前 1600 年的郑州商城被多学科的学者从多角度、全方位进行研究并基本取得共识，将对商史研究发生深远的影响。这是因为：

其一，我们通过前面所述自上世纪 30 年代以来，中国历史学者重新建立科学的中国上古史的八十多年历程就可以看出，中国历史的开幕——商代，自殷墟科学发掘以后，在 40 年代就取得了学术界的公认；而作为新中国考古学最大成果之一的郑州商代遗址，虽然在考古学年代序列上取得应有的地位，但为何有关商史专著中，直到 2000 年王玉哲《中华远古史》才作为撰写“商王朝前期的历史”与“盘庚迁殷”以后的晚商历史才有所区别呢？可以说，这一区分过程用了近五十年的时光。

这是因为 1899 年殷墟甲骨文的发现和罗振玉 1911 年《殷商占卜文字考》就确定了安阳小屯为“徙于武乙，去于帝乙”的晚商都城，而王国维 1917 年《殷卜辞中所见先公先王考》及《续考》，又进一步考定安阳殷墟为《史记·项羽本纪》所说的洹水南之殷墟，并取得学术界的认同。而自 1928 年开始的大规模科学发掘工作，又与甲骨文一起提供大批科学的新资料，因此学者们在十多年时间就重新建立起科学的商代史（实际是商朝后期史）。如果加上 1928 年殷墟科学发掘以前的三十多年甲骨学“草创阶段”，学者“释古”的准备研究，也基本用了四十多年。

考古学是一个不断发现、认识、前进和再发现、再认识、再前进的过程。1952 年郑州二里岗商代遗址被发现以后，邹衡教授以已知的殷墟文化为坐标，1956 年《试论郑州新发现的殷商文化遗址》又确立了郑州二里岗文化上、下层为早于殷墟商代后期文化的商代前期文化的坐标。而 1955 年郑州商城发现以后，虽然也有不承认是商城墙的争论[70]，但随商城考古研究的深入，安金槐 1961 年《试论郑州商代城址》，提出郑州商城为商王仲丁所迁的“隞都说”，并得到了广泛赞同。而 1987 年，邹衡又发表了《郑州商城即汤都亳说》，从而把郑州商文化的年代认识又提前至商汤灭夏以后。从汤至仲丁迁都前共有一百五十年左右。其后，1983 年河南偃师尸乡沟又发现了一座大型商代早期城址，学者们又展开了“尸乡沟商城为汤都西亳”和“太甲所放处桐宫”[71]的长期争议，以及这两座时代基本同为商代最早都城，又具体何者为早的争议等等。考古学家在不断发现和再认识中，不断修正和深化自己对郑州商代前期城址的看法，并日益使商代前期的考古年代系列完善起来。

历史学者使用考古材料，是以考古学家的结论为是的。特别是通史类的编撰，都是以考古学着的论断为依据。不少历史学者因没参加过田野考古工作和亲手摸过陶片，因此对郑州商代前期城址的这场长期争论，如同雾里看花，无缘置喙。在考古学家都没有取得共识的情况下，因此不少商史的撰写工作，只能一仍老一辈学者之旧——从以甲骨文和宫殿、陵墓、青铜器等为代表的商代盘庚迁殷以后的晚期写起。而现在，经过“夏商周断

代工程”多学科学者的联合攻关，终于确认了“郑州商城和偃师商城的始建为夏商分界的界标”，并对“盘庚迁殷年的估定”为公元前1300年，这就使公元前1600~前1300年之间的这段商前期历史年代学有了科学根据。因此，这一成果必然向史学界提出补写这段历史的课题，必将推动商代前期历史研究的深入与发展。

其二，史学界对商代社会发展阶段认识的不同，也限制了商代前期历史的深入与研究。虽然郭沫若上世纪40年代改变了殷代末期是原始社会末期的看法，但也有学者如侯外庐《中国古代社会史论》、尚钺《中国历史纲要》仍持殷代为原始社会末期的看法，并在一部分学者中很有影响；就是认为殷代为奴隶社会的学者，也有处在奴隶社会的“低级阶段”和“高级阶段”认识的不同；而“盘庚迁殷”以前的殷代社会和“迁殷”以后的社会阶段又有所不同，王玉哲《中华远古史》就认为，商族在盘庚迁殷前后，“社会发生了巨大的变革”。而“郑州商城、湖北盘龙城商城及其宫殿基址和墓葬，无不透露了商代前期的阶段分化和对立，标志着商王朝那时已经临近奴隶制国家的边缘了”[72]。这一问题又将引起商汤灭夏是以部族联盟酋长的身份，还是商族自上甲起已形成部族奴隶制方国，并经几代经营，到商汤时才以夏朝地方属国君王的身份灭掉夏王朝而建立第二个奴隶王国——商朝的思考。如此等等。历史学者关于商代社会问题的分歧和争论，也制约人们对商代前期考古新材料的分析和使用。

其三，郑州商城、偃师商城始建年代为“夏商分界”的界标，不仅为夏代史的研究提供了一些有年代依据的考古资料，而且也为商前期历史和先商历史的补建提供了一批有科学年代依据的考古资料。这对没有甲骨文资料，而存世“文献”又极少的商代前期和先商历史的研究，有极大的促进与推动作用。历史学者与考古学者密切合作，充分吸收考古学最新成果，补写商代前期历史的著作定会有学者完成。

综上所述，我们可以看到，甲骨文的发现和殷墟的发掘，为科学的中国古史的重建拉开了“序幕”，从而补写了盘庚迁殷以后的商代后期历史；而郑州商城的发现，为商代前期历史的补写提供了大量可信的新史料。而“夏商周断代工程”关于郑州商城的始建为夏商分界的“界标”和公元前1600年的共识，为商代前期历史的补写提出了重要的研究课题。因此，我们郑州商都3600年纪念会议的召开，是有重大学术意义的。

---

[1] 《夏商周断代工程1996—2004阶段成果报告（简本）》，世界图书出版公司，2000年。

[2] 《古史续辨》，中国社会科学出版社，1991年。

[3] 刘起釪:《几次组合纷纭错合的“三皇五帝”》，《古史续辨》。

[4] 同［3］。

[5] 顾颉刚:《古史辨》第一册自序，朴社出版，1926年，第52页。

[6] 顾颉刚:《古史辨》第一册自序，第42~45页。

[7] 徐旭生:《中国古史的传说时代》（修订本），文物出版社，1985年，第22页。

[8] 徐旭生:《中国古史的传说时代》（修订本），文物出版社，1985年，第22页。

[9] 白寿彝:《谈谈近代中国史学》，《史学研究》1983年第1期。

[10] 顾颉刚:《古史辨》第一册自序，第79页。

[11] 顾颉刚:《古史辨》第一编中册，第61~62页。

[12] 顾颉刚:《古史辨》第一册上编，第35页。

[13]《古史辨》第二册。
[14] 徐旭生:《中国古史的传说时代》序言，第 1 页。
[15]《古史辨》第七册下编，第 196 页。
[16] 同 [14]。
[17]《古史辨》第一册上编，1926 年，第 35 页。
[18] 夏鼐:《五四运动和中国近代考古学的兴起》。
[19] 邓之诚:《中华二千年史》叙录，中华书局，1956 年，第 4 页。
[20] 同 [19]。
[21] 梁思永:《后冈发掘小记》,《安阳发掘报告》，第 4 期。
[22]《国史大纲》，第 21 页。
[23]《国史大纲》，第 14 页。
[24]《国史大纲》，第 20 页。
[25] 张荫麟:《中国史纲》 自序，上海古籍出版社，2002 年。
[26] 张荫麟:《中国史纲》，上海古籍出版社，2002 年，第 122 页。
[27] 郭沫若:《中国古代社会研究》，第 324 页。
[28] 郭沫若:《古代研究的自我批判》,《十批判书》，科学出版社，1960 年，第 5 页。
[29] 同 [28]，第 17 页。
[30] 郭沫若:《十批判书》改版书后（1960 年 2 月 17 日）。
[31] 周谷城:《中国通史》，第 31 页。
[32] 吕振羽:《简明中国通史》，人民出版社，1955 年，第 47 页。
[33] 同 [32]，第 60 页。
[34] 范文澜:《中国通史简编》修订本第 1 编，人民出版社，1955 年，第 106 页。
[35] 同 [34]，第 122 页。
[36] 翦伯赞:《先秦史》序（1943 年），北京大学出版社，1998 年。
[37] 翦伯赞:《先秦史》校订本序（1997 年）。
[38] 翦伯赞:《先秦史》第 125 页。
[39] 同 [37] 第 137 页。
[40] 郭沫若主编:《中国史稿》第一册，人民出版社，1978 年，第 81 页。
[41] 郭沫若主编:《中国史稿》第一册，人民出版社，1978 年，第 141 页。
[42] 同 [40]，第 151 页。
[43] 傅斯年:《本所发掘安阳殷墟之经过》,《安阳发掘报告》，第 2 期，1930 年。
[44] 邹衡:《试论郑州新发现的殷商文化遗址》,《考古学报》1956 年 3 期。
[45] 郑州商城重要发现及内涵。《新中国的考古发现和研究》，文物出版社，1984 年，第 220~223 页及《河南考古四十年》河南人民出版社，1994 年，第 181~204 页，有概要介绍，此从略。
[46] 郭沫若:《中国史稿》第 1 册，人民出版社，1978 年，第 162 页。
[47] 刘泽华等:《中国古代史》，人民出版社，1979 年，第 37 页。
[48] 孙淼:《夏商史稿》，文物出版社，1987 年，第 333 页。
[49] 孙淼:《夏商史稿》，文物出版社，1987 年，第 337 页。
[50] 孙淼:《夏商史稿》，文物出版社，1987 年，第 345 页。
[51] 同 [50]。
[52] 同 [50] 第 395 页。
[53] 同 [50] 第 425 页。
[54] 同 [50] 第 441 页。

[55] 同 [50] 第 455 页。
[56] 同 [50] 第 468 页。
[57] 孙淼:《夏商史稿》, 文物出版社, 1987 年, 第 476 页。
[58] 白寿彝主编:《中国通史》第三卷 (上册), 上海人民出版社, 1994 年, 第 54~55 页。
[59] 白寿彝主编:《中国通史》第三卷上古时代 (上册), 上海人民出版社, 1994 年, 第 216 页。
[60] 王玉哲:《中华远古史》, 上海人民出版社, 2000 年, 第 212 页。
[61] 王玉哲:《中华远古史》, 上海人民出版社, 2000 年, 第 217 页。
[62] 同 [61] 第 219 页。
[63] 白寿彝总主编:《中国通史》第三卷上古时代 (上册), 上海人民出版社, 1994 年, 第 54 页。
[64] 张岂之总主编:《中国历史》先秦卷, 高等教育出版社, 2001 年, 第 45 页。
[65] 同 [64] 第 46 页。
[66] 张帆:《中国古代简史》, 北京大学出版社, 2001 年, 第 12 页。
[67] 同 [66] 第 13 页。
[68] 张帆:《中国古代简史》, 北京大学出版社, 2001 年, 第 14 页。
[69] 同 [67] 第 18 页。
[70] 邹衡:《偃师商城即太甲桐宫说》,《北京大学学报》1984 年 4 期。
[71] 刘启益:《"隞都" 质疑》,《文物》1961 年 11 期;《郑州故城址时代问题商榷》,《郑州大学学报》1980 年 1 期;《再论郑州故城址的年代》,《郑州大学学报》1980 年 3 期。
[72] 王玉哲:《中华远古史》, 上海人民出版社, 2000 年, 第 241 页。

(原载《郑州商都 3600 年学术论文集》, 中州古籍出版社, 2004 年)

郑州商城亳都研究之评述及我见

朱彦民

一、郑州商城年代与性质的争论及评述

（一）对郑州商城年代的认识

最早提出郑州商城年代问题是安金槐先生。他把郑州商文化分为早中晚三期，早期是指压在商城下边的洛达庙文化，中期指二里岗上下层文化，晚期指人民公园上层文化。郑州商城属于中期的二里岗文化层[1]。

而正式论证商城起始年代的是郑州商城的发掘报告：该城各条城墙内侧分别叠压在二里岗上下层文化的下面，城墙本身又坐落在龙山文化层、“南关外期”和“洛达庙期”（即现在所称的二里头文化）文化层上面，特别是夯土层内出土有较多的洛达庙期的陶片，以及一些商代二里岗期下层的陶片，但没有发现比这些陶片更晚的陶片。尤其从内城东城墙的解剖情况看，除了有的探沟（如 CET7）内的城墙发现有后来（二里岗上层一期）修补的部分外，还在城墙土体部分的夯土层内出土了一些陶片，其中年代较晚的可定为二里岗下层偏早阶段。这说明内城的修筑年代可能不早于二里岗下层早段。所以几份发掘报告均认为：郑州商城城墙的建造时间应是商代二里岗期下层，而一直使用到二里岗期上层[2]。

后来，在郑州商城的内城东北部宫殿区 C8T62 内曾发现一处夯土基址。为商城的建筑年代提供了一些新的根据。如叠压该基址的商文化层内出土了一批完整的二里岗下层偏晚阶段的陶器[3]。这表明该基址的建筑年代当不晚于二里岗下层偏晚阶段。

上世纪 90 年代，郑州商城宫殿区附近又有一些考古发掘，如 1992 年在宫殿区东部的省中医学院东里路家属院内发掘了三座夯土建筑基址（F1~F3）[4]，从出土陶器看，F1 与其在一个平面布局上属同一组建筑的 F2 及在层位上早于它的 F3 等单位，大致都属于同一时期，年代接近二里岗下层的偏早阶段。宫殿区东部的郑州医疗器械厂[5]、东南部的郑州电力学校[6]等地点都发现了二里岗下层偏早阶段的灰坑、灰沟等遗迹，说明宫殿区的修建于最早使用也都在二里岗下层早段。

邹衡先生把殷商文化按顺序分成三期七段十四组，他把二里岗上下层文化一分为四，归之于他所称作的早商文化第二、三段的 3 至 6 组的二里岗型，而郑州商城的修建，他认为当“开始于第二段第 3 组，但作为王城的使用则至少延续到第三段第 5 组”。又说郑州商文化遗址“以早商期第二、三段遗址分布最普遍、内涵最丰富、是最繁盛的时期，商

城的修筑和使用主要是这一时期”[7]。

按邹氏和安氏以及商城发掘报告的关于郑州商城的始建年代的划定并不矛盾，都划在同一文化层中即二里岗下层。只不过人为的历史分期段不同而已，安氏把二里岗下层定在商代中期，而邹衡则定之为早商时期。因此也就决定二者关于郑州商城性质的判定各异。

后来，陈旭女士“据发掘资料，商代夯土层普遍被二里岗期下层文化堆积所叠压，同时也普遍发现二里岗下层之房基、窖穴、墓葬等遗迹，直接或间接地压着商代夯土城墙。这就充分表明，商代城墙建成的时间早于二里岗下层文化时期”。早到何时呢？她根据原发掘报告所提供的六条重要现象判断，城墙建于南关外期。到二里岗下层时期，城墙已建成，这时人们已经在城内居住下来了[8]。不久郑杰祥先生也认为，郑州商城始建于南关外期和二里头文化晚期，大规模地续建于二里岗下层文化时期[9]。再后来，邹衡先生也从陈、郑之说，改变观点，认为郑州商城的始建年代应在南关外期，即他所称的郑州“先商期第Ⅰ段第Ⅱ组”[10]。我们认为这一观点是目前关于郑州商城始建年代最有力的说法。

对于商城本身自始至终的发展历史过程，学者们也作了分期研究，如邹衡先生有始建、繁荣、废弃说，后来又严格区分了郑州商城的存在年代与商城作为王都年代的两个概念[11]。陈旭女士也对郑州商城的兴衰过程作了时代划分：“南关外期为初创阶段，二里岗下层、二里岗上层为繁荣期阶段，白家庄期是其衰落阶段。”并对阶段文化发展状态作了详细的描述[12]。近年来，张文军等同志以所有发表的郑州商城考古材料为素材，正式对商城划分为二期四段，以城墙、外城墙、宫殿、作坊、窖藏、墓地等几项指标为准，详实论证了各期文化发展的差异及都城性质的变化[13]。清晰地勾勒出郑州商城发展历史的轮廓，其功不没。但此文仍把商城的始建年代定在二里岗下层，以维持发掘报告原说，是不正确的，因为报告所述现象与结论很有矛盾，应以始建于南关外期为是。

（二）关于郑州商城性质的争议

由于学者们对郑州商城年代的认识有分歧，导致了其性质判断的争议。虽然最初都认为商城建于二里岗下层，但有的学者认为二里岗下层属中商，而有的学者则把它划在商代早期或先商；有的认为它晚于偃师商城，有的则认二城同时甚至郑州商城要早于偃师商城。于是，关于郑州商城的性质，就有了互相论争，互不相让的隞都说和郑亳说两种意见。

1. 隞都说

早在郑州商城发现之前，就有学者如安志敏、邹衡等把郑州、安阳两地出土商代遗物进行排比，将二里岗文化置于殷墟文化之前，并把郑州商代遗址和文献所记载仲丁所居隞地联系起来[14]。郑州商城发现之后不久，赵全嘏进一步指出：商城很可能“就是文献上所说的仲丁迁徙的商代京城”[15]。郭沫若也认为“郑州又是一殷墟，疑本仲丁之所都”[16]。

20世纪60年代初，安金槐先生根据正式发掘的考古资料，论定了郑州商城隞都说[17]。此说一出，影响很大。这一论断由于当时二里头文化（当是多数学者认为二里头文化为早商文化）的发现而得到有力的加强，因此从之者甚众，如石加、杨育彬、罗彬柯、李经汉、刘蕙孙、高煦、仇桢、方酉生、李民、张文军等学者都先后撰文支持、补充这一说法[18]。

2. 亳都说

1977年秋，在河南登封召开的探索夏文化学术讨论会上，邹衡先生一改过去认为郑州商城隞都说的观点，提出了“郑亳说”[19]。一下子引起了学术界的强烈反响，许多人站出来反对，双方商榷答辩，争论激烈[20]，从而推动了郑州商城研究走向深入。面对商榷者，邹先生再次全面论述了自己的观点[21]。其后，陈旭、郑杰祥等人都撰文支持补充这一学说，裴明相、张维华、钟志等学者也都信从了这一观点[22]。

除了这两大对立的学说之外，关于郑州商城的性质，也有其他一些说法，如荆三林先生认为是隋唐时代的荥阳郡城[23]，杨宽先生认为是西周管邑[24]，田昌五提出郑州商城早期是太甲城，晚期是隞都[25]。日本学者贝冢茂树认为郑州商城是祖乙所居之庇隞都[26]，而白川静则认为是商代雄族——郑族的方国都城所在[27]。这些观点大都与考古学者集中讨论的议题相差太远，甚至有些颇为离奇，已被批驳，如杨育彬曾撰文彻底否定了隋唐城说[28]。但更多的是因不被理睬而渐不为人们所知。近年来，对于郑州商城的性质也有一说，认为此城非亳非隞，应该正名为管城。“这座古城垣与殷管邑及周初管国城完全处于同一地理位置上。”郑州商城是殷管邑前身的一座商代二里岗期古城址[29]。战国时期的管邑，曾隶属于郑、韩、魏。战国遗存出土的众多带“亳”、“亳丘”陶文不能证明此地在商时期为商亳。郑州商城应是早商都城管邑。西周、春秋管邑在商城管邑基础上兴建，亦在郑州市西北郊古荥泽附近[30]。

（三）主要两大观点的争论及其焦点所在

隞都说的证据主要有三：（1）从文献记载来看，隞都在郑州；（2）由考古发现来看郑州商城为商代中期的隞都；（3）由商王仲丁迁都情况来看，郑州商城应是隞都。而郑亳说的证据主要有四：（1）文献记载东周时郑地有“亳”；（2）郑州商城出土有许多带“亳”字的陶文；（3）汤都亳的邻国地望与郑州商城相合；（4）郑州商城的考古情况（年代起始）与成汤都亳年代相合。

双方都有一定的文献、考古学依据，而且都以自己的文献、考古依据非难对方的依据。比如隞都说者以古文献和古陶文中有许多名“亳”之地，质问郑亳说者：“何以见得汤都之亳必郑州之亳?”郑亳说者也以同样的逻辑回驳隞都说者：“既然古代文献和古陶器上有如此众多的之亳地，何以见得只有西亳才是成汤所都?”隞都说者又质问郑亳说者：“如果汤都之亳确在郑州，为什么如此重要的地方，没有任何文献提到它，岂不是怪事? 郑州在周既名管，何得名亳?”郑亳说者也同样反驳隞都说者：“如果说仲丁之隞都确在郑州，为什么一个早商王都，竟没有任何古代文献直接提到它，岂不也是怪事? 郑州历来都称管，何得名隞?”隞都说者责怪郑亳说者：“商伐夏，两军会战于鸣条之野，鸣条的位置即在今郑州东北的封丘以东。夏桀是被讨伐的人，试问怎么会穿过商汤的国都郑州再跑到东北的封丘之东去应战呢?”郑亳说者以同样的理由回驳说：“夏桀是战败之人，试问怎么会穿过商汤的国都商丘（南亳）而向东南逃窜至南庚呢?”隞都说者向郑亳说者提出质疑：“汤在未灭夏以前，怎么能够跑到距当时的桀都偃师二里头遗址附近并处在夏王朝管辖范围内的郑州去建都呢?”郑亳说者又以同样的理由反驳：“汤在未灭夏以前，怎么能够在夏王朝管辖范围的商丘（南亳）去建都呢?”隞都说者从郑州商城考古年代结合文献商王纪年的角度，向郑亳说者质问：“若按郑亳说，则仲丁前一王大戊必然跟盘庚或武丁相接，这样仲丁主武丁或盘庚这段历史不就被挤掉了吗?”对此郑亳说者同样反驳道："若按隞都说，又如何使河亶甲前一王外壬不与盘庚或武丁相接？这样，河亶甲至武丁或盘庚这段历史不是同样被挤掉了吗？"如此之类的相互诘难，还有不少。由此可以看出，双方在这些方面的争论，互相不能折服对方，形成僵局，而且有些论者没有看清对方论点要害所在，乱放冷枪；有些则偷换概念，绕圈诡辩。这些问题争论的意义不大，无助于问题的解决。

比较两说所依据的几项证据，文献上都没有过硬的材料做证据。郑亳说提出的"汤都亳邻国地望"证据更是聚讼千古、难以定论的文献悬案，也难以为据。因此，争论的关键所在，还是对考古学资料的认识。对同样的考古资料的不同看法，一方说是中商遗存，另一方却认为是早商遗存，这是形成郑亳说与隞都说的主要原因。

双方一开始都把建城年代定在二里岗下层。但对二里岗下层期文化的历史属性判定，一方认为是早商时期，一方认为是商代中期。所以有如此差别，主要是由于对所依的共同的参照系——豫西二里头文化历史属性认识不一。隞都说大都主张二里头文化为早商文化，或除一或除前二或除前三期为早商文化，二里头遗址为商都西亳。郑亳说则大都主张二里头文化全为夏文化，二里头遗址为夏都。在郑州二里岗文化发现初期，学者们普遍认定了这是一种晚于二里头文化而早于殷墟文化的商代文化。所以隞都说者认为，二里头文化既是早商、殷墟文化为晚商，夹于二者之间的二里岗文化只能是商代中期文化，二里岗时期的郑州商城为仲丁迁隞之都。而郑亳说者认为，二里头文化既是夏文化，那么二里岗文化应是早商文化，因而断定郑州商城是汤所都亳。当时问题的关键所在是对二里头文化的认识分歧。二里头文化年代属性的争论直接制约着郑州商城的研究。后来，发现了偃师商城，情况发生了不小的变化。偃师尸乡沟商城比二里头遗址更符合汤都西亳的条件，于是隞都说者中一些二里头西亳说者纷纷放弃旧说，改从尸乡沟商城西亳说。隞都说者以为偃师商城比郑州商城早，偃师为早商亳都，郑州为中商隞都。郑亳说者以为偃师尸乡沟商城晚于郑州商城或二者同时，因此仍认为郑州商城为汤都亳，偃师商城为陪都或离宫桐邑。这时问题的关键所在似乎是偃师商城的始建年代以及与郑州商城的相对早晚关系。后来，郑亳说者不满足于对这些制约关系的论证，转而对郑州商城的始建年代从郑州商城本身材料进行分析研究，因此提出了郑州商城始建于南关外期的有利于郑亳说的新观点。

之后，郑亳说者对偃师商城的始建年代，也从该城本身材料研究，认为偃师商城始建于二里岗下层偏晚阶段。郑州商城早于偃师商城，又大于偃师商城。郑亳说得取了有力的维护。对商城考古材料时代研究的大力投入，是郑亳说取得新进展并远远优于隞都说的主要原因。

二、郑州商城的年代与性质之我见

对比而言，我更倾向于郑亳说，但并不是完全同意郑亳说的论证，甚至认为其某些结论也有待商榷。

（一）郑亳说的服人之处

1. 郑亳说的论证是建立在较为严谨的考古学分析基础之上的，如邹衡先生原本是信从隞都说的，但后来由于对考古材料的认真研究而改变观点，建立了郑亳说。后来因陈、郑二人依郑州考古材料提前了郑州商城的始建年代，凿凿可据。因此又放弃旧说而从善言，可见郑亳说者是尊重考古材料的。相比而言。隞都说者死守原来材料的分析结果，不求变通，显得落伍过时。从考古材料来看，郑州商城是一座二里岗文化时期的大城，按一般二里岗期遗存的四段或四期的分法，商城至少繁荣了两个时期，而其使用时间应该更长[31]。如果依郑州商城隞都说，仲丁迁隞，至南庚又迁奄，那么在郑州商城居留的商王只有仲丁、外壬二代，而据文献记载，两王在位时间加起来尚不足二十年[32]。这就无法避免郑州商城作为王都时间较短而其繁荣和使用期较长之间的矛盾。所以说，郑州商城隞都说在考古学分析研究的条件下，是不足取的一种过时的观点。

2. 郑亳说在文化分期、断代以及郑州商城年代的研究上不遗余力，已建立了一套攻打不破的体系，如邹衡先生的商文化三期七段十四组之体系的建立，又如陈旭女士的对郑州商城的历史分期，关于郑州商城内其他遗址如宫殿、铸铜遗址的断代分析，以及对郑州商城始建年代之再研究，都是颇令人信服的。即使有小处差误而改正，也无碍大局。而观察隞都说的论著却无此功夫。

3. 郑亳说体系完整，对夏商四都的研究放在一个总的理论体系中兼顾考虑，如二里头为夏都，郑州商城为汤都亳，偃师为早商陪都，小双桥为隞都。而隞都说者分化成的两派，一派认为二里头一、二期为夏商分界，二、三期宫殿为汤都西亳，二里岗为中商文化，郑州商城为隞都，而对偃师商城的性质观点不明；另一派认为二里头为夏都，偃师商城为汤都西亳，二里岗文化为早商文化，而对郑州商城以前持隞都说，现在观点不明。这说明隞都说对综合研究几座都城的关系而得出正确的结论，确实有一定的难度。

4. 郑亳说者很重视对待隞都说者的质疑，对所质问的关键问题基本上都做了较为有力的答辩，如年代问题、分期问题等，而且还在这些方面随机地对隞都说给予反击，有些甚至是致命的驳击。而隞都说却远不如矣，对对方质疑的问题，迟迟未见做出像样的答复，只是一味地陈述着那几条郑亳说中也同样有的理由。

5. 从发展的角度来看，郑亳说从无到有，异军突起，队伍越来越壮大，信从者日众。而隞都说本来阵容齐整、兵强马壮，却逐渐衰落，队伍分化，信从者日寡。郑亳说不断改进论证，增加证据，显得生机勃勃；而隞都说在继续争论时，观点不见新意，论证乏力。郑亳说人心思齐，互相支持、配合，协同作战；而隞都说分化之后，歧路异志，分散了原来本不太强的证据，主帅者态度审慎、消极[33]，其他人沉默不争者有之，左右摇摆者有之，固执成见者有之，已毫无团体优势可言。

（二）郑亳说的不足之处

勿庸讳言，郑亳说也不是十全十美的学说，也有其不足和漏洞之处，尤其对文献的引用和对历史的联系方面有诸多可商之处。这也难怪隞都说者责怪郑亳说理论是考古大衔接，历史大脱节。

1. 郑州商城既是汤都亳城，那么商代建国初期，刚刚经过频繁战争的商人何以就能修建如此规模巨大的都城；尤其是考虑到商族并不善于筑城，在先商文化中从未见过像样的都城遗迹，何以一建国就有技术、有力量建此伟城？郑亳说者甚至提出了郑州商城是成汤在灭夏之前建成的说法。灭夏之前的商汤正忙于灭夏战争，他又何能有闲暇有精力在郑州建一座大城做亳都呢？更是无法解释的矛盾。

2. 郑亳说不同意二里岗文化直接于二里头文化，而是在当地先商文化的南关外型文化基础上发展而来的，这是正确的。但对于南关外型的来源，则认为直接来源于豫北漳河型，也就是说，郑州商城是商汤从豫北直接来到郑州地区后建立的亳都。这且不问商汤何以能在夏王朝尚控制下的郑州地区建都，就郑亳说者自己的关于南关外型来源的观点来看，南关外类型与漳河型关系密切，但与辉卫型关系较疏远。那么不禁要问：商族何以越过自己的文化征服区辉卫地区而凭空从漳河流域飞行到郑州地区去发展新文化类型？这也是郑亳说依据旧有材料无法解释的矛盾。

3. 郑亳说关于汤亳都与邻国地望的证据也不能令人信服。如对于郑亳说较为重要的一条文献，《春秋》襄公十一年："公会晋侯、宋公……小邾子伐郑。秋七月，同盟于亳城北。"《左传》曰："秋，七月，同盟于亳。"杜预注曰："亳城，郑地。"而在《公羊传》和《谷梁传》中，"亳城"均作"京城"。故此"亳城"疑是郑伯克段于鄢的"京城"之误。对此抵牾之处，郑亳说未能与以较好的解释。同样，关于韦、顾、昆吾三夏伯国的地望，历来论者指在今河南豫东北的滑县、范县和濮阳一带，这不仅众多古代文献有载，而且也符合商汤进军的路线（见前章所论）。邹先生却凭空把韦指在郑州商城附近，顾在怀庆府原武县境（今原阳、武陵一带），昆吾在新郑、密县（今新密）一带，不知何据。显系为迁就郑亳说硬拉来的证据。至于葛地之论证，邹先生自己也言称"古代名葛之地，与亳一样，也是很多的"，却指郑地之"葛"为《孟子》葛伯之葛，也不能令人信服。

4. 郑亳说者为证成"汤起于亳"，而把与商族发迹有关的"丕山"地望定在河南荥阳或武陟北。对"丕山"即大丕山地望的争论，历来有河内修武、成皋（荥阳汜水）、黎阳（浚县）三说。修武、成皋虽有"大丕"的文献记载，但就《国语·周语》所言的商族迹源的"丕山"，是相对于周族的岐山和夏族的嵩山而言的。岐山、嵩山皆是古今皆存的大山，而丕山也应是一座实际存在的山，而修武、成皋一带古今无山，故自晋人臣瓒以来皆主黎阳说[34]。把丕山定在今浚县的大伾山，不仅名实相符，而且也符合商汤进军路线（见前章所论）。郑亳说者对丕山成皋、修武旧说重提以迁就郑亳说，有些牵强。

5. 郑亳说者还考证了"景亳"地望也应在郑州，甚至认为景亳是亳都的一个具体地点，即今郑州商城宫殿区，又与《墨子·非攻》相联系，此地即是天命成汤的"镳宫"。何以又称景亳呢？今郑州有紫荆山，景、荆音近，紫荆山简称荆山，故称荆亳、景亳。同时，又称"景者，京也"，景亳为京城亳都，这些论断更是无稽之谈，这且不说既言景亳为荆山之亳，又称为京城之亳的自相矛盾，只"荆亳"一说，已显荒诞。紫荆山实系几个土丘，原本是郑州商城的北墙残留。郑州商城发现之前，人们不识何物而姑称之为"紫荆山"，何曾是商汤会盟诸侯的"景山"？若果真紫荆山是一古名，又省称荆山，又荆、景相通，则成汤会盟诸侯于亳都城墙之上，这可能吗？或又如郑亳说者言会诸侯于"镳宫"即郑州商城宫中，那么当称亳宫之命，则又何得景亳之命的称呼？景亳地望在今浚县已见前章考证，郑亳不可能是景亳。

以上是关于郑亳说对一些文献资料进行考证时所出现的纰漏。有些论证似乎自相矛盾，有些难以服人，不仅没能给郑亳说增加证据，反而使郑亳说的立论形象受损。所幸当这些问题出现时，敫都说已无力无暇反击，不然也会成为与之商榷的把柄的。

（三）对郑州商城年代、性质的管见

1. 我认为，郑州商城就是成汤所建的亳都。郑亳说者起先提出的文献中记载郑地有亳，此地又发现大量陶文“亳”字以及后来关于郑州商城的考古学年代论断都是可信的，足以证明郑州商城为汤都亳城。这已够了，不必有再为郑亳说硬拉一些不实之证了。

2. 郑州商城是商汤灭夏之后所建的商代早期都城。商族不是直接从豫北来到郑州地区的。而是迂回到豫东，然后从豫东西进攻打夏桀王朝。商汤灭夏之后，主有天下而建商王朝。于是在郑州建立了商王朝的第一个正式的国都。之后在夏人长期盘踞的豫西夏桀都二里头不远，建立了偃师商城，作为监夏之所。商族人所以能在未曾有都城历史的情况下建立郑州商城，主要是利用了夏遗民中工匠和奴隶的技术和力量，正像周克商之后用殷遗民工匠为其修建洛都一样。而这在商汤灭夏之前是不可能的事，只有在灭夏之后，商王朝为天下共主，才能征用或强迫亡国的夏遗民尤其是工匠奴隶为他们建造都城。夏人是善于筑城的，夏王朝灭亡之后，众多的夏遗民和工匠奴隶成为了郑州商城建设的主要力量。从郑州商城的城墙筑法以及宫殿建筑形制对夏都二里头遗址的继承性来看，商人正是继承了夏人的筑城文化模式。

3. 对于郑州商城本身的发展变化，继陈旭之后，张文军、张玉石、方燕明最近也有这方面的研究成果问世[35]。他们对郑州商城的分期是：商城一期Ⅰ段相当于二里岗下层早段为始建期；一期Ⅱ段相当于二里岗下层晚段为繁荣期；二期Ⅲ段相当于二里岗上层为继续繁荣期；二期Ⅳ段相当于白家庄期为衰落废弃期。除始建期所定晚些外，与陈旭之论大体相当。但这个研究报告综合了更多的材料，参依众多的指标，因而其结论更缜密。由于作者是隞都说者，所以在与偃师商城比较研究之后认为，二者始建年代相近，废弃时代相同，相距不远，同时并存。但繁荣和衰败、高潮和低谷期互相交错，因此进一步推测郑州商城的历史背景：商汤灭夏后，建都偃师即西亳，同时为了东方的经略又建立了郑州隞都。至仲丁时为了便于征伐蓝夷而迁。

这可以说是隞都说近来立论最扎实、较有说服力的一篇力作，在某种程度上维持了隞都说，到目前为止，还未见到郑亳说者对此文的反应。今愿代之将此文简评如下并提出自己的看法。

我认为此文关于郑州商城本身的演变发展分期是无可挑剔的，可以说是包括郑亳说在内，目前最详尽的分期之作，但对于作者的性质论证不能赞同。他们认为，郑州商城始建年代同时于偃师商城，但作为王都使用始于其繁荣期。其理由是，始建期时作为都城存在所必需的政治活动场所宫殿规模小而少，因而不具备王都条件。我们认为，郑州商城的始建初期，其宫殿形制简单、规模不大，是可以理解的，因为商汤初建国家，刚刚经历战争，人力、物力的匮乏都决定其都城建制不会太繁华了。只有当稳定下来后，国势渐强，物资充盈，才有可能于都城建设上增其旧制，讲究豪华。所以，郑州商城到一期Ⅱ段时才出现大型宫殿建筑。虽然商城一期Ⅰ段为初创，形制简陋，但作为都城，它毕竟有都城所应有的城墙，有城有郭有宗庙建筑，其作为政治都城的功用至显，不可视而不见。而以此认为商城的Ⅰ期Ⅰ段不具备王都条件，此时都城在西亳即尸乡沟商城，而郑州商城只是商王朝在都城东部经略夷人的桥头堡，实失于此。

此文在对比郑州商城与偃师商城的发展历史时，指出当郑州商城始建简陋时，偃师商城繁荣；而当偃师商城衰败时，郑州商城走向兴盛。因此断定一期Ⅱ段时，商代都城由偃师迁到郑州，即仲丁把都城由亳迁到隞。我们认为，偃师商城的早期辉煌，也是相比于偃师商城本身的后期而言的，其作为都城的可能性，从规模大小、文化内涵上来说，不论哪一期都比不上郑州商城。偃师商城前华后衰的原因，是商人起初把它作为镇压夏遗民反抗的重要军事殖民城邑了；到后来随着商王朝的政局稳定，夏遗民已完全臣服于商统治者，作为监夏功用的偃师商城已失去其存在的必要。此时敌对的方国变成了东方的夷人而非西方的夏人，所以商统治者自然要放松对豫西夏遗民区的经略，于是偃师商城自然就衰落废弃了。

---

[1] 安金槐：《试论郑州商代城址——隞都》，《文物》1961 年第 4、5 期。20 世纪 80 年代，在关于郑州商代二里岗期陶器的研究中，安金槐先生对郑州二里岗文化又有新的分期意见，在原来的上下两层的基础上分为四期：二下一期、二下二期、二上一期、二上二期。郑州商城的繁荣阶段是二下二期和二上一期。安先生把北城墙探沟里出土的一些陶器墓如 C8M28 归入了二里岗下层早段。这说明他是把郑州商城的始建年代定在早于二里岗早段的。（《关于郑州商代二里岗陶器分期问题的再研究》，《华夏考古》1988 年第 4 期）

[2] 河南省博物馆、郑州市博物馆：《郑州商代城址试掘简报》，《文物》1977 年第 1 期；《郑州商代城遗址发掘报告》，《文物资料丛刊》，第 1 期，文物出版社，1977 年；河南省文物研究所郑州工作站：《近年来郑州商代遗址发掘收获》，《中原文物》1984 年第 1 期。

[3] 河南省文物研究所：《郑州商代城内宫殿遗址区第一次发掘报告》，《文物》1983 年第 4 期。

[4] 河南省文物研究所：《1992 年度郑州商城宫殿区发掘收获》，《郑州商城考古新发现与研究》，中州古籍出版社，1993 年。

[5] 河南省文物研究所：《郑州医疗器械厂考古发掘报告》，《郑州商城考古新发现与研究》，中州古籍出版社，1993 年。

[6] 河南省文物研究所：《郑州电力学校考古发掘报告》，《郑州商城考古新发现与研究》，中州古籍出版社，1993 年。

[7] 邹衡：《试论夏文化》，《夏商周考古学论文集》，文物出版社，1980 年。

[8] 陈旭：《郑州商文化的发现与研究》，《中原文物》1983 年第 3 期；《郑州商城宫殿基址的年代及其相关问题》，《中原文物》1985 年第 2 期。

[9] 郑杰祥：《关于偃师商城的年代和认识问题》，《中原文物》1984 年第 4 期。

[10] 邹衡：《综述夏商四都之年代与性质》，《殷都学刊》1988 年第 1 期。

[11] 邹衡：《再论郑亳说——兼答石加先生》，《考古》1981 年第 3 期。

[12] 陈旭：《郑州商城王都的兴与废》，《中原文物》1987 年第 2 期。

[13] 张文军、张玉石、方燕明：《关于郑州商城的考古学年代及其若干问题》，河南省文物研究所编《郑州商城考古新发现与研究（1985—1992）》，中州古籍出版社，1993 年。

[14] 安志敏（中国科学院考古研究所）：《一九五二年秋季郑州二里岗发掘记》，《考古学报》1954 年第 8 期；邹衡：《试论郑州新发现的殷商文化遗址》，《考古学报》1956 年第 3 期。

[15] 赵全嘏：《郑州商代遗址的发掘及其时代关系》，《史学月刊》1957 年第 3 期。

[16] 郭沫若 1959 年 7 月访问郑州时为河南省文管会的题诗。

[17] 安金槐：《试论郑州商代城址——隞都》，《考古》1980 年第 3 期。此后安氏又有《试论商代汤都亳与仲丁都隞》，《中原文物》1981 年特刊；《再论郑州商代城址——隞都》，《中原文物》1993 年第 3 期。

[18] 石加：《“郑亳说”再商榷》，《考古》1980 年第 3 期；《郑亳说再商榷》，《考古》1982 年第 2 期。

杨育彬:《近年来在郑州新发现的商代青铜器》,《中原文物》1981 年第 2 期;《郑州商城的考古发现和研究》,《中原文物》1993 年第 3 期;《郑州商城初探》,河南人民出版社,1985 年。罗彬柯:《小议郑州南关外期商文化——兼评“南关外型”先商文化说》,《中原文物》1982 年第 2 期。李经汉:《郑州二里岗期商文化的来源及相关问题的讨论》,《中原文物》1983 年第 3 期。刘蕙孙:《从古文字“亳”字探讨郑州商城问题》,《考古》,1983 年第 5 期。高煦:《略论二里岗文化的分期和商城年代——兼谈其与二里头文化的关系》,《中原文物》1985 年第 2 期。仇桢:《关于郑州商代南关外期及其他》,《考古》1984 年第 2 期。方酉生:《郑州商城为仲丁敖都说》,《武汉大学学报》1991 年第 1 期;《试论郑州二里岗期商文化的渊源——兼论郑州商城与偃师商城的关系》,《华夏考古》1988 年第 4 期。李民:《郑州商城是亳还是隞都》,《中州今古》1983 年第 2 期;《汤始居亳与仲丁迁隞考》,《尚书与古史研究》,中州书画社,1983 年;《说隞都》,《夏商史探索》,河南人民出版社,1985 年;《郑州的商代文化》,《史学月刊》1984 年第 2 期。杜金鹏:《郑州南关外下层文化渊源及其相关问题》,《考古》1990 年第 2 期等。

[19] 邹衡:《郑州商城即汤都亳说》,《文物》1978 年第 2 期。

[20] 石加:《“郑亳说”商榷》,《考古》1980 年第 3 期。

[21] 邹衡:《再论郑亳说——兼答石加先生》,《考古》1981 年第 3 期。

[22] 陈旭:《郑州商城宫殿基址的年代及其相关问题》,《中原文物》1985 年第 2 期;《郑州商文化的发现与研究》,《中原文物》1983 年第 3 期;《郑州商代王都的兴与废》,《中原文物》1987 年第 2 期;《关于郑州商文化分期问题的讨论》,《郑州大学学报》1988 年第 1 期;《关于郑州商城汤都亳的争议》,《中原文物》1993 年第 3 期。郑杰祥:《关于偃师商城的年代和认识问题》,《中原文物》1984 年第 4 期。《商汤都亳考》,《中国史研究》1980 年第 4 期;《卜辞所见亳地考》,《中原文物》1983 年第 4 期;裴明相:《郑州商城即汤都亳新析》,《中原文物》1993 年第 3 期。张维华:《汤都四迁刍议》,《中原文物》1993 年第 3 期。钟志:《商亳考》,《中州今古》1983 年第 3 期。孙淼:《夏商史稿》,第七章第二节《商城与商都》,文物出版社,1985 年。

[23] 荆三林:《郑州故城址时代问题商榷》,《郑州大学学报》1980 年第 1 期;《再论郑州故城址的年代——兼答杨育彬同志》,《郑州大学学报》1980 年第 3 期。

[24] 杨宽:《商代的别都制度》,《复旦大学学报》1984 年第 1 期。

[25] 田昌五:《先商文化探索》,《华夏文明》,第三辑,北京大学出版社,1992 年。

[26] 贝冢茂树:《中国古代之再发现》,岩波书店,1979 年。

[27] 白川静:《甲骨全文论丛》,第五集,油印本。

[28] 杨育彬:《对〈郑州故城址时代问题商榷〉一文的商榷》,《郑州大学学报》1980 年第 3 期;《关于郑州商城的两个争论问题》,《中原文物》1982 年第 4 期。

[29] 栾星:《说管——为郑州古城正名》,《中州学刊》1994 年第 2 期。

[30] 程平山、周军在:《商周管邑地望考略》,《中原文物》2000 年第 4 期。

[31] 张文军、张玉石、方燕明:《关于郑州商城的考古学年代及其若干问题》;河南省文物研究所编:《郑州商城考古新发现与研究(1985—1992)》,中州古籍出版社,1993 年。

[32] 据《太平御览》卷八三引《史记》:“帝仲丁在位十一年”,“帝外壬在位五年”,两者相加在位年数共计才 16 年;如据今本《竹书纪年》,仲丁在位仅 9 年,外壬在位 10 年,两者相加在位总年数也不到 20 年。

[33] 作为隞都说主帅的安金槐先生曾在 1982 年 9 月美国夏威夷商代文明国际讨论会提交的论文《郑州商代城址及其有关问题》中,虽仍言称都城始建于二里岗下层时期,但对其历史属性的判定则说是一处商代前期都城遗址,一改隞都说者认为郑州商城的商代中期都城的旧观点,当有向郑亳说靠拢的意思。但至于是汤亳还是隞都,安氏采取了审慎的态度。安氏此文见介绍于寒峰《商代文明国际学术讨论会简介》,《甲骨文与殷商史》,第 3 辑,上海古籍出版社,1993 年。

[34] 详见刘起釪：《卜辞的河与〈禹贡〉大伾》，《殷墟博物苑苑刊》（创刊号），中国社会科学出版社，1989年。
[35] 张文军、张玉石、方燕明：《关于郑州商城的考古学年代及其若干问题》；河南省文物研究所编：《郑州商城考古新发现与研究（1985—1992）》，中州古籍出版社，1993年。

（原载《郑州商都3600年学术论文集》，中州古籍出版社，2004年）

郑州商城始建年代研究

袁广阔

一、问题的提出

郑州商城是解放以来中原地区所发现的面积最大的一座城址，它的发现，大大丰富了我们对早商文化的认识。对郑州商城进行深入讨论，弄清它的内涵和性质，这对于研究商代历史，探索我国古代文明的形成和发展都具有重要的意义。自 1978 年，邹衡先生以考古资料和古代文献为依据，论证了郑州商城为商代早期的亳邑以后[1]。一时间隞都和亳都两种不同观点的争论，主要集中在郑州商城始建年代方面。一种是依据商代夯土城墙下的遗迹单位和城墙内出土二里岗期下二期的陶片而认为城墙年代为二里岗期下层二期[2]；另一种认为夯土城墙下遗迹单位和城墙内出土的陶片年代较早，认为城墙始建于二里岗下层一期晚段[3]；第三种认为始建于南关外期[4]；第四种认为城墙始建于二里岗下层一期[5]。这些不同的观点表明商城的年代的确存在问题。如据发掘资料，商代城墙普遍被二里岗期下层叠压，同时也发现大量二里岗期下层之窖穴、墓葬等，直接或间接地压着商代夯土城墙。二里岗下层二期之下的夯土墙存在三个时期地层单位的叠压或打破关系，而它的建筑年代仍在二里岗下层二期，这岂不是自相矛盾？关于这一问题，笔者在这里谈谈自己的看法。

二、郑州商城内城与宫殿基址的始建年代

（一）郑州商城内城的年代

研究郑州商城的年代离不开城墙和城内宫殿的地层叠压关系，发掘者为了解郑州商城内城墙的年代，在四面城墙上开挖了 22 条探沟，其中在 12 条探沟中发现有商代二里岗下层文化层，作倾斜状覆盖在商代城墙内侧下部的夯土层上，偏上部堆积薄，愈向下则堆积逐渐加厚，并和城内分布的同时期文化层相衔接[6]。下面我们先从城墙解剖的情况来看郑州商城内城墙的年代。

1. 郑州商城直接叠压的是洛达庙文化

《郑州商城》报告指出，在 5 条探沟内的夯土城墙下面，压有洛达庙文化的文化层、灰沟和窖穴，压有商代早期南关外期的文化层、壕沟和窖穴（根据商城内部洛达庙遗存

的资料增加，城墙下的南关外期，应该为洛达庙文化），压有龙山文化层[7]。

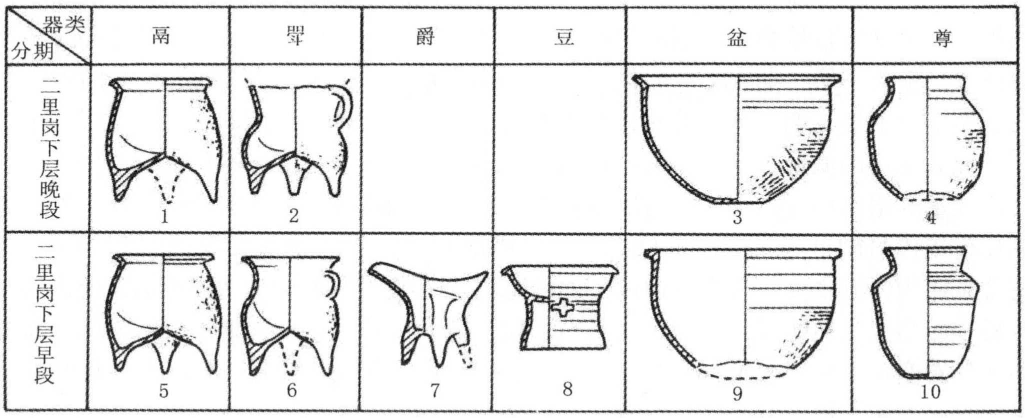

图一　打破内城夯土的二里岗下层陶器

1. 鬲 CWM7：2　2. 斝 CWH1：1　3. 盆 CWM7：4　4. 尊（瓮）C8H24：1　5. 鬲 CWM8：2　6. 斝 CWM9：2　7. 爵 CWM8：4　8. 豆 CWM8：3　9. 盆 CWM9：3　10. 尊 CWM9：1

这些洛达庙文化地层单位内出土的主要陶器有花边口沿的圆腹罐、刻槽盆、深腹盆、甑、大口尊、大口缸、深腹罐等，南墙 CST4 中的大口尊的形制与商城内青年公寓洛达庙二期文化的同类器一致[8]。因此压在夯土城墙下面的洛达庙文化的文化层，不会晚于商城内青年公寓洛达庙二期文化的年代，即此时郑州商城还没有兴建。

2. 内城墙被直接叠压的地层单位的年代接近二里岗下层一期

北城墙 C8T27，直接叠压城墙内侧的地层是第三层，平均厚度约 80 厘米。时代为二里岗期下层文化，层内出土大量陶片及石、骨、蚌器。南墙 CST3、T4，直接叠压城墙内侧的地层是第三层，厚度 10 厘米~50 厘米。该层下还有一长方形灰坑。坑及文化层的时代为二里岗期下层文化，层内出土陶片及石、骨器。东墙 CET7，直接叠压城墙内侧的是第四层的中、下层，厚度 25 厘米~110 厘米。该文化层的时代为二里岗期下层文化，层内出土较多陶片及石、骨器。西墙 CWT5，直接叠压城墙内侧的地层是第四层，厚度约 80 厘米。该层被二里岗期下层的灰坑 H1 打破。坑内出土大量陶片。

在 10 条探沟内分别发现有 5 座商代二里岗期下层土坑墓直接或间接打破城墙。在 5 条探沟内的商代城墙内侧的二里岗期文化层中，发现 9 个商代二里岗下层的窖穴，这些窖穴直接或间接地压着商代城墙夯土层[9]。

从东西南北四面城墙的发掘资料可知，二里岗期下层文化层普遍直接叠压城墙内侧，其厚度在 80 厘米左右，叠压城墙内侧的地层又被二里岗期下层的灰坑、墓葬打破，如西墙 CWH1，北墙 C8H24、C8M8。这些灰坑墓葬出土的陶器为二里岗下层二期 H17 阶段，而它下面的地层自然早于 H17 阶段。更为重要的是叠压西墙内侧的墓葬 CWM8 出土的鬲、爵、豆、深腹盆的年代接近二里岗下层一期的特征，而 CWM8 下面还有一个早于它的地层，最后下面叠压的才是城墙夯土。从这里我们可知，直接叠压城墙内侧的地层不是一次性和短时间的，当地层形成之后，二里岗期下层的人们仍然在这里活动了一定时间。这表明夯土城墙筑成后形成的叠压它的二里岗下层的堆积时代比较长。（图一）

3. 关于商城下或夯土中出土二里岗下层二期陶片的认识

如果依照《郑州商城》报告所说商城夯土城墙筑造后的年代为二里岗下层二期，地层学方面存在矛盾。从四面城墙的发掘资料中可知，二里岗期下层文化层普遍直接叠压城墙内侧，不少地方直接叠压城墙内侧的地层又被二里岗期下层的灰坑、墓葬打破。表明城墙叠压于二里岗下层二期之下，时代早于二里岗下层二期。郑州商城近50年的考古发掘证明，二里岗下层二期文化层普遍存在于城内，如果夯土城墙筑造的年代为二里岗下层二期，如此大规模的城址下面没有大面积的二里岗下层二期文化层是不可能的，城墙内既然能发现大量的洛达庙时期陶片，也应该有大量二里岗期陶片，但事实恰恰相反。那么内城墙的始建年代只能早于二里岗下层二期。《郑州商城》报告所说在发掘的22条探沟中，只有2条探沟内发现商代夯土城墙的下面压有商代二里岗期下层时期的小沟，而沟内出土陶片较少，多为洛达庙期，少量为二里岗下层二期。为什么二里岗期下层时期的城墙夯土层下还压有商代二里岗期下层时期的沟呢？（关于这两条沟中的出土物报告没有发表）我们认为这个判断有误，其年代应为青年公寓洛达庙期，这是由于商城内洛达庙期已蕴藏有大量的二里岗期下层文化因素，近年的考古发掘资料可以证明，二里岗期下层文化主要来源于商城内的洛达庙文化[13]。商城的发掘主要是在20世纪60年代到70年代初期进行的，当时学术界还有郑州商城是否为商代城址的疑问，发掘者的主要目的是证明它为商城，商代夯土城墙下小沟中出土的陶片中有接近二里岗期下层同类器的，将其定为二里岗期下层时期是很自然的。事实上青年公寓洛达庙一、二期文化中鬲、深腹罐等器物碎片上的纹饰、质地与二里岗期下层同类器物十分接近，并无二里岗期陶片。值得注意的是，其中的细绳纹鬲片因纹饰与二里岗期的同类器接近，易被误认为二里岗期。此外，《郑州商城》报告说在夯土内发现有少量二里岗下层二期陶片，如果没有错误的话，它与此时修补夯土城墙有关。《郑州商城》指出："在对郑州商城四面城墙的发掘中，为了尽量少损毁残存的商城城墙夯土层，我们多把探沟开挖得面积小而窄（宽度1米），而且在每条探沟内遇到商代夯土后即告停工。"因此，商城解剖至底部的探沟不多，特别是城墙上部一侧的夯土修补的可能性很大。城墙遇强大的雨水会倒塌，应该是经常发生的事情。二里岗下层的宫殿基址就有多层叠压现象，雨水毁坏应是重要原因。2000年以后，商城南墙和西墙都进行了较大范围的发掘，并且完全发掘至生土，但二里岗期夯土内十分纯净，没有陶片发现。笔者也寻找以前发掘的夯土墙中和夯土层内的陶片，发现这些陶片多呈灰色、褐色，器表纹饰有篮纹、方格纹、附加堆纹、划纹、绳纹等等。可辨器型有花边罐、深腹罐、卷沿鬲、三足盘、短颈大口尊、平底盆等，它们一部分是属于龙山文化，另一部分属于洛达庙文化，没有见到二里岗期的陶片。郑州商城城墙的主要发掘者近年来也认为城墙的始建年代可早到二里岗下层一期偏晚阶段，此可表明城墙内的二里岗下层二期陶片的发掘者也已有新的认识[14]。

（二）宫殿基址的年代

依据已经发表的资料，目前可以确定年代的共63处，依据地层叠压关系和出土遗物判断，部分夯土台基的年代为二里岗下层二期偏早，部分基址年代可达洛达庙晚期。

如例1，C8T62夯土，是一片破坏严重的面积较大的夯土台基，它与C8G15距离也较近。夯土层被二里岗期下层所叠压，该文化层出土卷沿鬲、大口尊、镂孔豆等典型二里岗下层文化遗物，特别是卷沿鬲的口沿特征与二里岗下层一期的同类器物特征接近。（图二）二者年代也应当较近，表明这片夯土的年代早于二里岗下层二期[15]。

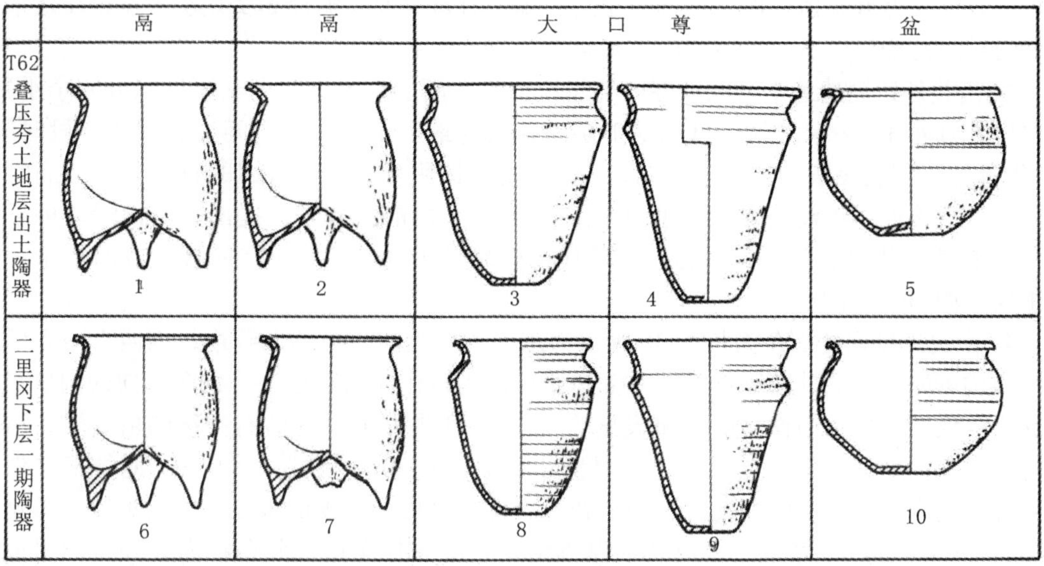

图二　叠压 C8T62 夯土基址地层中出土陶器与二里岗下层一期同类器比较

1. 鬲 C8T62③：17　2. 鬲 C8T62③：5　3. 大口尊 C8T62③：10　4. 大口尊 C8T62③：15　5. 盆 C8T62③：1

6. 鬲 C7H16：70　7. 鬲 C91H118：8　8. 大口尊 C1H14：75　9. 大口尊 C1H14：3　10. 盆 C1H9：354

例 2，W22 夯土基址位于商城东北部，在黄委会青年公寓内，呈东北—西南向，现发现长度约 110 米，主要为基槽部分，宽约 8 米，厚 1.2 米~2.3 米，夯层厚 8 厘米~10 厘米，夯窝清晰，直径约 4 厘米~6 厘米。西南端已到头，因为基槽已向上内收。打破它的灰坑有 H35（1985 年发掘）、H56、H110、H114[16]。H35 为二里岗下层偏早阶段的单位，出土有卷沿鬲、深腹盆、大口尊[17]。H56、H114、H110 出土有夹砂褐陶鼎、卷沿细绳纹鬲、褐陶斝、橄榄形深腹罐、褐陶蓖纹深腹罐、大口尊、深腹盆等，从斝的口沿、鬲、橄榄深腹罐的纹饰分析，它们的年代可能要早于二里岗下层一期[18]。此外，H114 打破 W22 的中部，表明这段夯土基址此时已经完全废弃。其兴建年代只能为洛达庙期。

例 3，1998 年东里路发掘的宫殿地层关系是二里岗下层的基址下仍有多层夯土基址。如 F1 为二里岗下层二期建筑，它向下打破 F3，F3 的基础槽厚约 1.5 米，而 F3 下面又叠压着 F4。F4 下面才是洛达庙时期的灰坑[19]。由此可见，宫殿的兴建和废弃至少已经历三次，二里岗文化在其下层阶段发展了一定时期。宫殿同城墙的情况基本一致。再次证明内城和宫殿都是在二里岗下层之前兴建，其兴建年代可能接近洛达庙期的年代。

三、关于外郭城的始建年代

1. 护城河出土二里岗下层陶片，证明至少这些二里岗下层陶片以前护城河已经存在[20]。

2. 已发现几段外郭城夯土墙基，夯土层包含的极少量的陶片特征，基本上与郑州商城夯土城墙的夯土层内包含的陶片相同。都有少量龙山晚期陶片、较多的洛达庙期的陶片[21]，没有再晚的陶片。内、外城内侧均发现大量二里岗文化层，如二里岗遗址的文化层可以延伸到外城墙边，但外城墙夯土之外却没有这时期的陶片和文化层，这也反过来证明此时城墙已经建成。

3. 南关外铸铜遗址本身的地层分二里岗上、下两层，下层时期又可以划分四个小层，其厚度在0.4米~2米之间，可见最下层的年代与最上层的年代之间会有很长一段时间。《铸铜遗址》报告发表的部分陶器如大口尊、鼎、圆腹罐、红褐陶罐的特征与洛达庙时期的同类器很接近，年代至少是二里岗下层一期[22]。以前已有学者提出，铸铜遗址可早到南关外期[23]。因此，我们认为郭城的年代可能略晚于内城，其年代应接近或略早于二里岗下层一期H9的年代。

4. 南关外发现的那条沟长为36米，为东南—西北向，两端未到边，沟西有一方形水池。该沟可能为南关外铸铜作坊的东部边缘，因为该作坊南部也有一条东西向的沟，二者的深度一致，可能均为作坊的防御设施[24]。南关外沟内出土的形制特殊的爵、斝、鬲式鼎等构成南关外文化的特色器物，均同盘龙城遗址早期的同类器一致[25]。此外南关外发现的那条沟内还出土有印纹硬陶、原始瓷片，这些是最早出现的来自南方的遗物。郑州商城经过50余年的考古发掘，文化面貌基本清楚，南关外文化只分布在南关外铸铜遗址附近，这是因为该遗址在商城早期已经使用，而商代初年都城的铸铜技术或与盘龙城的铸铜、运输有密切联系。因此，商城外城在南关外期之前也已建成。

四、结　语

依据地层关系，内城的建筑年代在二里岗下层一期之前，这一阶段的文化遗存是什么呢？首先内城存在大量洛达庙期遗存，它们多发现在夯土城墙或宫殿基址下及它们的夯土之中，而直接打破或叠压这些夯土城墙或基址的多为晚于它们一定时期的二里岗下层南关外H62阶段的遗迹，并且在此之前还有2~3层宫殿基址叠压的现象。此外，洛达庙时期在内城东南发现有成组的典型夯土水井，它们极有可能同夯土基址配套使用，二里岗时期的大型夯土水井都是在夯土基址区发现的[26]。另外这时期文化遗存分布范围较广，整个内城几乎都有发现，遗址面积在数百万平方米，遗物十分丰富，出土陶器数量也大。郑州商城内城周长近7公里，宽达20余米，在当时是一项大型工程，没有大量的人口是办不到的。从文化发达和遗物丰富的情况分析，与这一状况最接近的为洛达庙期文化，因此我们不能排除洛达庙期晚段开始建筑宫殿和城墙的可能性。因为一种考古学文化是要经过一定时期发展才会有变化。从考古学文化的特征分析，洛达庙类型发展的一些新特征，在电力学校H6[27]、化工厂H1[28]等单位有反映。这时期的遗存只发现在内城，它们出土的陶器特征代表了洛达庙期向二里岗文化开始过渡，但出土物以及遗迹远没有洛达庙期丰富。因此我们倾向郑州商城内城是从洛达庙期晚段开始的，可称第一段，其代表单位是内城东南部的三座大型夯土水井，经过的第二阶段应为电力学校H6、化工厂H1。

关于二里岗下层H9的问题，学术界一般认为它是二里岗文化最早的一期，近年较多的考古资料表明，该阶段见不到一定厚度的文化层，只是有一些地层单位存在。《郑州商城》指出，“这期文化遗存目前仅在郑州二里岗和铭功路西侧两地相对发现较为集中。另外，在郑州人民公园商代遗址和商城宫殿区遗址内也有零星发现”。发现房基4座，位于铭功路制陶作坊区内。灰坑 12 座，墓葬 3 座，出土石器 31 件，复原陶器近 70 件[29]。这与二里岗下层二期的同类出土物的数量相比较，差距极大。它的遗物、遗迹很不丰富。此外我们发现该期陶器的纹饰、陶质、陶色、器类特征，如鬲、斝、甗等典型器与南关外 H62 的同类器物接近，它应同 H62 为代表的单位同期，H9 内个别器物具有洛达庙文化的特征。以前带有明显洛达庙期文化特征的一、二段只分布在内城的文化层，发展到这一期，分布范围扩大到郭城之中。它们的出现应是郭城建成以后所形成的城外第一期文化遗存。

依据我们以上分析，郑州商城郭城建立在二里岗下层 H9 之前或接近，内城的年代在二里岗下层南关外 H62 之前，结合宫殿在洛达庙晚期已经存在的事实，以及内城之内近年发现大量的洛达庙遗迹、地层，而外郭城不见。我们推断内城的年代接近洛达庙期晚段。关于商城的绝对年代，近年来发表不少资料，如洛达庙晚期 VT155G3 兽骨的碳十四年代为 1680 年 B. C～1670 年 B. C，1630 年 B. C～1540 年 B. C。郑州商城洛达庙遗存 T232H231 骨头的碳十四年代为 1740 年 B. C～1630 年 B. C，T231H230 为 1690 年 B. C～1610 年 B. C，T155G3 为 1640 年 B. C～1605 年 B. C，T232H233 木炭为 1640 年 B. C～1605 年 B. C；二里岗下层一期 T166G2 兽骨的碳十四年代为 1580 年 B. C～1490 年 B. C，T323 夯土出土木炭为 1600 年 B. C～1540 年 B. C，1600 年 B. C～1525 年 B. C，C1H9 卜骨为 1600 年 B. C～1530 年 B. C，C1H9 骨匕为 1600 年 B. C～1530 年 B. C，T166G2 骨头为 1600 年 B. C～1540 年 B. C[30]。碳十四测年是郑州商城洛达庙遗存为 1670 年 B. C～1640 年 B. C，二里岗下层一期为 1600 年 B. C。而目前发现商城始建于二里岗下层之前，因此郑州商城应建于公元前 1640～公元前 1600 年之间。

---

［1］ 邹衡：《郑州商城即汤都亳说》，《文物》1978 年第 2 期。

［2］ a. 安金槐：《对于郑州二里岗期遗存分期和郑州商城修用时期的初步认识》，“夏、商前期考古年代学研讨会”论文，1997 年 10 月。该文认为郑州商城始建于以二里岗 CIH17 为代表的二里岗下层二期”。

b. 李经汉：《郑州二里岗商文化的来源及其相关问题的讨论》，《中原文物》1983 年第 3 期。

［3］ 杨育彬：《郑州商城的考古学研究》，《夏商周断代工程·商前期年代学研究课题·郑州商城专题报告》1999 年。

［4］ 陈旭：《郑州商城宫殿基址的年代及其相关问题》，《中原文物》1985 年第 2 期。近年，邹衡先生修改了先前的观点，认为郑州商城始建于“先商期第一段第 2 组，即南关外时期始建的”。但是仍将先商与早商文化的界限划定在分别以二里岗 CIH9、CIH17 为代表的商文化第Ⅱ、Ⅲ组之间。见《西亳与桐宫考辨》，《夏商周考古学论文集（续集）》，科学出版社，1998 年，第 156 页。

［5］ 仇祯：《关于郑州商代南关外期及其他》，《考古》1984 年第 2 期。李伯谦《先商文化探索》说：“郑州商城的始建年代只能在二里岗下层偏早阶段，而不会比它更早。”见《中国青铜文化结构体系研究》，科学出版社，1998 年。张文军、张玉石、方燕明：《关于郑州商城的考古学年代及其若干问题》认为郑州商城约始建于二里岗下层 H9 的时候，见《郑州商城考古新发现与研究（1985—1992）》，中州古籍出版社，1993 年。

［6］［7］［9］［10］［11］［12］［15］ 河南省文物考古研究所：《郑州商城》，文物出版社，2001 年。

［8］ 河南省文物考古研究所：《郑州黄委会青年公寓考古发掘报告》，《郑州商城考古新发现与研究》，中州古籍出版社，1993 年。

[13] 袁广阔:《先商文化新探》,《中原文物》2001 年第 6 期。

[14] 杨育彬:《郑州商城的考古学研究》,《夏商周断代工程商前期年代学研究课题郑州商城专题报告》1999 年。该文指出:郑州“商代夯土城墙本身包含最晚的陶片为二里岗下层一期,商代夯土墙下面所叠压的有二里岗下层一期的小灰沟或更早一些的文化层、灰坑和灰沟。由此可知郑州商城的相对年代是介于二里岗下层一期和二期之间。其始建年代约在二里岗下层一期偏晚阶段。”这与《郑州商城》(文物出版社,2001 年。)指出的:“虽然在城墙夯土层下面叠压有相当于商代前期偏早的洛达庙期和南关外期文化层或灰坑,其城墙的修筑时间不能早于商代前期偏早的洛达庙期和南关外期,但是这部分城墙夯土层内侧也包含有商代二里岗下层二期的陶片等遗物,就充分证明这部分二里岗下层二期夯土城墙的修筑时期不能早于商代二里岗下层二期。”存在差异,表明杨育彬等先生认为城墙夯土层内侧也包含有商代二里岗下层二期的陶片时代要早一些,最晚的陶片也应为二里岗下层一期。

[16] 河南省文物考古研究所:《郑州商城北大街商代宫殿遗址的发掘与研究》,《文物》2002 年第 3 期。

[17] 河南省文物考古研究所:《郑州黄委会青年公寓考古发掘报告》,《郑州商城考古新发现与研究》,中州古籍出版社,1993 年。

[18] [19] 河南省文物考古研究所:《郑州商城北大街商代宫殿遗址的发掘与研究》,《文物》2002 年第 3 期。

[20] [21] 河南省文物考古研究所:《郑州商城外郭城的调查发掘报告》,《考古》待刊。

[22] 河南省文物研究所:《郑州商代二里岗期铸铜遗址》,《考古学集刊》第 6 集,科学出版社,1989 年。

[23] 陈旭:《郑州商代铸铜遗址的年代及其相关问题》,《中原文物》1992 年第 3 期。

[24] 河南省博物馆:《郑州南关外商代遗址的发掘》,《考古学报》1973 年第 1 期。

[25] 湖北省文物考古研究所:《盘龙城》,文物出版社,2001 年。

[26] 河南省文物考古研究所资料。

[27] 河南省文物考古研究所:《郑州电力学校考古发掘报告》,《郑州商城考古新发现与研究》,中州古籍出版社,1993 年。

[28] 河南省文物考古研究所:《郑州化工三厂考古发掘简报》,《中原文物》1994 年第 2 期。

[29] 河南省文物考古研究所:《郑州商城》,文物出版社,2001 年。

[30] 夏商周断代工程专家组:《夏商周断代工程 1996—2000 年阶段成果报告》,世界图书出版公司,2000 年。

(原载《古都郑州》,中州古籍出版社,2004 年)

“乇”辨

李维明

2003年，笔者对“亳”字有关材料分析研究时[1]发现，以往释文多为10个字的郑州商代牛肋骨刻辞上至少残存有11个字[2]，其中被部分释文疏略的1个字应释为“乇”，可能是“亳’”的早期写法[3]。这一认识因涉及商代早期亳都地望而引起学术界注意[4]。因此，笔者对郑州商代牛肋骨刻辞“乇”字及相关问题再作探讨，供大家讨论。

一、“乇”形意辨

“乇”在甲骨卜辞中较为常见，字形为竖弯笔画偏上部加一短横画（或稍斜），一般写作“ナ”或“七”。在卜辞中的用意大致可以分为两类：一类与祭祀活动有关，涉及祭祀对象、祭祀名称、献牲种类和数量、祭祀地点、祭日等；另一类则与地点、地名或方国有关，如：

乇。殷墟卜辞“贞乇”（1期，《甲骨文合集》22328）。殷墟卜辞“乙未卜今日乇不雨，吉”。（3期，《小屯南地甲骨》2268）

乇土。郑州商代牛肋骨刻辞“又乇土羊乙丑贞从（比）孚……七月”。（商文化早期，《郑州二里岗》第38页插图十二）

乇田。殷墟卜辞“丁丑卜……贞王其往乇田无灾”。（3期，《甲骨文合集》28589）

乇方。殷墟卜辞“……乇方……戍其……吉”。（5期，《甲骨文合集》36538）

上述卜辞表明乇地受商王重视，因设有社[5]，应属一处商都邑所在[6]。

“乇”意，东汉许慎《说文解字》六下：“乇，艸叶也，从垂穗上贯一下有根象形”[7]。现代学者或释“乇”意为割裂祭牲肢体[8]，或用作度量单位[9]。笔者推测“ナ”（乇）近草形。卜辞中存有用新[illegible]祭祀祖乙的记载（《合集》18938），《史记·殷本纪》、《吕氏春秋·季夏纪》、《论衡·无形》记商王在商都以植物辨吉凶的事例，推断商人可能有崇草习俗。郑州地近“圃田泽”，《诗·小雅》“东有甫草”，郑笺云甫草者圃田之草也，《水经注》记该泽盛产麻黄草[10]，属草本状灌木，可入药。笔者疑“ナ”可能与当地出产具有药物作用的甫（或写作圃）草有关[11]，甲骨文1期卜辞出现的“甫土”也许指此地之社[12]。

二、乇、宅、亳辨

“宅”、“亳”与“乇”同声韵，具有密切的关系。

“乇”与“乇土”。目前所见卜辞材料，以“乇土”出现相对较早（仅见于郑州出土牛肋骨刻辞），指“乇”地之“社”。“乇”数量较多，以甲骨文1期和4期多见。在卜辞文例中主要用于祭祀，也有涉及地名。“乇”地在商代是一处颇为重要的地方，而“乇土”则指在乇地设立的祭社场所。

“亳”与“亳土”。目前所见卜辞材料，以“亳”出现相对较早（甲骨文1至5期），在卜辞文例中主要指地名，在这里有祭祀先祖的活动。“亳土”出现相对较晚（甲骨文3，4期），指在亳地设立的祭社场所。

“宅”与“宅土”。目前所见卜辞材料，以“宅”出现相对较早（甲骨文1至4期），在卜辞文例中有建筑、工程、地点等不同用意。“宅土”出现相对较晚（甲骨文4期），指在宅地设立的祭社场所。

“乇（土）”与“亳（土）”。目前所见卜辞材料，“乇”、“亳”均出现于甲骨文1期，两者在卜辞文例中多与祭祀活动有关，也涉及地名，具有一定的共性。“乇土”目前仅见郑州出土牛肋骨刻辞，估计时代跨度在二里岗期至殷墟文化1期，指“乇”地之“社”。“亳土”出现相对较晚（甲骨文3，4期），不少于12例，指亳地祭社场所。

“宅（土）”与“亳（土）”。目前所见卜辞材料，“宅”、“亳”均出现于甲骨文1至5期。两者在卜辞文例中涉及地名具有共性。“亳土”出现相对较早（甲骨文3，4期），不少于12例，是亳地祭社场所，使用不同的祭祀方法。“宅土”出现相对较晚（甲骨文4期），笔者仅见1例，应指宅地祭社场所。

“乇”、“宅”、“亳”上古音同在铎韵部[13]。汉代许慎《说文解字》记“亳……从高省乇声”[14]。清代学者朱骏声《说文通训定声》记乇、宅、亳同为乇声[15]。于省吾《甲骨文字释林》言“甲骨文亳字所以从之乇，与宅字从乇形同”[16]。在历史上还出现有相互通假使用的现象。如“宅”、“乇”通假例，见东周货布“宅陽”又写作“乇易”[17]；“宅”、“亳”混用例，如王国维所举“书序，盘庚五迁将治亳殷。束皙谓孔子壁中尚书作将始宅殷。孔疏谓亳字摩滅容或为宅”[18]。据此判断，卜辞中的“乇土”、“宅土”、“亳土”具有密切的联系。其中“乇土”与“亳土”两者可能属具有时代演变关系的同一地方[19]，“宅土”可能是“亳土”的一例假借用法。

三、商都乇（亳）辨

郑州出土商代牛肋骨刻辞，除牛肋骨刻辞实物外可见牛肋骨刻辞照片、拓片、绘图和文字记录等公布资料。

牛肋骨刻辞实物，1953年4月中旬采集于河南省郑州市二里岗西北部考古发掘工地，残长约7.3厘米，宽3.8厘米，厚0.3厘米，上有三竖行刻辞。随即由夏鼐先生带到北京交陈梦家先生研究[20]。今不知收藏于何处。

牛肋骨刻辞照片，不同刊物刊登照片因清晰度不同可显示 7 字：“……土羊乙贞从（比）孚（俘）七……”[21]；8 字：“……土羊乙丑贞从（比）孚（俘）七……”[22]；11 字：“又乇土羊乙丑贞从（比）孚（俘）七月”[23]。（见表三，左中图）

牛肋骨刻辞绘图，不同刊物刊登显示字符 13 处示意性绘图[24]，而正规绘图清晰显示 11 字：“又乇土羊乙丑贞从（比）孚（俘）七月”[25]。（见表三，左下图）

牛肋骨刻辞拓片，不同刊物刊登拓片按清晰度不同至多可显示 10 字（又土羊乙丑贞从（比）孚（俘）七月）[26]，如果对照显示 11 字照片和绘图可依稀辨认出 11 字（又乇土羊乙丑贞从（比）孚（俘）七月）[27]。

事实表明确有部分牛肋骨刻辞照片和绘图材料显示“土”字上方存有“乇”字，即于省吾先生所释“乇之初文”[28]。

文献《春秋经》襄公十一年有：“同盟于亳城北。”（同年《传》记“同盟于亳”）杜预注：“亳城，郑地”[29]。迄今考古发现，在“郑地”范围内惟有郑州市东周城址大量出土带有“亳”字的东周陶文[30]，有学者甚至将这里出土的“十一年□□□”东周陶文与文献《春秋经》“襄公十一年”联系[31]，而郑州市出土“亳聚”陶文显指亳地之“邑落”。传世文献与考古材料结合互证，基本上可以确定郑州市内这座伴有大量“亳”字陶文的东周城址就是文献所言郑地“亳城”。

郑州市内这座东周“亳城”是部分依托商代早期城址建筑的。数十年考古发掘与研究证明，这座商城时代跨度主要包括先商和早商时期，大规模的城池、宫殿群和青铜礼器群等文化内涵显得王气十足，非同期其他商城可比。（表一）因此，学术界一致认同这是商代早期的一代王都。郑州出土的牛肋骨刻辞，尽管早期释文未能识出“乇”字，但其中的“土”字仍然引起了学者的重视，并将其与商王都祭社活动相联系[32]。一旦补上“乇”字，在这条刻辞中就首次出现了“乇土”一辞，“乇土”应是设在商王都“乇”之国“土”，是商王都举行祭祀活动的场所。因此，郑州商代早期王都可称为“乇”都，郑州商城可称作“乇”城。

表一　**先商、早商时期主要商城文化内涵显著差别比较**

商城 内涵		郑州商城（郑亳）	偃师商城（西亳）	焦作府城	孟庄先商城	垣曲商城（垣亳）	东下冯商城	曹县商城（北亳）	黄陂盘龙城
面积（参考）		约 1300 万平方米	约 190 万平方米	约 8 万平方米	约 13 万平方米	约 13 万平方米	不详	不详	约 7.5 万平方米
刻辞（参考）		乇土							
二里岗下层	青铜礼器	鼎、鬲、觚、爵、斝、盉			鬲、爵、斝	爵、斝	不详	不详	鬲、爵、斝
	铸铜遗址	形成相当规模遗址	铜渣、坩埚、范碎块				不详	不详	

值得注意的是，出土文字和古代文献记载显示郑州一带至少在商代就存有“乇”地，周至汉晋时期乇声地名宅[33]、亳延续不断，又有甫声地名并行。（表二）这些存有音韵联系的地名使郑州商城为汤都“乇”（亳）说[34]的论据更为充实。

表二　　**郑州一带商至唐乇声、甫声及与汤有关的古地名**

商	乇（土） 二里岗商代刻辞				
周	甫（草）《诗·小雅·车攻》	宅陽、北宅古本《竹书纪年》	亳（丘、聚）郑州东周陶文	亳（城）《春秋经》及《左氏传》	宅陽或乇易东周韩布（参考）
汉晋	圃（田）、補《诗·小雅·车攻》郑玄笺補（邑）《国语》韦昭注解	北宅《水经注·济水》		亳（城）《史记·晋世家》集解引服度，《国语·晋语》韦昭注解，《左氏春秋》杜预注薄（中）《水经注》引《风俗通》薄（亭）《续汉书·郡国志》	中汤城《魏书·地形志》中
唐		北宅（宅陽故城）《括地志》			
音韵	甫、圃，郑音補。甫、圃、補上古韵同为帮母鱼韵。薄犹言甫。	宅，亳皆从乇声	亳为乇声	亳与薄上古音均属并母铎韵部。薄犹言甫。	唐、阳古声相通

四、否“乇”论辨

郭沫若先生曾经指出：“卜辞研究是新兴的一种学问，它是时常在变迁着的。以前不认识的事物后来认识了，以前认错了的后来改正了。我们要根据它作为社会史料，就应该采取‘迎头赶上’的方法，把它最前进的一线作为基点而再出发。目今有好些新史学家爱引用卜辞，而却没有追踪它的整个研究过程，故往往把错误了的仍然沿用，甚至援引错误的旧说以攻击改正的新说，那是绝对得不出正确的结论的[35]”。

2006 年 1 月 6 日《中国文物报》7 版刊登《对郑州出土商代牛肋骨刻辞的一点看法》（以下简称《看法》一文，根本否认郑州出土商代牛肋骨刻辞上存有“乇”字的可能性。读《看法》后，笔者感到该文不仅没有就这片刻辞提出新的学术见解，反而突显出其对材料的随心所欲（表三），主要表现为：

表三 《看法》否认郑州商代牛肋骨刻辞上存有"乇"字的理由与相关材料对证会按

显示牛肋骨刻辞存有"乇"字的材料	《看法》否定牛肋骨刻辞存有"乇"字的理由	对证会按
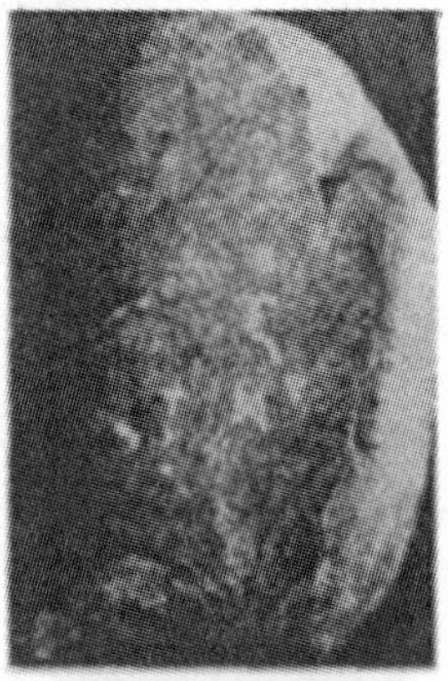	1.《看法》："从上世纪 50 年代的照片和拓本看'土'字上方没有刻划……"	1. 按：这一理由显示《看法》发表前，其作者未见过左面这幅曾经于上世纪 50 年代和本世纪初再次发表过的刻辞照片。
	2.《看法》："亲眼见过该牛肋骨刻辞的古文字学家陈梦家、李学勤先生也都没有讲'土'字上方有刻划……"	2. 按："土"字上方有无刻划，读者目验左面这幅刻辞照片自有公论。
	3.《看法》："所谓的'乇'字只是简单的'➤'形，➤形右下角是一条向左下方斜行的长裂缝……""所谓的➤形很可能是骨头表层剥落留下的痕迹。"	3. 按：这一理由纯属主观想象。显示《看法》发表前，其作者未见过左面这幅曾经在上世纪 80 年代发表过的刻辞照片（局部）。右上角显示骨裂缝打破[字形]字下部。
	4.《看法》："《郑州二里岗》摹本误把'➤'形与与之相接的裂缝连在一起，遂变成'[字形]'形……"	4. 按：这一理由纯属主观臆测。读者目验左面这幅刻辞照片骨裂缝上方显示[字形]，与《郑州二里岗》插图十二[字形]比较后，真相自明。
	5.《看法》："以上诸家……但都认为只有 10 个字……"	5. 按：刻辞是否只有 10 个字，读者数一下左面刻辞绘图上的字数即可得出答案。
	6.《看法》："《郑州二里岗》的释文只有 10 个字，这说明考古报告的作者并不认为还有第 11 个字……"	6. 按：释文 10 个字，怎能证明单缺"乇"字呢？读者只要对照检验《郑州二里岗》第 38 页释文和目验左图最上面的[字形]，即可释然。
	7.《看法》："总之……第 11 个字并不存在，因此也不能把郑州牛肋骨刻辞作为'郑亳说'的立论证据。"	7. 按：《看法》作者赞同"亳"在山东曹县。以主观愿望否认客观材料的做法固然简便，却难以走向真实。

说明：表中所附照片和绘图材料自上而下分别出自郑州市城市科学研究会、郑州古都学会编：《古都郑州》，中州古籍出版社，2004 年（该照片曾经刊登于《考古学报》1957 年第 1 期）；杨育彬：《河南考古》照片 24，中州古籍出版社，1985 年（此为该照片局部）；河南省文化局文物工作队：《郑州二里岗》第 38 页插图十二，科学出版社，1959 年。

1. 不熟悉材料。比如以往学术界释文字数并非《看法》介绍"以上诸家……但都认为只有 10 个字"。据笔者所知，释文还有 6 个字者[36]。又如《看法》所谓"从上世纪 50

年代的照片和拓本看‘土’字上方没有刻划”，实属未见 1957 年《考古学报》第 1 期《郑州商代遗址发掘》图版陆 · 4 照片而做的误说。再如《看法》所附显示 10 个字的刻辞拓本倒与作者意愿符合，然《郑州二里岗》第 38 页插图十二清晰可见 11 个字，又有杨育彬著《河南考古》照片 24[37] 显示 11 字刻辞可与之逐字对照互证。可惜这些材料被《看法》疏略。

2. 不分析材料。比如，《看法》按需择选 3 家“都认为只有 10 个字”的意见并举出其中 2 家 10 字释文。然两家同为 10 字释文不仅内容存有明显差别，而且与考古报告材料有抵牾之处。如 1956 年李学勤先生释文 10 字：“又土羊，乙丑贞，从受……七月。”核之《郑州二里岗》插图十二前贞刻辞可判定该释文前贞缺失“乇”字。又如 1959 年《郑州二里岗》释文 10 字：“又乇土羊乙贞从受十月。”因《文物参考资料》1954 年第 5 期图四（甲）、（乙）刻辞照片和拓本，《考古学报》1957 年第 1 期刻辞照片和拓本，《郑州二里岗》插图十二等原始报告材料均显示刻辞后贞有“乙丑贞”，可判定该释文后贞缺失“丑”字。校补后两条释文字数均应增为 11 字，以往所释 10 字显然为缺字所致。对此《看法》有所失察。

3. 不尊重材料。面对《郑州二里岗》插图十二清晰的 11 个字，《看法》不得不承认“从摹本看似乎是 11 个字”，但又以“报告的作者并不认为还有第 11 个字”为由判定“摹本不可据”，十分轻率地以主观认识否定了考古报告中的原始记录材料。对此笔者举 2 例相比，一例为《郑州二里岗》报告作者曾引用唐代《括地志》一段只有 20 字的文献，不仅出现误改 2 字现象，还因误漏 2 字只余 18 个字[38]。不知《看法》作者是否会以此失误为由判定《括地志》“不可据”呢？同样的例子还见于《看法》，即《看法》不仅无端将这片牛肋骨刻辞出土时间由考古报告报道的 1953 年推迟至 1954 年，还将《郑州二里岗》报告作者的 10 字释文中“土”前漏去 1 字，变为 9 字。不知《看法》作者会不会又以这些自误为据判定考古报告的报道“不可据”呢？

《郑州二里岗》是 20 世纪 50 年代编写和出版的一部对于中国夏商周考古学研究具有重要学术参考价值的考古报告，其考古绘图至今仍被视为典范。限于当时的条件，报告当然还存有不尽完善之处，但像《看法》这样毫无根据地直接否定报告原始材料的真实性，以笔者所知，尚属首例。大概《看法》作者对考古遗存之间相对年代关系、考古遗存、原始记录材料和作者认识的相对关系不甚清楚，以至于在研究这段牛肋骨刻辞时，竟然用晚出的骨裂缝否定先存的刻辞“乇”字，用报告作者存有缺字现象的释文否定刻辞绘图资料，这样的研究方法实属顺序颠倒、本末倒置和是非不辨。至于《看法》有关《郑州二里岗》摹本如何将骨头剥落痕迹与裂缝相连成字的描述，虽如亲身经历一般形象生动，但毕竟属于主观臆测，用于讲求尊重历史客观实际的历史学研究却大不合适。这一以主观认识为标准随意否定考古报告材料的做法，不仅中伤了《郑州二里岗》插图十二的作者，也殃及引用这一材料的其他研究成果[39]。

4. 不依从材料。比如《看法》所谓笔者对刻辞的“释读引起了学界争议，有学者同意他的看法，有学者则坚持认为骨头上只有 10 个字，所谓‘乇’字并不存在”。至 2006 年 1 月《看法》刊出之前，笔者未见其所言不同意见公开发表，请《看法》作者出示其所言“学界争议”的材料出处，否则难免道听途说、李代桃僵之嫌。再如《看法》以“亲眼见过该牛肋骨刻辞的古文字学家陈梦家、李学勤先生也都没有讲‘土’字上方有刻划”为据，力图排除‘土’字上方存字的可能。需要讨论的是“亲眼见过”是否等于全然不差？有材料显示亲眼见过这片刻辞并未释“土”上方有字的陈梦家先生，后来曾指导《郑州二里岗》考古报告的修改[40]，笔者未见其对报告插图十二“土”上方显示“”字提出异议；又从《看法》所举李学勤先生两篇有关这片牛肋骨刻辞的研究文章，释文出现先释为“七”后改为“十”的事例，看来这一问题已然诠释。然而最早报道这片刻辞的赵全嘏先生明示“土”上方有1处“刻工”，却被《看法》忽略[41]。其实，《看法》作者也注意到“土”上方存有“”形，举学术名家不过是借以壮胆剪除不利证据[42]。然笔者以为科学研究重在实事求是，信在实践检验，否则学术难以进步。

---

[1] 李维明：《“亳”辨》，《中国历史文物》2004年第5期。

[2] 关于这片商代牛肋骨刻辞残存字数，学术界早有学者指出有11个字，不过未有释文。见肖良琼：《周原卜辞和殷墟卜辞之异同初探》附表二，胡厚宣主编：《甲骨文与殷商史》，上海古籍出版社，1983年，277页。

[3] 李维明：《郑州出土商代牛肋骨刻辞新识》，《中国文物报》2003年6月13日；《郑州出土商代牛肋骨刻辞补识》，《中国文物报》2006年1月6日。按，常玉芝先生近提示，原释文中“受”似为“孚”。笔者检阅有关材料后，认为这一认识可从。

[4] 2005年10月21日上午，在河南省郑州市召开的“纪念郑州商城发现50周年座谈会”开幕式结束后，会议代表参观河南省文物考古研究所陈列室和郑州商城南城墙剖面时，东京大学松丸道雄教授、县立新泻女子大学高久由美助教授和东京大学大贯静夫教授，先后当面对我的见解表示同意。在下午的座谈会上，高久由美助教授代松丸道雄教授宣读发言稿，同意郑州出土商代牛肋骨刻辞前贞为“又乇（亳）土羊”的认识。松丸道雄教授会议发言整理稿见《纪念郑州商城发现50周年座谈会专家发言》，《古都郑州》2005年第4期，16页、17页；松丸道雄：《对“郑州商城”命名的一点看法》，《中国文物报》2005年12月2日。对于笔者指出刻辞缺字现象，有学者发表了不同的意见。如孙亚冰：《对郑州出土商代牛肋骨刻辞的一点看法》，《中国文物报》2006年1月6日7版；陈旭、徐昭峰：《郑州出土商代牛肋骨刻辞释文漏字原因探究》，《中原文物》2006年第3期。

[5] 古者建国必先立社，因此土（社）是夏商周时期重要祭祀场所。文献记载有夏社（见《尚书·甘誓》）；商社有殷人社（见《淮南子·齐俗训》），土、唐土、甫土、宅土、亳土、鄘土（见卜辞）等；周社有周人社（见《淮南子·齐俗训》），东社、西社、南社、北社（均见《初学记》引《尚书大传》），立于林木之修茂的丛社（见《墨子·明鬼下篇》），建于国中之大社（见《逸周书·作雒解》），王为群姓立大社、王自立王社、诸侯为百姓立国社、诸侯自立侯社、大夫以下或群立社（均见《礼记·祭法》，里之社（见《列子·周穆王第三》）等。

[6] 中华书局，1959年版，1985年第9次印刷本，《史记·周本纪》，记武王克商后在殷都“……除道，修社及商纣宫”。

[7] （汉）许慎：《说文解字》，中华书局，1963年版，1979年第5次印刷本，127页。

[8] [16] [28] 于省吾：《甲骨文字释林》，中华书局，1979年，167页。

[9] 朱德熙、裘锡圭：《平山中山王墓铜器铭文的初步研究》，《文物》1979年第1期。

[10] 袁光英、刘寅生整理标点，王国维校：《水经注校》，上海人民出版社，1984年，714页。

[11] 王念孙：《广雅疏证》有“草蘖生为薄”，中华书局，1983年，338页。

[12]《毛诗正义·时迈》：“薄言震之”，郑笺云薄犹言甫也……（清）阮元校刻《十三经注疏》，上册，中华书局，1980年第1版，1983年第3次印刷本，589页。

［13］唐作藩：《上古音手册》，江苏人民出版社，1982 年，168 页、166 页、9 页。

［14］［汉］许慎：《说文解字》，中华书局，1963 年第 1 版，110 页下，1979 年天津第 5 次印刷本。

［15］朱骏声：《说文通训定声》，中华书局，1984 年版，1998 年第 2 次印刷，468 页。

［17］丁福保编：《古钱大字典》上编，中华书局，1982 年版，1992 年北京第 4 次印刷本，352 页。

［18］王国维：《观堂集林》，中华书局，1959 年版，1994 年第 6 次印刷本，523 页。

［19］据初步统计，殷墟出土与土（社）有关卜辞中以单用土（社）者最多，有在此举行多种祭祀活动的记录，笔者推测此“土（社）”可能为殷都本地之土（社）。添加方位、地域的土（社），很可能指非当地之土（社），其中的亳土（社）应指亳地之社。

［20］［24］［41］赵全嘏：《郑州二里岗的考古发现》，《新史学通讯》1953 年六月号。

［21］河南省文化局文物工作队：《郑州二里岗》图版拾陆·6，科学出版社，1959 年。

［22］陈梦家：《解放后甲骨的新资料和整理研究》图四（甲），《文物参考资料》1954 年第 5 期。

［23］［37］杨育彬：《河南考古》照片 24，中州古籍出版社，1985 年。

［25］河南省文化局文物工作队：《郑州二里岗》，38 页插图十二，科学出版社，1959 年。

［26］陈梦家：《解放后甲骨的新资料和整理研究》，图四（乙），《文物参考资料》1954 年第 5 期。

［27］河南省文化局文物工作队第一队：《郑州商代遗址发掘》，图版陆·5，《考古学报》1957 年第 1 期。

［29］据（清）阮元校刻《十三经注疏》，中华书局，1980 年第 1 版，1983 年第 3 次印刷本。

［30］参见刘文奂：《郑州金水河南岸工地发现许多带字的战国陶片》，《文物参考资料》1956 年第 3 期；河南省文化局文物工作队第一队：《郑州白家庄遗址发掘简报》，《文物参考资料》1956 年第 4 期；张松林：《郑州市西北郊区考古调查简报》，《中原文物》1986 年第 4 期；河南省文物研究所：《郑州商城考古新发现与研究（1985～1992 年）》，中州古籍出版社，1993 年；河南省文物考古研究所：《郑州商城 1953—1985 年考古发掘报告》，文物出版社，2001 年。

［31］张立东：《郑州商城与战国陶文“亳”、“十一年□□□”》，《考古与文物》2002 年增刊（先秦考古）。

［32］郑杰祥：《释亳》，《中原文物》1991 年第 1 期。

［33］何琳仪：《战国古文字典——战国文字声系》上册：“韩方足布‘乇易’读‘宅阳’，地名。”524 页：“……韩器‘厇陽’地名。……在今河南郑州北。”中华书局，1998 年，522 页；邹衡：《夏商周考古学论文集》：“宅阳地望正与郑州相近”，文物出版社，1980 年，199 页。

［34］邹衡：《郑州商城即汤都亳说》，《文物》1978 年第 2 期；《夏商周考古学论文集》（续集）科学出版社，1998 年。

［35］郭沫若：《十批判书》，《郭沫若全集·历史编》，第二卷，人民出版社，1982 年，7～8 页。

［36］中国社会科学院历史研究所编：《甲骨文合集补编》第 6 册，语文出版社，1999 年，2010 页。

［38］比较《史记·殷本纪·正义》引《括地志》：“荥阳故城在郑州荥泽县西南十七里，殷时敖地也。”中华书局，1959 年版，1985 年第 9 次印刷本。《郑州二里岗》序言引《括地志》：“荥阳古城在荥泽县西南十七里，殷时隞都也。”科学出版社，1959 年。

［39］如张光直：《商代文明》，北京工艺美术出版社，1999 年，253 页；中国社会科学院考古研究所：《中国考古学·夏商卷》，中国社会科学出版社，2003 年，424 页。

［40］河南省文物考古研究所编：《安金槐先生纪念文集》，大象出版社，2005 年，395 页。

［42］《看法》作者认为“‘亳’在今山东曹县”，见中国文物学会、中国殷商文化学会、中山大学编：《商承祚教授百年诞辰纪念文集》，文物出版社，2003 年，202 页。

（原载《古都郑州》，中州古籍出版社，2004 年）

郑州商城和偃师商城的碳十四年代分析

张雪莲　仇士华　蔡莲珍

关于郑州商城和偃师商城的年代讨论，一直是考古界乃至史学界的热点。因为一些重要问题的探讨，取决于两城年代的确定。

郑州商城在 20 世纪 50 年代发现，是迄今所知的规模仅次于洹北商城的商代遗址，城内外二里岗文化遗址总面积约 25 平方公里。到目前为止，郑州商城中已发现多座大型夯土台基，还有铸铜作坊、青铜器窖藏等。关于郑州商城，学术界主要的观点有两种：一种认为是商代第一个王成汤所居之亳；另一种认为是商代第十一王仲丁所居之隞都。

偃师商城在 20 世纪 80 年代发现，现已发现的有大城、小城和宫城。大城南北长约 1710 米，东西宽约 1215 米。偃师商城发现有宫殿基址、水池、祭祀坑、铸铜作坊等。关于偃师商城，其主要观点有：一种认为是商汤所建的西亳；另一种认为是太甲被放时所居之桐宫；还有就是认为它是一座商灭夏后建立的军事重镇。

学术界的这些看法中，哪一种最具说服力？显然，其中的重要依据之一是年代。在年代问题的探讨中，考古学研究依据类型学和地层学的原理给出了两城的考古学文化及其分期，这样考古学上的相对年代已比较清楚，而其绝对年代，只能来自于碳十四测年。

一、以往的测年情况

关于两城的碳十四年代测定，最早开始于 20 世纪 70 年代的郑州商城的年代研究。中国社会科学院考古研究所碳十四实验室对采自郑州商城的两个木炭样品进行了测定，测年结果见数据表。

表 1　**郑州商城碳十四年代数据**

实验室编号	原编号	碳十四年代（5568）	校正年代（BC）（达曼表）	校正年代（BC）（新数据集）	校正年代（BC）（OXCa13.5）
ZK-0177	T7（3）	3220±95	BC1595±110	1618–1417	1620–1400（68.2%）
ZK-0178	T7（5）	3240±95	BC1620±140	1635–1425	1620–1410（68.2%）

表 1 中的碳十四数据引自新碳十四数据集（1965~1991）[1]。

根据新数据集的前言和说明，新编的数据集已将老数据集（1965~1981）中的数据作了统一安排，原因是国际上碳十四年代的树轮校正工作有了很大进展。新数据集采用

1988 年国际碳十四会议确认的高精度树轮年代校正表统一校正，老数据集按达曼表查出的树轮校正年代附于索引四中可以同新的校正年代对照。此后，高精度校正表的改进甚小。

由上表可知，经达曼表校正之后的年代是公元前 1600 多年，误差范围有 220 年~280 年。经高精度表校正后年代下移，误差范围缩小到 201 年~210 年。当以高精度校正表为准。

偃师商城的年代测定，是从 20 世纪 80 年代开始的，直到夏商周断代工程之前，约已测定了 10 个数据。（表 2[2]）

表 2　　**偃师商城部分碳十四年代数据**

实验室编号	原编号	样品	碳十四年代（5568）	校正年代（BC）（新数据集）	校正年代（BC）（OXCa13.5）
ZK-1271	T1H1 下，商	木炭	3230±100	1630~1420	1680~1670（1.4%） 1630~1400（66.8%）
ZK-1315	ⅧT4（4），二里岗	木炭	3230±75	1612~1429	1610~1550（15.8%） 1540~1410（52.4%）
ZK-1316	ⅧT2（3），二里岗上层	木炭	3290±75	1680~1513	1690~1490（65.5%） 1480~1460（2.7%）
ZK-1319	J1D4T6H29，二里岗	木炭	3250±85	1635~1435	1620~1430（68.2%）
ZK-1320	J1D4T6H25，二里岗	木炭	3360±75	1745~1529	1740~1520（68.2%）
ZK-1345	ⅦT8（6），二里岗	木炭	3130±100	1520~1310	520~1290（65.0%） 1280~1260（3.2%）
ZK-1372	ⅦT9，T15（3B）二里岗下	木炭	3260±100	1680~1430	1680~1670（2.6%） 1660~1650（1.2%） 1640~1430（64.4%）
ZK-1373	ⅦT12（3B），二里岗下	木炭	3030±105	1420~1127	1410~1120（68.2%）
ZK-2198	J1D5H19，二里岗	木炭	3300±80	1658~1514	1690~1490（68.2%）
ZK-2199	J1T24（9B），二里岗	木炭	3030±90	1416~1137	1410~1120（68.2%）

从以上两个数据表看，共同的一点就是碳十四测年误差较之夏商周断代工程之后的年代数据的误差明显大一些。校正后误差范围均在 200 年以上。在这样大的误差条件下，再加之木炭的可能偏老，不仅两个商城相对具体的年代难以确定，而且两城的早晚关系也不容易分清。所以上面的数据只能反映一个大概的情况，没法将其作为准确的年代依据。

二、系列样品方法的运用

如果想获得真正有助于解决历史时期年代问题的年代结果，从碳十四测年角度来看，首先要求减小测年误差，提高年代测定的精度，这是减小年代误差的前提。但是，如果只是减小碳十四测年误差的话，校正后的日历年误差仍然不一定会相应有较大程度的减小。这一点可以先从上面数据表看出一个大概的情况，如表 2 中 ZK-1319 和 ZK-1320 两个数据。前者碳十四误差为 85 年，校正后的日历年代误差范围为 190 年；后者碳十四误差为 75 年，校正后日历年代的误差范围为 220 年。之所以如此，这是由于碳十四——树轮年代校正曲线的缘故。不同时段的校正曲线的形状不同，则校正后日历年的误差大小也不同。所以，假如使碳十四误差缩小的话，会对缩小校正后的日历年误差有作用，但校正后的日历年误差的大小更多地取决于碳十四——树轮年代曲线上的位置。这样，碳十四年代误差并不一定与日历年误差具有一一对应关系。由此可知，得到两座商城相对具体的年代，不仅要减小碳十四测年误差，而且要想办法减小由于校正曲线的位置因素所造成的日历年误差。下面通过校正曲线图，使这一问题有一个更为清楚的表述。(图一)

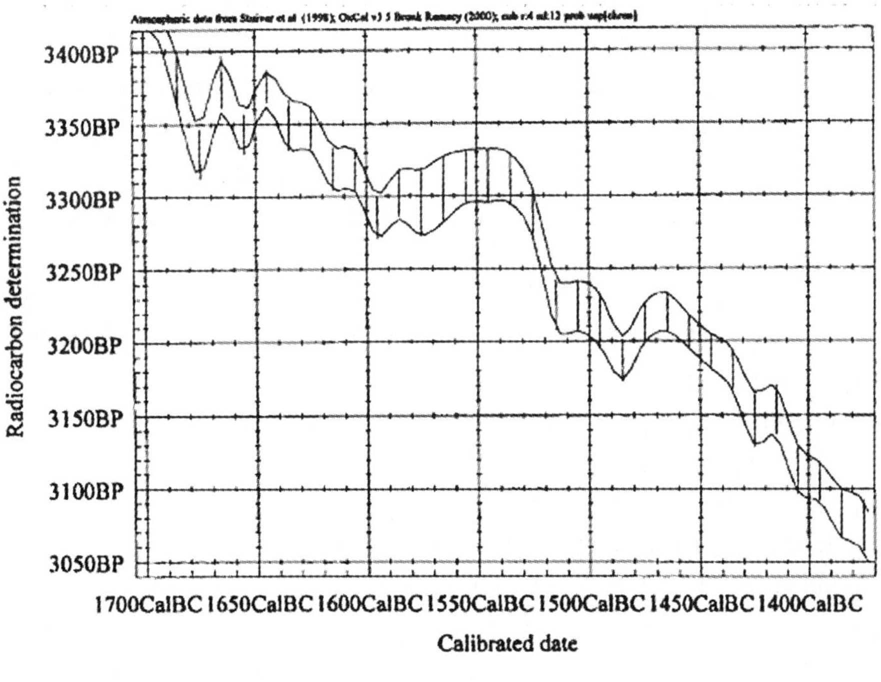

图一　公元前 1600 年～公元前 1400 年前后的高精度碳十四——树轮年代校正曲线

这是碳十四——树轮年代校正曲线上处于公元前 1400 年左右到公元前 1600 多年这一时段的情况。

由图一可以看出，该曲线只是在非常短的一段区间中比较陡直，而总体来说坡度还是比较缓，而且不是很直。在这样的状况下，即使碳十四测年误差不太大，用单个样品测年所得到的日历年代的误差也不会太小。下面可以就几个具体的年代值看一下大致的日历年误差情况。

假如碳十四年代为距今3320年前后，如果测年误差为30年的话，单一样品的日历年校正范围约为公元前1680多年~公元前1520多年，误差约为160年。相同的误差情况下，假如碳十四年代为距今3200年前后，则日历年校正范围约在公元前1520年~公元前1420年左右，误差范围约为100年。所以处于这个区域中，应用单一样品测年，日历年校正误差一般都比较大。这样大的年代误差，无助于历史时期的年代讨论。怎样解决这一问题，实际上这也就是夏商周断代工程中面对的问题。通过夏商周断代工程中的研究与论证，工程采用了国际碳十四领域在20世纪90年代提出的系列样品方法，使得日历年校正误差明显减小[3]。所以，两个商城年代真正系统的测定研究是在夏商周断代工程中应用系列样品方法进行的测定工作。

系列样品方法是取前后有序，互有间隔，在时间上连续的含碳样品，通过高精度年代测定，将测得的数据在高精度碳十四——树轮年代校正曲线上进行数据拟合，由此获得日历年代。而系列样品之间的相互关联性，可以使日历年误差明显减小。

为了实施系列样品方法，工程围绕测年精度进行了测年设备、制样方法等方面的研究与改造课题。通过这些课题研究，最终使常规方法精度达到3‰，加速器方法精度达到5‰。这为缩小碳十四测年误差提供了保证[4]。同时，由于数据拟合是通过拟合的统计程序来进行的，为了保证数据拟合的科学性，又对数据拟合程序进行了评估[5]，在此基础上，再对采集到的考古发掘中的系列样品进行年代研究。

系列样品根据其形成条件，可分为三种类型：树轮系列，地层系列和以考古学文化分期为形成条件的系列。其中树轮系列由于其年轮清晰可数，年代顺序、间隔都很清楚，得到的结果最为可靠，其日历年误差也相对最小。地层系列，由于有确凿的地层关系，使结果的可靠性得到保障，误差也会明显减小，但一般较之前者为大。成熟的考古学分期与第二种类型具有等效的作用，也会使误差减小。

在应用系列样品所进行的年代测定中，首先做了树轮系列，因为该系列可对得到的结果进行检验。之后进行了地层系列和考古学文化分期系列的测定。两个商城年代的测定，是在这样的条件下进行的。

郑州商城和偃师商城的系列样品基本是以考古学文化分期和地层关系作为形成条件。

先来看一下偃师商城的系列样品测年情况，见数据表3[6]。由表中可以看出，偃师商城系列样品中，有7个单位是木炭，9个单位为骨头。通常，木炭测年有偏老的可能，因为有树心树边的问题，还有树木的死亡年代与文化层形成年代是否一致等问题。而骨头样品相对来说会好得多。但骨头样品要看其保存状况，必须挑选状况好的样品。夏商周断代工程中通过对骨头制样问题的研究，改进了制样方法，保证了骨头测年的可靠性[7]。偃师商城系列样品中有9个样品是骨样品，这会对木炭有可能的偏老起到限制作用。偃师商城考古学文化分期为三期七段。通过原始数据加考古学文化分期进行数据拟合，偃师商城得到的一期一段的年代为公元前1600年~公元前1506年。见数据表3及拟合图（图二）。

再来看一下郑州商城的测年情况。

郑州商城的系列样品中，有14个单位是骨头，1个单位是木炭。通过数据拟合，得到的二里岗下层一期的年代为公元前1580年~公元前1490年。见数据表4[8]及拟合图（图三）。

这些结果已写入夏商周断代工程阶段性成果简本中。2000 年，在夏商周断代工程阶段性成果简本基本完成的时候，在河南郑州又采集到了由考古学家提供的具有直接地层叠压关系的洛达庙中晚期二里岗期系列样品。样品均为骨头。这次采集的样品与前一次相

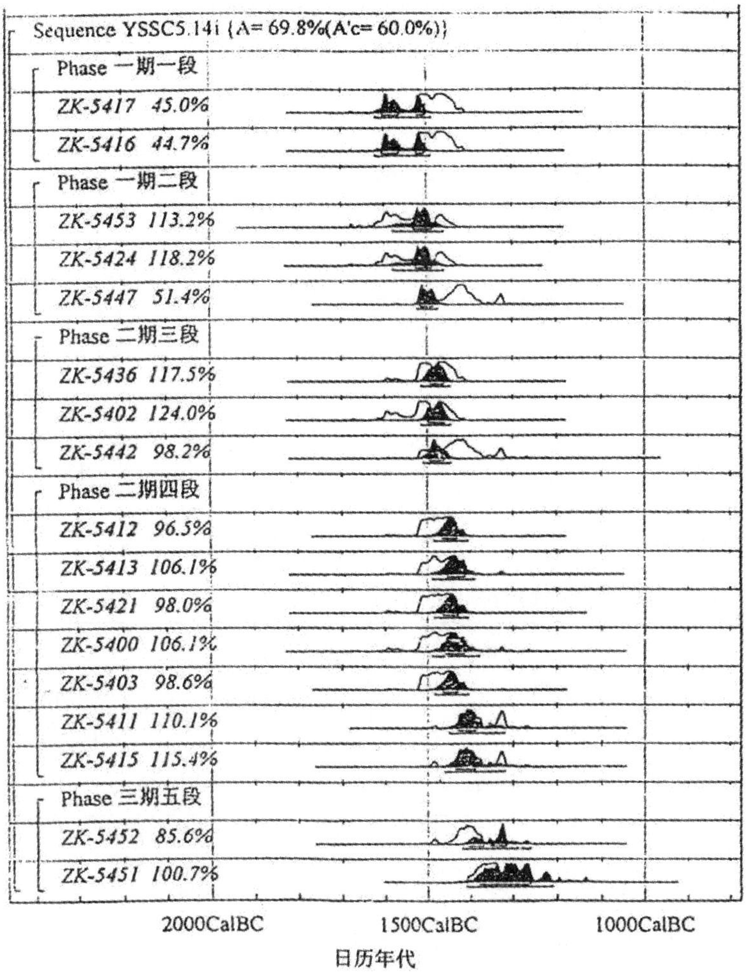

图二　偃师商城遗址系列样品数据拟合图

表 3　**偃师商城分期及常规碳十四测年数据**

分期		单位	样品	实验室编号	碳十四年代（BP）	拟合后日历年代（BC）
第一期	一段	ⅦT28⑩	兽骨	ZK5417	3220±36	1600～1565（45.7%） 1525～1506（22.5%）
		ⅦT28⑨	兽骨	ZK5416	3219±34	1600～1560（47.1%） 1525～1505（21.1%）
	二段	ⅦT28⑧	兽骨	ZK5424	3252±34	1532～1487
		小城 T54G1	木炭	ZK5453	3258±36	1532～1487
		ⅦT0200H19	木炭	ZK5477	3150±37	1516～1486

续表

分期		单位	样品	实验室编号	碳十四年代（BP）	拟合后日历年代（BC）
第二期	三段	Ⅳ32HG2	木炭	ZK5402	3237±37	1500～1461
		T0301H94	木炭	ZK5442	3158±48	1496～1464
	四段	ⅡT1M27	人骨	ZK5412	3207±31	1467～1429
		ⅡT11M31③	人骨	ZK5421	3206±36	1466～1427
		ⅣT03H179	兽骨	ZK5403	3201±31	1464～1428
		ⅣT31H120	木炭	ZK5400	3191±48	1459～1412
		ⅡT11M27⑦a	兽骨	ZK5413	3183±40	1456～1412
		ⅦT28⑥	兽骨	ZK5415	3130±35	1434～1388
		ⅡT11M25	人骨	ZK5411	3120±32	1429～1387
第三期	五段	偃师商城路土①	木炭	ZK5452	3126±37	1405～1370（25. 2%） 1355～1350（2. 73%） 1340～1215（40. 23%）
		偃师商城 G1	木炭	ZK5451	3053±34	1380～1260（%）

表 4　　**洛达庙类型晚期遗存和郑州商城分期及常规碳十四测年数据**

分期		单位	样品	实验室编号	碳十四年代（BP）	拟合后日历年代（BC）
洛达庙晚期遗存		VT155G3	兽骨	XSZ142	3286±36	1680～1670（4. 8%） 1630～1540（63. 4%）
第一期	二里岗下层一期早	ⅡT166G2	兽骨	ZK5371	3261±35	1580－1490
	二里岗下层一期晚	ⅡT203H56	兽骨	ZK5373	3202±37	1518～1478
		ⅡT159	兽骨	ZK5370	3174±41	1515～1480
第二期	二里岗下层二期	ⅡT202H150	兽骨	ZK5369	3221±36	1474～1436
		ⅡT202H60	兽骨	XSZ144	3184±35	1485～1425
		ⅡT236H156	兽骨	XSZ147	3148±40	1485～1480（6. 14%） 1455～1415（62. 1%）
第三期	二里岗上层一期	ⅡT20H169	兽骨	ZK5368	3130±34	1427～1392
		ⅡT234H28	兽骨	XSZ145	3140±35	1429～1395
		ⅡT234G2	兽骨	XSZ146	3138±37	1429～1393
		ⅡT201G1	兽骨	XSZ141	3125±48	1429～1393
第四期	二里岗上层二期	98ZS②H12	木炭	ZK5353	3094±34	1390～1300（64. 8%） 1280～1260（3. 4%）
		98ZS②H12	兽骨	XSZ081	3061±37	1380～1260
		ⅡT157H17	兽骨	ZK5372	3030±38	1370～1210
		ⅡT201H2	兽骨	ZK5366	3136±34	1400～1370（22. 5%） 1340～1315（45. 7%）

比，二里岗下层一期前面增加了洛达庙中晚期的7个单位的样品，使得形成的系列加长，因而拟合结果更加明确、具体，误差范围相对更小。其结果比之简本中的年代上限下移71年，为公元前1509年~公元前1465年[9]。见数据表5及拟合图（图四）。

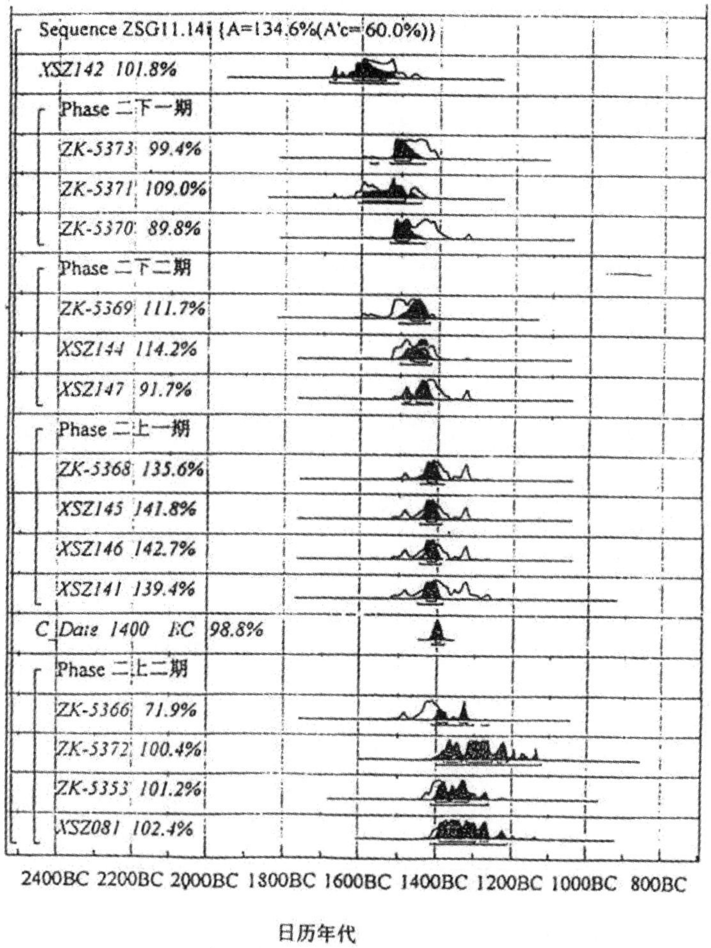

图三　河南郑州商城遗址系列样品数据第一次拟合图

表5　**洛达庙—二里岗遗存与郑州商城数据拟合结果**

实验室号	单位	分期	样品	碳十四年代	拟合后日历（BC）
ZK-5381	99ZSC8ⅡT26H158	洛达庙中期	骨头	3270±37	1680~1670（8.7%） 1630~1570（59.5%）
ZK-5383	99ZSC8ⅡT264H80	洛达庙中期	骨头	3275±37	1680~1660（9.6%） 1630~1570（58.6%）
ZK-5378	99ZSC8ⅡT261H28	洛达庙晚期	骨头	3164±38	1520~1494（68.2%）
ZK-5375	99ZSC8ⅡT261H68	洛达庙晚期	骨头	3232±32	1580~1570（3.1%） 1530~1485（65.1%）
ZK-5380	99ZSC8ⅡT265H56	洛达庙晚期	骨头	3298±34	1580~1520（68.2%）

续表

实验室号	单位	分期	样品	碳十四年代	拟合后日历（BC）
XSZ142	ⅡT155G3	洛达庙晚期	骨头	3286±36	1580~1515（68.2%）
ZK-5379	99ZSC8ⅡT261⑥	洛达庙晚期	骨头	3333±36	1573~1524（68.2%）
ZK-5371	ⅡT166G2	二下一早	兽骨	3261±35	1509~1488（43.1%） 1480~1465（25.1%）
ZK-5377	99ZSC8ⅡT261H21	二下一早	骨头	3111±55	1504~1474（68.2%）
ZK-5373	ⅡT203H56	二下一晚	兽骨	3202±37	1481~1448（68.2%）
ZK-5370	ⅡT159	二下一晚	兽骨	3174±41	1485~1448（68.2%）
ZK-5369	ⅡT202H150	二下二	兽骨	3221±36	1460~1429（68.2%）
XSZ144	ⅡT236H160	二下二	兽骨	3184±35	1456~1424（68.2%）
XSZ147	ⅡT201H156	二下二	兽骨	3148±40	1450~1419（68.2%）
ZK-5368	ⅡT234H169	二上一	兽骨	3130±34	1427~1388（68.2%）
XSZ145	ⅡT234H28	二上一	兽骨	3140±35	1426~1391（68.2%）
XSZ146	ⅡT234G2	二上一	兽骨	3138±37	1428~1390（68.2%）
XSZ141	ⅡT201G1	二上一	兽骨	3125±48	1428~1380（68.2%）
ZK-5353	97ZZH12	二上二	兽骨	3094±34	1390~1370（7.8%） 1360~1290（54.7%） 1280~1260（5.7%）
ZK-5372	ⅡT57H17	二上二	兽骨	3030±38	1380~1330（12.9%） 1320~1250（41.9%） 1240~1210（13.4%）
ZK-5366	ⅡT201H2	二上二	兽骨	3136±34	1400~1370（17.1%） 1340~1315（51.1%）

两个商城年代的具体拟合情况通过拟合图可能会看得更加清楚。由拟合图二可以看出，偃师商城一期一段的数据由于其前没有能与之相衔接的数据，所以它的误差范围仅是在其后受到限制，而在前面没有得到控制。这样得到的结果是公元前1600年~公元前1506年。这种情况与郑州商城第一次拟合情况有些类似，见拟合图三。但郑州商城的第一次拟合中，二下一的前面还有一个洛达庙晚期的数据相衔接，其误差范围的向前延伸还是稍微受到了一点限制。而偃师商城的一段前面一个数据也没有，这样它的年代上限只能卡定在公元前1600年以下。另外，虽然偃师商城的一期一段之前没有被压住，误差由于可能向前延伸而有可能没有缩小到理想的程度，但由于一期二段的年代已超过公元前1500年，所以一段的年代应在公元前1550年之前。拟合图三和拟合图四的区别是后者在二里岗下层一期的样品前面增加了洛达庙中晚期的样品数目，因而使得拟合图四中的二里岗下层一期的年代比之拟合图三中的年代明显向后挤压，这样二里岗下层一期的年代就由图三中的公元前1580年~公元前1490年，误差为90年，改变为图四中的公元前1509年~公元前1465年，误差范围缩小到40多年。很明显，二里岗文化的年代上限进一步受到了约束。

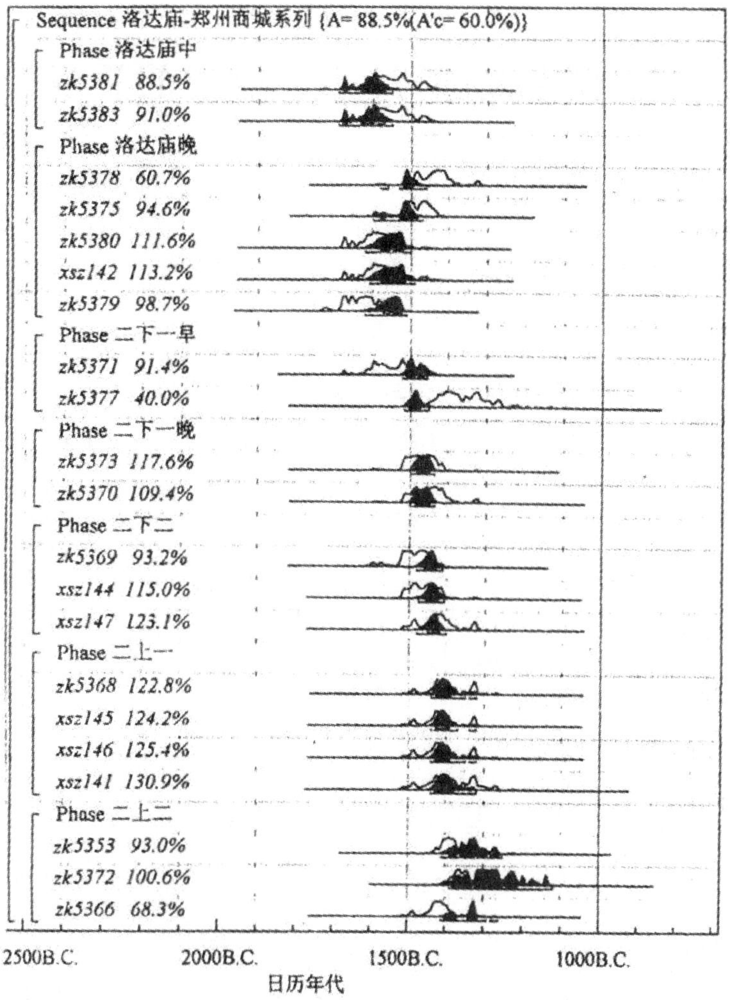

图四　河南郑州商城遗址系列样品数据第二次拟合图

将两个商城的年代相比较可以看出，虽然偃师商城一期一段的前面由于没有能起限制作用的样品，其年代上限还难定死。但能代表郑州商城建城年代的二里岗下层一期的年代与偃师商城一期二段晚或三段早相当，所以两城的早晚关系已比较清楚。

当然，郑州商城还没有发现小城或宫城，这仅仅是就现已发现的大城的年代所作的测定。

另外，郑州电力学校水井中采集的木头样品，由于是按树轮取样测年，是系列样品中最理想的系列标本，得到的年代最为可靠，误差范围也最小。该样品经考古学家据水井中出土的陶片界定为二里岗上层一期，经系列样品测定为公元前 1400 年。将由洛达庙中晚期与二里岗期系列得到的二里岗下层一期的年代公元前 1509 年～公元前 1465 年与之比较，可以看出，也是顺应的。

三、两个商城与二里头文化的关系

关于二里头文化，考古界有几种说法。认为二里头一到四期都是夏；一期是夏，二、三、四期是商；一、二期是夏，二、三期是商；一、二、三期是夏，四期是商。夏商周断代工程中应用系列样品方法对该遗址一到四期考古学文化遗存进行了碳十四年代测定，其结果见数据表 6[10]。

表 6　　二里头遗址分期与常规碳十四测年数据

分期	单位	样品	实验室编号	碳十四年代	拟合后日历年代（BC）
	97ⅤT3H58	兽骨	XSZ104	3445±37	1880~1840（28%） 1810~1800（6. 14%） 1780~1730（33. 4%）
	97ⅤT2（11）	木炭	ZK5206	3406±33	1740~1460
	97ⅤT4H54	木炭	ZK5227	3327±34	1680~1600
	97ⅤT4⑦b	兽骨	XSZ098	3327±32	1685~1650（29. 3%） 1640~1600（38. 9%）
	97ⅤT4H46	木炭	ZK5226	3407±36	1740~1640
	97ⅤT1H48	兽骨	ZK5244	3348±36	1685~1615
	97ⅤT6H53	木炭	ZK5236	3294±35	1680~1670（12. 3%） 1660~1650（4. 1%） 1635~1590（51. 2%）
	97ⅤT4G6	兽骨	ZK5253	3341±39	1685~1610
	97ⅤT3⑦	兽骨	ZK5257	3313±37	1685~1650（25. 2%） 1640~1600（43%）
	97ⅤT4⑥a	木炭	ZK5228	3318±34	1685~1600
	97ⅤT2⑨a	木炭	ZK5209	3374±34	1740~1710（10. 9%） 1690~1620（57. 3%）
	97ⅤT6（17）a	兽骨	ZK5249	3347±36	1610~1555
	97ⅤT1⑨	木炭	ZK5200	3343±35	1610~1555
	97ⅤT6（12）b	兽骨	ZK5247	3372±39	1598~1564
	97ⅤT3G4	兽骨	ZK5255	3355±40	1560~1529
	97ⅤT4⑤a	木炭	ZK5229	3304±36	1561~1525
	97ⅤT6	木炭	ZK5242a	3270±32	1564~1521
	97ⅤT6	木炭	ZK5242b	3350±33	1560~1529

现结合系列样品碳十四测年结果做一分析。

1. 郑州商城是在二里岗文化早期建造的。二里岗下层文化下面叠压有洛达庙文化层。

而偃师商城的早期出现有二里头四期的东西。

2. 郑州商城二里岗文化的年代上限和建城的年代在公元前 1500 年前后。而偃师商城小城和宫城的年代相当于偃师商城一期，要早于郑州商城。但偃师商城早期仍未到公元前 1600 年。

3. 洛达庙中期和二里头三期的年代均在公元前 1600 年左右。

由上述情况看，考古学界不得不面对这样一些问题，即假如历史上夏商年代的分界大约在公元前 1600 年，那么二里头文化三、四期，洛达庙文化中、晚期还能都是夏代文化吗？郑州商城还能是汤亳吗？如果商朝是从二里岗文化开始的，那么目前测出的年代只能到公元前 1500 多年。因为商后期有八代十二王，商前期是十代十九王。

现盘庚以前的商朝只有 200 年，比商后期的年代还短，这与历史文献不合。加之目前由夏商周断代工程研究得到的武王克商年而建立的年学体系，相对来说年代较晚，盘庚迁殷的年代已不大可能晚于公元前 1300 年，所以将商的开始推定于公元前 1600 年再不可能有大的出入。

另外，从新砦遗址的年代测定来看，二里头文化一期的年代仅处于公元前 1700 多年，这同二里头文化四期末的年代在公元前 1500 多年是相顺应的。虽然这样的年代框架不是没有误差，但足可以向考古学界提出，当您把考古学文化同历史挂钩的时候，既不能没有充分的证据，也不能不考虑现在的年代测定。

---

[1] [2] 中国社会科学院考古研究所：《中国考古学中碳十四年代数据集（1965~1991）》，文物出版社，1991 年。

[3] 刘若新、仇士华、蔡莲珍等：《长白山天池火山最后一次大喷发年代的研究及其意义》，《中国科学》1997 年 D 辑 27 卷 5 期；仇士华、蔡莲珍：《碳十四断代技术的新进展与夏商周断代工程》，《考古》1997 年第 7 期；仇士华、蔡莲珍：《解决商周纪年问题的一线希望》，《1995 年中国商文化国际学术讨论会论文集》，1998 年；蔡莲珍、仇士华：《贝叶斯统计应用于碳十四系列样品年代的树轮校正》，《考古》1999 年第 3 期。

[4] [9] 张雪莲、仇士华：《关于夏商周碳十四年代框架》，《华夏考古》2001 年第 3 期。

[5] 马宏骥、郭之虞：《夏商周断代工程中碳十四系列样品的树轮校正》，《核技术》2000 年第 3 期。

[6] [8] [10] 夏商周断代工程专家组：《夏商周断代工程 1996~2000 年阶段成果报告》（简本），世界图书出版公司，2000 年。

[7] 张雪莲、仇士华、蔡莲珍：《琉璃河西周墓葬的高精度年代测定》，《考古学报》2003 年第 1 期。

（原载《中原文物》2005 年第 1 期）

郑州商城与偃师商城之比较研究

秦文生

一、郑州商城和偃师商城的主要发现

郑州商城于1955年发现，至今50年了；偃师商城于1983年发现，也已过去20余年了。这两座商城均取得了许多重要考古发现和收获。这些发现可概括归纳为以下几点：

1. 城墙。经过考古勘探和发掘证实，郑州商城是一个由宫城、内城和外城组成的“城郭”制比较齐备的古代都市。内城周长约6960米，其中东、南墙各长约1700米，西墙长约1870米，北墙长约1690米，总面积约300万平方米。在四周城墙上共发现大小不同的缺口11处，有的可能与城门有关。内城墙体现存最高者约9米，最低者约1米。有的地方埋入地下1~2米。城墙底宽一般为20~25米，顶宽至少为5米。外城墙从东南角一直断续地延伸到西南角，其中西南城角一段保存较好。目前已发掘的这几段夯土墙基紧密相连，长度已达5000余米。从其建筑结构和出土遗物看，修筑时代与内城墙相同。不同的是，外城墙走向是围绕内城依照地势而设计，防御的性质十分明显；内城墙的规划则比较规整、庄重。此外，在商城东北部（今黄委会青年公寓），发现了一段长度已达100余米、基槽宽度近8米的夯土墙基，这段墙基位于郑州商城宫殿区内，其西、南均有宫殿基址的发现，发掘者起初认为这可能是郑州商城宫城墙的一部分。后来发现这段墙基的建筑及使用时间较早，应大体相当于二里岗下层的H9阶段，又提出它不大可能是宫城的围护墙，似乎更接近一道城墙的特征，因此怀疑郑州商城是否也像偃师商城在大城之前还存在一座小城。然而在东里路北侧和城北路又先后发现了两段长几十米、宽约3米的城墙基槽，这有可能是郑州商城的宫城城墙。这些发现证明，郑州商城是我国发现时间最早的一座筑有宫城、内城和外城的商代城址，并且是我国目前已发现的商代城址中规模最大和地面上城墙保存最好的一处。

郑州商城的城墙是用土分层夯筑而成的。夯层一般厚8~10厘米。每层夯土的表面都分布有密集的圆形尖底或圆底的夯窝，表明城墙是用成捆的圆棍夯打而成的，且夯土的质地相当坚硬。值得注意的是，内城城墙大多是在平地直接夯筑的；外城墙则是先挖基础槽，城墙的筑法与内城墙基本相同。在商城东南角外侧和西城墙北段的外侧，都发现了有关城壕的遗迹。

偃师商城的城墙也有三重，即1983年发现的大城城墙和1997年发现的时代较早、面积稍小的小城城墙，小城之内还有一座宫城。大城平面呈“厨刀形”，南部较窄形似“刀柄”。东城墙全长约1770米，西城墙直线距离约1710米，北城墙全长约1240米，南城墙直线距离约740米，城墙总长度约5500米，面积约为190万平方米。大城已发现城门5处，即东、西城墙各2处，北城墙1处。小城的平面呈长方形，直线距离南北约1100米，东西约740米，面积81万多平方米。宫城平面形状略呈方形，北墙长约200米，东墙长约180米，南墙约190米，西墙约185米，总面积4.5万平方米。

偃师商城城墙的夯筑方法为先下挖基槽，施完底夯后，逐层铺垫并夯打，基槽口部略宽于墙体基部，基部宽约18～19米。从城墙的规模看，郑州商城的内城比偃师商城的大城还要大三分之一多，城墙的底部宽度也比偃师商城宽。

2. 宫殿区。郑州商城的宫殿区位于内城的东北部。以东里路为中心，北到顺河路至城北路南侧，西迄紫荆山路，东到商城路。东西长约750米，南北宽约500米，面积37万多平方米，约占内城面积的六分之一左右。在此范围内，已发现数十处大型商代夯土建筑基址，小则数十平方米，大则数百平方米甚至2000平方米，这些建筑都坐落在较高的夯台上，是我国高台建筑的雏形。在这些高台宫殿建筑基址的上面，多数还保留有排列有序的石柱础或柱础槽，宜于防潮、防水、通风。在宫殿基址下面，为处理好地基，有的在夯土台基下铺设有厚达1米多的石块堆积，有的把夯土台基加厚到5米左右，这大大增加了牢固强度，表明宫殿建筑的地基处理已达到较高水平。此外，在宫殿区的东部还发掘一处商代石板砌筑的蓄水设施，平面为长方形，呈西北—东南方向，长约100米，宽约20米，断面呈斗形，深约2米，显然是一座大型水池。除了蓄水池，在宫殿区内还发掘出多处大型石板砌成的输水管道。在郑州电力学校和省中医学院家属院内的宫殿基址旁边，还发现有多座水井。蓄水池、输水管道和水井，这一切构成了宫殿区科学的供水系统。在宫殿遗址区的部分边沿地带，还发现有夯土墙和深壕沟等设施。此外，在商城宫殿区遗址的发掘中，曾出土了数量较多的玉簪、铜簪与残玉器等遗物，这些遗物显然都是当时的奴隶主与贵族们使用的。更为重要的是在宫殿区还发现了商代瓦，当与宫殿建筑有关。然而，这一带由于被现代城市建筑所覆盖，考古勘探、发掘受到极大局限，所以，关于宫殿区的整体布局，短时还难以搞清楚。

偃师商城的宫殿区位于小城的南部居中，自成一建筑群体。总面积超过4.5万平方米。已发现10座宫殿建筑基址，集中于宫殿区的南半部，朝向皆南偏西，大体分属于偃师商城发展之三个不同时期。偃师商城第一期，宫城基本确立了宫殿区发展的雏形，已知有第一、第四、第七、第九和第十号计5座建筑基址。第二期，宫殿区进行了首次改扩建，新建了第二号、第六号、第八号宫殿。第三期，宫殿区又经历了第二次大规模改扩建，新建第三号、第五号宫殿。第三号和第五号宫殿大大突破了宫城西和南面围墙所界定的范围，这使得宫殿区的南部呈“半开放”状态。此外，在宫城北部还发现一座人工挖掘、用石块垒砌成的近长方形水池，东西长约130米，南北宽约20米，深约1.4米，被推测为商王室池苑遗迹。在水池的东、西两端，各有一条石块砌筑的渠道同水池相连通。据推测，西渠为注水渠道，东渠呈排水道。在宫殿区内还发现了水井和大型建筑相配套的排水道，说明偃师商城宫殿区也有一套科学的供排水系统。值得注意的是，宫城西南另有一个由围墙环绕的建筑基址群，总面积4万多平方米，成排成列有规律地分布着96座建筑基址。根据规模大、封闭性强、布局严谨、不见生活废弃物堆积等特点，专家们推测，这座小城可能是当时守备森严的皇家仓储之所，即商王的府库群（一说为武库）。

从宫殿区的规模看，郑州商城是偃师商城的 8~9 倍。

3. *手工业作坊遗址*。在郑州商城的内城墙外侧，发现了四处商代手工业作坊遗址。一是在北城墙中段外侧 100 多米处（即今河南饭店一带）和南城墙中段外 600 多米处（即今河南省公路运输公司院内），各发现一处铸造青铜器的作坊遗址。这两处作坊遗址内，分别发现有当时进行冶铸的操作场所及大量的坩埚残器和碎片、红烧土块、炼渣、木炭和数以千计的铸造青铜器的陶范。商代属于青铜器时代，冶铸青铜器是一种最先进的生产技术，是当时各类手工业中最重要的生产部门。二是在西城墙北段外侧约 1000 米处（即今铭功路西侧郑州十四中学校院内），发现一处烧制陶器的作坊遗址，清理出 14 座陶窑。这些陶窑大多数为圆形，个别为椭圆形。上面为窑室，下边是火膛和火门，中间有带圆孔的窑箅相隔。在商代时期，烧制陶器也是很重要的手工业生产部门。三是在商城北城墙外约 300 米处（即今新华社河南分社院内），发现一处磨制骨器的手工业作坊遗址，出土有上千件骨器的成品、半成品以及带有锯痕的骨料和废料，还有一批磨制骨器用的砺石和加工骨器的小型铜刀。骨料和废料经过鉴定，除了牛骨、猪骨、羊骨和鹿骨外，还有相当数量是人骨。这些手工业作坊的生产者，主要应该是商代的奴隶们。从郑州商城出土的遗物来看，除了已发现的这些作坊遗址，郑州商城至少还应有制玉、黄金冶炼、漆木器、纺织、酿酒等多种手工业。

在偃师商城也发现有铸铜、制陶和制骨作坊遗存。1996 年在大城北隅城墙内侧附属堆积之下，发现的 3 个灰坑内有木炭、陶范碎块、铜炼渣等，这些当是与青铜铸造有关的遗迹，只是修筑这段城墙时，作坊被破坏。在大城东城墙中段内侧以及宫殿区附近，也曾出土一些内壁残留有青铜溶液的器物残片，说明偃师商城冶炼或铸青铜的作坊不止一处。陶窑已发现 10 多座，主要分布在大城北侧。陶窑皆为竖穴窑，直经一般为 1~1.5 米，窑室多已坍塌，仅存窑箅以及火膛、火门和操作坑等。偃师商城还出土了一定数量的骨器，说明应有制骨作坊。

从手工业作坊遗址看，郑州商城分布有规律，都在内城墙的外侧，而且保存较好；偃师商城分布没有规律，保存较差，规模也不及郑州商城大。

4. *墓葬和窖藏坑*。在郑州商城的外侧先后发现清理了 4 处商代二里岗期的墓地和 3 个青铜器窖藏坑。这 4 处墓地分别是位于城东北角的白家庄商代墓地、城东南隅的杨庄商代墓地、城西的铭功路商代墓地和城南的郑州烟厂商代墓地。主要分布在内城与外郭城之间，内城里面的墓葬很少。已发现的墓葬均为单人土坑竖穴墓，绝大多数是小型墓，中型墓较少，但随葬有铜器和玉器。3 个青铜器窖藏坑分别是 1974 年 9 月发现的杜岭张寨南街青铜器窖藏坑，出土了两件商代前期大铜鼎和 1 件铜鬲。两件鼎均为方形，双耳，四个圆柱形空足，一个重达 86.4 公斤，另一个重约 64.25 公斤。铜鬲则放在略小的鼎内。1982 年 7 月发现的向阳回族食品厂青铜器窖藏坑，有大方鼎、大圆鼎、羊首、中柱盂、素面盘各 1 件和 2 件牛首尊，后在此窖藏坑北部向下清理时，又发现 1 件大方鼎，鼎腹内放提梁卣 1 件、觚 2 件、小圆鼎 2 件，共 5 件青铜器。1996 年 2 月发现的南顺城街青铜器窖藏坑，出土方鼎 4 件，及其中斝、爵、戈各 2 件，簋、钺各 1 件，共 12 件青铜器。这些青铜器窖藏坑，很可能是祭祀坑。内城外的高地大概是商王从事祭祀的主要场所。坑内的铜器形制之大，种类之全，纹饰之美，铸造之精，是商代早期遗址中所仅见的，显然为王室重器。这些青铜器的出土，为探讨商前期青铜铸造工艺及郑州商城的兴废具有重要意义。

偃师商城已发掘墓葬100多座，都是土坑竖穴墓。除极少数的中型墓外，大多数规模较小，等级较低，多未发现棺椁痕迹。近半数以上没有随葬品，有随葬品的也大多为日用陶器，铜器和玉器少见。迄今尚未见专门的墓地，也未发现青铜器窖藏坑。

从墓葬和窖藏坑看，郑州商城有专门的墓地和青铜器窖藏坑，而偃师商城没有；二者相同的地方是发现小型墓较多，均未发现王陵区和贵族墓地。

5. 出土遗物。郑州商城出土了一大批商代遗物，其中不少是稀世珍宝。除了以方鼎为代表的商代青铜器外，还有原始青瓷。这些瓷器用高岭土制成，火候高，质地硬，吸水性弱，敲起来近似金属声。器形多为尊，也有少量的罍和罐。原始青瓷的出现，把我国发明瓷器的历史提早到3600年前。因此，中国被全世界誉为“瓷的国家”，这是当之无愧的。玉簪、玉璜、玉戈、玉璋、玉铲等玉器，有白色、浅黄色、青色、墨绿色的，光泽晶莹，反映了郑州商城具有相当高的制玉工艺水平。在商城东北角的一个祭祀坑内出土的极薄的龙纹金叶片，有可能是镶嵌在某种漆木器上的装饰，是一件罕见的精美工艺品。在商城东北隅白家庄商墓内出土的象牙觚和象牙梳，也制作得相当精致。白家庄商墓还曾出土有460多枚穿孔贝，可能就是当时使用的货币。后人把善于从事贸易的人称为“商人”，盖源于此。此外，郑州商城还出土了一些文字遗物，也十分珍贵。1953年在二里岗发现的两片甲骨，其中一片牛肋骨上刻有10个字，另一片龟甲上刻有1个字。虽然发现较少，且都属于习刻字骨，但这是在安阳殷墟之外难得发现的两片甲骨文，时代比安阳殷墟出土的甲骨文要早约300年，是目前发现的时代最早的甲骨文。白家庄商墓出土的1件铜罍，其颈部铸3个龟形装饰图案，可能是族徽文字，已故古文学家唐兰先生曾考释为“黾”字，若此，这应是我国目前发现时代最早的青铜器铭文了。在商城中部偏西处的一座商代窖穴内出土的一件大口尊残片上，刻有一个“目”字。这些商代文字遗物的发现，充分反映了郑州商城的文化已达到了相当高的程度。

相比之下，偃师商城的出土遗物则很少。虽有铜器出现，但根本不见鼎类的青铜重器，瓷器、甲骨均未发现。

二、郑州商城和偃师商城的年代与性质

1. 年代。《夏商周断代工程1996~2000年阶段成果报告》将郑州商城和偃师商城的始建年代确定为夏商文化的分界，并参考碳14测年数据和文献中有关商代积年的记载，取整数估定商开始之年为公元前1600年。也就是说，经过人文科学和自然科学200多位专家学者数年的联合攻关，最终确定了郑州商城和偃师商城的年代均为商代早期，距今已有3600年的历史。

2. 郑州商城的性质。郑州商城是一座商代王都，学术界已无任何疑义。但问题是究竟属于商代的哪个都城遗址，目前有着两种不同的意见：一种意见认为郑州商城是商代早期成汤的亳都，称之为亳都说；另一种意见则认为郑州商城是商代中期仲丁迁隞的隞都，称之为隞都说。隞都说是安金槐先生最早于1961年提出来的。当时他列举的论据主要有两条：一是据《括地志》云“荥阳故城在郑州荥泽县西南十七里，殷时敖地也”之说，

认为郑州商城与古荥泽相距很近，郑州商城当在隞地范围之内；二是《郑州商城》把二里岗期文化定属商代中期遗存，同时又把商代历史分为早、中、晚三期，即汤居亳为商代早期，盘庚迁殷为商代晚期，仲丁迁隞祖乙迁耿（邢）为商代中期，郑州商城的时代与商代中期相吻合，因此郑州商城是“仲丁迁隞”的隞都遗址。后来，安先生又把商代分为前后两大期，商代第十一位王仲丁，处在商代前期的偏后段，郑州商城的兴建与废弃时间也应属于商代前期靠中后段，正和“仲丁迁隞”的时间相近或相当。同时，安先生又补充了一条证据，认为商王朝的几次迁都路线，是由偃师西亳向黄河北岸迁移的，而郑州正在这些迁都的路线上，所以仲丁迁的隞都就兴建在现今的郑州市境内。亳都说是邹衡先生最先于20世纪70年代末提出来的，其论据主要有四个方面：第一，据历史文献记载，东周时期已有亳城。《左氏春秋经》襄公十一年：“秋，七月己未，同盟于亳城北。”杜预注：“亳城，郑地。”同时还引有其他文献参考说明。第二，在郑州商城东北部出土的一部分战国陶豆豆柄或豆盘内，印有“亳”或“亳丘”字样的地名陶文。“亳丘”应该就是亳墟，亳墟很可能是因为郑州商城本身是商的亳都而得名的。第三，商汤都亳的邻国地望与郑州商城相合。葛、韦、顾、昆吾等国均距郑州商城不远，汤居郑亳，正合于韦—顾—昆吾—夏桀的作战路线。第四，郑州商文化的发现情况与成汤都亳相吻合。从年代看，郑州商文化可分为先商、早商和晚商期。郑州商城的繁荣期是早商期，该期分为两段四组，若每组平均四五十年，则共150～200年。从汤都亳到仲丁迁隞，历经五世十王，每世平均30年计，则共150年左右，其沿续时间与成汤至太戊的居亳时间相吻合。从文化遗迹的分布和规模看，郑州商城作为商代前期最主要的王都也是相称的。

以上是这两种学说的主要观点和论据，笔者认真将这两种学说作了比较和研究，认为虽然都有道理，但相比之下郑亳说的理由更为充分一些。所以，笔者的观点是，郑州商城的年代为商代早期，性质为成汤所居之亳。其理由是：邹衡先生对郑亳说所列举的四条证据、论据本身比较扎实。虽有学者对以上某些论据提出商榷和质疑，但整体上看已无法怀疑郑州商城作为亳都的可能性。因为所引用的文献是较早可靠的，考古学上的证据是坚实的，并且经受住了考古新发现的检验。另外，亳都说的支持者们又相继为汤都郑亳提供了一些很有道理的佐证，对郑亳说起到了积极的补充作用。郑杰祥先生依据甲骨文中所记与亳地相连的地名考证，推知郑州商城应是商人隆重而频繁地祭祀的“亳土”（也称亳社），即“亳”邑所在，这为郑亳的论证增加了力度。另外，阎铁城先生提到，《春秋经》所记“亳城”与“亳社”当有区别。据《左传》记载，春秋时期的宋、燕、卫、晋、鲁等国均有亳社（或写作薄社），而没有再提及亳城。这些“亳社”都与“奉其先祀”的商人后裔有关。此种亳社所在，虽然习惯上亦可称亳，但实际只是一种商人后裔的宗邑。而被《春秋经》称为“亳城”的却实实在在只有郑地一处。也就是说，凡有商人后裔居住的地方，都有可能建立所谓的“亳社”，但未必就能称为亳城。考证汤之亳都，首先必须有该地名亳的历史依据；其二必须有具备王都性质的商代遗址。这两个条件，郑州商城都确实符合，所以是亳都不会有太大问题。邹衡先生否认了郑州商城是隞都，使得隞都在较长时间没有着落。但近年陈旭先生提出郑州西北郊的小双桥遗址应即隞都；裴明相先生也说小双桥的夯土基址至少应是隞都的附属建筑。这些说法随着小双桥商代遗址考古发掘资料的公布，愈发使人相信其说不妄。小双桥遗址不仅发现了多处大型夯土建筑基址及人祭坑、兽祭坑和青铜冶铸等重要遗迹现象，还出土了大量牛头、牛角、象牙等动物骨骼，还发现了青铜建筑构件、原始瓷尊、石圭、石磬、羊形陶尊等重要遗物，而且还发现有朱书陶文。从遗址出土的大量陶器看略晚于郑州商城（考古学上称为二里岗白家庄期），这个时期正是亳都因水患衰败的时期。这一废一兴，正适合于仲丁迁隞的解释。所以，笔者同意裴明相先生的看法，认为小双桥建筑遗迹至少应是隞都的一部分。此外，小双桥遗址距荥阳故城很近，正是《括地志》所记的“殷时隞地也”。隞都的落实，更为郑亳说增加了可信度。

3. 偃师商城的性质。关于偃师商城的性质，学术界目前主要有三种不同的看法：一种意见认为是商汤灭夏之后的都城西亳；第二种意见认为是商汤灭夏后商人建于夏墟的军事重镇，其作用和目的在于镇服和监视夏朝遗民；第三种意见认为是第三代商王太甲被流放之地——“桐”、“桐邑”或称“桐宫”，但目前绝大多数学者认为偃师商城具有都城性质，是商代早期商人统治的一座重要据点。

4. 郑州商城与偃师商城的关系。关于这两座城址的年代、性质及相互关系，学者们做过许多讨论。归纳起来，主要有三种意见；一种意见认为偃师商城是汤都西亳，郑州商城是仲丁所迁的隞都；一种意见认为郑州商城是成汤始居之亳都，偃师商城是大体同时或稍晚的别都（或重镇）：一种意见倾向二者同为商代早期的国都，惟重点使用时间有交错。笔者同意第二种意见。因为偃师商城和郑州商城的年代虽基本同时或略有先后，文献上也有商汤所都西亳的记载，但它的规模却远不及郑州商城大，出土的遗物也远没有郑州商城丰富。按常规说，同时期的城址，均是都城最大，所以，偃师商城最有可能是一处别都或即汤灭夏后于夏王朝统治中心所建的军事重镇，因为该城有着极为浓厚的军事防御色彩。

最后需要补充说明的一点是，笔者虽同意杜金鹏先生“先商方国之亳与早商王国之亳”的提法，但观点与杜先生不尽相同。笔者认为：郑州商城在汤灭夏前已建，但规模较小，此为先商方国之亳；汤灭夏后“复归于亳”才开始大规模营建，此为早商王国之亳。在郑州营建亳都的同时，为了镇压夏遗民的反抗，于夏人的统治中心区域另建了一座别都或军事重镇，即偃师商城。正如《夏商周断代工程 1996~2000 年阶段成果报告》所说，“郑州商城和偃师商城基本同时或略有先后，是商代最早的两处具有都邑规模的遗址，推断其分别为汤所居之亳和汤灭夏后在下洛之阳所建之‘宫邑’，亦即‘西亳’的意见具有较强的说服力”、“郑州商城和偃师商城是已知最早的商代都邑规模的遗址，其始建年代最接近夏商更替之年”。

（原载《郑州商都 3600 年学术研讨会暨中国古都学会 2004 年年会论文选编》，中州古籍出版社，2005 年）

郑州商城的年代问题

殷玮璋

年代问题是考古研究中首先要回答的问题。考古工作者面对发掘中清理出的每个遗存，他们首先要做的是对这些遗存给出准确、合理的年代判断。如果对它们的年代不能给出一个正确判断，涉及这些遗存的其他问题，也就难以作正确的历史评价了。

在自然科学的测年方法应用到考古学之前，对史前及夏商周三代遗存的断代工作，只能依地层叠压或遗迹间的打破关系去判断其相对早晚，不能给出绝对年代。这对考古研究十分不利。因此，人们一直在探寻，可否将自然科学的测年方法用于考古学，以解决绝对年代的问题。^{14}C 测年方法出现之后，很快被用于中国考古学，对史前时期考古学的研究起到重要的推动作用。不过，由于当时的测年精度不够高，对历史时期遗存的测年工作只作了一些尝试，未能广泛采用。这样，对三代遗存的年代推断，只能依靠文化分期研究给出相对早晚。年代问题成为令人困惑的拦路虎，严重影响了研究工作的进程。

"夏商周断代工程"的实施，标志^{14}C 测年技术有了很大突破，可以对历史时期遗址出土的碳样进行较准确的测年了。"工程"公布的三代年表，表明测年技术的改进、精度的提高，使历史时期进行测年的工作成为可能，并且取得了预期成果。由此，我们有理由、有必要对过去用常规^{14}C 测年（液闪法）技术测得年代及应用方面的问题进行反思与讨论。

一、问题的提出

1950 年在郑州二里岗发现商代遗址，曾在我国考古界引起广泛关注。在它发现之初，就被考古工作者判断为商代遗存。在当时仅见安阳殷墟等少数几个商代遗址的情况下，它的发现给商代考古增添了新的内容。因此人们对这一发现十分重视，并期待这一发现的重要性将随遗址的进一步发掘而得以提升。

不过，它比安阳殷墟早还是晚呢？人们在当时的看法并不一致。

在郑州人民公园发现的文化层叠压关系，初步回答了这一问题。二里岗商文化层堆积被商后期文化层所压，考古工作者据此认为，二里岗商文化遗存的年代，比殷墟时期的遗存要早。1953 年后的考古工作，主要围绕新发现的郑州商城而展开：搞清了它的形状为长方形，周长 6960 米，规模宏大；城内东北部发现大型夯土基址，判断为商城的宫殿区；白家庄等地的墓葬及杜岭等地窖藏坑中发现同时期的精美青铜器，反映了当时的青铜业已能浇铸各种不同用途的铜器；二里岗等地出土了刻字骨片，虽然数量不多，但反映了文字已被人们掌握；在商城的南、北两侧、即今天称为南关外、紫荆山的地方发现同时期的铸铜作坊址，说明商城出土的青铜器具，有不少是当地铸造的；在铭功路西发现密集分布的烧陶窑址，说明该地是同时期烧制陶器的作坊址，等等。这些发现，反映这个商代城址的规模及其物质文化的发展，已达到相当高的水准。研究者据此提出它是继安阳殷墟之后发现的商代又一个王都，并推测为商王仲丁所都之隞。包括后来提出郑州商城汤都之亳说的学者，当时也认为是仲丁所都之隞。

由于在发掘中不断找到反映其年代的信息，并在研究中找出与安阳殷墟中遗存之间的传承关系等直接或间接证据之后，郑州商城遗址比安阳殷墟要早的结论被学界同仁广泛接受。原先认为郑州商城出土铜器的制作简朴，是青铜业由盛至衰而表现的退化现象，不是早期青铜器所具的原始性状的学者，最终改变了看法，也认同郑州商城的年代比安阳殷墟要早的结论。

这说明对郑州商城遗址的年代，从一开始就有不同的认识。

诚然，郑州二里岗发现的遗存，与殷墟所见的商文化的内涵既有一致之处，又有明显的特点，因而发掘者称它为“二里岗文化”。对这些遗存进行的分期研究，最初将它分为早、晚两期，即二里岗文化下层和二里岗文化上层。同时对郑州市发现的古文化遗存——洛达庙、南关外等文化遗存进行了分期与断代。这些分析及其结论，说明商人在郑州地区的活动，前后延续了相当长的时间。

随着发掘工作的推进，研究者的认识也在深化。经过进一步分析，考古工作者将二里岗文化分为三期、两期四段或四期。在洛达庙发现比二里岗下层文化更早的遗存，被称作“洛达庙类型”。在偃师二里头发现更为典型的遗存后，洛达庙类型遗存被改为“二里头文化”。洛达庙类型所分的早、中、晚三期遗存，被认为与二里头文化的二、三、四期相当。

与此同时，人们对郑州商城年代的认识，又出现了分歧。从发表的文章看，有人定在二里岗下层二段，有人定在二里岗下层一段，有人定在南关外期。出现这些分歧，涉及的年代就有数十年的差距。其中，安金槐先生长年从事郑州商城遗址的发掘，他提出的商城建于二里岗文化下层二段的说法，多认为是可信的。

文化分期研究对认识一个遗址及其前后的发展过程有重要意义。但是分期本身仅能提供相对早晚的关系，不能提供准确的绝对年代。它可以告诉人们二里岗文化的下层比上层早，郑州商城比安阳殷墟要早等等。即使借用甲骨卜辞的资料，也只能认定郑州商城的年代比商王盘庚迁殷的年代要早，具体早多少年，或属哪一个王世，就很难说清楚了。

用常规^{14}C 测年方法对郑州商城遗址的含碳样品进行测年，提供了一些年代数据。一方面，当时测得的年代误差较大，人们认为不能回答或解决城址的年代问题；另一方面，引用者对^{14}C 年代数据缺乏正确理解，将^{14}C 测年专家提供的误差较大的年代，置误差于不顾，作绝对化处置，致使对郑州商城年代的判断，出现了不同解释。有人认为郑州商城为商代中期构筑的遗存，有人则认为是商代早期遗存。于是，围绕该城是哪个商王之都，人们得出了不同的结论，并在近 30 年间引起了热烈争论。面对这种情况，^{14}C 测年技术在考古研究中究竟具备何种意义？它在何种条件下可供判定商王世系作佐证？这些问题成为研究中亟待澄清的方面。

二、如何理解^{14}C测年提供的年代数据

1978年，有研究者依据郑州商城遗址内战国文化层中出土的亳字陶文，认为这个亳字指商汤所都之亳，并与郑州商城遗址联系起来，提出郑州商城乃成汤所都之亳。人们对这一见解简称为“郑亳说”。这样，围绕郑州商城遗址，出现了隞都说与亳都说两种不同观点，并引起了争论。这一争论持续至今未有共识。

回顾这场争论，人们自然会联想到其他相关问题：二里岗文化是商代早期文化还是中期文化？郑州商城是成汤所都之亳还是仲丁所都之隞？对这些问题该如何作出判断？这些分歧的背后，又反映了一些什么问题？

笔者认为：围绕郑州商城遗址的争论，表面上是观点之争，实际上是方法之争。不过，本文对研究方法不作全面讨论，只想就年代问题作些分析。因为，对郑州商城遗址的年代的判断，在这场讨论中起到重要的作用。

“郑亳说”是建立在将郑州发现的战国陶文“亳”字与商城联系起来而提出的郑州商城为成汤所都“亳”的假说。为了建立这一假说，作者采用常规^{14}C测年技术提出的商城测年数据作为立论的佐证。这个年代，即CET7第5层（城墙夯土层）木炭测得的公元前1620（±140）年。不仅如此，作者还认为公元前1620年是商代的“始年”。不难看出，这一个年代是支持郑亳说的。但这还不是惟一目的。如有文章指出：只要能确定郑州商城为何王所都，实际上就为商城上下诸文化层提出绝对年代标准。在这种情况下，有论者在用二里头遗址出土炭样测得的^{14}C年代中，选择第四期遗存是夏代文化遗存的佐证。显然，这个年代数据也是支持“郑亳说”的。因为它既比商的“始年”还早，已进入夏代纪年，于是成为推论二里头遗址一至四期遗存为夏代遗址的依据，二里头遗址也被推定为夏代都城。

用推定郑州商城遗址为商王成汤之都，进而去推论比郑州商城遗址的年代更早的都城遗址（二里头中遗址）为夏代之都，这种方法称为“都城分析法”。

至于隞都说者，基本上是用文化分析法进行研究的，即从商代文化的内涵进行排比之后，推定郑州商城遗址为商中期遗存，二里头下层文化为商代早期遗存。他们也注意^{14}C测定的年代数据。在对若干数据作了分析之后，推测该城建于距今3500年左右，即公元前1500年前后。他们认为郑州商城遗址与成汤之亳都扯不上关系，因它的年代与成汤立国的年代相去甚远。当然，他们认为郑州商城也不可能是早期遗存。这部分学者认为：若将商代遗存分为早、中、晚三期的话，郑州商城遗址应是商中期遣存。若将商代文化分为前后两期的话，郑州商城遗址可称为商代前期遗址。

鉴于二者都将常规^{14}C测年方法测得的年代作为立论的佐证，那么，如何正确理解这些年代数据，就突显其价值与意义了。

首先，郑州商城范围内出土的战国陶文“亳”字与郑州商城遗址之间是否存在内在的有机联系？这是可以讨论的。一般认为，陶文的年代在战国时期，与郑州商城所处的年代相距千年之久，郑亳说者并没有提供有力证据去证明二者之间存在必然联系，因而充其量只是一种假说。这个问题在此暂不作讨论。但是，郑亳说论者对引用的那一个年代数据

作了绝对化处理，这是不妥的。

客观地说，将夏商的分界推定在公元前 1620 年，并非没有道理。“夏商周断代工程”实施过程中对商代积年作了研究，提出 576 年、496 年、552 年三种说法。若采用商代积年 576 说、公元前 1046 年为武王克商之年的话，商的始年则为公元前 1622 年，与公元前 1620 年十分接近。但因上述三种算法均有一定道理，“工程”报告在综合分析商代积年并参照常规^{14}C 测得年代之后，最后粗略地划在公元前 1600 年。

不过，郑亳说论者引用的上述两个^{14}C 年代，测年专家在公布这两个数据时，明确地在年代之后注明正负的年代范围：前者 1620（±140）年。这说明，它的误差范围在 280 年间。这就意味着：郑州商城的构筑在公元前 1620 前后各 140 年的范围之内，或者说是在公元前 1760 年至公元前 1480 年这一范围之内的某一年，并无专指公元前 1620 年的意思。至于二里头四期灰坑的那个年代数据，为公元前 1625（±130）年，它的误差范围也有 260 年，同样是这个意思。所以，把表示年代范围的数据，作为一个确切的绝对年代使用，是很不妥的。

其实，迄今公布的^{14}C 年代数据，因有一定误差，它们都只提供年代范围，并非确切的绝对年代。拿这些数据与过去推测的“约当某某世纪”相比，因划出了一个年代范围，提供了一个与真实年代接近的近似值，显然是很有意义的。但因^{14}C 测年过程中影响年代数值的因素很多（诸如测看样本是木炭的芯材还是边皮、样品是否污染、样品的处理是否干净等等），所以对^{14}C 测年数据需要进行仔细分析之后方可引用。

对公布的这些年代数据，^{14}C 测年专家早就指出单个^{14}C 数据是不可随意引用的，原因就在于好些因素都可以干扰年代数据的准确度，从而使数据出现不同程度的误差。如上面引用的两个数，其误差范围均超过了 250 年，显然不能随意引用。正由于此，20 世纪 90 年代之前，^{14}C 测年技术并没有大量用于历史时期的测年，因为它不可能满足三代时期历史对年代的要求，尽管学术界极为迫切希望能提供这些年代。“夏商周断代工程”启动以后，不少友人对“工程”中用^{14}C 测年技术能否解决历史时期的年代、建立夏商周三代的年代框架问题持怀疑态度，原因之一也在于此。

目前，用自然科学进行测年方法有好多种，如古地磁、热释光测年等，但客观地说，用于测定一万年之内的年代，^{14}C 测年方法是目前惟一比较成熟的方法。

当常规^{14}C 测年方法用于史前考古学时，它被认为在史前考古中引发了一场革命。因为这种测年方法用于史前考古学时，破天荒第一次将不同地区发现的考古学文化间的早晚关系理出了头绪，从而使考古学家能够梳理出史前时期考古学文化的谱系。这一成果不仅使人们对史前时期诸考古学文化有了比较全面的认识，而且在理清其间关系的基础上，可以对史前时期的考古学文化展开深层次的综合分析与研究。关于这一点，只要回顾我国史前考古在常规^{14}C 测年方法运用前后的情况就很清楚。

常规^{14}C 测年方法在我国出现，已有 40 年的历史。尽管上世纪 90 年代以前测出的年代数据误差较大，但对史前期考古学文化的认识及史前考古学文化谱系的建立，做出了卓越的贡献。今天打开^{14}C 测年的年代数据集，就可看到其中史前考古学文化的数据占了绝大多数。在这些年代数据中虽然有少量历史时期的年代数据——如上面提到的二里头遗址、郑州商城、偃师商城的数据等，惟因它们的误差甚大，很难用于判定某一史事、某个王世的年代，所以在较长一段时期内对三代遗址的测年工作并未广泛开展。

为了改变这种情形，上世纪90年代初，仇士华先生等在三代考古的测年方面作了富有成效的突破性探索。仇先生既着眼于提高测年精度，又提出了许多想法，诸如遗址中采集的炭块往往是芯材，测出的年代普遍偏老，他提出了选用墓葬中人骨测年的可能性；为使年代精细化，考虑选用殷墟卜辞中分期明确的牛胛骨测年的可能性；为了与树轮校正曲线拟合时缩小误差，提出采用系列含碳样品进行测年，再与树轮校正曲线进行拟合、校正等富于创新的思路。1995年在偃师召开的商文化国际研讨会上，仇士华、蔡莲珍两位先生提交了一篇名为《解决商周纪年问题的一线希望》的文章，首次提出按考古分期采选系列含碳样品进行测年并与树轮校正曲线拟合以缩小误差的想法，受到与会者的重视。

所以，到1996年启动“夏商周断代工程”时，^{14}C测年技术与操作思路，比过去有了很大改进与创新，已具备了承担“工程”设置的各课题中提出一个个测年要求、架构三代年代框架的任务。

事实上，随着科学的发展和技术的改进，^{14}C测年的精度确实在不断提高。至上世纪90年代中期，常规^{14}C测年的测试精度可达到3‰。在“夏商周断代工程”实施过程中，常规^{14}C测年的测试精度一直稳定在3‰上下。这是“工程”取得成功很重要的一个原因。

高精度测年技术的出现，使得考古学家对夏商周三代遗存所作考古分期的研究成果，有可能从相关遗址中采选成系列含碳样品。这些样品在用常规^{14}C测年方法进行测年后，可以获得相应的年代序列。实践证明，“夏商周断代工程”中构架的三代的年代框架，因对应碳样之间的年代相当一致，不同实验室的数据相应一致，并有若干个不可推移的支点作支撑，因而表明是可信的。这是上世纪在年代学研究中取得的一项十分重要的成果！它还证明了^{14}C测年方法用于考古学，只要具备一些必要的条件，分期研究成果中包含的年代信息，是可以转化为日历年代的。

诚然，^{14}C测年技术虽有很大的提高，但至今仍有一定误差（3‰），因而还不可能提供十分确切的日历年代。如武王克商的年代，依据沣西马王村发掘的先周晚期、西周早期等文化层中提取的系列含碳样品进行测年，获得了这一事件发生在公元前1050~前1020年间的年代范围。在这个年代范围因受到殷墟四期与西周早期年代的限制，是难以移动的。因此，就年代学研究而言，将武王克商的年代圈在这30年之内，与过去学者研究武王克商的结论相比（前后相差100余年），已是个巨大的进步。但武王克商之绝对年代在这30年中的哪一年，^{14}C测年技术无法回答。在“夏商周断代工程”实施过程中，天文学家依据文献记载的相关天象记录进行推算，在这个年代范围内，提出了两个绝对年代：公元前1044年1月9日和公元前1046年1月20日。由于天文学家在推算时设定的条件有所不同，因而出现了两个结论。“工程”报告最后“选用”了后一个结论。

“夏商周断代工程”中用常规^{14}C测年方法给出的武王克商年的范围缩小到30年，与上面提到的两个数据均超过250年的范围相比，显然是个巨大的进步。这是科学发展、测量技术提高的结果。这一成果使^{14}C测年技术用于考古领域的范围更广了，可信度也更高了。“夏商周断代工程”中三代年代框架的建立，表明^{14}C测年技术可以在历史时期的考古工作中运用。这样，犹如上世纪60年代围绕仰韶文化半坡类型与庙底沟类型孰早孰晚的争论，因^{14}C测年数据的公布而得以平息一样，它使20余年间围绕郑州商城与偃师商城孰早孰晚的争论，也可以落下帷幕。

2000年公布的“夏商周断代工程阶段性成果报告”中公布了这两个商城的测年结果。

今年《中原文物》第一期上张雪莲、仇士华、蔡莲珍三位发表的《郑州商城和偃师商城的^{14}C年代分析》一文中，结合近两年的测年成果，得出了“郑州商城二里岗文化和建城的年代上限在公元前1500前后，而偃师商城小城的年代要早于郑州商城，但偃师商城早期仍未到公元前1600年”的结论。这一结论是大量测年所得的结果，是有说服力的。

当学界同仁不再围绕这两个商城间孰早孰晚而进行争论时，将促使大家去探索深层次的问题，这不能不说是个明显的收获！

三、在运用^{14}C年代数据方面应该进行必要的反思

众所周知，“夏商周断代工程”中最重的任务是构架三代年代框架。为了完成这项任务，工作量最大的是用^{14}C测年技术，对十余个三代时期的遗址中采选的一批含碳样品进行高精度测年。为了使参加者对测年工作的思路与方法有清楚的了解，断代工程启动后召开的第一个小型会议，是在房山举行的有关^{14}C测年方法的研讨会。参加者除了“工程”中从事^{14}C测年的课题组成员，还有部分考古工作者。会上，大家就如何落实“工程”要求的测年任务、怎样高标准开展测年工作等问题等作了充分讨论。仇士华先生在会上提出了比较完整的思路。会议选在房山区韩村河召开，是为了就近参观我所设在琉璃河的驻地。上世纪80年代在琉璃河遗址发掘时，我们将全部墓葬的人骨及木质椁板等作了收集，并对墓地的墓葬作了早、中、晚三期（六段）的划分。所以，研讨会上涉及用人骨测年及采选木质含碳系列样品等问题时，就组织与会者前往发掘队驻地，结合这些遗存作深入分析探讨。会后，考古所实验室承担的、用常规^{14}C方法进行测年的任务，第一个提上日程的工作，就是参照琉璃河墓地材料三期六段的划分，从这批材料中采选含碳系列样品。测年结果，获得了与分期序列一致的年代序列，为西周年代学研究提供了一份基础性原始数据。这批年代数据，可参见2000年出版的阶段性成果报告。由于这批年代数据与分期序列完全一致，并与稍后从天马曲村、丰镐等遗址采集的含^{14}C年代数据进行比对，得以验证与充实，最终构架起西周时期年代框架。

这里介绍这些情况，目的在说明：从事^{14}C测年的科学家们，为了提高测年精度，在改进技术等方面曾经想了很多办法，做了许多实验。他们的努力是卓有成效的，如在“工程”启动前对长白山天池火山最后一次大喷发的木炭进行测后研究，已使误差缩小到正负10年。

“夏商周断代工程”的实施、测年数据的公布，证明^{14}C测年技术因精度提高而可以用于三代年代学研究。各个遗址中测得的年代序列均与考古分期一致，同类遗址在不同^{14}C实验室之间的测年结果可以匹配，证明这种测年方法对历史时期的年代学研究是有成效的。

像“夏商周断代工程”这样重大科研项目的实施，各个研究课题的开展，对相关学科（包括考古学科在内）以前进行的研究是个检验。“工程”结果的产生，也促使科学工作者对过去的研究工作去进行深刻的反思。只有这样，才能促进相关学科的进步。

然而，近年来出现了一些有趣的现象：一方面是介绍“夏商周断代工程”年代学研究的成果不断见诸报端；另一方面则是仍在引用过去公布的、已被证明很不准确的数据做

文章，甚至出现了郑州等市召开建城3600年纪念会等活动。如果在当年公布常规^{14}C测年数据时，召开这类会议是可以理解的，但当新的、精度更高的数据已经出现，测年专家提出原先的数据误差过大时，匆匆忙忙地搞起这类活动，这不能不让人感到难以理解了。

今天，常听到一些朋友说，新公布的这些数据与过去公布的年代数据相比普遍低，很不好理解。其实，问题就出在“理解”二字上。

上面已经指出：^{14}C测年提供的是一个年代范围。如郑州商城的年代过去是公元前1620（±140）年，与今天提的公元前1500年前后，实际上并不矛盾。因为前者是指商城建造的年代在公元前1760年至前1480年之间；显然，它包含了公元前1500年这个年代。

举个例子：如果我们面对某位老人，见他鹤发童颜，知其寿高，但大家不知其确切年龄。于是人们依据各自对老人的认知程度，出现了多种说法：有人用100（±20）岁来表述；也有人用88（±8）岁来表述；有人知道他与另一位84岁的先生相差不会超过1岁，所以提出85（±2）岁。从表面上看，三者似乎差别颇大，但实际上并无出入。因为后两个对老者估算的年龄，都被涵盖在第1个年代120～80岁这一范围之内了。他们的差异，实际上反映了估者对老人年龄的准确度有所不同而已。就精度而言，第三个推测的误差只有4年，显然比第一个估算者（40年）和第二个估算者（16年）少，反映了它的准确度最高。由于它与实际年龄最为接近，第三个说法应该成为我们的首选。但若有人认为第一个估算年龄才是正确的，把他称为百岁老人，我想当事者本人大概也不会承认。显然，如果认为第三个说法与第一个说法相比，说这偏低了，太年轻了，因而持怀疑态度而不敢相信。这只能使人感到匪夷所思。

作为科学工作者，面对上述情况，有些方面是值得我们注意的。面对^{14}C测年这样一些陌生的事物，首先要去了解它。在过去的岁月中，我们常常听到两种完全不同的声音：一是认为^{14}C测年方法根本不可信，理由是如果正负200年，岂不把一个朝代都跨过去了吗？另一种是把某个误差很大的数据，用作一个事件或王朝的分界点，将年代数据作了绝对化处理。这两种做法显然都是不妥当的。

有鉴于此，应该实事求是地正视过去的“不理解”，正确面对今日的研究成果，尊重物理学家们在提高测年技术方面做出的贡献。他们为提高精度而付出的汗水与辛劳，应该受到尊重。

上述分析还给我们以重要启示：我们应该学习自然科学家严谨的工作态度和客观准确的报道。他们对每个结论的表述，均以其与实际情况的近似度而给出恰当的评估，或以量化的形式表示。在已公布的每个年代数据之后，在“拟合后日历年代”下，都注明68. 3%。68. 3%是标准偏差。如果是95%的话，则比68. 3%的标准偏差要大1倍。它是反映某个数值准确率的做法，正说明他们对研究成果的表述，是客观的、实事求是的。对这种做法，应引起我们对测年专家的尊敬。因为对读者负责，对成果的交代十分客观，无虚妄之处。老一辈考古学家曾一再提示我们：有多少材料说多少话，有几分证据就告诉读者有几分真实性。对这些提示，是值得我们铭记的。

在科学探索的道路上，是允许用不同的方法进行探索的。探索的结果是否正确，则取决于思路是否正确、方法是否对头等多种因素。衡量一个探索的结论是否正确，并不以个人的主观意志为转移，而是由证实相关因素是否合理的证据决定的。因此，对考古工作者而言，我们在引用^{14}C测年的成果时，先要了解^{14}C测年这一自然科学手段的原理、特性及其功效。这对我们在新形势下实现多学科合作与渗透，是极有意义的。

今天，随着科学的发展，不同学科间的交叉与渗透成为必然趋势。这就不仅要求人们注重知识的不断积累，而且要求我们的知识要随时代的发展而不断更新！只有这样，才跟上时代前进的步伐，并适应学科发展的需要。

（原载《安金槐先生纪念文集》，大象出版社，2005 年）

关于郑州商城始建年代问题

肖　冰　王学荣

郑州商城在我国考古学和历史学研究方面有重要科学价值，因而备受学术界重视。在关于郑州商城的诸多学术课题中，其年代问题是最基本也是最重要的问题之一。

关于郑州商城的始建年代问题，学术界已讨论了很长时间，然迄无定说。其实，郑州商城的年代问题，并非孤立的学术问题，而是与夏商考古学上的其他有关课题密切相关的。近年中，夏商考古学研究有了一些新的进展，尤其是偃师商城的考古发掘与研究取得了若干重要进展，在此基础上再来看郑州商城的始建年代问题，分析问题的角度和高度也有了一定的变化。在此背景下，我们拟通过对郑州商城相关考古资料的进一步分析，就郑州商城始建年代问题，再做探讨。

一、郑州商城始建年代研究回顾

讨论郑州商城年代问题，首先需就郑州地区商文化分期稍做说明。郑州地区商文化分期，已有不少学者做过研究，我们仅举影响较大、在学术界比较通行的两种。一是安金槐先生的四分法，即分为二里岗下层一期（简称二下一）、二里岗下层二期（简称二下二）、二里岗上层一期（简称二上一）、二里岗上层二期（简称二上二）[1]。二是邹衡先生的二期三段5组分法，即先商期一段Ⅱ组，早商期二段Ⅲ组、Ⅳ组，早商期三段Ⅴ组、Ⅵ组[2]。关于以上分期意见之间的对应关系，可用下表略做示意。（表一）

表一　**郑州商城的分期**

<table>
<tr><th>地层单位</th><th>安金槐</th><th colspan="2">邹衡</th></tr>
<tr><td>白家庄上层</td><td>二上二</td><td rowspan="2">早商期三段</td><td>Ⅵ组</td></tr>
<tr><td>二里岗 C1H1</td><td rowspan="2">二上一</td><td>Ⅴ组</td></tr>
<tr><td>二里岗 C1H2 乙</td><td rowspan="2">早商期二段</td><td>Ⅳ组</td></tr>
<tr><td>二里岗 C1H17</td><td rowspan="2">二下二</td><td>Ⅲ组</td></tr>
<tr><td>南关外 H62</td><td rowspan="2">先商期一段</td><td rowspan="2">Ⅱ组</td></tr>
<tr><td>二里岗 C1H9</td><td>二下一</td></tr>
</table>

在郑州以外地区，系统的早商文化分期见于偃师商城。目前我们把偃师商城商文化分为三期7段[3]。关于偃师商城与郑州商城商文化分期的对应关系，可用下表表示：（表二）

表二　　**郑州商城与偃师商城分期对应表**

<table>
<tr><th colspan="7">郑州商城</th><th colspan="2">偃师商城</th></tr>
<tr><th>单位</th><th>安金槐</th><th colspan="2">邹衡</th><th>陈旭</th><th>袁广阔</th><th>宋国定</th><th colspan="2">杜金鹏、王学荣</th></tr>
<tr><td>白家庄上层</td><td>二上二</td><td rowspan="2">早商期三段</td><td>Ⅵ组</td><td>白家庄期</td><td>白家庄期</td><td>二上二</td><td rowspan="3">三期</td><td>晚段（7段）</td></tr>
<tr><td>C1H1</td><td rowspan="2">二上一</td><td>Ⅴ组</td><td rowspan="2">二里岗上层</td><td rowspan="2">二里岗上层一期</td><td rowspan="2">二上一</td><td>中期（6段）</td></tr>
<tr><td>C1H2乙</td><td rowspan="2">早商期二段</td><td>Ⅳ组</td><td>早段（5段）</td></tr>
<tr><td>C1H17</td><td rowspan="2">二下二</td><td>Ⅲ组</td><td>二里岗下层</td><td>二里岗下层二期</td><td>二下二</td><td rowspan="2">二期</td><td>晚段（4段）</td></tr>
<tr><td>南关外H62</td><td rowspan="2">先商期一段</td><td rowspan="2">Ⅱ组</td><td rowspan="2">南关外期偏晚</td><td rowspan="2">二里岗下层一期二段</td><td>二下一晚</td><td>早段（3段）</td></tr>
<tr><td>C1H9</td><td>二下一</td><td>二下一早</td><td>一期</td><td>晚段（2段）</td></tr>
</table>

郑州商城发现以来，学术界即对其始建年代展开了探讨。至今，出现于学术界的观点主要有四种：（1）郑州商城始建于二里岗下层偏晚阶段（以郑州二里岗C1H17为代表的二里岗下层二期）；（2）郑州商城始建于二里岗下层偏早阶段；（3）郑州商城始建于南关外期（以郑州二里岗C1H9和南关外H62为代表）；（4）郑州商城始建于洛达庙期。

学者在探讨郑州商城始建年代时所采用的基本理论方法，主要是根据考古地层学原理，对郑州商城的城墙和宫殿夯土基址的建筑年代进行推断，即根据叠压或打破城墙、宫殿夯土的地层单位的年代卡定城墙、宫殿的建筑年代之下限；根据被城墙、宫殿夯土所叠压、打破的地层单位的年代，以及城墙、宫殿夯土中包含的最晚遗物的年代，卡定城墙、宫殿的建筑年代之上限。这是正确可行的方法和途径。

1. 关于郑州商城内城始建年代之研究

根据已有考古资料，郑州商城具有外城、内城和宫城三重城垣，学术界以往主要是讨论内城城墙的建造年代。

《郑州商代城址试掘简报》[4]首次运用大量考古资料，就郑州商城城墙的建造年代进行了分析。简报举出7组地层根据推断内城城墙的年代：

（1）“在十三条探沟内（北城墙探沟CNT1、CNT3、CNT4、CNT5、C8T24、C8T25、C8T27；西城墙探沟CWT3、CWT5；南城墙探沟CST3、CST4；东城墙探沟CET1、CET7）发现有二里岗期下层文化层压着城墙夯土层。在这些文化层中包含有大量的二里岗期下层的陶片和一些石器、骨器、蚌器、卜骨等遗物”。

（2）“在四条探沟内（北城墙探沟CNT1、CNT5，C8T27；西城墙探沟CWT3）分别发现有二里岗期下层和上层的残破房基多座”，“其中除个别房基直接挖破了城墙夯土层外，其余的多是挖筑在城墙内侧的二里岗期文化层内，间接叠压着商代城墙”。

（3）在“九条探沟内（北城墙探沟 CNT1、CNT4、CNT5、C8T24、C8T25、C8T27；西城墙探沟 CWT3；东城墙探沟 CET6、CET7）内侧，发现了商代二里岗期下层和上层的土圹墓二十七座”，“属于二里岗期下层的五座墓中有四座（北城墙 CNM1，西城墙 CWM7、CWM8、WM9）的墓室底部直接破坏了商代城墙夯土层。这些墓内大都随葬有二里岗期下层的典型陶器：卷沿鬲、敞口斝、有流有尾爵、深腹盆、圈足簋等成组的陶器和少量石器”。

（4）在“五个探沟内（北城墙探沟 CNT6、C8T24、C8T25；西城墙探沟 CWT5；南城墙探沟 CST3），同样在商代城墙内侧的二里岗期下层和上层文化层中，发现窖穴十二个，直接或间接地压着商代城墙的夯土层。……其中属于二里岗期下层的窖穴九个”。

（5）在“两个探沟（北城墙探沟 C8T27；西城墙探沟 CWT1）内，发现二里岗期下层的殉狗坑九个，直接或间接叠压着商代城墙的夯土层”。

（6）“在二十二条探沟中发现的商代夯土层不仅土质和夯土层结构相同，而且包含遗物也基本相同。从其中陶片的纹饰和器形看，大部分属于洛达庙期，也有少量属于商代二里岗期下层”。

（7）“在北城墙探沟 CNT4、C8T27，东城墙探沟 CET7 和南城墙探沟 CST4 内，分别发现商代城墙夯土叠压着龙山文化层、洛达庙期文化层的灰坑、灰沟，南关外期文化层灰沟等遗迹”。

据此，简报指出：“以上七条证明：夯土城墙晚于洛达庙期和南关外期，更晚于龙山文化，其上限不会早于商代二里岗期下层，下限也不会晚于商代二里岗期下层。”即郑州商城内城城墙只能始建于二里岗下层时期。

《郑州商代城遗址发掘报告》[5]就郑州商城内城城墙的地层关系和年代在《简报》的基础上归纳为五点：第一，“商代二里岗期下层的文化层堆积和房基、窖穴（包括一些小灰坑）、墓葬等遗迹直接或间接地覆盖着商代夯土城墙内侧近底根处的夯土层”。其中，12 个探沟内商代二里岗下层文化堆积“都是作斜状覆盖在商代城墙内侧下部的夯土层上”；在 2 个探沟内发现商代二里岗下层时期的房基叠压商代城墙；在 3 个探沟内发现有九个商代二里岗下层时期的窖穴打破叠压商代城墙内侧的商代二里岗下层文化层；在 3 个探沟发掘出五座二里岗下层时期的墓葬打破叠压商代城墙内侧的商代二里岗下层文化层，“其中有四座墓的土圹直接破坏了一部分商代城墙内侧近底根处的夯土层”。由此“证明这座城墙的修建年代不晚于商代前期的二里岗下层”。第二，商代二里岗上层文化遗存叠压夯土城墙内侧夯土层。第三，商代夯土城墙叠压洛达庙、商代南关外和龙山文化层与灰坑。其中在 3 个探沟发现商代城墙直接叠压洛达庙文化层和灰坑；在 2 条探沟中发现修建城墙时，破坏了南关外期文化层。“证明城墙的建造时间不能早于洛达庙期和南关外期”。第四，商代城墙夯土中出土的陶片，“从它们的器形和纹饰看，多为洛达庙期的，也有商代二里岗期下层的，没有发现比二里岗期下层再晚的遗物”。“说明郑州商城城墙的修建时间不能早于商代二里岗下层”。总之，“根据以上的地层叠压情况，我们认为郑州商代城墙的建造时间应是建造于二里岗下层”。

《报告》所述，较《简报》更为条理、清楚、准确，地层关系基本相同，只是《简报》说在 13 条探沟中发现二里岗下层文化层叠压城墙夯土，而《报告》说见于 12 条探沟中，缺 CNT4；《报告》说在 CNT1、C8T25 中发现二里岗下层房基叠压城墙夯土，而《简报》中未提 C8T25。再者《简报》和《报告》均提到东城墙下叠压有二里岗下层的灰沟，两次发表了位于东城墙北段的解剖沟 CET7 的南壁剖面图，即《简报》图二和《报告》图三，如图所示，CET7 南壁剖面图上，清楚地标明在城墙内侧夯土下压有一条“二里岗下层灰沟”[6]。

上述论述是在将商代二里岗文化分为上、下层两大期的前提下所做的关于郑州商城内城城墙建造年代的一种表述。后来，随着考古发掘与研究工作的不断深入，学者将郑州的商文化分为二里岗下层一期、二里岗下层二期、二里岗上层一期、二里岗上层二期共四期，其中，以 C1H9 为代表的二里岗下层偏早遗存属于“二里岗下层一期”，而以 C1H17 等二里岗下层偏晚遗存属于“二里岗下层二期”[7]。发掘者据此将郑州商城内城的建造年代做了进一步的表述：“根据对郑州商城夯土城垣开挖的 22 条探沟（或探方）的解剖发掘资料初步获知，郑州商城夯土城垣的开始修建时期，应是在商代二里岗下层二期。”其理由有以下几点：一是“郑州商城夯土城垣的开始修筑时期，不会早于洛达庙文化（即二里头文化）晚期”。二是“郑州商城夯土城垣的开始修筑时期，也不会早于郑州商代南关外期”。三是“根据郑州商城夯土城垣内外一带的发掘资料来看，相当于郑州商代二里岗下层一期的遗存很少，就是在已经解剖发掘的 22 条探沟的中下部商代城垣夯土层内的包含碎片中，也很难区分出哪些是属于商代二里岗下层一期的，并且也没有发现商代夯土城垣内外侧附近底根处，直接或间接叠压有商代二里岗下层一期的文化层或灰坑与墓葬等迹象。说明在郑州商代二里岗下层一期时，郑州商城的夯土城垣还没有开始兴建”。四是“根据对郑州商代夯土城垣 22 条探沟（或探方）的解剖发掘资料获知，郑州商城应是开始修筑于郑州商代二里岗下层二期”。依据“郑州商城夯土城垣内的中下部夯土层内包含的碎片中，时代最晚的应属于郑州商代二里岗下层二期的。如在郑州商城东城墙北段解剖发掘沟 CET7 内的商代夯土墙时，在城墙中下部的夯土层内，曾出土了较多的碎陶片。经鉴定其中时代最晚的陶片是属于郑州商代二里岗下层的（即和《郑州二里岗》已经发表的灰坑 H17 内出土的主要陶器类同）”，“说明城墙的修建时间不能早于商代二里岗下层二期。再者从郑州商城夯土城垣内侧近底根处，直接或间接叠压与打破城墙夯土层的有商代二里岗下层二期的护城坡、路土、堆积层、房基、灰坑与墓葬等，又证明郑州商城夯土城垣的开始修建时间也不会晚于商代二里岗下层二期”。郑州商城夯土城垣中包含有二里岗下层二期的陶片，说明修筑城墙是破坏了二里岗下层二期时的遗存，“虽然此城是于郑州商代二里岗下层二期始建，但也应是在商代二里岗下层二期在郑州发展一个阶段后，才开始动工的”[8]。显然，郑州商城内城的始建时间，被卡定在二里岗下层偏晚阶段（二里岗下层二期之内）。

李经汉先生也认为“郑州商城的建筑年代，应为二里岗下层商文化的晚期，而不是它的早期”。他说，《郑州商代城遗址发掘报告》发表了“与商城有关的单位共 25 个，有打破关系的八组，说明它们的相对时间也有早晚。其中 C8T243 和 CST33 直接覆盖着城墙，又被同时代的灰坑和墓葬打破，相对时间最早。考察各单位发表的遗物，虽有变化，但均属下层（指二里岗下层——笔者注，下同）晚期。其中时间最早的 C8T243 和 CST33 也是如此。如 C8T24③出的鬲，小卷沿，腹壁较直，实足尖外撇，细绳纹，是典型的下层晚期遗物。报告还发表了城墙夯土内出的陶片，可识别的器形有短颈大口尊、直壁盆、瓮等，亦为下层晚期的典型器物。可见，郑州商城的建筑年代，应为二里岗下层商文化的晚期，而不是它的早期”[9]。

杨育彬先生也曾认为“郑州商城的始建年代应在商代二里岗期下层晚期”[10]。后来有进一步的论述，他根据郑州商城内城城墙内侧夯土，直接或间接地被二里岗下层的文化层、房基、灰坑、墓葬所叠压或打破等地层关系，推知郑州商城“夯土城墙的时代不会晚于商代二里岗期下层时期”。又根据城墙夯土中包含的时代最晚的遗物属于“商代二里岗期下层的陶片”，“在2条探沟内，发现商代夯土城墙的下面，压有商代二里岗期下层的小沟”，从而推知城墙的年代不会早于二里岗下层时期。因此论定“郑州商城应建于商代二里岗期下层偏早时期”[11]。随后他又说：“郑州商城夯土墙既然介于二里岗下层之间，其始建年代既不会早于也不会晚于二里岗下层。考虑到叠压郑州商代夯土城墙的二里岗下层文化层数量较多且属偏晚阶段，商代夯土城墙下所压二里岗下层遗迹仅有两条小沟且为偏早阶段。可以认为郑州商代夯土城墙始建于二里岗下层偏早阶段。”[12]不久前，他更进一步地指出：“从四面城墙的地层关系可以看出，郑州商城夯土城墙的根基部分被二里岗下层二期或更晚一些的文化层、灰坑、墓葬叠压和打破；商代夯土城墙本身包含最晚的陶片为二里岗下层一期；商代夯土城墙下面叠压的有二里岗下层一期小灰沟或更早一些的文化层、灰沟和灰坑。由此可知郑州商城的相对年代是介于二里岗下层一期和二期之间，亦即不能早于二里岗下层一期，也不会晚于二里岗下层二期。其始建年代约在二里岗下层一期偏晚阶段，其使用时间则是从二里岗下层二期开始，一直持续到二里岗上层二期。”[13]

邹衡先生曾以郑州商城内城的建造作为夏、商王朝的界标，说：“郑州商城是成汤所居的亳都，其始建年代，大体在成汤居亳以后（商城压在‘南关外期’之上）。”他把二里岗下层偏晚遗存C1H17、CWM8等作为最早的商文化的代表[14]划归商文化第二期第二段Ⅲ组；而把二里岗下层偏早遗存C1H9、C91H118和南关外中、下层及南关外H62等遗存作为先商文化，划归商文化第一期第一段Ⅱ组，叫做先商文化南关外型，并说：“郑州商城所有南关外型文化层都压在城墙下面，可见当时还没有修筑城墙。”[15]很显然，邹衡先生是把郑州商城内城的建造年代确定在了二里岗偏晚阶段C1H17的时候。后来，邹衡先生修改了自己的上述观点，说：“笔者以前根据郑州商城的初步发掘报告资料，曾认为南关外期，即‘第Ⅱ组还没有筑起商城’，甚至以为当时还没有筑城。现在看来，这种观点需要有所修正。根据新公布的城内宫殿遗址有关材料和陈旭、郑杰祥两位先生的意见，对郑州商城的始建年代可以重新加以说明，那就是：‘南关外期（即第Ⅱ组）已经开始筑城，而且可能已初具规模，不过还没有达到郑州商城遗址的最繁盛期’。”并且仍坚持南关外期为先商时期[16]。在另一篇文章中邹衡先生又说：“我以往在几篇文章中都曾推断郑州商城始建于二里岗下层偏晚阶段，即郑州‘早商期第二段第Ⅲ组’，现在看来是错误的，应该依照陈旭、郑杰祥两先生的意见，改为郑州‘先商期第一段第Ⅱ组’，即南关外时期始建的。”[17]

李伯谦先生认为：“根据郑州商城发掘报告提供的资料，夯土墙下叠压有南关外期文化层，夯土墙上覆盖有二里岗下层文化层，夯土墙中包含有二里岗下层陶片，郑州商城始建于二里岗下层时期是明白无误的。”“从商城发掘报告发表的叠压或打破夯土墙的二里岗下层文化层、窖穴、墓葬等出土的陶鬲、豆、盆、罐、爵等特点分析，较早者与二里岗C1H17等同类器物相似，而没有早到二里岗C1H9阶段者，可见叠压或打破夯土墙的均属二里岗下层晚段遗存，表明城墙始建年代的下限不会晚于二里岗下层偏晚阶段。夯土墙下所叠压的文化层中和夯土内虽包含有少量二里岗下层陶片，但据特征分析，均属二里岗下层偏早，可见修建城墙时并未破坏二里岗下层偏晚阶段堆积，当时它尚未形成，表明城墙的始建年代要早于二里岗下层偏晚阶段。但城墙的始建年代也不会过早，因为夯土中既包含有二里岗下层偏早阶段的陶片，就说明修建城墙时二里岗下层偏早阶段的文化堆积已经存在。由此可见，郑州商城的始建年代只能在二里岗下层偏早阶段，而不会比它更早。"[18]最近，李伯谦先生又重新阐述了自己的观点，认为"郑州商城内城和外郭城的始建年代的确应该在二里岗下层一期或更早，不会晚到二里岗下层二期之时"[19]。

仇祯先生说：叠压打破郑州商城城墙夯土的二里岗下层地层单位，均"属二里岗期下层偏晚者"，"考虑到此城遭破坏亦当在它使用若干年之后了。因此，此城应早于二里岗下层偏晚阶段"。根据发掘报告报道，郑州"商城城墙夯土内包含有二里岗期下层的少量陶片，它下压或破坏少量二里岗期下层和南关外期的文化层，说明商城不会早于二里岗期下层。既然此城不能超出二里岗期下层，又不晚于二里岗期下层偏晚阶段，那么它的始建时间应为二里岗期下层偏早阶段"。"城墙夯土内所包含的二里岗期下层陶片能看清器形的高领罐、盆等至少属二里岗下层偏早阶段，甚至与二里头三期的也难区分"[20]。

高煦先生把郑州商文化分为二里岗下层一段、二段，二里岗上层一段、二段共四段。他对郑州商城始建年代的认识是："《商城报告》曾提到城墙局部处有下压二里岗期下层的现象，如CET7南壁下有一小灰沟被城墙所压（《商城报告》5页图三）；此外CWT5内的夯土墙也叠压一南北向的小沟，另一个椭圆状坑，虽未被夯土墙所压，但开口与上述小沟同层（《商城报告》图五）。上述两单位据报道均包含有洛达庙期和二里岗期下层的盆、大口尊、罐等陶片，可是在西墙的探沟中不曾报道商城下压有洛达庙期的现象。一个未经扰动的单位，包含有两个时期遗物的说法，则很可能是由于零碎或稀少，难以把下层较早的特征与洛达庙期相区别有关，由此至少也反映了上述单位很可能具有二里岗期下层第一段的一些特征，这个推测如若不错的话，从而可推知下层第一段这类遗存不只分布于南关外和二里岗，在C8区、ET7、CWT5附近也有，说明其分布范围并不算小。上述现象的分析，提出了商城的上限似要晚于下层第一段。但从叠压商城内侧墙根的堆积来看，有一部分原报告所称的二里岗期下层文化层，其包含物多具下层第一段的特征，如CST24、T27出土的鬲、盆和C1H9、H10相接近，刻槽盆和器盖与二里头文化三、四期的略相近（《商城报告》9页图六）。这些现象又说明城墙的下限至少和下层第一段同时。此外，还有更多的属于下层第二段墓葬、灰坑，既打破叠压内侧墙根的下层第一段文化层，同时也打破城墙根，如CWM9、CWM8、CWM7、C8H22等单位。这些现象既提供了二里岗期下层可分为一、二两段的依据，同时反映了商城的兴建和启用并不排斥在下层第一段的可能性。"[21]

张文军先生等在系统分析了郑州商城考古资料后认为，郑州商城内城的始建年代与二里岗下层早段H9的年代相当[22]。

袁广阔、曾晓敏先生认为"《郑州商城》发掘报告中所提到的2条探沟内发现商代夯土城墙的下面，压有商代二里岗期下层文化的小沟的年代，我们认为可能为青年公寓洛达庙二期。这是由于商城内洛达庙二期已经蕴藏有少量的二里岗期下层因素，近年的考古发掘资料可以证明，二里岗下层文化主要来源于商城内的洛达庙文化”。城墙解剖所出土的陶片“一部分是属于龙山文化时期的，另一部分是属于洛达庙期的。其中的细绳纹鬲因纹饰与二里岗的同类器接近，故同城墙下面压的小沟一样都被误认为是二里岗期”。“通、过对打破城墙内侧地层的墓葬、灰坑中的出土物分析，得知叠压城墙的遗迹单位中早期的鬲为卷沿、细绳纹；中期的鬲沿部微折、绳纹变粗；晚期的鬲口沿起棱、绳纹更粗。这表明夯土城墙筑成后，形成的叠压它的二里岗下层堆积时代较长，而城墙的时代要早于学术界所认识的商代二里岗下层的整个年代”。“从内城普遍存在洛达庙文化层的状况，结合城墙和宫殿被二里岗下层一期文化叠压的事实，我们认为内城兴建的年代可能接近洛达庙期”[23]。

可见，关于郑州商城内城建造年代，主要有洛达庙期、二里岗下层早段、南关外期（包括二里岗 C1H9、南关外 H62 等单位）、二里岗下层一期晚段、二里岗下层二期等见解。

2. 关于郑州商城外城墙的建造年代

据《郑州三德里、花园新村考古发掘简报》报道：1985 年～1986 年在郑州三德里、花园新村、振兴商场等地点发掘外郭城时，城墙夯土中出土的陶片，“其时代相当于洛达庙期或二里岗下层时期”，不见二里岗上层遗物[24]。1986 年～1987 年，在郑州商城外城城墙上开挖了 10 条探沟，在城墙夯土中出土了少量陶片，“这些陶片经鉴定是属于商代二里岗下层时期的及洛达庙期的，也有早至龙山时期的，没有晚于二里岗下层时期的”。根据夯土的结构、出土陶片的特征均与内城城墙相同等情况，发掘者认为其“年代应不晚于二里岗下层时期”[25]。1994 年发掘一段郑州商城外城墙，“关于这段夯土墙基的年代，从其修筑方法和夯层、夯窝的特征分析，并参考已经发表的资料，可以认为是属于商代二里岗期的”[26]。2000 年～2001 年，发掘外城南城墙和城外护城河，“（城墙）夯土基槽所出土的陶片属于洛达庙期。主要器类有深腹罐、大口尊和细绳纹鬲等”。护城河出土陶片“大部分为洛达庙期陶片，少量为商代二里岗期陶片，器类主要有盆、缸、大口尊、簋、甑、鬲、甗等。陶器以夹砂灰陶为主，纹饰以中绳纹为主”。发掘者综合外城南城墙和西城墙等地点的发掘资料，认为“从以上发现的诸段夯土基槽的形制、槽内夯土层的筑法、夯窝的印痕、夯土颜色以及夯土层内包含的碎陶片等来看，这几段夯土墙基的时代是属于同一时期的一个大型遗迹——外郭城墙。从夯土层内出土的少量陶片看，特征基本与郑州商城夯土城墙内出土的陶片类同，都有少量龙山文化晚期的陶片和洛达庙期的陶片，最晚的陶片都属于洛达庙期。护城河的出土物可以证明该城在二里岗下层时期已经建成”[27]。

安金槐先生说：“三段‘外夯土墙基’的筑法与结构来看，基本上与郑州商城（指内城）夯土城垣墙基相同”；“三段‘外夯土墙基’夯土层包含的极少量的陶片特征看，基本上与郑州商城夯土城墙的夯土层内包含的陶片类同”。因此说，外城的“修筑时代应与郑州商城夯土城墙的修筑时间相同，即可能是商代二里岗期兴建的”[28]。1995 年，安金槐先生在偃师市召开的“中国商文化国际学术讨论会”上重申了这一观点[29]。后来，安金槐先生有新表述，说：从郑州商城外城“就此处城墙（外城墙）基础槽的敞口斜壁平底形制结构和基础槽内的夯土层次结构与夯杵窝印痕看，都与郑州商城夯土城墙靠上部的商代二里岗上层一期夯土（笔者注：安先生这里所指的应是郑州商城东城墙北段在二里岗上层一期时曾经加高的部分。详见《安金槐考古文集》276页）结构相类同，并且在外郭城的夯土层内，也发现夹杂有很少量的商代二里岗上层一期的碎陶片，而没有发现夹杂再晚的陶片遗物。依此说明在郑州商城外部发掘出的南部与西部的约半圈外郭城夯土城墙的时代，应属于郑州商代二里岗上层一期修筑的”[30]。

裴明相先生说根据郑州商城外城“夯土墙的夯层、筑法、夯窝、土色及墙的宽度、高度等推知，它与郑州商城（内城）基本类同，但夯土内的遗物只有商代二里岗下层和洛达庙期陶片，不见二里岗上层的遗物。据此，可以推知新发现的外郭西墙可能是与郑州商代王城同时兴建的”[31]。

杨育彬先生说郑州商城外城城墙“夯土内的遗物很少，有夹砂灰陶鬲、罐、泥质黑陶豆、泥质灰陶钵、碗及细绳纹、篮纹、方格纹陶片，分别属于龙山文化晚期，其余为洛达庙期和二里岗下层时期。因此，夯土墙的时代当属二里岗下层时期”[32]。

张文军先生等认为，郑州商城外城与内城一样建造于二里岗下层早段（相当于C1H9的时候）[33]。

袁广阔、曾晓敏先生认为“比较内外城墙的夯土，可知二者的夯窝筑法、形制、大小基本相同”。“从已发现的几段外郭城夯土墙基的夯土层内包含少量陶片特征看，它们基本上与郑州商城夯土城墙的夯土土层内出土的陶片类同，都有少量龙山文化晚期陶片和较多洛达庙期陶片”。“内、外城内侧均发现大量二里岗文化层，如二里岗遗址可以延伸到外郭城墙边，但外郭城墙夯土内却没有这一时期的陶片，这也反过来证明此时城墙已经建成”。“护城河中出土二里岗下层陶片，可以证明该河在二里岗下层陶片时期以前就存在”。“外郭城的年代可能晚于内城，其年代应接近或略早于二里岗下层一期的H9”。“也就是说外郭城是在内城发展的基础上建立起来的”[34]。

李伯谦先生认为“郑州商城内城和外郭城的始建年代的确应该在二里岗下层一期或更早，不会晚到二里岗下层二期之时”[35]。

关于郑州商城外城城墙的始建年代，学术界目前有不晚于二里岗下层早段、二里岗下层、二里岗上层一期等看法。

3. 关于郑州商城宫殿区发现的“夯土墙”（即W22）之建造年代

郑州商城宫殿区发现一段夯土墙基，编号W22，“在W22的夯土层内既出土有二里岗下层时期的罐、尊、鼎、盆、簋、缸、澄滤器、瓮、器盖、甗腰等陶器片，也出有早于二里岗下层的遗物，如花边口沿罐、鼎足、鼎腹、豆盘、盆等陶器残片，没有发现晚于二里岗期下层的遗物。进一步证实了W22是二里岗期下层的夯土墙基”。“属于二里岗期下层的夯土墙基（W22）……已知其长度为80米，宽7米左右，夯土墙基（W22）位于郑州商城宫殿区内，其西、南有宫殿基址的发现，据此，或可认为夯土墙基可能是郑州商城宫城墙的一部分”[36]。

发掘者宋国定先生曾认为1985年~1986年在郑州商城宫殿区黄委会青年公寓发现的夯土遗迹属于“二里岗下层时期的夯土墙，在它的东、西、南三面都发现有宫殿基址，据此或可认为该夯土墙基可能是郑州商城宫墙的一部分，方向为东北、西南走向，向北延长与郑州商城北城墙东段接近垂直”[37]。

后来的发掘者指出：“墙基长度已达100余米。……经过1998年的发掘，我们认为打破夯土墙的两个灰坑 H56、H114 的出土物可能要早于二里岗下层，最晚可至二里岗下层偏早阶段 H9 的时期”。“从夯土墙打破遗迹中的出土物和打破夯土墙基遗迹的包含物分析，夯土墙基的始建年代不早于二里头文化第四期晚段，亦不晚于郑州二里岗下层一期，其建筑及使用时间应大体相当于二里岗下层的 H9 阶段”。“关于这段夯土墙的性质，我们认为它不大可能是宫城的围护墙，该段夯土墙基础宽 8 米余，似接近一道城墙的特征”[38]。

安金槐先生认为“就商代宫殿区内这段商代夯土墙基的基础槽形制、夯土层厚度与夯杵窝印痕的形制大小看，基本和郑州商城的基础槽与外郭城墙基础槽相类同。再者从宫殿区内这段商代夯土墙的地层叠压与打破关系看，它不仅被商代二里岗下层二期的文化层所叠压和商代二里岗下层二期的灰坑（H35）所打破，而且在部分夯土基础槽的底部的下面还叠压有商代二里岗下层二期的文化层。另从这段商代夯土墙基的夯土层内包含的遗物看，除有商代二里岗下层二期的鼎、甗、尊、盆、簋、澄滤器、瓮、器盖等陶器残片外，还有相当于商代洛达庙期的花边口沿罐、鼎足、鼎腹、豆盘、盆等陶器残片。没有发现比商代二里岗下层二期再晚的遗物。依此证明商代宫殿区内发现的这段商代夯土墙基，应是属于商代二里岗下层二期修筑的，其修筑时间应和郑州商代城的内城城墙与外郭城墙是同步的”[39]。杨育彬先生说“黄委会青年公寓的夯土墙基（笔者注：指 W22 夯土基址）”，“始建于二里岗下层偏早阶段”[40]。

袁广阔先生认为宫殿区夯土墙 W22 的始建年代应为洛达庙晚期。“打破它的灰坑有 H35（1985 年发掘）、H56、H110（笔者注：可能有误）、H114。W22 本身又叠压或打破有 H46、H78、H85、H87、H110 以及 H84、H73（1985 年发掘）”。“H35 为二里岗下层偏早阶段的单位，出土有卷沿鬲、深腹盆、大口尊。H56、H114、H110 出土有夹砂褐陶鼎、卷沿细绳纹鬲、褐陶器，橄榄形深腹罐、褐陶篦纹深腹罐、大口尊、深腹盆等，从器的口沿、鬲、橄榄形深腹罐的纹饰分析，它们的年代可能要早于二里岗下层一期”[41]。

李伯谦先生支持袁广阔先生的观点，认为“W22 的始建年代应在洛达庙晚期，不会晚到二里岗下层一期之时”[42]。

可见，洛达庙晚期、二里岗下层一期、二里岗下层二期，是存在于学术界的关于宫殿区夯土墙 W22 建造年代的主要说法。

4. 关于郑州商城的宫城墙建造年代

“在商代宫殿区遗址的部分边沿处，已发现与宫殿区边界有关的商代二里岗期防御等设施遗迹”，“东段商代夯土墙基遗址，位于商代宫殿区的东北部靠边沿处”。“这段夯土墙基略呈西北至东南向，已经发掘出的夯土墙基长 62 米（西北与东南两端均未到头）、底宽 3 米。从这段夯土墙基的筑法看，和郑州商城夯土城墙的筑法基本相同”。“在夯土层内包含的碎陶片中，除有商代二里岗下层二期者外，也有一些洛达庙的。说明这段夯土墙基的时代，应是商代二里岗下层二期开始修建的。其用途可能与商代宫城城墙有关”[43]。

安金槐先生认为：“近年在郑州商城东北部一带发现有可能是商城内的宫城夯土墙问题，虽然发掘面积不大，宫城形制尚不清楚，但从宫城墙的夯土结构和夯土内夹杂的碎陶片来看，时代可能是属于郑州商代二里岗上层一期。”[44]

5. 关于郑州商城宫殿区夯土建筑基址建造年代

《郑州商代城址试掘简报》说，郑州东里路的夯土建筑基址 C8G10，“房基面有十多层堆积”，可分为上部、下部两个时期的遗存，其中上层房基中出土的陶片分别属于二里岗期上层和下层，而叠压在下层房基上面的灰土层中，包含的是洛达庙期和二里岗期下层的陶片，“这就表明，最上面的五层房基是属于二里岗期上层，而其下的多层房基不会晚于商代二里岗期下层”。在 C8G10 以西的夯土基址，“它的南部被两个商代二里岗期下层的灰坑所破坏”，“夯土台基出有绳纹陶片、兽骨和红烧土块等；陶片有些属于商代二里岗期下层，有些属于洛达庙期”。“夯土下压着商代二里岗期下层文化层“。因此，“这片夯土台基应该属于商代二里岗期下层时修建和使用的”[45]。

《郑州商代城内宫殿遗址第一次发掘报告》全面报道了 1973 年~1978 年间在郑州商城宫殿区的发掘成果，重点介绍了第 10、15、16 号夯土建筑基址及其附近夯土建筑遗存。报告说，“C8G10 被二里岗上层壕沟破坏，它自身的夯土层内也发现一些二里岗期上层的碎陶片，因此 C8G10 的时代应属二里岗期上层”；C8G9 被二里岗下层的建筑物 C8G11 等所打破，“夯土基址坐落在二里岗下层和洛达庙期的地层上”，夯土中包含的最晚的陶片属于二里岗下层，由此“判断其建筑年代应相当于二里岗期下层”；C8G11“夯土基址上叠压着二里岗期上层的堆积，下面压着二里岗期下层和洛达庙期的堆积，夯土层内也包含较多的二里岗期下层陶片和少量洛达庙期的陶片。据此可知，这座基址的年代稍晚于 C8G9，相当于二里岗期下层”。C8G12 被二里岗下层的 C8G13 打破，其“夯土基址下叠压着二里岗期下层、洛达庙期的地层与灰坑。在夯土内也夹杂少量二里岗期下层和洛达庙期的碎陶片”，显然该基址的建筑年代是二里岗下层。C8G13“基址叠压着二里岗期下层堆积，夯层所包含的碎陶片亦属于二里岗期下层陶片。因此这座夯土基址的建筑年代不会早于二里岗期下层”。C8G14“基址的东部被 C8G13 破坏，夯土层内还包含二里岗期下层的碎陶片，因此这个基址的建筑年代也不会晚于二里岗期下层”（笔者注：文中“晚于”应系“早于”之讹误）。C8G8“基址叠压在二里岗期上层的堆积之上，并被一条东西向的二里岗期上层壕沟挖破，因此建筑年代不应早于二里岗期下层，也不会晚于二里岗期上层”（笔者注：原文此处亦有笔误）。C8G15 被二里岗下层的灰坑 C8H49、C8H50（笔者注：原文说 H50 属二里岗上层，但从发表的 4 块陶片看，应属二里岗下层时期）和墓葬 C8M36 打破，夯土中包含的陶片均属于二里岗下层，因此，“这座大型宫殿遗址的年代应属二里岗期下层”。C8G16 打破二里岗下层和洛达庙期灰土层，夯土中出土的“多数陶器是二里岗期下层的，少量是洛达庙期的”。可见，该基址的年代不早于二里岗下层时期。

此外，还有一些不成形的夯土建筑基址。C8T43、C8T45 的夯土基址，“从夯土层内夹杂洛达庙期与二里岗期下层的陶片、台基叠压洛达庙期文化层来看，这个夯土台基的建筑年代，应相当于二里岗期下层”。C8T55、C8T60 和 C8T61 内的夯土基址坐落在洛达庙期文化层上，被二里岗下层的灰坑 C8H44 和 C8H45 打破，夯土中包含的陶片“多属二里岗期下层，少量为洛达庙期”。因此“这一片夯土应与 C8G15 同时，年代为二里岗期下层偏早”。C8T62 内的夯土基址，叠压在二里岗期文化层下面，其“年代应比这一文化层的年代略早”。其他零星夯土凡是能判定年代的，均属于二里岗下层[46]。

1987 年在郑州商城宫殿区（郑州医疗器械厂）发现一组夯土建筑基址 F101、F102 和 F103，其中 F101、F102 叠压二里岗下层时期的地层，F101 和 F103 夯土内包含二里岗下层时期的陶片，其年代应不早于二里岗下层[47]。1989 年~1990 年，在郑州电力学校发现一处夯土建筑基址 89ZDF1，发掘者未就其年代作出说明，但是指出叠压在夯土下面的水井和窖穴 H10 等分别属于二里岗下层偏早阶段、二里岗下层与上层间“过渡阶段”、二里岗上层偏早阶段。由此可知其建造年代不会早于二里岗上层时期[48]。1991 年在郑州商城宫殿区（郑州回民中学 A 区）新发现二里岗下层时期建筑基址三个，编号 91F11、91F12 和 91F13，其中 F11 打破 F12，F12 打破 F13，F12 打破洛达庙期地层即第⑤层。1992 年~1993 年在郑州商城宫殿区（河南省中医学院）新发现一组宫殿基址 F1、F2 和 F3。发掘者没有明确指出其建造年代，而只是说夯土中的陶片属于商代[49]。

1998 年郑州商城宫殿区（郑州北大街）又发掘出一些夯土建筑基址 F1、F2，夯土Ⅰ、夯土Ⅱ、夯土Ⅲ、夯土Ⅳ、夯土Ⅴ、夯土Ⅵ、夯土Ⅶ、夯土Ⅷ、夯土Ⅸ、夯土Ⅹ、夯土Ⅺ、夯土Ⅻ、夯土ⅩⅢ、夯土ⅩⅣ、夯土ⅩⅤ、夯土ⅩⅥ、夯土ⅩⅦ和ⅩⅧ。“从打破各夯土建筑基址的灰坑等遗迹看，有相当一部分二里岗下层二期的灰坑打破夯土建筑基址”。“从打破 F2 的 H156、H160 以及 F1 的解剖沟内出土物来看，都相当于二里岗下层二期。因此这两座建筑的始建年代和废弃都应该为二里岗下层二期这个阶段”。“夯土Ⅲ打破夯土Ⅴ和夯土Ⅵ，夯土Ⅵ基槽下部直接叠压在 H232、H2332 之上，夯土Ⅵ又打破夯土Ⅶ及夯土Ⅶ下面的垫土层，夯土Ⅶ垫土下叠压着 H230 和 H231，H231 打破生土。夯土Ⅲ上部被 H112、H153、H154 打破，从打破它的 H112 出土器物特征看，应属二里岗下层二期，所以夯土Ⅲ的始建年代应不晚于 H112。被它打破的夯土Ⅵ和夯土Ⅶ年代上限不可能超过 H230、H231、H232、H233 等 4 个灰坑的年代。……从这 4 个灰坑出土物分析，其年代相当于郑州洛达庙晚期，即二里头文化四期。另外，从夯土Ⅵ和夯土Ⅶ垫土所包含的遗物进行分析，除有一部分属于郑州洛达庙晚期遗物外，另有少量二里岗下层一期偏早的因素。因此，夯土Ⅵ和夯土Ⅷ这一组夯土建筑基址的年代应不早于洛达庙晚期，即二里头文化四期。夯土中出土的各类遗物具有鲜明的早商文化特征，与这一时期商族势力到达郑州地区有关。所以，以这组夯土建筑基址的营建便可作为夏商分界的界标”[50]。

安金槐先生总结郑州商城宫殿基址的年代说“根据地层叠压关系和夯土基址的夯土层内包含的碎陶片进行鉴定，夯土基址的修建时期有的是属于商代二里岗下层一期的，也有的是属于商代二里岗下层二期的，少数也有可能是属于商代二里岗上层二期的（即原定的白家庄期的）”。“其中确定属于商代二里岗下层二期修筑的夯土台基，除少数由于发现有商代二里岗下层二期的灰坑、墓葬打破夯土台基的资料证明外，多数都是由发现在夯土台基夯土层中包含的碎陶片中年代最晚者来证明的”。“就这两座商代二里岗下层二期开始修建的夯土基址（笔者注：应指 C8F15 和 C8F16）看，修建时的基础多是挖筑在生土上或有少数基础打破了洛达庙文化或商代二里岗下层二期的文化层与灰坑，并在夯土层内夹杂的碎陶片中获知，其时代最晚者则是属于商代二里岗下层二期的。因而这类夯土台基应是属于商代二里岗下层二期兴建的，其使用期可能延续到了商代二里岗上层一期”。“在已发掘出的许多残破夯土台基中，以夯土层多呈棕褐色和包含商代二里岗下层二期（陶片）者居多。依此，也可以说明郑州商城内的宫殿遗址中夯土台基的开始修筑时期和郑州商城的修筑时期类同，也都是开始修建于商代二里岗下层二期”[51]。

杨育彬先生说郑州商城最早的宫殿基址是“东里路北侧的 C8G9 和黄委会青年公寓的夯土墙基”，“始建于二里岗下层偏早阶段”。而“C8G15、C8G16 及其周围的一大批宫殿建筑”均属于二里岗下层偏晚阶段“建成并投入使用”[52]。

张文军先生等认为，在郑州商城的宫殿建筑中，年代最早的是C8G9和C8T62的夯土基址，约始建于二里岗下层偏早时候，即与二里岗C1H9的年代相当，C8G11、C8G12、C8G14、C8G15、C8G16和黄河医院、黄委会水文局、郑州变压器厂家属院等夯土基址的年代为二里岗下层晚段，与二里岗C1H17的年代相当[53]。

陈旭先生把《郑州商代城内宫殿遗址区第一次发掘报告》中“地层关系明确”的夯土建筑基址划分为早晚有别的三组，其中第一组年代最早，包括C8G9、C8G15两个成形的夯土建筑基址和C8T39夯土，C8T43、T45夯土，C8T55、T60、T61夯土，C8T62夯土等4片不成形的夯土，“我们有理由认为最早的C8G9及第一组其他宫殿基址的始建年代当在南关外期”。在讨论C8G9年代时，她说“西部被二里岗下层的C8G11、G12打破。夯土层内包含有二里岗下层和洛达庙期的碎陶片”。又“《报告》说：‘这座夯土基址坐落在二里岗期下层和洛达庙期文化层上’。但《报告》又同时说到，这座夯土基址坐落在二里岗下层文化层上面的情况，仅仅是‘从扰土坑所切割的断面看’而作的判断，既无明确的地层关系图所表示，又无该层出土器物的具体交代，因此判断是否准确，值得存疑。从该夯土基址的地层关系看，其下有可能只是洛达庙期文化层”[54]。

邹衡先生认为“近年公布（郑州）商城内的宫殿基址材料，其年代有属于二里岗期下层者，也有属于二里岗期上层者。其中C8G15基址是规模最大而保存较好的一座。……其年代既不能早于洛达庙期（相当于二里头文化二、三期），也不能晚于二里岗期下层（第Ⅲ组），同郑州商城的始建期应该是接近的”。“C8T62中夯土基址（已残破不全）上面发现的完整陶器（原报告9页图一五、一六，本文图二中一部分），同C1H9的很相似，基本上可归入第Ⅱ组即属南关外期。这些陶器应该是住在该基址上的人们所遗留的，从而可以决定该夯土基址的年代不能晚于陶器的年代，即不能晚于南关外期（第Ⅱ组），而应该是同时的”。“以上说明，在南关外类型文化时期，郑州商城内的宫殿区已经存在夯土基址；如果当时还没有开始筑城是不可想象的”[55]。

高煦先生认为：郑州商城宫殿基址“C8G10的最上面五层属二里岗期上层，但五层房基地坪以下的浅、深灰土层内所出大口尊、盆、豆、瓮、缸、壶等陶片均包含有洛达庙和二里岗期下层两个时期的，这也意味着五层以下的多层房基的时代并不排斥有推早至下层（笔者注：指二里岗下层）第一段的可能性。那么被C8G10所叠压的夯土台基理应比C8G10的年代要早，何况台基南部又有两个属下层的灰坑打破它，这些现象均反映了下层存在有早、晚，同时也说明这个夯土台基的时代可推早至下层第一段。这和城墙的兴建和启用时间是相呼应的”[56]。

袁广阔先生认为郑州北大街“夯土7、夯土9、夯土12和黄委会青年公寓W22，这些基址均叠压或二里岗下层一期遗存被破坏（笔者注：此处原文应有笔误），基址处于最下层，多打破洛达庙期的文化层或灰坑。夯土内多含有洛达庙期陶片，而不见任何二里岗期陶片。故其年代应在洛达庙晚期阶段”。“北大街夯土10、夯土11、夯土14，均被二里岗下层遗存叠压或破坏，夯土基址的夯土层内包含的陶片，时代多为洛达庙期，因为它们多为二里岗下层的基址叠压，又不出土二里岗下层二期陶片，故该段年代应为二里岗下层一期”。“C8T62、T55、T39、T43、T45、C8G15，土产公司夯土、北大街夯土3、北大街夯土15、北大街夯土17等，它们均被二里岗下层二期基址或遗迹叠压或破坏，夯土基址的夯土层内包含的陶片，时代多洛达庙期和二里岗下层一期少量陶片，因此它们的年代应为二里岗下层二期的偏早阶段。这时期的基址保存较好的为C8F15，现存面积达880多平方米”。“C8G15，C8T62、T55、T60、T61夯土应该为一个规模较大的建筑”[57]。

李伯谦先生认为“C8T62夯土有可能是洛达庙时期的。从《郑州商城》考古报告上册268~269页图一六一、图一六二（笔者注：指叠压C8T62夯土基址的地层中出土的陶器）打破T62夯土的文化层中出土的陶器形制观察，前面我们曾经指出，均具有与二里岗下层一期单位二里岗C1H9同类器相似的特征，其时代应属二里岗下层一期，被它打破和叠压的夯土基址又打破和叠压洛达庙的文化层，因此其很可能就是属于洛达庙晚期的夯土”[58]。

可见，关于郑州商城宫殿区发现的夯土建筑基址，C8G9、C8T62，北大街夯土Ⅵ和Ⅶ夯土基址被多位学者认为年代较早，始建年代有洛达庙晚期、二里岗下层一期和南关外期三种观点；C8F15和C8F16等多数夯土基址的年代多被认为始建于二里岗下层二期；还有部分夯土基址如C8G10等始建于二里岗上层时期。

6. 关于二里岗青铜冶铸作坊遗址出现的年代

《郑州商代二里岗期铸铜基址》：“根据发掘材料看，这处基址曾经过商代二里岗期下层和二里岗期上层前后两个阶段使用过，从探方层次叠压和窖穴的打破关系可以得到证明”[59]。

安金槐先生认为“根据作坊遗址区内已发掘出的有关铸铜遗迹和遗物来看，属于商代二里岗下层二期的还比较少，而属于商代二里岗上层一期者则比较多，特别是铸造青铜器的陶范模多是属于二里岗上层一期的”。“从这处铸铜场地周围保留下来的灰坑（或水井）的使用时期，多数是属于商代二里岗上层一期，而少数则是属于商代二里岗下层二期的。说明郑州南关外商代铸铜作坊遗址的兴建与使用时期，应是开始于商代二里岗下层二期，而兴旺则是在商代二里岗上层一期”[60]。

陈旭先生认为“郑州商城的始建年代，我们曾通过城墙和宫殿基址的发掘资料的分析，论定它始建于南关外期。这一观点，又被新的发掘资料所佐证，1989年发表的《郑州商代二里岗期铸铜基址》发掘报告，公布铸铜基址内有一灰坑（C5.3H313），出有铸铜器的花纹范与口径略小于肩径的大口尊、红陶直口缸等纯属南关外期的陶器共存（报告114页图一一：C5.3H313：5、121、3），证明该铸铜遗址的建筑与使用年代，当始于南关外期。这一年代与郑州商代城墙和最早的宫殿基址年代是一致的，由此，进一步证明郑州商城始建于南关外期”[61]。随后，陈旭先生在《郑州商代铸铜遗址的年代及相关问题》一文中作了进一步申述，“据《报告》公布的陶器标本来看，南关外铸铜遗址的文化遗存可以分为四组，依此年代早晚顺序，这四组分别属于南关外期、二里岗下层、二里岗上层和白家庄期。第一组包括5个窖穴，即C5.H43、H49、H50、H51和C5.3H313。其中3个窖穴有打破关系，即H49→H50→H51”。“这组窖穴所出的陶器，皆属南关外期，即相当邹衡先生分期的第一段第Ⅱ组（包括南关外遗址中、下层及原属二里岗下层偏早单位的C1H9等单位遗存），年代与二里头四期相当”。“以上四组所包含的文化层和窖穴中，都包含有与铸铜有关的遗物”。“这说明南关外铸铜作坊的兴建和使用年代是从南关外期开始，历经二里岗下层和上层期，到白家庄期终止”。“郑州商代铸铜作坊基址，是郑州商文化的重要组成部分，而郑州商文化的发展与繁荣，又与郑州商城这座商代都邑密切相关。郑州商代铸铜作坊遗址的最早兴建和使用年代始于南关外期，与郑州商城城墙和最早的宫殿遗址兴建和使用年代一致。这决不是一种偶然的巧合，而是‘国之大事，在祀与戎’的表现”[62]。

张文军先生等认为二里岗铸铜作坊的始建年代应为二里岗下层偏晚阶段[63]。

高煦先生认为二里岗铸铜作坊为二里岗上层一段[64]。

袁广阔先生认为《郑州南关外商代遗址的发掘》一文中的南关外期沟与郑州二里岗的铸铜作坊有一定关系，可能是“作坊的防御或排水设施”。“据我们的认识，南关外中、下层为一个时期的地层堆积，该沟与铸铜作坊关系密切，其年代为二里岗下层一期。我们认为南关外出土的陶鬲、斝、爵等典型器物的年代，与以二里岗 H9 为代表的二里岗下层一期同时”。“‘南关外期’的年代为二里岗下层的第一期，因 H9 与类似的遗迹发现较少，该段在郑州商城代表性的单位应为 H62”[65]。他还认为二里岗 C1H9 出土的大量夹砂厚胎缸可能与“从事冶铜的祭祀活动有关”[66]。

可见，关于二里岗铸铜遗址初始使用年代，现有南关外期、二里岗下层二期、二里岗上层早段三说。

以上是学术界关于郑州商城始建年代研究的主要观点，具有代表性。其他研究成果恕不一一列举。

二、郑州商城始建年代研究刍议

1. 郑州商城始建于二里岗下层说

郑州商城始建于二里岗下层说可细分为二里岗下层早段、南关外期、二里岗下层一期晚段、二里岗下层二期等四种意见。意见分歧原因，首先是对早商文化分期方面意见不尽一致，其次是对于有关地层单位的年代（主要是对出土陶器的年代认定）看法不尽相同，进而导致对商文化框架、夏商文化界定的认识有差异。

发掘《简报》[67]和《报告》[68]所坚持的郑州商城始建于二里岗下层说，是根据了大量的层关系和一系列出土遗物所作的科学推断，逻辑严密，推导合理，有较强的说服力。只是该说受文化分期研究现状的制约，没有进一步地区分、阐明打破或叠压城墙、宫殿夯土的“二里岗下层”地层单位出土陶片，与被城墙、宫殿夯土所叠压或打破的“二里岗下层”地层单位出土陶片及夯土中包含的“二里岗下层”陶片之间，在形制上有无差别，时间有无先后。

关于二里岗下层文化的分期，以前最具代表性的是邹衡先生[69]和安金槐先生[70]的分期，二位先生皆采用二分法，即将其分为早、晚两个阶段，并且都曾认为二里岗下层早段时郑州商城尚未建立。然而二位先生对二里岗下层早、晚两个阶段的内涵和特征的界定有一定的差别。邹衡先生将二里岗下层偏早遗存 C1H9、C1H10、C1H12、C1H14、C9. 1H118 和南关外中、下层及南关外 H62 等遗存作为先商文化，划归商文化第一期第一段Ⅱ组，叫做先商文化南关外型，并说“郑州商城所有南关外型文化层都压在城墙下面，可见当时还没有修筑城墙”。而将二里岗下层偏晚遗存 C1H17、C1H2 甲、CWM8 等划归商文化第二期第二段Ⅲ组，作为最早的商文化的代表。很显然，邹衡先生是把郑州商城内城的建造年代确定在了二里岗下层偏晚阶段以二里岗 C1H17 为代表的时候。安金槐先生划分的二里岗下层早段则以 C1H9、C1H10、C1H14、C9.1H118 等为代表，称为二里岗下层一期，简称“二下一”；二里岗下层晚段以 C1H17 为代表，称为二里岗下层二期，简称“二下二”。

邹衡先生和安金槐先生对二里岗下层分期分歧的焦点在南关外中层和南关外 H62 一类遗存的归属问题。作为南关外遗址的发掘者，安金槐先生认为南关外中层的时代“最晚应和郑州商代二里岗期下层属于同时或稍早”[71]。针对中层出现的具有下层特征的陶器，安金槐先生认为其和上层中夹杂的具有二里岗下层文化特征的陶器一样，是发掘时由操作因素所造成的，最初在整理发表时没有进一步区分[72]。后来，安金槐先生提出将二里岗下层文化分为早、晚两段后，在整理郑州商城考古发掘总报告时，因南关外中层出土有折沿双唇鬲等，而将其和南关外 H62 一道归入二里岗下层晚段即二里岗下层二期，并说郑州商城始建于该期[73]。由考古发掘报告分析，南关外 H62 应是一眼水井。H62 呈不甚规则的椭圆形，其下为长方形穴，穴口长 2.40 米，中宽 1.46 米。挖到深 2.40 米时遇水即停止。北壁和东壁皆发现脚窝[74]。邹衡先生最早注意到南关外 H62 出土的陶器群（图一）中既有具南关外下层特征的，也共存有具二里岗下层文化特征者，同时认为南关外中层和下层不具备分期意义而将其合并，将它们和二里岗 C1H9（图二）等单位一道，划归为先商文化第一段第Ⅱ组，时代早于以二里岗 C1H17 为代表的早商文化第二段第Ⅲ组。并断言先商文化第一段第Ⅱ组时，郑州商城尚未修建[75]。这样，邹衡先生界定的二里岗下层早段与安金槐先生所界定的二里岗下层晚段，有重叠部分，即以南关外中层、H62 为代表的一部分内容。

杨育彬先生指出：郑州商城“发现有二里岗下层一些文化层等遗迹，叠压或打破夯土城墙。在西城墙和东城墙下，压有少量二里岗下层的灰沟。夯土城墙内包含最晚的陶片亦属二里岗下层。城内虽然也发现少量的二里岗下层一期甚至洛达庙期的遗迹，但其规模小，形不成气候。由此推断郑州商城始建年代不早于二里岗下层一期偏晚阶段，也不晚于二里岗下层二期，这比偃师商城晚一个阶段”。“偃师商城的始建年代应在二里头文化四期”[76]。

就此而论，起初邹衡先生和安金槐先生对于郑州商城始建年代的判定基本相同，即使后来邹衡先生接受了陈旭先生的郑州商城始建于“南关外期说”，实际上与安金槐先生的“二下二说”相比，年代上也并无多大差异。

根据目前的资料和认识，我们认为关于郑州商城的始建年代问题，“二下二说”如果明确界定为以二里岗 C1H17 为代表单位，则稍嫌偏晚；若界定南关外期以南关外中层和 H62 为代表，那与“二下一晚段说”基本吻合，也比较贴近实际。

2. 郑州商城始建于南关外期说

“郑州商城始建于南关外期说”为陈旭先生首创[77]，随后有郑杰祥先生的支持[78]，并得到邹衡先生的认可。邹衡先生说：“我以往在几篇文章中都曾推断郑州商城始建于二里岗下层偏晚阶段，即郑州‘早商期第二段第Ⅲ组’，现在看来是错误的，应该依照陈旭和郑杰祥两先生的意见，改为郑州‘先商期第一段第Ⅱ组’，即南关外时期始建的。”[79]因此，“郑州商城始建于南关外期说”能否成立，主要应看陈旭先生的论证。

实际上，陈旭先生所说的“南关外期偏晚”阶段遗存，与安金槐先生的“二下二”的早段基本一致。因此，她主张的“南关外期说”与杨育彬先生主张的“二下一晚段

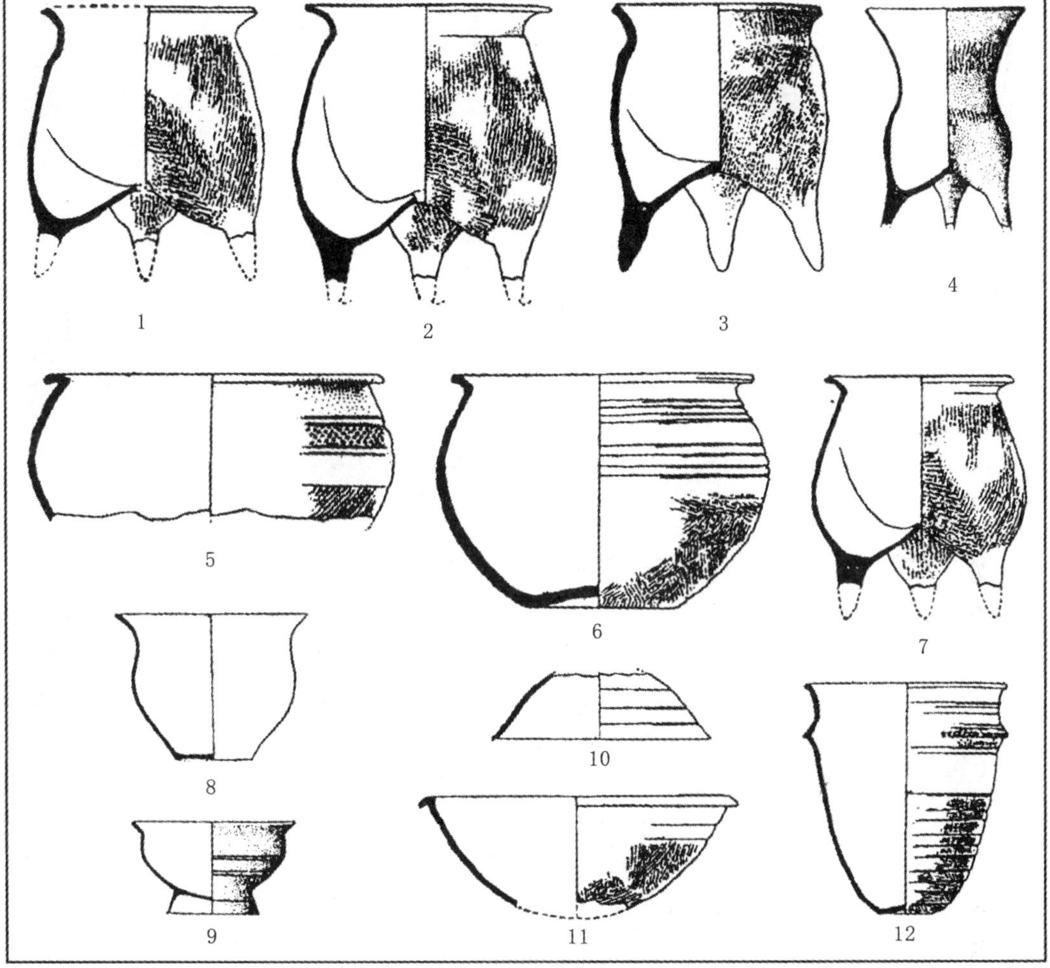

图一　郑州南关外 H62 出土陶器

1. H62：17 鬲　2. H62：18 鬲　3. H62：19 鬲　4. H62：21 斝　5. H62：23 盆　6. H62：24 盆
7. H62：16 鬲　8. H62：15 盆　9. H62：20 簋　10. H62：11 器盖　11. H62：22 盆　12. H62：12 大口尊
（采自《郑州南关外商代遗址的发掘》）

说”，名虽异而实质同，甚至与安金槐先生的“二下二说”也相去不远。就结论而言，笔者认为陈旭先生的观点基本可取，但认为陈旭先生的论证本身，却有欠缺可商之处。

首先，我们看看陈旭先生对郑州商文化分期的认识。陈旭先生在多篇涉及郑州商城年代的文章中，都花一定篇幅介绍邹衡先生对二里岗商文化的分期观点，认为“他所作的分期，在论证上既有地层关系作依据，又通过器物排比，揭示出各期的器物特征及发展规律，多被考古实际所验证，最早为商代前期遗存重新树立了年代标尺，对商文化研究和夏文化探索起到了重要作用”[80]。并依此展开自己的讨论，看起来，陈旭先生有关二里岗商文化的分期是在邹衡先生的基础上进行的，所不同者只是陈旭先生对邹衡先生将二里岗 C1H2 乙和 C1H1 分属早晚不同的组有保留意见，认为“这两组划分所依据的地层关系，即铭功路 M2 打破 H21 的地层关系，似属不确”。“这两组的成立，还有待新的发掘资料来证实”[81]。

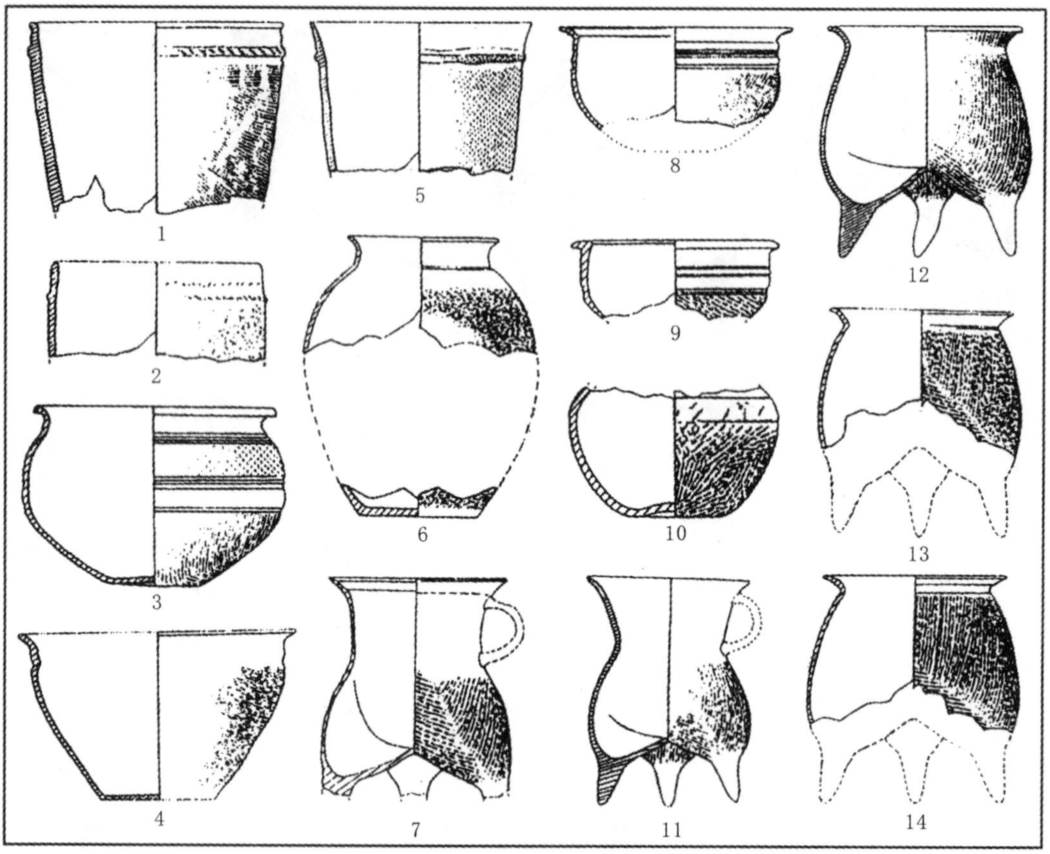

图二　郑州二里岗 C1H9 出土陶器

1、2、5. C1H9：(2-1、2-2、53) 大口缸　3、4、8~10. C1H9：(354、25、15、16、9) 盆

6. C1H9：47 瓮　7、11. C1H9：(20，362) 斝　12、13、14. C1H9：(36，21a，23b) 鬲

(1~5、8、12、13 出自《商城报告》，余为 H9 新整理器物)

(本图采自袁广阔、曾晓敏：《论郑州商城内城与外郭城的关系》，《考古》2004 年第 3 期)

其实，陈旭先生对郑州商文化有自己的分期。在《郑州商文化的发现与研究》一文中，将郑州商文化分作南关外期、二里岗（下）、二里岗（中）、二里岗（上）、白家庄和人民公园六期。需要说明的是原文发表于《中原文物》1983 年第 3 期，1999 年陈旭先生又将原文的分期图作了调整，现以新图为准。虽然陈旭先生两次都未对各分期作进一步解释，但从分期表中所使用的地层单位看，和邹衡先生分期的分歧远不止二里岗上层。陈旭先生在南关外期中使用了南关外下层、中层和 H62 三个单位的出土器物，说明和邹衡先生的观点基本一致；二里岗（下）中使用了 C1H17、C9. 1H118、C1H14、C1H12 等单位，而 C9. 1H118、C1H14 和 C1H12 都是邹衡先生划归先商期第Ⅱ组和安金槐先生划归二里岗下层一期的属二里岗下层早段的单位，C1H17 则是公认的二里岗下层晚段的典型单位；二里岗（中）使用了 C1H2 甲、C1H2 乙、C1H7、南关外中层 C5T95 等，南关外中层被邹衡先生划归先商期第Ⅱ组，安金槐先生认为属二里岗下层二期，而 C1H7 和 C1H2 甲是邹衡先生划归的早商期第Ⅲ组，它怎么会和出土方唇折沿饰同心圆纹鬲的二里岗上层典型单位 C1H2 乙共存呢？二里岗（上）中使用的单位又同时使用了 C1H2 乙和 C1H1 等

单位[82]。然而，陈旭先生在运用自己的分期及和邹衡先生、安金槐先生分期的对应关系中却认为“郑州商文化的发展，一般分四期，即南关外期、二里岗下层期、二里岗上层期、白家庄期，或称二里岗下层一期、二里岗下层二期、二里岗上层一期、二里岗上层二期。也有人把它分为二期四段六组”[83]。“南关外期、二里岗下层、二里岗上层偏早和二里岗上层偏晚，分别相当于邹衡先生分期的第Ⅱ组、第Ⅲ组、第Ⅳ组和第Ⅴ、Ⅵ组”[84]。就此，邹衡先生指出：“曾长期参加（郑州）商城发掘工作的陈旭先生，也对郑州商文化作了重新分期，她把原二里岗上下层划分为二里岗下、二里岗中和二里岗上 3 期，另加白家庄和南关外两期总共 5 期，其结论与我的分期大同小异”[85]。这里，所谓“同”，仅仅是指分期框架和序列；而“异”则主要是部分地层单位的分期归属。

显然，陈旭先生关于郑州商文化的分期与邹衡和安金槐二位先生的分期有明显差距，陈旭先生论述中所说的二里岗下层应是指以 C1H17 为代表的二里岗下层偏晚阶段，而不包括一些原本属于二里岗下层偏早阶段的单位。

陈旭先生对南关外期有新的解释，她将邹衡先生所划分的南关外期细分为偏早和偏晚两组。“邹衡先生把先商文化分为两组，第Ⅰ组以河北涧沟文化下层为代表，第Ⅱ组除黄河以北的辉县琉璃阁 H1、新乡潞王坟下层等以外，黄河以南则以郑州南关外中、下两层为代表，原定为郑州二里岗偏早的遗存如 C1H9 单位也归属该组。我们所指的南关外期，即相当该组，包括南关外中、下两层。邹先生根据该两层均为一条壕沟内的文化堆积，认为虽可分层，但一般很少有分期的意义，另外从两层的文化内涵来看也没有严格的区别。因此把原中、下两层合并为一层属先商文化第Ⅱ组，又称‘南关外型’商文化。我们同意邹先生的这一分法。发掘者把南关外区分为中、下两层，虽然没有大的分期意义，但其堆积有先后是可以肯定的。从出土遗物上看似也有偏早、偏晚的区别。如原属中层的只 H62 中发现了不少属于下层的典型器物，与原属二里岗下层的许多典型器物共存，这与商城夯土城墙和宫殿基址的包含物相同，应属南关外期偏晚的遗存，而南关外原下层的包含物却很少看到二里岗下层的典型器物……时间显得早些，应属南关外期偏早的遗存，似早于商城建筑起始时间”[86]。这里需要提请注意：陈旭先生划分的“南关外偏早”阶段实际就是安金槐先生等所说的“南关外期”。陈旭先生认为郑州商城城墙夯土和宫殿基址的包含物与南关外 H62 的“相同”，与安金槐先生所说城墙、宫殿夯土包含物最晚者属于二里岗下层，无大矛盾。

通观陈旭先生对郑州商城城墙始建年代的论证，可以看出对资料的烂熟在胸和对学术全局的老练把握。但是，陈旭先生的“南关外期说”，在资料上缺乏充分的地层依据，在逻辑上尚欠严密性，在论证上说理性不够强。兹举例如下：

陈旭先生认为“《报告》[87]说它‘建造于二里岗期下层，其使用时间从商代二里岗期下层开始，一直沿用到二里岗期上层’，这个结论不甚合理，理由是：1. 据发掘资料，商代夯土层普遍被二里岗期下层文化堆积所叠压，同时，也普遍发现二里岗期下层之房基、窖穴、墓葬等遗迹，直接或间接地压着商代夯土城墙，这就充分表明，商代城墙建成的时间早于二里岗下层文化时期。2. 在商代夯土墙上，发现有二里岗期下层之墓葬、房基、窖穴打破夯土层，这种现象也明显地表示出二里岗下层文化时期、商代夯土城墙已开始遭受破坏”[88]。陈旭先生又认为“就目前的发掘资料，把商城的始建时间定在二里岗下层文化时期似乎偏晚，当确定在南关外期比较合理”。为了论证这个问题，陈旭先生提出了六点值得注意的现象。认为"六条重要现象第一条说明城墙有可能最早建于洛达庙期，第二条则说明有可能始建于南关外期（笔者注：原报告的南关外期是指南关外下层），同时排除了建于洛达庙期的可能性，其余四条都说明早在二里岗下层文化时期，商代夯土墙已经建成。反过来也是城墙建于南关外期（笔者注：指邹衡先生划分的南关外期）的证据"[89]。从逻辑上说，对于六点现象的前两点，城墙夯土叠压洛达庙和南关外期（笔者注：指南关外下层，即陈旭先生划分的南关外期偏早阶段，它"早于商城建筑起始时间"）的遗迹单位，陈旭先生使用了"可能"一词，准确的表述应是城墙的建造时间不早于洛达庙和南关外期；至于前述的两点理由和后面的四点现象，只能证明城墙的建成时间不晚于二里岗下层时期，而不能充分证明城墙的建成时间必定早于二里岗下层。另外，陈旭先生置换了"二里岗下层"的概念，将《报告》所说包括 C1H9 和 C1H17 的广义的"二里岗下层"置换成了自己所界定的以 C1H17 为代表的狭义的"二里岗下层"，两个"二里岗下层"概念从内涵到外延上都存在相当大的差距。这种置换概念的情况，下文也有。

陈旭先生还认为"在《报告》中未见到建筑城墙时破坏二里岗下层文化层或同期遗迹的现象这一重要迹象，也显示出商代夯土墙的建筑是从南关外期开始。……城墙建筑之时，二里岗下层文化层还未在此形成，而是在城墙建成之后，由于人们在城内生活栖息才形成起来的。如上所述，我们认为郑州商代城墙的始建时间，当先于二里岗下层文化时期，决非同时，应确定在南关外期"[90]。

陈旭先生在论证郑州商城内城始建于南关外期时，曾对阻碍"南关外期说"成立的两个地层关系进行了分析、颠倒。

在《郑州商代城遗址发掘报告》中，公布了两例城墙夯土叠压二里岗下层灰沟的地层关系，一例是 CET7 南壁剖面图（《报告》图三，《简报》图二），城墙内侧夯土下叠压着一个"二里岗下层灰沟"，依其比例尺推算，宽约 1 米，深约 0. 60 米（在《报告》和《简报》的文字叙述中均未具体介绍该遗迹现象）。一例是 CWT5 南壁剖面图（《报告》图五），在城墙内侧有一条二里岗下层时期的灰沟，宽 0. 80 米～1 米，深 0. 70 米～0. 80 米，沟口的 2/5 压在城墙夯土下，其余压在城墙内侧的二里岗期下层文化层下，它们应该是卡定城墙始建年代之上限的标尺。陈旭先生对此的解释是："我们查阅了《报告》中的地层图，发现这条小沟，被夯土所'压'约占宽度的三分之一面积，而小沟上面还堆积一层很厚的二里岗下层文化层，这层文化层又压着夯土墙，小沟旁边又有二里岗下层灰坑亦被同期灰层所压，这样错综复杂的关系，还难于说明二里岗下层文化小沟为商代夯土墙所压。这种复杂的关系，似乎还可以把它解释为小沟、灰坑、文化层都是同期遗存、商代城墙夯土被二里岗下层文化层所压，并被同期小沟所挖，因此这一现象还不能证明城墙的建筑始于二里岗下层文化时期的有力证据，值得存疑"[91]。陈旭先生显然是把叠压在城墙下面的灰沟看作是与叠压城墙夯土的二里岗下层偏晚时候文化层属于"同期遗存"，因为叠压郑州商城城墙夯土的文化层属于二里岗下层晚段，是人所共知的事情。

我们认为陈旭先生的论断缺乏说服力。实际上，城墙叠压灰沟这一地层关系，简单而清楚，陈旭先生在论述中堆砌其他遗迹现象并不能使之关系"错综复杂"起来。其实，城墙叠压灰沟的判断是正确的。从报告提供的剖面图看，城墙基部底线，大约高于城墙内侧地平线 0. 20 米，这是修筑城墙时处理地基形成的高差，而那个小沟的开口，东侧与城内地平线齐平，西侧与城墙基部底线平齐，正是整治城墙地基时削去沟的西部所形成的地层现象。何况在 CET7 中，二里岗下层的灰沟被完全叠压在城墙夯土下面，绝无灰沟打破城墙的可能性。另据邹衡先生说，他曾于 1972 年、1973 年两次目验郑州商城 CWT5 城墙夯土下灰沟中出土的陶片，“均似 C1H9 者，以往皆称之为二里岗期下层，实即南关外期”[92]。邹衡先生也证实原《报告》判定灰沟属于二里岗下层是正确的，只不过有学者把这类遗存另命名为南关外期。

陈旭先生对城墙夯土中陶片的出土层位和年代判断也提出质疑。

《郑州商代城遗址发掘报告》说，在 22 条探沟的城墙夯土中出土“一些商代二里岗期下层的陶片”，而且“没有发现比这些陶片更晚的陶片，从而证明夯土城墙的建筑年代不能晚于商代二里岗期下层”。这与前述城墙下叠压二里岗下层灰沟正相呼应。对此，陈旭先生加以质疑，她说：“固然城墙本身的包含物是确定城墙建造年代的重要证据之一，但问题在于这些包含物要有明确的层位坐标，包含物本身的文化年代也要断定确切。规模宏大的商代城墙，决非一个时期连续作业所建成，而且也可能还有增修。据发掘资料可以看出……城墙的整体至少是分两次建成。但是中墙和内外墙的夯土层厚薄和夯窝的形状均相同，这又表示出它们是同时代的产物。既然城墙建筑有先后的关系，规模又如此宏大，其所包含的少量二里岗下层陶片，出土的层位坐标也不明确，这样，它到底是城墙始建时的包含物，还是后期的掺入物，就值得存疑。再者，城墙的夯土层很薄，夯窝很密，夯打非常坚实，一般来说包含的陶片多被夯打成碎片，而且又是少量，对于这少量的碎陶片，其文化年代的断定是否准确也还是个问题”。另“根据发掘资料，在城墙夯土层内，包含少量龙山文化陶片，多为洛达庙期陶片和南关外期遗物，还包含有少量商代二里岗期下层陶片，这和第一组宫殿基址夯土层内的包含物也基本相同，即多量洛达庙期陶片（或南关外期陶片）与少量二里岗下层陶片共存”[93]。

在这里，陈旭先生立论的基础只是怀疑，而没有任何实证。面对一些碎小的陶片，任何人都很难对其时代做出完全正确的精确判断，但是，就目前来讲又确实找不到在郑州商城商代陶片的辨认方面比发掘者具有更高水平的权威了。所以，仅凭疑问，不能翻案。再者，陈旭先生的怀疑与事实也有一定差距，如她认为郑州商城城墙的夯层比较薄，夯打时陶片被打成碎片而致使无法正确辨认年代。其实，查阅郑州商城有关夯土城墙和宫殿建筑夯土的资料，关于夯土层厚度最常用的表述为厚 8 厘米~10 厘米是最常见者，其次是 5 厘米~15 厘米，夯土层常见 8 厘米~10 厘米厚与偃师商城夯土层的厚度接近，从夯窝结构看郑州商城夯筑施工时使用的夯筑工具也与偃师商城一样。从偃师商城的夯土层情况我们知道，8 厘米~10 厘米厚的夯土层是夯打不透的，每层夯土大致可分两小层，被夯打结实的只是夯层上部不足 4 厘米左右的厚度，而下半部的土层相对较松软，所以在筑墙过程中将土铺垫完进行夯打时不可能将掺杂在土中的陶片全部打碎。《郑州商代城遗址发掘报告》发表了《各探沟的商代城墙夯土层结构一览表》，比较详细地介绍了总数 22 条探沟之 20 条中夯土城墙的夯层厚度，同文图六六和图六七还分别发表了不少出土于 CET7 商代夯土城墙夯土中的时代为洛达庙期和二里岗下层时期陶片的照片，从照片可清晰辨认出洛达庙时期的陶片有属圆腹罐、花边罐等，二里岗下层时期的陶片有属红陶缸、簋、大口尊、高领瓮和折沿敞口盆等器形，其陶片个头之大，丝毫不亚于图五九、图六〇和图六一等灰坑或文化层中出土的陶片。很显然，陈旭先生的怀疑具主观片面性，也是站不住脚的。另外，对于出土于城墙夯土中的时代属二里岗下层时期陶片的层位和属性问题，安金槐先生也已经作了说明："郑州商城夯土城垣内的中下部夯土层内包含的碎片中，时代最晚的应属于郑州商代二里岗下层二期的。如在郑州商城东城墙北段解剖发掘沟 CET7 内的商代夯土墙时，在城墙中下部的夯土层内，曾出土了较多的碎陶片。经鉴定其中时代最晚的陶片是属于郑州商代二里岗下层的即和《郑州二里岗》已经发表的灰坑 H17 内出土的主要陶器类同。"[94]

说郑州商城的城墙始建于南关外期，至少需要具备下面的地层依据：城墙下面叠压的最晚的地层属于南关外期；城墙始建时夯土中包含的最晚的陶片属于南关外期；城墙夯土中出土的二里岗下层陶片是城墙"增建时掺入的"。然而，"南关外期说"至少对"二里岗下层说"提出的地层根据（被城墙打破或叠压的最晚的地层单位是二里岗下层；城墙夯土中包含的最晚的陶片是二里岗下层）表示怀疑，其论点"值得存疑"而已，既未提出合理的否定理由，更未在此基础上提出自己的明确、可靠、充分的地层依据来从正面论述自己的观点。所谓"值得存疑"无非说存在错误的可能性。纵然陈旭先生所论郑州商城城墙下叠压的地层单位，最晚者属于南关外期，城墙夯土中包含的陶片最晚者也是南关外期，据此只能说城墙的始建年代上限是南关外期，即城墙的建造有可能是在南关外时期，也有可能晚于南关外期。在这种情况下，"南外说"就存有或然性，而不具有必然性。把一个带有或然性的推测作为科学结论，在逻辑学上是站不住脚的。

对于"南关外期说"，杨育彬先生也曾提出商榷："一是商代夯土城墙确有打破二里岗期下层的遗迹现象，如前所述，西城墙下有一条二里岗期下层的灰沟，东城墙下也有，看来无可存疑；二是城墙夯土内包括的二里岗期下层陶片层位是明确的，绝非后期的掺入物，虽是碎片，但是可以看出其器类和性质特征，且是经过像安金槐先生这样的专家鉴定其年代当不会有错；三是反过来看，南关外期遗迹遗物（笔者注：指南关外下层）显得过少，除南城墙有打破现象外，东、西、北墙均无。"[95]

关于郑州商城的宫殿建筑基址的年代问题，陈旭先生也是从对地层堆积和夯土中包含物的怀疑入手。

陈旭先生把《郑州商代城内宫殿遗址区第一次发掘报告》中"地层关系明确"的夯本建筑基址划分为早晚有别的三组，其中第一组年代最早，包括 C8G9、C8G15 两个成形的夯土建筑基址和 C8T39 夯土，C8T43、T45 夯土，C8T55、T60、T61 夯土，C8T62 夯土等 4 片不成形的夯土，"我们有理由认为最早的 C8G9 及第一组其他宫殿基址的始建年代当在南关外期"[96]。

地层堆积方面，陈旭先生在讨论 C8G9 年代时说道："《报告》说：'这座夯土基址坐落在二里岗期下层和洛达庙期文化层上'。但《报告》又同时说到，这座夯土基址坐落在二里岗下层文化层上面的情况，仅仅是'从扰土坑所切割的断面看'而作的判断，既无明确的地层关系图所表示，又无该层出土器物的具体交代，因此判断是否准确，值得存疑。从该夯土基址的地层关系看，其下有可能只是洛达庙期文化层。"[97]这里，陈旭先生的观点不能令人信服。夯土基址的剖面无论是人为有意解剖，还是扰土坑切剖，其断面的可信性并无差别，不能因为没有发表地层关系图、没有发表被夯土所叠压的堆积层中的出土物，就对发掘者的判断简单地进行怀疑。况且，既然什么也未发表，其他人又何以断定 C8G9 夯土下所叠压的"可能只是洛达庙文化层"呢？

在包含物方面，发掘报告说郑州商城宫殿基址夯土中包含有二里岗下层陶片，陈旭先生说：这些“夯土内所包含的二里岗下层的陶片问题，首先要考虑的是这些碎陶片的年代判断是否正确，因为二里岗下层陶器和洛达庙晚期陶器，除典型器物有区别外，其余器物往往区别不大，因此《报告》所说的夯土内所包含的二里岗下层碎陶片，是否分辨得清清楚楚，准确无误，似乎还很难说。从《报告》所发表的这组两个单位夯土内出土的陶片看，就存在这个问题，如 C8G15 夯土内出土的红陶罐、绳纹罐、缸、盆等遗物（图二七），《报告》认为‘年代属二里岗下层’，实际上这些陶器，除盆比较明显地属二里岗下层遗存外，其余器物，我们认为均属于洛达庙期遗物。又如 C8T55、T60、T61 夯土内出土的红陶罐、绳纹罐、卷沿鬲、大口尊、盆、小口瓮（图三二），《报告》认为‘多属二里岗下层，少量属于洛达庙期’，实际上，除小口瓮、小口尊少数器物可能属二里岗下层外，其余多数器物均属于洛达庙期遗存”。“再者，这组夯土层内包含的二里岗下层陶片，即使年代准确，但数量不多，对这一少量的属二里岗下层的遗物，也可视为洛达庙晚期存在的文化因素。因为在郑州商文化遗址里，有的就存在二里岗下层文化遗存和早于二里岗下层文化共存的情况，如南关外遗址就是如此”。“二里岗下层的某些文化因素南关外期即已出现。据此，我们认为第一组宫殿基址的夯土层内，包含少量的二里岗下层陶片亦可以视为南关外期文化中出现的二里岗下层文化因素”。“因此，我们有理由认为最早的 C8G9 及第一组其他宫殿基址的始建年代当在南关外期”[98]。

我们认为，陈旭先生的上述论证存在缺陷。

陈旭先生既然承认宫殿夯土中出土的陶片里确有“比较明显地属于二里岗下层遗存”者，又承认“判断一个遗迹单位的年代，一般总是以该遗迹单位所包含的年代最晚的遗物为依据”[99]，那么，不论这些属于二里岗下层的陶片是多是少，都应依据它们来推定夯土年代之上限。其实，陈旭先生也有运用以单位遗迹内时代最晚的陶片来确认该单位年代的具体实例。如关于小双桥遗址的年代的争论中，陈旭先生认为“至于认为该遗址属二里岗上层一期者，大概是根据该遗址所出土的陶器，有一些属二里岗上层偏早的陶片，如同心圆鬲片而定的，这样定年代显然是不合适的。众所周知，一个遗址的文化年代，是根据该遗址内遗迹的年代而定，而遗迹的年代又是以其所含年代最晚的陶器来定，在年代较晚的遗迹内，包含一些年代较早的陶片亦是合乎情理的。小双桥遗址各文化层和诸灰坑出土的陶器，皆多属白家庄期，据此，该遗址文化堆积的年代，当是白家庄期”[100]。如果依据陈旭先生二里岗下层文化以二里岗 C1H17 为代表的概念，宫殿建筑夯土基址的始建年代应不早于以 C1H17 为代表二里岗下层晚段，这和安金槐先生的观点完全一样。

陈旭先生把“年代确切”的“二里岗下层的遗物”“视为洛达庙晚期存在的文化因素”，制造了一个模糊、混乱的概念。“二里岗下层的遗物”与在洛达庙期已孕育、后来成为二里岗下层文化成分的“文化因素”，并不是一码事，二者不可互换。

陈旭先生在论述过程中，把“南关外期”与“洛达庙期”也作了置换，将“洛达庙期孕含有二里岗下层文化因素”等同于“南关外期孕含有二里岗下层文化因素”，理由是洛达庙、南关外“大致是同时并存的”。其实，陈旭先生自己曾表明南关外期晚于洛达庙期。如她在分析郑州商城城墙夯土年代时说：在 3 条探沟中发现城墙坐落于洛达庙期地层上，“说明城墙起建时最早有可能在洛达庙期”，又说，城墙打破了南关外期灰坑、灰沟，“表明商代城墙的建筑有可能始于南关外期，同时排除了在洛达庙期建筑的可能性”。显然，这等于是说洛达庙期早于南关外期[101]。只是后来陈旭先生改变了先前的观点，将“同时排除了在洛达庙期建筑的可能性”，改换成“而洛达庙期和南关外期的时代相当”[102]。

郑杰祥先生也认为：“由于郑州商城下面没有发现确定的二里岗下层的遗物、遗迹，因此可知在郑州商城始建时期这里尚不存在二里岗期下层文化居民，那么郑州商城只能开始创建于南关外文化类型时期。由于郑州商城还发现有二里岗期下层遗物、遗迹，则郑州商城应当大规模地续建于二里岗下层时期。”[103]与陈旭先生的不同之处在于郑杰祥先生认为郑州商城始建于南关外期，城墙夯土中包含的二里岗下层陶片是二里岗下层时期对城墙进行续建的产物。对于上述表述，我们以为不妥。诚然，《郑州商代城遗址发掘报告》在论述商代城墙的时间上限和文章结语中，均未提及被城墙夯土叠压的二里岗下层遗迹，然而在介绍西城墙 CWT5 的地层堆积之第 7 项中，清楚表明“7. 商代二里岗期下层的一个小沟，被压在商代夯土城墙（五层）和商代二里岗期下层文化层（四层）的下面。沟作南北向（两端未到头），宽 0. 80 米~1 米，深 0. 70 米~0. 80 米，沟内填红褐色土和淤土，包含有洛达庙和二里岗期下层的盆、大口尊、罐等陶片和一些涂硃陶片，以及螺壳、木炭屑与草拌泥等”。《报告》之图三商代城西墙 CWT5 南壁剖面图及图例也清楚地标示出该二里岗下层小沟。另外，《报告》之图三商代城东墙 CET7 南壁剖面图及图例中，均清楚标注城墙夯土下面叠压着二里岗下层遗迹[104]。这应是城墙始建年代不早于二里岗下层的证据。

“郑州商城始建于南关外期说”得到邹衡先生的赞同，邹先生因此修正了自己的某些观点。然而，邹衡先生对自己观点的修正，来的突然而缺乏坚实的根据。邹先生声明，他以前坚持的郑州商城始建于二里岗下层偏晚阶段“这种观点需要有所修改”的主要理由，是“根据新公布的城内宫殿遗址有关材料”。可是我们注意到：他在 1984 年发表的《偃师商城即太甲桐宫说》[105]中说：“郑州商城作为王都使用的时期是商文化早商期第二段第Ⅲ至Ⅴ组（也可延续到第Ⅵ组）。最近公布的郑州商城内几座宫殿基址（笔者注：显然是指河南省文物研究所刊发于《文物》1983 年第 4 期的《郑州商代城内宫殿遗址第一次发掘报告》中报道的宫殿区夯土建筑基址），其年代正与此相当。”但是在 1984 年初稿，1985 年三稿，1987 年校补的《西亳与桐宫考辨》[106]中却说：“近年公布（郑州）商城内的宫殿基址材料（笔者注：此处邹衡先生的注解为河南省文物研究所《郑州商代城内宫殿遗址第一次发掘报告》，《文物》1983 年第 4 期），其年代有属于二里岗期下层者，也有属于二里岗期上层者。其中 C8G15 基址是规模最大而保存较好的一座。此基址既打破洛达庙层，又被二里岗期下层的灰坑（C8H49）和墓葬（C8M36）所打破，故其年代既不能早于洛达庙期（相当于二里头文化二、三期），也不能晚于二里岗期下层（第Ⅲ组），同郑州商城的始建期应该是接近的。”“值得注意的是，C8T62 中夯土基址（已残破不全）上面发现的完整陶器（原报告 9 页图一五、一六，本文图二中一部分），同 C1H9 的很相似，基本上可归入第Ⅱ组，即属南关外期。这些陶器应该是住在该基址上的人们所遗留的，从而可以决定该夯土基址的年代不能晚于陶器的年代，即不能晚于南关外期（第Ⅱ组），而应该是同时的。”“以上说明，在南关外类型文化时期，郑州商城内的宫殿区已经存在夯土基址；如果当时还没有开始筑城是不可想象的。据此，我们有理由推断，郑州商城遗址的兴起，既不能早于南关外期，也不能晚于南关外期，因而可以直接追溯到南关外期，亦即相当于二里头文化第四期。”我们注意到，前者说“最近公布的郑州商城内几座宫殿基址”，其年代“是商文化早商期第二段第Ⅲ至Ⅴ组”，后者说“近年公布商城内的宫殿基址材料，其年代有属于二里岗下层者，也有属于二里岗上层者”。其中最早的宫殿基址在C8T62中，其年代“不能晚于南关外期”。对于郑州商城宫殿基址同一批材料，认识有如此明显的差别，令人关注。

“郑州商城始建于南关外期说”的出现与壮大，并非缘于新资料的发表，而主要是夏商考古研究的形势需要甚至是形势所迫。这个夏商考古研究的形势，就是“西亳说”、“隞都说”与“郑亳说”、“桐宫说”的对峙，核心则是偃师商城的发现及其年代的逐步认定。

1983年，陈旭先生首先提出郑州商城始建于南关外期说，并未在学术界唤起多少赞同。这其中的原因，一是建立在“西亳说”前提下的郑州商城“隞都说”者，多认为“南关外期”早于二里岗下层（包括C1H9等），主张郑州商城始建于二里岗下层偏晚，是仲丁所迁的隞都。如果把郑州商城的始建年代提前到“南关外期”，就打破了”西亳说”关于早商、中商文化的年代构架，动摇了“隞都说”的年代学基础。因此，“隞都说”者不会轻易认可。二是“南关外期说”触动了“郑亳说”的立论基础，故此“郑亳说”者也不会贸然响应。邹衡先生当初创立“郑亳说”时曾经将郑州商城的筑造，作为夏商分界的界标[107]。如果将郑州商城的始建年代提前到“南关外期”，势必破坏了“郑亳说”关于夏商文化的年代构架。关于这一点，陈旭先生自己也是明白的，因此她在提出了“南关外期说”的四年之后，给自己出了个问题：“邹衡先生把南关外期确定为先商文化，而把郑州商城开创和使用的历史年代确定在商汤灭夏以后，现在，郑州商城的开创年代已被提早到南关外期，是否就意味着南关外期先商文化之说应予以重新考虑呢?”[108]她的答复是：“我们认为把郑州商城这座王都确定在商汤灭夏之后建立的看法是正确的，其理由之一是它的文化年代早，与商汤开国立邦相合，二是这座规模宏伟的城墙和宫殿建筑，在商汤灭夏之前是不大可能建筑起来的，因为商汤建立商王朝的统治之前，正致力于灭夏的战争。频繁的战争必须把他的部族的主要力量（包括人力、物力），集中到灭夏战争上来……因此，商城的建造，只有在商汤灭夏之后才有可能进行。”南关外期可以分为偏早、偏晚两个阶段，以南关外下层为代表属于偏早阶段，以南关外中层为代表属于偏晚阶段，其中南关外偏早阶段“似早于商城建筑起始时间。因此，把南关外偏早的文化遗存，确定为先商文化，无可非议。至于南关外期偏晚的文化遗存，当介于先商和早商之间，而这个界线就很难划分开来，它不像商汤灭夏那样，可以一个历史事件来划分得清清楚楚，从这个意义上来说，把南关外期确定为先商文化，与确定郑州商城是从南关外期开始为商汤灭夏以后所建立的都邑并不矛盾”[109]。陈旭先生为了在维护邹衡先生旧说（以郑州商城的建造作为夏商界标、南关外中下层和原定二里岗下层偏早遗存均属于先商文化遗存）的前提下，让自己的新观点有立足之地，说出了上面的一番道理。按照她的说法，郑州商城始建于南关外期偏晚阶段，是成汤灭夏以后所建的都城，而南关外期偏早阶段则属于成汤灭夏以前的先商文化。所以，说郑州商城始建于南关外期，是商汤灭夏以后的都城，与说南关外期为先商文化，在词语概念上没有矛盾。陈旭先生是“郑亳说”的坚定支持者，她在这里为邹衡先生和自己搭起了一个台阶。

可是，邹衡先生并没有接受她的此番解释。1988年邹衡先生在《综述夏商四都之年代与性质》一文中的结语中说："商代前期文化即早商文化，从二里岗下层偏晚阶段开始……郑州商城始建于二里岗下层偏早阶段即南关外期，是成汤未灭夏时的亳都。从二里岗下层偏晚阶段开始至二里岗上层偏晚阶段达到了商城的鼎盛期，是成汤已灭夏建立商王朝至大戊五代十王的王都。"[110]显然，邹衡先生仍坚持"二里岗下层偏早阶段即南关外期"，属于先商时期，并明确指出郑州商城是"成汤未灭夏时"所建造的"亳都"。（笔者注：邹衡先生把郑州商城的始建定为"二里岗下层偏早阶段即南关外期"，是要符合文献记载的灭夏前已有亳、灭夏后复归于亳。但若按陈旭先生的观点，郑州商城只是灭夏后方才建造，便使得商汤灭夏之后无亳可还。陈旭先生的原意大概是拉长郑州商城年代，使之与隞都年代不符。）

邹衡先生虽然没有顺着陈旭先生的思路，把夏商分界提前到二里岗下层偏早阶段，仍旧坚持"将夏商分界定在南关外期与二里岗下层偏晚之间"[111]，但他还是接受了"郑州商城始建于南关外期说"，只是取消了早先将郑州商城的建造作为夏商分界界标的看法。"南关外期说"得到响应，主要是偃师商城的发现及其年代与性质的讨论所促成的。

邹衡先生曾指出："从1964年以后，我开始对夏商文化进行新的研究，并于70年代末正式提出'郑州商城即汤都亳说'。文章发表以后，在学术界曾引起强烈的反响，不少学者提出了反对意见，但也有人赞同此说，双方争辩十分激烈，短期内很难做出结论。但事隔不到5年，偃师尸乡沟商城发现了。随着这一新的发现，很快又出现了'尸乡沟商城西亳说'和'桐宫说'的对立。可以看出，新的'西亳说'希望能够继续同'隞都说'协调起来，否则将难以立住脚跟；而'桐宫说'本来就是同'郑亳说'直接联系的，两说也不能分开。因此，时至今日，要确定郑州商城的性质，必须首先考虑尸乡沟商城的性质，反之亦然。"[112]关于这一点，邹衡先生看到了，学术界其他学者也认识到了，如陈旭先生说，"偃师商城和郑州商城，何者为汤都亳邑，我们认为要依据考古资料结合文献记载，进行综合研究，而其中正确判断这两座城址的年代则是解决问题的关键"[113]。郑州商城性质的确定，在很大程度上取决于偃师商城性质的认定；反过来，郑州商城性质的确定，也制约了偃师商城性质的认定。而这两座商城之性质的确定，首先取决于其各自之年代的认定。"偃师商城西亳说"一出台，立即与"郑州商城汤都亳说"唱上了对台戏，争论的焦点主要集中在偃师商城和郑州商城的始建年代上。

1984年，邹衡先生发表《偃师商城即太甲桐宫说》，根据偃师商城已有的考古资料，结合有关的文献记载，论证偃师商城是伊尹放太甲之处——桐宫，再次申述"郑亳说"。他指出："郑州商城作为王都使用的时期是商文化早商期第二段第Ⅲ至Ⅴ组（也可能延续到第Ⅵ组）。最近公布的郑州商城内几座宫殿基址，其年代正与此相当。今偃师商城及其宫殿基址的年代似亦未超过上述第Ⅲ组，即早商最早期。可见这两座商城的年代是基本相同的。而郑州商城下压的南关外期，即相当于二里头文化第四期，当时虽未筑城，但文化层的分面较广，可见在郑州商城以前，商文化在郑州已存在一段时间，比偃师商城稍早。这完全符合亳都与桐宫的年代关系。"[114]郑州商城的年代和性质与偃师商城的年代和性质完全纠缠在了一起。邹先生的上述见解，有个小小的纰漏：按照历史事件的推定，商汤亳都的创建要稍早于太甲桐宫的建造，邹先生也是这样认为的。可是，在郑州地区，"比偃师商城稍早"的是"先商文化南关外期"，而此时郑州商城又尚未修筑，所以郑州南关外期遗存与偃师商城的时间差，并不构成"完全符合亳都与桐宫的年代关系"这一论点的论据。实际上，只有郑州商城的建造年代早于偃师商城的始建年代，才能“符合亳都与桐宫的年代关系”。

稍后，邹先生在《西亳与桐宫考辨》中首次公开认可、采纳了“郑州商城始建于南关外期说”，他断言“郑州商城遗址的兴起，既不能早于南关外期，也不能晚于南关外期，因而可以直接追溯到南关外期，亦即相当于二里头文化第四期”。“偃师尸乡沟商城的始建期不会早于二里岗期下层，但也不会晚于二里岗期下层，应该就是二里岗下层时期建造的；参照有关陶器来看，其具体年代大体不出笔者所订的‘早商文化第Ⅲ组’”。“由此可见，这两座商城的年代基本同时，而郑州商城的始建年代约稍早于偃师尸乡沟商城”，“偃师尸乡沟商城应该是当郑州商城开始兴起以后才建立起来的”[115]。如此，郑州商城是商汤亳都，偃师商城是太甲桐宫，在年代关系上就顺畅了。

1987年，根据新的考古形势，邹衡先生毅然放弃了坚持多年的一个学术观点，说关于夏商分界，“我早年曾把郑州商城也作为标准，现在看来已不确切”[116]。取消郑州商城始建作为夏商王朝之界标的资格，客观上就为将夏商分界从二里岗下层晚段提早到二里岗下层早段（有学者所说的南关外期偏晚遗存）清除了一个障碍，为其目前夏商文化的划分留出了余地。正如陈旭先生说，属于郑州商城始建时期的“南关外期偏晚的文化遗存，当介于先商和早商之间，而这个界线就很难划分开来”[117]。再者，如果需要的话（比如偃师商城的始建年代一旦被确认可以早到二里岗下层早段的时候），原定夏商文化的界线还有前调的余地，“郑亳说”与“郑州商城始建于南关外期说”、“郑亳说”与“偃师商城桐宫说”均依然协调。“郑州商城始建于南关外期说”由此叫响了。

长期以来，学者在讨论郑州商城的建造年代时，在不自觉中受到了当时郑州商文化分期研究现状的制约。《郑州二里岗》首先提出了二里岗上、下层的分期框架，后来随着研究工作的不断深入，学术界将二里岗下层商文化又分为偏早、偏晚两个阶段。

邹衡先生将原来属于二里岗下层的C1H9、C1H10、C1H12、C1H14、C9.1H118与南关外中层和H62等作为商文化先商期第Ⅱ组遗存，而将原属于二里岗下层的C1H17、C1H3、C1H7、C1H2甲和口C1H15等，划归商文化早商期第Ⅲ组遗存[118]，安金槐先生也将原二里岗下层遗存分为早、晚两段，其中C1H9、C1H10、C1H14、C9H118等代表偏早遗存，名之为“二里岗下层一期”，《郑州二里岗》原定其他二里岗下层单位如C1H17、C1H2、C1H15、C1H3、C1H2甲与南关外中层和H62等则为偏晚遗存，名之为“二里岗下层二期”。他在《对于郑州商代二里岗期遗址分期和郑州商城修用时期的初步认识》中说：二里岗下层一期与二期之间的“地层叠压关系，除在已发表的《郑州二里岗》中的商代二里岗下层一期的典型灰坑C1H9的口部上，叠压有相当于商代二里岗下层二期的文化堆积层外，并在郑州二里岗西侧的郑州南关外又发现一个商代二里岗下层一期的典型灰C9.1H118的口部上面，也叠压有厚约0.20至0.80米的商代二里岗下层二期的文化堆积层和一个同期的浅圆形灰坑C9.1H153。又如在郑州铭功路西侧的商代二里岗期制陶作坊遗址中，还发掘出相当于商代二里岗下层二期灰坑C11H137直接打破了相当于商代二里岗下层一期灰坑C11H138的地层关系”[119]。这就使得二里岗下层文化再分期，具有了明确的地层根据。

早先，二里岗下层文化可以分成分别以C1H9、C1H17为代表的偏早、偏晚两个阶段，已得到学术界的公认。李伯谦先生说：“二里岗下层早晚两段紧密衔接，文化内涵基本相同，文化性质亦无区别。”[120]代表了学术界对二里岗下层早、晚两段文化遗存之年代与性质关系的普遍看法。然而由此产生的后果是：

第一，正因为学术界认为二里岗 C1H9 与 C1H17 之间是“紧密衔接”的，其间没有过渡性遗存存在。所以，部分学者在论述郑州商城的年代时，在叠压打破城墙夯土及其附属堆积的 C1H17 时期的文化遗存与被城墙夯土所叠压 C1H9 时期文化遗存之间，采取了非此即彼的论证方法，既然在 C1H17 的时候郑州商城已经建成使用，而郑州商城建造时城墙破坏叠压了 C1H9 时期的地层，城墙夯土中包含的最晚陶片属于 C1H9 的时候，那么，根据 C1H9 与 C1H17“紧密衔接”的时间关系，就可以推定郑州商城始建于 C1H9 时。

第二，学术界相当一部分学者在理解郑州商文化的分期时存在误区，因二里岗 C1H9 而将安金槐先生划分的二里岗下层文化一期混同为邹衡先生所划分的先商期第一段第Ⅱ组，从而忽视或者没有认识到安金槐先生和邹衡先生的分期内涵有较大区别，更没认识到二里岗 C1H9、南关外 H62 和二里岗 C1H17 实则是代表了二里岗下层文化由早到晚的三个不同的发展阶段。这或许是郑州商城年代问题产生分歧的根源之一。

3. 郑州商城始建于洛达庙晚期说

“郑州商城始建于洛达庙晚期说”是袁广阔先生等新近提出的观点。袁广阔先生等通过分析郑州商城宫殿区夯土建筑基址、内城墙、外郭城墙、位于宫殿区的 W22 夯土基址和南关外铸铜遗址的发掘资料，认为郑州商城应始建于洛达庙晚期。兹将其论述摘录如下：

袁广阔先生认为郑州北大街“夯土 7、夯土 9、夯土 12 和黄委会青年公寓 W22，这些基址均叠压或二里岗下层一期遗存被破坏，基址处于最下层，多打破洛达庙期的文化层或灰坑。夯土内多含有洛达庙期陶片，而不见任何二里岗期陶片。故其年代应在洛达庙晚期阶段”[121]。

袁广阔、曾晓敏先生认为内城城墙夯土所出土的陶片“一部分是属于龙山文化时期的，另一部分是属于洛达庙期的。其中的细绳纹鬲因纹饰与二里岗的同类器接近，故同城墙下面压的小沟一样都被误认为是二里岗期”。“通过对打破城墙内侧地层的墓葬、灰坑中的出土物分析，得知叠压城墙的遗迹单位中早期的鬲为卷沿、细绳纹；中期的鬲沿部微折、绳纹变粗；晚期的鬲口沿起棱、绳纹更粗。这表明夯土城墙筑成后，形成的叠压它的二里岗下层堆积时代较长，而城墙的时代要早于学术界所认识的商代二里岗下层的整个年代”。“《郑州商城》发掘报告中所提到的 2 条探沟内发现商代夯土城墙的下面，压有商代二里岗期下层文化的小沟的年代，我们认为可能为青年公寓洛达庙二期。这是由于商城内洛达庙二期已经蕴藏有少量的二里岗期下层因素，近年的考古发掘资料可以证明，二里岗下层文化主要来源于商城内的洛达庙文化”。“从内城普遍存在洛达庙文化层的状况，结合城墙和宫殿被二里岗下层一期文化叠压的事实，我们认为内城兴建的年代可能接近洛达庙期”。“比较内外城墙的夯土，可知二者的夯窝筑法、形制、大小基本相同”。“从已发现的几段外郭城夯土墙基的夯土层内包含少量陶片特征看，它们基本上与郑州商城夯土城墙的夯土上层内出土的陶片类同，都有少量龙山文化晚期陶片和较多洛达庙期陶片”。“内、外城内侧均发现大量二里岗文化层，如二里岗文化层可以延伸到外郭城墙边，但外郭城墙夯土内却没有这一时期的陶片，这也反过来证明此时城墙已经建成”。“护城河中出土二里岗下层陶片，可以证明该河在二里岗下层陶片时期以前就存在。外郭城的年代可能晚于内城，其年代应接近或略早于二里岗下层一期的 H9”。“也就是说外郭城是在内城发展的基础上建立起来的”[122]。

上述认识，不无可商。

关于郑州商城城墙夯土和宫殿区建筑基址夯土中出土的最晚陶片的时代为二里岗下层时期，多年来这已经得到争论各方的公认，差距只是在二里岗下层偏早和偏晚之间，而袁广阔先生则认为那些被判定为二里岗下层时期的陶片有问题，其时代应为洛达庙晚期。其理由是城墙夯土中出土的陶片“一部分是属于龙山文化时期的，另一部分是属于洛达庙期的。其中的细绳纹鬲因纹饰与二里岗的同类器接近，故同城墙下面压的小沟一样都被误认为是二里岗期”[123]。同时，袁广阔先生等还认为，“《郑州商城》发掘报告中所提到的2条深沟内发现商代夯土城墙的下面，压有商代二里岗期下层文化的小沟的年代，我们认为可能为青年公寓洛达庙二期。这是由于商城内洛达庙二期已经蕴藏有少量的二里岗期下层因素，近年的考古发掘资料可以证明，二里岗下层文化主要来源于商城内的洛达庙文化”[124]。

可见，“洛达庙期说”的主要论据之一，是讨论城墙建造年代时，把发掘者确定为二里岗下层（安金槐等发掘者所判定、邹衡先生多次目验肯定）的一些地层单位，改定为洛达庙期，理由则是认为发掘者误将洛达庙期萌生的二里岗期文化因素认定为二里岗期遗存。这是没有实证的，缺乏说服力。从或然性材料中引出必然性结论，在逻辑学上不足为是。而在论证宫殿区部分夯土建筑基址属于洛达庙期时，对于地层关系的运用表达不够准确严谨。纵或这些基址打破或者叠压洛达庙期地层单位，只能说基址上限年代是洛达庙期，不能排除晚于洛达庙期的可能性，因而其结论实际上是或然性的。

目前来看，郑州地区洛达庙时期的文化遗存比较丰富，遗址性质尚是未知数。就已经公布的资料判断，尚没有充分证据证明该时期已经有城墙、宫殿建筑等高等级遗存，那些即使被认为年代较早的夯土建筑基址与二里头遗址和偃师商城遗址的宫殿建筑基址相比，差距很大，将其称作宫殿建筑，未免欠妥[125]。

在此要强调，在推定郑州商城始建年代时，一定要把郑州商城本体与处于郑州商城范围内而先于郑州商城存在的遗存，区分开来。我们对于郑州商城始建于洛达庙期说不予肯定，并不等于否定郑州商城内有洛达庙时期的建筑遗存（包括城址）。

总之，袁广阔先生等关于郑州商城始建于洛达庙期的论断，目前尚处于有待实证的推测层面。

三、郑州商城始建年代讨论

1. 城墙始建年代

我们认为，《郑州商代城遗址发掘报告》[126]（以下简称《报告》）所提供的关于其内城城墙的地层关系是充分而可靠的，这是我们讨论郑州商城城墙始建年代的基础。在叠压、打破郑州商城夯土城墙的所有地层单位中，凡是已发表有陶器资料者，最早的均属于二里岗下层晚段。《报告》公布了5座打破城墙夯土的二里岗下层墓葬的陶器资料，其中一般认为年代最早的是 CWM8（《报告》图一四，图版四：2），但若将它的陶鬲 CWM8∶2（图三：1）与二里岗出土陶鬲 C1H9∶36（《郑州二里岗》图壹：1）（图三：5）比较，后者腹肥而深，袋足垂鼓，口沿宽，背面有抹而未尽的绳纹，足尖稍高，绳纹极细。相比之下，前者腹浅，袋足无垂鼓现象（最大径在上部），口沿稍窄且下翻卷，背面光素无绳纹，足尖略粗短，绳纹稍粗。很显然，CWM8∶2 晚于 C1H9∶36。而以之与偃师商城宫城第六号宫殿基址院落中的水井 J1D5H25∶52（图三：31）[127]和偃师商城东北隅城墙内侧墓葬出土陶鬲 96YSⅡM29∶1（图三：30）[128]相比，从领根有无明显折棱看，似是前者略早而后者稍晚，从腹足的深浅肥瘦看，则是三者基本相同。综合起来看，它们的时代应基本相同。CWM8 出土的敛口盆 CWM8∶4（图三：4）方唇平折沿，上腹陡直下腹斜收。依其形制当稍晚于偃师商城西二城门内侧墓葬出土陶盆 83YSⅢM18∶1（图三：36）[129]。敛口盆的变化趋势是从斜折沿、束颈敛口、腹圆鼓往平折沿、直腹，再至垂腹，腹部斜收发展。CWM8 出土的陶豆（图三：2），与二里岗出土陶豆 C1H17∶113（图三：17）（《郑州二里岗》图陆：5）形制基本相同。因此说，CWM8 的时代应该属于以 C1H17 为代表的二里岗下层二期偏晚，大致相当于偃师商城商文化第二期晚段（4 段）。CWM9 稍晚于 CWM8，其陶斝（图三：7）的形制为沿略卷曲，双唇，它晚于 C1H9∶362（图三：11），而与 C1H17∶38（图三：27）基本一致。敛口盆为圆唇卷沿，微束颈，中腹微鼓，亦晚于二里岗 C1H19 同类陶器。陶尊多见于二里岗上层，二里岗下层时期少见，不同的是二里岗上层时期陶尊多有圈足，二里岗下层时期则无。二里岗下层偏早阶段陶尊肩部比较圆浑，形体略显粗矮，晚段的肩部鼓而形体略高。CWM9∶1 陶尊（图三：6）的口部比较大，肩部凸出，从形态比较，属二里岗下层最晚的形态。故此，CWM9 也同于二里岗 C1H17。CWM7（图三 11、12、19）、C8M8（图三：9、10、14、18）（《报告》图十二、十五）属于比较典型的二里岗下层二期偏晚的遗存，其年代约与偃师商城 96YSⅢM19（图三：32~35）等[130]相当，属于偃师商城商文化第二期晚段（4 段）。打破叠压城墙夯土的灰坑中出土的陶器，也都属于二里岗下层晚段，如 C8H22 出土陶鬲（图三：22）（《报告》图一一：11）与 CWM7∶2（图三：11）形制基本相同，年代当相仿。叠压城墙夯土的地层中出土的陶器中，有的晚于二里岗 C1H9，而略早于 C1H17 者，如陶鬲 C8T24∶28（图三：21）（《报告》图六：1），较窄，腹足肥硕，显然晚于二里岗 C1H9∶36，与偃师商城商文化第二期早段（3 段）陶鬲比较接近。陶爵 C8T24∶22（图三：23）（《报告》图六：2）与 CWM8∶4（图三：3）形似，年代或相仿；器盖 C8T24∶27（图三：24）（《报告》图六：4）与二里岗 C1H3∶16（图三：29）（《郑州二里岗》图十陆：10）形似；有的接近二里岗 C1H9，如《郑州商代城址试掘简报》[131]（以下简称《简报》）图一二：5 卷沿鬲（图三：15）（另见《报告》图四〇：1），口沿宽而陡斜，领根无折棱。《简报》图一二中的陶器均系 CET7 原编“四中”、“四下”里的包含物，未将陶片一一归层。我们只能作为一个大层看待，定其年代不早于二里岗下层二期偏早即偃师商城商文化第二期早段（3 段）。城墙夯土中包含的二里岗期陶片，如《简报》图一一：2、6 发表 CET7 出土的敛口盆（图三：20）、高领罐（图三：16）（《报告》说是洛达庙期遗物，见其图三八），均早不到二里岗 C1H9 时候，其敛口盆口沿近平，腹部不很肥鼓；《报告》图六七城墙夯土中出土的陶片中，有红陶缸、高领瓮、折沿敞口斜腹盆、大口尊和簋等器形，其中高领瓮和簋为二里岗下层二期常见器形，又以簋为直壁，折沿略下垂，尖圆唇

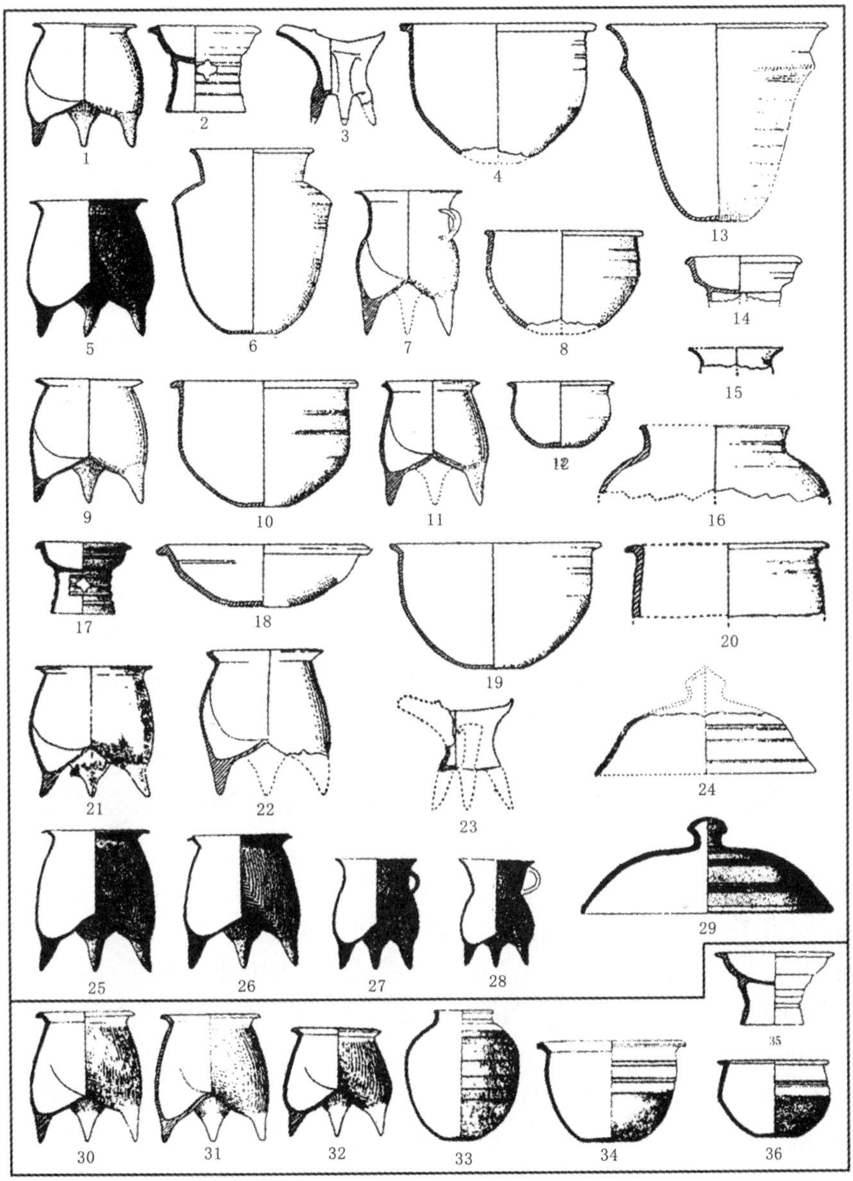

图三　郑州商城和偃师商城出土器物

1. CWM8：4 陶鬲　2. CWM8：3 陶豆　3. CWM8：2 陶爵　4. CWM8：1 陶盆　5. C1H9：36 陶鬲　6. CWM9：1 陶尊　7. CWM9：2 陶斝　8. CWM9：3 陶盆　9. C8M8：5 陶鬲　10. C8M8：2 陶盆　11. CWM7：2 陶鬲　12. CWM7：3 陶钵　13. CST4：6 陶大口尊　14. C8M8：3 陶豆　15. CET7 四下出土陶鬲　16. CET7〈五〉城墙夯土出土陶瓮　17. C1H17：113 陶豆　18. C8M8：1 陶盆　19. CWM7：4 陶盆　20. CET7〈五〉城墙夯土出土陶盆　21. C8T24：28 陶鬲　22. C8H22：1 陶鬲　23. C8T24：22 陶爵　24. C8T24：27 陶器盖　25. C1H17：118 陶鬲　26. C1H17：119 陶鬲　27. C1H17：38 陶斝　28. C1H9：362 陶斝　29. C1H3：16 陶器盖　30. ⅡM9：1 陶鬲　31. J1D6H25：52 陶鬲　32. ⅡM19：2 陶鬲　33. ⅡM19：4 陶瓮　34. ⅡM19：3 陶深腹盆　35. ⅡM19：1 陶豆　36. ⅢM18：1 陶深腹盆

（1~4，6~14，18、19、21~24 采自《郑州商代城遗址发掘报告》　15、16、20 采自《郑州商代城址试掘简报》　5、17、25~29 采自《郑州二里岗》　30、32~35 采自《河南偃师商城东北隅发掘简报》　31 采自《河南偃师尸乡沟商城第五号宫殿基址发掘简报》　36 采自《1983 年秋季河南偃师商城发掘简报》）

等。被城墙夯土所叠压的南关外期小沟出土的陶器中，《报告》图三六：陶大口尊 CST4：6（图三：13）（图三九为该器物照片），从整体比例看，口沿较宽，肩部不甚凸出，其年代不早于 C1H9 为代表的二里岗下层一期。

综合以上情况，我们大致可以判定郑州商城内城城墙的建造年代，当不早于二里岗下层二期偏早即偃师商城商文化第二期早段（3 段），也不晚于二里岗下层二期晚段即偃师商城商文化第二期晚段（4 段）。从地层关系和城墙的建造与使用情况分析，以定为二里岗下层二期偏早即偃师商城商文化第二期早段（3 段）为宜。

做出上面的推断，我们也参考了偃师商城的有关资料。从现有的发掘资料看，偃师商城大城的地层关系与郑州商城内城的地层关系基本相同。叠压和打破偃师商城大城附属堆积的墓葬中，较早者属于二里岗下层二期偏早即偃师商城商文化第二期早段（3 段），如大城西二城门内侧的ⅢM3（图七∶4）和ⅢM11（图七：5）[132]，属于二里岗下层二期晚段即相当于偃师商城商文化第二期晚段（4 段）者比较多，如大城西二城门内侧的 M7、M18 等[133]、大城东北隅城墙内侧的 M29 等[134]；被城墙附属堆积所叠压的最晚的地层属于二里岗下层早段，如大城东北隅城墙内侧的灰坑 H8、H9、H10 等，其年代属偃师商城商文化第一期晚段（2 段），与郑州二里岗 C1H9 为同期遗存[135]。这种地层关系与郑州商城内城的地层关系比较接近。此外，偃师商城还有郑州商城所不具备的地层关系，如大城外壕沟底部出土陶片属于偃师商城商文化第 3 段。结合其他有关的地层关系，我们将偃师商城大城的建造年代推定在偃师商城商文化第 3 段的时候。

郑州商城大城的考古资料发表的很少，我们无从据以作出自己的判断。根据古代都城建造的一般规律看，外城的始建年代不会早于内城的始建年代，而应晚于内城的始建年代。

2. 宫殿区建筑基址始建年代

（1）郑州东里路中医学院家属院 F1、F2、F3 的年代

据报道，F1、F3 均打破、叠压了 TG1⑥、⑦层，F1 夯土基址下叠压着水井 H104、H105，F1 打破 F3，F3 可能是 F1 的“活动场地”。发掘者还认为，“从平面关系分析，F1 与 F2 应为同组建筑”[136]。

笔者认为，F1 夯土中出土的 A 型陶鬲 F1∶65（图四：1）、A 型盆 F1∶64（图四：4）、刻槽盆 F1∶51（图四：5）、B 型盆 F1∶8（图四：8）、橄榄形深腹罐（原报告称 B 型中口罐）F1∶63（图四：11）、大口尊 F1∶2（图四：14）、缸 F1∶72（图四：19）（原报告图三〇：1、9、11、19、23；图三一：3、14）等，均系二里岗下层之物，其年代应晚于二里岗 C1H9，与 C1H17 大体相当，约当偃师商城商文化第 4 段。H104、H105 出土的捏口罐 H104∶21（图四：8）、折沿双唇鬲（原报告称 B 型中口罐）H104∶18（图四：13）、甑（原报告称 B 型盆）H105∶6（图四，9）、敛口盆（原报告称 B 型盆）H104∶13（图四，10）（原报告图三〇：4、24、15、16）等，均为二里岗下层二期偏晚，约当偃师商城商文化第 4 段。被夯土叠压的⑥、⑦层出土的折沿双唇鬲（原报告称 B 型中口罐）T31⑥∶3（图四：7）、折沿盆 T42⑥∶3（图四：12）、捏口罐（原报告称 C 型小口罐）T42⑥∶1（图四：2）、T42⑦∶10（图四：3）、深腹盆（原报告称簋）T42⑥∶60（图四：15）、簋 T42⑥∶15（图四：16）等（原报告图三〇：22、13、28、27；图三一：6、7），属二里岗下层二期偏早阶段，约当偃师商城商文化第 3 段。F3 夯土出土陶器中的橄榄形深腹罐

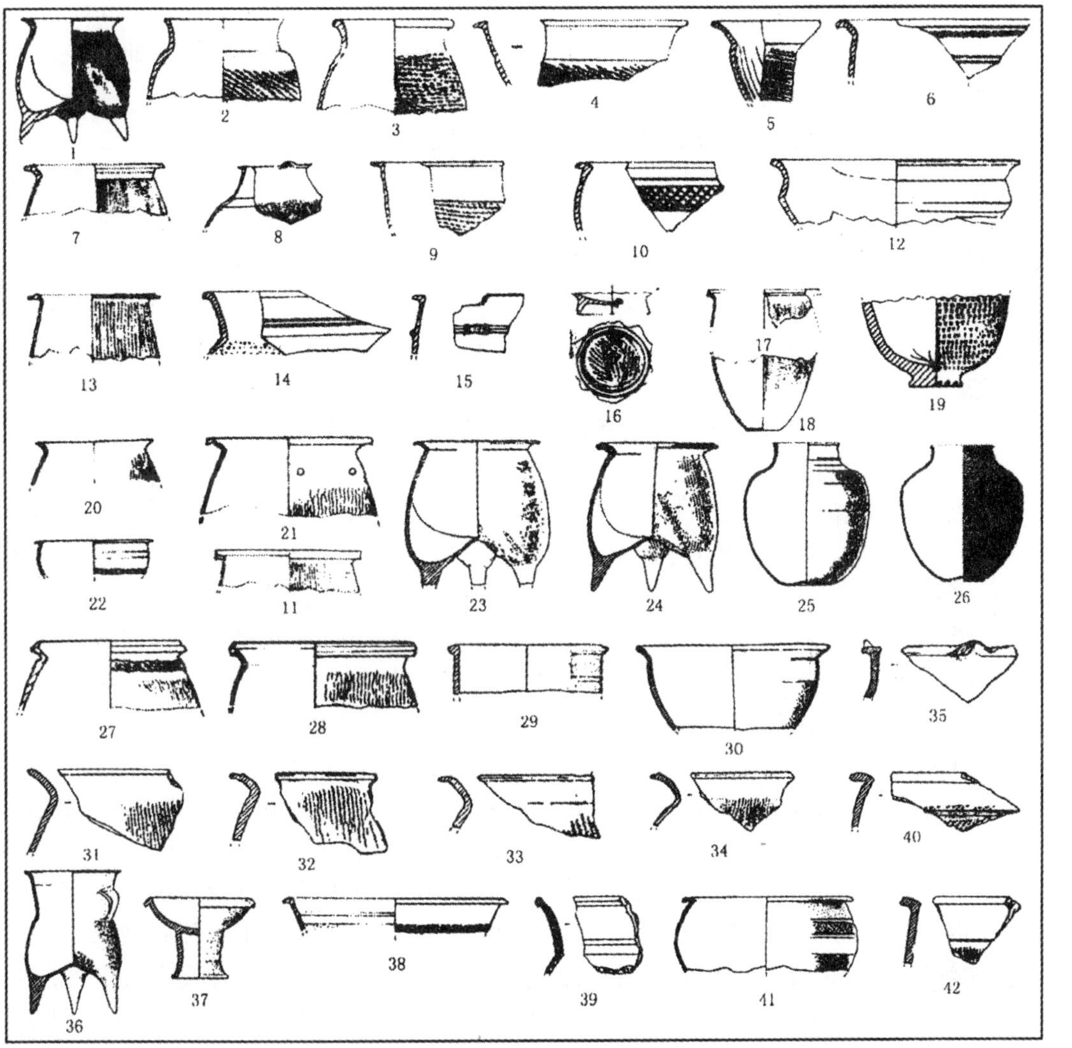

图四　郑州商城宫殿区和偃师商城出土陶器

1. F1：65A 型鬲　2. T42⑥：1C 型小口罐　3. T42⑦：10C 型小口罐　4. F1：64A 型盆　5. F1：51 刻槽盆　6. F1：8B 型盆　7. T31⑥：3B 型中口罐　8. H104：21 捏口罐　9. H105：6B 型盆　10. H104：13B 型盆　11. F1：63B 型中口罐　12. T42⑥：3 折腹盆　13. H104：18B 型中口罐　14. F1：2 大口尊　15. T42⑥：60 簋　16. T42⑥：15 簋　17. F3：3B 型中口罐　18. F3：4B 型中口罐　19. F1：72 缸　20. H10：68Bb 型Ⅰ式鬲　21. J3：49Bb 型Ⅰ式鬲　22. H10：30B 型小盆　23. C8H44：1 鬲　24. C8H45：1 鬲　25. C8H45：2 瓮　26. C1H3：42 高领罐　27. T1③：38 鬲　28. H10：68A 型Ⅱ式中口罐　29. C8G15 夯土出土陶盆　30. C8H49：1 盆　31. C8H49：2 鬲　32. C8H50：3 鬲　33. C8H50：4 鬲　34. C8T55、T60、T61 夯土出土陶鬲　35. C8H50：2 小口罐　36. C8M36：1 斝　37. C8M36：2 豆　38. H10：16A 型Ⅱ式浅腹盆　39. 被 C8G16 夯土打破的地层出土的大口尊　40. C8G16 夯土出土盆　41. H62：23Ⅲ式盆　42. C8G16 夯土出土盆

（1~9 采自《1992 年度郑州商城宫殿区发掘收获》　20~22、27、28、38 采自《郑州电力学校考古发掘报告》　23~25，29~37、39、40、42 采自《郑州商代城内宫殿遗址第一次发掘报告》26 采自《郑州二里岗》　41 采自《郑州南关外商代遗址的发掘》）

（原报告称 B 型中口罐）F3:3（图四：17）、4（图四：18（原报告图三〇：25、26）、缸 F3:18 等（原报告图三一：13），属于二里岗下层二期偏早阶段，约当偃师商城商文化第

3 段。

由此可见，F1 等一组夯土建筑基址的建造年代不会早于二里岗下层二期偏晚，即不早于偃师商城商文化第 4 段。.

（2）郑州电力学校夯土建筑基址 89ZDF1 的年代

该基址被二里岗上层文化层即第③层叠压，被开口于第③层下的水井 J3 打破，H10、H3、H4、H6、H7、H8，H9 等被夯土基址所叠压[137]。很显然，F1 的年代被夹在了 H9、H10 等灰坑与③层及水井 J3 之间。发掘者把这里的商代遗存分为 4 段，其中一段以 H6 为代表，约当二里岗 C1H9；二段以 H9 为代表，约当二里岗下层与上层之交；三段以 J3 和 H10 为代表，属于二里岗上层前段；四段即③层，约当二里岗上层后段；F1 的年代相当于第三段。笔者以为所说基本可从，第③层出土的折沿敛口鬲（图四：27）（原报告图一〇：11）为二里岗上层二期阶段典型器物，约当偃师商城商文化第 7 段；J3 出土的陶鬲（图四，27）（原报告图一〇：11）折沿，薄方唇，为二里岗上层一期阶段典型器物，约当偃师商城商文化第三期早段（6 段）；在早于 F1 的地层单位中，年代最晚的是 H10 等，H10 中出土的陶鬲（图四：20）（原报告图一〇：5）、深腹罐（图四：28）（原报告图一一：9）、敛口盆（图四：22）（原报告图一二：10）、敞口折沿盆（图四：38）（原报告称浅腹盆）（原报告图一二：22）等均属二里岗上层一期阶段常见器物，约当偃师商城商文化第 6 段。F1 的建造年代既不能早于 H10，也不会晚于 J3，即为二里岗上层一期，具体约相当于偃师商城商文化第 6 段。

（3）C8G15 的始建年代

C8G15 被灰坑 C8H49、H50 和墓葬 M36 所打破[138]。C8H50 出土的陶鬲（图四：32、33）（原《报告》图二五：3、4），窄折沿，沿面出槽或有小平台，略晚于二里岗 C1H9 同类器物，属于偃师商城商文化第 3 段器物，但 C8H50 出土的捏口罐（图四：35）（原《报告》图二五：2），唇部外折，唇内侧有凹槽，则又相对较晚，属偃师商城第二期晚段（4 段）出现并流行的器物，在这之前的捏口罐绝大多数为卷沿，故时代应为偃师商城第二期晚段（4 段），与郑州二里岗 C1H17 相当。C8H49 出土的陶鬲（图四：31）（原报告图二六：2），圆唇卷沿，沿较宽，但领根折线清楚，细绳纹，应晚于郑州二里岗 C1H9 陶鬲；盆（图四：30）（原报告图二六：1），侈口，腹部略鼓，年代应不早于二里岗下层二期。C8M36 的陶斝（图四：36）、豆（图四：37）（原报告图三三：1、2），属于二里岗下层二期偏晚阶段，约当偃师商城商文化第 4 段。C8G15 夯土所包含的陶片中，年代最晚的是盆（图四：29）（原报告图二七：5），直口，尖圆唇，腹壁较直。这类陶盆不见于二里岗下层一期，而多见于二里岗下层二期。联系到打破夯土的灰坑的年代，推定 C8G15 的建造时间，晚于二里岗下层一期，不晚于二里岗下层二期偏晚，约为二里岗下层二期偏早，相当于偃师商城商文化第二期早段（3 段）。

（4）C8T55、T60、T61 夯土建筑基址的年代

该夯土基址被灰坑 C8H44、C8H45 所打破[139]。H45 出土的陶器鬲（图四：24）（原报告图二九：1），折沿，双唇，唇部凸榫明显，与二里岗出土陶鬲 C1H17∶119（图三：26）（《郑州二里岗》图壹：4）很相像；H45 的高领罐（图四：25）（原报告图二九：2），圆唇微外卷，领高直，肩广宽，腹深肥，形制与二里岗出土的高领罐 C1H3∶42（图四：26）（《郑州二里岗》图拾肆：1）相仿，故 H45 的时代应属二里岗下层二期偏晚，

约当偃师商城商文化第4段。H44出土的陶鬲（图四：23）（原报告图二八：1），卷沿近折，圆唇微卷垂，领根折棱较尖，与二里岗出土陶鬲C1H17∶118（图三：25）（《郑州二里岗》图壹：2）非常接近。由此推断H44、H45均为二里岗下层二期晚段，约当偃师商城商文化第4段。夯土中包含的最晚的陶片属于二里岗下层二期偏早阶段，如其鬲（图四：34）（原报告图三二：7），卷沿，沿面有槽，微现凸榫，年代在二里岗C1H9与C1H17之间，约与偃师商城商文化第3段相当。因此，这片夯土的建筑年代应在二里岗C1H9与C1H17之间，时间上限不早于二里岗下层二期偏早即偃师商城商文化第3段，下限不晚于二里岗下层二期偏晚即偃师商城商文化第4段。

（5）C8T62夯土基址的年代

该夯土比较纯净，未见其中有任何包含物。叠压在夯土上面的文化层里，出土了大量陶片，从中复原了20件陶器[140]。经分析，在已发表的15件复原陶器中，最有争议的是两件宽卷沿陶鬲（图五：1、2）（原报告图一六：4、5），许多学者认为其形态接近二里岗C1H9，故而以此为标准，认为C8T62第③层的年代为C1H9时期。单从这两件陶鬲的口沿部位考虑，其为圆唇，宽卷沿，口沿背面的纹饰抹而未尽，应与大家公认的C1H9∶36有相似之处。然而通观该器物的整体造型，我们认为它与C1H9∶36之间尚有距离，如C1H9∶36的袋足十分肥硕，而这两件陶鬲的袋足皆比较瘦削，且略外张（笔者注：《郑州商城——1953～1985年考古发掘报告》P268页，图一六一：8、9表达得更为清晰），其形态更接近二里岗C1H17∶118（图三：25）和C1H17∶119（图三：26）。偃师商城商文化第二期晚段复原数件与其相似的陶鬲，另外类似器物也见于山西夏县东下冯第Ⅴ期遗存H67∶45（《夏县东下冯》P173页，图一五四：4）。1992年偃师商城Ⅳ区T33H125也曾出土过两件类似陶鬲，宽卷沿，沿面卷曲程度略甚于上述两件，器形与典型的二里岗类型陶鬲有一定区别。T33H125与其共存的除比较典型的二里岗下层二期晚段的陶器外，还有一件折沿鬲。该鬲灰褐色，瘦且高，袋足十分深，具有比较浓郁的晋南东下冯类型文化风格，我们认为那两件卷沿鬲应是受山西夏县东下冯类型文化影响的结果。故此，从偃师商城T33H125出土的陶器群，我们认为郑州商城C8T62第③层出土的两件宽卷沿陶鬲一定程度上具有山西夏县东下冯类型文化的因素，时代晚于二里岗下层一期偏晚。再者，C8T62第③层出土的大口尊（图五：3、4）（原报告图一五：1、3）的肩部凸出较小，卷沿鬲、十字镂空豆、捏口罐、高领瓮、敛口盆、宽卷沿盆、缸等（原报告图一六：6、7、2、3；图三一：1、2、3；图一五：4、5）都是二里岗下层二期的常见器物，其中卷沿鬲（图五：14）（原报告图一六：6）、大口尊（图五：5）（原报告图一五：1）、敛口盆（图五，9）（原报告图三一：2）、宽卷沿盆（图五，12）（原报告图三一：2）等的年代相对略晚，应为二里岗下层二期偏晚阶段，约与偃师商城商文化第4段接近。遵照考古学断代原则，我们只能根据后组陶器推定该文化层属于二里岗下层二期偏晚器物，故C8T62第③层的时代应为二里岗下层二期晚段，大体与偃师商城商文化第4段相当。

另外，我们注意到，发掘报告几乎将所有与夯土基址有关的地层单位的碎陶片之年代，作出了比较明确的判断，并据以对夯土基址做出相应年代推断。惟于C8T62的夯土，只将“出土大量二里岗期陶片，可复原的器物达二十件”的文化层笼统定为“商代文化层”，并说“夯土的年代应比这一文化层的年代略早”。结论相当的模糊。有人主要根据其中两件卷沿鬲而推断该夯土基址的建筑年代为南关外期或洛达庙晚期，失当。

（6）C8G16的年代

C8G16打破二里岗下层的灰土层[141]。灰土层包含的陶片较碎，大口尊（图四：39）（原报告图三四：5）的特点是宽领，其上的一道凸弦纹位于近肩处，肩部陡斜，显现出二里岗下层二期偏晚时候的特征。其他陶片的年代特征仅从形制上不易把握。夯土里出土的二里岗下层陶片中偏早者属于二里岗下层二期偏早阶段，如圆唇敛口盆（图四：40）（原报告图二七：8），即与南关外H62∶23（图四：41）（原报告图一二：1）[142]相仿；偏晚者如方唇敛口盆（图四：42）（原报告图一七：6），从其方唇、腹壁较直等特征看，接近郑州商城二里岗下层二期偏晚阶段敛口盆CWM8∶1（图三：4）[143]，但是前者为斜折而后者是平折，前者似稍早。因此，该夯土基址的建造年代之上限不早于以二里岗C1H17为代表的二里岗下层二期偏晚阶段即偃师商城商文化第4段。

（7）北大街夯土建筑基址群的年代

1998年郑州商城宫殿区发掘出的夯土基址，除F1和F2外，其余18处目前只能说是夯土块，相互组合关系需进一步整理，它们有的可能是房屋基础，有的宽度3米左右或不足3米，可能是夯土墙基等。从层位关系上判断，夯土Ⅵ和夯土Ⅶ被认为年代较早，“这一组夯土建筑基址的年代应不早于洛达庙晚期，即二里头文化四期。夯土中出土的各类遗物具有鲜明的早商文化特征，与这一时期商族势力到达郑州地区有关。所以，以这组夯土建筑基址的营建便可作为夏商分界的界标”。“夯土Ⅲ打破夯土Ⅴ和夯土Ⅵ”，“夯土Ⅲ上部被H112、H153、H154打破，从打破它的H12出土器物特征看，应属二里岗下层二期，所以夯土Ⅲ的始建年代应不晚于H112。被它打破的夯土Ⅵ和夯土Ⅶ年代上限不可能超过H230、H231、H232、H233等4个灰坑的年代”。“从这4个灰坑出土物分析，其年代相当于郑州洛达庙晚期，即二里头文化四期”[144]。需要指出的是，H233出土的深腹罐H233∶10（图五：5）（原报告称圆腹罐，图一二：4），方唇，卷沿，束颈，颈部较长，上腹部较鼓；折沿甑H23∶11（图五：16），折沿略斜而未平，唇部厚度略甚沿中部，腹稍鼓。H230出土的盆H230∶7（图五：17），圆唇，宽卷沿，束颈，上腹部圆鼓，饰绳纹，腹径略同于口径，我们判断其可能是甗。前者见于偃师商城商文化第一期早段（1段），尤以方唇，卷沿，束颈较长的深腹罐多见；后者形制接近二里岗C9.1H118∶24甗（图五：19），与偃师商城大城东北隅ⅡH9∶2甗（图五：18）[145]也比较接近，只是形态略早于后二者。故我们认为H230和H233的年代应与偃师商城商文化第一期早段（1段）大体相当。夯土Ⅶ下垫土中出土的陶鬲D∶24（图五：20）（原报告图一四：14），宽卷沿，领根似有棱，类似于偃师商城大城东北隅ⅡH9∶4鬲（图五：21）[146]；捏口罐D∶12（图五：22）（原报告图一四：6），卷沿，口沿较短而厚，外部似贴薄泥条，腹部圆鼓；大口尊D∶8、9（图五：23、24）（原报告图一四：9、10），口沿皆比较宽，从领部折线趋势判断，其肩部不会明显大于口部等等。陶鬲D∶24和捏口罐D∶12常见于偃师商城商文化第一期晚段（2段），大口尊D∶8、9常见于偃师商城商文化第一期，故此，我们认为夯土Ⅶ下垫土的形成时间不早于偃师商城商文化第一期晚段（2段）。夯土Ⅵ中出土的陶片，时代最晚的是夯土Ⅵ∶8和夯土Ⅵ∶17两件捏口罐（原报告图一五：4、6），其中夯土Ⅵ∶17捏口罐（图五：26）长直领，唇部外折，形成双唇。这是偃师商城商文化第二期晚段（4段）新出现的器形，并且很快取代了传统的卷沿捏口罐而居于主要地位，它的发展变化趋势是唇部越来越下折，唇部由尖圆变浑圆，最后变成方形。夯土Ⅵ∶8捏口罐

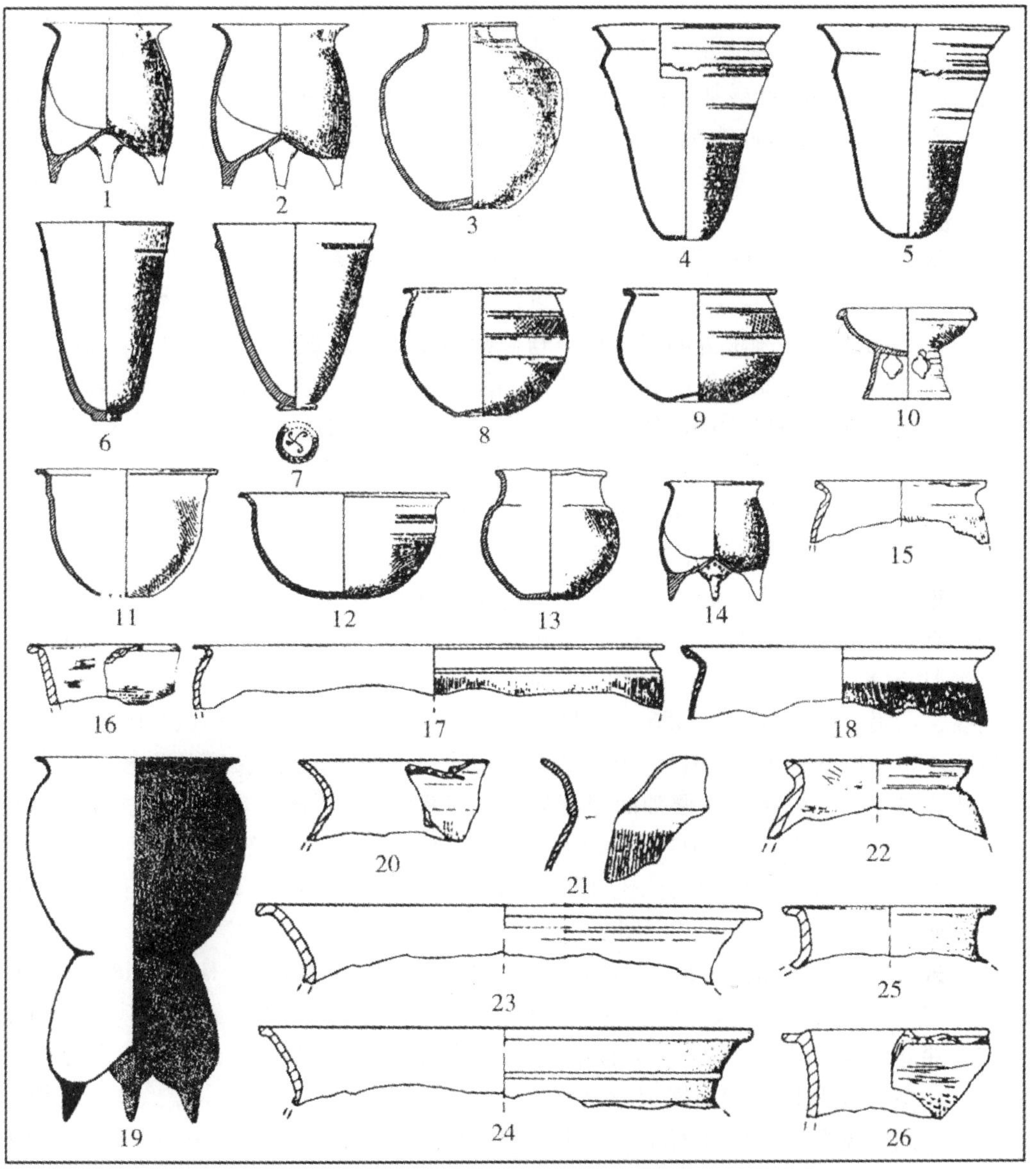

图五　郑州商城和偃师商城出土陶器

1、2、14. C8T62③鬲　3. C8T62③大口尊　4、5. C8T62③：1、3 大口尊　6、7. C8T62③：4、5 缸
8、9、11、12. C8T62③豆　13. C8T62③捏口罐　15. 北大街 H233：10 圆腹罐　16. 北大街 H233：11 甑
17. 北大街 H230：7 盆　18. Ⅱ H9：2 甗　19. C9. 1H118：24 甗　20. 北大街夯土ⅦD：24 鬲　21. Ⅱ H9：4 鬲
22. 北大街夯土ⅦD：12 捏口罐　23、24. 北大街夯土ⅦD：8、9 大口尊　25、26. 北大街夯土Ⅵ：8、17 捏口罐
（1~14 采自《郑州商代城内宫殿遗址第一次发掘报告》　15~17、20、22~26 采自《郑州商城北大街商代宫殿遗址发掘与研究》18、21 采自《河南偃师商城东北隅发掘简报》）

（图五：25）的形制还略晚于夯土Ⅵ：17 捏口罐。故此，我们认为夯土Ⅵ的始建年代上限不早于二里岗下层二期晚段即偃师商城商文化第二期晚段（4 段）。由此，我们认为宋国定等先生关于夯土Ⅶ垫土年代的判断大体正确，而夯土Ⅵ年代的判断则偏早了。

（8）宫殿区发现的 W22 夯土基址的性质与年代

W22夯土基址的性质，最初认为是宫城墙基[147]，后又改称城墙（基）[148]，袁广阔先生认为是“早期城墙基础或大型夯土基址的回廊部分”[149]。关于W22的性质，目前尚无法确定。首先可排除是房基。依其宽度只有6米~7米看，显然不似宫城墙（偃师商城宫城墙仅2米宽），与偃师商城小城城墙宽度相仿。鉴于它与郑州商城内城城墙的宽度相差悬殊，很难将二者联系起来。也许，它是与郑州商城根本无关的另外的遗迹？有待进一步发掘证实。

打破W22的灰坑有H35、H56、H110、H114。H35发表陶器标本4件，2件盆、1件瓮、1件鬲（原报告图二二：4、7、13、35）[150]，前三件可对比资料较少，陶鬲H35∶3（图六：1）为宽卷沿，领根处明显出棱，与偃师商城小城北城墙ⅣT54G2出土的陶鬲G2∶10（图六：2）相近（原简报图九：6）[151]。陶鬲G2∶10为偃师商城商文化第一期晚段（2段）的典型器物。H114出土物发表3件[152]，其中陶鬲H114∶3（图六：3）（原报告图二七：2）的形制与陶鬲H35∶3基本相同。H56出土陶片比较多[153]，陶鬲H56∶6（图六：如4；原报告图二八：8）的形制与陶鬲H35∶3比较接近，只是卷沿略甚，似稍晚；陶鬲H56∶14（图六：5）（原报告图二八：6），宽卷沿，领根处近平折，与偃师商城大城东北隅ⅡH8∶2鬲（图六：6）[154]基本一样，也常见于偃师商城商文化第一期晚段（2段）；陶鬲袋足H56∶36（图六：18）（原报告图二八：20）肥硕，圆鼓，饰细绳纹；橄榄形深腹罐H56∶8、26、28、22、12和7（原报告图二八：1、4、9、10、13、15），胎薄，饰细绳纹，卷沿，立沿较窄。H56∶7（图六：7）卷沿近折，立沿较高；H56∶8（图六：11）、H56∶26（图六：9）和H56∶28（图六：10）三件橄榄形深腹罐卷沿较宽，且卷曲较甚，相比之下，它们更接近偃师商城商文化第二期早段（3段）的同类器。总之，我们认为H56的时代应不早于偃师商城商文化第一期晚段（2段）。综合3个灰坑的陶器群，我们认为W22的废弃时间应不晚于偃师商城商文化第一期晚段（2段），即不晚于郑州二里岗C1H9所代表的二里岗下层一期。

被W22叠压或打破的有H46、H78、H85、H86、H87、H110和H73。H87∶2深腹罐（图六：12）（原报告图一八：5），侈口，折沿，方唇，唇面内凹，鼓腹。其与偃师商城大城东北隅ⅡH9∶1（图六：14）深腹罐[155]，偃师商城宫城祭祀区T28⑧∶4深腹罐（图六：15）[156]等基本相同；捏口罐H87∶6（图六：8）（原报告图一八：3），也是偃师商城商文化第一期常见器物。偃师商城的上述两单位都是偃师商城商文化第一期晚段（2段）的典型单位，故H87的年代应与偃师商城商文化第一期晚段（2段）大体同时。

夯土墙中出土的陶片，折沿甑T207∶13（图六：17）（原报告图二四：7），侈口，窄折沿，斜鼓腹，上腹部有鸡冠鋬一对，并且有横弦纹数道，与偃师商城宫城祭祀区T28⑨∶11甑（图六：21）[157]基本相同；卷沿甑T207∶14（图六，20）（原报告称盆，图二四：4），圆唇，卷沿近平，上腹部素面，下腹部斜向或横向饰绳纹；折沿甑T207∶11（图六：25）（原报告称盆，图二五：2），平折沿，沿面中部胎略薄，唇部略厚，常见表面剖光。后两甑也见于偃师商城商文化第一期早段（1段）。捏口罐T207∶18（图六：16）（原报告图二五：5），长颈略卷，与偃师商城宫城祭祀区T28⑩∶12捏口罐（图六：19）[158]基本相同；陶鬲T207∶20（图六：26）（原报告图二五：26），与偃师商城宫城祭祀区T32⑨B∶1鬲（图六：23）[159]基本相同；深腹罐T207∶34（图六：24）（原报告称圆腹罐，图二五：8），与偃师商城宫城祭祀区T28⑩∶22深腹罐（图六：22）[160]基本一样；等等。W22

夯土基址中出土的陶器，许多都能从偃师商城商文化第一期早段（1段）中找到相同或相近者，这些陶片的年代应与后者相近。由W22夯土中出土的陶片判断，W22夯土基址的始建年代不早于偃师商城商文化第一期早段（1段）。

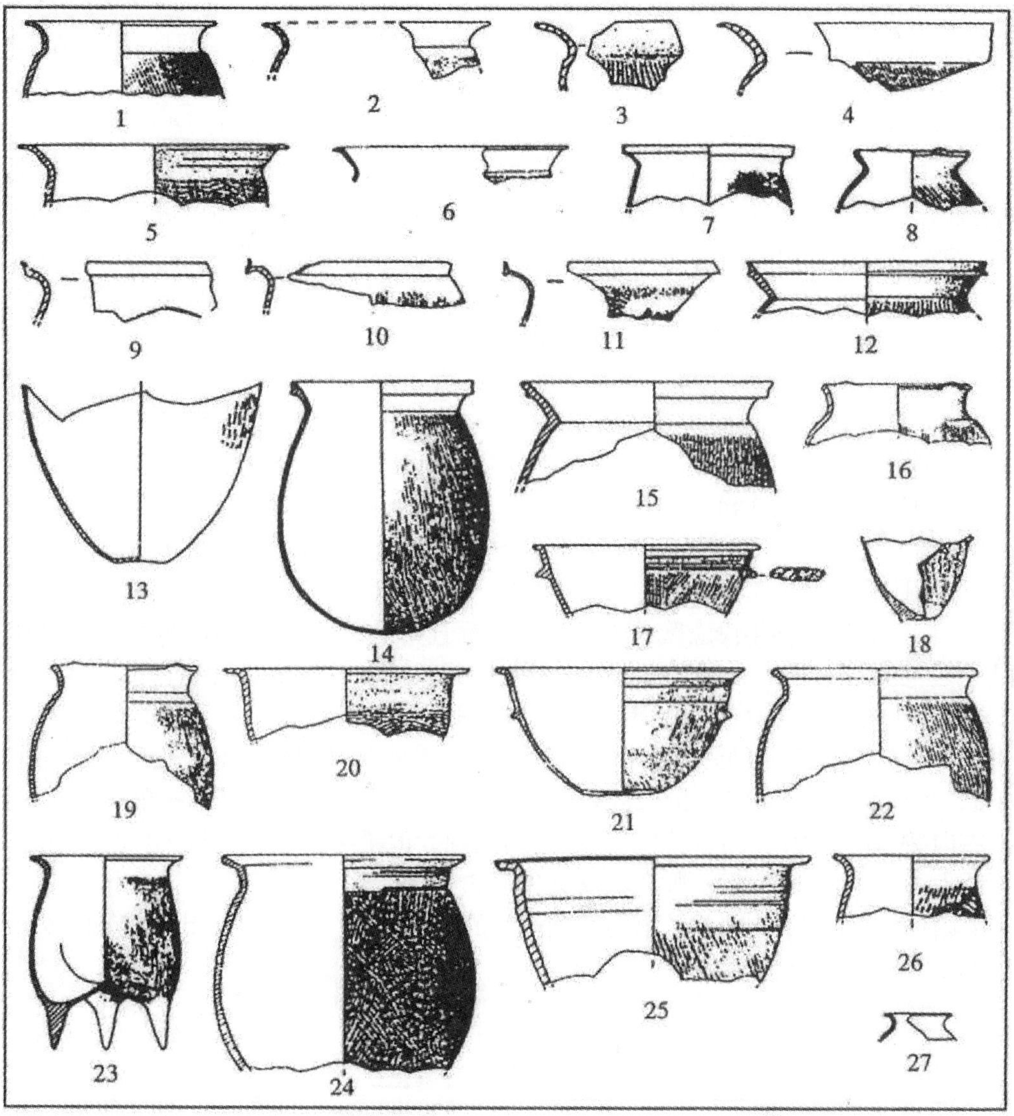

图六　郑州商城和偃师商城出土陶器

1. 青年公寓H35：3鬲　2. ⅣT54G2：10鬲　3. W22H114：3鬲　4. W22H56：6鬲　5. W22H56：14鬲　6. ⅡH8：2鬲　7、9、10、11、13. W22H56：7、26、28、8、12橄榄形深腹罐　8. W22H87：6捏口罐　12. W22H87：2大口罐　14. ⅡH9：1深腹罐　15. T28⑧：4深腹罐　16. W22T207：18捏口罐　17. W22T207：13甑　18. W22H56：36鬲袋足　19. T28⑩：12捏口罐　20. W22T207：14甑　21. T28⑨：11甑　22. T28⑩：22深腹罐　23. T32⑨B：1鬲　24. W22T207：34深腹罐　25. W22T207：11甑　26. W22T207：20鬲　27. 青年公寓H35：5Ⅲ式瓮（1、27采自《郑州黄委会青年公寓考古发掘报告》2采自《河南偃师商城小城发掘简报》3、4、5、7~13，16~18，20、21、24~27采自《河南郑州商城宫殿区夯土墙1998年的发掘》6、14采自《河南偃师商城东北隅发掘简报》21~23采自《河南偃师商城宫城北部“大灰沟”发掘简报》）

综上所述，W22 的始建和废弃年代应大体相当于偃师商城商文化第一期晚段（2段），与郑州二里岗 C1H9 所代表的二里岗下层一期大体相当。发掘者认为“夯土墙基的始建年代不早于二里头文化第四期晚段，亦不晚于郑州二里岗下层一期，其建筑及使用时间应大体相当于二里岗下层的 H9 阶段”[161]，是比较可取的。

可见，除北大街夯土Ⅶ和 W22 外，目前我们还没有确凿而充分的证据，证明郑州商城现有的夯土建筑基址的年代，有早于二里岗下层二期偏早阶段（约当偃师商城商文化第二期早段即第 3 段）者。但是不排除以后还会发现有建筑基址的建造年代会稍早一点的可能性，甚至也不排除在郑州商城范围内，存留有可以早到洛达庙时期的夯土建筑基址的可能性。只是，个别夯土建筑的出现，与城的建成并无直接、必然的关系。始建时代不早于偃师商城商文化第一期偏晚（2 段）的北大街夯土Ⅶ和时代相当于偃师商城商文化第一期偏晚（2 段）的 W22，前者是否确属宫殿基址、后者是否与郑州商城内城有关系，都不能确定。因而，如以此来证明当时郑州商城已经形成，显然有失稳妥。

3. 二里岗铸铜遗址的年代

这里，年代较早的地层单位有 C5H313、C5H49、C5H50、C5H51 等，其中 C5H313 和 C5H50 出土有陶范[162]。C5H313 的大口尊 C5. 3H313∶121（图七：2）（原报告图一一：10）与南关外中层出土大口尊 H162∶12（图七：1）（原报告图一二：10）[163]非常相像；C5H49 陶斝 C5H49∶2（图七：3）（原报告图一一：2）唇部外折，双唇微出，颈之上部内凹，颈高而直，袋足较瘦。其造型与二里岗 C1H9∶362（图三：28）和 C1H17∶38（图三：27）陶斝相比，其年代应晚于 C1H9 而接近且略早于 C1H17。C5H49 陶鬲 C5H49∶1（图七，9）（原报告图五：20）宽卷沿，领根仅折棱明显，薄胎细绳纹。依其形制当略同于二里岗出土陶鬲 C1H9∶36。C5H49 打破 C5H50，C5H50 出土的陶器如圆唇鼓腹敛口盆 C5. H50∶56（图七：7）（原报告图五：14），与南关外 H62∶23 盆（图七：8）形制接近，而晚于二里岗 C1H9∶354 敛口圆鼓腹圜底盆（图七：6）。总之，上述各单位的时代应早于以二里岗 C1H17 为代表的二里岗下层二期偏晚，但不早于以二里岗 C1H9 为代表的二里岗下层一期。大体相当于偃师商城商文化第 2、3 段。

综上所述，我们认为郑州二里岗铸铜遗址的年代上限约为二里岗下层偏早阶段，即偃师南城商文化第 2 段相仿。

四、结　语

综上所述，从现有考古资料来分析，郑州商城内城的始建年代，应为安金槐先生所说二里岗下层二期偏早阶段（以郑州南关外 H62 为代表，约当偃师商城商文化第二期早段即第 3 段），外城的建造年代不会早于内城。城内东北部的夯土墙基址 W22，其建造年代为二里岗下层一期，约当偃师商城商文化第 2 段，因其还不能与郑州商城联为一体，难以认定为郑州商城的组成部分。宫殿区的夯土建筑基址中，以建造于二里岗下层二期者居多，即多相当于偃师商城商文化第 3、4 段。郑州北大街个别夯土基址的建造年代可能早至二里岗下层一期时候，即偃师商城第 2 段，但因其规模小、结构不清，难以认定为宫殿建筑基址。因此，目前我们能肯定的只是：郑州商城大约始建于以郑州南关外中层和 H62

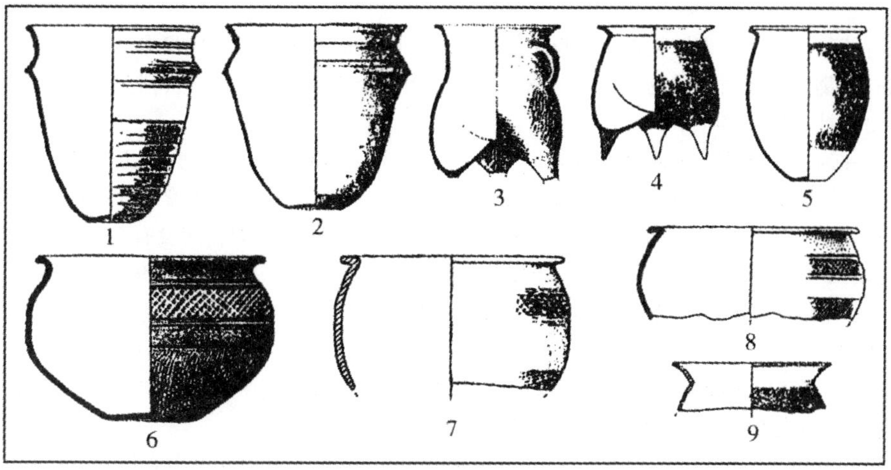

图七　郑州商城和偃师商城出土陶器

1. 南关外 H62：1 大口尊　2. C5. 3H313：12 大口尊　3. C5H49：2 斝　4. ⅢM3：1 鬲　5. ⅢM11：1 深腹罐
6. C1H9：354 盆　7. C5H50：56 盆　8. 南关外 H62：23 盆　9. C5H49：1 鬲
（1、8 采自《郑州南关外商代遗址的发掘》2、3、9 采自《郑州商代二里岗期铸铜基址》
4、5 采自《偃师商城初探》6 采自《郑州二里岗》）

为代表的二里岗下层阶段，约当偃师商城商文化第 3 段。

二里岗 C1H9 与二里岗铸铜作坊的关系需要研究和验证，即使郑州二里岗青铜冶铸作坊的年代可上溯到二里岗 C1H9 时期，二里岗铸铜作坊的出现确系商人在郑州立足的铁证，但它是否构成郑州商城已经建成的确证，尚需讨论。

撇开对二里岗下层文化考古学文化分期的不同称谓，如果以具体地层单位为根据和标志，可以这样说，目前学术界较多学者的看法是郑州商城约始建于以郑州南关外中层 H62 为代表的时候。

（后记：安金槐先生是新中国河南考古事业的主要创始人，长期主持和从事郑州商城考古工作，做出了重大贡献，所撰《郑州商城》及多篇论文在学术界备受重视，深受学界尊重。在“夏商周断代工程”期间，安先生已年近八十高龄，作为课题负责人，他多次往来于郑州商城、偃师商城考古工地之间，使得我们有更多机会接触和交流，他那执着于学术研究的献身精神，尊重和鼓励考古一线人员之诚恳和谦逊，都在我们心中留下了深深的印象，至今难忘。愿以此小文，表达我们对于安先生的崇敬之情，怀念之意。

本文初稿撰写于 2000~2001 年间，原题《郑州商城年代与性质研究》。今逢河南省文物考古研究所编辑《安金槐先生纪念文集》，承蒙编者赐缘，得与诸贤共同纪念安先生，倍感欣慰和荣幸!）

---

［1］　安金槐：《关于郑州商代二里岗期陶器分期问题的再探讨》，《华夏考古》1988 年 4 期。

［2］　邹衡：《夏商周考古学论文集》107~110 页，北京，文物出版社，1980 年。

［3］　a. 杜金鹏：《偃师商城与“夏商周断代工程”》，《偃师商城初探》，北京，中国社会科学出版社，2003 年。

b. 中国社会科学院考古研究所：《中国考古学・夏商卷》第四章，北京，中国社会科学出版社，

2003 年。
[4] 河南省博物馆，郑州市博物馆：《郑州商代城址试掘简报》，《文物》1977 年 1 期。
[5] 河南省博物馆，郑州市博物馆：《郑州商代城遗址发掘报告》，《文物资料丛刊》第 1 辑，北京，文物出版社，1977 年。
[6] 另外，在河南省文物考古研究所编著的《郑州商城——1953～1985 年考古发掘报告》（北京，文物出版社，2001 年）中关于城墙地层堆积的介绍里，作为插图的东城墙 CET7 南壁剖面图中，被城墙夯土所叠压的遗迹只剩下位于城墙底部居中的洛达庙晚期灰沟，而没有二里岗下层小沟。
[7] 安金槐：《关于郑州商代二里岗期陶器分期问题的再探讨》，《华夏考古》1988 年 4 期。
[8] 安金槐：《对于郑州商代城修建与使用时期的再探讨》，《安金槐考古文集》，郑州，中州古籍出版社，1999 年。
[9] 李经汉：《郑州二里岗期商文化的来源及其相关问题的讨论》，《中原文物》1983 年 3 期。
[10] 杨育彬：《商代王都考古研究综述》，《中原文物》1991 年 1 期。
[11] 河南省文物研究所：《河南考古三十年》184～185 页，郑州，河南人民出版社，1994 年。
[12] 杨育彬：《偃师尸乡沟商城与郑州商城若干问题的探讨》，见河南省文物考古学会编，《河南省文物考古论集》，河南人民出版社，1996 年。
[13] a. 杨育彬：《再论郑州商城的年代、性质及相关问题》，《华夏考古》2004 年 3 期；
b. 杨育彬：《偃师商城——夏商文化分界的唯一界标》，《偃师商城遗址研究》，北京，科学出版社，2004 年。
[14] 1997 年 10 月在郑州和偃师召开“夏商周断代工程夏、商前期年代学研讨会”。偃师宾馆二楼会议现场，邹衡先生在发言中仍坚持认为二里岗 CIH17 所代表的二里岗下层晚段是最早的商文化。
[15] 邹衡：《试论夏文化》，《夏商周考古学论文集》，北京，文物出版社，1980 年。
[16] 邹衡：《西亳与桐宫考辨》自注［110］，《夏商周考古学论文集》（续集），北京，科学出版社，1998 年。
[17] 邹衡：《综述夏商四都之年代和性质》，《殷都学刊》1988 年 1 期。
[18] 李伯谦：《先商文化探索》，《庆祝苏秉琦考古五十五年论文集》，北京，文物出版社，1989 年。
[19] 李伯谦：《对郑州商城的再认识》，见北京大学震旦古代文明研究中心编，《古代文明研究通讯》第 23 期，2004 年。
[20] 仇祯：《关于郑州商代南关外期及其他》，《考古》1984 年 2 期。
[21] 高煦：《略论二里岗期商文化的分期和商城年代》，《中原文物》1985 年 2 期。
[22] 张文军、张玉石、方燕明：《关于郑州商城的考古学年代及其若干问题》，《郑州商城考古新发现与研究（1985～1992 年）》，郑州，中州古籍出版社，1993 年。
[23] a. 袁广阔、曾晓敏：《论郑州商城内城与外郭城的关系》，《考古》2004 年 3 期；
b. 袁广阔：《关于郑州商城外郭城的几个问题》，见北京大学古代文明研究中心编，《古代文明研究通讯》第 12 期，2002 年。
[24] 河南省文物研究所：《郑州三德里、花园新村考古发掘简报》，《郑州商城考古新发现与研究（1985～1992 年）》，郑州，中州古籍出版社，1993 年。
[25] 河南省文物研究所：《郑州商城外夯土墙基的调查与试掘》，《中原文物》1991 年 1 期。
[26] 郑州市文物考古研究所：《郑州市银基商贸城商代外夯土墙基发掘简报》，《华夏考古》2000 年 4 期。
[27] 河南省文物考古研究所：《郑州商城外郭城的调查与试掘》，《考古》2004 年 3 期。
[28] 安金槐：《对于郑州商城“外夯土墙基”的看法》，《郑州商城考古新发现与研究（1985～1992 年）》，郑州，中州古籍出版社，1993 年。
[29] 安金槐：《试论郑州商代城址的地理位置与布局》，《中国商文化国际学术讨论会论文集》，北京，

中国大百科全书出版社，1995 年。
[30] 安金槐：《对于郑州商代城修建与使用时期的再探讨》，《安金槐考古文集》，郑州，中州古籍出版社，1999 年。
[31] 裴明相：《郑州商代王城的布局及其文化内涵》，《郑州商城考古新发现与研究（1985~1992 年）》，郑州，中州古籍出版社，1993 年。
[32] 杨育彬：《郑州商城的考古发现和研究》，《中原文物》1993 年 3 期。
[33] 张文军、张玉石、方燕明：《关于郑州商城的考古学年代及其若干问题》，《郑州商城考古新发现与研究（1985~1992 年）》，郑州，中州古籍出版社，1993 年。
[34] 袁广阔、曾晓敏：《论郑州商城内城与外郭城的关系》，《考古》2004 年 3 期。
[35] 李伯谦：《对郑州商城的再认识》，见北京大学震旦古代文明研究中心编，《古代文明研究通讯》第 23 期，2004 年。
[36] 河南省文物研究所：《郑州黄委会青年公寓考古发掘报告》，《郑州商城考古新发现与研究（1985~1992 年）》，郑州，中州古籍出版社，1993 年。
[37] 宋国定：《1985~1992 年郑州商城考古发现综述》，《郑州商城考古新发现与研究（1985~1992 年）》，郑州，中州古籍出版社，1993 年。
[38] 河南省文物考古研究所：《河南郑州商城宫殿区夯土墙 1998 年的发掘》，《考古》2000 年 2 期。
[39] 安金槐：《试论郑州商代城址的地理位置与布局》，《中国商文化国际学术讨论会论文集》，北京，中国大百科全书出版社，1998 年。
[40] 杨育彬：《偃师尸乡沟商城与郑州商城若干问题的探讨》，见河南省文物考古学会编，《河南省文物考古论集》，郑州，河南人民出版社，1996 年。
[41] 袁广阔：《关于郑州商城夯土基址的年代问题》，见河南省文物考古学会编，《中原文物考古研究》，郑州，大象出版社，2003 年。
[42] 李伯谦：《对郑州商城的再认识》，见北京大学震旦古代文明研究中心编，《古代文明研究通讯》第 23 期，2004 年。
[43] 河南省文物考古研究所：《郑州商城——1953~1985 年考古发掘报告》，北京，文物出版社，2001 年。
[44] 安金槐：《对于郑州商代城修建与使用时期的再探讨》，《安金槐考古文集》，郑州，中州古籍出版社，1999 年。
[45] 河南省博物馆，郑州市博物馆：《郑州商代城址试掘简报》，《文物》1977 年 1 期。
[46] 河南省文物研究所：《郑州商代城内宫殿遗址第一次发掘报告》，《文物》1983 年 4 期。
[47] 河南省文物研究所：《郑州医疗器械厂考古发掘报告》，《郑州商城考古新发现与研究（1985~1992 年）》，郑州，中州古籍出版社，1993 年。
[48] 河南省文物研究所：《郑州电力学校考古发掘报告》，《郑州商城考古新发现与研究（1985~1992 年）》，郑州，中州古籍出版社，1993 年。
[49] 河南省文物研究所：《1992 年度郑州商城宫殿区发掘收获》，《郑州商城考古新发现与研究（1985~1992 年）》，郑州，中州古籍出版社，1993 年。
[50] 河南省文物考古研究所：《郑州商城北大街商代宫殿遗址的发掘与研究》，《文物》2002 年 3 期。
[51] 安金槐：《对于郑州商代城修建与使用时期的再探讨》，《安金槐考古文集》，郑州，中州古籍出版社，1999 年。
[52] 杨育彬：《偃师尸乡沟商城与郑州商城若干问题的探讨》，见：河南省文物考古学会编，《河南省文物考古论集》，河南人民出版社，1996 年。
[53] 张文军、张玉石、方燕明：《关于郑州商城的考古学年代及其若干问题》，《郑州商城考古新发现与研究（1985~1992 年）》，郑州，中州古籍出版社，1993 年。

[54] 陈旭:《郑州商城宫殿基址的年代及其相关问题》,《中原文物》1985 年 2 期。
[55] 陈旭:《郑州商城宫殿基址的年代及其相关问题》,《中原文物》1985 年 2 期。
[56] 高煦:《略论二里岗期商文化的分期和商城年代》,《中原文物》1985 年 2 期。
[57] 袁广阔:《关于郑州商城夯土基址的年代问题》,见河南省文物考古学会编,《中原文物考古研究》,郑州,大象出版社,2003 年。。
[58] 李伯谦:《对郑州商城的再认识》,见北京大学震旦古代文明研究中心编,《古代文明研究通讯》第 23 期,2004 年。
[59] 河南省文物研究所:《郑州商代二里岗期铸铜基址》,《考古学集刊》第 6 集,1989 年。
[60] 安金槐:《对于郑州商代城修建与使用时期的再探讨》,《安金槐考古文集》,郑州,中州古籍出版社,1999 年。
[61] 陈旭:《偃师商城第五号宫殿基址的建筑年代及其相关问题》,《中原文物》1991 年 1 期。
[62] 陈旭:《郑州商代铸铜遗址的年代及相关问题》,《中原文物》1992 年 3 期。
[63] 张文军、张玉石、方燕明:《关于郑州商城的考古学年代及其若干问题》,《郑州商城考古新发现与研究(1985~1992 年)》,郑州,中州古籍出版社,1993 年。
[64] 高煦:《略论二里岗期商文化的分期和商城年代》,《中原文物》1985 年 2 期。
[65] 袁广阔:《关于"南关外期"文化的几个问题》,《中原文物》2004 年 6 期。
[66] 袁广阔、曾晓敏:《论郑州商城内城与外郭城的关系》,《考古》2004 年 3 期。
[67] 河南省博物馆,郑州市博物馆:《郑州商代城址试掘简报》,《文物》1977 年 1 期。
[68] 河南省博物馆:《郑州南关外商代遗址的发掘》,《考古学报》1973 年 1 期。
[69] 邹衡:《试论夏文化》,《夏商周考古学论文集》,北京,文物出版社,1980 年。
[70] 安金槐:《关于郑州商代二里岗期陶器分期问题的再探讨》,《华夏考古》1988 年 4 期。
[71] 河南省博物馆:《郑州南关外商代遗址的发掘》,《考古学报》1973 年 1 期。
[72] 安金槐:《对于郑州商代南关外期遗存的再认识》,《华夏考古》1989 年 1 期。
[73] 河南省文物考古研究所:《郑州商城——1953~1985 年考古发掘报告》,北京,文物出版社,2001 年。
[74] 河南省博物馆:《郑州南关外商代遗址的发掘》,《考古学报》1973 年 1 期。
[75] 邹衡:《试论夏文化》,《夏商周考古学论文集》,北京,文物出版社,1980 年。
[76] 张立东、任飞编著:《手铲释天书·杨育彬》,郑州,大象出版社,2001 年。
[77] 陈旭:《郑州商文化的发现与研究》,《中原文物》1983 年 3 期。
[78] 郑杰祥:《关于偃师商城的年代和性质问题》,《中原文物》1984 年 4 期。
[79] 邹衡:《综述夏商四都之年代和性质》,《夏商周考古学论文集(续集)》,北京,科学出版社,1998 年。
[80] 陈旭:《关于郑州商文化分期问题的讨论》,《郑州大学学报》1988 年 1 期。
[81] 陈旭:《关于郑州商文化分期问题的讨论》,《郑州大学学报》1988 年 1 期。
[82] 陈旭:《郑州商文化的发现与研究》,《夏商文化论集》,北京,科学出版社,2000 年。
[83] 陈旭:《豫东岳石文化与郑州商文化的关系》,《中州纵横》1993 年 8 期。
[84] 陈旭:《关于偃师商城和郑州商城的年代问题》,《郑州大学学报》1985 年 4 期。
[85] 邹衡:《综述夏商四都之年代和性质》,《夏商周考古学论文集(续集)》,北京,科学出版社,1998 年。
[86] 陈旭:《郑州商代王都的兴与废》,《中原文物》1987 年 2 期。
[87] 河南省博物馆,郑州市博物馆:《郑州商代城遗址发掘报告》,《文物资料丛刊》第 1 辑,北京,文物出版社,1977 年。
[88] 陈旭:《郑州商文化的发现与研究》,《中原文物》1983 年 3 期。

［89］陈旭：《郑州商文化的发现与研究》，《中原文物》1983 年 3 期。
［90］陈旭：《郑州商文化的发现与研究》，《中原文物》1983 年 3 期。
［91］陈旭：《郑州商文化的发现与研究》，《中原文物》1983 年 3 期。
［92］邹衡：《西亳与桐宫考辨》，《纪念北京大学考古专业三十周年论文集》，北京，文物出版社，1990 年。
［93］陈旭：《郑州商城宫殿基址的年代及其相关问题》，《中原文物》1985 年 2 期。
［94］安金槐：《对于郑州商代城修建与使用时期的再探讨》，《安金槐考古文集》，郑州，中州古籍出版社，1999 年。
［95］杨育彬：《商代王都考古研究综述》，《中原文物》1991 年 1 期。
［96］陈旭：《郑州商城宫殿基址的年代及其相关问题》，《中原文物》1985 年 2 期。
［97］陈旭：《郑州商城宫殿基址的年代及其相关问题》，《中原文物》1985 年 2 期。
［98］陈旭：《郑州商城宫殿基址的年代及其相关问题》，《中原文物》1985 年 2 期。
［99］陈旭：《郑州商城宫殿基址的年代及其相关问题》，《中原文物》1985 年 2 期。
［100］陈旭：《郑州小双桥商代遗址的年代和性质》，《中原文物》1995 年 1 期。
［101］陈旭：《郑州商文化的发现与研究》，《中原文物》1983 年 3 期。
［102］陈旭：《郑州商文化的发现与研究》，《夏商文化论集》，科学出版社，2000 年。
［103］郑杰祥：《关于偃师商城的年代和性质问题》，《中原文物》1984 年 4 期。
［104］河南省博物馆，郑州市博物馆：《郑州商代城遗址发掘报告》，《文物资料丛刊》第 1 辑，北京，文物出版社，1977 年。
［105］邹衡：《偃师商城即太甲桐宫说》，《北京大学学报》（哲学社会科学版）1984 年 4 期。
［106］邹衡：《西亳与桐宫考辨》，《纪念北京大学考古专业三十周年论文集》，北京，文物出版社，1990 年。
［107］邹衡：《试论夏文化》，《夏商周考古学论文集》，北京，文物出版社，1980 年，页 108：郑州商城是成汤所居的亳都，其始建年代，大体在成汤居亳以后（商城压在“南关外期”之上）。
［108］陈旭：《郑州商代王都的兴与废》，《中原文物》1987 年 2 期。
［109］陈旭：《郑州商代王都的兴与废》，《中原文物》1987 年 2 期。
［110］邹衡：《综述夏商四都之年代和性质》，《殷都学刊》1988 年 1 期。
［111］邹衡：《综述夏商四都之年代和性质》，《殷都学刊》1988 年 1 期。
［112］邹衡：《综述夏商四都之年代和性质》，《殷都学刊》1988 年 1 期。
［113］陈旭：《关于偃师商城和郑州商城的年代问题》，《郑州大学学报》1985 年 4 期。
［114］邹衡：《偃师商城即太甲桐宫说》，《北京大学学报》（哲学社会科学版）1984 年 4 期。
［115］邹衡：《西亳与桐宫考辨》，《纪念北京大学考古专业三十周年论文集》，北京，文物出版社，1990 年。
［116］邹衡：《综述夏商四都之年代和性质》，《殷都学刊》1988 年 1 期。
［117］陈旭：《郑州商代王都的兴与废》，《中原文物》1987 年 2 期。
［118］邹衡：《试论夏文化》，《夏商周考古学论文集》，北京，文物出版社，1980 年。
［119］1997 年 10 月《夏商周断代工程夏、商早期考古年代学研讨会》发言。该文修改后，以《对于郑州商代城修建与使用对期的再探讨》为名，收录于《安金槐考古文集》（中州古籍出版社，1999 年，郑州）。
［120］李伯谦：《先商文化探索》，《庆祝苏秉琦考古五十五年论文集》，北京，文物出版社，1989 年。
［121］袁广阔：《关于郑州商城夯土基址的年代问题》，见河南省文物考古学会编，《中原文物考古研究》，郑州，大象出版社，2003 年。
［122］袁广阔、曾晓敏：《论郑州商城内城与外郭城的关系》，《考古》2004 年 3 期。

[123] 袁广阔、曾晓敏：《论郑州商城内城与外郭城的关系》，《考古》2004 年 3 期。
[124] 袁广阔、曾晓敏：《论郑州商城内城与外郭城的关系》，《考古》2004 年 3 期。
[125] 类似问题，张文军等先生早就已经注意到。见张文军、张玉石、方燕明：《关于郑州商城的考古学年代及其若干问题》，《郑州商城考古新发现与研究（1985～1992 年）》，郑州，中州古籍出版社，1993 年。
[126] 河南省博物馆，郑州市博物馆：《郑州商代城遗址发掘报告》，《文物资料丛刊》第 1 辑，北京，文物出版社，1977 年。
[127] 中国社会科学院考古研究所河南第二工作队：《河南偃师尸乡沟商城第五号宫殿遗址发掘简报》图八：3，《考古》1985 年 2 期。
[128] 中国社会科学院考古研究所河南第二工作队：《河南偃师商城东北隅发掘简报》图一〇：5，《考古》1998 年 6 期。
[129] 中国社会科学院考古研究所河南第二工作队：《1983 年秋季河南偃师商城发掘简报》图一〇：4，《考古》1984 年 10 期。
[130] 中国社会科学院考古研究所河南第二工作队：《河南偃师商城东北隅发掘简报》图一〇：1～4，《考古》1998 年 6 期。
[131] 河南省博物馆，郑州市博物馆：《郑州商代城址试掘简报》，《文物》1977 年 1 期。
[132] 杜金鹏：《偃师商城初探》页 118，图 20，北京，中国社会科学出版社，2003 年。
[133] 中国社会科学院考古研究所河南第二工作队：《1983 年秋季河南偃师商城发掘简报》，《考古》1984 年 10 期。
[134] 中国社会科学院考古研究所河南第二工作队：《河南偃师商城东北隅发掘简报》，《考古》1998 年 6 期。
[135] 中国社会科学院考古研究所河南第二工作队：《河南偃师商城东北隅发掘简报》，《考古》1998 年 6 期。
[136] 河南省文物研究所：《1992 年度郑州商城宫殿区发掘收获》，《郑州商城考古新发现与研究（1985～1992 年）》，郑州，中州古籍出版社，1993 年。
[137] 河南省文物研究所：《郑州电力学校考古发掘报告》，《郑州商城考古新发现与研究（1985～1992 年）》，郑州，中州古籍出版社，1993 年。
[138] 河南省文物研究所：《郑州商代城内宫殿遗址第一次发掘报告》，《文物》1983 年 4 期。
[139] 河南省文物研究所：《郑州商代城内宫殿遗址第一次发掘报告》，《文物》1983 年 4 期。
[140] 河南省文物研究所：《郑州商代城内宫殿遗址第一次发掘报告》，《文物》1983 年 4 期。
[141] 河南省文物研究所：《郑州商代城内宫殿遗址第一次发掘报告》，《文物》1983 年 4 期。
[142] 河南省博物馆：《郑州南关外商代遗址的发掘》，《考古学报》1973 年 1 期。
[143] 河南省博物馆，郑州市博物馆：《郑州商代城遗址发掘报告》，《文物资料丛刊》第 1 辑，北京，文物出版社，1977 年。
[144] 河南省文物考古研究所：《郑州商城北大街商代宫殿遗址的发掘与研究》，《文物》2002 年 3 期。
[145] 中国社会科学院考古研究所河南第二工作队：《河南偃师商城东北隅发掘简报》，《考古》1998 年 6 期。
[146] 中国社会科学院考古研究所河南第二工作队：《河南偃师商城东北隅发掘简报》，《考古》1998 年 6 期。
[147] 河南省文物研究所：《郑州黄委会青年公寓考古发掘报告》，《郑州商城考古新发现与研究（1985～1992 年）》，郑州，中州古籍出版社，1993 年。
[148] 河南省文物考古研究所：《河南郑州商城宫殿区夯土墙 1998 年的发掘》，《考古》2000 年 2 期。
[149] 袁广阔：《关于郑州商城夯土基址的年代问题》，见河南省文物考古学会编，《中原文物考古研

究》，郑州，大象出版社，2003 年。
[150] 河南省文物研究所：《郑州黄委会青年公寓考古发掘报告》，《郑州商城考古新发现与研究（1985 ~1992 年）》，郑州，中州古籍出版社，1993 年。
[151] 中国社会科学院考古研究所河南第二工作队：《河南偃师商城小城发掘简报》，《考古》1999 年 2 期。
[152] 河南省文物考古研究所：《河南郑州商城宫殿区夯土墙 1998 年的发掘》，《考古》2000 年 2 期。
[153] 河南省文物考古研究所：《河南郑州商城宫殿区夯土墙 1998 年的发掘》，《考古》2000 年 2 期。
[154] 中国社会科学院考古研究所河南第二工作队：《河南偃师商城东北隅发掘简报》，《考古》1998 年 6 期。
[155] 中国社会科学院考古研究所河南第二工作队：《河南偃师商城东北隅发掘简报》，《考古》1998 年 6 期。
[156] 中国社会科学院考古研究所河南二队：《河南偃师商城宫城北部“大灰沟”发掘简报》，《考古》2000 年 7 期。
[157] 中国社会科学院考古研究所河南二队：《河南偃师商城宫城北部“大灰沟”发掘简报》，《考古》2000 年 7 期。
[158] 中国社会科学院考古研究所河南二队：《河南偃师商城宫城北部“大灰沟”发掘简报》，《考古》2000 年 7 期。
[159] 中国社会科学院考古研究所河南二队：《河南偃师商城宫城北部“大灰沟”发掘简报》，《考古》2000 年 7 期。
[160] 中国社会科学院考古研究所河南二队：《河南偃师商城宫城北部“大灰沟”发掘简报》，《考古》2000 年 7 期。。
[161] 河南省文物考古研究所：《河南郑州商城宫殿区夯土墙 1998 年的发掘》，《考古》2000 年 2 期。
[162] 河南省文物研究所：《郑州商代二里岗期铸铜基址》，《考古学集刊》第 6 集，1989 年。
[163] 河南省博物馆：《郑州南关外商代遗址的发掘》，《考古学报》1973 年 1 期。

（原载《安金槐先生纪念文集》，大象出版社，2005 年）

郑州出土陶文“亳”字研究

李先登

在20世纪考古发现中，1950年秋发现的郑州二里岗遗址，1952年发掘确认了早于安阳殷墟的商代二里岗期文化[1]，这是新中国成立初期的重大考古发现。1955年秋开始发现郑州商城，1972年进行考古复查，得到了确认[2]。郑州商城略呈长方形，规模巨大，南墙长1700米，西墙长1870米，总面积达300万平方米。并且在1986年、1991年发现并确认了郑州商城外面南侧和西侧的外郭城墙[3]。尤其重要的是，在郑州商城内东北部发现了宫殿区，东西约750米，南北约500米。发现了几十座夯土台基，大者面积达2000平方米[4]。在宫殿区内还发现了宫墙、水井、蓄水池和供水设施[5]，此外还发现了规模较大的铸铜作坊遗址[6]和制陶作坊遗址。特别值得注意的是，在张寨南街杜岭、城东路向阳回民食品厂和南顺城街发现了三处青铜礼器窖藏，堪称王室重器[7]。

上述发现有力地说明，郑州商城是商代二里岗时期的一座商王朝的都城遗址。关于郑州商城的性质，1961年安金槐先生提出是商王仲丁所建的隞都[8]，以后1978年邹衡先生又提出郑州商城是商汤的亳都[9]。此后一直进行了热烈的讨论。

在上述讨论中还涉及郑州出土的东周时期的陶器上的文字。早在1954年发掘郑州白家庄遗址时就出土了东周时期的陶器文字[10]，1956年在郑州金水河南岸工地又有发现[11]，以后牛济普先生又有发现[12]。后据张松林先生统计，历年发现的郑州东周陶文共有100余件，16个单字，主要出土于郑州商城东北部宫殿区[13]。

在郑州出土的东周陶文中，最重要的是“亳”字陶文。这个字字形为，与东汉许慎《说文解字》的亳字接近，为亳字[14]。更引人注目的是，在郑州所出土的东周陶文中，还出土了“亳丘”（）两个字的陶文[15]。我认为在这些出土于同一片区域的陶文中，单个字的“亳”字陶文乃是两个字的“亳丘”陶文的省称，当时工匠在陶器上戳印“亳丘”或“亳”字陶文是为了指明陶器的生产地点——亳丘，即这些陶器是东周时期在地名为亳丘的地点生产的。称之为“亳丘”有两方面原因：一是因为这一带多商人宫殿基址，地势较高，这一点已被上述1955年以来郑州商城宫殿区大批夯土基址的发现所证明；二是因为东周时期人们尚相沿知道此地为商人的重要居址，而商人居地多称“亳”（详下文），因此东周时人用“亳丘”来指代他们所知道的商人旧址。总之，“亳丘”及“亳”字陶文的发现，说明了东周时期郑州商城宫殿区一带被东周人称为亳丘。

但是，根据郑州商城出土的东周“亳丘”及“亳”字陶文，尚不足以论证郑州商城为商汤亳都，因为商人所居之处皆可称亳，皆有亳社。《左传·昭公九年》：“肃慎、燕亳，吾北土也。”杨伯峻注：“当时以‘亳’为地名者甚多，盖殷商都亳，而都城屡迁，亳名不变。如今河南商丘东南之南亳、偃师县之西亳、商丘县北之北亳。”因此在古代文献中，名亳之处甚多[16]。又根据石加先生统计，在《春秋》、《左传》中记载的亳地有16处，这些亳地或在当时的宋地（今河南商丘及其附近）。如《左传·庄公十二年》宋“公子御说奔亳”。杨伯峻注认为此亳即僖二十一年与哀十四年之薄，在今河南商丘市西北四五十里。或在今山东曲阜。如《左传·定公六年》阳虎“盟国人于亳社”，这是因为鲁因商奄之地，并因其遗民，因此鲁有亳社。或在今陕西[17]。《汉书·郊祀志》记京兆杜、亳分别有五杜之祠和寿星祠，臣瓒注此亳为济阴薄县，颜师古注此非汤都。向汉武帝进献祠太一方的缪忌即亳人。大体来说，有殷遗民处，无论宋、鲁，都可有亳社。这些说明，东周时期名亳之处甚多，但这些地方不可能都是当初商汤亳都所在。

再有，从古代文献记载看，西周时期郑州地名“管”，《史记·周本纪》记周武王“封弟叔鲜于管”，《正义》引《括地志》云：“郑州管城县外城，古管国城也，周武王弟叔鲜所封”；而东周时期则称为京。《左传·隐公元年》：“及庄公即位……请京，使居之，谓之京城大叔。”杜预注：“京，郑邑，今荥阳京县。”杨伯峻注：“京，故城在近荥阳县东南二十余里。”此郑庄公封给大叔段的“京”即今天的郑州。《左传·襄公十一年》：“秋七月，同盟于亳。”而《公羊传·襄公十一年》则谓：“秋七月己未，同盟于京城北。”《谷梁传》同于《公羊传》。王国维先生等早已指出《左传》此处之亳乃京城之误[18]。既然《襄公十一年》的亳乃京之误，则当时的郑州一带在春秋时确实不称为“亳”，而称为“京”。因此，郑州出土东周陶文“亳”与“亳丘”仅能说明东周时期京地有一片地方因地势较高，当时人又知道此地为商人故地，因此称之为“亳丘”，并不能说明当时的整个郑州被称为“亳”。东周时期很可能也并没有人认为当时的今郑州乃汤都亳之所在。

总之，从文献看，没有一条文献能证明郑州乃古代商汤亳都。但文献确实记载了汤都亳之所在。如《左传·襄公九年》：“陶唐氏火正阏伯居商丘……相土因之。”《史记·殷本纪》：“汤始居亳，从先王居。”《集解》引黄甫谧曰：“梁国谷熟为南亳，汤都也。”《正义》引《括地志》云：“宋州谷熟县西南三十五里南亳故城，即南亳，汤都也。”此为商汤灭夏之前以及灭夏之初的亳都所在。以后汤都西亳在今河南偃师，如《汉书·地理志》河南郡“偃师”条下班固自注：“尸乡，殷汤所都。”即1983年发现的偃师尸乡沟商城遗址。

上述这些文献记载为我们提供的重要信息中，蕴藏着古人蕃息、迁徙和政治生活的重要内容，是不宜轻易否定的。虽然有的文献写定较晚，如《汉书·地理志》，但已有学人从《地理志》郡国排序考证《地理志》资料来源为秦代的国家档案，这些内容的来源皆凿凿有据，并非捕风捉影。如果我们对上古史书的写定过程（有专门世袭的史官实录、传习，最终汇编）和古人的严谨有足够的了解，我们就会更重视这些跟后代比不算丰富的早期文献记载的珍贵价值，并将这种价值充分运用到考古学研究中去，就一定能取得丰富的成果。

总之，郑州商城是中国考古学的重要发现，是商代初期至中期的重要城址，这是毫无疑问的。但至于究竟是隞还是亳都乃至其他，还有待于更多的证据和深入的研究。

---

[1] 安志敏：《一九五二年秋季郑州二里岗发掘记》，《考古学报》1954第8期。

[2] 河南省博物馆等：《郑州商代城遗址发掘报告》，《文物资料丛刊》（1），北京，文物出版社，1977年。
[3] 河南省文物研究所：《郑州商城外夯土墙基的调查与试掘》，《中原文物》1991年第1期。
[4] 杨育彬：《河南考古》，郑州，中州古籍出版社，1985年。
[5] 曾晓敏、宋国定：《郑州商城考古又有重大收获》，《中国文物报》1995年7月30日。
[6] 河南省文物研究所：《郑州二里岗期铸铜基址》，《考古学集刊》（6），北京，中国社会科学出版社，1989年。
[7] 河南省文物考古研究所：《郑州商代铜器窖藏》，北京，科学出版社，1999年。
[8] 安金槐：《试论郑州商代遗址——隞都》，《文物》1961年第4期。
[9] 邹衡：《郑州商城即汤都亳说》，《文物》1978年第2期。
[10] 河南省文化局文物工作队第一队：《郑州白家庄遗址发掘简报》，《文物参考资料》1956年第4期。
[11] 刘文奂：《郑州金水河南岸工地发现许多带字的战国陶片》，《文物参考资料》1956年第3期。
[12] 牛济普：《郑州、荥阳两地新出土战国陶文介绍》，《中原文物》1981年第1期。
[13] 张松林：《郑州商城区城内出土战国陶文介绍》，《文物》1985年第3期。
[14] 邹衡：《郑州商城即汤都亳说》，《文物》1978年第2期。
[15] 郝本性先生最先释出。见杨育彬：《再论郑州商城的年代、性质及相关问题》，《华夏考古》2004年第3期。
[16] 刘蕙孙：《从古文字“亳”字探讨郑州商城问题》，《考古》1983年第5期。
[17] 石加：《“郑亳说”商榷》，《考古》1980年第3期。
[18] 王国维：《观堂集林》十二，《说亳》。

（原载《安金槐先生纪念文集》，大象出版社，2005年）

郑州商城性质探讨之历史回顾

岳红琴

郑州商城是1955年秋天河南省考古工作者在白家庄一带配合基本建设工程中发现的[1]。商城总面积达332万余平方米，其内涵相当丰富。在城内中部及北部约50万平方米的范围内，先后发现了20多处成组或大型的结构复杂的夯土建筑的商代宫殿基址。南北城垣外，各有一处铸造青铜器的作坊遗址；西城垣外有制陶作坊遗址；北城垣外，有制骨作坊遗址。西城垣外发现两件大型铜方鼎、商代墓、原始青釉瓷尊。1982年，在城东南角外，发现13件商代窖藏青铜器。1996年，在西城垣南段外侧，又发现了一处包括4件大方鼎在内的商代青铜器窖藏。郑州商城的发现，是新中国考古的重大收获之一，为研究我国早期国家的形成和发展提供了新的实物资料，无论对考古学和历史学来说，都具有重大的学术意义。它把人们对商代物质文化的认识，从局限于晚商阶段的安阳小屯殷墟扩大到黄河南岸的郑州地区，同时把商城文化从晚商向前提早了一二百年；而且学术界已经基本取得共识，即郑州商城是一座早于安阳殷墟的商代前期规模最大的王都，而决不会是一座普通的村落。但对商城为何者王都的问题，至今尚未取得一致意见。本文拟依据学者对郑州商城性质研究的成果，对这一问题的研究脉络作一历史回顾。

关于郑州商城的性质，即商城为何者王都的问题，自郑州商城发现以来，学术界进行了热烈的探讨。按照发展顺序，总的说来经历了几个历史阶段：即隞都说阶段、郑亳说的提出及围绕郑亳说提出的四条论据说、隞都说与郑亳说的首次争论阶段、偃师商城的发现及两说的二次争论阶段、夏商周断代年表的公布及两说的第三次争论阶段。

一

第一阶段是20世纪50年代至20世纪60年代，学术界普遍都认为郑州商城是商代第十代王仲丁所迁的隞都，其所居王为仲丁及其弟外壬。早在20世纪50年代，有些学者已将郑州二里岗文化遗址和商王“仲丁迁于隞”的隞地联系起来[2]，1957年，安金槐先生首先提出郑州商城为仲丁之隞都[3]。1959年7月4日，郭沫若先生到郑州视察时，亲笔作诗，说郑州商城“又是一殷墟，疑本仲丁之所都”[4]。之后，该说响极一时，影响全国。1961年，安金槐先生正式著文提出郑州商城可能是商代仲丁之隞都[5]。其理由主要有两条：一是依据文献上有关隞都地望的记载，认为郑州商城的位置与隞都地望接近；二是通过对郑州发现的商文化年代分析，确定二里岗期文化属中商，同时把商代历史分力早、中、晚三期，确定仲丁时期为中商历史年代的开始。根据这两条理由，推定郑州商城可能是仲丁之隞都。

郑州商城隞都说正式提出后，有学者从考古和文献两方面提出质疑[6]。从考古角度看，认为隞都说对郑州商城的年代断代证据不足，没有绝对年代的证据，而且一个完整的商代遗址分期系统还没有建立起来，不能确指什么样的文化层相当于仲丁或其前后；由文献来看，文献仅记载了隞都的大概范围，并未确指隞都具体地望之所在。

虽然有学者提出了质疑，但郑州商城“隞都”说并未因此而受到冲击。“隞都”说在当时可以说仍被学界普遍接受，究其原因就在于当时二里头文化被认为是早商文化，二里头遗址亦被认为可能是汤都西亳，这样将晚于二里头文化的二里岗期商代文化和郑州商城定为中商和隞都，就有它的合理之处。

二

随着时间的推移和学术研究的深入，隞都说逐渐受到挑战。这就进入了郑州商城性质探讨的第二个阶段。这个阶段的特点是在争论中不断将郑州商城性质的研究推向深入。

1977 年在登封夏文化学术会议上，邹衡先生首次提出了“郑亳”说，认为郑州商城应是商代开国之王——汤所都之亳[7]，学术界为之震动。1978 年他在《文物》杂志上发表了《郑州商城即汤都亳说》，指出“郑州并非仲丁所迁之嚣或隞，而是成汤所居之亳；郑州商城就是成汤的亳都”[8]。1980 年他在《夏商周考古学论文集》中更为详细地论证了他的观点[9]。其论据主要有四：

（1）古代文献中记载有东周时期郑地之亳。《春秋》襄公十一年：“公会晋侯……伐郑。秋，七月，己未，同盟于亳城北。”杜注“亳城，郑地。”《左传》襄公十一年：“夏，郑子展侵宋。四月，诸侯伐郑。……郑人惧，乃成行。秋七月，同盟于亳。”以上文献证明，东周时期郑地有亳城。

（2）郑州商城出土的陶文证明东周时期郑州商城名亳、亳城或亳丘。自 1956 年以来，在郑州商城北部和东北的金水河、白家庄一带，曾发现几批东周时期的陶文。多是一个“亳”字，个别还有“昳”、“亳”同器的，还有一件“亳丘”的。亳是地名，这些陶器是当地造的，这就能证明这一带东周时期本名亳，同时郑州商城在东周时期仍被利用，因此又可称亳城。这与文献记载的“盟于亳城北”相吻合。亳丘即亳墟，犹商丘和殷墟。可见郑州商城称亳，并非始自东周，而有其更早的来源。

（3）汤都亳的邻国及其地望与郑州商城相合。文献记载亳“与葛为邻”，郑地有葛城乡、葛伯镇、长葛等，距郑州商城都不太远，它们之中总或有一个是“亳”与之为邻的那个葛。韦地就是今郑州。在今黄河以北的原阳、武陟一带。昆吾应在今新密一带。夏桀之居在伊洛地区。成汤自北沿太行山麓南下，先攻占今黄河沿岸（顾），再占郑州（韦），然后攻打入夏门户（昆吾），最后进入伊洛地区（夏桀）。这正合于文献记载的汤伐桀的行军路线：顾—韦—昆吾—夏桀。

（4）郑州商文化遗址发现的情况与成汤居郑地之亳相合。郑州商城东城墙探沟 7 第二层至第五层出的木炭，经^{14}C 测定其树轮校正年代为公元前 1620 至前 1595 年，与古文献所载成汤都亳之年相差不很远。整个郑州商代遗址的总面积 25 平方千米，且内涵相当丰富，作为商代前期最主要的王都，郑州商城是相称的。但如果说作为隞都，文献记载隞都仅历时二王，时间最多不超过26年，与郑州商城连续为王都的考古实际不符。

邹衡先生还认为，成汤灭夏后的文化是早商二里岗文化，灭夏前的文化是先商文化和二里头文化，并论证二里头文化是夏文化[10]。当时，偃师尸乡沟商城尚未发现，多数人仍旧认为二里头文化是商文化，二里头遗址是西亳。因此，郑亳说的提出，无疑是一石激起千层浪。

郑亳说提出后，随即在学术界引起强烈反响。1979年，方酉生先生发表《论汤都西亳》[11]，率先向郑亳说"发难"。1980年，石加和杨育彬两位先生分别针对郑亳说的四条证据，逐一进行反驳，认为郑亳说是不能成立的[12]：

（1）郑亳说的文献证据不足，其所引用的文献并不能为其作证。文献中提及亳及薄（同亳）的不止一处，其地望从注疏中能看出来的，只有一处在郑地，何以见得汤都之亳一定在郑地之亳？再者《春秋》襄公十一年经文中提到的"亳城"，确切地望难以确定，杜预虽注为"郑地"，但并没有指出在郑国何处，郑国范围甚大，何以亳城就在今天的郑州？其三，《春秋》和《左传》中关于"同盟于亳城北"的记载，在《公羊传》和《谷梁传》中却写的是"同盟于京城北"。历代学者考证亳、京篆文相似易混，因此，"亳城"当为"京城"之讹。京是春秋时期郑国的重要城地，而亳在郑何处无考。

（2）以郑州商城所出土的东周陶文来证明郑州商城为汤都亳有些牵强。一是甲骨文和金文中的亳字与陶文中的亳字不同，从字形、文字结构及战国亭市制度分析，这种陶文应释为"亭"而不是"亳"。战国陶文中"亭"字，与陶业有直接的关系。二是陶文若确为亳字，也不一定指的是亳城，很可能指的是亳社。三是郑州至少在西周时被称为"管"，周武王把其弟叔鲜封在这里，而作为管国的国都，终周朝一代而未改，并未曾叫过什么"亳城"。

（3）郑亳说对汤亳的邻国及其地望的安排并不合理。《地理志》云："葛，今梁国宁陵之葛乡"，即今河南宁陵县。汤来夏之前亳就在商丘附近，与宁陵近在咫尺，合乎"与葛为邻"。另外把韦国安排在汤都附近就不太妥当。作为敌国都城韦，不可能深入商的势力范围内，更不可能在汤亳附近。

（4）在文化分期断代上，将原来以偃师二里头三、四期作为商代早期改为以郑州二里岗期作为商代早期，推翻旧说的证据找不出来。

对郑亳说的异议，自然不可能为郑亳说首倡者所接受。1981年，邹衡先生发表《再论"郑亳说"》[13]，再次对自己的观点进行论证。针对这篇文章，隞都说者又一次进行了反驳。1982年，石加先生发表《"郑亳说"再商榷》[14]。于是围绕郑州商城性质问题，亦即郑州商城究竟是商汤所都之亳还是仲丁所迁之隞，20世纪70年代末80年代初，在学术界引发了一场辩论，许多知名学者纷纷发表自己的观点，双方相持不下。在这场辩论中，有的学者对郑亳说表示赞同和支持，如郑杰祥[15]等先生；有的则表示反对，坚持郑州商城隞都说，并作进一步的辩护，如安金槐[16]、杨育彬[17]、方酉生[18]等诸位先生。

这场辩论表面上是对郑州商城性质即亳都说与隞都说之争，实质上是二里岗期文化年代与二里头遗址性质，也就是夏商文化分界问题之争。郑州商城隞都说坚持二里岗期文化属中商文化，二里头三、四期文化是早商文化，二里头遗址是汤都亳，郑州商城是商代中期的城址，是隞都。郑亳说则坚持二里岗期商代文化是早商文化，而不是中商文化，否认二里头文化三、四期是早商文化以及二里头遗址是汤都西亳之说。这场辩论，双方虽然各持己见，但无疑推动了郑州商城和二里岗期文化年代以及二里头文化和二里头遗址性质的深入研究。

三

1983 年偃师尸乡沟商城[19]的发现，为探讨郑州商城性质提供了新的内容，郑州商城性质研究也进入了新阶段即郑亳说与隞都说二次争论阶段。

随着偃师商城考古发掘的不断进行和夏商文化研究的不断深入，对于偃师二里头文化，多数学者逐渐达成了共识，即二里头文化是夏文化。这一认识对于夏商文化的界定有重要的意义，同时也对郑州商城性质的探讨产生了重大影响。郑州商城隞都说者“经过分析、对比和研究之后”[20]，转而认为偃师商城是早商时期的都城遗址，是文献上所载的汤都西亳，而郑州商城依然是中商时期的都城遗址，是仲丁所迁之隞。随即，围绕偃师商城的性质以及偃师商城与郑州商城的关系问题，学术界展开了新一轮的激烈争论。具体到郑州商城，依然是隞都抑或汤亳的问题，但此时及其以后的两说之争，如上述，在实质上却已经发生了很大的变化。二者讨论的不再仅仅是夏商文化的分界问题，而且增加了早商文化和中商文化的界定之争。

1985 年，陈旭先生全部用考古资料作基础，将郑州商城和偃师商城进行对比研究，论述了两城址的地层关系和年代，把两个商城的文化繁荣期进行对比后，得出结论：郑州商城早于偃师商城，郑州商城为亳都[21]。这一结论得到不少学者的认可。许顺湛先生就曾说，这“给西亳说在前进道路上筑起了一道高墙，要逾越这道高墙是很吃力的，把高墙推倒也是很困难的”[22]。

但这也未能使郑州商城隞都说者放弃自己的观点，双方继续各抒己见，见仁见智。随着争论的深入，学术界渐趋形成两家观点并立之势：一家以安金槐、赵芝荃、杨育彬等先生为代表，认为郑州商城建于二里岗下层一期偏晚阶段，其使用时间应是从商代二里岗期下层开始，一直延续到二里岗上层二期[23]，为商代中期“仲丁迁隞”之地；偃师商城为商初汤所都“西亳”。另一家之言就是“郑亳说”，以邹衡先生为代表，认为郑州商城是汤所都之亳，其始建年代早于偃师商城；偃师商城则是太甲所放的“桐宫”[24]，或军事重镇[25]。两家争论的焦点就是偃师商城、郑州商城孰早孰晚的问题。

在两说争论不休的时候，有学者在比较了偃师和郑州两座商城及两种不同观点后，根据夏商时在都城设置上存在着两都或数都并存的现象[26]，提出了郑州商城与偃师商城都是亳都的观点[27]。还有学者明确指出：“文献和考古材料不能证明两亳有一兴一废的继承关系，反而证明基本是同时兴衰的两个亳都。因此，可以说商代早期的郑亳、西亳并存。”这就是中国最早出现的“两京制”[28]。双亳说或两京说（以下简称双亳说）对难分仲伯的隞都说（亦即西亳说）和郑亳说之争而言，是一种折衷或调和。在目前新材料出现之前，特别是考古资料难以确证的情况下，不失为一种新的观点（较公允的态度）。这种观点得到不少青年学者的赞同[29]。

双亳说虽是对西亳说和郑亳说的调和，但具体到郑州商城究竟是汤所都亳亦或仲丁所迁之隞，显然，双亳说支持郑州商城为汤所都亳，这是毫无疑问的。

四

1996年5月，为解决夏商周三代的年代学难题，国家启动了“九五”重点科技攻关项目“夏商周断代工程”，由历史学、考古学、天文学和测年技术等学科的专家联合攻关，以期获得关于夏商周三代相对比较准确的年代框架。之后，围绕断代工程研究成果，隞都说与郑亳说展开了新一轮的争论。

1999年9月，在北京召开的夏商周断代工程阶段成果学术报告会上，夏商周断代工程专家组成员俞伟超先生在发言中谈到郑州商城时指出：“郑州商城的规模和内涵是商代前期最了不起的遗址，但是说郑州是‘亳’，有什么根据?”[30]俞先生进而又从文献和考古发掘两方面反驳了郑亳说的观点。2000年9月15日，夏商周断代工程通过国家验收。11月9日，夏商周断代工程专家组举行新闻发布会，正式公布《夏商周年表》[31]，这是我国迄今最有科学依据的古代历史年表[32]，具有重大的学术意义。与此同时，还产生了夏商周三代考古学^{14}C年代框架[33]。夏商周年表以偃师商城的始建（公元前1600年）作为夏商文化分界的界标。年表同时显示，郑州商城的始建年代为公元前1580年，“晚于偃师商城一个阶段。就作为都城而言郑州商城开始作为王都的时间比起偃师商城开始作王都的时间就晚得更多”[34]。这无疑是对西亳说的最有力的支持和肯定，按照西亳说的观点，郑州商城的性质必然是隞都了。

2003年末，中国殷商文化学会、中国古都学会等联合在北京举办了郑州商都3600年学术座谈会。与会的中国古都学会名誉会长张文彬，考古专家、北京大学教授邹衡等多名专家学者认为，郑州商城是迄今所知我国商代最早而且最大的一座王都，郑州商城即为商初亳都[35]。这次会后不久，主张郑州商城隞都说的杨育彬先生在《中国文物报》发表《郑州商城“亳都说”商榷》[36]一文，从文献和考古两方面再次对亳都说进行反驳，并再次重申自己隞都说的观点。最近，夏商周断代工程首席科学家、^{14}C测年专家仇士华先生等发表论文《郑州商城和偃师商城的碳十四年代分析》，根据对郑州商城和偃师商城两地分别用高精度系列样品方法做的^{14}C年代测定，偃师商城早于郑州商城，郑州商城年代为将近公元前1500年，距今3500年。这就从年代学上对郑亳说提出质疑[37]。

综上所述，以目前的形势看，郑州商城隞都说与亳都说基本形成并立之势，一时难分仲伯。本文认为，无论郑亳说抑或隞都说，都有其存在的理由，也都有其值得继续深思之处。但可以肯定的是，二者的目的都是为了进一步推进郑州商城的研究走向深入，以便彻底弄清郑州商城的真实面目。准此，在没有新材料特别是考古学上有确证性质的材料出现的情况下，两说并立的局面还将持续下去，这也是学术研究的正常现象。

---

[1] a. 河南省博物馆等：《郑州商代城址试掘简报》，《文物》1977年第1期。
　　b. 河南省博物馆等：《郑州商代城遗址发掘报告》，《文物资料丛刊》1977年第1期。

[2] a. 安志敏：《郑州市人民公园附近的殷代遗存》，《文物参考资料》1954年第6期。

b. 邹衡：《试论郑州新发现的殷商文化遗址》，《考古学报》1956 年第 3 期。
c. 赵全嘏：《郑州商代遗址的发掘及其时代关系》，《史学月刊》1975 年第 3 期。
[3] 安金槐：《郑州商城发掘简报》，《文物参考资料》1957 年第 1 期。
[4] 郭沫若《颂郑州》，转引自郑州市地方志编纂委员会编：《郑州商城初探》，郑州，河南人民出版社，1985 年。
[5] 安金槐：《试论郑州商城遗址——隞都》，《文物》1961 年（4、5）期。
[6] 刘启益：《“隞都”质疑》，《文物》1961 年第 10 期。
[7] 邹衡：《关于探索夏文化的途径》，《河南文博通讯》1978 年第 1 期。
[8] 邹衡：《郑州商城即汤都亳说》，《文物》1978 年第 2 期。
[9] 邹衡：《论汤都郑亳及其前后迁徙》，《夏商周考古学论文集》，北京，文物出版社，1980 年。
[10] a. 邹衡：《关于探讨夏文化的几个问题》，《文物》1979 年第 3 期。
b. 邹衡：《试论夏文化》，《夏商周考古学论文集》，北京，文物出版社，1980 年。
[11] 方酉生：《论汤都西亳》，《河南文博通讯》1979 年第 3 期。
[12] a. 石加：《“郑亳说”商榷》，《考古》1980 年第 3 期。
b. 杨育彬：《谈谈夏代文化的问题——〈兼对郑州商城即汤都亳说〉一文商榷》，《河南文博通讯》1980 年第 4 期。
[13] 邹衡：《再论“郑亳说”》，《考古》1981 年第 3 期。
[14] 石加：《“郑亳说”再商榷》，《考古》1982 年第 2 期。
[15] 郑杰祥：《商汤都亳考》，《中国史研究》1980 年第 4 期。
[16] 安金槐：《试论商代“汤都亳”与“仲丁迁隞”》，《中原文物》1981 年（特刊）。
[17] 杨育彬：《关于郑州商城的两个争论问题》，《中原文物》1982 年第 4 期。
[18] 方酉生：《郑州商城再探讨》，《华夏考古》1996 年第 3 期。
[19] a. 中国社会科学院考古研究所河南第二工作队：《1983 年秋季河南偃师商城发掘简报》，《考古》1984 年第 10 期。
b. 中国社会科学院考古研究所河南第二工作队：《偃师尸乡沟发现商代早期都城遗址》，《考古》1984 年第 4 期。
c. 中国社会科学院考古研究所洛阳汉魏故城工作队：《偃师商城的初步勘探与发掘》，《考古》1984 年第 6 期。
[20] 方酉生：《偃师商城为夏商年代分界标完全符合历史实际》，《东南文化》2002 年第 1 期。
[21] 陈旭：《关于偃师商城和郑州商城的年代问题》，《郑州大学学报》1985 年第 4 期。
[22] 许顺湛：《偃师西亳说的困境》，《中原文物》1985 年第 4 期。
[23] 杨育彬等：《20 世纪河南考古发现与研究·夏商时代》，郑州，中州古籍出版社，1998 年 .
[24] 邹衡：《西亳与桐宫考辨》，《纪念北京大学考古专业三十周年论文集》，北京，文物出版社，1990 年。
[25] 郑杰祥：《关于偃师商城的年代和性质问题》，《中原文物》1984 年第 4 期。
[26] 李民：《南亳、北亳与西亳的纠葛》，《全国商史学术讨论会文集》1985 年。
[27] a. 李绍连：《郑州商城与偃师商城双为“亳”》，《中州学刊》1994 年第 2 期。
b. 张国硕：《郑州商城与偃师商城并为亳都说》，《考古与文物》1996 年第 1 期。
c. 张国硕：《商汤“还亳”考辨》，《殷都学刊》1997 年第 3 期。
[28] 许顺湛：《中国最早的“两京制”—郑亳与西亳》，《中原文物》1996 年第 2 期。
[29] 江林昌：《〈商颂〉与商汤之亳》，《历史研究》2000 年第 5 期。
[30] 河南省文物考古研究所：《郑州商城 1953～1985 年考古发掘简报（中）》，北京，文物出版社，2001 年。

［31］夏商周断代工程专家组：《夏商周断代工程 1996~2000 年阶段性成果简报·简本》，北京，世界图书出版公司，2000 年。
［32］杨育彬：《^{14}C 年代框架与三代考古学文化分期》，《中原文物》2001 年第 1 期。
［33］a. 仇士华、蔡莲珍：《夏商周断代工程中的碳十四年代框架》，《考古》2001 年第 1 期。
b. 张雪莲：《关于夏商周碳十四年代框架》，《华夏考古》2001 年第 3 期。
［34］杨育彬：《^{14}C 年代框架与三代考古学文化分期》，《中原文物》2001 年第 1 期。
［35］《光明日报》2003 年 12 月 11 日。
［36］杨育彬：《郑州商城“亳”都说商榷》，《中国文物报》2004 年 3 月 19 日。
［37］张雪莲、仇士华、蔡莲珍：《郑州商城和偃师商城的碳十四年代分析》，《中原文物》2005 年第 1 期。

（原载《安金槐先生纪念文集》，大象出版社，2005 年）

郑州商城的创建及其文化来源

张锴生

郑州商城是我国考古界发现的最重要古城址之一，其城垣规模之大在早期古城中首屈一指。作为二里岗时期的一座商代都邑，它的发现不仅填补了殷墟文化之前的商文化空白，而且为夏文化和先商文化的探索奠定了基础。几十年来围绕郑州商城的性质、年代、文化渊源等诸多问题，有关专家学者发表了许多论述。尤其是进入20世纪80年代后二里头宫殿基址、偃师商城遗址的发掘，20世纪90年代豫东先商与岳石文化的发现，郑州商城外郭城以及小双桥遗址的发现与发掘等，促使郑州商城的研究日趋深入。夏商周断代工程之后，关于郑州商城学术界依然存在不同意见，这里仅就郑州商城的创建与文化来源问题略说一二。

一、郑州商城的创建

郑州商城是二里头文化之后，殷墟商文化之前的一座商代都邑，这早已成为大家的共识。但是，它创建于二里岗下层时期还是之前，它是早商都城还是中商都邑，学术界至今并未形成一致看法。争论相持最久的是“隞都”说与“亳都”说两家。

赞成郑州商城为中商隞都者，一般是将二里头文化的一部分视为早商文化，将偃师商城视为早于郑州商城的“西亳”。通过对出土器物的类比，商城内各种遗迹相互关系的分析，认定郑州商城的年代“上限不能早于二里岗下层，而且不可能早到二里岗下层的早期阶段”，“商城的始建年代是在二里岗下层二期”[1]。或曰：“郑州商城夯土城垣是兴建于商代二里岗下层二期，并延续使用到二里岗上层一期。”[2]其主要依据包括两点：郑州商代二里岗下层文化层叠压着商代城墙夯土，说明此城墙不会晚于商代二里岗下层时期；郑州商代城墙夯土层内出土有二里岗下层时期的陶片，而且在商代墙基下压有二里岗下层时期的灰沟。

主张郑州商城是早商亳都者，一般以二里头文化的一至四期属夏代文化，偃师二里头文化遗址是夏都，郑州商城和偃师商城遗址都是早商城邑，且郑州商城在年代上早于或略同于偃师商城[3]。郑州商城的始建年代“当先于二里岗下层文化时期，决非同时”，应确定在早于二里岗下层时期的南关外期。“郑州商城的历史年代不是从二里岗下层开始到二里岗上层期为止，而应当是从南关外期开始，到白家庄期为止。”[4]亳都说的观点同样是依据郑州商城的城墙、宫殿基址、灰坑、墓葬等考古发掘资料，且在原始资料的基础上，作了新的细致的分析。

郑州商城的创建年代是直接关系到该城址性质的重要问题，除了全面参考各期的碳十四数据外，有两个方面需要注意到：一是对主要遗迹单位的准确分期，二是对城墙叠压关系和包含物的具体分析。

郑州商城发现之初，郑州商城早商文化遗存的分期均是以二里岗上、下层来划分的，时间跨度大，线条粗。20 世纪 70 年代，邹衡先生就商文化的年代与分期做了系统的论述，把中原地区的商文化分成三期七段十四组，涉及郑州商城的文化分期共三期四段六组[5]。20 世纪 80 年代，高煦先生也著文将二里岗上下层文化分别划出一、二两段[6]。安金槐先生同样也在原二里岗文化上下层基础上，细分出四期，即二里岗下层一二期和二里岗上层一二期[7]。这都为深入认识郑州商文化提供了可借鉴的标准。回过头来看郑州商城的年代，《郑州商代城址发掘报告》[8]中，商城遗址普遍存在着二里岗下层的房基、窖穴、墓葬、文化层等叠压和打破城墙夯土层的现象，这可理解为此城的修建年代不晚于二里岗下层。更确切地说，郑州商代城邑至少在二里岗下层二期（晚期）之前已经建立起来，因为一般地讲，新城建成一段时间后才可能被稍晚的文化遗存叠压或打破。

据《郑州商城发掘报告》，在商城的东、西、北三面城墙的夯土层内，包含有少量龙山文化陶片，多数为洛达庙期和南关外期陶片，另外还含有少量商代二里岗下层的陶片，没有更晚的遗物。由郑州商城普遍存在二里岗下层文化层叠压城墙的现象推想，城墙夯土内所包含的少量二里岗下层陶片很可能是二里岗下层较早时期的。

我们通常划分遗址的相对年代，都是以其最晚的包含物来确定。依郑州商城夯土墙内最晚的遗物，是否可以断定其建筑年代在二里岗下层时期呢？这还要具体分析。因为郑州商城不是一个小的文化单位，它十分庞大且内涵丰富，仅内城垣的周长就有 7 公里。20 世纪 80 年代又在内城的南墙外 900 米~1200 米处，西城墙南段外侧 700 米~900 米等处，钻探和试掘出断续相连的大型夯土城墙基础，墙体宽度在 12 米~17 米左右，并确定为郑州商城的外城郭[9]。看来要完成郑州商城这样巨大的工程，需要一定的时间，那么部分城垣夯土内包含的二里岗下层陶片只能定城垣的年代下限，还不能定其年代的上限。更何况作为商都，还有各类时代早于或晚于城墙的其他宫殿、民宅、作坊等遗存，其创建时间可能会更早一点，兴衰的延续时间也不会太短暂。

关于郑州商城的始建年代，我们比较倾向于郑亳说的观点，即该城邑的创建始于南关外期。从南关外期商城初创，到二里岗下层早期已初具规模，二里岗下层晚期和二里岗上层早期为商都的发展繁荣时段，以后便走向衰退。下面是笔者赞成郑州商城创建于南关外期的几条简单理由：

1. 郑州商代城邑的城墙与二里岗下层夯土基址，普遍存在直接叠压洛达庙期和南关外期文化遗存的情况。

对比有关资料我们认为，郑州地区的洛达庙文化多数相当于洛阳二里头文化的二、三期，最晚的略同于二里头文化四期早段。洛达庙文化晚期与南关外期文化都有被二里岗下层文化叠压的现象，但是二者之间尚未发现彼此叠压的关系，它们可能都是略早于二里岗下层文化而大致同时的不同文化类型。郑州商城夯土墙基叠压打破南关外期遗存，这就明确限定了城垣的始建年代。

2. 郑州商代城墙不同部位的结构和筑法存在明显不同，可能是一个时期不同阶段逐步完成的。

这个问题我们曾撰文做过分析[10]，以后郑州商城外城郭的确认，进一步表明如此巨大的商代都邑不会在很短时间内建成。二里岗下层一期建立起来的城垣，其时间上限延伸至略早的南关外期完全是顺理成章的。鉴于商城规模宏大的城垣是分段版筑而成，一些墙壁体又是由内外几部分组成，商城报告所谓城墙夯土内包含的少量二里岗下层碎陶片，极有可能出自较晚阶段的墙体。在商代城墙的部分段落，墙体本身的夯土结构存在着明显的时间早晚的叠压关系。譬如郑州商城北墙 C8T27 或 C8T28 东壁，东城墙探沟 6 北壁[11]。

3. 商代城址报告记述，郑州商城夯土墙基之下曾发现有个别叠压或打破二里岗下层文化遗存的现象，这仍不能证明整座城垣的始建年代晚至二里岗下层二期。

据《郑州商代城址发掘报告》及有关资料，郑州商城西城墙下发现“商代二里岗期下层的一个小沟，被叠压在商代夯土城墙和二里岗期下层文化层的下面”，沟内出有洛达庙期和二里岗期下层的陶片。从报告中标注该沟位置的 CWT5 剖面图看，“小沟”位于宽大的西城墙内侧最边沿处，其上又叠压有二里岗期下层的文化层。如前所述，郑州商代城垣的不同段落或不同部位，有时间先后的差异，即使此沟确定为二里岗期下层，也只能说明此段城墙始建于二里岗下层的一期，或此段城墙的内侧部分完成于二里岗期下层的早段。况且据亲眼目睹过该沟出土陶片的邹衡先生讲，所谓二里岗下层小沟内的出土物，实际是属于南关外期的[12]。果真如此，则这段城墙应当也创建于比二里岗期下层略早的南关外期。

据说，在郑州商代城垣内城的东城墙下也有夯土墙打破二里岗下层文化的遗迹现象。我们查阅了有关的文章和资料，仅在东墙探沟 T6 北壁剖面图上，看到一座商代墓葬 M500 被压在夯土墙基之下。然而，这段夯土墙正是东城墙的内侧部分，插图和文章介绍都明确表示这是一段后期的夯土墙，该夯土墙下还叠压有前期的夯土墙[13]。这种叠压关系恰好表明：被二里岗下层文化层所叠压的郑州商代城垣，自身确实存在着先后与早晚关系。由于内侧的后期城墙已被二里岗下层文化层叠压，其年代最晚也应在二里岗期下层的早段，那么被它叠压的夯土城墙的年代必定更早一些。

4. 郑州商城遗址中分布有南关外期的商文化遗存。

我们认为，郑州商城遗址发现的所谓南关外期文化，是郑州洛达庙文化较晚时期出现的一种外来文化，它不同于当地原有的洛达庙文化，也不同于后续的二里岗文化，应视为一个多样文化的混合体。它在郑州地区存在的时间不长，主要在洛达庙文化晚期至二里岗下层一期间，以后便渐渐淡化了。但是，它的出现非常重要，可谓先商集团进驻郑州的考古学信号。郑州夏末南关外期文化的出现，宣告了洛达庙文化的结束和二里岗文化的诞生。过去一直以为这一文化的遗存很少，仅限于郑州商城内城的南城墙外一带，现在看来并非如此，南关外期商文化遗存不止一处。

郑州商城内城的东北部是商城的宫殿区，这里先后发现几十处夯土台基，具体情况《郑州商代城内宫殿遗址区第一次发掘报告》[14]等资料中均有记述。依据发掘报告，这些基址最早的属二里岗下层。但是，其中有多处房基和夯土基础存在被二里岗下层遗存打破或叠压的现象，这与郑州商代城墙的情况类似。陈旭先生对此曾有专文论述，提出郑州商城宫殿区较早的基址始建于南关外期[15]，其分析是可信的。郑州商城的宫殿区应当与城垣的创建大致同步甚至更早一些，这也符合古人“造郭以守民”、“筑城以卫君”的理念。

可以认为，相当于偃师二里头文化第四期早段偏晚的某个时间，一批外来户入住郑州地区，并开始营建城邑宫室。这一人群的遗存在郑州商城内城的中南部，今郑州电力学校[16]、郑州化工三厂[17]等处也有发现。另外，郑州商代最早的铸铜作坊也是创建于南关外期[18]，这一点同样十分重要。

由上可知，郑州商城的创建年代晚不到二里岗下层二期，早不过郑州洛达庙文化晚期（即二里头文化四期早段），应该就在南关外期。郑州商城作为商代前期的大都邑，其城垣、宫殿、手工业作坊等都创建于此时。

二、郑州二里岗期商文化的来源

郑州商文化的来源是一个学术界争论未决的重要问题，目前主要有两种观点。以郑州商城为隞都者认为，郑州二里岗期文化是与偃师二里头文化以及偃师商城的早商文化一脉相承的仲丁时期的商文化，二里岗文化和二里头文化的晚期文化属同一性质的考古学文化。以郑州商城为成汤亳都者认为，郑州二里岗文化基本上是商代前期文化，它和夏代二里头文化虽有继承关系，但是文化性质不同；郑州的早商文化可能来源于豫北的漳河型、辉卫型和郑州南关外型先商文化。

我们基本赞同郑州商文化北来说。郑州的商代文化应该是由外来的先商文化融合当地的夏代二里头文化而成。

（一）郑州商代文化继承和吸收诸多夏代二里头文化因素

把郑州二里岗期文化与二里头晚期文化相比，两者存在许多相同或相似的地方，这已是大家公认的。以器物为例，它们的陶器均以灰色为主，二里岗下层文化的许多圜底器，如圜底长腹罐、圜底盆（直腹或鼓腹）、大口盆、研磨盆、各种平口瓮、小口直瓴瓮等，都与二里头文化的同类器物的形制、纹饰基本相似。尤其是大口尊，明显是二里头文化的同类器的继承和发展。在宫殿建筑、玉器、青铜冶炼等重要方面，郑州商代文化受到二里头文化的强烈影响，二者确有密切关系。史载殷因于夏礼，这也是一种文化取代另一种文化后的自然发展。

然而，在标志着文化特征的主要因素方面，二者又有很大的差异，显示了它们之间的本质区别。如最能代表文化传统的炊器，二里头文化以长腹罐、圆腹罐为主，多圜底器，少鬲、甗，而郑州商代文化却多鬲、甗等袋足器。据统计，二里岗下层文化中鬲占全部陶器的1/4以上；二里头文化晚期的鬲却不足4%，而罐的数量达到1/3以上。二里头文化常见的瓦足器，在郑州商文化几乎不见。成套酒器方面，二里头文化以觚、爵、封口盉为主，斝很少见；二里岗下层文化则以觚、爵、斝为主，很少封口盉。两者所饰的绳纹也不同，二里头文化以粗绳纹为主，二里岗下层多中、细绳纹。如此等等，反映出二里岗文化虽然承袭了较多的二里头文化因素，但是其来自北方和东方的主体因素依然未变。二里头文化只是郑州商文化的来源之一，郑州早商文化还有其他源头。

（二）郑州商代文化的本源来自豫北漳河型、辉卫型和郑州南关外期文化

郑州商代二里岗文化与二里头文化相比，在主体因素方面有许多不同，可是和豫北漳

河型、辉卫型及郑州南关外期文化比较，在主体文化上有更多的相似与相同。如炊器以鬲、甗为主，均无瓦足器，有一定数量的素面器，多斝而少封口盉，都以较细绳纹为主，窖穴以深窖穴为主，等等[19]。显然，它们应是一个文化系统，尽管这三类文化彼此之间在一些方面（如器形、陶质）也有较突出的差异，但与二里头文化相比，它们三者之间的关系更为密切。所以，邹衡先生将这三个类型的文化都视为早于二里岗文化的先商文化，是有一定道理的。

严格地说，“先商文化”不是考古学文化的概念，我们理解的其文化内涵是历史学、社会学或民族学意义上的。根据古文献记载，夏代能与夏人抗衡的族群主要是东方和北方的夷人和商人，且夏代末年是商人联合夷人共同推翻了夏王朝，改朝换代后的早商文化理应是以商族文化为主的多元文化，商王国也是由商族和众多其他部族、方国组成。所以，先商文化发展到夏代晚期，已经成为以商族人为主导的联合体的文化。

就现有资料看，在时间和地域分布上，作为先商文化的不同类型，漳河型文化最靠北，时代上限较早，当是一支正宗的商文化，与郑州早商文化关系最亲近。辉卫型文化是夹在漳河型文化与二里头文化之间的一个地方类型，它和黄河北岸沁水以西的二里头类型文化已有本质区别[20]，文化面貌与漳河型文化相近，时代也延续到早商。这一文化似为被先商蚕食后融入先商集团的一支地方（夏、商与国）文化。南关外期文化最靠南，与商代二里岗文化共处一地，又被其直接叠压，年代上是三者中最贴近早商文化的，也应是郑州商文化最直接的来源之一。那么，郑州商文化是否依次由先商漳河型文化扩展到辉卫型文化，进而抵达郑州成为南关外期文化呢？现在看来并非如此。这三种考古学文化与郑州早商文化或在时间上、或在文化面貌上都还有差距。古地理显示，郑州商城西北有古黄河，北面有济水与巨大的古荥泽，先商文化入郑另有途径。

（三）南关外期先商文化的来源

郑州南关外期文化，是20世纪50年代在郑州旧城南关外发现的一个文化类型，由于其文化面貌有别于当时已发现的商代二里岗文化和洛达庙文化，时间上又略早于二里岗下层文化，发掘者便根据地层关系将其单独命名，称为“南关外期”，又叫南关外下层文化[21]。当初，这一文化类型的遗存尽管发现很少，却是一个非常重要的文化信息，逐步引起专家学者们的注意，对其性质、来源作了种种判断。

邹衡先生率先分析了南关外期文化遗存，他将南关外遗址的中、下层文化合并，称“南关外型”，作为夏代晚期先商文化的一个类型。认为二里岗型是从南关外型发展来的，南关外型又是由辉卫型和漳河型发展来的，受到了夏文化的强烈影响[22]。罗彬柯先生与仇祯先生虽然也赞成南关外中、下层合并，称其作南关外下层或南关外文化，但是他们认为这一文化与二里头文化一脉相承，属于二里头四期文化，是早商而不是先商的文化[23]。杜金鹏先生则将南关外类型陶器分为A、B两组，进行文化因素分析，以B组器物与鲁西南地区岳石文化有关，提出南关外期文化的东夷说[24]。更多的人不主张把南关外遗址的中、下层合并，如李京汉先生就指出：南关外遗址下层遗存与洛达庙、二里岗下层都不同，有较浓厚的豫北和豫东的某些特征，时间也显得早些[25]。安金槐先生重申了南关外中层属于二里头下层文化，南关外下层早于二里岗下层的观点。并根据南关外下层遗存中部分陶器的特征，提出其可能来自淮河中游地区的看法[26]。李伯谦先生更明确地指出：南关外下层作为早于二里岗下层早段的一期和一个新的类型是可以成立的。不过南关外型文化的陶器与二里岗下层早段的相比，很难看出两者之间存在着直接因袭的关系。二里岗下层文化的主导因素是从豫北的下七垣文化继承来的，而南关外下层文化可能是夏之某一与国的文化[27]。

相对于夏文化的中心伊洛河流域，先商文化也可看作是来自东方的文化。郑州南关外期文化遗存的特色部分就来自东方和东北方，如占多数的褐陶，炊器多鬲、甗，器表饰细绳纹等，明显是一种外来文化。从文化面貌观察，它既非直接来自豫东鲁西的岳石文化，也非直接源自豫北的下七垣文化（漳河型、辉卫型），而是二者的融合体。20 世纪 80 年代到 90 年代初，北京大学、郑州大学师生在鲁西南、豫北和豫东等地的考古工作，为学术界探寻这一融合体的出现提供了宝贵的考古资料。尤其是豫东地区夷、夏、商三种考古学文化交汇地域的发现，使商人灭夏的途径有了一条较为清晰的考古线索[28]。

多年的考古调查与发掘证明，相当于夏代中晚期之时，豫中、豫西乃至豫南都是二里头文化的主要分布区；鲁西南、豫东地区基本上是岳石文化分布区[29]；豫北主要是漳河型与辉卫型文化，且以沁水为界，沁西或沁南是二里头文化分布区[30]。郑州商城遗址则位于二里头文化中心分布区的东部，地处古代交通要冲。郑州以东 100 公里之外即进入岳石文化区，其北面和东北面不足 25 公里至 50 公里即是下七垣文化区。1988 年到 1989 年间，为了解岳石文化与二里头文化的分界等问题，宋豫秦先生等在豫东西部的尉氏、杞县、通许各县进行考古调查，而后郑州大学考古专业师生于 1989 年秋和 1990 年秋，对杞县的段岗、鹿台岗、朱岗、牛角岗、竹林等遗址进行试掘和发掘，发现了大致同一时代并存一地的漳河型文化、岳石文化和二里头文化。正如宋豫秦先生所言："这一新的发现为解决长期使人困惑的漳河型一类文化的南进途径问题提供了重要信息。""漳河型一类文化南下越过陇海铁路到达杞县、鹿邑后，似曾全线西向拓展，因为郑州、扶沟、许昌都曾发现漳河型一类文化的典型遗存。""濮阳—滑县—长垣—杞县—鹿邑通道的发现，使我们更认识到，漳河型一类文化确应是郑州早商文化的直接来源。"[31]同时，三种考古学文化交汇地域的发现，也为郑州南关外期文化找到了来源。它应是漳河型文化南下至岳石文化区之后，与某一类型岳石文化融合的产物。这也可印证古文献中反映的夷商联合灭夏之历史传说。随着战争的结束，正宗商文化的确立，南关外期文化中的岳石文化因素在早商文化中迅速消退，到二里岗下层文化之后基本消化殆尽。郑州南关外期文化是特殊时期的特殊产物，它可能是与夷人关系密切的一支商人的遗存，更可能是与商人关系亲密的夷人文化，或者就是二者结合共创的一种文化。总之，它应是以商人为主导的夷商联盟建立后出现的文化类型，从这个意义上说它是先商文化的一个类型也是可以的。

综上所述，郑州商城的创建在郑州南关外期（即郑州洛达庙文化晚期），创建者是来自豫东地区的夷商联盟。商人可能是从豫北经今濮阳、新乡地区南下到豫东，与黄、淮中下游的夷人结合，西进郑州建立大本营，最终推翻夏王朝。

---

［1］ 方酉生：《试论郑州二里岗商文化的渊源》，《华夏考古》1988 年第 4 期。

［2］ 安金槐：《再论郑州商代城址——隞都》，《中原文物》1993 年第 3 期。

［3］ 邹衡：《夏商周考古学论文集》，文物出版社，1980 年；《偃师商城即太甲桐宫说》，《北京大学学报》1984 年第 4 期。

[4] 陈旭:《郑州商文化的发现与研究》,《中原文物》1983 年第 3 期;《郑州商城宫殿基址的年代及其相关问题》,《中原文物》1985 年第 2 期;《郑州商代王都的兴与废》,《中原文物》1987 年第 2 期。
[5] 邹衡:《夏商周考古学论文集》,文物出版社,1980 年。
[6] 高煦:《略论二里岗期商文化的的分期和商城的年代——兼论其与二里头文化的关系》,《中原文物》1985 年第 2 期。
[7] 安金槐:《关于郑州商代二里岗期陶器分期问题的再探讨》,《华夏考古》1988 年第 4 期。
[8] 河南省博物馆等:《郑州商代城址发掘报告》,《文物资料丛刊》(1),文物出版社,1977 年。
[9] 河南省文物研究所:《郑州商代城外夯土墙基的调查与试掘》,《中原文物》1991 年第 1 期。
[10] 张锴生:《郑州商城城墙结构及筑法探析》,《中原文物》1988 年第 3 期。
[11] 河南省博物馆等:《郑州商代城址发掘报告》,《文物资料丛刊》(1),文物出版社,1977 年;安金槐:《试论郑州商代城址——隞都》,《文物》1961 年第 4、5 期。
[12] 邹衡:《西亳与桐宫考辨》注释 107,《纪念北京大学考古专业三十周年论文集》,文物出版社,1983 年。
[13] 安金槐:《试论郑州商代城址——隞都》,《文物》1961 年第 4、5 期。
[14] 河南省文物研究所:《郑州商代城内宫殿遗址区第一次发掘报告》,《文物》1983 年第 3 期。
[15] 陈旭:《郑州商城宫殿基址的年代及其相关问题》,《中原文物》1985 年第 2 期。
[16] 河南省文物考古研究所:《郑州电力学校考古发掘报告》,《郑州商城考古发掘与研究》,中州古籍出版社,1993 年。
[17] 河南省文物考古研究所:《郑州化工三厂考古发掘简报》,《中原文物》1994 年第 2 期。
[18] 陈旭:《郑州商代铸铜遗址的年代及相关问题》,《中原文物》1992 年第 3 期。
[19] 邹衡:《试论夏文化》,《夏商周考古学文化论文集》,文物出版社,1980 年。
[20] [30] 刘绪:《论卫怀地区的夏商文化》,《纪念北京大学考古专业三十周年论文集》,文物出版社,1990 年。
[21] 河南省博物馆:《郑州南关外商代遗址的发掘》,《考古学报》1973 年第 1 期;安金槐:《对于郑州商代南关外期遗存的再认识》,《华夏考古》1989 年第 1 期。
[22] 邹衡:《试论夏文化》,《夏商周考古学文化论文集》;《关于探讨夏文化的几个问题》,《文物》1979 年第 3 期。
[23] 罗彬柯:《小议郑州南关外期商文化》,《中原文物》1982 年第 2 期;仇祯:《关于郑州商代南关外及其他》,《考古》1984 年第 2 期。
[24] 杜金鹏:《郑州南关外下层文化渊源及其相关问题》,《考古》1990 年第 2 期。
[25] 李京汉:《郑州二里岗商文化的来源及相关问题的讨论》,《中原文物》1983 年第 3 期。
[26] 安金槐:《对于郑州商代南关外期遗存的再认识》,《华夏考古》1989 年第 1 期。
[27] 李伯谦:《先商文化探索》,《庆祝苏秉琦考古五十五年论文集》,文物出版社,1989 年。
[28] 宋豫秦:《现今南亳说与北亳说的考古学观察》,《中原文物》1991 年第 1 期;宋豫秦:《夷夏商三种考古学文化交汇地域浅谈》,《中原文物》1992 年第 1 期;郑州大学考古专业等:《河南杞县朱岗遗址试掘报告》,《华夏考古》1992 年第 1 期;郑州大学考古专业等:《河南杞县牛角岗遗址试掘报告》,《华夏考古》1994 年第 2 期;郑州大学考古专业等:《河南杞县鹿台岗遗址发掘简报》,《考古》1994 年第 8 期。
[29] 北京大学考古系等:《菏泽安邱堌堆遗址发掘简报》,《文物》1987 年 11 期;邹衡:《论菏泽(青州)地区的岳石文化》,《文物与考古论集》,文物出版社,1980 年;宋豫秦:《论鲁西南地区的商文化》,《华夏考古》1988 年第 1 期;宋豫秦:《现今南亳与北亳说的考古学考察》,《中原文物》1991 年第 1 期;王迅:《试论夏商时期东方地区的考古学文化》,《北京大学学报》(社科版),

1989 年第 2 期。
[31] 宋豫秦：《夷夏商三种考古学文化交汇地域浅谈》，《中原文物》1992 年第 1 期。

（原载《河南文物考古论集》，大象出版社，2005 年）

郑州商城隞都说合理性解析

李 锋

发现于1955年的郑州商城是新中国成立后的重大考古发现，主持发掘的安金槐先生根据郑州商城的考古地层关系和出土遗物特征皆早于安阳殷墟的考古实际，并结合仲丁隞都地望在郑州一带的文献记载，于1961年首先提出了郑州商城隞都说的学术观点（下称“隞都说”）[1]。此后，随着考古新资料的不断发现与相关问题的深入研究，学术界又相继出现了郑州商城商汤亳都说（下称“郑亳说”）[2]和商汤灭夏前的先商方国亳都说等学术观点（下称“方国亳都说”）[3]，从而推动了郑州商城性质问题的深入研究。然而，当我们将这三种观点进行综合研究时，却发现其相互之间的分歧完全是由考古学方法论的相对性造成的。如果将这些观点放诸当时的历史环境中去分析研究，则不难发现“隞都说”的合理性远优于其他诸说。旨于此，现将“隞都说”的合理性进行梳理和解析，以期能为郑州商城性质问题的最终解决抛砖引玉。

一、“隞都说”对郑州商城始建年代阐释的合理性

郑州商城的始建年代是“隞都说”与“郑亳说”立说的关键，因而也是双方久论未决的焦点。“隞都说”将郑州商城的始建年代确定为二里岗下层二期[4]或二里岗下层一期晚段[5]。其根据是：郑州商城城墙之下所打破或叠压的是二里岗下层一期遗存，其上则被二里岗下层二期遗存所打破或叠压。城墙内出土的遗物中，年代最晚的属二里岗下层一期晚段或二里岗下层二期。

而“郑亳说”则将郑州商城的始建年代确定在南关外期。其根据主要有二：一是认为所谓城墙直接打破的二里岗下层遗存值得存疑，城墙直接打破的应当是南关外期遗存，两者之间的打破关系属同期打破。城墙内出土的遗物中，年代最晚的也属南关外期。二是城内少数年代较早的宫殿基址内虽然包含有少量二里岗下层时期的遗物，但是这些都是属于洛达庙晚期就已经存在的文化因素[6]。

还有学者将郑州商城的始建年代确定在年代更早的洛达庙类型晚段。其证据有四：1. 郑州商城内城直接叠压的是洛达庙期遗存。2. 直接叠压内城墙的地层单位的年代接近二里岗下层一期。3. 城墙夯土内包含的陶片年代最晚的属洛达庙期。4. 个别夯土基址被早于二里岗下层一期的灰坑打破[7]。

综上所述，诸论点的分歧主要集中在三个方面：1. 叠压城墙最早遗存的年代界定。2. 城墙夯土内出土物的年代界定。3. 城墙叠压最晚遗存的年代界定。而这三个方面的年

代都是以出土陶器的形态特征为标尺的。在考古研究中，陶器形态特征在分期断代中虽有着无可替代的标尺作用，但是陶器形态特征相对性强、绝对性弱的自身缺陷又经常影响到一些重大问题的解决，即使在“夏商周断代工程”这一国内最高研究水平的项目中，学者们在判定同一器物的年代时仍经常得出相左的结论。因此，如果还是采用目前的考古学方法来分析“隞都说”与“郑亳说”在郑州商城始建年代争端上的是与非，那么其最终结果只会是治丝益棼。

一般来说，城址的修建应以经济基础和政治需求为前提。前者的物化形式就是考古遗存的丰富与否。因此，分析与修筑郑州商城相关的早商考古遗存的丰富与否，或许能为合理解决郑州商城始建年代这一难题提供有力证据。

郑州商城是早商时期规模最大的城址，仅内城墙周长就达 6960 米，基础最宽 36 米，残存最高在 9 米以上。安金槐先生推测城墙夯土的土方量约 144 万立方米，如果用 1000 个奴隶，一年工作 330 天，也得需要约 18 年的时间才能完成。邹衡先生也认为，即使每天有上万的奴隶参加筑城劳动，也得需要四五年的时间才能完成[8]。如果再加上近年发现的外城，恐怕至少也得 10 年的时间才能全部完成。而在当时社会生产力水平相当落后的情况下，要修筑完成规模如此庞大的土建工程，郑州一带肯定要有数万甚至数十万的人力储备，即便是从别处征发劳役，那么，近 10 年内上万筑城者也一定会遗留下来相当丰富的物质文化遗存。

而检索现有考古资料的结果是：洛达庙期遗存在郑州商城一带仅在今市区西部的洛达庙村、市区西北的董寨村、城内黄委会青年公寓、南关外部分地点有零星分布，而且属于晚期的遗迹只有房基 1 座、灰坑 39 个、墓葬 14 座、牛羊祭祀坑 3 个、陶窑 1 座[9]。南关外期遗存也只分布在市区东南部的南关外一带，遗迹也仅有壕沟 4 条。再晚的二里岗下层一期遗存，也只是在二里岗和铭功路两地比较集中，其他的如人民公园和商城宫殿区内则都是星星点点，可确定的遗迹仅有房基 4 座、灰坑 12 个、墓葬 3 座。然而，到了二里岗下层二期的时候，各种遗迹却突然丰富起来。据不完全统计，属于二里岗下层二期的宫殿基址就有 23 座、铸铜遗址 1 处、制陶遗址 1 处、灰坑 175 座、祭祀坑 9 个、陶窑 5 座、大小房基 9 座、墓葬 49 座、壕沟 5 条[10]。这些数据显示，南关外期和二里岗下层一期的考古遗存相当贫乏，与修筑大规模商城所遗留下的物质遗存难以相称。虽然不能排除二里岗下层二期遗存有破坏南关外期和二里岗下层一期遗存的可能性，但作为同种同族的文化，若无改朝换代及发生内乱之故，其破坏程度肯定不会十分严重。如果真是遭到毁灭性破坏的话，那也应该是和大规模、大面积挖土的工程相关。而在当时情况下，这种需要大规模、大面积挖土的工程只有可能是修筑城墙。因而，我们认为将郑州商城的始建年代确定在南关外期或二里岗下层一期均缺乏令人信服的考古学证据。

至于“洛达庙类型晚段说”的依据，虽然存在个别夯土基址被早于二里岗下层一期的灰坑所打破的考古事实，但我们也不认为这些个别夯土基址的年代就能代表郑州商城的始建年代。因为洛达庙文化是二里头文化即夏文化[11]，二里岗下层一期是商代文化，这不仅已成学术界的共识，也为夏商周断代工程所确立的商代夏的界标证实。因此，我们认为：如果把个别夯土基址被早于二里岗下层一期灰坑所打破的考古发现解释为郑州商城始建年代的证据，还不如把它当做商代夏的标志显得合于逻辑。

二里岗下层二期之时，各类遗迹遗物突然增多，除宏大的城墙和高耸的宫殿外，手工业作坊、祭祀坑及与生活相关的灰坑、墓葬等大量出现，显示出郑州地区的物质文化得到了空前的发展。显然，只有到了这一阶段，丰富的物质文化才有可能成为修建大规模郑州商城的物质保障[12]。因此，郑州商城的始建年代只有可能在二里岗下层二期之时，其上限不会早于二里岗下层一期晚段。

当然，这种分析或推测也不排除因受考古学方法论相对性的影响而有不完善的地方。不过，我们还有理由弥补其不足。因为，在确定郑州商城性质的时候，不能仅仅强调其始建年代的作用，还应该关注其使用年代。换言之，就是在判断郑州商城是何王之都时，不能仅仅以其始建年代作为判断标准，更应该注意其使用年代。因为筑城的目的是为了使用，只有确定了城内遗存的使用年代和使用者，才能正确推断其性质。若以此标准来衡量，则更可显示“隞都说”的合理性。因为在前述考古依据中，虽然也存在少量被二里岗下层一期遗迹所叠压或打破的夯土基址，但这些夯土基址不仅数量少，而且与其相应的其他遗存相对贫乏，显然与使用规模庞大的城墙难以相称。更何况，在郑州商城的考古发掘中，迄今还不曾见有早于二里岗下层二期的遗存叠压城墙或城墙附属堆积的地层关系。正如张文军等先生在检索了打破和叠压城墙的遗迹单位后指出：在打破和叠压城墙的遗迹单位中，年代最早者属于郑州商城第一期第Ⅱ段（相当于二里岗下层二期——笔者注）。“此段层、坑、墓所谓叠压或打破城墙者均发生在城墙内侧下部而非城墙主体上。”[13]很显然，这些遗存应该就是郑州商城内遗留下来的最早使用者的遗存，表明郑州商城的使用期应该始于二里岗下层二期。即使“洛达庙类型晚段说”者也认为，在直接叠压内城墙的地层单位中，年代最早的仅是接近二里岗下层一期者。显然，郑州商城的使用年代不会早到二里岗下层一期。

近年对郑州商城出土标本的测年结果显示：洛达庙晚期的年代约为公元前1580年~公元前1485年，二里岗下层一期的年代约为公元前1509年~公元前1448年，二里岗下层二期的年代约为公元前1460年~公元前1419年。如果这一结果不误，那么郑州商城的使用年代不会早于公元前1509年。而夏商分界的年代在学术界则被确定在公元前1600年前后[14]。郑州商城的使用年代明显要晚于夏商分界100年左右，即使修筑郑州商城需要10年时间，其始建年代也很难接近夏商分界的公元前1600年。因此，我认为在对郑州商城始建年代的所有阐释中，惟有“隞都说”确定的二里岗下层二期或一期晚段是比较符合考古实际的，因而也是最为合理的。

二、郑州商城隞都地望的合理性

郑州商城的地望问题也是“隞都说”与“郑亳说”长期纠葛的关键所在。“隞都说”将郑州商城确定为隞都的文献根据归纳起来主要有四条：

1. 《水经·济水注》：“济水又东迳敖山北，《诗》所谓‘薄狩于敖’者也。其山上有城，即殷帝仲丁之所迁也。皇甫谧《帝王世纪》曰：‘仲丁自亳徙嚣于河上者也，或曰敖矣。秦置仓于其中，故亦曰敖仓城。’”

2. 《史记·殷本纪·正义》引《括地志》：“荥阳故城，在郑州荥泽县西南十七里，殷时敖地也。”

3.《元和郡县图志》卷第八荥泽县条：“敖仓城，县西十五里。北临汴水，南带三皇山，秦所置。仲丁迁于嚣，此也。《诗》曰：‘薄狩于敖’，即此也。”

4.《太平寰宇记》卷第九荥泽县条：“敖仓城在县西十五里，北临汴水，南带三皇山，殷仲丁迁于嚣，《诗》曰：‘薄狩于敖’，皆此也。秦置城以屯粟。《汉书》曰：‘郦生说高祖曰：东据敖仓。’即此也。”

而“郑亳说”将郑州商城确定为商汤亳都的文献根据主要是《左氏春秋传》。其中襄公十一年云：“公会晋侯、宋公……秋，七月，己未，同盟于亳城北。”杜注：“亳城，郑地。”同年《传》载：“夏，郑子展侵宋。……秋，七月，同盟于亳。”并指出“隞都说”所引用的文献皆为西晋以后学者所为，不具有可信性。并信从丁山先生的山东隞都说[15]。

然而，当陈旭先生也引“隞都说”所引文献，将距郑州商城西北20千米处的小双桥商代遗址确定为仲丁隞都[16]，“郑亳说”却又肯定了这些文献的可靠性[17]。只不过是陈旭先生把隞都地望由郑州商城移到了其西北20千米的小双桥而已。至此，隞都在郑州一带才成为双方达成的共识。

综上所述则不难发现，双方分歧的实质并不在于文献的可靠与否，而在于20千米的距离差距，即在小双桥与郑州商城的20千米之间是否存在着隞与亳的分界问题。而我们要想澄清这一问题显然也绝非易事。因为无论从文献或是传说都不曾见有隞、亳之间的分界。

不过，现存的文献记载中，我们倒是很难将郑州商城排除在殷时隞地之外。因为隞都很有可能是因敖山而得名。而隞都又肯定不会建在敖山之上。所以，隞都只能位于敖山命名的隞地范围之内。既然《括地志》能将郑州荥泽县西南十七里的荥阳故城确定在殷时敖地范围之内，那么我们就不难想象在其东南约20千米的郑州商城会被排除在敖地范围之外。

敖山之名得于何时，现已难究明。但从文献记载而言，其名当早于仲丁迁隞之前。从近年的考古研究成果看，仲丁之前的敖山周围，除郑州商城和新发现的大师姑夏商城址之外，还不曾发现其他具有都城规模的商代城址，而大师姑夏商城址又与隞都无涉。因此，在敖山周围，以隞都命名的城址显然非郑州商城莫属。郑州商城作为隞都虽然只经历了仲丁、外壬两王，时间不过三十余年，但在二千多年以后还能被西晋学者追记在此，足见都城之名的影响力有多么深远。正如唐兰先生所言，仲丁所迁的隞是因敖山而得名，可以包括东面的管国故地，此与文献记载中殷墟包括朝歌是相同的。而如果把郑州商城确定为亳都，则其历经五代十王、为都近二百年之久，其都城名称的影响力肯定要大于隞都之名的影响力。然而，现在的事实是在郑州地区既找不到有关汤亳的确切文献记载，也找不到与汤亳传说相关的重要建筑遗迹[18]。尤其是在把郑州商城确定为商汤亳都之后，又把距亳只有20千米左右的小双桥遗址确定为隞都则更显得不尽合理。因为无论仲丁迁都或为征蓝夷或避九子之乱，都难与仅仅20千米的距离及弃大就小、舍强就弱的考古与历史实际相吻合。

三、早商文化空间研究成果证明了郑州商城隞都说的合理性

据王立新博士研究，早商文化二里岗下层一期之时，商文化的分布空间主要集中在河南省中西部的伊洛至郑州一线，晋南和关中地区也有分布。二里岗下层二期，商文化分布范围除前段所分布地域外，着力于向东南和南方发展，比如河南的周口地区、安徽的江淮西部、湖北的东北部都发现了这一时期的商代遗存。

二里岗上层一期之时，是商文化的空前发展期，无论在遗址的数量上或是在分布的范围上都大大超过了前一阶段。首先在周口、江淮、鄂东北地区新增加了很多商人聚落点，而且在范围上呈向外扩大之势。其次在晋南的商人不仅向北占领了太行山东麓一带，而且其文化势力已抵太行山北的壶流河流域。尤其是在郑州商城以东，商文化的发展呈一日千里之势，不仅在豫东杞县发现有商文化遗存，而且在山东济南以东的大辛庄也发现了商文化遗存。整体看来，此时商人统治中心地带的偃师商城和郑州商城同处于繁荣阶段，晋西南的东下冯商城、垣曲商城、鄂东北的盘龙城商城和河北中部的藁城台西等遗址都已经成为区域性的控制中心，商文化以强劲势头向四周辐射，其势力达到巅峰时期。

考古资料显示出二里岗上层二期是商文化发展的重大转折期。首先是前一期商文化中心区域最早建造的两大城址基本上同时由盛转衰，并很快遭到废弃，作为边缘区域中心的东下冯商城、垣曲商城和盘龙城商城也相继衰落和废弃，在郑州商城西北的小双桥遗址却发现了这一时期规模颇大的祭祀品填埋坑。而东面的商文化则以大辛庄为据点迅速地向东、北、南扩张[19]。

上述研究成果为我们展示出一幅清晰的早商文化势力消长示意图：二里岗下层一期，商人势力范围主要在郑州以西、晋南、关中东部、嵩山以北的这一地区，其政治中心是伊洛地区的偃师商城。此城地处夏文化的中心地带，不仅四周有群山环绕，而且周围河流纵横，土地肥沃，自然是汤灭夏后稳定统治、镇抚夏遗民的首选都城。二里岗下层二期，商人势力迅速向东南和南方发展，渐趋繁荣的郑州商城和晋西南的东下冯商城、垣曲商城紧密地拱卫着偃师商城，偃师商城的政治中心地位愈益凸显。到了二里岗上层一期，商人的扩张重心移到了豫北、冀中南和鲁西南地区，郑州商城和商文化达到了空前的繁荣，而偃师商城作为商文化的政治中心已经满足不了向东、向北扩张的需要，政治中心向东转移已是商文化向东、向北扩张的必然趋势。而位于东扩和北扩前沿的郑州商城，此时正值高度的繁荣时期，商城范围内不仅扩建了大型宫殿建筑，而且制陶、制骨等手工业生产蓬勃发展，尤其是青铜铸造业欣欣向荣。相比之下，偃师商城的四号宫殿却于此时被废弃，其地位显然今非昔比。两城的兴衰是政治中心迁移和商王朝势力向东拓展的物化形式，而此时契入山东济南大辛庄的商文化也是商王朝政治中心东移的物质表现[20]。因此，联系到仲丁迁隞都的文献记载，将郑州商城确定为仲丁隞都应当是非常合理的。

四、从选择都城的基本条件看“隞都说”的合理性

《吕氏春秋·慎势》云：“古之王者，择天下之中而立国。”英国地理学家柯立希在《大国都》一书中提出建都的三个条件：1. 叉路口。意指交通便利之地。2. 谷仓。意指都城附近地区粮食以及其他物资供应能够满足都城平时和战时的需要。3. 要塞。意指交通地理形势好，便于防守，以利安全。谭其骧先生也认为历代统治者主要从经济、军事、地理位置几个方面来考虑建都问题。经济条件要求都城附近土地富饶，足以在较大程度上解决统治集团的物质需要，无需或只需少量仰赖远处。军事条件要求都城所在地区既便于制内，又利于御外。地理位置要求都城大致位于王朝统辖地区的中心地区，或有便捷的交通线与全国各地联系[21]。可见都城位置的选择是受当时政治、经济、军事和地理环境等因素制约的。若以此标准结合当时地理环境进行分析，则郑州商城作为亳都就显得不尽合理。

第一，从政治因素而言，考古资料显示在商汤灭夏初期的二里岗下层一期之时，早商文化的分布空间主要集中在河南省中西部的伊洛至郑州一线，晋南和关中东部地区也有部分据点。这一时期的主要遗址有郑州商城、偃师商城、二里头城址、山西夏县东下冯商城、垣曲商城、陕西西安的老牛坡等，其统治中心显然是伊洛地区的偃师商城。而此时的郑州一带不仅处在早商文化分布的东部边缘，而且属于二里岗下层一期的早商遗存还相当贫乏，不仅难以与修筑大规模商城所应遗留的不相符合，也不具备成为商代政治中心的条件。显然汤都偃师比都郑州更具代夏之政治意义。

第二，从当时军事环境而言，郑州一带在早商时期一直处在商文化的东部边沿，即使到了二里岗下层二期之时，早商文化的中心仍在伊洛地区。尽管此时的郑州商城已经高高耸立，但是商文化的发展着力于东南方向和南方，甚至在郑州以北的下七垣文化分布区的南部也发现有此期遗存，而惟有其东部的豫东一带则看不到这一时期的商代遗存。1990年，郑州大学考古专业等单位在豫东杞县的鹿台岗遗址发现了二里岗上层文化叠压东夷族岳石文化、岳石文化叠压先商文化的层位关系，表明商族在西进灭夏之时夷人也随其向西进行了扩张，并一直到二里岗上层之前都阻止着商文化的东扩[22]。因此，我们有理由相信，在汤灭夏前后的二里岗下层一期之时，商汤不会把立国之都城选在商夷对峙的地带。

第三，从经济因素而言，郑州四周只有北部地势比较平坦，又有贾鲁河之利，适宜农业耕作和渔猎。而其西部和南部则多为低丘浅壑，东部又多为低洼湿地，均不利于农业生产。自夏代以降迄止新中国初期，郑州地区的经济基础都无力与伊洛地区相比。因此，郑州地区缺乏长期作为都城的经济基础，故而此地历史上一直不曾有大都会。

第四，从地理环境而言，郑州商城处在豫西低山丘陵与黄淮平原的交界地带，从西北到西南，由于受由豫西沿黄河南岸从西北进入郑州地区的邙山和由登封经新密、荥阳东南延伸东来的中岳余脉的共同作用形成低丘浅壑的地貌，而市区北郊和黄河南岸之间与市区东郊又属于一望无际的黄淮平原或较低洼的地貌，除北有黄河、西有虎牢之险外，其他地方均无险可守。这样一座既处在己方政治中心的边缘，又位居敌我对峙的前沿，既无优越的经济条件，又缺乏易守难攻地理环境的郑州商城，实在是难以具备刚灭夏不久的商王朝

建邦立国之都的基本条件！

五、隞都说既与考古实际相符也与传统史学体系相合

商汤居亳史无异议，涉及亳之地望却众说纷纭。不过在我国传统史学体系和古代文献中，多把商灭夏前的汤亳地望确定在今商丘一带，将灭夏后的汤亳确定在偃师尸乡沟一带，而将仲丁所迁的隞都确定在郑州一带。随着考古事业的不断发展，考古工作者不仅首先在郑州的二里岗一带发现了早于安阳殷墟的郑州商城，随后又在偃师尸乡沟一带发现了比郑州商城年代略早的商代早期城址。考古发现与传统史学体系和古代文献记载如此一致，足以证明古代文献对隞都和亳都地望的记载绝非杜撰。而杞县鹿台岗先商文化遗存的发现，及该遗址的西部所分布的二里头文化，证明先商文化的活动空间只有可能在其东部的民权、睢县、宁陵、商丘一带。这种现象足以表明商族在灭夏之前确实曾在豫东一带经营过。近二千年前的古代文献记载与现代考古资料如此的不谋而合，的确令人深思。

而"郑亳说"认为郑州商城是商汤亳都、偃师商城和郑州小双桥为桐宫和隞都的观点，不仅与我国传统史学体系格格不入，更重要的是难以与考古实际相符合，还会引出诸多不合逻辑的矛盾现象。如南关外期文化遗存与二里岗文化遗存之间不仅存在着本质差别，前者也没有直接发展为后者，这既是学术界大多数学者的共识，也为不少赞成"郑亳说"的学者所公认。因此，用一种很可能与商汤没有直接关系的考古学文化来作为汤都的始建年代显然是不合适的。再者，即使在"郑亳说"内部，也分不清南关外期文化遗存是属汤灭夏前[23]或属汤灭夏后[24]。前者的矛盾是难以找出与筑城相称的考古遗存，后者的矛盾则是难以与商汤灭夏后的考古学文化相对应。再次，将距郑州 20 千米左右的小双桥遗址确定为隞都也同样存有很多矛盾之处。例如，如果仲丁迁都是躲避所谓的"九子之乱"的话，那么郑州商城与小双桥仅相距 20 千米左右，后者的防御设施远不如前者坚固。如果是为了征蓝夷的话，那又为何把都城迁至与征伐不相一致的方向？另外，商汤灭夏后，不仅缓和了如《尚书·汤誓》所述的"时日曷丧，予及汝皆亡"的尖锐矛盾，还在当时呈现出如《吕氏春秋·慎大览》所载的"夏民大悦，如得慈亲，朝不易位，农不去畴，商不变肆，亲邦如夏"的祥和局面。这样统一和谐的政治环境还有必要再修建一座如此庞大的偃师商城来监视恭顺的夏遗民吗？上述诸多矛盾使我们有理由相信郑州商城隞都说才是对郑州商城性质的最合理的阐释。

---

[1] 安金槐：《试论郑州商代城址——隞都》，《文物》1961 年 4、5 期。

[2] 邹衡：《郑州商城即汤都亳说》，《文物》1978 年 2 期。

[3] 杜金鹏：《"偃师商城界标说"解析》，《华夏文明的形成与发展——河南省文物考古研究所建所五十周年暨华夏文明的形成与发展学术研讨会论文集》，郑州，大象出版社，2003 年。

[4] 安金槐：《再论郑州商代城址——隞都》，《中原文物》1993 年 3 期。

[5] 杨育彬：《再论郑州商城的年代、性质及相关问题》，《华夏考古》2004 年 3 期。

[6] 陈旭：《郑州商城宫殿基址的年代及相关问题》，《中原文物》1985 年 2 期。

[7] 袁广阔：《郑州商城始建年代研究》，《中原文物》2003 年 5 期。

[8] 邹衡:《试论夏文化》,《夏商周考古学论文集》,北京,文物出版社,1980 年。
[9] a. 河南省文物研究所:《郑州洛达庙遗址发掘报告》,《华夏考古》1989 年 4 期。
b. 河南省文物研究所:《郑州黄委会青年公寓考古发掘报告》,《郑州商城考古新发现与研究》,郑州,中州古籍出版社,1993 年。
[10] 河南省文物考古研究所:《郑州商城》,北京,文物出版社,2001 年。
[11] 邹衡:《郑州商城"亳都说"商榷之再商榷》,《中国文物报》2004 年 7 月 16 日。
[12] 李锋:《郑州商城始建年代研究新进展及研究方法刍议》,《中国文物报》2004 年 5 月 7 日。
[13] 张文军等:《关于郑州商城的考古学年代及其若干问题》,《郑州商城考古新发现与研究》,郑州,中州古籍出版社,1993 年。
[14] 张雪莲等:《郑州商城和偃师商城的碳十四年代分析》,《中原文物》2005 年 1 期。
[15] 邹衡:《论汤都郑亳及其前后的迁徙》,《夏商周考古学论文集》,北京,文物出版社,1980 年。
[16] 陈旭:《商代隞都探寻》,《郑州大学学报》1991 年 5 期。
[17] 邹衡:《郑州小双桥商代遗址隞(嚣)都说辑补》,《考古与文物》1998 年 4 期。
[18] 张光直:《商文明》,沈阳,辽宁教育出版社,2002 年。
[19] 王立新:《早商文化研究》,北京,高等教育出版社,1998 年。
[20] 李锋:《郑州商城隞都说合理性辑补》,《郑州大学学报》2004 年 4 期。
[21] 叶骁军:《中国都城历史图录(1)》,兰州,兰州大学出版社,1986 年。
[22] 郑州大学文博学院等:《豫东杞县发掘报告》,北京,科学出版社,2000 年。
[23] 王迅:《从商文化的分布看商都与商城》,《中原文物》1991 年 1 期。
[24] 陈旭:《郑州商代王都的兴与废》,《中原文物》1987 年 2 期。

(原载《安金槐先生纪念文集》,大象出版社,2005 年)

“郑亳说”四论据辨析

杜金鹏

“郑州商城即汤亳都说”是北京大学邹衡教授创发的著名论点，二十多年来在学术界有着很大影响。

当初，邹衡先生正式提出“郑亳说”，立论的根据有四条，即：第一，据古代文献记载东周时期郑地有亳；第二，郑州商城出土东周陶文证明东周时期郑州商城名亳、亳城或亳丘；第三，汤都亳的邻国及其地望与郑州商城相合；第四，郑州商文化遗址发现的情况与成汤居郑地之亳相合[1]。

在笔者看来，邹衡先生关于“郑亳说”的论证，存在一些问题，说服力较差，兹一一辨析。

问题一：关于“汤始居亳”的解释

邹衡先生在《论汤都郑亳及其前后的迁徙》中指出：“文献记载，商人居亳是从成汤开始的（所谓‘汤始居亳’），成汤以前，并不曾居亳，可以说是外来户。考古材料证明，南关外型是从外地（漳河型、辉卫型）来的。就是说，成汤以前，郑州主要是被夏文化所占据，而先商文化的南关外型则是从中途插入进来的。”[2]在《试论夏文化》中说：“还应该提到的是先商文化南关外型。到目前为止，还仅在郑州市一地发现，因而这可能是先商文化在黄河以南唯一的分布点。同时，其所包含的年代也较为短暂，说明它是从外地侵入夏文化分布区域的。由此可见，‘汤始居亳’（《书・商书序》，着重点为引者加）的记载应有所本。”[3]在此，邹衡先生认定商人居“郑亳”是从成汤开始的，此前的郑州是夏人的地盘。所据文献“汤始居亳”系来自《书序》和《史记・殷本纪》。其实，《尚书・商书序》的完整表述为“自契至于成汤八迁。汤始居亳，从先王居”。《史记・殷本纪》则为“自契至汤八迁。汤始居亳，从先王居”。意思都是说商汤初即位（夏代末年商国王位，即所谓夏伯）时，沿用的是其先王的旧都亳邑[4]。就是说，成汤的先辈就已经居住在亳邑了，易言之，商王居亳绝非始于成汤。邹衡先生舍“从先王居”而独取“汤始居亳”，完全是为了迎合郑州的有关考古发现。因为正如邹衡先生所说，所谓“南关外型”文化是有别于当地“洛达庙类型”文化（二里头文化的地方类型，主体属夏文化）的，二者相较，“南关外型”确实属于“外来户”。如果承认“汤始居亳”是“从先王居”，就会与郑州的考古实际相抵触，“郑亳说”便难以自圆其说。

其实，邹衡先生关于“汤始居亳”的错误，有“郑亳说”者已经指出[5]。其他“郑亳说”学者对于“汤始居亳”的理解也不同于邹衡先生[6]。毋庸置疑，把“汤始居亳”与“从先王居”连成一体考虑，才是正确的。

问题二：关于东周陶文“亳”

郑州商城出土东周陶豆上常有戳印，印文中有“亳”，邹衡先生以为此印文足可证明“郑州商城在东周时期名亳或亳城，就此成了铁案”。这是从地名沿革角度推断郑州商城就是商汤亳邑。可是，郑州出土的这些东周陶器是否当地产品、陶文“亳”是否地名，并无实证；纵为地名，临淄出土的东周陶文也有“亳”字[7]，何以证明唯独郑州之亳是汤亳[8]？更重要的是，郑州出土东周陶文中，并非仅“亳”一字。据报道，一印单字有“亳”、“公”、“巽”、“忻”等，一印二字有“亳丘”、“亳昃”、“厍京”、“京昃”、“京斛”等，一器二印有“亳徻”[9]。若亳是地名，也就不能排除其他字也是地名；若都是地名，如何知道只有亳在郑州、亳必在郑州？郑州出土东周陶文有一器二印亳、徻共存例，邹衡先生最初的解释说徻即古郐国，引《括地志》“故郐城在郑州新郑县东北三十二里”，论证说“周代郐城现已发现，其地北距郑州商城三四十里，与以上记载相合。正因为郑、郐两地相距不远，印有‘徻’字的陶器在郑州商城发现就不足为奇了”[10]。这就是承认郑州出土陶器有来自外地者，那么亳字陶器来自外地的可能性便难以排除。也许邹先生自己发现了这个漏洞，于是在后来的文章中换了一种解释，说“亳徻”中的亳是大地名，因为“亳”字陶文分布面大（金水河与白家庄等地）、出土数量多。而徻则“可能是今白家庄一带近于古澮（或郐）水的一个小地名”。可是，以此类推，“亳昃”、“京昃”也应是大、小地名关系。既然“昃”既属于亳，又属于京，那么我们可以推断说，这里的亳、京本是同个地名，亳就是京，京也是亳。陶文中亳、京二字写法相近，而古时亳、京又同义[11]。陶文中亳与京共存互见，与左氏、公羊、谷梁《春秋》经传郑邑亳与京并见（详后），当非偶合。亳与京，义同相通。郑州陶文既然有亳又有京，而《春秋》经传记载诸侯伐郑盟誓地点也是亳、京互见（郑国的京邑见于《左传》隐公元年，郑庄公与京城大叔兄弟相争的故事脍炙人口），就不可舍“京”而独取“亳”，并进而推定郑州商城为汤亳。

郑州商城出土东周陶文中既有“亳”也有“京”，二字并存的事实邹衡先生是知道的。可他因“郑亳”障目，完全忽视了陶文中“京”字的意义。他曾辩论说：“有人曾怀疑此‘亳’是‘京’或‘亭’字，但现在既已在同一地发现同时代的‘京’字陶文与‘亳’字不同，可见释‘亳’不误。至此，郑州商城名亳应该可以定论了。”[12]“近来牛济普先生又作了进一步的对比研究，最后也确认为‘亳丘’，是‘亳’不是‘京’或‘亭’。尤其是他举出‘与亳字印陶同出的陶豆柄上还发现有带‘京’字印陶’，‘京’、‘亳’两字的写法完全不一样。我想，‘亳丘’至此应该可以定下来了。亳丘既定，郑州商城名亳之说亦当可以成立了。”[13]这样论证，未免以偏概全，缺乏说服力。

问题三：关于古文献中“亳城”、“京城”之争

邹衡先生说郑州是商汤亳都，首要的文献根据就是《春秋》左氏经传记载说宋襄公十一年诸侯伐郑“同盟于亳城北”。

确实，文献中有诸侯同盟于“亳城北”的记载。《左氏春秋传》谓：襄公十一年，诸侯伐郑，“同盟于亳城北”；同年《左传》亦云“同盟于亳”。《国语·晋语七》韦昭注也说：“十一年会于亳城北。”然而，《公羊传》、《谷梁传》、《服氏传》经文记此事均云“同盟于京城北”。因而惠栋（《九经古义》）、陈立（《公羊义疏》）、王国维（《说亳》，《观堂集林》卷十二）均谓左氏经传“亳”为“京”之讹。对于以上疑案，邹衡先生说：“通过郑州商城亳字陶文的成批发现，可以确证杜预所见《左氏春秋》的‘亳城北’断然没有错，而《谷梁传》、《公羊传》、《服氏传》所根据的《春秋》本子可能是错了的。惠栋、王国维等人以少数服从多数的办法对杜预所见的本子予以否定，看来，这个旧案现在非翻不可。”[14]

邹衡先生翻案的依据，就是郑州出土有带“亳”字陶文的东周陶器。其实，郑州出土东周陶文非只“亳”一字，更重要的是其中还有“京”字，怎见得文献中的“亳城”与“京城”之争，一定为“京”误而“亳”是？何况，《史记·晋世家》引服虔云“同盟于亳城北”，这与《服氏》经文“同盟于京城北”不相同。可见，“亳城”与“京城”之争，不是非此即彼的简单关系。轻易地否定“京城”而肯定“亳城”，无助于“郑亳说”的成立。

问题四：关于东周的“亳”邑

《左传》记载郑地有亳邑，纵或不是京邑之别称，它也不是唯一的亳邑。因为郑亳之外，东周时候还有宋亳、燕亳、秦亳、齐亳、鲁亳。

《左氏春秋传》僖公二十一年：“公会诸侯盟于亳，释宋公。”同年《左传》：“于是楚执宋公以伐宋，会于亳以释之。”同年《公羊传》、《谷梁传》皆云“盟于薄”。又《左传》哀公十四年：“魋先谋公，请以鞌易薄。公曰：‘不可。薄，宗邑也。’”此为宋亳，宋国宗庙所在地。

《左传》昭公九年：“肃慎、燕亳，吾北土也。”战国铜器《陈璋壶》铭文曰：“陈璋内伐燕亳邦之获。”[15]其铭文记载齐宣王五年，齐国出兵讨伐燕国亳邦（亳邑[16]），齐将陈璋参与此役，缴获了一些战利品。此为燕亳。

《史记·秦本纪》：“宁公二年……遣兵伐荡社。三年，与亳战，亳王奔戎，还灭荡社。”此为秦亳。

临淄齐国故城出土东周陶器上也有一些戳印，印文中有“亳”字。如果是地名，这就是齐亳。

另外，《春秋》经传中记载鲁国有亳社。《春秋》哀公四年：“六月，辛丑，亳社

灾。”《左传》襄公三十年：“鸟鸣于亳社。”《左传》定公六年：“阳虎又盟公及三桓于周社，盟国人于亳社。”《左传》哀公七年：“（伐邾）以邾子益来，献于亳社。”据《公羊传》哀公四年：“蒲社者何？亡国之社也。”同年《谷梁传》也说：“亳社者，亳之社也。亳，亡国也。亡国之社以为庙屏，戒也。”此为宋亳（如将来在宋国亳社祭器上发现有“亳”字印，当不意外）。

春秋时候宋国有亳邑，战国时候燕国亦有亳邑，秦、齐、鲁也与“亳”皆有关联，何以舍之不顾，而独认郑亳为汤都？史传宋乃商裔，宋亳又有宗庙，认其为商汤旧邑，岂不更便利？如果郑州的“亳”字陶器，不过是郑国“亳社”遗物[17]，以之证明郑州商城为汤亳，不是个错误吗？或倘如前文所述，亳在东周时实乃京义，则专指郑亳为汤亳，岂不谬误！

问题五：关于几个夏代方国之地望的考证

邹衡先生说“汤都亳的邻国及其地望与郑州商城相合”，为“郑亳说”增添旁证。其实，邹衡先生对成汤邻国和征伐国地望之考证，无一可取。

我们先讨论“葛”。

葛，其地在今河南宁陵县，古今学者几乎众口一词。《孟子·滕文公下》：“汤居亳，与葛为邻。”确定了葛的位置，也就大致可知亳的地望。关于邻亳之葛位于何处，先秦文献没有明确记载，汉代以来多以为即汉陈留郡宁陵县之葛乡。如：《汉书·地理志》陈留郡宁陵县条师古注：“孟康曰：‘故葛伯国，今葛乡是。’”《后汉书·郡国志二》：“宁陵故属陈留，有葛乡，故葛伯国。”《左氏春秋传》桓公十五年《正义》引应劭曰：“（陈留宁陵县）故葛伯国。”皇甫谧《帝王世纪》云：“葛，今宁陵之葛乡也。”《水经·汳水注》：“汳水又东迳葛城北，故葛之国也……在宁陵县西十里。”

《左氏春秋经》桓公十五年：“公会齐侯于艾，邾人、牟人、葛人来朝。”杜预注：“三人皆附庸之世子……牟国，今泰山牟县。葛国，在梁国宁陵县东北。”既是鲁国附庸，自当以近鲁为是。按前人考证，邾国在今山东邹县，牟国在今山东莱芜境。则葛国在河南宁陵合于情理。

邹衡先生对于葛在宁陵说断然否定，理由是：“今郑州距离葛是近多了，但还是有四五百里，若要‘使亳众往为之耕’仍然不便”，并另行搜集出距离郑州比较近的“繻葛”（《左传》桓公五年）、“长葛”（《左氏春秋》隐公六年）、郾城北（《通志略》）和修武之葛伯城（《路史》），以及郑西北的葛乡城（《路史》）等等，说“郑州商城附近这些葛城，其中总或有其一为孟柯所言之葛”。这样进行史地考证，缺乏实证性，也不具有排他性，当然没有说服力。何况，邹衡先生本段论证还存在逻辑错误：在首先确定葛国地望的前提下推定亳的地望之推论中，反倒以近亳（郑州商城）为由论定葛国地望，因果颠倒，循环论证。

除了葛国地望外，邹衡先生说：“更重要的是，成汤都郑亳与韦、顾、昆吾、夏桀所处的地理位置相合。”即“韦、顾在郑州及其附近，昆吾在郑州以南不甚远处，为入夏的门户，夏桀在郑州以西。成汤自北沿太行山东麓南下，先占领今黄河沿岸（顾），再攻占郑州（韦），然后攻打入夏的门户（昆吾），最后进入伊洛地区（桀）。由此可见，汤居郑地之亳，正合于韦—顾—昆吾—夏桀的作战路线”。此说亦可商。

首先，行军打仗不比物资运输，可以按最近路程规划行动路线，古今中外不乏例证。

其次，关于韦、顾、昆吾地望的考证，也缺乏可信依据[18]。

关于夏末韦、顾二国的地望，旧说“大多认为韦、顾二地在河济之间而近于濮阳地区”[19]。此为事实。然而，邹衡先生引王国维《殷虚卜辞中所见地名考》，以古书中雇（通顾）往往写作扈为证，认为顾应在清怀庆府原武县（今黄河以北原阳、武陟一带）。其反证则是“如果顾在今山东范县，则与郑亳相距太远，两地在军事上并无必然的联系”。顾在黄河北岸的原阳、武陟一带，古无此说，邹衡先生立论的根据其实主要在于考虑到顾只能在郑亳附近，把“顾只能在郑亳附近”作为前提而得出顾在河南原阳、武陟一带，进而论定只有郑州商城是郑亳的结论，显然属于逻辑错误。更重要的是，按照邹衡先生意见，韦、顾、昆吾都是夏之附庸，应在夏文化范畴内[20]。然而，邹衡先生分明已把原阳、武陟划归“先商文化辉卫型”[21]，在先商文化地盘上怎么会有夏人附庸国（请注意，邹衡先生肯定这里不是夏文化与先商文化的交叠地区）。

关于前人考证韦地之见解，邹衡先生开列文献甚详，兹不重复。邹衡先生认为“韦就在郑州”，理由有三。“其一，郑州与顾接近，两者在军事地理上有着密切的联系。其二，郑州在夏代晚年很可能已是重镇，这从郑州商城下层和郑州附近的洛达庙等处均分布有夏文化遗址就可证明。其三，有文献根据”[22]。第一个理由，以结论为前提，逻辑错误，不再申述。第二个理由也不能成立，因为郑州在夏代晚年是否属重镇，与韦是否在郑州并无必然联系。至于第三条理由，说韦即鄣，而鄣亦即亳，也有多处可商榷的地方。查邹衡先生“文献根据”主要有三条，但均不能成为“韦即鄣，在郑州”说的有力论据。

第一，《吕氏春秋・具备》：“汤尝约于鄣薄矣”，高诱注“薄或作亳”。据此，邹先生说：“鄣亳连称，当指一地，犹《水经・谷水注》之称‘亳殷’。但此亳非指偃师，乃指郑州商城。”[23]确实，所谓鄣亳亦即亳殷，这是古人的一种看法，对否可不论，但《水经注》“亳殷”之亳指偃师[24]而绝非指郑州，却无可置疑（邹衡先生先前曾经认定过[25]）。更重要的是，邹先生所解释的与《吕氏春秋》原意背道而驰。因为《具备》于“汤尝约于鄣薄”之后紧接着说“武王尝穷于毕程矣，伊尹尝居于庖厨矣，太公尝隐于钓鱼矣”。四人对举，情形相类。据《说文》：“约，缠束也。”则“汤约于鄣薄”应是商汤初即诸侯位，势单力薄未成气候之时，此犹武王伐纣、伊尹相汤、姜太公辅武王之前的处境[26]。若鄣薄就是郑州，实不可通：成汤既得鄣（韦），必已征葛，旋将伐顾与昆吾，正是军威浩荡势不可挡之时，岂得言“约于鄣薄”，而与伊尹为庖人、太公作渔翁相提并论？

第二，《吕氏春秋・慎势》：“汤其无鄣，武其无岐”，高诱注：“鄣、岐，汤、武之本国”。邹先生据此说：“成汤的鄣既然如同周武王的岐，则鄣非郑州不可。”意思是只有郑州是商汤发迹起家的地方。这又是一个逻辑错误，先肯定汤亳在郑州，再来考订鄣之所在。另外，既然以汤鄣类比武岐，又认定汤亳在郑州，则鄣必不在郑州，因为文献明明说“汤一征，自葛始”[27]，征葛之时汤已居亳，伐韦（鄣）是在征葛之后，是知韦与亳必不属一地。若按邹先生观点，成汤居亳只有一处，即郑亳，商汤灭夏前后皆都居郑亳。那么我们可以断言：若鄣果真在郑州，亳就绝不可能也在郑州。邹先生认为：“郑州在成汤未伐韦以前，本名韦，成汤占据韦以后，筑了今郑州商城，加了‘邑’，或叫郼，但同时又改称‘亳’了，因此又叫‘郼亳（即亳广。”[28]该解释与《孟子》、《书序》相悖，也难以自圆其说。

何况，《吕氏春秋》所谓“郼”实指亳，与夏代方国“韦”本无关联[29]。

第三，《逸周书·作雒解》：“武王克殷，乃封王子禄父，俾守商祀。”孔晁注“封以郑，祭成汤。”邹先生据此说：“黄汝成《日知录集释》以为‘孔注‘郑’字乃‘郼’字之讹。’黄氏乃以《诗谱》‘东卫、纣城’为说虽不确，但郑、郼之论则近是。”[30]就是说，邹先生认可孔晁所说“郑”系“郼”字之讹，从而证明郼就在郑州。邹先生此说可商。

首先，邹衡先生对本条文献的解释前后自相矛盾。请看：邹先生在《论汤都郑亳及其前后的迁徙》一文中引述《逸周书·作雒解》：“武王克殷，乃封王子禄父，俾守商祀。”孔晁注“封以郑，祭成汤”。之后说：“此条虽不见于其他记载，孔氏当有所本。说明郑与成汤有一定的关系。”[31]显然是肯定孔晁“封以郑”不误。在同一书中，前文肯定“郑”字不误并据以说“郑与成汤有一定的关系”，后文肯定“郑”乃“郼”之讹，则“郑与成汤有一定的关系”就不能成立。可见，邹先生对于古代文献按需释义[32]，造成自相矛盾。既然肯定“封以郑”之“郑”字应是“郼”字之讹，也就否定了禄父封郑之说，“郑与成汤有一定的关系”也就不成立了。

其次，武庚封邑之地望，传统说法在殷纣旧都。据《逸周书·作雒解》：“武王克殷，乃封王子禄父，俾守商祀。”《史记·殷本纪》则云：“封纣子武庚禄父，以续殷祀。”二书所谓“殷”乃指殷纣国号。后来，武庚与管、蔡作乱，周公东征平叛。史载《逸周书·作雒解》曰：“三叔及殷、东、徐、奄及熊、盈以略”，于是周公“临卫政（征）殷，殷大震溃，降辟三叔，王子禄父北奔，管叔经而卒，乃囚蔡叔于郭凌。凡所征熊、盈族十有七国，俘维九邑”。文中“殷”指武庚国号，则武庚封邑便是盘庚所迁殷。《史记·周本纪》：“封商纣子禄父殷之余民。武王为殷初定未集，乃使其弟管叔鲜、蔡叔度相禄父治殷。”《正义》：“《地理志》云河内，殷之旧都。周既灭殷，分其畿内为三国，《诗》邶、鄘、衞是。”《逸周书·作雒解》说周公平叛“临卫征殷”，说明殷、卫相近。周公东征之后，《逸周书·作雒解》说“俾康叔宇于殷”，《史记·管蔡世家》则说“封康叔为卫君”，是殷、卫本无大别。因此可知《诗谱》谓“周武王伐纣，以其京师封纣子武庚为殷后”应是正确见解。黄汝成《日知录集释》以为武庚封邑即纣城说，不误。“殷”写作“郼”，属秦汉文献之常例。因此说，孔晁所谓“封以郑，祭成汤”中的“郑”乃“郼”之说，可成定论。

武王封禄父的同时，又分派三叔监督之，即管、蔡、霍。管叔封邑在今郑州一带，古无异说[33]。管、蔡、霍各有封邑，武庚不得与管叔同处一邑。即管在郑州，则殷（郼）必不在郑州。

要之，武庚封邑即盘庚所迁、帝辛所承之旧都殷，与郑、郑州毫不相干。

另外，邹先生在论定“郑州本名郼”之句后自注引《路史·后纪卷十四》“汤……反夏政，国迁郼”，[34]以为旁证。此举不妥。因为罗泌本意是说商汤灭夏，恢复夏禹之政，迁国都于郼，这与邹先生认定商汤先迁郼、后灭夏正好相反。

最后讨论“昆吾”。邹衡先生考订昆吾在今河南新郑地区，并指新郑北10余里的孟家沟（望京楼）遗址、新郑西北 30 余里的新密曲梁遗址，或即昆吾之墟。昆吾在新郑，确有其说，但孟家沟、曲梁遗址是否属昆吾，毫无证据可言。况且，新郑远在郑州（郑亳）、偃师（桀都）南面，自郑州往偃师，古道有直行入虎牢关、东南绕行进轘辕关两条路线（即所谓“入夏的门户”），顾又在原阳、武陟一带（依邹衡先生说）居郑州西北，为什么一定就是从郑州出兵先下黄河北的原阳、再南折渡黄河攻新郑（西北）、然后拐向西北经轘辕关讨伐偃师的夏桀，“正合于韦—顾—昆吾—夏桀的作战路线”？为什么排斥由郑州挥师直捣虎牢关入伊洛平原的选择？这些问题，邹衡先生没有提到。

问题六：关于郑州商城年代的推定

邹先生论证“郑亳说”的第四条根据是“郑州商文化遗址发现的情况与成汤居郑地之亳相合”。说“郑州商文化可以分为先商期、早商期和晚商期，其中以早商期第二、三段遗址分布最普遍，内涵最丰富，是最繁盛的时期，商城的修筑与使用主要是这一时期。此两段又可分为 4 组，若每组平均占四五十年，则共占 150？200 年。从成汤都亳到仲丁离开亳，共历五世十王。若每世平均 30 年，则共约 150 年左右。可见两者的年代是可以大体相应的”[35]。我们知道，邹先生把郑州南关外中、下层遗存定为“先商文化南关外型”，即商汤伐韦之后、灭夏之前的文化遗存。虽然“先商文化南关外型暂时还不宜分组”，就权且按一组计算：邹先生说早商文化“每组平均四五十年”，依此算来，成汤从伐韦到灭夏，也得四五十年，这在文献上难以找到证据，也不合情理。若成汤年四十而伐韦，加上灭夏之后在天子位十几年，商汤就真的“百岁而崩”了——这当然不可能。

邹衡先生还根据郑州商城东城墙夯土中出土木炭的“树轮校正年代为公元前 1620 至公元前 1595 年”，认为“与古文献所载成汤都亳之年不是很远。这样便为成汤居郑之亳城提供了直接的年代根据”[36]。其实，城墙夯土中木炭的碳-14 年代并非城墙建造年代，这是大家都知道的道理；孤立的一个碳-14 数据不可轻信也是学术常识；邹衡先生当时坚持认为该城墙建造于二里岗下层晚段、此时便是商王朝建立的时间[37]，然而近年“夏商周断代工程”给出的郑州二里岗下层晚段年代为公元前 1500 年以下[38]，与一般认定的成汤年代相距甚远。

问题七：关于郑州商城大型青铜器与汤亳的关系

邹先生论证“郑州商文化遗址发现的情况与成汤居郑地之亳相合”时又说：“近年来在（郑州）商城西郊的杜岭街发现了属于王室所有的两个大方鼎，附近并有夯土发现，暗示着此处可能是早商的陵墓区。”[39]其实，郑州杜岭出土的商代方鼎（包括后来在向阳食品厂和顺城街出土的两批青铜器），年代为二里岗上层偏晚，而邹衡先生要证明的汤都“郑亳”应属二里岗下层早段，二者年代相差甚远。即便郑州杜岭出土的青铜器确具“王室规格”，可它们与商汤亳都毕竟毫无关系！用二里岗上层晚期的青铜器论证二里岗下层早期的“亳”，明显属于逻辑错误。

结　　语

综上所述，邹衡先生在论证“郑亳说”时，其论据和逻辑均存在问题，从而动摇了其结论的科学性和可靠性。

兹就郎衡先生四条论据逐一简要辩说：第一条，古代文献记载东周时期郑地有亳纵然不误，并不证明郑州在商代是亳邑，因为大量文献记载东周的宋、燕等地也有亳，且不能排除郑之亳城即京城之别称的可能性。第二条，郑州商城固然出土有东周“亳”、“亳丘”陶文，但不能证明东周时期郑州商城名亳、亳丘，因为同时出土的还有“京”、“郃”陶文等等。第三条，关于葛、韦、顾、昆吾等在郑州附近，甚至就在郑州商城的考证，存在因果颠倒、循环论证的逻辑错误。第四条，郑州商文化遗址发现的情况与成汤居郑地之亳并不完全相合，郑州并无成汤先王之遗存，因而与“汤始居亳，从先王居”不合，郑州先商文化历年与成汤灭夏前经历时间难以吻合，城墙夯土中木炭的碳-14年代并不代表城墙建造确切年代，等等。

本文与《“郑亳说”立论前提辨析》同属《“郑亳说”评论》组文，2003年初稿。在征求邹衡先生的意见后，于2004年定稿。

---

[1]　邹衡：《郑州商城即汤都亳说》，《文物》1978年2期；又载邹衡：《夏商周考古学论文集（续集）》，科学出版社，1998年，97~99页；《论汤都郑亳及其前后的迁徙》，《夏商周考古学论文集》，文物出版社，1980年，196~203页。

[2]　邹衡：《夏商周考古学论文集》，文物出版社，1980年，201页。

[3]　邹衡：《夏商周考古学论文集》，文物出版社，1980年，139页。

[4]　古今学者皆以为“汤始居亳，从先王居”是从帝喾居。《尚书》伪孔传云：“契父帝喾居亳，汤自商丘迁焉，故曰从先王居。”孔颖达疏云：“今云从先王居’必从契之先世天子所居也。《世本》、《本纪》皆云契是帝喾子，知先王是契父帝喾。帝喾本居亳，今汤往从之。”《史记·殷本纪·集解》：“孔安国曰：‘契父帝喾居亳，汤自商丘迁焉’，故曰‘从先王居’。”现代学者亦云：“相传帝喾居亳，故云从先王居”（屈万里：《尚书今注今译》，台湾商务印书馆刊印，193页）。

[5]　王立新先生等即指出：“在夏商文化断限的争论中，我们虽然同意郑州商城是成汤的亳都，但却不相信郑州商城即是‘成汤始居’之亳。因为《书序》和《殷本纪》都有‘汤始居亳，从先王居’的说法，而郑州地区目前又没有更早的先商文化，无法落实‘从先王居’的事实”。（王立新、朱永刚：《下七垣文化探索》，《华夏考古》1995年4期）

[6]　坚决维护“郑亳说”的陈旭教授说过：“《书序》云：‘汤始居亳，从先王居。’从这句话来解释‘汤所居的亳’是商代先公先王的故地。”（陈旭：《关于夏文化的一点认识》，《夏商文化论集》，科学出版社，2000年，7页；原载《郑州大学学报》1980年5期）“关于亳，《书序》云：‘汤始居亳’从先王居。’《集解》孔安国曰：‘契父帝喾都亳，汤自商丘迁焉，故曰从先王居。’《水经·汲水注》阚骃曰：‘汤都也，亳本帝喾之墟。’《括地志》也说：‘亳邑故城’……本帝喾之墟’商汤之都也。’由此可见，亳是先商帝喾之墟’文献无异说。”（陈旭：《二里头遗址是商都还是夏都》，《夏商文化论集》，科学出版社，2000年，13页；原载《夏史论丛》，齐鲁书社，1985年，

321~334页）笔者案：文中《水经·汲水注》应为《水经注·汲水注》。

［7］笔者参观山东省文物考古研究所临淄工作站时，于库房中见齐故城出土陶器上也有“亳”字戳印。

［8］李学勤先生认为郑州出土陶文之“亳”，指偃师西亳，即有“亳”字陶文的陶器来自偃师而非当地制造。见李学勤：《东周与秦代文明》，文物出版社，1984年，52页。

［9］河南省文物考古研究所：《郑州商城》，文物出版社，2001年，989~993页；张松林：《郑州商城区域内出土的东周陶文》，《文物》1985年3期。

［10］邹衡：《郑州商城即汤都亳说》，《夏商周考古学论文集（续集）》，科学出版社，1998年，98页。

［11］《公羊传》桓公九年曰：“京者何？大也。”《谷梁传》文公九年亦云：“京，大也。”《尚书大传》则说：“盍归于亳，亳亦大矣。”《韩诗外传》卷三也说：“趣归于亳，亳亦大兮。”可见亳、京义通。周人有时把商都也叫做京，如《国语·周语》曰：“纣踣于京”。

［12］邹衡：《综述夏商四都之年代和性质——为参加1987年9月在安阳召开的“中国殷商文化国际讨论会”而作》，《夏商周考古学论文集（续集）》，科学出版社，1998年，184页；原载《殷都学刊》1988年1期。

［13］邹衡：《西亳与桐宫考辨》，《夏商周考古学论文集（续集）》，科学出版社，1998年，146页。

［14］邹衡：《论汤都郑亳及其前后的迁徙》，《夏商周考古学论文集》，文物出版社，1980年，199页。

［15］陈璋方壶铭文曾被收录于《三代吉金文存》，该器已流落美国（见中国科学院考古研究所：《美帝国主义劫掠我国青铜器选》，图版A746，科学出版社，1962年，138页）。1982年在江苏新出土一件陈璋圆壶，铭文内容与陈璋方壶相同（见周晓陆：《盱眙所出重金络［缶雷］陈璋圆壶续考》，《考古》1983年3期）。

［16］《尚书·盘庚》：“不常厥邑，于今五邦。”是知邦为邑也。

［17］有学者曾指出，郑州商城出土东周“亳”字陶器，只能说明这里有一个“亳社”。参见安金槐：《试论商代“汤都亳”与“仲丁都隞”》，《中原文物》1981年特刊；田昌五：《谈偃师商城的一些问题》，《全国商文化学术讨论会论文集》，《殷都学刊》增刊，1985年。

［18］邹衡先生关于韦、顾、昆吾的考证，见邹衡：《夏文化分布区域内有关夏人传说的地望考》，《夏商周考古学论文集》，文物出版社，1980年，229~232页，247页。

［19］邹衡：《夏文化分布区域内有关夏人传说的地望考》，《夏商周考古学论文集》，文物出版社，1980年，247页。

［20］关于昆吾文化等同于夏文化，邹衡先生有过专门论述，见邹衡：《试论夏文化》，《夏商周考古学论文集》，文物出版社，1980年，143页；《与肖冰先生商谈夏文化内涵问题》，《夏商周考古学论文集（续集）》，科学出版社，1998年，33页。

［21］邹衡先生指出：“北自淇河，南至黄河，包括沁河下游、卫河上游一带，大约都是辉卫型的分布范围。”（见邹衡：《试论夏文化》，《夏商周考古学论文集》，文物出版社，1980年，119页）“沁河一带是二里头文化和先商文化的交接之处”，“二里头文化基本上属于二里头型，都在沁河的西南，而先商文化分别属于漳河型和辉卫型，都在沁河的东北。”（见《晋豫鄂三省考古调查简报》，《夏商周考古学论文集（续集）》，科学出版社，1998年，294页；原载《文物》1982年7期）“温县、武陟等地的考古工作证明，以沁河为界，西南一侧是二里头文化的分布区域，而另一侧则是先商文化的分布区域。……沁河一线应是夏商二文化的分界。”（邹衡：《新乡地区夏商时期的考古工作在学术上的意义》，《夏商周考古学论文集（续集）》，科学出版社，1998年，190~191页）。

［22］邹衡：《夏文化分布区域内有关夏人传说的地望考》，《夏商周考古学论文集》，文物出版社，1980年，248页。

［23］邹衡：《夏文化分布区域内有关夏人传说的地望考》，《夏商周考古学论文集》，文物出版社，1980年，249页。

[24]《水经·谷水注》于“阳渠水又迳亳殷南”之后又说“班固曰‘尸乡，故殷汤所都’者也，故亦曰汤亭。”可见，所谓“亳殷”指偃师西亳，明白无误。

[25] 邹衡先生在《西亳与桐宫考辨》中说过：“《晋太康记》并《地道记》所云田横死于尸乡即《水经注》所谓‘亳殷’自然就是《晋太康地记》所云‘尸乡南有亳坂’了；而后者所云‘东有城’指的必然就是偃师尸乡沟商城。由此可见，所谓亳殷即亳坂应在尸乡沟商城的西侧。”见邹衡：《夏商周考古学论文集（续集）》，科学出版社，1998 年，129 页。

[26]《吕氏春秋·具备》引此四人为例，说明的道理是“凡立功名，虽贤必有其具然后可成”。“具”者，条件也。“有具”即条件成熟。

[27]《孟子·梁惠王下》引《书》。又《孟子·滕文公下》：“汤始征，自葛载。”赵岐注：“载，始也。言汤初征自葛始也。”《书序》：“汤征诸侯，葛伯不祀，汤始征之。”

[28] 邹衡：《夏文化分布区域内有关夏人传说的地望考》，《夏商周考古学论文集》，文物出版社，1980 年，250 页。

[29] 在《吕氏春秋》中，“郼”即商汤亳邑的另名，如《慎势》曰：“汤其无郼，武其无岐”，《分职》曰：“汤、武无费乎郼与岐周而天下称大仁。”《具备》云：“汤尝约于郼亳矣，武王尝穷于毕裎矣。”此“郼”即“亳”，“岐”亦“周”。郼、亳连称，实与“岐周”组词为同例。除了用作地名（都邑名）指汤都，《吕氏春秋》还将“郼”用作国称商王朝，如《慎大》曰：“汤立为天子，夏民大说，如得慈亲，朝不易位，农不去畴，商不变肆，亲郼如夏。”据《路史·国名纪丁》卷四：“郼，殷也”。

《尚书·盘庚》首句为“盘庚迁于殷，民不适有居。”《书序》：“盘庚五迁，将治亳殷”。《正义》：“此《序》云‘盘庚将治亳殷’，下《传》云‘殷，亳之别名。’则亳、殷即是一都。”《史记·殷本纪》迷惑于《书序》“亳殷”，故云“帝盘庚之时，殷已都河北，盘庚渡河南，复居成汤之故居……乃遂涉河南，治亳”。《集解》：“郑玄曰：‘治于亳之殷地，商家自此徙，而改国号曰殷亳。’皇甫谧曰：‘今偃师是也。’”

《后汉书·杜笃传》：东汉初年杜笃向光武帝进《论都赋》曰：“昔盘庚去奢行俭于亳。”《后汉书·朗顗传》记朗顗上书汉顺帝说：“昔盘庚迁殷，去奢即俭。”杜笃所说“亳”即朗顗所谓“殷”。亳、殷不分在汉代是常事。

王国维《观堂集林·说殷》指出：“自《史记》以降，皆以殷为亳，其误始于今文《尚书·书序》讹字，而太史公仍之。”说古人习惯“以殷为亳”是对的，但并非始于《史记》。总之，郼便是亳，商汤“反夏政，国迁郼”之郼，指亳都。

[30] 邹衡：《夏文化分布区域内有关夏人传说的地望考》，《夏商周考古学论文集》，文物出版社，1980 年，249 页。

[31] 邹衡：《论汤都郑亳及其前后的迁徙》，《夏商周考古学论文集》，文物出版社，1980 年，197 页。

[32] 依照个人需要，对同样文献作出不同解释，在邹先生文章中并非仅此一例，譬如关于昆吾与夏王朝的关系，邹先生在讨论“昆吾之居”时写道：“《国语·郑语》说‘昆吾为夏伯’”（见邹衡：《夏文化分布区域内有关夏人传说的地望考》，《夏商周考古学论文集》，文物出版社，1980 年，229 页），认定昆吾是夏王朝的伯爵方国。然而邹先生在《试论夏文化》中写道：“《吕氏春秋·君守篇》‘昆吾作陶’的记载，说明昆吾是善于制作陶器的。高诱注并说‘昆吾……为夏伯制作陶冶，埏埴为器’。因此，昆吾的陶器也就是夏人的陶器。”（邹衡：《夏商周考古学论文集》，文物出版社，1980 年，142 页）其有意省略了“为夏伯”后面的标点。对此错误，经笔者指出（肖冰：《夏文化内涵特征疑问》，《华夏考古》1994 年 4 期），邹先生业已纠正（邹衡：《与肖冰先生商谈夏文化的内涵问题》，《华夏考古》1994 年 4 期）。

[33]《左传》宣公十二年：晋师救郑，楚军“次于管以待之。晋师在敖鄗之间。”杜预注：“荥阳京县东北有管城。敖、鄗二山在荥阳县西北。”《水经·渠水注》：京县管城“故管国也，周武王以封

管叔矣。"《史记·管蔡世家·正义》引《括地志》:"郑州管城县，今州外城即管国城也，是叔鲜所封国也。"

[34] 邹衡:《夏商周考古学论文集》，文物出版社，1980年，249页。

[35] 邹衡:《夏商周考古学论文集》，文物出版社，1980年，201页。

[36] 邹衡:《夏商周考古学论文集》，文物出版社，1980年，201页。

[37] 20世纪70年代后期邹衡先生曾说:"我们是汤都郑亳说者，主张郑州商城本身属最早的商年，而商城之下的诸文化层的下限乃属于夏年"(邹衡:《关于探索夏文化的几个问题》，《夏商周考古学论文集(续集)》，科学出版社，1998年，15页；原刊于《文物》1979年3期)。20世纪90年代后期邹衡先生说:"我把夏商分界定在南关外期与二里岗下层偏晚之间……郑州商文化从二里岗下层偏晚开始，分布范围扩大，并大量吸收二里头文化因素而进入最繁盛期。这应该反映灭夏以后已建立商王朝的情况"(邹衡:《综述夏商四都之年代和性质——为参加1987年9月在安阳召开的"中国殷商文化国际讨论会"而作》，《夏商周考古学论文集(续集)》，科学出版社，1998年，176页)。

[38] 夏商周断代工程专家组:《夏商周断代工程1996—2000年阶段成果报告(简本)》，世界图书出版公司，2000年，63~65页。

[39] 邹衡:《夏商周考古学论文集》，文物出版社，1980年，201页。2003年11月30日，在北京"郑州商都3600年学术座谈会"上，邹先生作《郑州商城是商汤灭夏前后的国都》发言时，提出在考古学上探索汤亳必须具备五个条件，其中第五条就是"亳都应具备王室规格的文化遗物，如大型青铜礼器等"，表明邹先生至今仍持此观点。

(原载《三代考古(二)》，科学出版社，2006年)

后　记

郑州商城自1955年发现至今，已整整六十年了。六十年来，几代考古工作者不懈努力，进行了一系列的调查、勘探及科学发掘工作，取得了不少重要发现和成果。众多学者依据考古资料与文献记载，围绕商城的始建年代、范围布局及性质等课题展开了深入的探讨和研究，发表了大量的、卓有见地的学术论文和著作，可谓硕果累累。

为了纪念郑州商城发现六十周年，河南省文物考古研究院决定编辑出版《郑州商城遗址考古研究》一书，从公开发表的文章中遴选出四十余篇编成此书。本书重点放在对郑州商城遗址的专题论述上，限于每人一篇，按发表时间先后排序。

需要说明的是，早在2006年，秦文生、宋国定、贾连敏几位即着手编写了《郑州商城遗址考古研究》一书，当时收集了考古简报十余篇、论文三十余篇，后由于种种原因未能付梓。本书是在对原收录论文部分的基础上作了较大调整增补而成的。

在本书的编写过程中，得到了“夏商周断代工程”首席科学家、北京大学考古文博学院教授李伯谦先生的关心支持，河南省文物考古研究所原所长杨育彬先生指导并欣然作序，在2006年编选时，得到了河南省文物考古研究所原所长孙新民先生的大力支持和方燕明等同志的帮助，在此谨致衷心谢意！

由于时间仓促和水平所限，本书一定会有不少缺点甚至错误，敬祈批评指正。

编　者

图书在版编目（CIP）数据

郑州商城遗址考古研究/河南省文物考古研究院编
—郑州：大象出版社，2015.6

ISBN 978-7-5347-8449-1

Ⅰ.①郑… Ⅱ.①河… Ⅲ.①古城遗址（考古）
—研究—郑州市—商代 Ⅳ.①K878.04

中国版本图书馆 CIP 数据核字（2015）第 142017 号

出 版 人 王刘纯
责任编辑 郭一凡
责任校对 钟 骄
封面设计 阳 光
出版发行 大象出版社（郑州市开元路 16 号 邮政编码 450044）
发行科 0371-63863551 总编室 0371-65597936
网 址 www.daxiang.cn
印 刷 郑州测绘学院印刷厂
经 销 各地新华书店经销
开 本 787mm×1092mm 1/16
印 张 31.375 印张
字 数 753 千字
版 次 2015 年 7 月第 1 版 2015 年 7 月第 1 次印刷
定 价 260.00 元
